云南优化经济结构转变发展方式研究

梁双陆　李　娅　等／著

STUDY ON THE OPTIMIZATION
OF ECONOMIC STRUCTURE
AND TRANSFORMATION
OF DEVELOPMENT MODE IN YUNNAN

社会科学文献出版社
SOCIAL SCIENCES ACADEMIC PRESS (CHINA)

本著作为云南大学"青年英才"计划项目资助成果。

本著作系云南省哲学社会科学规划重大招标项目"云南优化经济结构与转变发展方式研究"（ZD201201）课题成果。

目 录

主报告

分报告

图目录

表目录

主　报　告

第一章 云南优化经济结构
转变发展方式研究

从改革开放至今，云南经济结构经历了从失衡向正常化转变，再到初步失衡向严重失衡发展的历程。产业结构是各种经济结构的核心。从20世纪90年代末期开始，政府为应对亚洲金融危机等外部冲击，开始主导经济增长，依靠投资拉动，逐步形成了政府主导经济运行的增长机制，使云南的工业逐步形成了以资源型、重型为主的工业经济体系，以国有企业为主并过度依靠政府垄断的资源型、重型工业形成了内部自循环和省内产业关联弱化的格局。政府调控经济的思维和方式未能跟上微观经济市场化的步伐，为保持经济高速增长，政府不断干预竞争性领域，通过不断扩大投资规模以拉动经济增长，扰乱了市场秩序，非公经济难以生存，导致收入结构、需求结构等各种结构的失衡和发展方式的粗放。因此，优化云南经济结构，就是要让云南经济回归市场，打破垄断，加快经济体制改革，转变政府职能，通过市场机制增强企业活力，促进技术创新，以实现发展方式的转变。

引 言

经济发展过程总是伴随着经济结构的调整和变化。没有绝对最优的经济结构，只有适应不同发展阶段和发展环境的经济结构。经济结构从失衡向均衡协调转变的过程，也就是发展方式的转变过程。特定的经济结构决定了相应的经济发展方式，所以发展方式的转变依赖于经济结构的调整与优化。经济发展方式是我国在经济增长方式基础上发展起来的一个命题。经济增长方式最早由霍利斯·钱纳里（Holis Chenery）提出，经济增长方式是指生产要素分配、投入、组合和使用的方式。世界银行报告中将东亚国家的经济增长方式分为"效益驱动型"和"投资驱动型"两种。

经济结构是指国民经济各个部分的构成，包括产业结构、产品结构、城乡结构、需求结构、收入结构、投资结构、消费结构、贸易结构、所有制结构等多种结构。其中体现生产环节的产业结构居于支配地位，对经济结构优化和升级起决定性作用。产业结构的优化、升级是实现经济发展方式向集约型转变的核心基础，而产业结构与其他结构之间的协调，是体现经济发展方式转变的重要内容。因此，云南省的产业结构及其调整变化对云南省的发展方式和其他经济结构有决定性影响。

2007 年 1 月召开的党的"十七大"提出了深入贯彻落实科学发展观、转变经济发展方式和完善社会主义市场经济体制的总体要求。并指出，加快转变经济发展方式，走中国特色新型工业化道路，重点在于促进经济增长由主要依靠投资、出口拉动向依靠消费、投资、出口协调拉动转变，由主要依靠第二产业带动向依靠第一、第二、第三产业协同带动转变，由主要依靠增加物质资源消耗向主要依靠科技进步、劳动者素质提高、管理创新转变。虽然"十七大"就明确了转变发展方式，但由于缺乏体制改革的保障，经济结构失衡和发展方式粗放的格局基本没有得到改变。

2012 年 11 月党的"十八大"报告指出，"以科学发展为主题，以加快转变经济发展方式为主线，是关系我国发展全局的战略抉择"。"要适应国内外经济形势新变化，加快形成新的经济发展方式，把推动发展的立足点转到提高质量和效益上来，着力激发各类市场主体发展新活力，着力增强创新驱动发展新动力，着力构建现代产业发展新体系，着力培育开放型经济发展新优势，使经济发展更多依靠内需特别是消费需求拉动，更多依靠现代服务业和战略性新兴产业带动，更多依靠科技进步、劳动者素质提高、管理创新驱动，更多依靠节约资源和循环经济推动，更多依靠城乡区域发展协调互动，不断增强长期发展后劲"。"推进经济结构战略性调整，是加快转变经济发展方式的主攻方向。必须以改善需求结构、优化产业结构、促进区域协调发展、推进城镇化为重点，着力解决制约经济持续健康发展的重大结构性问题"。

2013 年 11 月召开的十八届三中全会上，习近平总书记在关于《中共中央关于全面深化改革若干重大问题的决定》的说明中指出，"当前，我国发展中不平衡、不协调、不可持续问题依然突出，科技创新能力不强，产业结构不合理，发展方式依然粗放，城乡区域发展差距和居民收入分配差距依然较大。理论和实践都证明，市场配置资源是最有效率的形式。市场决定资源配置是市场经济的一般规律，市场经济本质上就是市场决定资源配置的经济。健全社会主义市场经济体制必须遵循这条规律，着力解决市场体系不完善、政府干预过多和监管不到位问题。作出‘使市场在资源配置中起决定性作用’的定位，有利于在全党全社会树立关于政府和市场关系的正确观念，有利于转变经济发展方式”。在全会上通过的《中共中央关于全面深化改革若干重大问题的决定》指出，要“紧紧围绕使市场在资源配置中起决定性作用深化经济体制改革，坚持和完善基本经济制度，加快完善现代市场体系、宏观调控体系、开放型经济体系，加快转变经济发展方式，加快建设创新型国家，推动经济更有效率、更加公平、更可持续发展”。体制改革将为我国解决经济结构失衡和发展方式粗放问题奠定坚实基础。

自改革开放以来，云南省就没有停止过调整经济结构的探索与实践步伐。从改革开放初期的烟、糖、茶、胶等产业的培育，到 20 世纪 90 年代烟草、矿业、生物、旅游四大支柱产业的培育，以及进入 21 世纪后电力支柱产业的打造和高原特色农业的培育等等，都在不断探索和实践适合云南省情的经济结构与发展方式。既有成功经验，也有失误和教训。

2007 年以来，在美国金融危机的冲击和全国经济下行的影响下，云南经济的结构性失衡问题凸显出来，云南省委省政府围绕着“调结构转方式”这一核心，不断探索调整经济结构、转变发展方式的各种思路与政策。2011 年云南省委省政府就提出了“调结构、上水平、惠民生、促和谐”，2014 年 8 月 2 日召开的中共云南省委九届八次全会通过的《云南省委省政府关于加快工业转型升级的意见》指出，要牢牢把握科技革命和产业升级的新趋势，加快云南产业转型升级，提出了重点任务、主要措施和落实保障，初步指出了云南优化经济结构转变发展方式的方向与路径。未来五年乃至更长时期，云南省将进入经济结构深度调整和发展方式深刻转变的关键时期。

经济发展方式与经济结构已经形成了刚性和惯性，由此决定了转变必然是一个长期复杂的系统工程。需要促成制度系统的“合力”来实现“加快转变”，新全球化的外部环境是转变的牵引力，基础性制度建设是转变的关键，技术创新是转变的核心驱动力，意识形态的创造性转换是转变的根基。归结到底就是要“找回政府”：凸显和强化政府作为“政治实体”或社会公共品的中性特征，实现政府职能的重塑与回归，让政府专心于公共服务建设，致力于寻求社会福利的最大化。让已经异化为"企业家型政府官员"的政府公务人员回归为"工具理性"中的"政权代理人型政府官员"。①

本课题通过对云南的产业结构、需求结构、所有制结构、城乡结构、山坝结构的多维度、多层次的研究，探究调整云南经济结构以实现发展方式转变的关键环节与突破重点，并提出相应的对策建议，以期作为省委省政府的决策参考，给研究云南经济发展问题的后来者提供启发与借鉴。

第一节　改革开放以来云南的产业结构演进与经济结构变革

改革开放以来，我国经历了从计划经济体制向市场经济体制转换的过程，云南省的经济结构变革也是在中国经济体制转轨过程中进行的。云南的产业结构演进呈现出明显的阶段性特征，导致经济结构呈现出从回归正常到初步失衡再到严重失衡的演变过程。

（一）云南产业结构演进与经济结构失衡的阶段划分

新中国成立之初，我国的产业结构基本呈现出工业基础薄弱的传统农业国特征，1952 年第一、第二、第三产业增加值的结构比例为 50.5∶20.9∶28.6，云南省则是更为典型的传统农业地区，三次产业增加值的结构比例为 61.7∶15.5∶22.8，第一产业比例更大，第二、第三产业比例更小。为实现工业化，我国选择了优先发展重工业的产业结构演进路径，1953～1978年，国内生产总值年均增长 6.1%，第二产业增加值年均增速高达 11%，其中工业增加值年均增长 11.5%，而第一产业、第三产业增加值的年均增速仅为 2.1% 和 5.5%，到 1978 年三次产业增加值的结构比例转变为 28.1∶48.2∶23.7。三次产业发展速度的不协调，导致我国农业基础薄弱，人民生活必需品短缺，被认为"国民经济处于濒临崩溃的边缘"。云南也与其他省份一样，在农业剩余不足的情况下按照国家战略部署优先发展重工业，加速推进工业发展，实现了经济较高增长和工业的高增长。1953～1978 年，云南省地区生产总值年均增速为 6.0%，第二产业年均增速高达

---

① 赵泉民：《后危机时代中国经济发展方式加快转变的着力点分析》，《中国浦东干部学院学报》2010 年第 5 期。

11.3%，其中工业年均增长11.1%，但第一产业、第三产业年均增速仅为3.6%和5.1%，到1978年云南省的三次产业增加值的结构比例调整为42.7∶39.9∶17.4，虽然初步建立起较为完备的工业体系，但畸形的工业化并没有使第一、第三产业在比重下降的同时生产率得到提高，反而导致农业基础薄弱，人民生活越来越困难。

　　为改变这种困难的经济局面，我国于1978年开始改革开放，进入了以产业结构调整、经济结构优化推动经济增长的发展时期。按照我国和云南省人均生产总值的增长轨迹（图1-1）以及国家的阶段性政策，可将产业结构调整的演进路径大致划分为四个阶段：一是1978～1992年的产业结构正常化恢复阶段，二是1992～2002年的产业结构再次初步重型化演进阶段，三是2002～2012年的产业结构重型化加剧阶段，四是2012年开始的优化经济结构、转变发展方式的实质性推进阶段（见图1-2）。

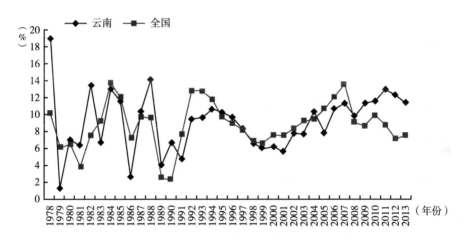

图1-1　云南省人均生产总值增长轨迹及与全国平均水平对比

资料来源：《中国统计年鉴》《云南统计年鉴》。

　　云南省的三次产业结构偏差和云南省的支出结构突出反映了云南经济结构回归正常到初步失衡再到严重失衡的变化过程。从三次产业结构偏差①的变化态势看，中国三次产业结构偏差总体上逐步缩小，第一产业结构偏差从1978年的8.73（绝对值，下同）个百分点扩大到2012年的

————————

①　产业结构偏差反映产业结构与就业结构的偏离度，其计算公式为某产业增加值比重-该产业就业比重，反映产值结构与就业结构的偏离程度。

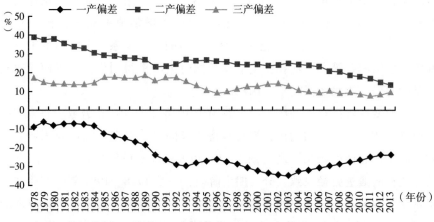

图1-2 全国三次产业结构偏离度

资料来源:《中国统计年鉴》。

23.59个百分点(见图1-2),第二产业结构偏差从1978年的38.82个百分点下降到2012年的13.59个百分点,第三产业结构偏差从1978年的17.56个百分点下降到2012年的9.99个百分点。

云南省的三次产业结构偏差在波动中没有显著下降(见图1-3),2012年第一产业结构偏差只比1978年缩小2.7个百分点,2012年第二产业结构偏差只比1978年缩小2.9个百分点,2012年第三产业结构偏差比1978年扩大0.2个百分点。

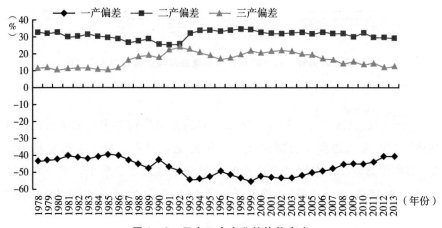

图1-3 云南三次产业结构偏离度

资料来源:《中国统计年鉴》《云南统计年鉴》。

在 1978～1992 年的第一阶段，云南经历了两个小的阶段，第一产业结构偏差先缩小后扩大，从 1978 年的 43.4 个百分点缩小到 1985 年的 39.4 个百分点，之后上升到 1992 年的 49.2 个百分点；第二产业结构偏差从 1978 年的 32.3 个百分点下降到 1985 年的 29.4%，之后继续下降到 1992 年的 25.5 个百分点；第三产业结构偏差从 1978 年的 11.2 个百分点下降到 1985 年的 10.1 个百分点，之后上升到 1992 年的 23.7 个百分点。

在 1992～2002 年的第二阶段，云南省的三次产业偏差开始扩大，第一产业结构偏差从 49.2 个百分点上升到 53.3 个百分点，第三产业结构偏差从 23.7 个百分点下降为 21.7 个百分点，一、三产业变化不大，而第二产业结构偏差从 1992 年的 25.5 个百分点上升到 31.6 个百分点，上升较大。

2002～2012 年的第三阶段，云南省的三次产业结构偏差总体上有所下降，第一产业结构偏差从 53.3 个百分点下降为 40.7 个百分点，第二产业结构偏差从 31.6 个百分点下降为 29.4 个百分点，第三产业结构偏差从 21.7 个百分点下降为 11.4 个百分点。

在产业结构变化的影响下，云南省的支出结构发生了显著变化（见图 1-4）。云南省的资本形成率①在经历了 1978～2007 年的总体平稳后快速提高，消费率总体呈下降态势，而净调出率则相应地经过 1978～2007 年的总体平稳后快速下降。

1978～1992 年的第一阶段，云南省的支出结构总体合理。资本形成率从 1978 年的 39.0% 小幅变化为 1992 年的 41.1%，消费率从 1978 年的 75.4% 小幅下降为 1992 年的 66.8%，净调出率在 0 上下浮动，从 1978 年的 -14.4% 变化为 1992 年的 -7.9%。

1992～2002 年的第二阶段，云南省的支出结构总体上开始呈现偏差。资本形成率从 1992 年的 41.1% 小幅变化为 2002 年的 39.8%，消费率从 1992 年的 66.8% 小幅变化为 2002 年的 68.4%，净调出率从 1992 年的 -7.9% 小幅变化为 2002 年的 -8.20%。

2002～2012 年的第三阶段，云南省的支出结构偏差显著扩大。资本形成率从 39.8% 快速上升到 2012 年的 83.2%，消费率从 2002 年的 68.4% 快

---

① 这里的资本形成率是指固定资本形成总额与地区生产总值之比，消费率是最终消费与地区生产总值之比，净出口率是净出口（含对国外的净出口和对国内省外的净调出）与地区生产总值之比。

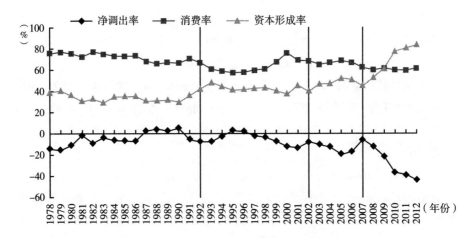

图 1-4 云南省的支出结构变化态势

资料来源:《云南统计年鉴》。

速下降为 2012 年的 61.2%,净调出率从 2002 年的 −8.2% 快速扩大到 2012 年的 −44.4%,这种变化的加剧过程发生在 2007 年以后,2007 ~ 2012 年,消费率没有太大变化,但由于净调出率从 −6.2% 快速扩大到 −44.4%,使资本形成率从 44.3% 快速扩大到 83.2%,反映出云南省产业结构问题导致的投资拉动型增长模式的不可持续。

(二) 云南产业结构初步向正常化转变的演进阶段 (1978 ~ 1992)

为扭转畸形的产业结构,我国 1978 年开始了改革开放后的第一次结构调整,此阶段主要集中于 1978 ~ 1984 年。这一时期主要进行了农村体制改革,增强了农业的基础地位,使第一产业占国内生产总值的比重迅速上升。1984 年我国第一产业比重达到 32%,比 1978 年的 28.1% 提高了近 4 个百分点,同期第二产业下降了 5 个百分点,第三产业上升 1 个百分点,极大改善了工农业比例不协调的状况。这次结构调整恢复了改革开放之前人为破坏和抑制的第一产业的发展能力,是产业结构正常化演进的第一过程。而同期云南省的第一产业比重略有下降,1984 年云南省第一产业的比重为 41.1%,比 1978 年的 42.7% 下降 1.6 个百分点,第二产业下降 1 个百分点,第三产业上升了 2.6 个百分点。1985 ~ 1992 年,我国进入了产业结构正常化演进的第二过程。这个时期我国改革的重心由农村转移到城市，第三产业蓬勃发展。第三产业比重从28.5%左右上升到34.3%左右，同时第一产业比重下降约6个百分点，第二产业比重保持在43%左右。其中第二产业以轻工、纺织为主导，而重工业处于调整之中，比重有所下降（见图1-6）。这一阶段个体户、乡镇企业崛起，引起劳动力大量转移到第三产业，推动了第二产业中轻工业的发展。显然，此阶段也具有补偿发展不足、调整比例关系的特征。云南省在这个时期第三产业比重提高了14.4个百分点，达到34.4%，与全国平均水平一致，第一产业比重继续下降10.9个百分点，为30.2%，比全国平均水平高约4个百分点，第二产业比重继续下降3.6个百分点，为35.4%，比全国平均水平低7.6个百分点。这个时期云南省大力培育烟、糖、茶、胶等轻工业的发展，轻重工业在工业总产值中的比例关系由1985年的48.4∶51.6转变为1992年的50.5∶49.5（见图1-5），轻工业比重的小幅上升和重工业比重的小幅下降，反映出这个时期云南产业结构演进的正常化状态，这个时期云南省的装备制造业在全国处于第15位左右。

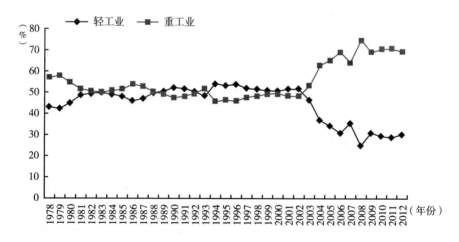

图1-5　云南省轻重工业产值结构

资料来源：《云南统计年鉴》。

（三）云南产业结构再次重型化与经济结构初步失衡的演进阶段（1992~2002）

1992~2002年这个阶段是我国经济体制改革深入推进的阶段，我国针

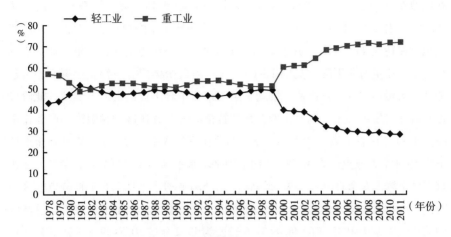

图 1-6　中国轻重工业产值结构

资料来源：《中国统计年鉴》。

对当时的经济增长和高通胀加强了宏观调控，使经济运行实现了"软着陆"，国民经济平稳增长。以 1992 年邓小平的南方讲话为起点，从党的"十四大"到党的"十六大"这一阶段是我国社会主义市场经济体制初步建立的时期。随着这一时期我国改革的深入，市场体系基本成型，商品市场、资本货币市场等各种市场相继建立。这一时期我国还改革了金融体制和财税体制。国有企业产权改革也深入推进，使民营企业获得快速发展。市场化改革的深化以及我国加入 WTO，引起了我国经济结构的巨大变化。微观主体的市场化，引起了所有制结构的变迁。"国退民进"导致大量下岗职工与农村剩余劳动力的大规模跨区域流动深刻影响了我国的就业结构（见图 1-8）；以东部沿海地区为主大规模引进外资又促进了技术结构的变化。为了扩大内需，我国还相继推进了教育文化、医疗卫生和住房的市场化改革，这些改革是在没有很好的顶层设计的前提下实施的，直接影响了我国的消费结构和需求结构。

随着中国经济体制改革向市场经济迈进，国内市场竞争开始加剧，全国大多数省区市将装备制造业列为支柱产业加以重点扶持，实现超常规发展，这一时期我国正处于大力引进发达国家先进技术、先进生产线和生产设备的阶段。而云南省在支柱产业培育中却"另辟蹊径""培育新支柱"，这一时期的云南始终把自身定位为农业大省、有色金属王国、动物王国、植物王国和旅游大省，政策扶持过度集中于烟草、矿产冶金、生物和旅游业这四大支柱产业，未列入支柱产业的装备制造业长期处于投资少、信贷困难、发展缓慢、自生自灭的状态。全省装备制造业投入明显不足，技术引进与创新步伐缓慢，行业整合力度小，产业链、产业集群的建设严重滞后，多数企业处于维持状态，企业亏损居高不下，在其他省区市装备制造业快速发展过程中逐渐处于下风。计划经济时期建立起来的云南消费品工业、装备制造业开始在市场竞争中因缺乏竞争力而逐步被挤出市场，装备制造业在全国的位置和比重一路下滑，大家所熟知的"五朵金花"逐步消失，资源型、重型工业则开始提速。

这一阶段，大量农村劳动力从农村流向城市，并且主要集中在第三产业，国有企业改革所推出的大部分下岗职工也向第三产业转移，形成了云南第一产业就业结构比重快速下降、第二产业就业结构基本不变、第三产业就业比重快速提高的格局。第一产业就业比重从1992年的79.4%下降为2002年的73.3%，第二产业就业比重从1992年的9.9%小幅下降为8.8%，第三产业就业比重从1992年的10.7%提高到2002年的17.9%。虽然就业结构转换的幅度小于全国平均水平（见图1-7、图1-8），但与全国趋势相同的是，劳动力没有遵循发展阶段理论从第一产业流向第二产业的一般规律，而是流向第三产业的特点十分突出。

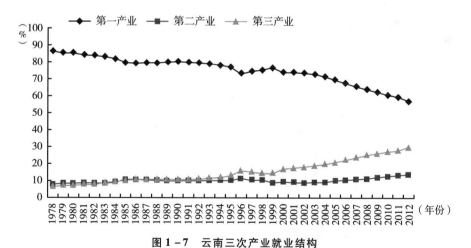

图1-7 云南三次产业就业结构

资料来源：《云南统计年鉴》。

云南省在全国政策指引下，为扩大内需而推行的教育、医疗和房地产市场化的改革，直接影响了消费结构和需求结构的变化，如云南农村居民

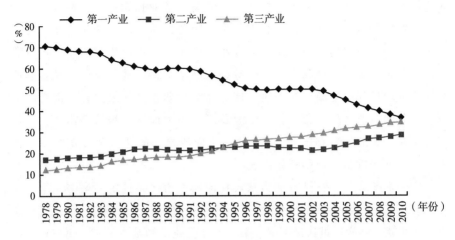

图 1 - 8   中国三次产业就业结构

资料来源：中国统计年鉴。

消费支出中，人均文教支出占消费支出的比重从 1985 年的 2.2% 提高到 2002 年的 9.35%，提高了约 7 个百分点（见图 1 - 9）；人均医疗支出占消费支出的比重从 1995 年的 3.3% 提高到 2002 年的 5.69%，提高了约 2.4 个百分点；人均居住支出从 1985 年的 8.6% 提高到 2002 年的 18.33%，提高了近10 个百分点。云南城镇居民消费支出中，人均文教支出从 1992 年

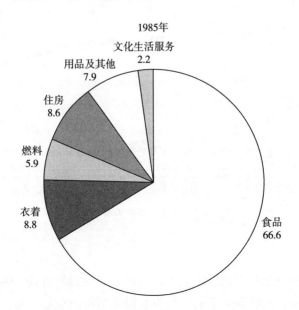

1995年

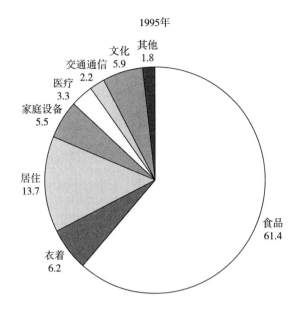

2002年

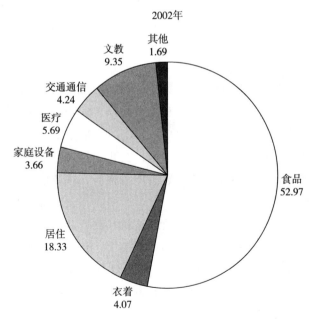

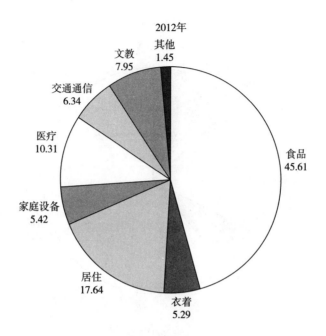

图1-9 云南农村居民消费支出结构（%）

资料来源：《云南统计年鉴》。

的9.73%提高到2002年的14.7%（见图1-10），人均居住支出从1992年的4.78%提高到2002年的7.5%，人均医疗支出从1992年的3.71%提高到2002年的8.0%，人均交通通信支出从1992年的2.79%提高到2002年的10.7%。

作为经济结构核心内容的产业结构，在我国经过十几年的正常化调整后，已初步趋于合理，但经过三年的治理整顿后，在政府主导经济增长的格局下，压抑的投资冲动得到释放，又步入向重型化产业结构的演变。这次演进整体上开始失调，加强了基础设施和基础产业（公路、港口、电力等）投入，虽然具有突破"瓶颈"制约的意义，但投资拉动型增长模式开始形成；以重化工业为主导，钢铁、机械设备、汽车、造船、化工、电子、建材等工业成为经济成长的主要动力。1992~1997年，第一、第三产业增加值同时持续下降，分别降低了2.7、3.4个百分点，第三产业大幅度下降露出了失调的端倪。1997年实现了"软着陆"，延缓了此发展趋势，到2002年第二产业比重只增长0.4%，第三产业增长3.4%，第二产业比重重新向1992的水平靠近（见图1-12）。

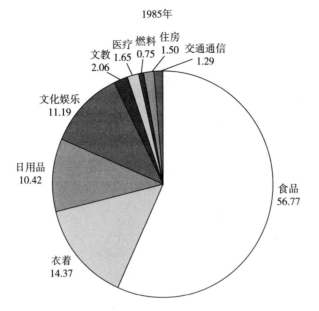

1985年

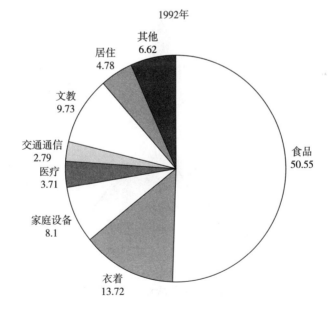

1992年

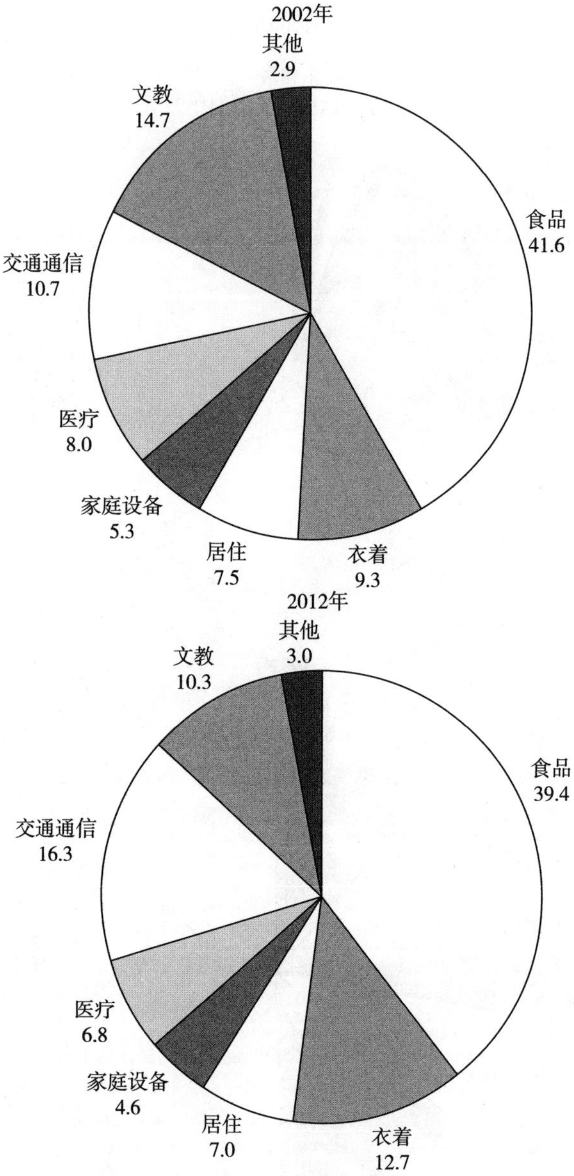

2002年

其他
2.9

文教
14.7

交通通信
10.7

医疗
8.0

家庭设备
5.3

居住
7.5

衣着
9.3

食品
41.6

2012年

其他
3.0

文教
10.3

交通通信
16.3

医疗
6.8

家庭设备
4.6

居住
7.0

衣着
12.7

食品
39.4

图1－10　云南城镇居民消费支出结构（％）

资料来源：《云南统计年鉴》。

云南省也呈现出与全国基本一致的变化态势（见图1－11、图1－12）。1992～1997年云南省第一产业比重继续下降6.4个百分点，1997年为23.8%，第三产业比重下降了3.8个百分点，1997年为30.6%，第二产业比重提高了10.2个百分点，1997年为45.6%。1997～2002年云南省第一产业比重继续下降3.8个百分点，2002年为20.0%，第三产业比重提高了近9个百分点，2002年为39.5%，第二产业比重下降5.2个百分点，2002年为40.4%。

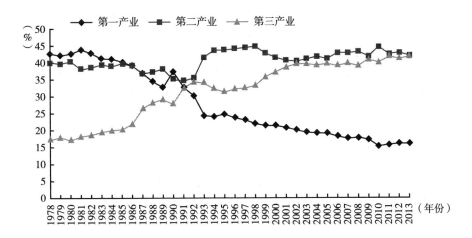

图1-11　云南三次产业结构演进态势

资料来源：《云南统计年鉴》。

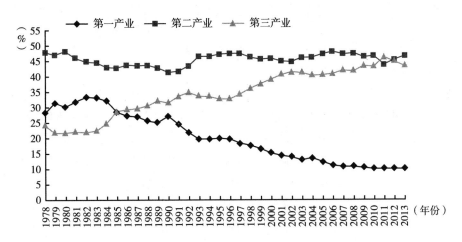

图1-12　中国三次产业结构演进态势

资料来源：《中国统计年鉴》。

此时，我国产业结构与自身相比处于升级阶段，但经济结构已开始扭曲，产业结构与就业结构不协调、收入分配结构扭曲、消费市场与需求结构分化等问题开始显现。中国第二产业结构的偏离度从 1991 年开始上升，第三产业结构的偏离度从 1990 开始上升（图 1－2 可见）。云南在国家产业结构调整导向的影响下，第二产业结构与就业结构的偏离从 1993 年开始上升，第三产业结构与就业结构的偏离从 1990 年开始上升（图 1－3 可见）。从国民收入分配结构看，云南省的收入法地区生产总值结构中，劳动者报酬收入比重从 1985 年开始快速下降（见图 1－13），生产税净额比重在 1992 年快速上升，而固定资产折旧和营业盈余比重虽有波动，但总体上变化不大。

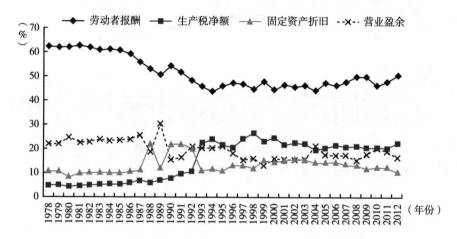

图 1－13　云南省收入法地区生产总值构成

资料来源：《云南统计年鉴》。

这个时期我国为应对亚洲金融危机，加强了对高增长、高通胀的宏观调控，延缓了产业结构与经济结构的进一步失调和扭曲。尽管云南省的产业结构与经济结构一直处于调整与变革中，但经济增长方式开始向资源投入型转化，尤其在政府主导经济增长的机制下，旨在保持经济高速增长的终端目标调节方式，更加突出了短期增长目标的实现而弱化了内在经济质量的提升，主观上对经济增长方式转变未予以足够重视。在客观上，由于保障发展方式转变的市场经济体制还未建立，产业结构调整只是促进了经济增长，不但不利于发展方式转变，而且促进了资源投入型、投资拉动型增长方式的持续。

（四）云南产业结构重型化加剧与经济结构失衡突出阶段（2002～2012）

2000年以后，我国经济克服"疲软"进入新一轮经济增长周期，这一轮经济增长是政府主导经济增长直到2012年的过程。随着我国产业结构进入重型化阶段（图1-6可见），对云南的资源类产品需求不断上升，云南也加大了对矿业、电力等产业的扶持力度，推动云南工业进入高速增长状态。云南轻重工业结构从2002年开始分化（图1-5可见），产业结构重型化开始加剧，2002～2012年规模以上工业年均增长率高达14.1%，2000～2012年轻工业年均增长10.9%，重工业年均增长15.2%，重工业年均增长率比轻工业高4.3个百分点。

轻重工业的发展差距主要体现在2000～2006年（见图1-14），轻工业年均增长6.3%，但重工业年均增长16.3%，重工业比轻工业年均增长高10个百分点。

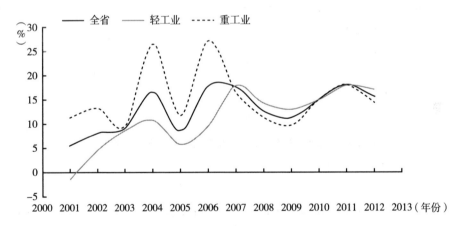

图1-14　2000年以来云南规模以上轻重工业增长态势

资料来源：《云南统计年鉴》。

2000～2006年的重工业发展中，产值比重较高的电力热力的生产和供应业年均增长18.3%，有色金属冶炼及压延加工业年均增长23.7%，化学原料及化学制品制造业年均增长19.3%，黑色金属冶炼及压延加工业年均增长16.9%，有色金属采选业年均增长18.0%，黑色金属采选业年均增长高达34.3%，非金属矿采选业高达22.7%，石油加工、炼焦及核燃料加工业年均增长高达 31.8%, 非金属矿物制品业年均增长 16.7%, 交通运输设备制造业年均增长 30.5% (见图 1-15)。

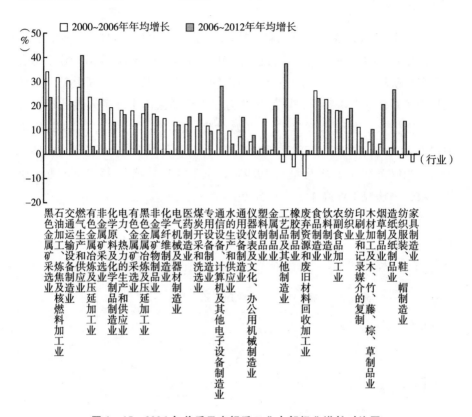

图 1-15 2006 年前后云南轻重工业内部行业增长对比图

资料来源:《云南统计年鉴》。

2000~2006 年的轻工业发展中,产值占绝对比重的烟草制品业年均增长只有 4.4% (见图 1-15、图 1-16),农副食品加工业虽然年均增长 18.3%,但产值地位不高,食品制造业年均增长 26.5%,但产值地位很低,医药制造业年均增长 12.5%,但产值地位也很低。

这个阶段的重化工业在外部推力和内部促进双重作用下的快速发展,不仅挤压了轻工业的发展空间,而且在"国进民退"的大趋势下,使民营经济受到严重冲击,大量的民营企业被挤出采选业、冶金工业、化学工业等在资源经济繁荣时期获利空间大的领域,导致所有制结构进一步失衡。

2007 年爆发的美国次贷危机引发了世界性经济危机,中国出口导向型

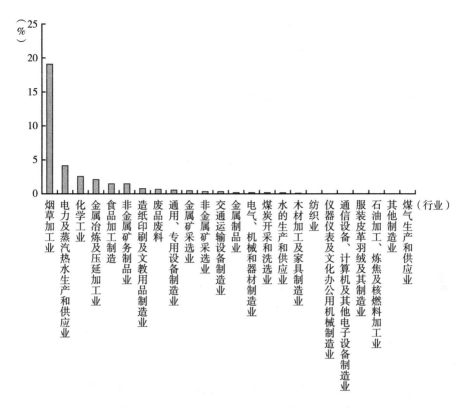

图 1 - 16　2002 年云南工业内部行业增加值占全省生产总值的地位

资料来源:《2002 年云南投入产出表》。

经济发展模式变得不可持续,外需萎缩导致东部、中部地区工业对云南资源型产品需求下降,虽然云南经济对外开放程度不高,但金融危机对云南经济的影响以间接传导的形式冲击着云南失衡的经济结构。云南资源型工业遭遇了严峻的产能过剩,尽管采取了增加储备、淘汰落后产能、强制性节能降耗、提高技术创新等举措来缓解重化工业面临的压力,但持续时间越来越长的世界经济危机对资源型工业的冲击还在延续,2013 年上半年和2014 年云南经济增长乏力是这种矛盾的集中体现。

　　2007 年 10 月召开的"十七大"明确提出"加快经济发展方式的转变",云南也进入了大力发展轻工业、努力提升重化工业素质的进程,努力改变轻重工业失衡的格局。但处于资源型工业发展路径依赖的云南经济"调结构、转方式"的过程十分困难。2006 ~ 2012 年,云南工业年均增长 15.0%,其中轻工业年均增长 15.8%,重工业年均增长 14.1%,轻工业增长开始超过重工业，但轻重工业比例已经严重失衡，2008 年达到极值（图 1-5 可见），轻工业只占全省工业增加值的 25.2%，重工业占工业增加值的 74.8%，虽然近年来开始向合理化转变，但在长期依赖烟草工业、其他轻工业发展严重不足的格局下，轻重工业结构调整与转换的步伐仍然十分缓慢。

虽然我国开始推进发展方式转变，但对抗金融危机的持续影响和云南资源型工业的内部自我循环问题（详见第二部分分析）、投资拉动增长的经济调控路径依赖、与全国同步建设全面小康社会所需的人均生产总值压力，以及传统发展方式所形成的各种体制机制"顽瘴痼疾"和利益固化的"藩篱"，使经济运行在投资效率低下却仍然只能依靠投资拉动来稳增长，产业结构失衡却只能依靠资源型工业来稳存量保增量的格局中，云南经济运行在严重失衡的经济结构之中。

（五）云南经济结构优化与发展方式转变的实质性推进阶段（2012 年以来）

党的"十八大"和十八届三中全会强调通过经济体制改革和发挥市场的决定性作用来推进经济结构的战略性调整以实现经济发展方式的转变，着力解决制约经济结构失衡和发展方式粗放的体制机制障碍和深层次问题。当前，各项制约经济持续健康发展的经济体制改革正在陆续启动。

2014 年 8 月召开的中共云南省委九届八次（扩大）会议通过的《中共云南省委云南省人民政府关于加快工业转型升级的意见》指出，云南省工业经济"规模小、布局分散、市场主体弱、创新能力不足、竞争力不强、部分产能过剩、节能减排任务艰巨、生态环境保护压力加大等深层次问题日益凸显，重工靠资源、轻工靠烟草的发展模式面临严峻挑战，工业仍然是经济发展最薄弱环节，发展方式粗放仍然是工业发展最大制约"，并对优化经济结构、转变发展方式做出了战略部署："深入贯彻落实党的十八届三中全会和省委九届八次全体（扩大）会议精神，坚持科学发展，加快转变经济发展方式，以改革开放为动力，以招商引资和项目实施为抓手，以园区建设为载体，以科技创新为支撑，以政策措施为保障，按照'有扶有控、做强做优、彰显特色、绿色发展'的要求，大力发展轻工业，加快发展新兴产业，调整发展重化工业，积极发展生产性服务业，实现工业发展从过度依赖资源向市场主导转变，从过度依赖重化工业向注重轻工业转变，从资源消耗向创新驱动、低附加值向高附加值、耗能污染向环境友好转变，打造云南工业经济升级版。"从此，云南经济步入了优化经济结构、转变发展方式的实质性推进阶段。

第二节　云南省经济结构失衡与发展方式转变困难的深层次原因

云南省经济结构失衡与粗放型发展方式是在我国经济结构失衡和粗放型发展方式形成过程中形成的，只是程度不同而已，其深层次的原因是一致的。根据钱纳里的工业化与发展阶段理论判断，当前我国处于工业化中期阶段，云南省可判断为处于工业化初期向中期过渡的时期。依据配第－克拉克定理，随着经济的发展和人均国民收入水平的提高，劳动力首先由第一产业向第二产业移动；当人均国民收入水平进一步提高时，劳动力便向第三产业移动。显然云南省的状况不符合配第－克拉克定理，事实是随着第一产业就业人数持续下降，劳动力的转移方向主要是第三产业而非第二产业（图1－7可见）。1992～2012年，第一产业就业虽下降22.6%，但仍高达56.8%，占绝对比重，其中第三产业就业上升了19.0%，而第二产业就业比重只上升了3.6%。按照配第－克拉克定理，在农业就业人口占决定性比重的情形下，劳动力转移方向应主要是第二产业，而云南却是第三产业。按钱纳里的理论判断，云南省当前所处发展阶段的就业应主要集中于第二产业，但云南省第二产业就业比重最高值也仅为13.5%（2012年），反映出严重的结构偏差和经济发展方式难以转变以及经济结构严重失衡的困境。过度工业化、产业结构与就业结构失调是我国更是云南经济发展面临的严峻问题，集约型发展方式只能建立在产业结构合理化、经济结构优化的基础上。当前的工业化进程必须满足两个条件：一是重化工业增长要建立在依靠科技提升效率与合理化重轻工业比重的基础上；二是必须发展第三产业，尤其是生产性服务业和可以提高科学文化水平和居民素质的服务业，这不仅可以提升工业生产效率和提供人力资源，更重要的是可以吸纳由于工业有机构成提高而排挤出的失业人员。但由于传统体制的影响和资源型工业对传统体制的锁定，政企不分、政资不分、政事不分，行政干预仍在经济运行的关键环节起主导作用，而不是市场起决定性作用，甚至形成了计划体制的复归。不断强化的政府主导型运行机制虽然促进了经济高速增长和经济总量的快速扩张，但同时也使产业结构重型化、经济结构失衡与粗放型发展方式产生了强烈的路径依赖，使云南经济面临着优化经济结构、转变发展方式的困境。

（一）特定阶段云南装备制造、非烟类轻工业衰退和资源型产业崛起后的路径依赖

从上述云南省的产业结构演进阶段可以看出，目前云南省的产业结构资源型、重型化特征是 1992 年以后逐步形成的。随着我国东部地区对外开放的深入和我国社会主义市场体制改革方向的确立，东部沿海地区通过大量引进国外先进的装备制造技术、设备，引进外资改造本地的装备制造业和消费品工业，市场竞争力不断增强，而云南省由于地处西部边疆和对外开放滞后等因素的制约，在计划经济时期和改革开放初期所形成的装备制造业和消费品工业开始在激烈的市场竞争中走向衰退。

1993～2002 年，云南省装备制造业中的金属制品业规模以上工业企业数从 1993 年的 371 户萎缩到 2002 年的 49 户，亏损面从 1993 年的 17.8% 上升到 2002 年的 53.1%（见表 1-1、表 1-2）；普通机械制造业规模以上工业企业数从 104 户萎缩到 48 户，亏损面从 18.3% 上升到 56.3%；交通运输设备制造业规模以上企业数从 174 户萎缩到 53 户，亏损面从 14.9% 上升到 47.2%；电气机械及器材制造业规模以上工业企业数从 82 户萎缩到 45 户，亏损面从 13.4% 上升到 31.1%；汽车制造业规模以上工业企业数从 59 户萎缩到 25 户，亏损面从 10.2% 上升到 40%；电子及通信设备制造业规模以上企业数从 21 户萎缩到 8 户，亏损面下降；仪器仪表及文化、办公用品制造业规模以上工业企业数变化不大，但亏损面从 8.7% 上升到 18.2%；日用电器制造业企业数从 1993 年的 7 户萎缩到 2000 年的 1 户，之后消失无统计，自行车制造业在 1997 年后消失无统计。

表 1-1　云南省 1993～2002 年装备制造业规模以上工业企业总数变化

单位：户

年份	1993	1994	1995	1996	1997	1998	1999	2000	2001	2002
金属制品业	371	351	313	288	268	53	49	50	45	49
普通机械制造业	104	114	147	138	124	66	60	56	52	48
日用金属制品业	61	61	57	49	52	8	6	7	7	8

续表

年份	1993	1994	1995	1996	1997	1998	1999	2000	2001	2002
专用设备制造业	195	187	190	188	176	85	76	73	65	77
交通运输设备制造业	174	165	199	187	168	73	57	58	57	53
汽车制造业	59	56	61	58	58	28	25	26	25	25
电气机械及器材制造业	82	81	103	102	102	53	48	46	42	45
日用电器制造业	7	6	4	5	4	2	2	1		
电子及通信设备制造业	21	24	25	21	22	11	8	6	7	8
仪器仪表及文化、办公用品制造业	23	20	33	32	33	13	11	16	15	22
其他制造业	131	125	123	110	98	14	10	4		

资料来源：《云南统计年鉴》。

表 1 – 2 云南省 1993～2002 年装备制造业规模以上企业亏损面

单位：%

年份	1993	1994	1995	1996	1997	1998	1999	2000	2001	2002
金属制品业	17.8	30.2	35.5	33.3	39.6	35.8	28.6	26.0	37.8	53.1
普通机械制造业	18.3	31.6	29.9	33.3	39.5	53.0	50.0	50.0	51.9	56.3
日用金属制品业	23.0	29.5	33.3	34.7	50.0	75.0	50.0	57.1	42.9	62.5
专用设备制造业	14.9	23.0	21.6	21.8	39.8	49.4	53.9	50.7	55.4	58.4
交通运输设备制造业	14.9	35.2	43.7	39.6	48.2	47.9	52.6	41.4	50.9	47.2
汽车制造业	10.2	25.0	45.9	51.7	62.1	53.6	64.0	50.0	60.0	40.0
电气机械及器材制造业	13.4	22.2	29.1	30.4	34.3	39.6	37.5	37.0	40.5	31.1
日用电器制造业	0.0	33.3	25.0	20.0	75.0	50.0	100			
电子及通信设备制造业	33.3	33.3	48.0	42.9	45.5	72.7	62.5	33.3	28.6	12.5
仪器仪表及文化、办公用品制造业	8.7	25.0	39.4	18.8	27.3	46.2	36.4	18.8	40.0	18.2
其他制造业	30.5	32.0	36.6	24.5	30.6	28.6	30.0	50.0		

资料来源：《云南统计年鉴》。

从消费品工业看，食品加工业规模以上工业企业数从 1993 年的 363 户萎缩到 2002 年的 176 户，亏损面从 24.2% 上升到 70.5%（见表 1 – 3、表 1 – 4）；食品制造业企业数从 372 户萎缩到 52 户，亏损面从 41.1% 上升到 50%；饮料制造业企业数从 289 户萎缩到 72 户，亏损面从 39.8% 上升到 55.6%；制茶业企业数从 77 户萎缩到 26 户，亏损面从 44.2% 上升到 65.4%；家具制造业从 138 户萎缩到 4 户，亏损面 28.3% 上升到 50%；纺织业从 114 户萎缩到 20 户，亏损面从 41.2% 上升到 60%；服装及其他纤维制品业企业数从 258 户萎缩到 14 户，亏损面从 27.1% 上升到 35.7%；皮革、毛皮、羽毛（绒）

及其制品业企业数从 96 户萎缩到 5 户，亏损面从 37.5% 上升到 60%；木材加工及竹、藤、棕、草制品业企业数从 129 户萎缩到 41 户，亏损面从 24.8% 上升到 53.7%；木材及竹材采运业企业数从 79 户萎缩到 17 户，亏损面从 11.4% 上升到 23.5%。只有烟草加工业和卷烟制品业变化不大，亏损较少。

表 1-3　云南省 1993~2002 年轻工业规模以上企业总数变化

单位：户

年份	1993	1994	1995	1996	1997	1998	1999	2000	2001	2002
木材及竹材采运业	79	76	96	85	71	54	42	39	27	17
食品加工业	363	358	391	360	320	103	208	188	176	176
食品制造业	372	332	333	308	275	103	78	64	63	52
饮料制造业	289	279	343	325	288	122	97	95	77	72
制茶业	77	78	94	89	81	40	31	25	28	26
烟草加工业	28	25	26	29	25	30	33	26	25	24
卷烟制造业	11	13	14	15	15	14	13	13	13	12
纺织业	114	111	120	112	102	38	27	22	23	20
服装及其他纤维制品业	258	221	193	178	170	20	16	18	14	14
皮革、毛皮、羽毛（绒）及其制品业	96	93	99	102	90	19	9	7	5	5
木材加工及竹、藤、棕、草制品业	129	136	213	195	173	70	55	48	45	41
家具制造业	138	125	117	102	83	13	12	8	6	4
造纸及纸制品业	125	134	149	149	148	72	63	56	53	57

资料来源：《云南统计年鉴》。

表 1-4　云南省 1993~2002 年轻工业规模以上企业亏损面

单位：%

年份	1993	1994	1995	1996	1997	1998	1999	2000	2001	2002
木材及竹材采运业	11.4	11.8	15.6	20.0	33.8	40.7	47.6	25.6	25.9	23.5
食品加工业	24.2	23.7	26.6	43.1	58.1	47.6	75.0	52.7	47.2	70.5
食品制造业	41.1	42.8	47.4	40.6	42.5	47.6	47.4	56.3	50.8	50.0
饮料制造业	39.8	43.4	46.9	44.6	51.7	60.7	57.7	53.7	57.1	55.6
制茶业	44.2	52.6	46.8	43.8	53.1	62.5	54.8	52.0	53.6	65.4
烟草加工业	17.9	16.0	7.7	17.2	8.0	20.0	15.2	15.4	12.0	4.2
卷烟制造业	0.0	7.7	0.0	0.0	0.0	14.3	15.4	7.7	0.0	8.3
纺织业	41.2	30.6	42.5	50.0	62.7	60.5	63.0	40.9	56.5	60.0
服装及其他纤维制品业	27.1	36.7	38.9	37.6	40.0	20.0	37.5	33.3	35.7	35.7
皮革、毛皮、羽毛（绒）及其制品业	37.5	51.6	50.5	49.0	48.9	57.9	55.6	28.6	40.0	60.0

续表

年份	1993	1994	1995	1996	1997	1998	1999	2000	2001	2002
木材加工及竹、藤、棕、草制品业	24.8	30.1	36.2	40.5	48.0	52.9	61.8	60.4	53.3	53.7
家具制造业	28.3	31.2	37.6	32.4	37.3	30.8	16.7	37.5	33.3	50.0
造纸及纸制品业	28.0	43.3	35.6	32.9	40.5	37.5	25.4	25.0	32.1	42.1

资料来源：《云南统计年鉴》。

从资源型重化工业看，大部分资源型工业得到了快速扩张，尽管这个时期经历了市场化改革取向的兼并重组，但各行业的企业缩减规模要远低于轻工业。有色金属冶炼及压延加工业企业数从 94 户扩大到 100 户，亏损面从 34% 上升到 37%；石油加工及炼焦业企业数从 5 户扩大到 11 户，亏损面从 40% 上升到 45%；化学原料及化学制品业企业数从 293 户缩减到 207 户，亏损面从 28.7% 上升到 41.5%；黑色金属矿采选业企业数从 47 户缩减到 7 户，亏损面从 23.4% 下降为 20%；有色金属矿采选业企业数从 163 户缩减为 46 户，亏损面从 33.7% 下降为 32.6%；黑色金属冶炼及压延加工业企业数从 95 户缩减到 60 户，亏损面从 14.7% 上升到 38.3%；煤炭采选业企业数从 229 户缩减到 61 户，亏损面从 42.8% 上升到 44.3%（见表 1-5、表 1-6）；化学矿采选业企业数从 1995 年的 43 户缩减为 12 户，亏损面从 30.2% 上升到 58.3%。

表 1-5 云南省 1993~2002 年资源型重化工业企业总数变化

单位：户

年份	1993	1994	1995	1996	1997	1998	1999	2000	2001	2002
煤炭采选业	229	227	279	256	235	81	68	63	63	61
黑色金属矿采选业	47	37	49	33	35	9	7	6	9	10
有色金属矿采选业	163	157	214	178	139	58	53	57	50	46
化学矿采选业	0		43	47	47	22	16	16	14	12
非金属矿采选业	106	106	120	119	110	42	35	29	29	22
石油加工及炼焦业	5	6	14	13	14	6	8	10	10	11
化学原料及化学制品	293	305	374	361	342	202	187	187	194	207
基本化学原料制造业	106	100	131	118	113	61	58	60	58	67
化学肥料制造业	70	76	84	82	80	62	61	64	65	66
日用化学品制造业	43	47	56	51	44	26	21	20	21	24
医药制造业	66	65	88	87	93	69	67	68	73	78

续表

年份	1993	1994	1995	1996	1997	1998	1999	2000	2001	2002
非金属矿物制品业	596	605	705	661	612	266	250	247	228	227
水泥制造业	138	156	183	180	181	186	175	175	170	166
黑色金属冶炼及压延加工业	95	124	170	144	138	76	52	48	46	60
有色金属冶炼及压延加工业	94	94	159	148	132	67	63	66	78	100

资料来源:《云南统计年鉴》。

表 1-6　云南省 1993～2002 年资源型重化工业企业亏损面

单位:%

年份	1993	1994	1995	1996	1997	1998	1999	2000	2001	2002
煤炭采选业	42.8	38.8	46.2	39.1	42.6	34.6	39.7	49.2	46.0	44.3
黑色金属矿采选业	23.4	24.3	24.5	24.2	28.6	33.3	28.6	50.0	22.2	20.0
有色金属矿采选业	33.7	24.2	30.8	36.0	33.8	37.9	28.3	21.1	28.0	32.6
化学矿采选业	0.0	0.0	30.2	21.3	34.0	18.2	25.0	31.3	28.6	58.3
非金属矿采选业	28.3	35.8	27.5	20.2	26.4	21.4	20.0	31.0	31.0	50.0
石油加工及炼焦业	40.0	33.3	57.1	38.5	42.9	50.0	75.0	50.0	30.0	45.5
化学原料及化学制品业	28.7	37.0	32.6	32.7	49.1	42.6	48.1	46.5	42.3	41.5
基本化学原料制造业	29.2	41.0	38.9	37.3	58.4	65.6	65.5	60.0	48.3	61.2
化学肥料制造业	30.0	32.9	20.2	26.8	45.0	40.3	42.6	50.0	47.7	36.4
日用化学品制造业	20.9	38.3	33.9	31.4	36.4	23.1	38.1	35.0	28.6	25.0
医药制造业	21.2	16.9	37.5	31.0	46.2	27.5	23.9	23.5	23.1	28.2
非金属矿物制品业	18.1	24.6	35.9	36.5	22.7	43.6	48.8	47.8	50.9	46.7
水泥制造业	2.9	12.2	30.1	41.1	40.3	42.5	52.0	51.4	51.2	51.2
黑色金属冶炼及压延加工业	14.7	33.9	55.9	45.8	44.9	53.9	59.6	43.8	45.7	38.3
有色金属冶炼及压延加工业	34.0	20.2	37.7	45.3	43.9	52.2	39.7	40.9	44.9	37.0

资料来源:《云南统计年鉴》。

从以上数据可以看出,在 1992～2002 年这个全国产业结构开始重返重型化阶段,云南省的产业经过了激烈的变化,装备制造业萎缩最快,轻工业也在不断萎缩,而资源型重化工业则在产业整合中进一步强化。

(二) 投资拉动型增长模式强化了资源型、重型工业的内部自我循环

在政府主导经济增长的宏观背景下,产业结构陷入资源型、重型化后,国民经济运行中产业间的技术经济联系减弱,轻重工业之间的联系减弱,资源型工业和重型工业进入自我循环模式。所谓资源型工业和重型工业的内部自我循环是指：资源型工业和重型工业的生产与消费需求无关，资源型工业和重型工业的产业门类或产业群依靠内部交换而存在，即使没有这些产业部门存在，也不会对生活消费品生产带来太大的负面影响。由于是通过政府主导型运行机制来将消费品工业分配给重化工业部门，获得分配的资源型工业和重化工业不必考虑其他产业或消费者对其产品的需求。政府通过投资形成了对资源型、重型工业产品消耗的特定需求。制度决定激励结构，激励结构决定行为特征。当资源型重型工业的生存是依靠政府的维护时，其激励来源就是政府而非市场，企业就会努力去获取政府的支持而不是去实现其产品对其他产业和消费者需求的满足。

凯恩斯理论为这种经济运行模式提供了理论支持，凯恩斯发现了市场的缺陷，但他提出的危机应对举措主要是通过投资创造需求，通过政府创造财富。财富必须通过劳动创造，无论是体力劳动还是脑力劳动，没有任何其他捷径。当投资创造的需求偏离了其他产业和消费者对其产品的需求时，就只能依靠政府创造需求来延续这种自我循环模式，最终使经济运行变得不可持续。在我国的宏观调控为保持经济高速增长而习惯于投资拉动型增长举措后，所创造的对资源型、重型工业产品的需求成为云南资源型、重型工业发展的重要动力，依靠资源供给和低成本劳动力支撑，形成了云南的资源型、重型工业具有竞争优势[①]的假象。

经济危机是市场偏离出清状态的调整。经济结构偏离出清状态越远，调整的力度越大，调整力度越大，对经济社会的冲击也就越强。如果应对经济危机的措施妨碍这种调整，就必然使经济结构长久地偏离市场出清状态，从而造成经济结构失衡的产业也必然成为自我循环的经济主体。

（三）云南省的资源型、重型工业被脱离省内产业关联

2000 年，中国成功加入了世界贸易组织，使 2000 年以后的中国经济真正融入经济全球化潮流之中。经济全球化的一个典型特征就是发达国家的跨国公司通过将可流动的资本、技术、信息、先进管理、专利、品牌等高级生产要素投入东道国，与东道国不可流动的土地、劳动力、自然资源、环境等初级生产要素结合，实现生产要素的全球配置，将东道国的生产纳入全球产

---

① 在全球化经济学中，竞争力不等于竞争优势，如我国出口产品有竞争力，但还不能说我国具有竞争优势。详见张幼文等著的《要素流动——全球化经济学原理》，人民出版社，2013。

业链之中。要素流动代替商品流动成为经济全球化的主要推动力，国际直接投资通过贸易创造和贸易转移带动了国际贸易规模的扩大。在要素分配中，发达国家拥有的高级生产要素获得高收益分配而发展中国家拥有的不可流动要素获得低收益分配（见图 1 - 17）。跨国公司通过要素流动在全球范围内配置生产要素，将产业链的不同环节安排在世界各地，通过产业链不同环节的贸易来维系全球产业链。因此，在全球化状态下，一个国家具有某些产品的出口优势，不代表这个国家拥有制造这些产品的竞争优势。

我国的资源型与重型工业除存在内部自我循环的特征外，还存在割裂国内产业关联、依赖跨国资源配置的外循环特征。改革开放以来，我国为了引进发达国家的资本、技术等高级生产要素，率先在沿海地区以发展加工贸易等方式融入全球生产网络，东部沿海地区通过吸纳国内低成本的劳动力，利用土地优惠政策，消耗生态环境，在跨国公司的全球产业链中被安排在加工制造环节，通过"两头在外"与国外的生产与需求紧密联系，但脱离了国内的产业关联，也基本脱离了国内消费者的需求。这种外循环模式在中国加入 WTO 后得到强化，中国的轻重工业结构分化从 2000 年开始呈快速扩大的态势（图 1 - 6 可见），充分说明了中国在经济全球化的全球产业链中被锁定在资源型、重型加工制造环节的特征。

东部沿海地区的这种开放模式不断在中西部地区被学习、被模仿、被复制。地处内陆边疆的云南省由于高昂交通运输成本的制约，不是跨国公司实施国际直接投资的首选区位，所以云南省长期以来实际利用外资尤其是发达国家的直接投资比较有限。但我国的大型国有企业以类似于跨国公司在全球配置生产要素构建全球产业链的模式，在全国各地投资设厂，利用各地的优势发展产业链的不同环节，云南省早期利用自然资源优势所建立的资源型工业在"央企入滇"、国内企业兼并重组等战略的实施过程中被不断整合，资源型、重型工业为主的产业结构被强化，资源型、重型工业即使在省内装备制造业不断衰落的情况下也得到了快速发展，资源型、重型工业的发展逐步脱离了与省内其他产业之间的联系和消费者的需求，这种强化即使在省内资源丰度下降（如高品位矿藏不断减少、低品位矿和复杂难选矿增多）的情况下，仍然通过进口矿产资源、输出冶金产品（见表 1 - 7）等外循环方式得以维持。直至金融危机对我国东部沿海地区的影响传递到云南后，云南省的资源型、重型工业企业大面积效益下滑、产业不可持续的困境才在 2013 年上半年集中显现。

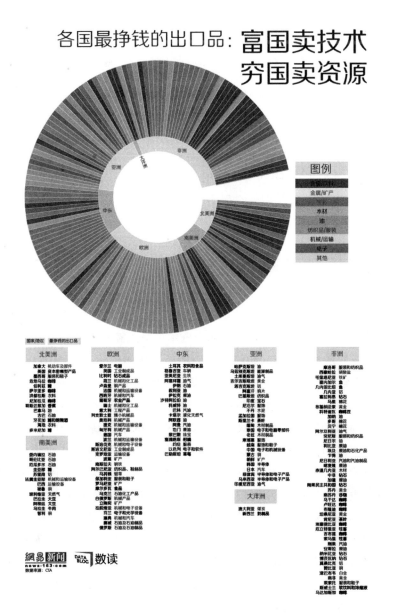

图 1-17　各国具有竞争优势的产业部门

资料来源：转引自网易数读网站。

表 1-7　云南省资源型工业产品调入调出情况

单位：亿元

冶金工业				石油化工业			
年份	调出	调入	净调入	年份	调出	调入	净调入
2002 年	82.93	106.95	24.02	2002 年	39.99	211.58	171.58
2007 年	1195.42	206.43	-988.98	2007 年	191.16	494.16	303
2010 年	1148.3	284.48	-863.82	2010 年	124	344.08	220.09
采掘业				非金属矿物制品业			
年份	调出	调入	净调入	年份	调出	调入	净调入
1997 年	4.45	27.51	23.07	2002 年	0.6486	22.6092	21.9606
2000 年	1.44	42.86	41.42	2007 年	7.6794	50.4673	42.7879
2002 年	1.59	25.96	24.36	2010 年	3.7531	67.0871	63.334
2007 年	14.23	575.95	561.72				
2010 年	20.92	626.71	605.79				

资料来源：《云南省投入产出表》。

从需求结构中投资需求对云南各产业部门的生产诱发系数可以看出这种隔离关系（见表 1-8）。云南省的固定资本形成总额对国民经济 42 个产业部门的生产诱发系数 2002 年为 0.761，2007 年为 0.983，2010 年为 0.961（见图 1-18）。从与全国的比较看，云南省的固定资本形成总额的生产诱发系数远低于全国平均水平，只有全国平均水平的 1/3。中国固定资本形成总额对国民经济 42 个产业部门的生产诱发系数从 2002 年的 2.435，提高到 2007 年的 2.722。

云南省的固定资本形成总额对国民经济 42 个产业部门中促进作用最大的是建筑业，生产诱发系数为 0.474（2010 年），其次是金属冶炼及压延加工业，生产诱发系数为 0.131，处于第三位的是对农林牧渔业生产的带动，生产诱发系数为 0.096，第四位是交通运输设备制造业，生产诱发系数为 0.066，第五位是批发和零售业，生产诱发系数为 0.055。而对纺织服装鞋帽皮革羽绒及其制品业、金属矿采选业、交通运输及仓储业等 9 个以省外调入为主的产业的生产诱发系数为负值，可以看出带动的是省外的生产，并对本省的这些弱质产业形成竞争。

从 2007 年细分的 144 个产业部门看，云南省的固定资本形成总额对国民经济 144 个产业的生产诱发系数合计为 -0.075，也就是说整体上对省内产业没有促进作用，而是促进了省外产业发展，并形成了对省内产业的竞争，其中促进作用最大的是房屋和土木工程建筑业，生产诱发系数为

0.457，其次是对纺织服装、鞋、帽制造业的促进作用较大，生产诱发系数为 0.139，第三是对钢压延加工业有促进作用，生产诱发系数为 0.077，之后还对汽车、林业、畜牧业、其他专用设备等 59 个产业有促进作用，而对 144 个部门中 73 个产业的生产诱发系数是负值。反映出云南省的投资需求对众多产业都没有直接的促进作用。

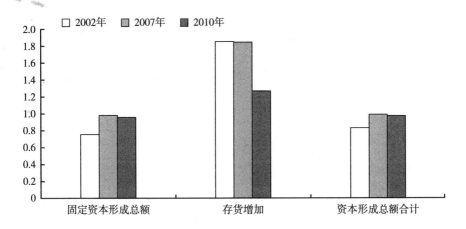

图 1 - 18　云南省投资需求对国民经济 42 个产业部门的生产诱发系数

从依赖度系数看，云南省 42 个产业部门对固定资本形成总额的平均依赖度系数为负值，且不断扩大，从 2002 年的 - 1.804，缩小到 2007 年的 - 1.226，2010 年又扩大到 - 2.475，从与全国平均水平的比较看，远低于全国平均水平。中国 2002 年 42 个产业部门对固定资本投资需求的平均依赖度系数为 0.283，2007 年提高到 3.391。云南省的 42 个产业部门对固定资本投资需求的平均依赖度系数为负值，是由于部分行业的依赖度系数负值太大所致，体现出结构性问题。

按 42 部门划分的云南省各产业中，对固定资本形成总额依赖程度最高的仍然是纺织业，依赖度系数达到 12.674（2010 年），其次是交通运输设备制造业，依赖度系数为 2.079，第三是通用、专用设备制造业，依赖度系数为 1.283，第四是建筑业，依赖度系数为 0.959，处于第五位的是非金属矿物制品业，依赖度系数为 0.737。42 个产业门类中共有 33 个部门对固定资本投资需求有不同程度的依赖，而纺织服装鞋帽皮革羽绒及其制品业、通信设备制造业、电气机械及器材制造业等 9 个行业对固定资本形成总额的依赖度系数为负值，尤其是纺织服装鞋帽皮革羽绒及其制品业达

- 121.88，导致 42 个部门的平均依赖度系数为负值。

按 144 个产业部门划分的云南国民经济各行业对固定资本形成总额的平均依赖度系数为 - 41.136，对固定资本形成总额依赖程度最高的是纺织服装、鞋、帽制造业，依赖度系数为 150.181，第二是起重运输设备制造业，依赖度系数为 27.749，第三是涂料、油墨、颜料及类似产品制造业，依赖度系数为 14.265，第四是化工、木材、非金属加工专用设备制造业，依赖度系数为 5.186，第五是其他专用设备制造业，依赖度系数为 3.562。144 个产业部门中有 61 个产业部门对固定资本形成总额有依赖，而针织品、编织品及其制品制造业，纺织制成品制造业，毛纺织和染整精加工，其他交通运输设备制造业等 69 个产业对固定资本形成总额的依赖度系数为负值，尤其针织品、编织品及其制品制造业对固定资本形成总额的依赖度系数负值达 - 4017.332，纺织制成品制造业对固定资本形成总额的依赖度系数的负值达 - 2059.726，造成 144 个部门对固定资本形成总额依赖度系数为负值的格局。

从重点行业看，增加值比重较高的行业中，建筑业是受固定资本形成总额促进作用最大的行业，生产诱发系数和依赖度系数都很高。农林牧渔业、批发和零售业、金属冶炼及压延加工业、电力（电力、热力的生产和供应业）、房地产业、化学工业、租赁和商务服务业等也是对固定资本形成总额依赖程度较大的产业，生产诱发系数相对较大，而依赖度系数更高（见表 1 - 8）。

表 1 - 8　云南省 2010 年重点行业对固定资本形成的生产诱发系数和依赖度系数

产业	生产诱发系数	依赖度系数	产业	生产诱发系数	依赖度系数
农、林、牧、渔业	0.096	0.278	化学工业	0.031	0.169
食品制造及烟草加工业	0.006	0.020	住宿和餐饮业	0.005	0.067
批发和零售业	0.055	0.314	交通运输及仓储业	- 0.016	- 0.222
建筑业	0.474	0.959	煤炭开采和洗选业	0.011	0.156
金属冶炼及压延加工业	0.131	0.325	信息传输、计算机服务和软件业	0.011	0.179
金融业	0.023	0.199	卫生、社会保障和社会福利业	0.001	0.012
公共管理和社会组织	0.000	0.003	金属矿采选业	- 0.027	- 0.451
电力、热力的生产和供应业	0.034	0.179	租赁和商务服务业	0.015	0.260
教育	0.001	0.010	居民服务和其他服务业	0.002	0.088
房地产业	0.025	0.405	综合技术服务业	0.006	0.247

资料来源：云南省 2010 年投入产出延长表。

综合以上分析看，扩大固定资本投资对云南省各产业的促进作用远小于全国平均水平，促进作用较大的只有建筑业和金属冶炼及压延加工业，对其他产业的促进作用小，尤其对纺织服装、金属矿采选业、交通运输及仓储业等产业的诱发系数为负值，带动的是省外相应产业的发展。

（四）政府主导型经济运行机制强化了粗放型发展方式

虽然 2002 年召开的"十六大"明确指出我国社会主义市场经济体制初步建立，但市场在资源配置中的决定性作用和地位还没有形成，我国仍然处于计划经济体制向市场经济体制转轨的时期。社会主义市场经济体制是中国开创的道路，并无可资借鉴的经验与教训，更无现成的理论可以遵循，尤其是在政府与市场的关系、政府的宏观调控思路与手段等方面在"十六大"和"十七大"期间并没有明确的顶层设计，是以"摸石头过河"的方式不断探索、不断实践，其中必然会有偏差或向旧体制复归等问题。面对 1999 年我国经济增速下滑，政府采取的措施不是深化市场化取向的改革，也没有着力解决产业结构偏差引致的需求结构失衡、收入结构失衡等问题，而是在传统的调控方式下依循以扩大投资为主、刺激消费为辅的传统路径，以政府创造需求的模式使中国经济保持在高速增长的轨道上，形成了强有力的政府主导型运行机制。政府主导型运行机制是在国有企业比重偏高而市场活力不足、金融改革滞后而国有银行在金融领域占绝对主体地位、资源和环境缺乏市场定价机制等背景下被强化的。

政府主导型运行机制使资本、技术、资源、土地等生产要素被锁定、被控制、被垄断。

首先，政府主导型运行机制使政府支配金融资源，国有银行垄断金融市场，干预信贷，支配投资，管制资源，压制资源价格。在政府主导型机制下，政府主动创造的需求中，投资项目大多与原材料、基础设施和生产资料有关。由于资源管制与重工业内部循环的特点，这些项目可以低成本连续追加投资吸收前期产品，使其难以遏制投资冲动，导致我国经济增长过度依赖投资，与低技术水平结合，维持着粗放型发展方式和粗放型高增长。2000 年以来，我国工业尤其是原材料、高能耗重化工业增长过度，工业结构重型化问题越来越突出，对能源、金属与非金属矿物需求过旺，再加上政府管制资源与竞争机制不足，导致我国工业技术水平较低，传统产业、低技术含量和低附加值的产业仍占主导地位，不少企业满足于通过买技术、进设备，获得低附加值的短期效益，使高技术产业发展相对滞后，装备制造业水平不高，造成资源利用率低，浪费严重。随着国内资源的加速消耗，在 2004 年我国就有约 50% 的铁矿石和铜矿石、33% 的铝土矿、40% 的原油和 44% 的木材依靠进口解决。这种模式使我国资源难以承受，而且大量进口也增大了相关产业的国际市场依存度，诱发世界市场不断提升国际资源价格和国际海运价格，对我国的经济安全造成负面影响。低技术水平的工业高增长必定伴随着高排放和高污染，使我国生态环境面临严峻挑战，我国废弃物排放水平大大高于发达国家，每增加单位 GDP 所增加的废水排放量比发达国家高 4 倍，单位工业产值产生的固体废弃物比发达国家高 10 多倍。

依靠固定资产投资推动的高增长必然导致上游资产价格攀升，由于资源管制，投入成本低，国有垄断企业获得高利润，少数国有企业职工获得高收入，而下游中小型企业大部分是民营企业，资产价格提升提高了生产成本，又由于国有银行对金融市场的垄断，民营企业融资、筹资难（见图 1 - 19），压缩了利润空间，导致民营经济和个体私营经济投资严重不足，发展缓慢，降低了就业弹性较高的轻工业的吸纳能力，大部分农村劳动力和因"减员增效"而失业的原国有企业职工难以在第二产业就业。从云南省的产业结构看，资源型、重型化的工业是资本密集型产业，在不断的资本深化中对劳动力的排斥比较强，这是我国劳动力转移违背配第－克拉克定理的重要原因。

在这样的格局中，云南省主导产业的属性特征决定了云南省的政府主导型经济运行机制对产业结构失衡的影响程度要强于全国平均水平。

从投资结构看，云南省国有经济投资在全社会固定资产投资中的比重一直高于全国平均水平，1992 年以后这个问题更加显著（见图 1 - 20），最为突出的是 2010 年，国有经济投资在全社会固定资产投资中的比重比全国高 17.3 个百分点。但个体私营经济投资比重则远低于全国平均水平（见图 1 - 21），虽然 1999 ~ 2004 年云南省的个体私营经济在全社会固定资产投资中的比重高于全国平均水平，但 2005 年以后大幅度下降，尤其是 2011 和 2012 年所占比重不足 2%，全国则高达 27% 左右，差距相当显著，反映出云南市场经济活力严重不足的局面。

从所有者权益中的实收资本①看，云南规模以上工业企业所有者权益中

---

① 实收资本即发行资本，指股东实际将现金或实物投入公司的资本额，是指投资者按照企业章程或合同、协议的约定，实际投入企业的资本，它是企业注册登记的法定资本总额的来源，它表明所有者对企业的基本产权关系。

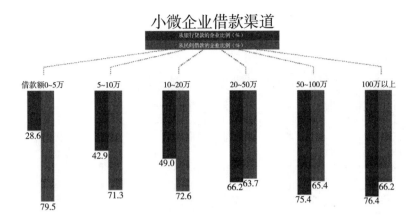

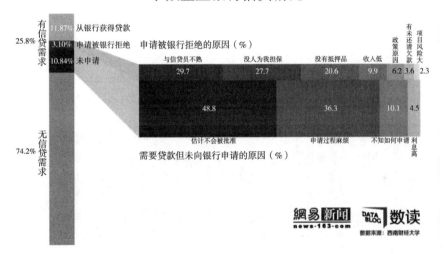

图 1 – 19　中国小微企业融资难现状

资料来源：网易读数网页

的实收资本中，国家资本比重远高于全国平均水平（见图 1 – 22），2011 年云南规模以上工业企业的国家资本占实收资本的比重为 20.3%，而港澳台资本和外商资本却只占 2.1% 和 3.2%，而全国规模以上工业企业的国家资本占实收资本的比重为 15.6%，港澳台资本和外商资本却占到 7.4% 和 13.7%。其中：云南省重工业企业的国家资本占实收资本的 22.7%，高于全国平均水平，港澳台资本和外商资本只占 1.2% 和 2.9%，远低于全国平均水平；云南省轻工业企业的国家资本占实收资本的比重高于港澳台资本和外商资本，但全国轻工业企业的国家资本占实收资本的比重低于港澳台资本和外商资本。

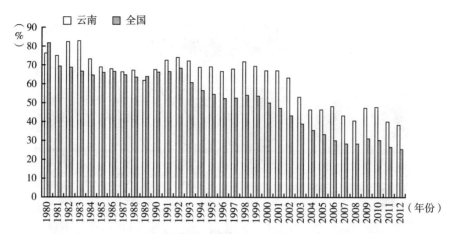

图1-20 云南省和全国国有经济投资占全社会固定资产投资比重对比

资料来源:《中国统计年鉴》、《云南统计年鉴》。

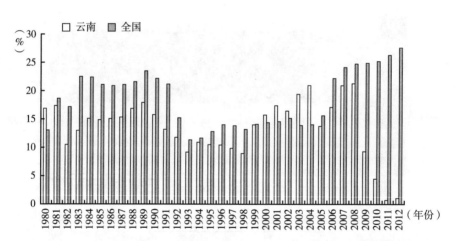

图1-21 云南省与全国的个体私营经济投资占全社会固定资产投资的比重对比

资料来源:《中国统计年鉴》《云南统计年鉴》。

云南省的黑色金属矿采选、有色金属矿采选和非金属矿物采选业企业实收资本中国家资本的比重高达44.36%,比全国平均水平高14.5个百分点;云南省的黑色金属冶炼及压延加工业和有色金属冶炼及压延加工业企业实收资本中国家资本的比重为11.5%,全国平均水平只有9.6%;云南省的化学原料及化学制品业和化学纤维制造业企业实收资本中国家资本比重高达24.2%,全国只有10.6%,而外商资本所占比重全国达到20.4%,云南只有5.4%。反映出云南省的矿业、冶金和化工业中国有资本占据垄断地位(见图1-23)。

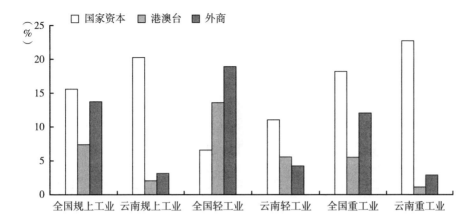

图 1-22　2011 年云南和全国规上工业、轻工业和重工业企业的实收资本结构

资料来源：《中国工业统计年鉴 2012》。

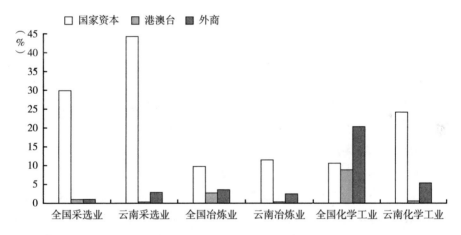

图 1-23　2011 年云南和全国采选业、冶炼业和化学工业企业的实收资本结构

资料来源：《中国工业统计年鉴 2012》。

　　云南省不但资源型、重型工业以国有经济为主，金属制品业和装备制造业等产业的国有资本比重也高于全国平均水平（见图 1-24），云南省的金属制品业企业国有资本占实收资本的比重为 12.5%，比全国平均水平高 8.1 个百分点，而港澳台资本所占比重只有 1.5%，比全国平均水平少 10 个百分点，几乎没有外商资本，而全国平均的外商资本比重是 16.5%；云南省的装备制造业企业国有资本占实收资本的比重为 39.1%，比全国平均

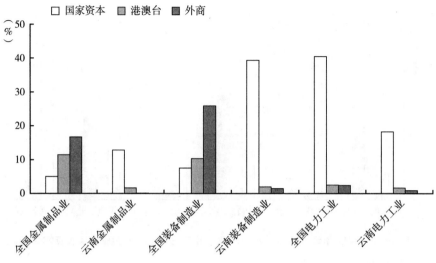

图1-24 2011年云南和全国金属制品业、装备制造业和电力工业企业的实收资本结构

资料来源:《中国工业统计年鉴2012》。

水平高31.8个百分点,而港澳台资本和外商资本比重只有1.8%和1.2%,分别比全国平均水平低8.2和24.3个百分点。

云南工业和资源型、重型工业中国有投资和国有资本比重高于全国平均水平反映出云南省具有比全国平均水平更强的政府主导型经济运行机制,在资源型、重型工业体系中更容易形成垄断,对非国有经济的约束和控制力更强,市场经济的活力也更弱。

其次,政府主导型运行机制使土地要素被控制、被垄断。伴随着城市化进程的加快和房地产热,在投资拉动型增长模式的推动和地方财权与事权不匹配所诱发的土地财政的驱动下,政府主导型运行机制使政府更注重控制土地,低价收购农民土地后高价配置,造成了收入差距的扩大和人口城镇化的严重滞后。一方面少部分高收入阶层推动轿车等高档消费品持续升温,购房炒房,推动房地产业过热;另一方面大量普通消费品滞销,价格难以提升,造成生产资料、消费资料的市场分化。一方面生产资料投资需求过旺,另一方面普通消费资料市场萎靡不振。在这样的失衡格局下,保持经济高速增长只能依靠投资,投资成为经济增长的主要动力,尤其是2011年和2012年云南省的房地产投资占全社会固定资产投资的比重远超过其他行业(见表1-9),我国的资本形成率不断提高,云南省的资本形成率更是高达87%。

表 1 - 9　云南省各行业投资占全社会固定资产投资的比重

单位：%

行业＼年份	2003	2004	2005	2006	2007	2008	2009	2010	2011	2012
农、林、牧、渔业	2.9	3.0	3.2	3.8	2.6	6.4	5.5	3.2	2.5	1.9
采矿业	4.0	4.2	3.6	1.8	4.6	6.3	5.4	4.5	4.4	4.9
制造业	10.8	13.5	13.0	13.0	11.4	16.1	16.5	13.7	14.5	16.0
电力、燃气及水的生产和供应业	21.1	19.4	15.1	10.5	19.0	23.1	20.3	13.7	12.8	12.6
建筑业	0.1	0.2	0.1	0.3	0.7	1.0	0.1	0.1	0.1	0.1
交通运输、仓储和邮政业	20.1	22.0	19.0	22.0	14.6	13.6	15.6	17.7	13.6	10.7
信息传输计算机服务和软件业					2.0	2.3	1.8	0.9	0.8	0.8
批发和零售业					1.4	2.7	3.1	2.2	4.1	3.1
住宿和餐饮业					0.8	1.2	1.1	1.2	1.6	2.0
金融业					0.2	0.2	0.2	0.1	0.1	0.1
房地产业	17.1	15.3	17.2	13.7	18.5	3.8	4.9	19.5	24.0	30.2
租赁和商务服务业					0.2	0.5	0.5	0.4	0.3	0.7
科学研究、技术服务和地质勘查业					0.5	0.3	0.3	0.5	0.5	0.4
水利、环境和公共设施管理业					7.1	12.0	14.8	11.4	9.7	10.1
居民服务和其他服务业					0.1	0.2	0.2	0.1	0.2	0.3
教育					2.1	2.6	3.5	3.3	2.0	2.4
卫生、社会保障和社会福利业					0.6	1.0	1.4	1.2	1.3	0.9
文化、体育和娱乐业					0.9	1.3	1.4	0.9	1.6	1.5
公共管理和社会组织					5.3	5.4	3.4	1.9	1.9	1.6

资料来源：《云南统计年鉴》。

再次，政府主导型运行机制使利润被控制、被垄断。在以国有经济为主的经济体系中，国有企业成为经济增长的主要动力，政府要保持经济的高速增长，只能主要依靠国有企业。云南省的资源型、重型工业以国有企业为主，国有企业在政府追求高增长的驱动下，依靠政府的力量，完成了对矿山等省内资源的垄断，不但造成了资源的过度消耗，而且获取了高额垄断利润，也挤压了民营企业发展的空间。

最后，政府主导型运行机制使政府垄断现代服务业，抑制第三产业深入发展，降低其就业吸纳能力，导致了产业结构与就业结构的持续失调。新增劳动力和农村剩余劳动力主要集中在流通领域和餐饮、家政等生活性服务领域，而金融、保险、咨询、技术服务、风险基金等生产性服务业大部分被垄断。为提高科学文化水平和居民素质服务的部门，包括教育、文化、广播电视事业，卫生和社会福利事业等也几乎完全被行政垄断。就业状况恶化以及我国社会保障制度严重落后，直接导致收入分配结构扭曲。在城市中，2011 年中国城市家庭资产 10 万元以下的占 18.99%，家庭资产超过均值的仅占 14.30%，中国最高收入 10% 的家庭在总收入中的比例为 57%，最高收入 5% 的家庭收入占总收入的 44%。① 城乡居民之间、城市居民之间、行业之间、地区之间、不同所有制职工之间的收入差距进一步扩大，我国基尼系数已远超过公认的警戒线。除了地理位置、历史文化和效率因素外，失业、垄断、管制、高投资、特权、腐败是造成收入差距扩大的重要原因。如信贷资源实行垄断配置，高投资产生所谓按资本贡献率分配的高福利与高收入；垄断部门利用自己对市场或公共资源的垄断权力取得高额收入，并在住房、医疗卫生等方面获得"隐性福利"。这种政府管制资源与国有企业垄断资源相结合主导的运行机制，必然激发经济以高投入、高产值、低效率追求短期经济增长，推动形成资源型、重型化的产业结构与粗放型的发展方式。

由于资源型、重型工业的内部循环特征，在生产资料产能过剩的情况下，可以依靠投资需求，通过加大固定资产投资来消化，这又会推动资产价格持续提升，造成新一轮产能过剩；而过剩的流动性资金又主要流入股市、房地产领域，推动了经济的泡沫化。为扩大内需政府又推进了医疗、教育、房地产的市场化改革，极大地增加了普通消费者的生活成本。

在我国市场化改革滞后的情况下，粗放型发展方式是与政府主导型经济运行机制紧密相关的，只要这种经济运行机制不改变，发展方式就难以得到真正的转变，经济结构失衡的格局也不能得到真正的扭转。因此，政府职能转变已刻不容缓。

（五）云南烟草、旅游两个支柱难以在调结构中发挥核心作用

云南省 20 世纪 90 年代初期以来着力培育的五个支柱产业中，虽然烟草和旅游不涉及重型工业，但这两个产业具有特殊性，更难以在调结构转方式中发挥核心作用。

---

① 甘犁等：《中国家庭资产状况及住房需求分析》，《金融研究》2013 年第 4 期。

烟草产业在云南省提高财政收入、扩大经济总量、促进农民增收等方面发挥了重要作用，2006～2012 年云南烟草制品业还实现了年均 15.2% 的高速增长。但卷烟工业具有特殊性，第一，卷烟工业毕竟是夕阳产业，随着全球戒烟运动的深入和人们健康意识的增强，卷烟消费量将难以增加且会不断萎缩，烟草消费的下降是必然趋势，因此，经历 20 世纪 80 年代的培育、90 年代和 21 世纪头 10 年的快速发展，近年来增长缓慢。2013 年云南省规模以上烟草制品业完成增加值 1076.53 亿元，比上年增长 3.9%，占 2013 年云南省规模以上工业增加值的 31.0%，占全省生产总值的 9.2%。卷烟工业实现增加值在国民经济中的比重比 2002 年下降了 8.3 个百分点。卷烟是云南省在我国有竞争力的产业，卷烟调出是云南调出规模最大的产业，但卷烟调出在云南产品调出中的比重在下降，1997 年云南卷烟工业调出值 230.69 亿元，占当年调出总规模的 41.36%，2002 年卷烟工业调出 506.22 亿元，占当年调出总规模的 57.43%，2007 年卷烟工业调出 696.54 亿元，占 22.87%。第二，卷烟工业是资本密集型产业，对劳动就业的吸纳能力很弱，云南卷烟工业甚至还出现了随着资本有机构成的提高排斥劳动力的情况，2011 年云南卷烟工业从业人员平均人数为 2.99 万人，比 2000 年下降了 200 人；云南省的卷烟工业无论在生产技术上还是装备上都已经处于世界先进水平，但规模难以再提升，也难以将技术和装备溢出到其他工业。第三是卷烟工业与其他工业的关联性不强，影响力系数和感应度系数都小于社会平均水平，云南卷烟工业的影响力系数为 0.670，感应度系数为 0.479，都很小，说明云南卷烟工业总体上对其他产业的依赖和对其他产业的带动都很弱。卷烟工业生产仅对种植业、批发业、造纸、印刷等有一定影响，受餐饮业、商务服务业、娱乐业等的影响相对较大。因此，从优化云南经济结构转变发展方式上讲，卷烟工业没有太大的带动性。

旅游业作为云南省的支柱产业，对云南省扩大对外开放，扩大云南的商贸服务、餐饮娱乐、交通运输等产业发挥了重要作用，但对于处在工业化时期的云南经济而言，旅游业对全省产业结构优化的带动作用很有限。近年来无论是全国还是云南省，海外游客的增长均较为缓慢。我国入境游客人数的增长率近年来一直不高，年均约为 9%，并且呈下滑趋势。来华旅游观光的外籍游客数量从 2008 年以来有 4 年呈现递减的趋势，甚至倾举国之力打造的奥运会也没能阻止 2008 年外来游客减少的态势。赴中国旅游的游客出现减少一定程度上也受到了大气污染、人民币升值和食品安全等问题的负面影响。相比较来看，出境游人数年均增长约 15%，2010 年以来则基本维持在 20% 左右。

伴随着出境游市场的火爆以及入境游的长期低迷，中国的旅游逆差也在急剧增加。2009 年中国游客海外消费 437 亿美元，境外客在中国消费 397 亿美元，中国在国际旅游市场上首次出现逆差。此后，差额越来越大，从 40 亿美元猛增至 2013 年的 769 亿美元（见图 1－25）。2013 年中国居民出境旅游的人均花费是 1368 美元，大概相当于当年入境游客人均消费的三倍左右。也反映出中国旅游市场缺乏竞争力，难以吸引入境游客更多的消费。

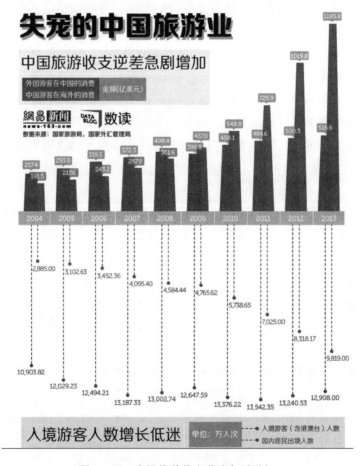

图 1－25　中国旅游收支逆差急剧增加

资料来源：网易读数网页

旅游业作为云南的支柱产业，旅游总收入由 1998 年的 136.92 亿元提高到 2012 年的 1702.54 亿元，年均增长 19.7%，但旅游外汇收入年均增长只有 13.2%，国内旅游收入年均增长 20.6%，旅游外汇收入增长相对缓慢，使旅游外汇收入在旅游总收入中的比重从 1998 年的 15.9% 下降到 2012 年的 7.2%，下降 8.7 个百分点（见图 1 - 26）。

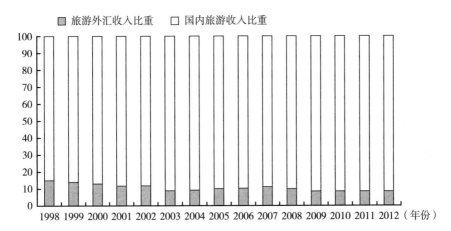

图 1 - 26　云南国内旅游收入与旅游外汇收入结构图

资料来源：《云南省统计年鉴》。

作为生活性服务业，旅游业对其他产业的带动影响也不是很强，云南旅游业的影响力系数为 1.038，而感应度系数只有 0.428，旅游业生产波及效应最强的是石油及核燃料加工业，影响强度为 0.251，其次是住宿业，影响强度为 0.214，其他生产波及效应较强的还有餐饮业、航空运输业、道路运输业等，但影响强度都小于 0.1。因此，旅游业难以在优化经济结构、转变发展方式中发挥核心作用。

第三节　云南扭转产业结构失衡的机会与条件

从空间经济理论上讲，地处边疆和发展进程相对滞后的云南经济在中国经济中处于典型的"中心—边缘"结构中的边缘区，"中心—边缘"的空间结构要转变为对称结构需要改变多种参数，因此并非所有的边缘区都能轻易转变为与发达地区对称的经济发达地区。但云南省转变资源型、重型化的产业结构，优化经济结构，转变粗放型发展方式面临着千载难逢的历史机遇。2011 年以来，在短短的两年时间里，国家将位于云南省的众多区域开发战略上升到国家战略，这种历史机遇与云南的产业基础和区位优势相结合，已经造就了走出资源型、重型化产业路径依赖的机会和条件。

（一）开放型经济新体制为云南的资源型、重型化产业转型升级创造了巨大空间

我国面对世界经济形势新变化，正在着力于构建开放型经济新体制。

2006 年 7 月 24 日，WTO 宣布无限期中止多哈回合谈判，之后各类区域经济合作更加蓬勃发展，各类自由贸易协定大量涌现，成为经济全球化的重要动力。世界贸易组织 159 个成员中只有 1 个没有参与区域贸易安排，这反映出世界经济全球化的驱动力正在从多边贸易体制向区域经济合作转换，贸易保护主义抬头，对我国产生了重大影响，我国建设自由贸易区的形势紧迫（汪洋，2012）；世界经贸格局正在发生从发达国家向新兴经济体转换的重大变化，我国必须加快开拓新兴市场尤其是俄罗斯、印度、南非、巴西等金砖国家市场；世界经济全球化的深入发展又使国际产业竞争与合作正在发生分化，发达国家为保持竞争优势，不断将全球价值链中的低端制造环节向新兴经济体转移而控制知识经济环节，抢占新兴产业制高点，新兴经济体为提升在全球价值链中的位置而向更低收入国家加速转移低端制造业环节、从发达国家承接服务外包和服务投资。针对这种形势，我国积极推动以促进投资便利化为重点的中国东盟自由贸易区升级版；推出了以贸易、产业、投资、能源资源、金融以及生态环保合作为重点，深化城市、港口、口岸、产业园区合作的"丝绸之路经济带"战略和共建"21 世纪海上丝绸之路"战略；加入并主导着与 TPP 对应的 RECP（区域全面经济伙伴关系），在 2014 年 APEC 峰会上中国又提出了启动旨在涵盖TPP 和 RECP 的亚太自贸区进程。这些重大战略为新时期中国开放型经济新体制构建创造了巨大的外部空间，这种空间随着中国新型外交方略的深入还在不断扩大。这样的开放格局使我国对外经济的重心已经从以应对、融入国际贸易为主转变为以对外直接投资为主。在我国推进的这些合作战略中，中国都强调了促进互联互通，而实现互联互通最基本的是基础设施的互联互通。为解决相关国家基本建设资金短缺的难题，中国倡议建立了金砖国家开发银行（2014 年 7 月），主导建立了亚洲基础设施投资银行（2014 年 10 月），建立了丝路基金（2014 年 11 月）、中国向东盟的优惠贷

款和中国东盟基础设施专项贷款（2014 年 11 月）等，伴随着这些战略的推进，习近平总书记、李克强总理积极向世界各国推出中国的高铁、核电等处于技术前沿的领域的合作，为中国释放资源型、重型工业过剩产能，推进基础设施及相关产业的对外投资创造了前所未有的空间。

在这种战略格局中，云南处于重要的战略支点和桥头堡位置。中国多年来推进的大湄公河次区域、中国东盟自由贸易区、孟中印缅次区域合作是中国以周边为基础的自由贸易区建设的重要组成部分，云南处于大湄公河次区域和孟中印缅两大区域合作的参与核心，是中国东盟自由贸易区建设的重要省份。在中国加快开拓新兴市场尤其是俄罗斯、印度等周边金砖国家市场进程中，云南省为中国进入印度最便捷的地区。虽然云南在过去以出口导向型国际贸易为主的开放格局中有高运输成本的区位劣势，但在新时期以投资导向型国际直接投资为主的开放格局中其开放前沿的区位优势正在得以实现。在丝绸之路经济带和海上丝绸之路建设中，孟中印缅经济走廊上基础设施互联互通和产业园区建设的重点可使云南省的资源型、重型工业的过剩产能在对外投资中得以释放。在 CAFTA 升级版建设中，云南的生物产业、旅游业等对外投资将获得巨大的空间。2014 年 11 月在北京举行的 APEC 峰会上，美国总统奥巴马和中国国家主席习近平宣布了两国各自 2020 年后应对气候变化的行动，中国承诺在未来 15 年内能源结构中非化石燃料能源占比将达到 1/5，这意味着中国将利用核能、水能、风能、太阳能及其他零排放能源解决 800～1000 千兆瓦的发电量，这几乎相当于中国目前全部的燃煤发电能力，这为云南的水电产业解决弃水窝电问题、壮大水电产业创造了巨大的发展条件。

因此，云南省资源型重型工业的产业升级应发挥技术优势和产能优势，加快对外投资步伐，在孟中印缅、GMS、CAFTA 等区域合作中打造产业集群，将采掘、冶炼和一般性压延加工生产环节向境外转移与扩散，在省内重点打造新材料环节的深加工链，企业总部的管理链，技术研发链，以及结合大学、研究机构的知识供应链，实现重型工业从初加工制造向深度加工和高端制造升级，从资本密集型产业向知识密集型产业升级。

当今世界，要素流动已经取代商品流动成为世界经济的主流，跨国公司在全球产业链和价值链中通过技术、资本、品牌、专利、管理、营销网络等广义的高级生产要素向不可流动的劳动、土地、资源、生态环境等初级生产要素禀赋优势国家和地区投资，使发展中国家很快融入全球生产网络的低端加工制造环节。虽然云南省以资源型、重型工业为主的产业结构形成了经济结构的严重失衡，但相对于发展阶段滞后的低收入国家而言，云南省的资源型、重型工业企业在长期的产业扩张中积累了较为丰富的高级生产要素，具备了对外投资、向外扩散产业的技术优势和竞争能力。

（二）云南省的部分产业已经具有对外投资与产业扩散的技术优势

虽然云南省在全国处于发展相对滞后的地区，但与发程度更低的低收入国家相比，在许多产业上已经具有较强的对外投资技术优势。

（1）生物产业技术。云南省的生物医药科技创新能力获得较大提升，在疫苗和医药服务领域中具备技术产业化潜力。经过多年发展，云南省已初步建立起以科研院校和产业基地为依托的生物技术平台，生物医药科技创新能力稳步提升。目前全省与生物医药产业相关的科研创新机构有国家重大科学工程2个，国家重点实验室2个，国家级企业技术中心5个，从事生物医药研发的中央驻滇单位7个，省属大专院校19家，地州市属及民办中药、民族药研究机构6家。国家科技部、国家发改委先后批准的中药现代化科技产业云南基地、昆明国家生物产业基地的建设，为云南生物技术产业技术水平和层次的提高搭建了重要平台。如云南省在灵长类动物实验的服务外包领域具有得天独厚的技术发展优势和生物医药服务外包承接能力。近年来，生物医药中试生产中心、实验动物中心和公共实验中心、生物医药动物模型与安全评价工程中心、天然药物活性筛选工程实验室、病毒性传染病生物制品工程研究中心等创新能力建设项目，为云南省生物医药产业的发展在国家层面上争取较高占位奠定了重要基础。

生物技术在云南省农业领域的应用快速推进，在种质资源、农作物生物技术育种、应用植物病毒等领域已达到我国先进水平，并通过实施新品种选育和产业化工程等稳步成长。粮食作物、经济作物新品种选育和产业化工程取得成效，如"云光"系列软米两系杂交稻新品种技术处于国际领先水平；优质油菜产业化工程自育的花油、云油系列品种，具有高产、稳产性及抗逆力特性；蚕桑产业化推进工程中的性别控制育种技术已处于国内先进水平。蔬菜新品种选育和产业化工程已收集蔬菜育种资源材料10000余份，选育自交系434份，自交不亲和系217份，胞质雄性不育系56份，细胞核雄性不育系29份，为云南省繁种基地建设打下了基础。花卉新品种选育和产业化工程的实施使花卉高技术产业化的科技支撑条件已经形成。用材林新品种选育和产业化工程的实施使云南生物林业育种能力显著增强。经济林新品种选育和产业化工程取得小范围发展。优质家畜胚胎生物技术产业化工程发展空间和提升潜力较大。

云南省的生物制造业已在酶制剂、生物农药、植物提取物和生物肥料等领域掌握和积累了一批创新技术。在酶制剂方面，云南省在淀粉酶、蛋白酶、糖化酶等酶制剂，脂肪酶、纤维素酶、弹性蛋白酶等酶制剂方面均有一定程度的科技积累。云南省已在以线虫必克、百抗、生物克菌宁为代表的微生物源农药，以及以烟草废弃物、苦参提取烟碱、苦参碱系列产品等生物农药的技术研发和产业化建设方面具有一定的技术基础和发展潜力。

云南已掌握多种生物能源开发技术，能源产业也初步进入产业化生产阶段，已经应用于生产燃料乙醇的能源农作物主要有甘蔗、甜高粱、木薯、甘薯等，用于生产生物柴油的农作物主要有油菜、膏桐等。在技术产业化的快速拉动下，云南省生物能源正呈现出全面推进的良好发展态势。

近年来，多家从事生物环保业务的高新技术企业纷纷涌现，为云南省生物环保技术的创新与产业推进奠定了一定的发展基础。如云南高科环保工程有限公司的高浓度生化难解有机废水处理可行性研究、中试实验、工程设计、设备制造、运行管理和以专用催化剂为主的环保技术进出口业务，填补了云南省生物环保技术领域的多项空白。云南昆船环保技术有限公司开发出造纸法再造烟叶生产线总体工艺与成套装备研发和系统集成，航空垃圾、城市生活垃圾处置及资源化，污水处理及再生回用等环保工程项目设计、系统集成、工程总包等环保技术，依托现有技术及其他生物环保技术研发工作稳步推进，有力支撑了云南省生物环保技术产业的发展。

（2）矿业技术。云南采矿技术有明显提升，高分段（20米）大间距（20米）无底柱分段崩落采矿法得到应用；通过改变充填采矿法中的膏体充填材料和应用满管自流管道清洗技术，降低了能耗且提高了矿山的安全性；在独头巷道掘进中采用长钎凿岩爆破优化方案取得良好的实践效果；"西南'三江'铜、金、多金属成矿系统与勘查技术"实现了矿产勘查评价的快速高效。云南省在中低品位矿及难选矿、贫矿的选矿工艺提升方面较为明显，难选富银硫氧混合铅锌矿石选矿工艺有所突破，锰选矿工艺技术较为先进，矿石处理量和选矿回收率大幅度提高；云南海口磷矿的高镁原生矿采用"反—正"浮选；云南滇池地区磷矿开发中广泛应用"擦洗脱泥"技术，已投产的大、中、小型磷矿擦洗厂总规模在 300 万吨/年以上（单厂最大规模为 100 万吨/年），精矿 P_2O_5 的品位都在 30% 以上，MgO 含量在 1% 以下，经济效益好。

云南省部分有色金属冶炼技术在国内也处于领先水平。

①锌冶炼技术。近年来，云南省锌冶炼技术提升较快，云南冶金集团在锌行业实现了多项技术创新，并在国内锌行业广泛应用，促进了锌行业的快速发展，祥云飞龙公司对高硅氧化锌矿的处理也获得了突破性进展。

②铜冶炼技术。云铜集团的铜冶炼技术代表了云南省的铜冶炼水平，其引进的富氧顶吹浸没式熔池熔炼技术（艾萨炼铜技术）与关键设备，结合云南铜业自有技术，通过创新和技术攻关，实现了多项技术集成，尤其是"富氧顶吹铜熔池熔炼技术"使公司粗铜冶炼的技术和装备达到国际先进水平，形成了一些公司拥有专有技术的工艺控制方法。

③锡冶炼技术。云锡集团用澳斯麦特技术进行锡的还原熔炼是世界第二家、国内首家，并且拥有世界最大的澳斯麦特炼锡炉，使云锡集团锡精矿还原熔炼技术跃居世界领先水平，与已有的世界领先的以结晶机与真空炉为主的火法精炼技术相配套，代表了当今世界锡冶金技术的最高水平。炉床指数、综合冶炼回收率、熔剂率、渣率、渣含锡、炉子寿命等各项技术经济指标均达到了国际领先水平。

④低温低电压铝电解新技术。云南的低温低电压铝电解新技术从低极距型槽结构设计与优化、低温电解质体系及工艺、过程临界稳定控制、节能型电极材料制备等方面进行原始和集成创新，在 200～300 千安和 400 千安级铝电解系列开发低温低电压铝电解新技术，实现铝电解生产直流电耗由 13300 千瓦时/吨降低到 12000 千瓦时/吨以下、节能 10% 的目标，减少碳氟化合物排放量 50%。云南铝业通过开发使用开沟槽的阳极、节能型钢爪、高石墨质阴极底块等材料，实施计算机多变量双平衡控制和低温寻优、不停电停启槽、高压风机变频改造、无煤气煅烧石油焦技术等技术，进行锂盐添加、电压效应分摊的优化，极大地降低了电能消耗，铝锭交流电耗吨铝为 13600 千瓦时左右，比国际先进水平低近 600 千瓦时，比国内平均水平低近 1000 千瓦时。

⑤炼钢技术和钢铁可循环流程工艺技术。昆明钢铁长期加大循环利用技术和清洁生产工艺的开发利用，注重降低工艺过程余热余能。昆钢以铁素资源为核心的生产上下工序之间的循环，使资源综合利用水平得到较大的提升，余热余能资源的综合利用水平从 2003 年的 4.5% 提高到了 2004 年的 12.6%，累计节能 10 万多吨标准煤。

⑥多金属矿先进选冶技术。云南省多金属矿相对较多，其选冶技术不断提升。云南锡业采选分公司通过对锡铜硫化矿工艺的改造，在锡回收率稳中有升的同时，伴铜的回收率由 54% 提高到 71%。难处理高钙镁氧化铜矿高效选冶新技术、难处理复杂氧化锌矿和氧化锌矿浸出渣提锌新工艺获得技术发明类一等奖。技术应用前景广阔。

⑦沉没式熔池熔炼技术。云南冶金集团总公司引进顶吹沉没熔炼技术改造传统烧结—鼓风炉还原熔炼技术开发出了一种粗铅冶炼新工艺——ISA - CYMG 炼铅法。云南省在锑冶炼中，采用熔池熔炼连续烟化冶炼、连续强化冶炼新工艺，处理低品位锑矿，能大幅度提高锑矿选冶回收率，节约能源。云南省在广泛应用顶吹喷枪沉没熔炼技术的基础上，形成 15 万吨/年冰铜生产能力；形成 3.5 万吨/年粗锡生产能力和 6 万吨/年顶吹喷枪沉没熔炼—鼓风炉还原熔炼粗铅生产能力；并在锑冶炼中广泛应用。

⑧中低品位矿综合利用技术。中低品位胶磷矿开发利用技术为云南省 20.5 亿吨的中低品位磷矿资源开发利用及加工开辟了一条有效途径。该技术首次实现了中低品位胶磷矿石常温浮选，通过所开发的工艺流程获得合格精矿，不仅充分利用资源，选矿成本也明显降低，废水可循环利用，年节水达 1500 万立方米，减少废石、废渣排放量 280 万吨；常温浮选每年可节省标煤 14 万吨以上，节能减排效果显著。

（3）化学工业技术。

①磷化工技术。云南省磷化工产业很多技术已处于国内领先水平。云南省化工研究院形成了磷钾资源原矿浮选、磷化工、精细化工、循环经济、分析技术、工程开发与咨询六大技术研究集群，建立起了面向社会的开放式技术创新体系，能够全面支撑磷化工产业发展。云南省化工研究院和云南磷化集团开展了中低品位磷矿浮选技术的开发应用、磷矿柱式浮选中试技术开发、高效磷矿浮选药剂技术开发研究及矿区废弃地生态修复综合控制技术研究与示范等项目，在浮选工艺、浮选设备选型、浮选药剂及选矿废水的综合利用等方面取得了重大突破，技术经济指标达到国际先进

水平，形成了一整套产业化技术并成功应用于200万吨/年规模的大型浮选装置。云南天创科技有限公司建成了国内单套生产能力最大的牙膏级磷酸氢钙工业化生产装置。云天化集团高效利用反应热副产工业蒸汽的热法磷酸生产技术、LCD级电子磷酸生产技术、高聚合度聚磷酸铵生产技术等一批重大科技成果，部分已实现了产业化。云南省所有黄磷装置全部采用黄磷电炉电极数字化智能控制等先进节能技术实施改造升级，70%以上的生产装置达到国际先进水平。云天化集团组织实施了磷肥生产副产氟硅酸综合利用技术开发和湿法磷酸副产氟硅酸生产氢氟酸产业化技术开发项目，促进磷复肥和磷酸生产节能减排，提高氟资源的利用率。

②煤化工。云南煤化集团与英国Advantic公司联合开发了碎煤熔渣加压气化技术，可广泛用于各煤种的气化，且气化的气体组分具有有利于合成氨、甲醇生产等后续加工的特点。云南煤化工集团公司通过产学研机制，取得了先进的甲醇合成技术——浆态床甲醇合成技术，有利于降低产品成本，提高竞争能力。曲靖大为焦化制供气有限公司拥有大型焦化联合生产技术，实现了焦化联产、经济循环、资源综合利用，成为当今世界领先的焦化联合生产企业。云维公司引进的Shell粉煤气化技术，体现了当今世界最先进的煤气化技术，具有气化效率高、能耗低、环境效益好等优势。云维集团联合国内科研机构完成的煤化工技术创新，促进了产品创新。云南煤化工集团公司解化公司建设的3500吨/年合成汽油工业示范装置是国内目前已投入运行的汽油产能最大的煤制油试验装置。云南煤化工集团申报的"一种甲醇一步法制取烃类产品的工艺"获国家专利授权。另外，焦炉气制甲醇工业化示范项目、大比例无烟煤配比炼焦技术开发、高效煤气化关键设备大型气化炉制造工艺技术、云维股份有限公司有机污水处理工程等都获得国家科技进步奖励，处于国内领先水平。

③盐化工。云南盐化集团利用盐乳化关键技术及盐系列健康相关产品生产技术已形成艾肤妮系列盐化产品。云南盐化集团还开展食用盐新产品开发，形成了系列新型食用盐产品。

（4）电力工业技术。近年来，云南省电力科技创新不断涌现，出现了很多在全国处于领先水平的技术产品。昆明电机有限责任公司研制的"三喷嘴水斗式水轮机"获国家级新产品奖。云南变压器电气股份公司研制的"Yndl1三相不等容牵引变压器"获国家专利局和世界知识产权组织颁发的优秀专利奖，云南省技术创新优秀奖；"220kV级有载调压高原型、湿热型变压器"获云南省科技进步奖。昆明电器科学研究所完成的"高原特殊（极端）环境条件物质标准研究"获中国机械工业科技进步二等奖。昆明赛格迈电气有限公司引进研制的"H级绝缘赛格迈干式变压器"达到国际先进水平，获国家专利和云南省科技进步二等奖，被国家发展与改革委员会列为国家高技术产业示范项目。

水电设备具备设计制造单机容量10万千瓦及以下的中小型水轮发电机组的生产能力。形成了220千伏高原型、湿热型电力变压器及以下电压等级电力变压器，35千伏级以下干式变压器。具备110千伏级电缆生产能力，为三峡工程、"西电东送"工程批量提供了500千伏级超高压输电线路用钢芯铝绞线。110千伏级电流互感器、145千伏级户外SF6隔离开关及110千伏级高压成套开关设备、35千伏及以下的中低压成套开关设备已形成产业化生产。具备电力综合自动化、配网自动化设备，工业生产过程综合自动化设备及信息管理系统，直流电源设备和电站综合继电保护系统的制造技术及生产能力。建成了全国机械工业高原电器产品质量监督检测中心和500千伏级超高压输电线路试验基地。

（5）部分装备制造业技术。云南省拥有国内知名的大型机床企业沈阳机床集团昆明机床股份有限公司、国家重点高新技术企业昆明中铁养路机械集团有限公司、昆明云内动力股份有限公司、云南变压器电气有限公司等一批拥有自主知识产权、知名品牌和持续创新能力的企业。在主要产品中，大型落地铣镗床系列、大型铁路养护机械设备、卷烟自动化物流系统、电控高压共轨柴油发动机等达到国际先进水平。电气化铁路牵引变压器、高导电率大截面输电导线、冲击式水轮发电机组、制糖成套设备、高原开关柜、微光夜视镜等产品达到国内领先水平。部分产品的全国市场占有率：烟机占90%；大型铁路养护机械设备、轻型汽车发动机连杆占80%；铁路牵引变压器占70%。部分产品的产销量：铣镗床居全国第2位；水轮发电机组、汽车制动毂居全国第3位；汽车用柴油机，40、50系列普通车床居全国第4位，数控车床居第5位；轻型卡车居全国第7位。全行业拥有企业技术中心24个（其中国家级1个、省级18个），国家级、省级重点实验室各2个，直属科研院所4个。2001年以来，全行业获国家专利技术579项，攻克了一批重点核心技术，拥有17个国家和省级名牌产品。云南省交通运输设备制造业的产品创新能力相对较强，个别特色产品如大型铁路养护设备在全国占有较高的市场份额，生产的清筛、配碴、捣固、稳定、物料运输和道岔打磨车等系列铁路线路大中型养路机械，填补了我国养路机械产品品种和作业形式的空白，科技创新特色十足，处于全国领先水平，占全国市场份额的80%以上；铁路牵引变压器在国内也具有一定的规模和技术优势。

（三）云南省的部分企业已经具备对外投资的高级生产要素

云南省的大型工业企业不但形成了技术优势，而且在现代企业制度建设中形成了较好的管理模式，在对外开拓资源与市场的进程中，已经开展了对外投资业务，积累了一定的经验。如云锡公司、云冶集团依靠雄厚的实力通过并购、股权融资、境外上市等方式进入了发达国家矿产资源市场。云锡公司通过在香港设立合资公司及融资，并购了澳大利亚最大的锡矿——澳大利亚某金属公司下属蓝石矿业塔斯玛尼亚有限公司——60%的资产。同时，云锡公司在澳大利亚设立YTC资源公司，并在澳大利亚成功上市，通过融资再投资的方式拓展到澳大利亚的其他矿产资源。云冶集团与普华永道等知名国际会计师事务所合作，利用其对外投资经验，成功并购加拿大赛尔温铅锌矿项目。云南海投也积极通过在老挝投资建设万象赛色塔综合开发区，以国家级标准建立了境外经济合作区，推动产业集群"走出去"。此外，省属国有企业在"走出去"过程中，在对境外项目的选择、经营管理、市场分析、风险控制、国际经济合作规则等方面都有较大的提高。

在品牌方面，云南省形成了一批在规模、经济基础和发展潜力方面具有较强实力的品牌，如红塔山、云烟、滇红茶、龙润普洱、云南白药、滇红药业、老拨云堂、福林堂、绿A、沃森生物等，这些企业都拥有一个或一批在国内外享有盛名的品牌，它们以品牌为支撑进行规模扩张，再通过规模扩张获得源源不断的竞争优势，保持了稳定的市场占有率。另外，云南省多年来打造"云烟""云茶""云花""云菜""云药""云果"等品牌，已经产生了较高的知名度。

在营销网络方面，红塔集团、云南白药、龙润普洱等知名企业在全国建立了营销网络，形成了独特的营销竞争优势。

因此，云南省的产业发挥这些高级生产要素的作用，通过推进企业对外投资促进省内产业升级的时机已经成熟。

第四节 对策建议

在当前产业结构重型化、经济结构严重失衡的情况下，优化经济结构、转变发展方式的重点不在于调高或调低某种产业、某个领域、某种经济成分的比例，而在于让经济回归正常的市场经济体制机制运行方式。应转变政府调控方式，由增长导向转变为协调导向，协调是经济结构的协调、经济与社会的协调、人与自然的协调。首先要转变政府职能，由增长型政府转变为服务型政府，从政府相关部门垄断资源向维护市场秩序、服务于公共事务转变；其次要打破国有企业的垄断，以混合所有制为方向，推进非公经济发展；再次要对薄弱环节实施攻坚战，补齐全产业链，推进产业转型升级，实现产业结构合理化；复次要以人的城镇化为核心，推进城乡二元结构向一元结构转换；最后要以产业创新、技术创新和组织创新为导向，推进创新驱动、内生增长模式的形成。

（一）将政府主导型运行机制转变为市场主导型运行机制

针对我国经济结构失衡问题，新一届中央领导集体不是采取调高或调低某些产业、某些领域的常规举措，而是采取了深化市场经济体制改革的战略举措。云南省作为市场化进程相对缓慢的省份和政府主导型经济运行机制特性更强的省份，加快市场化方向的改革，将政府主导型运行机制转变为市场主导型运行机制，是转变发展方式的核心。

（1）转变政府调控方式。国家政府宏观调控的目标一般定位为促进经济增长、增加就业、稳定物价和国际收支平衡，落实到地方政府也要完成促进经济增长、增加就业、稳定物价的目标，虽然作为省一级行政区域，不能简单强调地区收支的平衡，但省内外经济要协调，所以内外经济协调也是一个重要的调控目标，并且四个目标同等重要，只重视某个目标而轻视其他目标，会导致经济结构的失衡。在赶超导向和凯恩斯主义的影响下，长期以来地方政府更多地重视促进经济增长，轻视增加就业、稳定物价和保持地区收支的基本平衡，是造成经济结构严重失衡的重要原因。因此，我们提出以下建议。

①将"稳增长"目标调整为"活市场"目标。虽然促进经济增长是政府调控的目标之一，但鉴于目前市场运行机制受到严重阻碍，市场缺乏活

力，各种形式的垄断和利益固化严重的问题，建设统一开放、竞争有序的市场体系，使市场在资源配置中起决定性作用，是政府在未来五年乃至更长时期的中心工作任务。这样的调整有利于改变政府对经济运行的过度干预，让经济运行回归市场主导的轨道。经济增长速度是经济运行的最终结果，无论是"促增长"还是"稳增长"，都属于经济运行的终端目标管理，市场主体的经济决策才是经济运行的开端，应从终端目标管理转变为初始端调节，增强市场活力，有效监管市场，促进公平竞争。

②将促进经济增长的调控模式从需求管理转变为供给管理。长期以来，短期的总需求管理更强调促进俗称"三驾马车"的投资、消费、净出口对经济增长的拉动作用。在市场没有活力、垄断力量过强，以及资源型重型工业内部自我循环失衡的经济状态下，短期内，政府的投资拉动决策难以传导到市场，难以激发社会资本投资热情，投资乘数难以在短期内发挥作用，政府只能以更高的投资率启动市场，长期内，则会进一步释放过剩产能，加剧经济结构失衡；从刺激消费来拉动经济增长看，由于收入分配失衡，高收入群体的消费已经得到满足，低收入群体受收入水平和基本保障制约而不敢消费，一般性刺激消费措施难以奏效，况且很多刺激消费的举措是不符合"消费者自由选择、自主消费"的现代市场体系改革目标要求的；从扩大净调出以拉动经济增长看，中国经济进入"新常态"后对云南资源型、重型工业品的需求大幅下滑，资源型、重型工业品的省外需求将难以扩大，国外的需求取决于中国在构建开放型经济新体制过程中基础设施对外投资所带来的市场机会和云南省资源型、重型工业产品的竞争能力，具有高度不确定性。因此，依靠投资、消费和净调出拉动经济增长的模式难以为继，必须从需求管理转变为供给管理。供给管理强调税收中性和减税等减少干预、使经济自身增加供给的原则，采取相应的"区别对待"调控模式。在经济运行监测中，根据物价上涨中的供给因素和成本推动因素，有针对性地着力于较快增加相应产品的有效供给，可相应产生减缓物价上涨的调控效果；针对"三农"问题，需要在农村加大投入，积极稳妥地推进农业产业化、新型城镇化和基本公共服务均等化，加快实施社会主义新农村建设；在全面小康进程中，与民生密切相关的一系列公共产品和公益服务亟待增加供给，如实行义务教育全面免费，建立城镇基本医疗保障体系和农村合作医疗体系，健全城市居民低收入保障制度，健全养老个人账户和在农村实施"低保"制度，发展城镇住房基本保障制度，保

护生态、治理污染以改进城乡人居环境等。通过"供给管理"可加强这些经济社会中的薄弱环节，即增加宏观经济中的有效供给。

③将增加就业作为省级调控的首要目标。人力资本是经济增长的核心动力，是价值的创造者，就业不充分是经济发展缓慢和发展方式粗放的重要原因，也是收入差距扩大、消费需求不旺、社会问题产生的重要根源。应将增加就业作为省级调控的首要目标，采取各种手段增加就业。首先要完善就业统计制度，除常规的正规就业外，应加强对非正规就业、农村劳动力就业、转移劳动力就业的统计工作，建立就业统计信息发布制度，为政府和相关决策部门提供就业统计信息，完善调控的信息基础；其次要积极探索建立公共设施投资就业保障机制，减少市政公用设施建设的层层转包环节，直接将修建道路、公园、学校、下水道等公用设施建设项目提供给失业者增加就业岗位；再次要建立和完善大学生创业扶持资金，鼓励在产业升级和新业态、新产业领域的创业扶持；复次要建立和完善面对所有就业困难人员以及失业问题突出的困难行业、困难地区的就业援助制度；最后要建立城乡统一的劳动力市场，加强市场监管，将农村劳动就业信息纳入城乡统一的劳动就业信息系统，面向城乡发布劳动就业信息。努力消除金融、保险、咨询、技术服务、风险基金等生产性服务业部门的垄断和教育、文化、广播电视、卫生和社会福利事业的行政垄断，增强其吸纳就业的能力。

④高度重视稳定物价的调控。物价持续攀升已经成为影响人民生活、影响人民群众对政府信心的重要因素，必须高度重视并加强稳定物价的调控力度。稳定物价是一个系统工程。首先要尽快修订能够真实反映人民群众生活的消费价格指数，为政府进行稳定物价的调控提供准确的参考数据。当前的消费价格指数中普通消费品占主要权重，这比较符合西方福利国家的特点和计算方式，而医疗、教育、文化、体育等在西方本属政府福利支出的部分，在我国大部分由居民个人承担，且这部分居民消费在支出结构中占较大比重，而其在消费价格指数中的比重却严重偏低，房改后大部分普通家庭都有购房支出，且是一项重大消费支出，但未能体现在价值指数中，租房价格在消费价格指数中的比重也严重偏低。其次是政府要加大力度打击和清除市场垄断势力，采取更强有力的措施，加大市场检查巡查力度，及时打击串通涨价、恶意囤积等价格违法行为，打击不法游资对一些民生商品的疯狂炒作。再次要加快完善主要由市场决定价格的机制。凡是能由市场形成价格的都交给市场，政府不进行不当干预。推进水、石

油、天然气、电力、交通、电信等领域的价格改革，放开竞争性环节价格。最后要鼓励生产企业创新直销模式，减少流通环节，减少食利者阶层，将不必要的流通费用让利给消费者。

⑤促进省内省外经济协调发展。省内省外经济是否协调主要体现在支出法地区生产总值核算中的调入调出部分，即包含出口与进口，还包含从国内省外购进和销往国内省外两个部门。1999 年以前，云南省的净调入与净调出基本平衡，1999 年以后净调入不断增加，2007 年以后则快速增加，说明云南省的内外经济失衡问题十分突出。净调入规模不断扩大，占地区生产总值的比例越来越大（见图 1 - 4），反映出云南省的产业竞争力在减弱，对省外（国外和国内省外）产品的依赖程度越来越高。因此，首先要努力增强省内产业的竞争力。以市场需求为导向调整优化产业结构，培育新兴产业，努力开创新的竞争优势，尤其要在高原特色农业、生物产业、旅游文化、大健康产品等领域不断推出新业态新产业，抢占国内国际市场。其次要努力开拓省外、国外市场。对于在国外和国内省外有竞争力的产业和产品，政府要做好服务，为企业搭建宣传营销平台，加强与各地政府的协作和沟通，推进区域经济一体化，努力消除市场壁垒。最后要持续不断地抓好产品质量保障工作。出台激励企业产品质量保障的措施和办法，加大执法监督检查力度，打击影响云南产品形象的假冒伪劣产品等。

（2）建设统一开放、竞争有序的市场体系

按照十八届三中全会的决定，"建设统一开放、竞争有序的市场体系，是使市场在资源配置中起决定性作用的基础。必须加快形成企业自主经营、公平竞争，消费者自由选择、自主消费，商品和要素自由流动、平等交换的现代市场体系，着力清除市场壁垒，提高资源配置效率和公平性"。市场机制是一定市场形态下价格、供求、竞争等相互作用、相互影响，由此推动经济运行和资源配置的机制。由"政府主导型"经济运行机制向富有活力的"市场主导型"运行机制转变，最有效路径就是改变资源的定价机制，建立起资本、土地、自然资源等要素的市场，资源价格能由市场决定的尽可能交给市场，让价格杠杆在资源配置中充分发挥作用。

①尽快制定云南省的负面清单。在制定负面清单基础上，各类市场主体可依法平等进入清单之外领域，实行统一的市场准入制度。

②加快推进价格改革，更大程度让市场定价。减少政府对生产要素和资源的价格管制，实行公开透明的市场化定价，以逐步有序的方式，改革

能源、交通、环保等价格形成机制，疏导价格矛盾，稳步放开与居民生活没有直接关系的绝大部分专业服务的价格。要抓紧制定价格改革方案，做到统筹配套，成熟一项、推出一项。同时要完善监管措施，维护良好的价格秩序。

③建立和完善云南省的土地要素市场，真正形成公平的土地要素价格形成机制。加快土地管理部门的职能转变，由土地价格的决策者转变为土地市场交易的监管者。建立城乡统一的建设用地市场。允许农村集体经营性建设用地出让、租赁、入股，实行与国有土地同等入市、同权同价。完善土地租赁、转让、抵押二级市场。

④完善云南的金融市场体系，真正建立公平完善的资本要素市场。在加强监管的前提下，允许具备条件的民间资本依法发起设立中小型银行等金融机构。健全多层次资本市场体系，积极鼓励民间资本发展资本市场。发展并规范债券市场，提高直接融资比重。完善保险经济补偿机制，建立巨灾保险制度。发展普惠金融。鼓励金融创新，丰富金融市场的层次和产品。

⑤建立和完善云南省的自然资源要素市场，真正形成自然资源要素的价格形成机制。消除矿产、水、森林等资源的垄断，探索建立矿产资源交易平台，形成矿产资源市场交易机制和价格形成机制，对垄断力量过强的国有企业进行拆分或吸引民间资本进入增持股份。通过市场化改革，建立起反映资源要素稀缺程度的价格制度，培育公平竞争的、产权边界清晰的微观市场主体。

⑥建立和完善云南省的技术要素市场，健全技术创新市场导向机制。发挥市场对技术研发方向、路线选择、要素价格、各类创新要素配置的导向作用。推进应用型技术研发机构市场化、企业化改革。

⑦改革市场监管体系，实行统一的市场监管。清理和废除妨碍统一市场和公平竞争的各种规定和做法，严禁和惩处各类违法实行优惠政策的行为，反对地方保护，反对垄断和不正当竞争。建立健全社会征信体系，褒扬诚信，惩戒失信。健全优胜劣汰的市场化退出机制，完善企业破产制度。

（3）转变政府职能，由增长导向型政府转变为服务导向型政府。转变政府职能被列为十八届三中全会决定中的重点之一。改革内容主要是政企分开、政资分开、政事分开、政府与中介组织分开，克服政府错位、越位和缺位，促使政府履行经济调节、市场监管、社会管理和公共服务的职能。

①首先是政府不再干预微观经济活动，不再用行政权力保护国有企业。为公平、公正的市场竞争机制奠定基础。集中精力完善法规，严格执法，加强市场监管，打击假冒伪劣，理顺市场经济秩序。

②加强行政机关和公务员队伍对市场经济知识的普及与学习，通过各种学习渠道，增强公务员队伍的市场经济意识，充分认识市场与政府的关系。

③是建设服务型政府。加强教育、医疗、就业和社会保障的公共服务，真正实现为人民服务，维护广大普通民众的合法权益。

④实施普遍性降费，大力减轻企业负担，降低大众创业成本。凡没有法律法规依据或未经批准设立的行政事业性收费和政府性基金项目，一律取消；对收费标准超成本的要切实降低；对确需保留的补偿非普遍性公共服务成本的收费，严格实行收支两条线管理。减免涉及小微企业、养老、医疗和高校毕业生就业等的收费和基金。取消或暂停征收依法合规设立，但属于政府提供普遍公共服务或体现一般性管理职能的收费，包括企业、个体工商户注册登记费等各项收费。取消对小微企业征收的各项行政事业性收费。要进一步提高收费政策的透明度，对保留的行政事业性收费、政府基金和实施政府定价或指导价的经营服务性收费，实行目录清单管理，实时对外公开，清单外的收费一律取消。在取消、减免有关收费和基金后，相关部门、单位依法履职和事业发展所需经费由同级财政统筹安排。

⑤各级政府要加强对市场垄断的认识，探索消除和打破垄断的有效途径，以法制化为重点，着力打破地区垄断和行业垄断，促成统一市场的建立。

⑥减少行政审批，促进市场交易。市场机制能有效调节的经济活动，一律取消审批，对保留的行政审批事项要规范管理、提高效率；直接面向基层、量大面广、由地方管理更方便有效的经济社会事项，一律下放地方和基层管理。

⑦推广政府购买服务，凡属事务性管理服务，原则上都要引入竞争机制，通过合同、委托等方式向社会购买。

⑧加强各级人大和政协的监督职能，切实提高其行政地位和监督能力；建立广大普通民众的参政议政渠道，加强民众监督，完善现代民主

体制。

⑨统筹党政群机构改革，理顺部门职责关系。积极探索推进省直接管理县（市）体制改革。

（二）以混合所有制为方向优化所有制结构

狭义的混合所有制是指不同所有制成分联合形成的企业所有制形态。十八届三中全会决定要求"积极发展混合所有制经济"。"国有资本、集体资本、非公有资本等交叉持股、相互融合的混合所有制经济，是基本经济制度的重要实现形式，有利于国有资本放大功能、保值增值、提高竞争力，有利于各种所有制资本取长补短、相互促进、共同发展。允许更多国有经济和其他所有制经济发展成为混合所有制经济。国有资本投资项目允许非国有资本参股。允许混合所有制经济实行企业员工持股，形成资本所有者和劳动者利益共同体。"混合所有制方向的改革，是解决国有经济比重过高，市场活力不足的根本举措，是探索公有制同市场经济相结合的形式和途径。

（1）发展非公有制资本控股的混合所有制企业。《决定》指出：鼓励发展混合所有制。鼓励非公有制企业参与国有企业改革，鼓励发展非公有制资本控股的混合所有制企业。核心是建立合理股权结构，使国有企业真正市场化。国有企业的市场化就是要解决国有企业经营方式和国有企业体制、制度的市场化这两大问题。必须首先把完全竞争性领域的国有企业母公司改制成为"非公有制资本控股的混合所有制企业"。一是各种非公有制资本多于公有制资本，但公有制资本仍然是大股东；二是非公有制资本不但总体上多于公有制资本，而且成为大股东，国有资本是参股股东，如果民营资本进去了，没有发言权，根本就改变不了国有企业现状，如果政府掌握控股权，控制企业，民营企业家是不愿意入股国有企业的，而且国有企业分红很少或者基本不分红，民营企业进入也不会有很好的获利。《决定》提出国有出资人机构从"管企业"转向"管资本"，"以管资本为主"，只有在非公有资本成为单一大股东的"非公有制资本控股的混合所有制企业"里，国有出资人机构才会作为参股股东不再能决定企业经营者的选聘，不再能决定企业的考核指标及考核结果，不再能决定企业管理人员的薪酬水平及企业的工资总额，不再能决定企业的投资方向，不再能决定企业的重组并购，不再能决定企业的退出方式，国有企业才能真正市场化。

完全竞争性领域的国有股比例下降并释放给民营资本，以管理、技术骨干为主的员工资本，及外资资本等新鲜要素。推进中小国有企业民营化，大型国有企业市场化。

（2）拓展民营资本投资领域，发展混合所有制经济。民间资本参与国有经济调整的投资可采取所有权参与的方式，即通过对现有企业实行股份化，将部分或全部资产的所有权转移给社会资金，允许它们通过参股方式参与新建项目。目前国内已经探索出多种模式：一是实行"民有民营"，填补国有经济留下的分工空白。大力发展民营经济将会填补国有经济主动退出而留下的产业空白，实现全社会投资主体的合理分工与资源的优化配置。目前主要有以吉林创伤医院为典型的滚动做大型模式、岭南教育集团的集团系列型模式、北大青鸟的特许经营型投资模式。"民有民营"投资模式的共同特点就是具有产权清晰、自主经营、自担风险等优势，滚动发展的投资动力很强，可以不同程度地补充国有经济退出后的产业空白。二是民营经济接受国有产权的整体转让。民营资本参与国有产权整体转让是指将国有企业的整体或者大部分经营性资产转让给民营企业或者是管理层及职工个人所有，由受让者进行经营管理。这种方式主要有大连新世纪医院的民营企业买断产权模式、本溪医院改制的股份合作制模式。把国有经营单位的资产整体出售给民营企业或者职工群体的两种改制模式，是建立国有经济与民营资本之间互补关系的有效途径。三是民营资本控股投资与多种经营机制相结合。由民营资本投资控股的国有企业，可根据具体情况采取多种经营管理方式，实现国有企业转制与民营经济的有机结合。主要有宿迁人民医院的民营控股收购＋第三方经营模式、健宫医院的民营控股收购＋民营企业自营模式、华源集团的民营控股收购＋管理层参加收购模式，这三种模式有利于国有经济控制力的加强，也利于建立更有效率的法人治理结构和建立企业之间的分工协作关系。四是民营资本投资参股国有企业的股份制改造。在保持国有经济控股地位的前提下，引进民营资本参股投资，实现国有企业的改制。主要有深圳水务集团的国有控股＋民营机构参股模式、香港地铁的政府控股＋募集公众个人股模式、光大银行的国有控股＋面向民营资本增资扩股模式。这些模式对于基础性领域能够在打破行业垄断的同时保持国有控股地位，发挥了混合所有制投资主体的合力作用，改进了法人治理结构与经营管理方式，开拓了个人投资者的投资渠道，完善了政府控股投资领域的规制。五是民营资本与国有资本采用多种合资合作办法新建企业。主要有温州人民路改造的政府与民间资本联合投资模式、首创威水水务的国有企业与民营企业合资创业模式、北京实验二小逸海分校的公共团体与民营合作创业模式。这些模式开拓了新建项目的投融资新模式，使合资合作的形式多样化。六是委托民营企业投资经营，在不改变国有产权关系的前提下，采取"两权分离"的办法，由国有单位与社会资金签订各类委托管理合同的方式，将其所有的国有资产交由社会资金经营管理，并按照合同向社会资金收取或支付经营报酬。目前国有经济委托民营企业投资经营的模式主要有上海地铁的国有民管模式、无锡新区医院的国有民营模式、北京25中的国有民办模式、中华碧水计划的国家特许民营企业经营模式。这种"两权分离"模式将我国公共事业的项目建设与运行由单纯的政府行为转变为企业运作的市场行为，能够有效解决社会问题，创新基础设施的投资主体，提高公用部门的投资效率，开拓公用部门的资金来源。

（3）允许员工持股。《决定》指出：允许混合所有制经济实行企业员工持股。也就是国有企业要形成国有股、民营股、员工股的三元股权结构，相互促进，发挥各自优势。员工持股的本质是以管理人员、技术骨干为主的员工持股，而不应该是福利享股，应避免国有资产流失。

（4）建立职业经理人制度，让市场决定国有企业领导人。政府要放权，改变现行治理模式，改变国有企业领导人由政府及国资委任命的模式，由市场来决定。杜绝政府领导到国有企业任职和国有企业领导人到政府机关任职的问题，消除国有企业干部的行政级别与行政待遇。政府不能再到市场上融资，不能再新建企业，不能再参股，包括融资平台及直接间接的参股企业等。

（三）以补齐产业链的方式推进产业转型升级，实现产业结构合理化

针对云南产业结构资源型、重型化突出，经济结构严重失衡的问题，应在抢抓机遇的基础上，从培育新产业、打造高级生产要素、延伸产业链、消化过剩产能、加快发展薄弱的轻工业等方面调整优化云南的产业结构，促进云南经济结构的重塑。

（1）以市场需求为导向，加快培育壮大新业态新产业。所有历史上伟

大经济模式的转变，都是在某个时点新通信技术的出现，使人可以更有效地管理经济活动，它与新形式的能源结合，更有效地推动了经济活动，它们又和新形式的交通工具结合，更有效地传播了经济活力。所以通信、能源和交通技术组合在一起，就形成了一个通用技术平台，形成了组织经济生活的全新方式。德国和中国正在成为推动第三次工业革命的主要力量。物联网平台在德国和中国兴起后，带来了尽可能高的生产力，所以大家都能降低边际成本，并提供免费的商品或服务，最终世界将形成共享经济。这种共享经济可能就是演化经济学所说的新"技术—经济"范式或主流经济学所说的新一轮经济增长。中国政府致力于将能源互联网与通信互联网以及交通和物流互联网连接起来，形成一个数字化物联网平台，这项历史性的大工程将极大地提高整个中国的生产力。因此，所有围绕智能化的新能源技术、互联网技术和交通技术及其结合的新业态新产业，都将是未来市场需求旺盛的产业。云南省要在根本上实现产业结构的调整、经济结构的优化和发展方式的转变，就需要从现在开始迎接这场中国正在力图主导和推进的新科技革命与全球产业变革，加快培育壮大水能、太阳能、风能、生物质能等新能源及其对传统产业的渗透，加快培育壮大智能电网、物联网、新一代互联网及其在教育、文化、医疗、卫生、社区服务、生态等各个领域的应用，加快培育壮大节能环保、3D打印、现代服务业等，加快研究共享经济及共享经济中可能产生的新业态新产业，针对改变社会经济生活的共享经济中出现的新业态，尽快制定发展规划和鼓励政策，及时探索解决新业态新产业面临的障碍和阻力，消除传统产业垄断可能对新业态成长形成的抵制等。

（2）鼓励大力发展深加工，补齐产业链。针对云南省的工业以产业链上中游的资源型、重型工业为主的特点，紧密结合目前中国正在向外推出的（推动第三次工业革命的）我国具有原始创新优势并处于技术前沿的核电站建造技术、装备和工程，以及高铁建造技术、装备和工程（未来还可能推出具有原始创新优势并处于技术前沿的航天科技、装备和工程），及其输出所带来的新材料、新能源发展机遇，发挥冶金、化工等产业优势，千方百计为企业向国家争取新材料制造订单，配套对外承包工程和装备的新材料供给。鼓励云南省的有色冶金、黑色冶金、磷化工、盐化工、非金属材料加工等产业的大型骨干企业，加快引进新兴科技，加快发展深加工，补齐产业链。制定鼓励民间资本进入新材料、新能源领域的产业导向目录和具体政策。强化科技成果支持政策，加快推进新材料研发成果转化。

（3）加快培育高级生产要素，抢占价值链高点。综合国外学者迈克尔·波特和国内学者张幼文等的研究，高级生产要素包括科学技术、受过高等教育的人才、各个大学研究所创造的知识、金融、信息等，知识创造是当今世界最具竞争优势的高级生产要素。云南省要主动适应全球服务外包加速和信息化对高级生产要素培育的推动作用，抢占价值链高点，为对外投资加快培育高级生产要素。首先要对云南高校中在全国有优势的基础学科加大扶持力度，促其多创造知识，鼓励各个高校依托优势学科建立研究所等知识创新平台，进一步加大对发明、专利等知识产权的激励。其次是着力提高高等教育质量和人才培养规模，尤其是针对云南优势产业转型升级所需的高层级人才培育，应努力向国家争取扩大规模。最后要鼓励科研机构与科技企业结合构建服务外包基地，努力扩大服务外包规模。利用好瑞丽沿边金融综合改革试验区的政策，加快云南金融发展，完善云南金融体系，大力发展民间金融、沿边金融和普惠金融，创新金融产品，增强金融服务能力和对外投资支撑力。

（4）扩大对外投资，消化过剩产能，壮大云南传统优势产业。时刻把握和跟踪"一带一路"建设进程，积极争取融入"一带一路"各个建设项目，重点主导"一带一路"建设中的孟中印缅经济走廊建设，努力拓展生态保护与治理、水资源开发与保护、文化交流、体育赛事、国际会展、农业科技推广、卫生防疫等领域的合作项目，在基础设施建设和产业园区建设中，创新体制机制，加大力度鼓励云南的建筑施工企业、矿业企业、冶金企业、生物资源加工企业走出去，投资开发，抢占先机；创新推动孟中印缅四方工作组的工作机制，为云南省的对外投资企业提供服务。积极推进以投资便利化为重点的中国东盟自由贸易区升级版建设，鼓励云南的传统优势产业对东盟国家投资。着力推动以投资便利化为重点的大湄公河次区域合作升级版，加快推动云南省的资源型、重型工业企业到大湄公河次区域国家投资办厂，在释放过剩产能的同时，提升企业实力和竞争力。

（5）以增加就业为导向，加快发展轻工业。轻工业发展严重滞后是云南省产业结构与就业结构不均衡、不匹配的重要原因。云南省应充分把握好国家加快推进经济体制改革的机遇，加快市场化改革步伐，重振市场机制，以增加就业为导向，以非公经济为重点，以高原特色农业为基础，加快发展轻工业。一是突出品质优势和生态优势，鼓励发展农副产品加工业和食品制造业。着力引进国内外知名的食品制造企业，突出云南农产品的品质优势和生态优势，针对健康产品需求，开发无公害、无污染的绿色食品和生态型农副加工产品。二是以劳动力成本相对较低的边疆地区为布局重点，面向本省市场和周边国家市场，努力承接东部沿海地区的纺织、服装加工制造业转移。三是在保护好原生林的基础上，鼓励民间资本投资利用荒山荒坡发展速生丰产林、用材林、竹林，并联动发展木材加工和家具制造业。四是加快推进烟草科技成果推广，大力发展非卷烟类烟草制品，推进烟叶、烟杆和烟草废弃物的综合利用，培育新产业类型。五是充分利用国家推进农业产业化和乡村工业化的各项优惠政策，鼓励和扶持农村合作经济组织、农民企业家发展各地的特色加工业。六是制定专门的鼓励扶持政策，结合旅游业的发展，支持广大少数民族地区开发民族服饰、手工制品和特色旅游食品等旅游商品，打造具有地方特色的商品交易场所。

（四）以人的城镇化为核心，推进城乡二元结构向一体化发展

城镇化水平低是云南城乡结构失衡的重要表现，而城镇化进程中农业人口向城镇转移的步伐缓慢也是较为突出的问题。按照国家新型城镇化的部署和要求，要以人的城镇化为核心，加快推进城乡二元结构向一元结构转换。

（1）建立均衡协调的云南城市层级体系。在已完成的城市规划布局和主体功能区布局的基础上，将扎实推进城镇化摆在突出位置，构建大中小城市和小城镇协调发展的城镇体系。通过规划的引领，推动大中小城市和小城镇、城市群科学布局、合理分工、集约发展。一要提升中心城市综合功能。围绕云南省滇中城市群、滇西城市群、滇东南城市群、滇西南城市群、滇西北城市群和滇东北城市群建设，突出产业聚集功能和就业吸纳能力建设，着力解决农业转移人口的就业和市民化问题，调整优化产业结构，增强辐射带动力，加快交通、水利、环保、教育、卫生、文体等公共事业发展，提升服务功能。二是突出小城市的专业性和聚集力。以县城为中心的小城市是连接城乡的主要载体，要结合当地的产业基础和产业特色，形成一业为主、多业经营的模式，形成专业化的产业聚集区，通过产业成长带动农业人口向小城市转移，市政公用设施建设、新区开发和公共服务要与城市人口规模和移入人口相适应，积极发展山地小城市，节约有限的坝子平地资源。三是推进小城镇差别化发展。对城市群地区的重点中

心镇，要增强其聚集功能，以产业园区、产业聚集区的发展模式推进，发挥其连接大城市与广大农村的纽带作用，加快将其发展成为建成区集聚10万人以上的现代新型小城市。提高小城镇对周边农村人口的吸引力，吸纳农业人口就近、就地城镇化，有效带动周边农村地区发展。四是边缘地区的小城镇要突出"一镇一业"的发展路径，突出当地特色农产品开发，形成品牌，吸纳周边农业人口转移。

（2）以城乡同步的基本公共服务均等化推进城乡一体化。通过实施城乡规划、产业布局、基础设施、公共服务、就业社保、社会管理的"六个一体化"，着力解决与农业人口息息相关的基本公共服务均等化问题。推动基础设施向农村延伸，实施农村饮水健康工程，努力实现城乡供水同水源、同管网、同水质、同服务，同步配套污水收集管网，在村庄卫生、河塘清洁、垃圾收运、饮用水安全、畜禽粪便处理等方面建立长效制度。健全城乡一体化公共服务体系。实现公共服务均等化，在公共资源配置上就要体现城乡均衡，让大量农村人口享受到良好的教育、医疗等公共服务。完善覆盖城乡的综合交通运输体系。农村要围绕发展镇村公交实施公路提档改善，推进城乡客运一体化，促进农民便利出行。

（3）以农业转移人口市民化为重点，深化户籍制度改革。应加快落实《国务院关于进一步推进户籍制度改革的意见》精神。截至2014年11月21日，全国已有河南、新疆、黑龙江、河北4个省份正式出台了本地的户籍制度改革意见，这些省份均明确提出取消农业户口与非农业户口的性质区分，建立城乡统一的户口登记制度，并建立和完善居住证制度。云南省应统筹考虑各地经济社会发展水平和城市综合承载能力，根据大中小城市不同情况，稳妥有序地推进户籍制度改革，努力让流动人口安居乐业。要统筹配套、协同推进，抓紧制定《居住证管理办法》，做好户籍制度改革与教育、就业、医疗、养老、住房保障、农村产权、财力保障等相关领域改革的衔接。尽快取消云南省农业户口与非农业户口性质的区分，统一登记为居民户口，并全面实施居住证制度。推行全省统一的居住证制度，融流动人口居住登记和就业、社保、租房、教育、计生等多种服务管理功能于一体。针对各地推进农业转移人口市民化的难点在于资金不足的问题，建议通过公共预算，提取土地出让收益、住房公积金增值收益，发行政府债券等方式落实保障房建设资金，用投资补助、贷款贴息、税费优惠、土地供应等政策，引导民间资本参与建设运营保障房，支持企业利用自有土地发展公租房。

（4）以乡镇轻工业驱动小城镇快速发展。云南特殊的地理空间特征决定了云南的城镇化不同于平原地区或丘陵地区的城镇化模式。高山峡谷和山间坝子的地形地貌使小城镇与周边一定范围内的广大农村所构成的经济空间形成了相对独立的经济单元。这种相对立体和相对分割的空间经济模式与平原地区平面化的空间经济模式相比，最大差别在于建设连接小城镇与广大农村的基础设施成本高、投入大，广大农村实现就地城镇化的公共服务完成难度大。因此，云南的城乡一体化只能以人口聚集到小城镇的方式实现，无法以就地享受城市公共服务的方式来实现（平原地区可以此模式实现功能的一体化和服务的一体化）。而广大农村人口要真正转移到小城镇，必须解决小城镇的就业岗位问题。结合云南的产业结构问题，建议以乡镇轻工业的发展为驱动力，驱动小城镇周边农村人口向小城镇聚集，在小城镇集中提供公共服务和社会保障。一要结合县域经济发展规划，衔接全省产业转型升级的产业指导目录和生物产业发展规划制定小城镇产业发展计划，选择本地具有种养业优势和一定农产品规模的农产品加工业或其他轻工业作为主导产业；二要扶持和鼓励村镇银行和民间金融的发展，为当地轻工业发展营造融资环境；三要与职业技术院校建立技能劳动力培养培训合作平台，定向对农业转移劳动力进行培训；四要衔接主要产品的市场营销网络，在全国大城市建立产品销售窗口；五要与省级科技研机构和专业技术人员建立紧密的协作或合作机制，促进科技成果转化，聘请科技人员指导当地的农产品加工业发展；六要着力引进省内外、国内外知名企业、名牌企业到小城镇投资开发当地特色农产品加工业，带动当地就业。

（5）加快不适宜居住地区人口向城镇转移的步伐。制定专门的规划和行动计划，在充分尊重村民意愿的基础上，将在边远山区、高寒山区、生态脆弱地区生活的村民迁移到重点建设的城镇和产业园区居住和就业。在对迁移人口中的劳动力进行培训的基础上，通过政府购买就业岗位的形式，协助他们在协管类、公共服务类（如交通协管员、市容环境协管员、河道清理协管员、税收征收协管员等）岗位就业。

（五）推进创新驱动、内生增长模式的形成

自我国提出要实现"创新驱动、内生增长"的发展模式以来，各地都积极探索推进创新驱动、内生增长的思路与举措。内生增长是指经济能够不依赖外力推动实现持续增长，内生的技术进步是保证经济持续增长的决定因素。驱动一个地区内生增长的创新不仅仅是技术创新，还包括产业创新和组织创新。经济学家将内生增长模式具体分为产品种类增加型内生增长、产品质量提升型内生增长和专业化加深型内生增长三种模式。技术创新要转化为增长成果需要适合的制度保证和具体的产业形态。一个地区是否能够形成"创新驱动、内生增长"的发展模式，取决于它的产业创新力、技术创新力和组织创新力。产业创新力是指一个地区根据外部环境和内部条件的变化能够不断转型升级产业的能力；技术创新力是指一个地区根据外部环境和内部条件的变化能够运用新知识创造新技术、新工艺、新产品的能力；组织创新力是指一个地区根据外部环境和内部条件的变化能够自动完善制度结构和组织体系的能力。因此，云南省应从以下方面推进创新驱动、内生增长模式的形成。

（1）完善市场机制，形成微观市场主体自由经营、公平竞争的市场环境。产业创新是市场选择的结果。在完善的市场机制下，随时在寻找获利空间的微观市场主体，能够及时发现人们消费需求的变化和社会生产需求的变化，抢占新产业、新业态，会随着一个地区外部环境和内部条件的变化及时做出生产经营的调整和转变。一个有市场活力的地区是有产业创新力的地区，但需要政府做好"裁判"，及时消除市场垄断，调节市场失灵，让市场回归正常有序的自由经营、公平竞争状态，保持市场活力。

（2）拆分创新力弱且已经形成垄断势力的国有企业。针对过去"抓大放小""国进民退"过程中一些本属于竞争性领域却形成了对资源、市场或人才高度垄断，主要靠垄断获取利润，技术改造和新产品创新动力不足的国有企业，在试点探索的基础上，可考虑将其拆分为 2～3 家相互竞争的同类型国有企业，重塑竞争市场。同时完善法律法规，规范企业竞争行为，促进企业开展技术改造与新产品研发来获得竞争优势。

（3）营造尊重知识、热爱科学、追赶创新潮流的氛围。在全省大力弘扬尊重知识、热爱科学、勇于追赶创新潮流的精神；以各种形式加大力度开展科学普及宣传活动，重点推进科普宣传进农村、进山区、进厂矿活动；扩大公共图书馆的数量和覆盖范围，在社区、居民住宅小区、公共场所等地设立图书室；鼓励基层、社区和厂矿开展小发明、小创造和知识竞赛等活动，营造创新氛围，培养热爱科学知识的习惯；在网络、电视、电影、广播、广告传媒等媒介传播科学知识和科技信息，让民众了解新兴科技动态；提升知识创造者和传播者的待遇和社会地位；在目前科技进步奖励的基础上，追加投入，扩大奖励范围和频率，增强对基础研究的奖励。

（4）建立"应对变化创新驱动"联合推进机制。建立由省领导挂帅，主要部门领导和科技专家组成的云南创新驱动经济增长联合推进领导小组，在科技主管部门设立办公室，结合经济形势分析工作，随时反映国际国内环境变化和科技发展动态，针对会影响云南经济长远发展和对云南经济社会有重大影响的科技动态，及时制定云南重大科技攻关专项计划，组织力量攻关，并及时转化研发成果。

（5）着力培育科技服务业。以制定优惠政策、鼓励民间资本投资为重点，加快培育壮大包括研发设计服务、知识产权服务、检验检测服务、科技成果转化服务等在内的科技服务业。发挥研发设计服务对提升产业创新能力的关键作用，建立支撑加快产业结构转型升级的研发设计服务体系，促进专业研发设计服务企业发展壮大；鼓励企业将技术开发部门注册成为具有独立法人资格的研究开发中心或研究开发院，独立承接研发设计业务。积极发展知识产权创造、运用、保护和管理等环节的服务，加强规范管理；培育知识产权服务市场。推动服务机构为企业提供知识产权代理、咨询、检索、分析、数据加工等基础服务，支持服务机构开展评估、交易、转化、托管、投融资等增值服务。推进检验检测机构市场化运营，提升专业化服务水平，加快食品药品、节能减排等检验检测公共服务平台建设；大力培育质检和技术中心，开展认证计量、技术培训、标准化等服务。完善科技成果转化服务体系，大力发展专业化、市场化的科技成果转化服务；推动技术交易市场建设，鼓励建设具备技术咨询评估、成果推介、融资担保等多种功能的技术转移服务机构。鼓励社会资本投资设立新型转化实体，发展能开展创业投资、创业辅导、市场开拓等多种业务的综合性科技成果转化服务实体。推动科技评估、产业生态评估、科技招投标、科技情报信息等科技咨询服务机构规范有序发展，鼓励它们承接政府委托的科技咨询业务；建立共建共享的科技资源信息库，建设智能化科技信息收集、加工分析、共享应用的现代化信息网络服务平台；支持和引导信息咨询、会计师事务所、投资和管理咨询等专业服务机构重点服务科技型中小企业。

（6）继续深化产业园区建设，创造干中学环境。在全省已经组织实施的产业园区的基础上，进一步突出园区分工和产业特色。引导产业园区与高等院校、职业技术教育机构建立人才培养培训合作机制，与技术研发机构建立创新联盟，建立科技成果转化与产业化示范工程，促进同类产业的聚集，形成干中学的环境。

（7）加强知识产权保护。努力平衡知识产权创造者、应用者与社会公众之间的利益关系，使知识产权的创造与应用形成良性循环。要进一步完善符合国际通行规则、门类齐全的法律法规体系。在立法精神、权利内容、保护标准、法律救济手段等方面更加突出促进科技进步与创新。要进一步建立健全协调、高效的工作体系和执法机制，使各相关部门履行好保护知识产权的职能。要加大知识产权保护的行政执法力度，通过日常监管与专项治理相结合，加大知识产权保护的行政执法力度。

（8）扩大公务员队伍的学习能力。制度创新的根基在于政府及相关部门工作人员的文化素质和知识水平。以提升公务员队伍的知识含量和专业理论水平为目标，创造更多让公务员队伍在职学习、脱产学习、攻读学位、出国留学访学等学习机会。转变政府职能，市场机制能发挥作用的领域都交给市场，切实减轻公务员队伍的负担，使他们有充足的学习进修时间。进一步简政放权，让直接联系群众的基层和具体衔接企业的管理部门有更大的自主权，能够根据群众和企业需要创新服务机制、服务方式和服务组织。

（9）不断扩大中介组织规模，着力提升中介服务能力。管理部门在创新中介组织监管模式的基础上，可鼓励组建各种类型分工明确、专业性强的行业协会，促使行业协会不断提升中介服务能力，让行业协会真正成为联系企业与政府、沟通政府与市场的桥梁和纽带，成为政府决策的参谋和助手，成为企业的顾问和指导者。

分　报　告

第二章 建立以市场需求为导向的 现代产业体系

建立现代产业体系是云南省确立的调结构、转方式的主要路径。按照现代产业体系的基本内涵，云南省的产业结构优化缺口表现为产业结构失衡导致的各种结构性矛盾不断积累，产业技术先进缺口表现为产业主要处于技术链低端，清洁安全缺口表现为高能耗的生产方式，产业附加值缺口表现为产业整体上处于价值链低端，吸纳就业能力缺口表现为产业结构与就业结构的失衡。打造全产业链是目前不发达地区实现赶超的重要路径。云南省消除缺口的关键是以市场需求为导向培育现代产业体系。重点是大健康产品、民生需求型轻工业、出口导向型先进装备制造业、以国家重大工程需求为导向的功能性新材料产业、满足现代消费方式的高原特色现代农业和适应新经济模式的生产性服务业。

第一节 云南产业结构现状

一 产业结构与工业化进程不匹配

改革开放之初，云南省的产业结构基本呈现出一个工业基础薄弱的传统农业省份的特征。1978 年第一、二、三产业增加值之间的比例关系为42.7∶40∶17.3。1978～1986 年这十年间，第一产业的比重仅仅高于第二产业 1～3 个百分点，表现为一种非典型性的"一二三"产业结构。自 1987年，第二产业比重开始超过第一产业比重，并呈逐渐上升趋势，1987～1991 年，云南省的产业结构呈现为短暂的"二一三"结构；但自 1992 年开始，第三产业的比重超过第一产业，云南省的产业结构呈现为稳定的"二三一"结构；1992 年后，工业一直保持 40% 以上的增长速度，到 2011

年三次产业结构的比例变为 15.9∶42.5∶41.6。全国 2011 年三次产业结构的比例为 10∶46.6∶43.3。2011 年，云南省的第一产业比全国高 5.9 个百分点，第二产业比全国低 4.1 个百分点，第三产业比全国低 1.7 个百分点。总的来看，云南省第一产业比重偏大、第二产业较弱、第三产业比重相对较小（见图 2-1）的矛盾仍较突出，产业结构层次低。三次产业结构优化程度与全国平均水平相比有一定的差距。

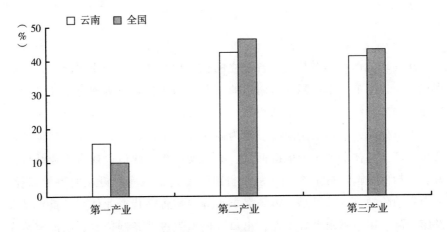

图 2-1　2011 年云南与全国三次产业比重

1978～2011 年的 34 年间，云南省的产业结构呈现出第一产业比重不断下降、第二产业比重一直很稳定（保持在 40% 左右，工业保持在 35% 左右）、第三产业比重不断上升的特征。云南从"一二三"到"二三一"的产业结构演进基本符合一般规律。但是根据钱纳里的研究，云南省处于工业化初级阶段，工业比重仍有继续提高的空间。与全国平均水平相比，云南第一产业的比重高于全国水平，第二、第三产业比重低于全国水平（见图 2-2、图 2-3），产业结构还需进一步优化。

二　三次产业就业结构不合理

云南省 1980 年第一产业就业比重为 85%，2011 年第一产业就业比重为 59.4%，下降了 25.6 个百分点。而全国 1980 年第一产业就业比重为 68.7%，2011 年第一产业就业比重为 34.85%，下降了 33.85 个百分点。可见，云南省第一产业就业比重下降幅度很小。云南省第一产业就业比重与全国平均水平最大差距为 1999 年，云南高出全国 26.6 个百分点，最小

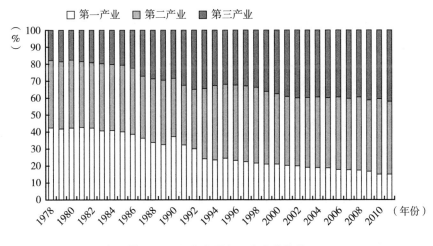

图 2 - 2　云南省历年三次产业结构

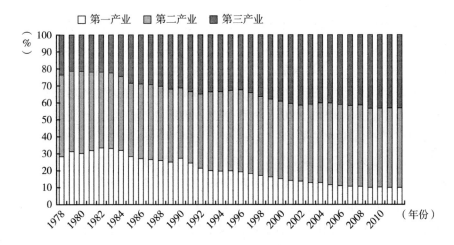

图 2 - 3　全国历年三次产业结构

差距为 1982 年，云南省高于全国平均水平 15.8 个百分点。云南省平均高于全国平均水平 21.8 个百分点。从图 2 - 4 中可以看出，云南省第一产业就业比重 2011 年仍高于全国平均水平。第一产业仍是云南省吸纳就业能力强的产业。

1980 年云南省第二产业就业比重为 8.1%，2011 年第二产业就业比重为 13.1%，增加了 5 个百分点。1980 年全国第二产业就业比重为 18.2%，2011 年第二产业就业比重为 29.5%，增加了 11.3 个百分点。可见，云南省第二

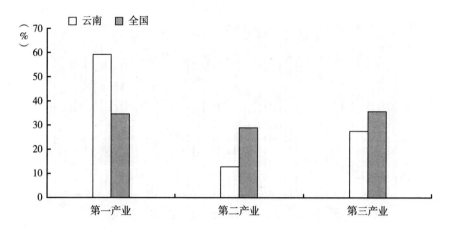

图 2 - 4 2011 年云南省与全国三次产业就业比重

产业就业比重增加的幅度很小。云南省第二产业就业比重与全国平均水平最大差距为 1999 年的 14.9 个百分点,最小差距为 1985 年的 8.4 个百分点,平均差距为 12.1 个百分点。从图 2 - 5、图 2 - 6 可以看出,云南省第二产业就业比重一直低于全国平均水平。可见,云南省第二产业吸纳就业能力较弱。

1980 年云南省第三产业就业比重为 6.9%,2011 年云南省第三产业就业比重为 27.5%,增加了 20.6 个百分点。1980 年全国第三产业就业比重为 13.1%,2011 年第三产业就业比重为 35.7%,增加了 22.6 个百分点。可见,云南省第三产业就业比重增加的幅度是很快的。云南省第三产业就业比重与全国平均水平最大差距为 1999 年 11.9 个百分点,最小差距为 1984 年和 1985 年的 4 个百分点,平均差距为 7.5 个百分点。可以看出,云南省第三产业就业比重一直低于全国平均水平。但相较于第二产业,云南省第三产业是吸纳就业能力较强的产业。

三次产业就业比重可以反映出每个产业吸纳就业的强度。综上所述,云南省第一产业、第三产业是吸纳就业能力强的产业,第二产业是吸纳就业能力弱的产业。

三　第一产业内部结构反映出云南农业发展方式仍然粗放

从云南农业的内部结构看,种植业在农业中占主导地位(见图 2 - 7),但是种植业比重呈不断下降趋势;牧业第二,林业第三。云南是个农业大省,农业在整个国民经济中占有非常重要的地位,全省 87% 的人口在农

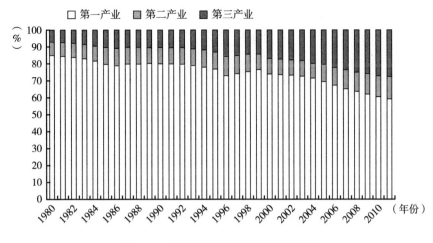

图 2 - 5 云南省历年三次产业就业比重

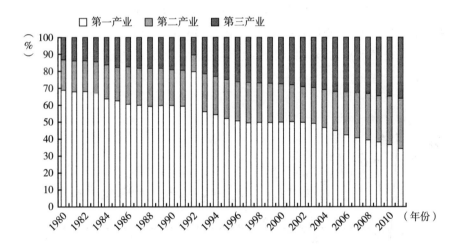

图 2 - 6 全国历年三次产业就业比重

村，75%的国民收入、70%的财政收入、60%的创汇收入和80%的轻工业原料都直接或间接来自农业。经过几十年的发展，云南农业已经由原始农业阶段进入传统农业阶段，并且在农业生产上取得了巨大的成就。但是，相对于全国农业的发展而言，云南的农业经济增长仍然是比较缓慢的，出现了诸如农产品销售不畅、农民收入低速增长、耕地减少、生态环境恶化等新问题。从根本上分析原因就在于云南的农业经济增长方式仍然是粗放型增长方式。

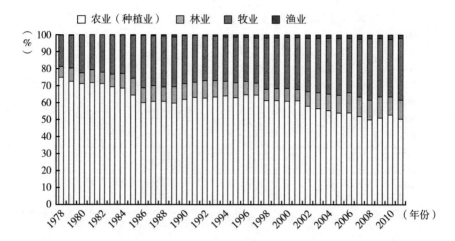

图 2 - 7　云南省历年农业（种植业）、林业、牧业、渔业占第一产业的比重

1978～2011 年，云南省农业增长率平均高于全国水平 0.7 个百分点，最大差距为 1979 年全国水平高于云南 13.13 个百分点，最小差距为 1995 年云南与全国水平相等（见图 2 - 8）。云南农业发展方式存在的主要问题有如下几个方面。

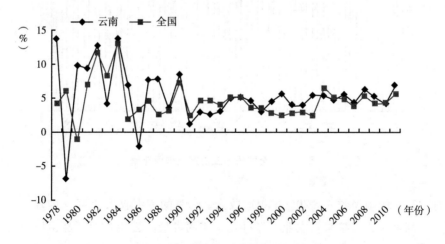

图 2 - 8　云南省与全国历年农业增长率

（1）农业劳动方式落后，机械化程度低，产业结构不合理。全省大多数地方的农田作业仍以手工劳动和畜力耕作为主，部分边远少数民族地区广种薄收，刀耕火种，野养猪牛的现象还存在，全省机械化程度远远低于全国平均水平。例如，2006 年全省机耕地占总耕地面积的比例仅为 9.5%，机播面积占总播种面积的比例仅为 0.3%，机收面积仅占总收获面积的 1.2%；而同样的指标全国平均水平分别为 55.4%、32.0%、25.1%。由于农业生产机械化程度低，云南省农业长期发展不足，再加上农业生产单一、经营粗放等状况，使云南省的农业商品经济一直呈现以粮为核心的单一产业结构。在农林牧渔业总产值中林牧渔业产值比例偏低。以当年价格计算，2011 年云南的农林牧渔产值比例为 48.8 : 10.7 : 35 : 2.4，其中林业的产值效益之低，与云南省居全国第四位的森林面积和第三位的活立木蓄积量极不相称。此外，粮食—经济—饲料作物三元合理结构尚未形成。全省粮经饲种植面积比例虽由 1998 年的 74.4 : 23.5 : 2.1 调整为 2006 年的 73.4 : 24.3 : 2.3，但经济和饲料作物的比例仍然明显偏低。

（2）农业劳动生产率和土地产出率均较低。2006 年，全省农业劳均产值 4140.27 元，比全国农业的 6738.03 元低 2597.76 元；劳均产粮 708.49 千克，比全国的 1497.6 千克低 789.11 千克；劳均产油料 108.7 千克，比全国的 141.7 千克低 33 千克；劳均产蔬菜瓜果 1248 千克，比全国的 2097.7 千克低 849.7 千克；劳均产肉类 13.03 千克，比全国的 134.70 千克低 121.67 千克。

（3）农业经济的规模效益低，农户经营规模偏小。目前，随着农业生产力的提高和改革的不断深入，农业发展要求适度规模经营的趋势与现有农户超小规模分散经营的矛盾越来越突出。尤其是加入 WTO 后，在贸易自由化条件下，发达国家的大农业对中国小规模经营农业的冲击将是很大的。资料显示，中国每个农业劳动力平均耕地面积仅有 0.29 公顷，而美国为 66.81 公顷，加拿大为 109 公顷；如按家庭计算，中国每户农户平均耕地面积不足 0.5 公顷，而美国每个家庭农场平均规模为 190 公顷，是中国的 380 倍。而云南人均耕地面积仅为 0.03 公顷，每个农户五谷杂粮都种一些，鸡鸭鹅兔都养一点，大大制约了农业生产的规模经营。

（4）农业资源消耗高，综合开发利用程度低。云南地形地貌多样，气候类型复杂多变，光、热、水、土、动植物等农业自然资源十分丰富，被誉为植物王国和动物王国，由动物、植物和微生物组成的生物资源拥有的数量和种类，在全国乃至全世界都十分罕见，这一切为发展农业的多样性提供了较好条件。然而，从实际情况看，云南农业一方面对现有资源的利用程度较低，目前农作物秸秆的饲用率不到 20%，农业灌溉用水的利用率不到40%，化肥的利用率不到30%。物质投入利用率低不仅造成农业生产成本上升，农民增产不增收，而且造成资源浪费，环境污染，阻碍农业的可持续发展；另一方面对资源的利用处于粗放式经营和掠夺式开发的状态，深度系列化开发的产业（产品）较少，许多产品均为原料型初级产品或中间产品，而不是高附加值的最终产品，价值没有得到应有的体现。

（5）农业经济增长缺乏科技支撑，农业科技成果转化率低。据云南农业部门的统计，2006年云南农业的科技贡献率仅为35%，低于全国平均水平7个百分点，而发达国家一般都在70%以上。按照有关专家提出的根据农业科技进步贡献率划分农业经济增长方式的标准，云南农业目前尚处在外延增长阶段。另外，云南全省科技投入排在全国第10位，而科技产出率却排在第25位；全省农业科技成果约有70%没有推广运用，而发达国家农业技术转化率在60%左右；农业科技队伍量少质弱，中高级科技人员紧缺，以种植业为例，全省农村平均每5000人口和每5000亩耕地才有一名农技人员，远远不能支撑农业的快速增长。农业人口占全省人口的83.92%，但广大农民受教育程度很低，小学程度人口占总人口的43.47%，15岁以上文盲半文盲人口占总人口的21.03%，这一切严重制约了农业科技的推广和运用。

四　第二产业内部结构反映出轻重工业结构失衡和资源型、重型化为主的结构已到了非改不可的阶段

云南工业的突出问题表现在非烟工业主要集中在以有色金属、磷化工业为代表的矿产业，属传统的原料型、资源型产业，装备制造业和消费品生产业在云南还很薄弱。工业产品以初级加工品为主，产业链短，精深加工产品少，产品附加值低。长期以来，云南轻工业过于依赖烟草产业。当前烟草制品占全省全部规模以上工业的比重接近1/3，如果扣除烟草制品业，云南省工业经济的总量、增速、质量、效益、装备技术水平在全国的排名都将大幅下降。与此同时，以原材料为主的矿产业发展严重受制于国际市场。矿产业是云南省多年来依托矿产、电力资源打造的传统特色优势产业，经过较长时期的优化调整提升，产业集中度得到相对提高，产业布局趋于基本合理，品种结构正在加快调整，技术装备水平持续提升，淘汰落后产能和节能减排的成果开始显现。但是云南省矿产业发展以选冶、初中级原材料生产为主的格局没有根本性的改

观，矿产业的经济效益增长取决于国际市场有色金属价格的走向，产业发展的抗市场风险能力较弱。

1. 云南省工业结构的现状

2011 年，云南规模以上工业企业单位数为 2773 个，年平均从业人员约为 92.62 万人。云南工业资产总额为 11053.93 亿元，全部工业产品销售收入为 7527.74 亿元，实现利税总额 1664.48 亿元，工业总产值 7780.83 亿元。

（1）2000 年以来，在改革、调整难度加大的背景下，面对需求不足、竞争加剧等各种不利因素的影响，云南工业生产仍保持了平稳增长，如图 2-9 所示。

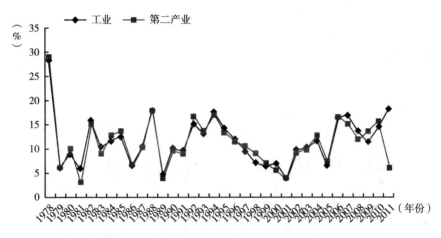

图 2-9　云南省历年工业增长率与第二产业增长率

（2）在工业经济类型上，云南省工业呈现出多种所有制经济共同发展的格局，工业所有制结构"一大、二公、三少、四小"（一大：公有制比重过大；二公：公有制工业过多；三少：三资企业、港澳台企业太少；四小：股份制、股份合作制、私营、个体工业的比重太小）的情况有所改观。公有制工业和非公有制工业的产值比例由 1995 年的 89.7∶10.3 调整为 2000 年的 61.7∶38.3。

（3）工业行业结构进一步优化。经过调整，云南省工业行业结构进一步优化，行业的结构性特征日益明显。从 39 个工业行业大类看，优势产业发展加快，资金、利税快速向发展前景好的优势行业聚集。如 2010 年利税总额最大的五个行业（烟草加工业，电力、燃气及水的生产和供应业，有色金属冶炼及压延加工业，黑色金属冶炼及压延加工业，化学原料及化学制品制造业）利税总额达 1059 亿元，占全省的 75%，显示出较好的发展势头。

（4）工业产品结构进一步适应市场需求。工业产品结构伴随市场需求的变化和产业政策导向得到进一步调整，云南一些优势产品、名牌产品生产总量增加，新产品开发步伐加快，"名、特、优"产品战略得到进一步实施，如烟、糖、机床、变压器、云南白药、有色金属产品等。

2. 云南省工业结构存在的突出问题

（1）总体工业实力仍然薄弱，1978～2011 年，云南省工业增长率平均低于全国水平 0.1 个百分点，2002 年两者相等。2005 年之前，云南工业平均发展速度低于全国；2005 年后，云南的工业增长速度开始高于全国，但整体工业发展水平仍然滞后。

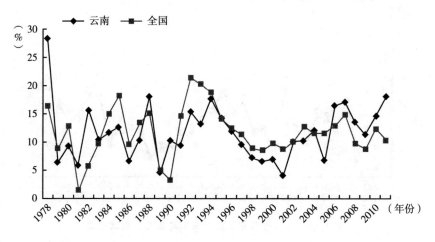

图 2－10　云南省与全国历年工业增长率

（2）工业结构单一，抗市场风险能力较弱。云南工业在烟草工业的有力支撑下，位次居西部省区市中上水平，但若扣除烟草工业，云南工业在西部的名次将明显后移，这一方面说明云南烟草工业的支柱作用，另一方面说明在云南的经济结构中，支柱产业单一。多年来，云南工业支柱产业单一，资产约占全省 25% 的烟草加工业实现利税总额约占全省的 80%。云南工业经济的发展，总体上受到烟草加工业的摆布，烟草经济效益的好坏直接影响全省总体的经济效益水平。

（3）工业生产能耗高，拉动生产成本上升，产品成本费用居高不下。云南主要工业产品能耗与全国平均水平相比处于高位，例如发电标准煤耗高 10.2%，原煤生产单耗高 12.4%，每吨水泥综合能耗高 8.9%；从成本费用的构成来看，2010 年云南省工业企业实现产品销售收入比上年增长27.9%，而销售费用上升32.5%、管理费用上升31.5%。

（4）产品科技含量低，名牌产品少。近年来，云南工业产品的科技含量及产品质量虽然有所提高，但总的来说，提高的步伐并不快，许多产品科技含量低，产品的档次和质量也较低，导致市场竞争力较弱；名牌产品少，且主要集中在资源开发性行业，导致生产能力大量过剩。由于科技投入少，许多企业的技术设备和产品未得到更新，云南省科技进步对国民经济增长的贡献率仅为30%，低于全国35%的平均水平。

（5）云南省内各区域工业发展不均衡，省内工业主要集中在昆明、曲靖和红河沿交通线分布的 T 形地带，广大的边远地区工业化程度很低，发展速度较慢。

3. 云南省重工业与轻工业结构（1978～2011 年）

一个地区的轻重工业结构反映了该地区重工业发展的程度，改革开放以来，云南省的轻重工业结构经历了从主动调整到市场配置的过程，轻工业比重先上升后下降，重工业比重先下降后上升。云南的轻工业比重一度相对较高，但近年来呈现快速下降的趋势（见图 2 - 11）。

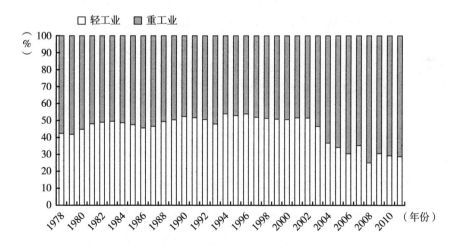

图 2 - 11　云南省轻重工业比重

云南省的霍夫曼系数与全国平均差距为 0.19，最大差距为 1994 年云南省低于全国 0.46，1987 年云南低于全国 0.01，相差最小（见图 2 - 12）。只有 2008 年云南高于全国 0.06。1987～2002 年，云南轻工业比重一直超过

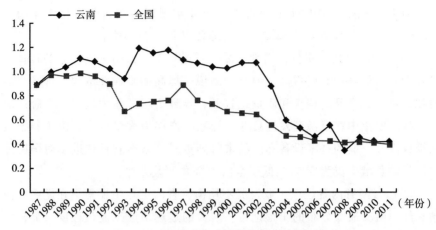

图 2-12 云南省与全国历年的霍夫曼系数

重工业比重,霍夫曼系数大于1;在全国产业结构重型化的趋势下,云南表现出不同的特征。2003年之后,云南省轻工业比重下降很快,重工业比重不断增加,2011年达到71%,霍夫曼系数小于1,并不断下降。工业结构呈现出重型化特征,结构调整符合云南进入工业化中期发展阶段的特征。

从传统的工业化进程评价看,体现轻重工业结构的霍夫曼系数是重要的评价指标。霍夫曼在研究了发达国家的工业化进程后得出的经验结论是:在工业化进程中,霍夫曼系数呈不断下降趋势,当霍夫曼系数小于1时,表明该国的发展阶段已经进入后工业化时代。目前我国31个省(自治区、直辖市)的霍夫曼系数都小于1,但还没有一个省被认为进入了后工业化时代,2011年云南省的霍夫曼系数为0.41,按照目前的发展趋势,云南省在未来的发展过程中,霍夫曼系数还将下降,轻工业比重还将下降、重工业比重还将不断提高。

五 第三产业内部结构:生产性服务业没有发展起来

从1978~2011年的数据来看,云南省的第三产业以批发和零售贸易、餐饮业为主,占到32%左右,其次是交通运输、金融、地产。与全国比较,云南省的交通运输、仓储及邮电通信,批发和零售贸易、餐饮业,金融保险业占服务业的比例与全国水平相当,房地产业所占比例低于全国5个百分点(见图2-13)。

1. 基本特点

(1)服务业总量扩大,发展态势平稳。云南省第三产业增长率平均高出

全国水平 2.1 个百分点，1981 年云南省高于全国水平 7.4 个百分点，但 2006
年云南省低于全国水平 5.1 个百分点（见图 2 - 14）。2011 年云南省第三产业
增加值达 3701.79 亿元，比上年增长 12%，占 GDP 的比重为 41.6%。

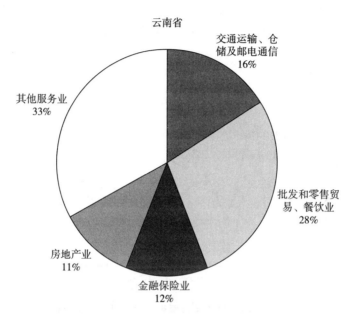

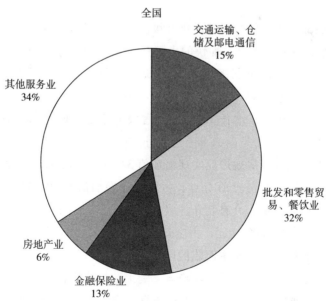

图 2 - 13 1978～2011 年云南省第三产业内部结构与全国对比

2010 年，云南省分行业看，交通运输仓储和邮政业实现增加值 193.26 亿元，比上年增长 7.9%；批发和零售业实现增加值 685.3 亿元，比上年增长 12.79%；住宿和餐饮业实现增加值 80.87 亿元，比上年增长 9.13%；金融业实现增加值 144.03 亿元，比上年增长 9.3%；房地产业实现增加值 168.64 亿元，比上年增长 17.21%；其他服务业实现增加值 668.59 亿元，比上年增长 14.07%。

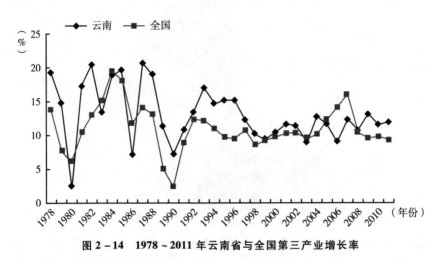

图 2-14　1978~2011 年云南省与全国第三产业增长率

（2）服务业内部结构不断优化升级。在世界经济全球化和产业结构调整及消费结构升级步伐日益加快的大趋势下，云南服务业的内部结构得到了不断优化。一是传统服务业稳定增长，占服务业的比重呈下降趋势。2010 年交通运输仓储和邮政业、批发和零售业及住宿餐饮业等传统行业实现增加值 878.5 亿元，增长 10.69%，占服务业增加值的 30.3%，比重下降 0.65 个百分点。二是新兴服务业增长较快，占服务业比重略有上升。2010 年全省金融业、房地产业实现增加值 312.67 亿元，增长 13.48%，增速比传统服务业快 2.75 个百分点，占服务业增加值的 20.25%，比重上升 0.14 个百分点。三是非公有制经济服务业快速发展，全省非公有制经济服务业实现增加值 643.09 亿元，占全省非公有制经济增加值的 43.92%。

2. 云南省服务业发展中面临的困难和问题

（1）服务业增长速度呈下降趋势。受工业快速增长的影响，2010 年云南服务业增长速度比上年下降了 1.6 个百分点，而第二产业增长速度则由上年的 13.6% 提高到 15.8%，上升了 2.2 个百分点。云南省服务业在全国各省区市中比重偏低，与发达省区市差距明显。云南省服务业只占全国比重的 1.9%，居全国第 24 位；与列全国第 1 位的广东相比仅为广东的 13.79%；云南省服务业增加值总量在西部 12 个省区市中居第 5 位，占西部第 1 位的四川是云南省的 2.12 倍。

（2）内部结构不尽合理，区域发展不平衡。从总量上看，2010 年云南交通运输、批发和零售业等传统服务业分别比广东低 1632.03 亿元、3962.38 亿元，比江苏低 1575.04 亿元、3762.12 亿元；金融、房地产业等新兴行业比广东低 2283.68 亿元、2590.5 亿元，比江苏低 1730.84 亿元、2377.5 亿元。从内部结构看，云南服务业呈现出现代服务业发展不充分、传统服务业提升不足的特点。从省内区域发展看，地区发展差距较大，滇中的昆明、曲靖、玉溪、楚雄四州市 2010 年第三产业增加值占全省的 58.3%；最高的昆明市为 1039.21 亿元，占全省的 36%，最低的怒江州为 28.4 亿元，仅占全省的 0.98%，昆明是怒江的 36.6 倍。

（3）受体制和机制制约服务业市场化还不充分。随着市场经济的不断完善，服务业市场有了很大发展，但除批发零售、住宿餐饮、公路运输业和部分社会服务业等传统产业市场化程度较高外，其他服务业的市场化、社会化程度普遍较低，政府仍然承担着较多社会经济职能。一些社会服务被政府职能所取代，如医疗卫生、体育、文化和信息媒体等，这些行业市场化进程缓慢，使云南省服务业市场化水平偏低。部分服务行业垄断性强，市场准入受到限制。目前有不少服务行业如金融、保险、邮电、铁路运输和航空运输等，仍处于政策性或行业性垄断经营的状态之中，限制其他经营者进入的现象比较普遍。受行政性垄断、行业和开放度的限制以及体制、机制的制约，部分行业市场准入限制多、门槛高，抑制了民间资本的积极性，一定程度上制约了云南省服务业市场的发展。

第二节　云南产业距离现代产业体系的缺口

现代产业体系的概念最早于中共十七大上提出，2007 年新华社发表《发展现代产业体系》一文，从产业发展的角度对现代产业体系做了进一步的说明，到十二五规划制定后，现代产业体系有了明确的概念与内涵。但由于现代化是一个过程，是不断发展变化的，所以，现代产业体系在不同国家有不同的具体含义。在发展中国家，其现代性主要体现在科技进步对经济社会发展的作用越来越大；而在发达国家其主要体现在现代服务业发展比较充分方面。十七届五中全会和《中共中央关于制定国民经济和社会发展第十二个五年规划的建议》对现代产业体系做出了更明确的定义，①即"结构优化、技术先进、清洁安全、附加值高、吸纳就业能力强"。现代产业体系是指以高科技含量、高附加值、低能耗、低污染、自主创新能力强的有机产业群为核心，以技术、人才、资本、信息等高效运转的产业辅助系统为支撑，以自然生态健康、基础设施完备、社会保障有力、市场秩序良好的产业发展环境为依托，并具有创新性、开放性、融合性和可持续性等特征的新型产业体系。

党的十七大报告提出了转变经济发展方式的基本思路，即促进经济增长由主要依靠投资、出口拉动向依靠消费、投资、出口协调拉动转变，由主要依靠第二产业带动向依靠第一、第二、第三产业协同带动转变，由主要依靠增加物质资源消耗向主要依靠科技进步、劳动者素质提高、管理创新转变。按照"三个转变"的要求，必须发展现代产业体系，这是当前我国转变经济发展方式的必然选择和主要任务。云南省委省政府（2010）提出，"产业结构调整不是一个新的概念，但构建现代产业体系却是一个全新目标，是云南'十二五'产业结构调整的主方向"。云南就是要把中央的最新精神与本地实际相结合，使其在云南"具体化"，形成"以高新技术产业为主导、先进制造业为支撑、现代农业为基础、服务业为主体，结构优化、技术先进、清洁安全、附加值高、吸纳就业能力强的现代产业体系"。

建设云南现代产业体系，是破解长期制约云南省经济发展结构性难题、增强经济发展内生动力、实现跨越发展的根本性举措；是推动云南省产业转型升级、从根本上增强云南产业核心竞争力的根本性举措；是提升云南省资源开发水平和产业发展层次、促进资源优势向经济优势转变的根本性举措；是提升云南省外向型经济水平、为桥头堡建设提供坚实产业支撑的根本性举措。在工业化、信息化、城镇化、市场化、国际化深入发展的新形势下，产业发展面临的竞争越来越激烈，要使云南省在产业发展上形成较强的竞争力，必须在做强做大和优化升级传统产业的同时，以全球眼光和战略思维谋划云南省的现代产业体系建设，推进以结构优化、技术先进、清洁安全、附加值高、吸纳就业能力强为特征的现代制造业、现代建筑

---

① 《中共中央关于制定国民经济和社会发展第十二个五年规划的建议》（2010）。

业、现代服务业、现代农业发展。因此，本报告用现代产业体系的内涵，即
十七届五中全会描述的"结构优化、技术先进、清洁安全、附加值高、吸纳
就业能力强"，从五个方面来评价云南省建设现代产业体系的情况。

一 结构优化缺口：产业结构失衡导致各种结构性矛盾不断积累

云南的产业结构缺口重点在于工业弱，产业结构与就业结构不协调、
收入分配结构扭曲、消费市场与需求结构分化等矛盾不断积累。

云南省第一产业比重一直高于全国平均水平。与全国水平相比，最大
差距为1978年云南省高出全国水平14.48个百分点，最小差距为1996年
云南省高于全国水平4.06个百分点。云南省平均高于全国水平7.71个百
分点（见图2-15）。

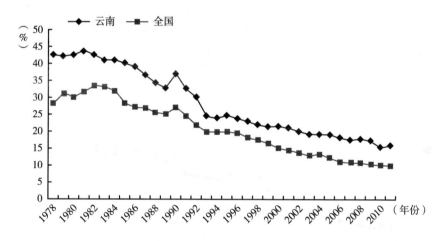

图2-15 云南与全国历年第一产业比重

云南省第二产业比重一直低于全国平均水平。云南省第二产业比重与
全国水平最大差距为1981年8.08个百分点，最小差距为1998年1.53个
百分点，平均差距为5.02个百分点（见图2-16）。

云南省第三产业比重基本上一直低于全国平均水平。云南省第三产业比
重与全国水平最大差距为1985年8.38个百分点，最小差距为1993年云南高
于全国0.27个百分点，只有这一年云南省第三产业比重高于全国水平。云南
省第三产业比重与全国水平平均差距为2.68个百分点（见图2-17）。

产业结构与就业结构不协调、收入分配结构扭曲、消费市场与需求结

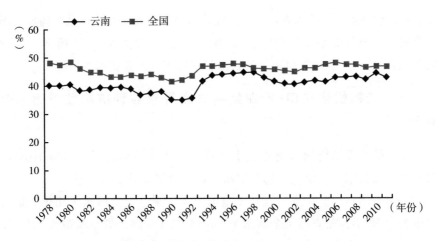

图 2-16　云南与全国历年第二产业比重

构分化等矛盾不断积累，以及为应对亚洲金融危机实施的宏观调控，阻止了产业结构与经济结构的进一步失调和扭曲，但这些累积在下一个阶段被释放和放大，使产业结构调整、经济结构优化与经济增长方式转变成为当前的经济主题。因此，产业结构与就业结构需要加强协调。

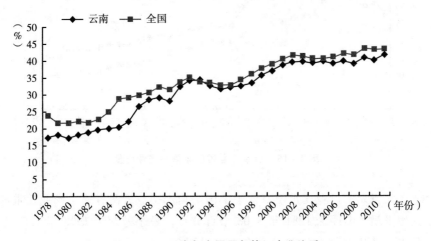

图 2-17　云南与全国历年第三产业比重

二　技术先进缺口：处于技术链低端

云南的技术缺口主要是缺乏创新，多数产业的技术处于技术链的低端。可用以下 4 个指标来评价云南省产业的技术先进程度。

一是 R&D 经费支出与生产总值之比（％）：反映整个社会对科学技术的重视程度，也是各国和国际组织评价科技实力或竞争力的首选核心指标，计算公式为：R&D 经费支出与生产总值之比＝（R&D 经费支出/生产总值）×100％。2000～2011 年云南的 R&D 经费支出与云南生产总值之比和全国的 R&D 经费支出与 GDP 之比平均差距为 0.84 个百分点，最大差距达到 2011 年的 1.21 个百分点，最小差距也有 2000 年的 0.55 个百分点。从图 2－18 中可以看到，这种差距在 2000～2011 年逐年增加。

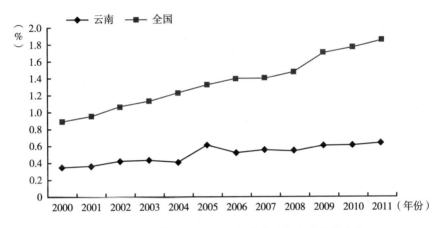

图 2－18 云南省与全国 R&D 经费支出与生产总值之比

二是每十万人拥有专利授权量（件）：反映科技产出水平，表明一个区域科学技术研究成果在全国的相对地位，特别是将这种地位与地区生产总值在全国的相对地位进行对比，可反映科学技术发展是否与经济发展同步。云南每十万人拥有专利授权量与全国每十万人拥有专利授权量的平均差距为 19.28 件，最大差距为 2011 年的 56.53 件，最小差距为 2001 年的 4.64 件。从图 2－19 中可以看出，云南省的每十万人拥有专利授权量增长缓慢，而全国水平正迅速增加，差距正在逐年拉大。

三是技术市场成交额占生产总值的比重（％）：反映一国或地区技术市场的活跃水平。计算公式为：技术市场成交额占生产总值的比重＝（技术市场成交额/生产总值）×100％。云南省技术市场成交额占生产总值的比重与全国水平平均差距为 0.36 个百分点。云南省技术市场成交额占生产总值的比重比全国水平最高高出值为 2001 年的 0.48 个百分点。最小差距为 2002 年比全国水平高出 0.04 个百分点。从 2003 年开始云南低于全国水

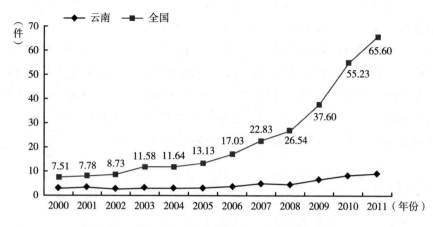

图2-19 云南省与全国历年每十万人拥有专利授权量

平,最大差距为2011年的0.88个百分点。从图2-20可以看出,全国水平正逐年上升,而云南省技术市场成交额占生产总值的比重正逐年下降,云南省与全国水平的差距正逐年增加。

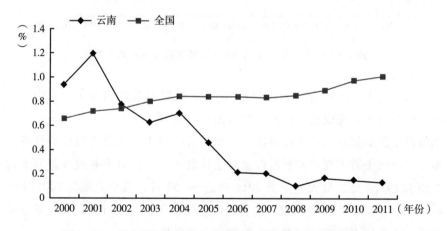

图2-20 云南省与全国历年技术市场成交额占生产总值的比重

　　四是规模以上工业企业增加值中高技术产业份额(%):反映一国或地区高新技术产业的发展状况和水平,以及采用高新技术改造提升传统产业的水平,反映了高技术产业在整个工业中所处的地位及其对工业经济的推进作用,同时反映了工业化的科技含量。高新技术工业的发展是工业化发展中科学技术含量提高的显著标志,代表工业发展的未来方向,高新技术产业份额的高低反映了工业化的活力与潜力。计算公式为：规模以上工业企业增加值中高技术产业份额（%）=（高技术产业增加值/工业增加值）×100%。云南省规模以上工业企业增加值中高技术产业份额与同是西部地区的陕西平均差距为 12.29 个百分点，最大差距为 2001 年的 17.94 个百分点，最小差距为 2007 年的 5.8 个百分点。云南省规模以上工业企业增加值中高技术产业份额与中部地区的江西平均差距为 7.52 个百分点，最大差距为 2000年的 11.42 个百分点，最小差距为 2007 年的 5.15 个百分点。云南省规模以上工业企业增加值中高技术产业的份额与东部地区的北京平均差距为 25.44个百分点，最大差距为 2000 年的 31.64 个百分点，最小差距为 2005 年的21.64 个百分点。从图 2 – 21 中可以看出，云南省历年规模以上工业企业增加值中高技术产业份额几乎不变，与东西部地区差距很大。

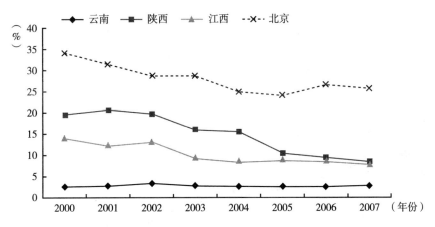

图 2 – 21　云南省及三个对照省市历年规模以上工业企业增加值中高技术产业份额

从上述 4 个指标可以看出，云南省与全国平均水平差距很大，说明云南省工业化进程中科技含量低。云南作为欠发达省份，要实现赶超和跨越式发展，发挥后发优势，最关键的就是提升科技含量。科技含量低是制约云南省新型工业化进程的重要原因，也是云南工业竞争力弱的关键因素，提升科技含量是建设云南现代产业体系的重要环节。

三　清洁安全缺口：产业结构决定了能耗高的生产方式

从清洁安全看，云南资源型重工业的产业结构特征决定了高耗能的生产方式。用以下 3 个指标来评价云南省产业的清洁安全。

1. "三废"排放量

主要是工业"三废"的排放量、污染治理情况，由于不同地区经济总量存在差异，工业"三废"排放及污染治理的绝对量不具有可比性，所以选取相对量进行衡量。单位增加值工业"三废"排放量反映每单位增加值的创造排放多少数量的工业废水、废气及固体废弃物，该类指标的指标值越高，说明单位增加值工业"三废"排放越多，对环境污染越重。要实现清洁环境，就必须尽量控制工业三废的排放，减小这类指标的指标值。

一是单位增加值废水排放量（万吨/万元）：反映每单位增加值的创造排放多少数量的工业废水。该指标值越大，说明工业化过程中，废水排放越多，对环境污染越严重。计算公式为：单位增加值工业废水排放量 = 工业废水排放总量/工业增加值。2000 ~ 2007 年，云南省与全国水平的差距最大为 2001 年，云南省低于全国 0.0015 万吨/万元。最小差距为 2005 年和 2006 年，全国水平高于云南 0.0001 万吨/万元，平均差距为云南省低于全国 0.0004 万吨/万元。说明云南省与全国比较，单位增加值废水排放量相对较低（见图 2 - 22）。

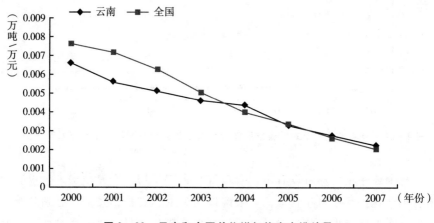

图 2 - 22　云南和全国单位增加值废水排放量

二是单位增加值废气排放量（万吨/万元）。反映每单位增加值的创造排放多少数量的工业废气。该指标值越大，说明工业发展对环境的破坏越大。计算公式为：单位增加值工业废气排放量 = 工业废气排放量/工业增加值。云南省单位增加值废气排放量比全国水平平均高出 0.001 万吨/万元，最高为 2007 年高出 0.002 万吨/万元，最低为 2001 年两者相同。只有

2000 年，全国水平高出云南省 0.0003 万吨/万元。可见，云南省单位增加值废气排放量是很高的（见图 2 - 23）。

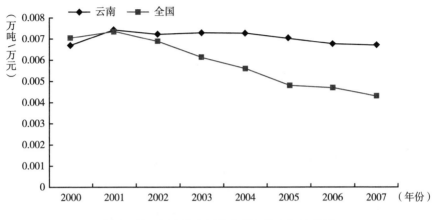

图 2 - 23　云南和全国单位增加值废气排放量

三是单位增加值固体废物排放量（万吨/万元）。是指每单位增加值的创造排放多少数量的工业固体废物。该指标值越大，排放于环境中的固体废物越多，对环境污染越严重。计算公式为：单位增加值固体废物排放量 = 工业固体废物排放量/工业增加值。2000～2007 年，云南和全国相比最大差距为 2000 年云南高于全国水平 0.87 万吨/万元，最小差距为 2004 年云南高于全国水平 0.03 万吨/万元，平均差距为云南高于全国 0.23 万吨/万元。说明近年来云南省单位增加值固定废物排放量有所下降，与全国水平的差距越来越不明显（见图 2 - 24）。

2. "三废"处理水平

选用工业废水排放达标率、工业废气去除率、和工业固体废物处理率来反映工业"三废"排放达标情况。该类指标值越高，说明对工业"三废"排放的控制能力就越强，安全性就越高。

一是工业废水排放达标率（％）。该指标主要反映工业废水排放达标情况，该指标值越大说明工业废水对环境的污染越小，安全性越高。计算公式为：工业废水排放达标率 =（统计期内工业废水排放达标量/统计期内工业废水排放量）×100％。云南与全国相比，最大差距为 2000 年全国水平高于云南 30.64 个百分点，最小差距为 2008 年云南高于全国水平 0.21 个百分点，云南省平均低于全国水平 11.49 个百分点。从图 2 - 25 中可以看出，近年云

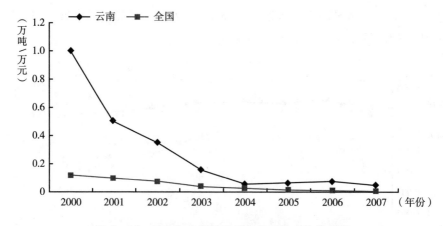

图 2 - 24　云南和全国单位增加值固体废物排放量

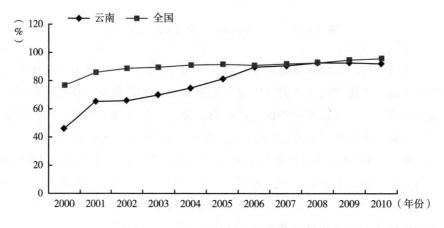

图 2 - 25　云南和全国工业废水排放达标率

南省的工业废水排放达标率逐年提高，与全国水平相当。

　　二是工业废气去除率（％）。该指标主要反映对工业废气的去除程度，指标值越大，说明对工业废气控制得越好，有害气体排放越少。计算公式为：工业废气去除率 =（报告期内工业废气去除量/报告期内工业废气产生量）×100%（工业废气去除总量包括工业二氧化硫去除量、工业烟尘去除量、工业粉尘去除量，工业废气产生总量为工业废气排放总量和工业废气去除总量之和）。

　　云南省工业废气去除率比全国水平平均高出 0.45 个百分点，二者最大差距为 2003 年云南省高出全国水平 0.85 个百分点，最小差距为 2005 年云南高于全国水平 0.09 个百分点，只有 2006 年云南低于全国水平 0.12 个百分点。

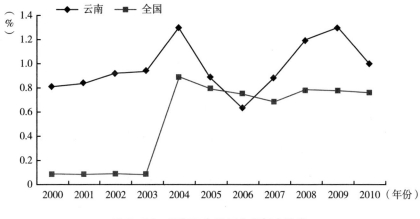

图 2 - 26　云南和全国工业废气去除率

三是工业固体废物处理率（％）。该指标值越大，说明对工业固体废物处理得越好，工业发展对环境的破坏越小。计算公式为：工业固体废物处理率＝（统计期内工业固体废物处理量/统计期内工业固体废物产生量）×100％。云南与全国相比，最大差距为 2005 年云南高于全国 11.89 个百分点，最小差距为 2004 年云南高于全国水平 0.09 个百分点，平均差距为云南高于全国水平 3.3％。2000～2002 年，云南省工业固体废物处理率低于全国。2002 年，云南省工业固体废物处理率低于全国水平 7.1％。从图 2-27 可看出，云南省工业固体废物处理率总体上高于全国平均水平。

3. 工业污染治理投资占工业增加值的比重（％）

其中工业污染治理投资指报告期内用于工业污染治理的实际投资规模，该指标值越大，说明工业发展进程中对环境治理的投入越多，相对而言，清洁性、安全性就越高。计算公式为：工业污染治理投资占工业增加值的比重＝（报告期内工业污染治理投资完成额/报告期内工业增加值）×100％。云南与全国相比，最大差距为 2000 年云南高出全国水平 0.35 个百分点，最小差距为 2001 年全国高于云南 0.02 个百分点，云南平均高于全国 0.09 个百分点（见图 2-28）。

综上所述，2000～2007 年，云南省"三废"排放量较高，但"三废"处理水平也较高。说明云南省工业污染相对较小，"三废"处理水平总体

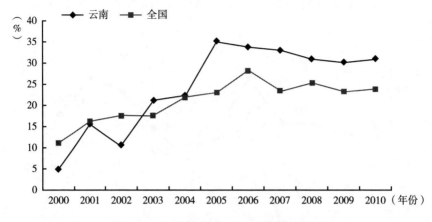

图 2 - 27 云南和全国工业固体废物处理率

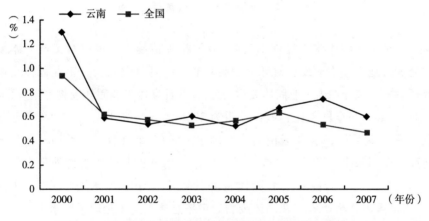

图 2 - 28 云南和全国工业污染治理投资占工业增加值的比重

上一直在好转，尤其是工业废水达标率变化显著，从 2000 年的 46.3% 上升到 2007 年的 90.5%。云南省的工业污染治理投资近年虽有下降的趋势，但与全国比较，还是稍高，保证了云南省的工业环境清洁安全。以上说明云南省工业环境清洁，安全性高。

四 附加值缺口：处于价值链低端

从附加值看，云南的产品多数处于产业链、价值链和技术链的低端。可从以下 4 个指标来评价云南省的产业附加值高低程度。

1. 全要素生产率

全要素生产率是指"生产活动在一定时间内的效率"。是衡量单位投入能够获得产出的生产率指标。即总产量与全部要素投入量之比。全要素生产率的增长率常常被视为科技进步的指标。

我们借鉴关兵（2009）的研究①测算全要素生产率，发现云南省全要素生产率的增长率与全国平均差距为 0.0938 个百分点，最大差距为 2005 年 0.439 个百分点，最小差距为 2002 年 0.015 个百分点。从图 2－29 中可以看出，云南省的全要素生产率增长率始终低于全国水平，从这一角度看云南省的产业附加值较低。

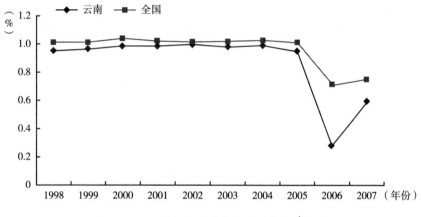

图 2－29　云南与全国的全要素生产率增长率

2. 工业增加值率

工业增加值率是指在一定时期内工业增加值占工业总产值的比重。工业增加值率的大小直接反映企业降低中间消耗的经济效益，反映投入产出的效果。工业增加值率越高，企业的附加值越高、盈利水平越高，投入产出的效果越佳。计算公式：工业增加值率（％）＝｛工业增加值（现价）／［工业总产出（现价）＋应交销项税额］｝×100％。

由图 2－30 可看出，云南省工业增加值率平均高出全国水平 14.49 个百分点。2001 年云南省工业增加值率高出全国水平 20.62 个百分点。2000

---

① 关兵：《出口贸易与全要素生产率——基于中国各省面板数据的实证分析》，《经济管理》2009 年第 11 期。

年以后云南省工业增加值率一直下降，但仍高于全国水平，2007 年高出全国水平 7.55 个百分点。

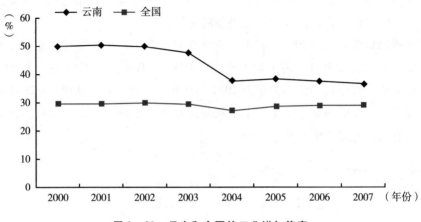

图 2 - 30　云南和全国的工业增加值率

3. 全员劳动生产率

全员劳动生产率指根据产品的价值量指标计算的平均每一个从业人员在单位时间内的产品生产量，是考核企业经济活动的重要指标，是企业生产技术水平、经营管理水平、职工技术熟练程度和劳动积极性的综合表现。全员劳动生产率越大，附加值越高。计算公式：全员劳动生产率 = 工业增加值/全部从业人员平均人数。

由图 2 - 31 中可以看出，云南省的全员劳动生产率与全国水平的差距越来越大。云南省全员劳动生产率与全国水平的平均差距为 4084.91 元/人，2007 年差距最大，为 9455.17 元/人，2000 年差距最小，为 1207.53 元/人。说明云南省全员劳动生产率较低。

4. 产值利润率

产值利润率，即一定时期的销售利润总额与总产值之比，它表明单位产值获得的利润，反映产值与利润的关系。计算公式：产值利润率 = （利润总额/总产值）×100%。

从图 2 - 32 中可以看出，云南省的产值利润率一直高于全国水平，平均高出全国水平 1.64 个百分点，2004 年两者差距最大，云南省高于全国水平 3.28 个百分点，2008 年云南省产值利润率与全国水平相差最小，高于全国水平 0.004 个百分点。这些比较说明云南省的产值利润率还是较高的。

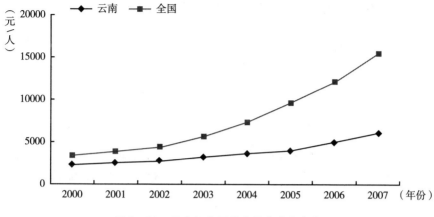

图 2 - 31 云南与全国的全员劳动生产率

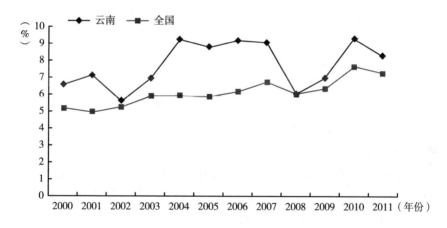

图 2 - 32 云南和全国的产值利润率

从上述指标可以看出，云南省的工业增加值率、产值利润率历年均高于全国水平。1998~2005 年，云南省的全要素生产率一直接近于全国水平。2006 年，云南省与全国的全要素生产率都下降，云南省全要素生产率与全国水平差距最大，达到了 0.439。2007 年，云南省全要素生产率尽管与全国水平还有差距，但恢复了增长。云南省的全员劳动生产率一直在增长，但全国水平增长速度更快，所以，两者差距一直在增加。从整体上看，云南省产业的附加值虽低于全国水平，但一直在增加。

五 吸纳就业能力缺口：产业结构与就业结构不匹配

从吸纳就业能力看，云南的就业缺口表现为产业结构与就业结构的不匹配，表明能够吸纳就业的工业在云南并没有真正发展起来，暴露了经济连年高增长的背后，云南经济结构的整体性扭曲。

配第－克拉克定理认为：随着经济的发展和人均国民收入水平的提高，劳动力首先由第一产业向第二产业移动；当人均国民收入水平进一步提高时，劳动力便向第三产业移动。显然，克拉克强调的是产业结构与就业结构变动的关系。但云南的状况不符合配第－克拉克定理，事实是随着第一产业就业人数持续下降，劳动力的转移方向是第三产业而非第二产业。

1980～2011年，云南省第一产业就业比重虽下降了25.6个百分点，但仍占绝对比重，其中第三产业就业比重增加20.6个百分点，而第二产业仅增加5个百分点。2011年云南省三次产业就业比重为59.4∶13.1∶27.5，全国三次产业就业比重为34.8∶29.5∶35.7。可以看出，云南省就业结构与全国相比，还需要更大程度的完善（见图2－33、图2－34、图2－35）。

根据配第－克拉克定理，在农业就业人口占绝对比重的情形下，劳动力的转移方向应主要是第二产业，而云南却是第三产业；按钱纳里的研究判断，2005年后云南省应是工业化中级阶段，其就业应主要集中于第二产业，但云南第二产业就业比重的最高值也仅有13.1%。由此，可以判断存在产业结构与就业结构失调的隐患，云南工业产值的增加与产业结构发展滞后的矛盾，暴露了经济连年高增长的背后，云南省经济结构整体性扭曲、经济增长方式急待转变的现状。

云南省1980年第一产业就业比重为85%，2011年第一产业就业比重为59.4%，下降了25.6个百分点。而全国1980年第一产业就业比重为68.7%，2011年第一产业就业比重为34.85%，下降了33.85个百分点。可见，云南省第一产业就业比重下降幅度很小。云南省第一产业就业比重与全国水平最大差距为1999年云南省高出26.6个百分点，最小差距为1982年云南省高于全国水平15.8个百分点。云南省平均高于全国水平21.8个百分点。第一产业仍是云南省吸纳就业能力较强的产业。

1980年云南省第二产业就业比重为8.1%，2011年第二产业就业比重为13.1%，增加了5%。1980年全国第二产业就业比重为18.2%，2011年第二产业就业比重为29.5%，增加了11.3%。可见，云南省第二产业就业比重增

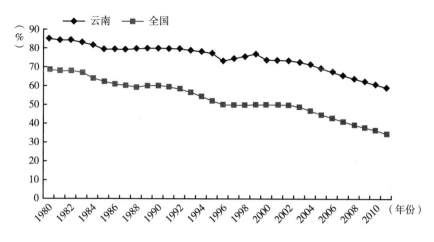

图 2 - 33　云南省与全国历年第一产业就业比重

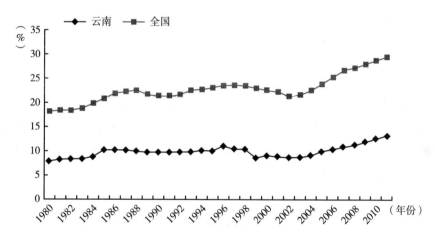

图 2 - 34　云南省与全国历年第二产业就业比重

加的幅度很小。云南省第二产业就业比重与全国水平最大差距为1999年的14.9个百分点，最小差距为1985年的8.4个百分点，平均差距为12.1个百分点，云南始终低于全国水平。可见云南省第二产业吸纳就业能力很弱。

1980年云南省第三产业就业比重为6.9%，2011年云南省第三产业就业比重为27.5%，增加了20.6%。1980年全国第三产业就业比重为13.1%，2011年第三产业就业比重为35.7%，增加了22.6%。可见，云南省第三产业就业比重增加是很快的。云南省第三产业就业比重与全国水平最大差距为1999年的11.9个百分点，最小差距为1984年和1985年的4

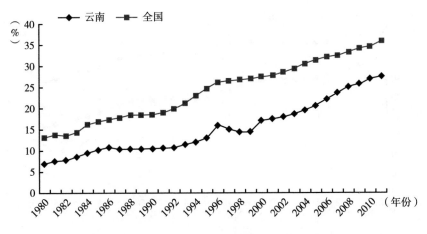

图 2 - 35 云南省与全国历年第三产业就业比重

个百分点。云南省第三产业就业比重与全国水平平均差距为 7.5 个百分点,云南始终低于全国水平。相比较于第二产业,云南省第三产业是吸纳就业能力强的产业。

为了将五个方面做一个总体的评价,我们对上述 19 个指标首先进行标准化处理,然后再进行加权平均,得到总指标。由于上述指标有正向指标(即指标值越大,现代产业体系越完善),有负向指标(即指标值越大,现代产业体系越不完善)。所以分为两类计算总指标。负向指标有单位增加值废水排放量(万吨/万元)、单位增加值废气排放量(万吨/万元)、单位增加值固体废物排放量(万吨/万元),其余为正向指标。计算结果如图 2 - 36 所示。

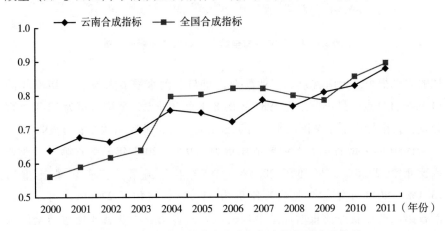

图 2 - 36 云南产业综合发展水平与全国平均水平比较

我们可以看到，2000 年以来，云南省的产业发展水平可以分为三个阶段：2001~2003 年高于全国平均水平，2004~2008 年低于全国平均水平，2009 年以后逐渐发展起来，说明云南省的"产业兴省"战略取得了较为明显的成效，但是与全国平均水平相比，整体上还是略低于全国平均水平的。云南省产业实力不强、层次不高、竞争力较弱的状况没有得到根本改变。

第三节　破解缺口与突破传统路径依赖的思路

破解缺口的关键是以现代产业体系建设打破对传统路径的依赖。

一　破解结构缺口：大力发展轻工业、装备制造业和现代服务业

产业结构的优化包括：产业体系的构成完整；产业之间的比例关系协调；适应各行业技术经济特点的产业组织结构及大中小企业的分布协调；产业布局适合国内外市场、资源、区位指向等特点。

首先要以产业政策推进现代产业结构的建立。工业化进程的加速，为经济增长提供了巨大的投资需求，近几年投资对经济增长的贡献率不断提高，在国际经济形势动荡和国内需求不足的情况下，单纯的规模扩张所带来的产能过剩，成为影响经济健康运行的一个重要因素。在这样的情况下，应发展现代产业体系，瞄准信息、生物、新材料等战略领域，增加对高技术产业的投资，增加对资源节约型、环境友好型产业的投资，增加技术研发和技改投资，以优化投资结构，提高投资效率，保持合理的固定资产投资规模。

应制定产业结构调整的激励政策，包括对特定产业、行业和产品采取扶持、鼓励、调整、保护或限制等政策。在产业结构调整和优化的导向上，要向具备现代产业特征的产业倾斜，制定创新型主导产业选择政策和幼小产业扶持政策，在财税上优先支持。

其次要以现代产业体系为导向，优化投资结构，这是转变经济发展方式的重要抓手。应确立现代产业投资优先的导向，鼓励投资者优先投资新兴产业。

再次要打造产业集群，加大配套产业集群建设力度，促进产业集聚式发展。集群发展是未来产业发展的必然要求。

复次要改善市场环境。打破国有企业对资源的垄断，让位于市场，让企业充分竞争，让经济回归市场，创造有活力的市场体制和机制。

最后要创新投融资体制。建立多元的产业投资制度，加强与金融机构的合作，构建专线产业资金扶持制度，激励产业融资。

二 破解技术缺口：多层次创新化解产业发展矛盾

要以创新为驱动，用技术创新、知识创新、产业创新、制度创新、管理创新、理念创新等多层次的创新来化解产业发展中的各种矛盾。

在要素投入上，应通过减少产业的物质资源消耗提高产业的自主创新能力。云南的经济增长长期高度依赖低成本资源和生产要素的高强度投入，科技进步和创新对经济增长的贡献率偏低。同时，自主创新能力不强，缺乏核心技术和世界品牌，产品低端，利润微薄，企业生存与发展的压力极大。在科技竞争加剧和低成本竞争优势减弱的国际形势下，必须发展现代产业体系，使企业真正成为研发投入和自主创新的主体，全面提高自主创新能力，倚重节约型经济和循环经济的发展，逐步形成以科技进步和创新为基础的新的竞争优势，走科技含量高、经济效益好、资源消耗低、环境污染少、人力资源优势得到充分发挥的中国特色新型工业化道路，实现可持续发展。

应制定技术发展激励政策，完善人才激励机制，一是促进技术的自主创新，从企业层面、高校层面和科研机构层面合理推进技术改革与创新。可以对企业的研发项目进行直接的政府补贴和实行税收优惠，保护企业的知识产权，提供投融资担保，支持人力资源培训等。二是积极引进国际先进技术。

三 破解清洁安全缺口：大力发展清洁型加工制造业

要破解云南省的清洁安全缺口，就要向集约型生产方式转变，大力发展新能源、清洁安全型加工制造业和技术先进的装备制造业。

近年来，云南经济虽快速增长，但过于依赖物质资源投入的增加和简单劳动，付出了巨大的资源和环境代价，经济发展与资源环境的矛盾日趋尖锐。矿产资源的不可再生性及其不清洁的生产和开采，是目前云南以资源型重工业为主的产业结构面临的最突出问题，使云南经济的可持续发展能力不断下降。

党的十六大确定了我国必须走一条"科技含量高、经济效益好、资源消耗低、环境污染小、人力资源优势得到充分发挥"的新型工业化道路。从新型工业化的定义和学界的观点看，地区工业经济发展以科技含量、经济效益、资源消耗、环境污染、人力资源利用为评价标准，而不以轻重工业为依据，只要科技含量不断提高、经济效益不断提高，资源消耗不断下降、环境污染不断减少，能充分吸纳就业，无论是轻工业还是重工业都应该加快发展。

四　破解附加值缺口：打造全产业链

应以打造全产业链为目标，补齐产业链，不断延伸产业链，实现高附加值发展（如生物医药产业），以及产业间的产业链整合和延伸（例如高原特色农业与食品加工制造业的产业链融合）。

针对云南产业结构非均衡和"一产不优、二产不强、三产不快"的结构性失衡问题，应改变"两头在外、大进大出"的传统模式，主动适应现代人类对个性化、差异化产品的需求和信息技术能够实现智能化定位、个性化设计的特点，依托云南生物资源的多样性优势和生物科技的基础研究优势，高起点打造若干条生物产业全产业链。

应以高原特色农业的培育和发展为依托，重点结合烟、酒、糖、茶等传统优势产业，实现优势资源从种植加工向制造的转变，打造立足省内，面向东南亚、南亚市场需求的轻工全产业链。

五　破解就业缺口：大力发展劳动密集型工业和生产性服务业

由于工业发展结构的问题，以矿业采掘冶炼和电力为主的资源型重工业无法充分吸纳劳动力就业，导致大量劳动力直接转移到第三产业。目前，服务业成为云南吸纳新增劳动力就业的重要领域。2010 年年末，云南全社会就业人员总数为 2765.9 万人，服务业从业人数为 746 万人，占全部从业人数的 27%，比 2000 年提高 10 个百分点。十年间，新增从业人员470.5 万人，仅服务业就新增了 405 万人，占新增就业人数的 86%，服务业已成为云南劳动力就业增长的重要领域和主渠道。而工业发展所需的技能型劳动力严重短缺，对云南工业发展和产业转型升级提出了严峻挑战。因此，培育符合现代产业体系要求的技能型劳动力和发展吸纳就业能力较高的工业和生产性服务业，成为破解云南吸纳就业能力弱的关键抓手。

第四节　建立以市场需求为导向的
现代产业体系

市场需求是云南产业转型升级的最终方向和根本动力。将现代产业体系要求的五大要素与市场需求相结合，是云南未来产业发展的目标和方向。我们认为市场需求可分为两大类：一是本土需求，包括民生需求（衣食住行游购娱）和战略需求（国家战略和区域发展战略）；二是国际需求，包括面向"两亚"的产业合作、贸易投资、产业转移及相关配套和服务。

目前我国城乡居民收入提高后需求已经向全面小康的需求层次转换，健康品、民生品、差异化产品、智能化产品的需求正在替代原有需求。虽然云南省在经济发展的过程中采取了一系列稳增长、调结构、转方式、惠民生的措施，但根据市场需求变化趋势主动转换产业结构的力度较小，及时性不突出，未能赶在市场需求新趋势、新潮流的"潮头"获得增长动力。

从产业发展的动力机制上来说，云南省过去的产业发展基本上是依托自身拥有的丰富的自然资源和丰裕的劳动力资源。这种基于资源供给的粗放型的产业发展方式，伴随着资源环境的日趋稀缺和弥足珍贵，伴随着劳动力成本的日益提高和劳动力资源的不可持续，逐渐显露出后劲缺乏的疲态，难以形成有效的促进经济发展的内生动力。如果云南省经济想继续保持增长，就应当为产业发展注入或培育新的动力源泉。Krugman（1980）提出的本地市场效应（Home Market Effect）理论认为，在一个存在规模报酬递增和贸易成本的世界中，那些拥有相对较大国内市场需求的国家和地区会出现大规模生产和高效率，使本地区在满足本土需求之外还能增加出口。其含义是在一个较大规模市场上市场需求份额增加将导致一个更大比例的产出份额增加，结果是众多产业会因某一地区的需求规模优势而在该地区集聚起来。也就是说，可以基于当前人口所蕴含的潜在的巨大市场规模，有目的有针对性地扶持和培育具有本地市场效应的产业，能为经济发展的延续和产业竞争力的提升提供一种可解决的方案或有效的发展路径。

一 以大健康类产品需求为导向，加快生物医药、文化旅游、医疗保健等新兴产业发展

应以大健康时代对大健康类产品的需求为导向，加快发展云南的生物医药、环保、旅游、养生、文化、体育、医疗、养老、保健等产业。这些产业关联着国民经济的第一、第二、第三产业，需要围绕人们的健康理念开发个性化、差异化和智能化新产品，发展新业态，以最优产品质量满足人们的健康消费需求，提升云南产品的竞争力。

二 打造民生需求型轻工产业

1. 立足云南产业基础，围绕与省内和周边国家民生需求息息相关的"吃穿住行游购娱"等进行产业结构调整。以高原特色农业培育和发展为依托，重点结合烟、酒、糖、茶等传统优势产业，延伸产业链条，从种植、加工向制成品方向发展轻工产业。

2. 立足省内及东南亚、南亚市场需求，发展出口导向型产品制造。

3. 优化现有的钢材、水泥、玻璃等产能，发挥资源优势，制定扶持政策，加快发展建筑装饰石材、陶瓷卫浴、五金等家居日用产业和家居制造产业。

三 打造民生需求型和出口导向型的先进装备制造业

1. 以"衣食住行"中的"行"为导向，大力发展汽车制造业和相关产业链。

2. 打造面向"两亚"市场的机电产品制造和配套产业出口加工基地。

3. 发展以数控机床、矿冶设备、电力装备等优势产品为基础的高端装备制造业。

四 以国家重大工程需求为导向加快功能性新材料产业发展

随着我国即将从工业化中期向后期转变，大规模基本建设形成对钢材、水泥、有色金属等基础材料的大规模需求的格局正在发生转变，云南省必须积极适应这种变化趋势，在继续保持资源型工业技术优势的基础上，通过延伸产业链，彻底改变云南经济易受外部冲击和货物与服务净出口对经济增长的负贡献抵消投资贡献的局面。高铁、航空航天、国防装备、电子信息等领域是我国处于技术前沿且难以获得技术引进而必须自主研发的领域，这些领域的重大装备对材料工业的需求是较为稳定的。云南省的基础原材料工业优势能够为这些领域的重大装备制造业提供支撑。

五　现代农业

应立足于发挥云南农业发展的比较优势，大力发展高原特色农业，加快转变农业发展方式。要重新认识云南农业发展的环境条件，充分发挥云南地理多样性、气候多样性、物种多样性、产品多样性的比较优势，大力发展庄园经济，以抓工业的理念抓农业发展，积极发展节水农业，加快山区综合开发步伐，带动全省农业农村组织方式和经营体制的变革，推动传统农业向产业化、集约型、高效化农业转变。

六　现代生产性服务业

1. 推进传统服务业向现代服务业转变。要在推进旅游二次创业的基础上推动旅游与城镇发展、产业发展、文化发展融合。大力发展金融服务、信息服务、商业服务等，推进服务业转型升级，不断培育形成服务业新的增长点。

2. 现代物流业是现代服务业的重要组成部分，而发展现代服务业是加快转变经济增长方式和推动产业结构优化升级的重要途径。随着云南区域经济的持续发展，未来市场对以第三方物流为代表的现代物流的需求将越来越大，必将吸引很多资金投资于该领域。应该看到，现代物流业作为现代服务业重要的组成部分，是一种包含运输、储存、装卸、搬运、包装、流通加工、配送、信息处理等各种行业的新兴产业形态。现代物流业的发展一方面促进了区域之间要素的合理配置，加速了经济资源的合理流动，另一方面又加强了区域间的经济联系，促使各地区因地制宜，建立符合自身资源禀赋条件和经济发展需要的产业发展模式，形成产业在不同地区的合理布局。

3. 日益密切的区域经济合作，催生了云南现代服务业的发展。中国东盟自由贸易区的建设，使云南成为面向东南亚、南亚开放的前沿，催生了云南加工贸易、现代物流、国际服务贸易、国际工程承包和国际劳务合作等现代服务业的快速发展。泛珠三角"9＋2"区域合作的稳步推进，使许多省区市借道云南走向东南亚、南亚市场，使云南可以在更大范围内优化配置生产要素，从而催生了云南加工贸易、现代物流、国际咨询等现代服务业的快速发展。

七　立足省内及东南亚、南亚市场需求的通信和电子信息产业

主要是建设面向"两亚"的国际通信枢纽中心和配套通信设施，开发电子信息产品，普及信息技术应用。

八　新能源和战略能源开发

依托中缅石油管道，打造石化产业链；发展清洁安全、技术先进的煤化工、盐化工等产业。

九　推动云南产业多样化发展：以特色产业多样化集群推进产业多样化

优越的资源禀赋是云南特色产业多样化集群形成与发展的基础条件。云南多样性的气候和环境，造就了多样性的生物资源，高等动物、植物和花卉的种类均占我国的一半左右，是中国最重要的生物资源宝库，号称"植物王国""动物王国""花卉之乡""药材之乡"和"生物资源基因库"。作为生物多样性宝库和西南的生态安全屏障，云南必须把区域的资源优势转变为经济优势，把生物多样性作为可持续综合利用的资源，打造多样性特色优势产业基地。云南省的产业发展应该适度多样化，在不改变甚至增加原有产业发展规模的基础上，发展多样化的产业。

我们认为，发展多样化特色产业的关键是积极发展现代物流业。多样化特色产业的发展，客观上产生了对多样性物资资料移动的需要，所以物流服务水平和能力的高低，直接影响产业发展的水平。影响一个产业集聚能否形成的主要因素就是运输成本和生产密度。距离或区位也许并非影响产业集群形成的决定因素，但距离确会实实在在地影响当地的产业集群发展状况。云南独特的资源优势和产业特色以及独特的区位优势，决定了其强大的物流需求及广阔的物流发展空间，积极发展现代物流业将为推进云南区域经济发展提供最符合需要的综合服务。

目前，云南省在烟草、花卉、野生菌类等产业方面已初步建立了物流体系。云南省经济发展水平的提高，促进了物流市场需求的不断增加，为现代物流业提供了巨大的发展空间。近年来，拥有先进物流配送技术的企

业进入云南市场，在为云南企业带来危机的同时激发了物流业学习和自主创新能力的提高，为企业的扩张奠定了坚实的基础。

但是，云南物流业自身的发展又面临着新一轮结构升级的要求，当前，各类要素成本快速上升、能源资源环境压力加大等，对物流业自身的发展提出了很大挑战。云南发展现代物流业的主要优势是资源优势，很多产品难以规模化生产，例如某个少数民族制作的土特产品等，很大一部分停留在手工作坊的阶段，不具备大规模机械化生产的条件，不符合物流业以大宗商品为前提的要求。此外，这些产品的多样化意味着物流要在作业上具有差异性和复杂性。这就要求在进行物流操作时，必须要有专业的物流设备和物流技术，以及有效的物流管理模式。

云南要加强运输、仓储、装卸搬运、包装、流通加工、配送、信息等方面的基础性建设，重点加强运输基础设施（如铁路、机场、货运场站）、物流节点（物流枢纽、物流基地、物流中心、配送中心、公共仓库）和物流网络建设，加快多式联运建设，加强物流信息平台建设，培育有国际竞争力及区域辐射能力的物流企业，推动专业化的行业物流发展，建立既与国际接轨又符合国情的物流标准体系。建议构筑以昆明为中心的滇中城市群物流核心圈，用信息化以及先进的管理技术改造传统物流体系以满足不同层次、不同形式、不同内容的产业发展的要求，转变增长方式，实现集约发展。

第三章　云南产业结构优化的方向与对策

云南经济发展的滞后总体上表现为产业结构不优基础上的产业发展不足，需要在加快产业发展中不断优化产业结构。课题组建议以农产品加工为重点提升农林牧渔业，以多品种开发为重点加快发展食品加工制造业，以产品差异化为重点稳住卷烟工业，以承接产业转移为重点加快发展纺织与服装制造业，以资源高效利用为重点稳步发展采掘业，以技术创新为核心加快发展石油与化工业，在保护好环境的同时加快非金属矿物制品业发展，以产业链延伸为重点加强冶金工业发展，以满足省内和周边市场为重点加快发展装备制造业、木材加工与家具制造、信息产业和文化产业，分类指导发展造纸及其他工业，以消纳电力为重点增强电力工业竞争力，以提升质量为重点稳步发展建筑业，以现代物流业为重点适度超前发展交通运输及仓储业，以生产性服务业为重点稳步发展商贸服务业，以服务质量提升为重点推进住宿和餐饮业发展，突出金融与产业的融合，房地产以实际需求为导向，社会服务业突出民生需求。

长期以来，云南产业结构一直没有理顺，政府部门始终把云南定位为农业、资源和旅游大省，政策扶持过度集中于烟草、电力、矿产冶金、化工和旅游业这五大支柱产业。未列入支柱产业的装备制造业长期处于投资不足、信贷困难、发展缓慢、自生自灭的状态。云南这一产业发展格局，明显影响了产业结构的合理化和高度化，资源在各产业之间未能得到合理配置，各产业之间未能实现协调发展，也未能通过创新加速产业结构从低层次向高层次演进。

第一节　以农产品加工为重点提升农林牧渔业

农林牧渔业是国民经济的基础产业，云南省的农林牧渔业在国民经济中的比重较高，体现出云南省发展阶段的滞后性。其内部构成中，种植业比重仍然偏高，畜牧业、林业和渔业比重偏低。农林牧渔业的产业关联性强，其感应度系数大且在不断提高，影响力系数小，受纺织业、纺织服装鞋帽皮革羽绒及其制品业等产业的影响大，加快发展轻纺工业，有利于云南农林牧渔业的发展和结构优化。从最终需求的生产诱发系数看，居民消费和调出对云南农林牧渔业的生产诱发程度相对较高，云南农林牧渔业的发展对居民消费和调出的依赖性强。通过拆分省内产品和调入产品的投入产出表分析发现，云南种植业产品调出对产业增加值的贡献率大且在上升，而畜牧业产品调出对产业增加值的贡献率较小但正在快速上升，林业和渔业没有调出，只体现为间接贡献。因此，从农业内部结构调整看，需加快发展畜牧业和渔业，稳步发展林业。从农林牧渔业与其他产业的关系看，应以城乡居民消费需求为导向，大力发展农产品加工、林产品加工、畜产品加工。增强农林牧渔业作为中间投入的比重，带动农林牧渔业的发展，是云南优化产业结构的重要内容。

一 农业内部结构需进一步优化

改革开放以来，云南农业持续稳定发展。2013 年云南省的农林牧渔业增加值为 1895.34 亿元，占全省生产总值的比重为 16.17%，虽然云南农业在国民经济中的比重不断下降，但重要性在增加。1978～2013 年，云南农林牧渔业 35 年的年均实际增长率为 5.1%，1993～2013 年，云南农林牧渔业 20 年的年均实际增长率为 5.0%，2003～2013 年，云南农林牧渔业近10 年的年均实际增长率为 5.5%。

以增加值计算的劳动生产率从 1978 年的人均 300 元提高到 2011 年的人均 8314 元（见图 3 - 1）。

从农业内部结构看，结构调整取得成效，种植业在农林牧渔业总产值中的比重由 1978 年的 71.4% 下降为 2013 年的 53.6%，下降了 17.8 个百分点，林业比重由 6.2% 上升到 9.6%，上升了 3.4 个百分点，畜牧业从 17.7% 上升到 31.5%，上升了 13.8 个百分点，渔业从 0.2% 上升到 2.3%，上升了 2.1 个百分点，农林牧渔服务业从 4.5% 下降为3.0%，下降了 1.5 个百分点（见图 3 - 2）。但云南省的农业内部结构仍然具有种植业比重高、畜牧业和渔业比重低的特点，使云南农林牧渔业对自然条件的依赖程度高，弱质农业、"靠天吃饭"的特点还比较突出。

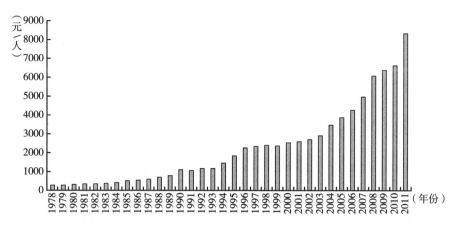

图 3 - 1　云南省农业劳动生产率（1978～2011 年）

资料来源：《云南统计年鉴》。

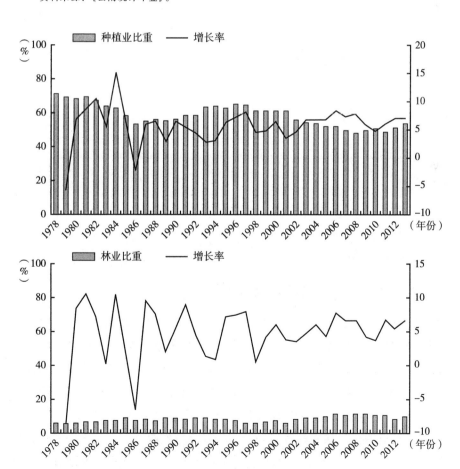

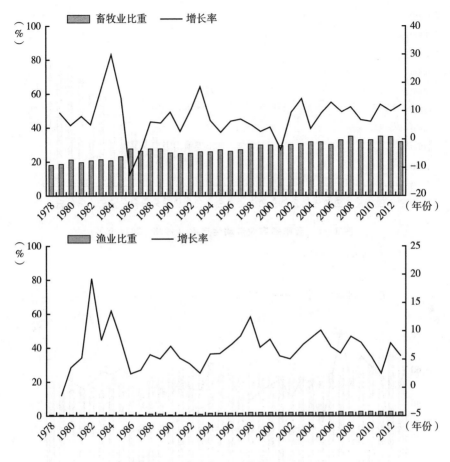

图 3-2 云南省农业内部结构及增长率

资料来源:《云南统计年鉴》。

二 农业作为基础产业的特征突出

农林牧渔业是国民经济的基础产业,在产业之间的技术经济联系中,主要提供生活消费品和生产性原材料,所以其感应度系数大于影响力系数,感应度系数反映当各个部门均增加 1 单位最终产品时,需要农林牧渔业为其他部门生产提供的产值量。2010 年云南省的农林牧渔业感应度系数为 1.834,2007 年云南省农林牧渔业的感应度系数为 1.857,2002 年为 1.397。可以看出云南农林牧渔业的感应度系数在提高,说明云南省国民经济各行业部门对农林牧渔业的需求在增加。其中,需求感应程度最大的是农林牧渔业本身，感应程度为 0.500，即农林牧渔业增加 1 单位最终产品需要农林牧渔业本身提供 0.5 单位的产值量；其次是对纺织业的感应程度为 0.223；第三是对纺织服装鞋帽皮革羽绒及其制品业的感应程度为 0.111；第四是对木材加工及家具制造业的感应程度为 0.108；第五是对住宿和餐饮业的感应程度为 0.103；第六是对食品制造和烟草加工业的感应程度为 0.092（见图 3 - 3）。在 2010 年的 42 个产业门类中只有对石油和天然气开采业没有需求感应，因为这个产业云南省没有产出值。因此，优化云南省的农林牧渔业发展，是增强云南产业支撑力的重要基础。

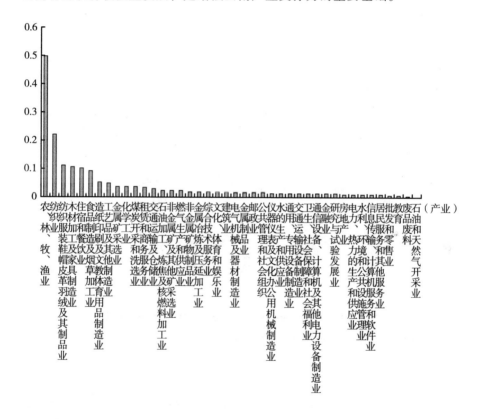

图 3 - 3 云南省 2010 年农业的需求感应程度

资料来源：《云南省 2010 年统计产出延长表》。

从产业波及效应看，农林牧渔业对各产业部门的生产需求涉及程度不高，2010 年云南农林牧渔业的影响力系数是 0.749，2007 年是 0.721，2002 年是 0.701，都小于 1，影响程度低，但可以看出在不断提高，说明农业生产对其他产业的带动作用有所增强。其中，影响程度最高的还是农林牧渔业自身，生产需求涉及程度为 0.5，其次是对化学工业的生产需求涉及程度为 0.071。对其他产业部门的影响都很微弱（见图 3 - 4）。

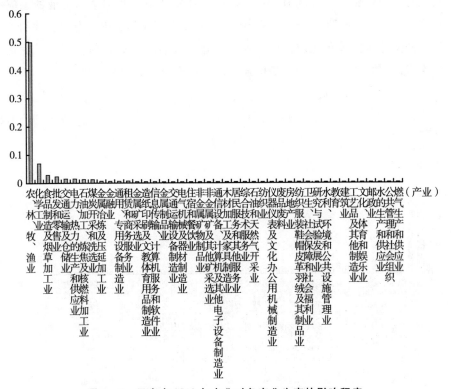

图 3 - 4　云南省 2010 年农业对各产业生产的影响程度

资料来源：《云南省 2010 年统计产出延长表》。

（1）种植业加工程度低

在构成第一产业的 5 个内部行业中，感应度系数最高的是种植业，1997 年高达 4.872，2007 年高达 4.637，2002 年是 3.165。说明 2007 年各部门增加一个单位的最终产品需要种植业提供 4.637 个单位的产值量（见表 3 - 1）。云南省种植业的感应度系数高于全国平均水平，2007 年比全国高 0.843，2002 年比全国高 0.172。说明云南省国民经济对种植业的依赖程度比全国高，也反映出云南经济发展程度相对较低的特点。

表 3 - 1　云南省农业内部行业感应度系数及与全国对比

	年份	种植业	林业	畜牧业	渔业	农林牧业服务业
云南省	2007 年	4.637	2.410	1.326	0.836	0.730
	2002 年	3.165	1.384	1.065	0.773	0.473
	1997 年	4.872	1.234	2.094	0.823	0.896
中国	2007 年	3.794	0.797	1.556	0.761	0.561
	2002 年	2.993	0.899	1.386	0.907	0.539

资料来源：《云南省投入产出表》。

按 144 部门划分，2007 年云南种植业对 134 个产业有需求感应，感应程度最高的产业是种植业本身，需求感应程度为 0.458，比全国平均水平高 0.097；其次是仓储业，需求感应程度是 0.295，比全国高 0.144；第三是对植物油加工业的需求感应，感应程度为 0.280，比全国平均水平高0.063；第四是对麻纺织、丝绢纺织及精加工业的需求感应，感应程度为 0.272，比全国平均水平高 0.156；第五是对谷物磨制业的需求感应，感应程度为 0.269，比全国平均水平高 0.026。可以看出，以农产品为原料的农副产品加工工业是种植业需求感应程度较高的产业。就云南与全国的对比来看，云南省种植业有需求感应的产业处于第二位的是仓储业，而全国种植业对仓储业的需求感应程度却处于第七位（见图 3 - 5），说明了云南省农产品生产分散程度高、直接加工程度低、以外销为主的产业特点。

2007 年云南种植业的影响力系数只有 0.743，小于 1，而全国更低，只有 0.652．说明种植业对其他产业的生产需求涉及程度不高，云南种植业除对自身的需求外，相对较高的是对肥料制造业的生产需求，也只有 0.073 的需求影响程度，第三是对批发业的需求，需求影响程度是0.016，而全国种植业对其他产业的需求处于第三位的是银行业、证券业和其他金融活动（见表 3 - 2），反映出云南种植业的融资水平比较低。

（2）林业的基础性更强

作为基础产业，云南林业的感应度系数比全国高，2007 年云南林业的感应度系数是 2.410，比全国平均水平高 1.613，2002 年比全国高 0.335，说明云南林业对其他产业的需求感应程度比全国高。纵向对比看，云南林业的感应度系数在提高，从 1997 年的 1.234 提高到 2002 年的 1.384，再提高到 2007 年的 2.410，反映出云南林业的基础产业性能在增强。

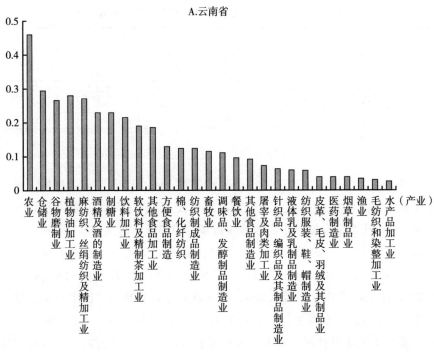

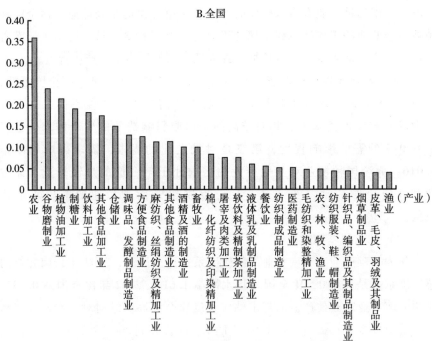

图 3-5 全国及云南省 2010 年种植业对各产业的需求感应强度

表3-2 云南省种植业的生产影响强度排前20位的产业及与全国对比

云南 2007 年种植业的 生产影响程度前 20 位	影响程度	中国 2007 年种植业的 生产影响程度前 20 位	影响程度
种植业	0.458	种植业	0.361
肥料制造业	0.073	肥料制造业	0.046
批发业	0.016	银行业、证券业和其他金融活动	0.007
农、林、牧、渔服务业	0.015	农、林、牧、渔服务业	0.006
电力、热力的生产和供应业	0.015	电力、热力的生产和供应业	0.026
石油及核燃料加工	0.013	石油及核燃料加工业	0.013
农药制造业	0.012	农药制造业	0.008
基础化学原料制造	0.009	基础化学原料制造	0.013
煤炭开采和洗选业	0.009	煤炭开采和洗选业	0.008
道路运输业	0.009	航空运输业	0.001
零售业	0.007	保险业	0.002
塑料制品业	0.006	塑料制品业	0.011
炼焦业	0.005	炼焦业	0.001
金属制品业	0.005	金属制品业	0.005
钢压延加工业	0.005	钢压延加工业	0.005
银行业、证券业和其他金融活动	0.005	商务服务业	0.003
非金属矿及其他矿采选业	0.004	非金属矿及其他矿采选业	0.006
有色金属矿采选业	0.004	有色金属矿采选业	0.002
商务服务业	0.003	居民服务业	0.000
电信和其他信息传输服务业	0.003	批发零售业	0.008

资料来源：《云南省投入产出表》（2007）和《中国投入产出表》（2007）。

在 2007 年的 144 部门中，云南林业对很多产业的需求感应程度都高于全国，其中需求感应程度最高的除林业自身外，对涂料、油墨、颜料及类似产品制造业的需求感应程度达到 0.247，而全国林业对这个产业的需求感应程度却很低，只有 0.003（见表 3-3），此外，云南林业对专用化学产品制造业等产业的需求感应程度也比全国高，反映出云南很多产业都依赖云南林业，以云南林业为原材料。

表3-3 云南林业的需求感应强度前20位及与全国对比

云南 2007 年林业对其他产业的需求 感应程度前 20 位		中国 2007 年林业对其他产业的需求 感应强度前 20 位	
林业	0.483	林业	0.348
涂料、油墨、颜料及类似产品制造业	0.247	木材加工及木、竹、藤、棕、草制品业	0.080
木材加工及木、竹、藤、棕、草制品业	0.099	家具制造业	0.039

云南 2007 年林业对其他产业的需求感应程度前 20 位		中国 2007 年林业对其他产业的需求感应强度前 20 位	
专用化学产品制造业	0.072	橡胶制品业	0.037
造纸及纸制品业	0.070	造纸及纸制品业	0.012
建筑装饰业	0.067	专用化学产品制造业	0.010
文教体育用品制造业	0.067	文教体育用品制造业	0.010
其他食品加工业	0.064	其他食品制造业	0.007
工艺品及其他制造业	0.041	工艺品及其他制造业	0.006
印刷业和记录媒介的复制业	0.040	印刷业和记录媒介的复制业	0.006
家具制造业	0.038	调味品、发酵制品制造业	0.006
橡胶制品业	0.038	公共设施管理业	0.006
黑色金属矿采选业	0.031	日用化学产品制造业	0.005
有色金属矿采选业	0.029	煤炭开采和洗选业	0.005
煤炭开采和洗选业	0.028	广播、电视、电影和音像业	0.004
其他服务业	0.028	液体乳及乳制品制造业	0.004
日用化学产品制造业	0.023	农林牧渔专用机械制造业	0.004
新闻出版业	0.020	建筑业	0.004
砖瓦、石材及其他建筑材料制造业	0.020	新闻出版业	0.003
陶瓷制品制造业	0.019	研究与试验发展业	0.003

资料来源:《云南省投入产出表》(2007) 和《中国投入产出表》(2007)。

云南林业对其他产业的生产需求波及程度不高,影响力系数只有 0.622,低于 1,说明云南林业对其他产业的生产需求影响程度低于社会平均水平。而全国更低,只有 0.602。除自身需求外,云南林业对其他产业的影响程度都很低,最大的肥料制造业也只有 0.034 的生产需求波及程度,对农药制造业的生产需求波及程度为 0.011,对批发业为 0.010(见表 3 - 4)。

表 3 - 4　云南林业的生产影响强度前 10 位及与全国对比

云南 2007 年林业对其他产业的影响程度前 10 位		中国 2007 年林业对其他产业的影响程度前 10 位	
林业	0.483	林业	0.348
肥料制造业	0.034	肥料制造业	0.015
农药制造业	0.011	电力、热力的生产和供应业	0.014
批发业	0.010	农、林、牧、渔服务业	0.011
电力、热力的生产和供应业	0.008	石油及核燃料加工业	0.011
道路运输业	0.005	农药制造业	0.011
石油及核燃料加工业	0.005	石油和天然气开采业	0.010

续表

云南 2007 年林业对其他产业的影响程度前 10 位		中国 2007 年林业对其他产业的影响程度前 10 位	
基础化学原料制造业	0.004	基础化学原料制造业	0.009
煤炭开采和洗选业	0.004	农业	0.009
装卸搬运和其他运输服务业	0.003	批发零售业	0.008

资料来源:《云南省投入产出表》(2007) 和《中国投入产出表》(2007)。

(3) 畜牧业加工程度低

畜牧业是感应度系数小于种植业和林业的基础产业,但感应度系数仍然大于 1,表明畜牧业对其他产业的需求感应程度高于社会平均水平。2007 年云南畜牧业的感应度系数是 1.326,比 2002 年上升了 0.261,但比 1997 年下降了 0.768。从与全国的对比看,云南畜牧业的感应度系数低于全国平均水平,2007 年比全国低 0.230,2002 年比全国低 0.321。若以全国为标准,还应该加快畜牧业的发展。

在 2007 年的 144 个产业部门中,云南畜牧业对其他产业需求感应程度最高的仍然是畜牧业本身,感应程度为 0.450,比全国平均水平高 0.093;其次是对屠宰及肉类加工业的需求感应程度为 0.242,比全国高 0.011;第三是对液体乳及乳制品制造业的需求感应程度为 0.198,比全国高 0.063;第四是对皮革、毛皮、羽毛(绒)及其制品业的需求感应程度为 0.095,比全国高 0.011(见表 3 - 5)。除这些产业外,对其他产业的需求感应程度大多数都比全国畜牧业低。反映出云南畜牧业对其他产业发展的支撑能力较弱,有待进一步加强发展。

表 3 - 5　云南畜牧业的需求感应强度前 20 位及与全国对比

云南 2007 年畜牧业对其他产业的需求感应程度前 20 位		中国 2007 年畜牧业对其他产业的需求感应程度前 20 位	
畜牧业	0.450	畜牧业	0.357
屠宰及肉类加工业	0.242	屠宰及肉类加工业	0.231
液体乳及乳制品制造业	0.198	毛纺织和染整精加工业	0.140
皮革、毛皮、羽毛(绒)及其制品业	0.095	液体乳及乳制品制造业	0.135
日用化学产品制造业	0.040	皮革、毛皮、羽毛(绒)及其制品业	0.084
文教体育用品制造业	0.036	餐饮业	0.040
餐饮业	0.035	工艺品及其他制造业	0.037
医药制造业	0.012	其他食品加工业	0.037
其他食品制造业	0.011	医药制造业	0.031

续表

云南 2007 年畜牧业对其他产业的 需求感应程度前 20 位		中国 2007 年畜牧业对其他产业的 需求感应程度前 20 位	
专用化学产品制造业	0.007	其他食品制造业	0.027
其他服务业	0.006	纺织制成品制造业	0.020
社会保障业	0.006	纺织服装、鞋、帽制造业	0.018
新闻出版业	0.006	方便食品制造业	0.018
居民服务业	0.005	农、林、牧、渔服务业	0.015
饲料加工业	0.005	针织品、编织品及其制品制造业	0.015
地质勘查业	0.005	饲料加工业	0.015
旅游业	0.004	软饮料及精制茶加工业	0.014
纺织制成品制造业	0.004	调味品、发酵制品制造业	0.013
软件业	0.004	麻纺织、丝绢纺织及精加工业	0.013
保险业	0.004	卫生	0.012

资料来源:《云南省投入产出表》(2007) 和《中国投入产出表》(2007)。

从影响力系数看,云南畜牧业对其他产业的生产需求影响程度是 0.813,比全国高 0.058,但影响较大的产业较为集中,对畜牧业自身的生产需求波及程度为 0.450,而全国只有 0.357,其次是对种植业的影响程度为 0.117,全国是 0.100;第三是对饲料加工业的影响程度为 0.071,与全国一致;第四是对肥料制造业的影响程度为 0.020,全国为 0.013,第五位是对批发业的影响,影响程度为 0.016;全国畜牧业对其他产业的影响程度处于第四位的是谷物磨制业,第五位的是电力、热力的生产和供应业,说明云南畜牧业养殖的机械化水平比全国低,有待进一步增强(见表 3-6)。

表 3-6 云南省畜牧业的生产影响强度前 20 位及与全国对比

云南 2007 年畜牧业对其他产业的 影响程度前 20 位		中国 2007 年畜牧业对其他产业的 影响程度前 20 位	
畜牧业	0.450	畜牧业	0.357
农业	0.117	农业	0.100
饲料加工业	0.071	饲料加工业	0.071
肥料制造业	0.020	谷物磨制业	0.023
批发业	0.016	电力、热力的生产和供应业	0.014
植物油加工业	0.012	批发零售业	0.014
电力、热力的生产和供应业	0.011	肥料制造业	0.013
零售业	0.008	石油及核燃料加工业	0.008
农、林、牧、渔服务业	0.008	植物油加工业	0.008
石油及核燃料加工业	0.007	石油和天然气开采业	0.007

云南 2007 年畜牧业对其他产业的影响程度前 20 位		中国 2007 年畜牧业对其他产业的影响程度前 20 位	
道路运输业	0.006	银行业、证券业和其他金融活动	0.006
煤炭开采和洗选业	0.006	基础化学原料制造	0.006
塑料制品业	0.004	渔业	0.006
农药制造业	0.004	塑料制品业	0.005
银行业	0.003	道路运输业	0.005
商务服务业	0.003	农、林、牧、渔服务业	0.005
基础化学原料制造	0.003	水产品加工业	0.004
非金属矿及其他矿采选业	0.003	煤炭开采和洗选业	0.004
水产品加工业	0.003	医药制造业	0.004
金属制品业	0.002	其他食品加工业	0.003

资料来源：《云南省投入产出表》（2007）和《中国投入产出表》（2007）。

（4）渔业发展不足

渔业作为云南第一产业中的组成部分，产业规模小，其感应度系数小于 1，影响力系数也小于 1，2007 年云南渔业的感应度系数是 0.836，影响力系数是 0.619；全国渔业的感应度系数是 0.761，影响力系数是 0.674。虽然云南渔业对很多产业都有需求感应，但感应程度较高的只集中在少数几个产业，感应程度最高的仍然是渔业本身，感应程度为 0.446，比全国高 0.107；其次是水产品加工业，感应程度为 0.259，比全国高 0.073；第三是餐饮业，感应程度只有 0.026，比全国低 0.010；第四是其他食品制造业，感应程度只有 0.011。对其他产业的感应程度就更低。从云南渔业对其他产业的生产需求波及程度看，最高的仍然是渔业本身，云南省为 0.446，比全国高 0.097；其次是对种植业的生产需求波及程度为 0.035，对饲料加工业的生产需求波及程度为 0.014，比全国低 0.026，说明云南省在渔业发展上还需要进一步加大规模。

三 农业是云南省重要的净调出部门

云南的农林牧渔业是云南省在全国具有一定竞争力的产业。云南省的农林牧渔业产品调出从 1997 年的 33.77 亿元扩大到 2007 年的 173.68 亿元，2010 年回落到 75.93 亿元；农林牧渔业产品调入从 1997 年的 23.38 亿元扩大到 2010 年的 141.07 亿元（见表 3 - 7）。在云南省总体经济一直处于净调入且净调入规模不断扩大的格局下，农林牧渔业在很多年份实现了净调出，为平衡省内外经济贸易联系做出了贡献。

表 3 - 7 云南农林牧渔业的调入调出情况

单位：亿元

	调出	调入	净调入
1997	33.77	23.38	-10.39
2000	20.25	19.14	-1.10
2002	31.85	44.13	12.27
2007	173.68	112.49	-61.19
2010	75.93	141.07	65.14

资料来源：《云南省投入产出表》1997、2002、2007，2000 年《云南省国民经济核算资料》，《云南省投入产出延长表》2010。

1997 年调出对云南农林牧渔业增加值的贡献率是 11.4%，2002 年调出对云南农林牧渔业增加值的贡献率是 16.7%，2007 年提高到 28.3%，2010 年又下降为 16.4%。1997 年调入对云南农林牧渔业增加值的贡献率是 8.9%，2002 年提高到 11.5%，2007 年提高到 12.2%，2010 年又下降为 10.3%。

在农业内部各行业中，调出对云南种植业增加值的贡献率在不断提高，通过对 1997、2002 和 2007 年三个年度经过拆分的投入产出表的计算可知，1997 年调出对云南种植业增加值的贡献率是 18.4%，2002 年提高到 23.1%，2007 年又进一步提高到 35.3%；反映出云南特色农产品在省外的市场竞争力不断增强，对产业的贡献率不断提高。从调入贡献看，云南种植业产品调入对增加值的贡献率也在不断提高，从 1997 年的 9.3% 提高到 2002 年的 12.0%，再提高到 2007 年的 13.2%（见表 3 - 8）。

表 3 - 8 云南省农林牧渔业调入与调出对产业增加值的贡献率

单位：%

	年份	种植业	林业	畜牧业	渔业	农、林、牧、渔服务业
调出	1997	18.4	6.2	3.8	1.9	26.0
调出	2002	23.1	7.7	0.6	6.2	25.2
调出	2007	35.3	11.7	18.1	10.2	35.2
调入	1997	9.3	4.1	12.8	13.9	4.3
调入	2002	12.0	8.5	12.1	10.6	30.6
调入	2007	13.2	6.7	16.5	8.5	10.0

资料来源：根据 1997、2002、2007 年的《云南省投入产出表》计算。

云南林业没有直接调出，在产业关联中，林产品作为中间投入品投入其他产业，其他产业调出间接实现了对产业增加值的贡献。调出对林业增加值的贡献率也呈上升态势，1997 年贡献率是 6.2%，2002 年提高到 7.7%，2007 年提高到 11.7%。调入对云南林业增加值的贡献率 1997 年只有 4.1%，2002 年提高到 8.5%，2007 年又下降到 6.7%（见表 3 - 8）。

调出对云南畜牧业的贡献上升很快，1997 年只有 3.8% 的贡献率，2002 年更是下降到 0.6%，但 2007 年达到 18.1%，反映出云南畜牧业快速发展和竞争力明显增强的特点，同时，调入对云南畜牧业的贡献率也在提高，1997 年调入对云南畜牧业的贡献率是 12.8%，2002 年为 12.1%，2007 年提高到 16.5%。

云南渔业虽然增长快，但产业规模小，几乎没有直接的调入、调出，因此，调出和调入对产业增加值的贡献也是间接贡献。其中调出的贡献呈上升的态势，从 1997 年的 1.9% 上升到 2007 年的 10.2%，而调入的贡献呈下降态势，从 1997 年的 13.9% 下降到 2007 年的 8.5%。

四　扩大需求对农业有较强的拉动作用

最终需求生产诱发系数表示某一单位最终需求所诱发的各个部门的生产额，说明各生产部门的生产受各最终需求项目的影响程度。某一最终需求的生产诱发系数越大，它的生产波及效果也越大。因此，最终需求生产诱发系数也从另一个方面反映一个产业受消费、投资、调出等各类最终需求影响的程度。

云南农林牧渔业受消费的影响大于受投资和调出的影响，在消费需求影响中，农村居民消费的影响大于城镇居民消费，居民消费需求的影响大于政府消费需求的影响。农村居民消费需求对云南农林牧渔业的生产诱发系数 2002 年是 0.485，2007 年下降为 0.376，2010 年回升到 0.409。在投资需求的生产诱发中，存货增加的影响大于固定资本形成需求的影响，存货投资需求对云南省农林牧渔业的生产诱发系数 2002 年达到 1.630，2007 年下降为 1.415，2010 年下降为 0.432，都高于全国平均水平。外部需求（调出）对云南农林牧渔业的生产诱发系数也高于全国平均水平，2002 年调出需求的生产诱发系数为 0.159，2007 年上升到 0.313，2010 年下降为 0.104（见表 3 - 9）。结合云南农林牧渔业受存货投资影响大的情况，可看出云南农林牧渔业除满足居民消费需求外，外销调出比重相对较大、本地加工程度相对较低的特点。

表 3 - 9　最终需求对云南农林牧渔业的生产诱发系数及与全国对比

农林牧渔业		农村居民消费	城镇居民消费	居民消费	政府消费	最终消费	固定资本形成总额	存货增加	资本形成总额	调出
云南	2002	0.485	0.188	0.374	0.097	0.283	0.182	1.630	0.276	0.159
	2007	0.376	0.289	0.323	0.020	0.233	0.112	1.415	0.136	0.313
	2010	0.409	0.284	0.328	0.020	0.241	0.096	0.432	0.118	0.104
中国	2002	0.480	0.305	0.359	0.051	0.277	0.106	0.306	0.115	0.103
	2007	0.407	0.256	0.294	0.060	0.232	0.046	0.352	0.061	0.096

资料来源：根据《云南省投入产出表》计算。

　　依赖度系数的大小反映的是国民经济各部门对各项最终需求的依赖程度，某一部门依赖度系数较大说明该部门对消费、投资或调出的扩张较为敏感。依赖度系数内含了直接依赖和间接依赖。从依赖度系数看，云南省的农林牧渔业更多地依赖消费需求，2010 年对最终消费需求的依赖程度是 0.571，对投资需求的依赖程度是 0.365，对省外需求的依赖程度是 0.180。从纵向发展看，对居民消费需求的依赖不断提高，2002 年依赖程度较高的是农村居民消费，但 2007 年和 2010 年对城镇居民消费需求的依赖程度超过对农村居民消费需求的依赖（见表 3 - 10）。反映出随着城镇化进程的加快和城市人口的增加，农林牧渔业对城市居民消费需求的依赖程度不断提高，未来云南城市化水平还将不断提高，云南农林牧渔业发展应更多地考虑城市居民对农林牧渔产品的消费需求。对比全国情况，云南农林牧渔业对最终使用的依赖程度高于全国，说明了云南农产品作为中间投入进行深加工不足的问题，更多依赖的是最终使用；全国农林牧渔业对城镇居民消费需求的依赖一直都高于农村居民消费需求，反映出云南城镇化水平的滞后对农林牧渔业发展具有不利影响。

表 3 - 10　云南农林牧渔业对各项最终需求的依赖度系数及与全国对比

农林牧渔业		农村居民消费	城镇居民消费	居民消费	政府消费	最终消费	固定资本形成总额	存货增加	资本形成总额	调出	最终使用
云南省	2002 年	0.404	0.092	0.496	0.063	0.559	0.196	0.122	0.317	0.181	1.057
	2007 年	0.223	0.273	0.496	0.013	0.510	0.219	0.053	0.272	0.267	1.051
	2010 年	0.244	0.314	0.558	0.014	0.571	0.278	0.087	0.365	0.180	1.117
中国	2002 年	0.273	0.387	0.660	0.034	0.694	0.162	0.021	0.183	0.111	0.988
	2007 年	0.202	0.378	0.581	0.044	0.624	0.099	0.040	0.139	0.187	0.950

资料来源：根据《云南省投入产出表》计算。

（1）种植业

影响云南省种植业的各项最终需求以居民消费、存货增加和调出为主，其中，农村居民消费对云南种植业的生产诱发系数为 0.159，比全国低 0.08，城镇居民消费对云南种植业的生产诱发系数是 0.141，比全国低 0.007，存货增加对云南种植业的生产诱发系数很大，为 1.442，而全国只有 0.106，调出对云南种植业的生产诱发系数为 0.167，全国只有 0.043（见表 3 - 11），反映出蔬菜等特色农产品受外部需求影响大、对仓储运输等有较大需求的特点。

表 3 - 11　云南 2007 年各项最终需求对农业细分行业的生产诱发系数与全国对比

生产诱发系数		农村居民消费	城镇居民消费	居民消费	政府消费	最终消费	固定资本形成总额	存货增加	资本形成总额	调出合计
云南省	种植业	0.159	0.141	0.148	- 0.050	0.090	- 0.055	1.442	- 0.027	0.167
	林业	0.007	0.003	0.005	- 0.009	0.001	0.053	- 0.064	0.050	- 0.027
	畜牧业	0.137	0.099	0.114	- 0.002	0.079	0.050	0.236	0.054	0.029
	渔业	0.007	0.007	0.007	0.000	0.005	0.000	0.000	0.000	0.000
	农林牧渔服务业	0.005	0.005	0.005	- 0.003	0.002	- 0.003	0.055	- 0.002	0.006
中国	种植业	0.239	0.134	0.160	0.026	0.125	0.013	0.106	0.017	0.043
	林业	0.004	0.004	0.004	0.004	0.004	0.005	0.005	0.005	0.006
	畜牧业	0.120	0.089	0.097	0.013	0.074	0.016	0.223	0.026	0.020
	渔业	0.035	0.030	0.031	0.004	0.024	0.002	0.029	0.003	0.006
	农林牧渔服务业	0.007	0.006	0.006	0.012	0.008	0.001	0.000	0.001	0.006

资料来源：根据《云南省投入产出表》计算。

从依赖度系数看，云南种植业对各项最终需求的依赖程度很高，合计为 1.023，其中，最高的是对调出的依赖，依赖度系数为 0.745，反映出云南特色种植业在国外和省外的竞争力在增强，其次是对居民消费需求的依赖，依赖度系数为 0.444。与全国种植业对各项最终需求的依赖度系数进行比较可知，全国种植业对各项最终使用的依赖度系数为 0.909，其中，最高的是对居民消费需求的依赖，依赖度系数为 0.628（见表 3 - 12），但对调出的依赖程度远低于云南省种植业对调出的依赖。说明云南种植业在针对城乡居民生产多元化产品方面有待加强。

（2）林业

云南林业受各项最终需求的影响都不大，体现出林业产品主要作为基础性原材料的特点，其中受固定资本形成总额的影响最大，生产诱发系数也只有 0.053，虽然如此，云南林业受各项最终需求的影响仍然大体高于全国平均水平。由于云南林业没有调出，只有调入，所以调出对林业的生产诱发系数为负值，全国却为正值。

从依赖度系数看，云南林业对各项最终需求的依赖度系数不高，为0.341，其中对固定资本形成总额的依赖度系数为 0.881，对调出和政府消费的依赖度系数为负值。反映出固定资产投资对云南林业会产生较好的拉动作用。与全国比较，云南林业对各项最终需求的依赖度大体低于全国平均水平，主要是调出上的差异，全国林业对林产品出口有较大的依赖，依赖度系数为0.328，而云南是 -0.534，其次，云南林业对居民消费需求的依赖程度也低于全国平均水平。说明除应提高云南林业的生态保护功能外，满足城乡居民消费需求和外部需求的林产品开发也是未来产业结构调整的重点之一。

表 3-12　云南 2007 年农业细分行业对各项最终需求的依赖度系数与全国对比

依赖度系数		农村居民消费	城镇居民消费	居民消费	政府消费	最终消费	固定资本形成总额	存货增加	资本形成总额	调出合计	最终使用
云南省	农业	0.184	0.260	0.444	-0.063	0.382	-0.210	0.105	-0.104	0.745	1.023
	林业	0.036	0.028	0.064	-0.050	0.014	0.881	-0.021	0.861	-0.534	0.341
	畜牧业	0.246	0.284	0.530	-0.005	0.526	0.301	0.027	0.328	0.203	1.057
	渔业	0.231	0.328	0.559	0.000	0.559	0.000	0.000	0.000	0.000	0.559
	农林牧渔服务业	0.140	0.208	0.349	-0.098	0.250	-0.275	0.098	-0.178	0.629	0.701
中国	农业	0.236	0.392	0.628	0.038	0.666	0.054	0.024	0.077	0.165	0.909
	林业	0.053	0.149	0.202	0.070	0.272	0.295	0.013	0.308	0.328	0.909
	畜牧业	0.182	0.397	0.579	0.028	0.607	0.104	0.076	0.180	0.117	0.903
	渔业	0.191	0.489	0.680	0.035	0.715	0.044	0.036	0.080	0.139	0.934
	农林牧渔服务业	0.101	0.230	0.330	0.227	0.558	0.057	0.019	0.076	0.302	0.936

资料来源：根据《云南省投入产出表》计算。

（3）畜牧业

影响云南畜牧业的各项最终需求以居民消费需求为主，农村居民消费需求对云南畜牧业的生产诱发系数为 0.137，在资本形成中，存货增加的影响相对较高，生产诱发系数为 0.236，调出的影响不大，生产诱发系数为 0.029。与全国对比，各项最终需求对云南畜牧业的影响略高于全国平均水平。

从依赖度系数看，云南畜牧业对最终需求的依赖程度很高，依赖度系数为 1.057，其中对居民消费的依赖度系数为 0.530，对城镇居民消费的依赖略高于对农村居民消费的依赖。与全国比较，云南畜牧业对居民消费的依赖低于全国平均水平，其中的差异主要在于对城镇消费需求的依赖，反映出云南畜牧业的发展未来还应更多地满足城镇居民消费的要求。

（4）渔业

云南渔业受各项最终需求的影响程度不高，主要受居民消费需求的影响，但生产诱发系数也只有 0.007，远低于全国平均水平。由于云南渔业产业规模小，也没有调出、调入产品，2007 年也没有投资和存货增加，所以生产诱发系数为 0。随着城乡居民生活水平的提高，对渔业水产品的需求会不断增加，加快云南渔业的发展仍然是未来产业转型升级的重点之一。

从依赖度系数看，云南渔业对各项最终需求的依赖度系数合计为 0.559，远低于全国平均水平，云南渔业对城镇居民消费需求的依赖大于对农村居民消费需求的依赖，因此，应针对城镇居民消费需求，加快壮大云南渔业，加大投资，提升产品竞争力。

五　对策建议

农林牧渔业在云南省国民经济中的产业地位较高，占全省生产总值的比重为 16.17%，高于全国平均水平，反映出云南发展阶段的滞后性，需要加快以农产品为原料的轻工业发展步伐，推行"以工哺农、以工促农、以工带农"的发展方式和产业运行体系。

1. 以加快发展林业和渔业优化农业内部结构

在农业内部构成中，种植业、林业、畜牧业、渔业和服务业的结构比例为 53.6：31.5：9.6：2.3：3.0，种植业比重仍然偏高，畜牧业、林业和渔业比重偏低，尤其是林业和渔业发展不足。要以城乡居民对生态畜牧产品的需求为导向，扶持生态畜禽产品加快发展。要在保护好生态林的基础上，加快发展经济林、速生丰产林、薪炭林。在保护好高原湖泊的基础上，加快发展池塘型、稻田型水产品养殖业。

2. 以高原特色农业为重点增强种植业的竞争力

云南广大农村处于山区，人多地少，种植业生产的自然条件决定了农田水利设施覆盖人口少，设施农业、机械农业、基地农业和信息农业的推进难度大，种植业"靠天吃饭"的困难解决难度大，弱质农业的特征还较为突出。只能通过发展优质特色种植业，以品质优势取胜，以生态优势取胜，以名特优稀优势取胜，在目前云南种植业产品调出对产业增加值的贡献率大且不断上升的态势下，进一步加快农业基础设施建设步伐，增强种植业的抗风险能力，进一步加快对农民的种植技术指导和田间管理指导，进一步推进信息化向农业的渗透。加快推进庄园经济，稳步推进农村土地改革，增强规模化种植水平。进一步减少和理顺流通环节，努力扩大农产品外销规模。

3. 以农产品加工为重点推进农业转型升级

农林牧渔业的产业关联性强，感应度系数大且在不断提高，影响力系数小，受纺织业、纺织服装鞋帽皮革羽绒及其制品业、农副产品加工业、食品制造业、木材加工及家具制造业等产业的影响大。因此，必须通过大力发展以农产品为原料的轻工业，延伸农林牧渔业的产业链，才能有效解决农产品的市场去向，增强农民增收能力。应以城乡居民消费需求为导向，大力发展农产品加工、林产品加工、畜产品加工，增大农林牧渔业作为中间投入的比重，带动农林牧渔业的发展。应在生产规模较大的农产品基地布局以农产品为原料的轻工业，努力承接东部地区的产业转移，加快发展农副产品加工业、食品制造业、纺织业、服装制造业、木材加工业、家具制造业等与农业关联度高的产业的发展步伐，真正实现"以工哺农、以工促农、以工带农"的发展方式。

4. 以城乡居民消费需求为导向大力推进生态农林牧渔产品生产

从最终需求的生产诱发系数看，居民消费和调出对云南农林牧渔业的生产诱发程度相对较高，云南农林牧渔业的发展对居民消费和调出的依赖性强。近年来，省外和国外对云南农产品需求旺盛，很大程度上是由于云南良好的生态环境能够满足收入不断提高的城乡居民对生态农产品的需求。各地都要着力推进绿色、无公害、纯天然农畜禽产品的生产，以实际行动维护好云南农产品绿色、生态和无公害的声誉。加大农业科技投入和人才引进力度，科学施用农药、化肥。逐步恢复和保护好各地的农业生态系统，着力推广无公害特色农产品、无公害畜产品、无公害禽蛋、无公害水产品的生产技术。

第二节　以多品种开发为重点加快食品加工制造业发展

食品加工制造业是消费品工业，内部产业众多，主要包括农副产品加工、食品制造、饮料制造、制糖、酿酒、制茶等产业，食品加工制造业是典型的最终消费品制造业，对相关产业的带动性强。食品加工制造业在云南省的国民经济中所占比重不高，但产业影响力系数大，产业带动性强，对种植业、肥料制造业、批发业、道路运输业、电力工业等的生产波及效应强，受最终需求中的存货投资、居民消费需求、外部需求的影响程度大，对其依赖度高。食品加工制造业是云南省重要的净调出部门，制糖业、精制茶加工业的众多产品大量销往国内省外，是云南省具有竞争力的产业，调出对产业增加值的贡献率高；调入较大的部门是谷物磨制业和饲料加工业。因此，充分发挥云南生物多样性资源优势和农产品种类多的优势，加快发展食品加工制造业，是云南进行产业结构调整与优化升级，扩大云南产品竞争力的重点举措之一。

一　食品加工制造业的产业地位不高

云南省规模以上食品加工制造业的增加值从 2000 年的 15.71 亿元发展到 2012 年的 146.5 亿元，提高了近 9 倍。其中，农副食品加工业增加值从 14.64 亿元发展到 2012 年的 112.44 亿元，食品制造业从 1.07 亿元发展到 2012 年的 34.06 亿元。全部门从业人员从 2000 年的 5.17 万人扩大到 2012 年的 8.28 万人。随着产业规模的扩大，云南省的食品加工制造业的劳动生产率持续提高，农副食品加工业从 2000 年的 12.46 万元/人提高到 2011 年 59.55 万元/人，食品制造业从 2000 年的 10.51 万元/人提高到 2011 年的 49.70 万元/人，但仍然远低于全国平均水平，还有很大的发展空间（见图 3-6）。

云南是生物资源大省，农产品种类多，为食品加工制造业提供了丰富的原材料，但发展很不充分，食品加工制造业增加值占当年全省生产总值的比重 2000 年为 0.8%，2012 年为 1.42%。内部细分行业中，在国民经济中地位相对较高的是制糖业，占食品加工制造业的 26.66%，其次是软饮

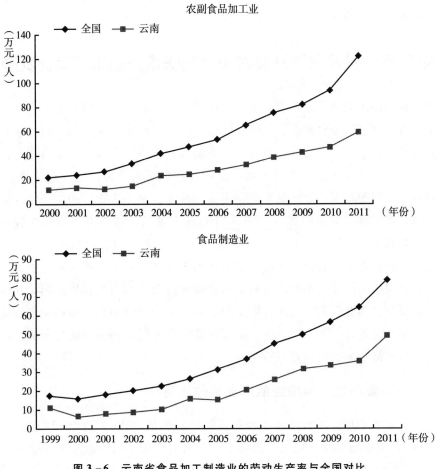

图 3 - 6 云南省食品加工制造业的劳动生产率与全国对比

料及精制茶加工业，占食品加工制造业的 19.51%，饲料加工业占 13.86%，其他产业规模都很小，需要加快发展。

二 食品加工制造业对农业的带动能力强

食品加工制造业是典型的消费品工业，对相关产业的生产波及程度高，对相关产业的需求感应程度低，根据 2007 年 144 部门投入产出表，食品加工制造业的影响力系数超过 1（见表 3 - 13），为 1.061，但感应度系数只有 0.535。食品加工制造业内部细分行业众多，也是城乡居民生活质量改善过程中内部行业不断增多的产业门类。

表 3 – 13　云南 2007 年食品加工制造业内部行业的产业关联性及产业地位

	感应度系数	影响力系数	在食品工业中的地位
谷物磨制业	0.593	1.026	1.06
饲料加工业	0.685	1.080	13.86
植物油加工业	0.629	0.998	5.64
制糖业	0.448	1.016	26.66
屠宰及肉类加工业	0.576	1.034	5.21
水产品加工业	0.480	0.959	0.12
其他食品加工业	0.467	0.997	5.06
方便食品制造业	0.423	1.178	1.17
液体乳及乳制品制造业	0.427	1.101	4.89
调味品、发酵制品制造业	0.614	1.157	1.20
其他食品制造业	0.479	1.112	6.37
酒精及酒的制造业	0.510	1.041	9.26
软饮料及精制茶加工业	0.625	1.101	19.51

资料来源：根据《云南省投入产出表》计算。

制糖业的影响力系数是 1.016，大于 1。制糖业的生产对种植业的需求最大，生产波及程度最高，影响程度为 0.227，其次是对肥料制造业、批发业、道路运输业、电力工业、石油加工业有较强的生产波及效应。由于制糖业的感应度系数低，只有 0.448，对其他产业发展的需求感应程度不高，对制糖业需求较大的是调味品、发酵制品制造业，液体乳及乳制品制造业，其他食品制造业，医药制造业等，其感应程度也很低，如制糖业对调味品、发酵制品制造业的感应程度只有 0.007。

云南省的软饮料及精制茶加工业以精制茶加工为主，影响力系数大于 1，对相关产业的需求较强，首先是对种植业，影响程度为 0.190，其次是批发业，影响程度为 0.031，第三是肥料制造业，影响程度为 0.031，另外，对道路运输、塑料制造、电力等也有较强的生产影响力。软饮料及精制茶加工业的感应度系数不高，只有 0.625，其中，对娱乐业的感应程度相对较高，为 0.013，对住宿业的感应程度为 0.011，对其他的商务服务、旅游业、餐饮等产业的感应程度都不高。

饲料加工业的影响力系数为 1.080，对种植业的生产波及效应最高，影响程度为 0.213，其次是植物油加工业，影响程度为 0.065，对肥料制造业、批发业、电力工业等其他产业都有影响，但影响程度较低。

从影响力系数看，食品加工制造业对种植业的影响力大，生产波及效应强，对旅游、住宿、餐饮等产业都有较强的带动作用，是云南省应该加快发展的产业门类。

三 食品加工制造业是净调出部门，但调出规模有待提高

云南省食品加工制造业是云南省净调出的产业门类，2007 年调出 118.34 亿元，调入 117.70 亿元，净调出 0.64 亿元。食品加工制造业调出占全省调出的比重为 3.89%，其中出口占全部出口的 3.46%，销往国内省外占全省销往国内省外的 3.91%。食品加工制造业调入占全省调入的比重为 3.05%，其中，进口占全部进口的 0.16%，从国内省外购进占全省购进的 3.63%。细分行业中，调出规模最大的是制糖业，调出 59.98 亿元，全部销往国内省外，其次是软饮料及精制茶加工业，调出规模为 27.61 亿元，主要销往国内省外。调入最大的是谷物磨制业，调入 3.51 亿元，其次是饲料加工业，调入规模为 2.33 亿元。

云南省的食品加工制造业中，调出对产业增加值的贡献率最高的是制糖业，贡献率为 85.6%，其次是其他食品加工业，贡献率为 76.1%，方便食品制造业调出的贡献率也达到 70.2%，软饮料及精制茶加工业调出的贡献率为 58.56%；调入对产业增加值的间接贡献率最高的行业是方便食品制造业，贡献率为 46.9%，其次是调味品、发酵制品制造业，调入贡献率为 38.0%。

从调出和调入对产业增加值的贡献率看，云南省的食品加工制造业具有良好的发展潜力，也是未来需求旺盛的产业，是云南省产业调整升级的重点，应有针对性地加快发展。

四 食品加工制造业受消费需求和外部需求影响大

食品加工制造业作为消费品工业，受最终需求的影响大，依赖程度也较高。在各项最终需求对云南省 144 个细分行业的生产诱发系数中，存货增加对食品加工制造业的生产诱发系数最高，为 0.115，其次是城镇居民消费需求对食品加工制造业的生产诱发系数，为 0.038，销往国内省外对食品加工制造业的生产诱发系数为 0.032。

从依赖度系数看，食品加工制造业主要对居民消费需求的依赖程度高，平均依赖程度为 0.629，其中对城镇居民消费需求的依赖程度高，为

0.617，而对农村居民消费需求的依赖程度只有 0.012。其中：制糖业对销往国内省外的依赖程度最高，为 0.860，软饮料及精制茶加工业也是对销往国内省外的依赖程度最高，为 0.633，饲料加工业对居民消费需求的依赖程度最高，为 0.378，对固定资本形成总额的依赖程度也较高，为 0.209，酒精及酒的制造业对居民消费的依赖程度最高，为 0.557，屠宰及肉类加工业对居民消费需求的依赖程度最高，达到 1.348，其中对城镇居民消费需求的依赖程度为 1.019；植物油加工业对居民消费需求的依赖程度最高，为 1.249；方便食品制造业对销往国内省外的依赖程度最高，为 0.792；调味品、发酵制品制造业对居民消费需求的依赖程度最高，为 0.465，对出口需求的依赖程度也较高，为 0.328；液体乳及乳制品制造业对居民消费需求的依赖程度较高，为 0.817；其他食品加工业对销往国内省外的依赖程度较高，为 0.716；其他食品制造业对居民消费需求的依赖程度较高，为 0.704，其中主要是对城镇居民消费需求的依赖，为 0.626。

因此，扩大消费需求和省外需求对食品加工制造业的生产诱发作用大，扩大投资对食品加工与制造业的生产诱发作用很小。

五　对策建议

食品加工制造业是消费品工业，是重要的以农产品为原料的轻工业，内部产业众多，市场类型是典型的完全竞争市场，应通过发挥云南的优势，避开发展劣势，创造性地推进云南省的食品加工制造业快速发展。

1. 推进产品差异化战略

品种多样性优势和单一品种的非规模优势并存是云南生物资源的基本特征，也是云南农产品的重要特征。因此，建立在生物资源和农产品为原料基础上的食品加工制造业也必须充分发挥云南省的生物多样性优势、品质优势、良好的生态种植环境优势，推进产品差异化基础上的规模报酬递增。随着城乡居民收入水平的提高，对差异化产品的需求越来越强。面对完全竞争的食品加工制造业产品市场，不能简单模仿东部地区企业的生产技术，也不能简单地承接东部地区的食品加工制造企业，必须针对消费者需求层次的变化开发新产品。要建立以满足顾客需求为导向的技术研发与创新体系，开发出能够满足客户需求的差异化产品。

只有通过技术创新实现产品差异化才能获得先发市场优势与技术创新壁垒。首先，要创新商业模式。商业模式主要由赢利模式、产品模式、业务模式、运营模式、管理模式等构成，本质是围绕产品模式创新，打造全新运营模式，为企业打造更具差异化与竞争力的赢利模式。在商业模式中，产品环节的创新关键在于产品技术创新，通过产品技术创新为商业模式创新提供支撑。其次，要打造完整的产业链。产品差异化的竞争，需要有强大的产业链支持能力，技术创新能力要能够支持全产业链布局，在全产业链各个环节均要有突出的能力。以高新技术创新为主导的产品差异化，更需要整条产业链运营的各个环节来保障其有效性。最后，要突破核心技术。虽然很多企业已明确知道实施何种产品差异化有利于本企业的发展，但是又受制于某些关键技术未获得突破，这是中国企业在技术创新中的普遍困境。只有直接掌控核心技术并拥有成本优势，才能够研发出各类差异化的产品，满足不同消费者的需求，形成同类产品的竞争优势。

2. 加大力度扶持小微企业发展

"小、散、弱"是云南农产品的基本特征，各地最有特色、品质最优的农产品往往不具有规模优势，对这些农产品进行深加工的企业往往都是小微企业。从事食品加工制造的小微企业面临着融资困难、人才短缺、企业家才能不足等诸多困难，但也具有"专、精、快、灵"的特点。可参照对农业的扶持政策和扶持方式，通过金融政策、产业政策、税收政策等给予食品加工制造业中的小微企业切实有效的扶持。

3. 通过顾客细分的产品创新推进产品差异化

进行消费者细分的维度有地理和人口统计特征、消费需求和行为特点、心理和价值取向等，可归结为三类基准。

第一是以地理和人口特征为基准。我国地广人多，横贯多个气候带和地理特征区，形成了多样的区域性文化、生活习俗和消费特点，为企业进行产品差异化提供了肥沃的土壤。以这样的目标市场进行产品差异化风险小、收益大，并能迅速形成区隔优势。另外，基于区域独特的气候条件、土特产和文化特色，也可以进行有效的产品差异化。按照人口统计特征来细分顾客也是成功进行产品差异化定位的重要手段。

第二，以需求特点为基准。随着城乡居民收入水平的提高和生活质量的改善，消费者的分化更加明显，需求也更加个性化，并且消费越来越理性，这是实现产品差异化的根本基准。

第三，以生活方式为基准。随着收入水平的提高，消费者的细分指标越来越趋向于精神类指标。面对个性化、多元化和品味化等精神方面的需求，产品差异化要能让顾客身临其境地体验产品的设计风格与艺术品位，再加上提供个性化的定制服务和全程无忧的各种增值服务，才能在保持较高价格的同时，让消费者获得良好的体验。

基于消费者细分的产品创新，本质上要求从竞争导向转向顾客导向，从价格导向转向价值导向，从投机导向转向能力导向，更多地去研究和发现消费者的不满意和新需求，才能找准产品差异化的基准，并培育相应的持续创新和卓越运营的能力，才能为顾客提供独特的价值，建立起自己的核心优势。

第三节　以产品差异化稳住卷烟工业

卷烟工业是云南省的传统支柱产业，在云南国民经济中占有重要地位，虽然近年来增长缓慢，但劳动生产率在不断提高，卷烟工业与其他产业的关联度不高，影响力系数和感应度系数都小于社会平均水平，卷烟工业生产对种植业、批发业、造纸、印刷等有一定影响，受餐饮业、商务服务业、娱乐业等的影响相对较大。卷烟工业品不是中间投入品，受最终需求的影响很大，调出、居民消费和存货增加的生产诱发系数都比较高，调出的生产诱发系数最大，卷烟工业的调出是云南产品调出的主体，外部需求对云南卷烟工业增加值的贡献率很高，针对外部市场需求开发差异化产品，是云南卷烟工业稳定发展的重点。

一　产业地位高但增长缓慢

卷烟工业是云南的传统支柱产业，在国民经济总量中占有重要地位，经过 20 世纪 80 年代的培育、90 年代和 21 世纪头 10 年的快速发展，近年来增长缓慢。2013 年云南省规模以上烟草制品业完成增加值 1076.53 亿元，比上年增长 3.9%，占 2013 年云南省规模以上工业增加值的 31.0%，占全省生产总值的 9.2%。卷烟工业实现增加值在国民经济中的比重比 2002 年下降了 8.3 个百分点。云南省的烟草制品业就业人员在 3 万人左右，卷烟工业的劳动生产率比较高，从 2000 年的 118.19 万元/人提高到 2011 年的 396.40 万元/人，提高近 3 倍（见图 3 – 7）。卷烟工业是利税率、利润率和增加值率都比较高的产业，为云南省的积累做出了重要贡献。

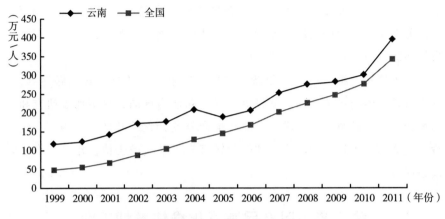

图 3-7 云南省卷烟工业劳动生产率与全国对比

二 卷烟工业产业关联度低

云南卷烟工业与其他产业的关联度不高，影响力系数和感应度系数都小于 1，1997 年云南烟草加工业的影响力系数为 0.607，2002 年为 0.637，2007 年为 0.670，说明烟草加工业对其他产业的生产波及效应小于社会平均水平，也反映出云南省的卷烟工业产品较为单一。卷烟生产对种植业生产的影响最大，对批发业、造纸及纸制品业、印刷业、道路运输业、化学纤维制造业等也有一定的生产波及效应。从感应度系数看，云南烟草制品业的感应度系数比较低，1997 年为 0.450，2002 年为 0.452，2007 年为 0.479。感应度系数低说明卷烟工业对其他产业发展的需求感应程度低，其中，餐饮业、商务服务业、娱乐业等对卷烟工业有一定的带动作用。

三 卷烟调出规模大，贡献程度高

卷烟是云南省在我国有竞争力的产业，卷烟工业调出是云南调出规模最大的产业，1997 年云南卷烟工业调出值为 230.69 亿元，占云南当年调出总规模的 41.36%，2002 年卷烟工业调出 506.22 亿元，占当年调出总规模的 57.43%，2007 年卷烟工业调出 696.54 亿元，占 22.87%。调出对云南卷烟工业增加值的贡献率很高，1997 年为 70.72%，2002 年达到 92.04%，2007 年为 83.26%。

卷烟调入规模不大，调入对云南卷烟工业增加值的间接贡献也比较小。1997 年卷烟调入规模 2.08 亿元，占当年云南调入总规模的 0.35%，

2002 年为 2.02 亿元，占 0.19%，2007 年为 3.61 亿元，占 0.09%。调入对卷烟工业增加值的贡献率 1997 年只有 3.60%，2002 年为 8.37%，2007年为 10.55%。

四 外部需求对卷烟工业的带动作用大

卷烟作为最终消费品，受最终需求的影响很大，除固定资本形成的影响较小外，各项最终需求对卷烟工业的生产诱发系数都比较高。生产诱发系数最大的是存货投资，为 0.490，反映出烤烟种植的季节性和卷烟生产的季节性特点；其次是销往国内省外，为 0.247，云南卷烟是主要的外销产品，因此外部需求的影响很大；同时，出口的生产诱发系数也比较高，为 0.156，居民消费需求的影响也比较大。在 2007 年的 144 个产业中，销往国内省外对卷烟工业的生产诱发系数处于 144 个产业排序中的第四位，农村居民消费需求对卷烟工业的生产诱发系数处于第六位，城镇居民消费需求对卷烟工业的生产诱发系数处于第四位。同时，依赖度系数也反映出同样的特点，卷烟工业对调出（尤其是销往国内省外）的依赖程度高，达到 0.836，其中对销往国内省外的依赖程度为 0.804，对居民消费需求的依赖程度为 0.139。

表 3 - 14 2007 年云南省各项最终需求对卷烟工业的生产诱发系数和依赖度系数

项目	农村居民消费	城镇居民消费	居民消费合计	政府消费	最终消费合计	固定资本形成总额
生产诱发系数	0.062	0.058	0.060	0.000	0.042	0.000
依赖度系数	0.056	0.083	0.139	0.000	0.140	0.000
项目	存货增加	资本形成总额合计	出口	销往国内省外	调出合计	
生产诱发系数	0.490	0.009	0.156	0.247	0.242	
依赖度系数	0.028	0.028	0.032	0.804	0.836	

资料来源：根据《云南省投入产出表》计算。

五 对策建议

虽然卷烟工业的产业关联性不强，影响力系数和感应度系数都小于社会平均水平，但增加值率高，利税能力强，在云南国民经济中占有重要地位，虽然近年来增长缓慢，但劳动生产率在不断提高。卷烟工业虽然是夕阳产业，但其衰退的进程仍然是比较缓慢的。稳住云南省的卷烟工业发展，能够为云南调结构、转方式提供财力保障。

1. 以差异化产品获得市场空间

充分发挥云南卷烟工业技术先进、管理先进和产业实力强的优势，着力开发差异化产品、优质新产品不断开拓市场。不断提升产品质量，加强烟叶田间管理，确保优质原材料供应。大力开发低危害卷烟产品。云南省围绕烟草开展的科技创新成果、专利、发明已经取得显著成效，尤其是在利用烟草提取药物、生物肥料、杀虫剂等方面处于前沿。应加大力度推进科技成果转化和产业化示范，加快发展非卷烟类烟草制品。

2. 着力开拓外部市场

卷烟工业受餐饮业、商务服务业、娱乐业等的影响相对较大。卷烟工业品不是中间投入品，受最终需求的影响很大，调出、居民消费和存货增加的生产诱发系数都比较高，调出的生产诱发系数最大，卷烟工业的调出是云南产品调出的主体，外部需求对云南卷烟工业增加值的贡献率很高。卷烟市场是一个高度垄断的计划市场，但区域市场开拓仍然有较大空间。着力开拓外部市场，努力扩大调出规模，仍然是云南卷烟工业稳步发展的重要方向。尤其是针对云南卷烟产品市场占有率低的地区和国家，要加大市场营销的开拓力度，重点突破。

第四节　以承接产业转移为重点加快纺织与服装制造业发展

纺织与服装制造业是传统产业，也是人类必不可少的消费品工业，不会随着发展阶段的演进而衰退，只会随着人们消费观念的变化而在产品形态上发生变化。因此，纺织和服装制造业是各地必须着力发展的产业之一。云南省的纺织与服装制造业近年来获得较快发展，但产业规模小，在国民经济中的比重低，不能满足省内需求，以省外调入为主。纺织与服装制造业的影响力系数大，对相关产业的生产波及效应强，带动能力强，服装制造业对纺织业的生产波及效应高达0.511，加快服装制造业的发展能够带动云南各类产业的发展，是云南省优化产业结构、转变发展方式的重点领域。

一 产业规模小，发展水平低

云南省的纺织与服装制造业也保持了较快的发展。工业增加值从 2000年的 2.94 亿元提高到 2012 年的 7.99 亿元，工业总产值从 9.11 亿元提高到 2012 年的 28.33 亿元，从业人员从 2.85 万人下降到 2012 年的 1.19 万人。云南省纺织业的劳动生产率从 2000 年的 3 万元/人提高到 2011 年的 20.07 万元/人，服装鞋帽制造业从 2000 年的 4.13 万元/人提高 2011 年的 16.58 万元/人。从与全国平均水平的比较看，云南省的纺织业劳动生产率远低于全国平均水平（见图 3 - 8），而服装制造业则与全国的差距不是很大。

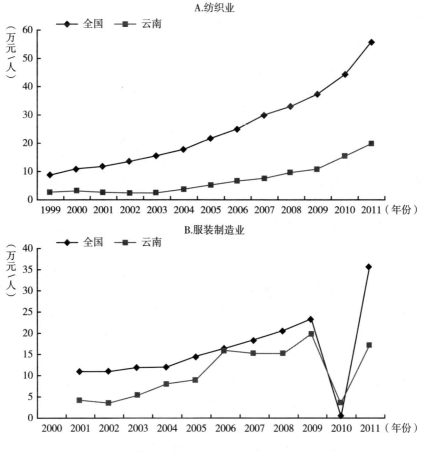

图 3 - 8 云南省纺织与服装制造业劳动生产率与全国对比

但总体上，云南省的纺织与服装制造业在国民经济中所占的比重较低，产业规模较小。2000 年云南省纺织与服装制造业的工业增加值仅占当年全省工业增加值的 0.55%，仅占当年全省生产总值的 0.15%，产业在国民经济中的地位不高。纺织与服装制造业是典型的劳动密集型产业，但云南省的纺织与服装制造业从业人员 2000 年只占全部工业从业人员的 3.70%。到 2012 年，纺织与服装制造业工业增加值占全省当年工业增加值的比重为 0.23%，占当年全省生产总值的比重为 0.08%，行业从业人员占全部工业从业人员的比重为 1.18%。可以看出，所有指标都在下降，反映出该产业整体上的萎缩和产业弱小的问题十分突出。

二 产业带动能力较强

云南省的纺织与服装制造业具有较强的产业关联性，作为消费品工业，其影响力系数大于 1，对其他产业的带动能力强，感应度系数小于 1，对其他产业的需求感应程度低于社会平均水平（见表 3 - 15）。其中，纺织业作为服装制造业的前期投入产业，其感应度系数比服装制造业高。

表 3 - 15　云南省纺织业和服装制造业的影响力系数和感应度系数

行业	2002 年	2007 年	2010 年	2002 能	2007 年	2010 年
	影响力系数	影响力系数	影响力系数	感应度系数	感应度系数	感应度系数
纺织业	1.191	1.040	1.049	1.043	0.887	0.863
服装制造业	1.110	1.191	1.165	0.525	0.547	0.542

资料来源：根据《云南省投入产出表》计算。

云南省纺织业发展所带动的主要产业依次是：化学工业（0.142）、批发零售业（0.102）、交通运输及仓储业（0.092）、电力工业（0.083）、煤炭采选业（0.069）、石油加工业（0.046）、金融业（0.042）等，对其他产业的生产波及效应不强。纺织服装鞋帽皮革羽绒及其制品业发展所带动的主要产业依次是：纺织业（0.511）、农林牧渔业（0.277）、批发和零售业（0.127）、交通运输及仓储业（0.122）、金属制品业（0.107）、化学工业（0.100）、电力工业（0.078）、煤炭采选业（0.061）、金融业（0.061）、石油加工业（0.058）等，对其他产业的生产波及效应不强。

从感应度系数看，纺织业对纺织服装鞋帽皮革羽绒及其制品业的需求感应最强，感应强度高达 0.511，另外还对住宿和餐饮业（0.048）、非金属矿物制品业（0.026）、煤炭开采和洗选业（0.025）、租赁和商务服务业（0.019）等有一定强度的需求感应，对其他产业的需求感应不强。纺织服装鞋帽皮革羽绒及其制品业对其他产业的感应度系数不高，对煤炭开采和洗选业（0.024）、燃气生产和供应业（0.015）、石油加工及炼焦业（0.015）、房地产业（0.014）、非金属矿及其他矿采选业（0.014）有较强的需求感应，对其他产业的需求感应不强。

可以看出，纺织与服装制造业的产业带动能力强，纺织服装鞋帽皮革羽绒及其制品业发展对很多产业的生产波及效应都很强，尤其对纺织业的带动作用最强，而纺织业对化学工业、批发零售等产业的带动能力也很强。纺织与服装制造业是未来云南产业调整升级应该加快发展的产业门类之一。

三　产业不能满足省内需求，以调入为主

由于云南省的纺织与服装制造业发展滞后，不能满足省内城乡居民的消费需求，产品以调入为主，是云南省净调入规模较大的产业门类之一。调入规模从 2002 年的 60.69 亿元扩大到 2007 年的 170.86 亿元，再继续扩大到 2010 年的 267.71 亿元。其中：调出以纺织业为主，调入以纺织服装鞋帽皮革羽绒及其制品业为主。纺织与服装制造业的调出只占全省调出总额的 0.15%，而调入占全省调入总额的 4.73%，净调入占全省净调入的 10.21%。调出对云南省的纺织与服装制造业产业增加值的贡献率在 10% 左右，而调入对产业增加值的间接贡献率非常高，在 40% 左右（见表 3 – 16）。

表 3 – 16　云南省纺织与服装制造业的调出与调入及贡献率

单位：亿元，%

年份	调出	调入	净调入	调出贡献	调入贡献
2002	1.44	60.69	59.25	9.4	43.7
2007	7.84	178.70	170.86	12.2	37.0
2010	4.78	272.49	267.71	9.4	36.3

资料来源：根据《云南省投入产出表》计算。

虽然调入能够间接促进产业增加值的提高，但由于在支出法生产总值核算中调入是对总产出的扣减项，净调入的不断增加会扣减各项最终需求的贡献率，拉动省外的需求，尤其是消费品工业，基本不作为物质生产部

门的中间投入进入生产过程，主要是带动非物质生产部门的发展。因此，加快发展云南省的纺织与服装制造业以满足省内市场需求和周边国家市场需求，尽可能降低调入规模，是保持云南经济持续稳定发展的关键。

四 扩大需求主要拉动省外的产业发展

在 42 部门中，各项最终需求对纺织业都有影响，各项最终需求对纺织业的生产诱发系数不断提高，说明纺织业受各项需求的影响程度不断上升。其中，存货投资和固定资本形成的影响相对较大。

表 3 - 17 各项最终需求对纺织与服装制造业内部行业的生产诱发系数

年份	行业	农村居民	城镇居民	居民消费小计	政府消费	最终消费合计	固定资本形成总额	存货增加	资本形成总额合计	调出
2002	纺织业	0.002	0.012	0.006	0.004	0.005	0.001	0.017	0.002	0.001
2007	纺织业	0.031	0.027	0.029	0.032	0.030	0.022	- 0.104	0.020	0.024
2010	纺织业	0.034	0.030	0.031	0.030	0.031	0.040	0.046	0.040	0.038
2002	组织服装鞋帽皮革羽绒及其制品业	0.004	0.015	0.008	- 0.063	- 0.015	- 0.009	0.013	- 0.007	- 0.009
2007	组织服装鞋帽皮革羽绒及其制品业	- 0.076	- 0.068	- 0.071	- 0.084	- 0.075	- 0.057	0.268	- 0.050	- 0.035
2010	组织纺织服装鞋帽皮革羽绒及其制品业	- 0.077	- 0.070	- 0.072	- 0.075	- 0.073	- 0.096	- 0.107	- 0.096	- 0.094

资料来源：根据《云南省投入产出表》计算。

各项最终需求对纺织服装鞋帽皮革羽绒及其制品业的生产诱发系数基本都是负值，反映出云南省的纺织服装鞋帽皮革羽绒及其制品业以调入为主，各项最终需求增加拉动的是省外纺织服装鞋帽皮革羽绒及其制品业的发展。

五 对策建议

纺织与服装制造业是我国东部向西部转移的重点产业之一，目前已经有一些东部省份的纺织与服装制造业企业向云南省的楚雄、临沧等劳动力成本相对较低的地区转移。应加快承接产业转移步伐，加快发展纺织与服装制造业。

1. 以昆明螺蛳湾批发市场为依托建设服装制造园区

云南省面向东南亚、南亚开放的区位优势，使昆明成为辐射东南亚、南亚的重要商贸中心，昆明螺蛳湾国际商贸城成为中国面向东南亚、南亚最大的国际商贸城，其中纺织服装制品是螺蛳湾国际商贸城的重点商品，畅销东南亚和南亚国家市场，但商贸城批发和零售的纺织服装产品基本都来自江浙沿海地区。应以螺蛳湾批发市场为依托，建设服装制造园区，吸引江浙沿海的服装制造厂商来园区投资设厂，吸引各大服装品牌来园区投资办厂，面向省内市场和东南亚、南亚国家市场，形成纺织、服装生产和批发及物流一体化的产业发展模式，改变云南服装类产品调入规模越来越大的格局。

2. 以边疆少数民族地区为重点加快承接纺织业

云南边疆的少数民族地区经过改革开放30多年的发展，劳动力素质得到很大提高，完全能够满足劳动密集型轻纺工业的需求。要抓住东中部地区劳动力成本上升导致轻纺工业向西部地区转移的机遇，大力承接纺织企业到云南边疆少数民族地区投资，要组织招商队伍到东部沿海地区洽谈，为转移过来的企业做好服务，营造良好的投资环境。

3. 以民族特色服饰为重点加快发展特色纺织与服装制造业

随着旅游业的发展，云南各民族丰富多彩的民族服饰越来越受到游客的喜爱，但绝大多数民族服饰以手工制作为主，成本高，商品率低，应引进服装制造企业嫁接云南民族特色服饰，开发可用生产线生产的民族服饰。通过举办民族服饰展演，开拓民族服饰的消费市场。推进民族服饰创新，开发能够满足城市居民需求的民族服饰。

4. 加快发展丝绸等高端纺织品

进一步抓住"东桑西移"的机遇，在原来云南丝绸纺织品生产的基础上，以现代家居对丝绸纺织品的需求为导向，加快发展丝绸纺织品。

第五节　以满足省内需求为重点加快木材加工及家具制造业发展

云南省是林业大省，森林覆盖率高，林地资源丰富，木材加工与家具制造业是云南省具有资源优势和区位优势的产业，但产业规模一直不大，优势发挥不够。木材加工与家具制造业的影响力系数大，对林业、化学工业的生产波及效应强，产业带动能力强，对电力工业、交通运输及仓储业、批发零售业、金融业、煤炭开采和洗选业、石油加工业、租赁和商务服务业、金属冶炼及压延加工业、造纸印刷及文教体育用品制造业、通用专用设备制造业等产业的生产波及效应也较高。同时，木材加工及家具制造业受最终需求的生产诱发程度较低。木材加工与家具制造业是云南省重要的净调入部门，调出对产业增加值的贡献率不断下降，调入对产业增加值的间接贡献率在不断提高。因此，加快发展云南省的木材加工及家具制造业，是云南省优化产业结构、转变经济发展方式的重要举措。

一 产业弱小，发展水平低

云南是林业大省，具有资源优势，但木材加工及家具制造业并没有体现云南省的林业资源优势。云南省的木材加工及家具制造业增加值从 2000 年的 2.34 亿元提高到 2012 年的 13.72 亿元，工业总产值从 2000 年的 9.04 亿元提高到 2012 年的 51.15 亿元，从业人员从 2000 年的 1.35 万人增加到 2012 年的 1.48 万人。产业规模和就业规模得以提高，但总体上产业弱小，发展滞后。云南省木材加工及家具制造业增加值在当年全省增加值中的比重，在 2000 年只有 0.12%，木材加工及家具制造业总产值占工业总产值的比重只有 0.57%，从业人员比重就更低。产业发展水平与资源优势形成了强烈的反差。

二 产业带动能力强

木材加工及家具制造业是产业关联度相对较高的产业，该产业的影响力系数高，而感应度系数低。2002 年云南省该产业的影响力系数为 1.115，感应度系数为 0.515；2007 年影响力系数为 1.102，感应度系数为 0.507；2010 年影响力系数为 1.121，感应度系数为 0.576。

从影响力系数看，云南木材加工及家具制造业对林业和化学工业的生产波及效应最强，影响程度分别为 0.268 和 0.224，其次是对电力工业、交通运输及仓储业和批发零售业的生产波及效应较强，影响程度分别为 0.164、0.141 和 0.136。另外，对金融业、煤炭开采和洗选业、石油加工业、租赁和商务服务业、金属冶炼及压延加工业、造纸印刷及文教体育用品制造业、通用专用设备制造业等产业的生产波及效应也有一定的强度，影响程度在 0.05 以上。因此，大力发展木材加工及家具制造业对壮大云南产业规模、优化产业结构具有重要意义。

从感应度系数看，由于木材加工及家具制造业更多地体现出消费品工业的特征，对其他产业的需求感应程度低，最高的租赁和商务服务业也只有 0.061 的感应程度，其他相对较高的还有煤炭开采和洗选业、房地产业等。

三　产业不能满足省内需求，调入规模不断扩大

木材加工与家具制造业是云南省净调入的产业部门之一，调出规模不断缩小，调入规模不断扩大，导致净调入规模不断扩大。调出对木材加工与家具制造业增加值的贡献率不断下降，从 2002 年的 25% 下降到 2010 年的 14.8%，而调入对产业增加值的间接贡献率则不断提高，从 2002 年的 26.6% 提高到 2010 年的 35.1%（见表 3-18）。

表 3-18　云南省木材加工与家具制造业的调出与调入及贡献率

单位：亿元，%

年份	调出规模	调入规模	净调入	调出贡献	调入贡献
2002	5.52	10.63	5.11	25.0	26.6
2007	3.51	48.45	44.94	18.8	36.1
2010	2.14	66.18	64.04	14.8	35.3

资料来源：根据《云南省投入产出表》计算。

四　各项最终需求对产业都有拉动作用

在 42 部门中，各项最终需求对木材加工及家具制造业的生产诱发系数不太高，相对较高的是农村居民消费需求的影响，其次是城镇居民消费需求的影响，调出需求也有一定的生产诱发。通过 2002 年与 2010 年的比较，可以看出，云南省的木材加工与家具制造业受各项最终需求的生产诱发程度和对它们的依赖度都呈明显的下降态势，反映出该产业规模太小，最终需求的影响有限（见表 3-19）。

表 3-19　云南省木材加工与家具制造业的最终需求生产诱发系数和依赖度系数

项目		农村居民消费	城镇居民消费	居民消费合计	政府消费	最终消费合计	固定资本形成总额	存货增加	资本形成总额合计	调出
云南 2010 年	生产诱发系数	0.005	0.003	0.004	-0.004	0.002	0.000	0.002	0.001	-0.001
	依赖度系数	0.148	0.168	0.316	-0.126	0.191	0.057	0.020	0.077	-0.085

续表

项目		农村居民消费	城镇居民消费	居民消费合计	政府消费	最终消费合计	固定资本形成总额	存货增加	资本形成总额合计	调出
云南 2002 年	生产诱发系数	0.015	0.022	0.020	0.025	0.021	0.035	0.004	0.034	0.038
	依赖度系数	0.063	0.201	0.264	0.119	0.383	0.392	0.002	0.394	0.295
中国 2007 年	生产诱发系数	0.015	0.019	0.018	0.030	0.021	0.040	0.025	0.039	0.047
	依赖度系数	0.034	0.128	0.162	0.095	0.257	0.381	0.013	0.393	0.407

资料来源：根据《云南省投入产出表》计算。

五 对策建议

目前我国的木材加工及家具制造业已经形成了以沈阳、大连为中心的东北产业基地，以顺德、中山、深圳、东莞为中心的东南沿海产业基地，以北京、天津、唐山为中心的华北产业基地，以上海、江苏、浙江为中心的华东产业基地。已经形成完全竞争的市场结构。云南省应该突出资源优势和区位优势，以省内市场需求为重点，引进东部的木材加工及家具制造企业，拓展周边国家市场，逐步形成产业链。

1. 强化林业分类指导经营

深化林权体制改革，强化林业分类指导。严格保护生态林，加强自然保护区的保护和执法；加强长江上游天然林保护和退耕还林工作；深化天然林保护和退耕还林的生态补偿机制；加快干热河谷地区植树造林步伐；鼓励农民在坡耕地发展速生丰产林，为木材加工及家具制造业提供优质原料。

2. 引进技术先进、管理高效的名牌企业

营造良好的投资环境，引进技术先进、管理高效、市场占有率高的名牌企业到云南适宜发展木材加工及家具制造业的滇南、滇东南、滇西南、滇东地区投资办厂，鼓励他们投资用材林基地建设，形成"种植—加工—制造"一体化经营，避免他们只把云南作为原材料种植基地或初加工基地，不从事家具制造的问题，针对"种植—加工—制造"产业链的不同生产环节的赢利空间，通过不同的产业政策进行调节和规制，促使外来投资者在云南发展家具制造业，生产最终产品，形成对产业链前端环节的有效带动。

3. 大力推进非公经济发展

根据国家推进混合所有制的经济体制改革思路，尽快出台鼓励民间资本参股国有木材加工及家具制造企业的政策和实施办法。对各地生产合法但企业规模小、融资困难的非公木材加工及家具制造企业，要纳入政府扶持范围，针对它们的具体困难给予具体的政策支持，尤其在产业发展趋势分析、国家产业导向、信贷政策、产业政策、技术创新、信息平台、企业家培训、劳动技能培训等方面为它们提供具体的支持和帮助。

第六节　以资源高效利用为重点稳步发展采掘业

采掘业作为国民经济的基础产业，主要为其他工业提供基础原料。采掘业主要由煤炭开采和洗选业、石油和天然气开采业、金属矿采选业、非金属矿采选业等四个产业构成，由于云南没有石油和天然气资源，所以该产业没有产值。云南省的采掘业主要由煤炭开采和洗选业、金属矿采选业、非金属矿采选业三个产业构成。采掘业曾经是云南工业发展中的重点行业，但随着发展阶段的深入和产业结构调整的深入，采掘业在国民经济中地位有所下降。采掘业作为国民经济的基础产业，为其他产业提供中间投入品和原材料，在国民经济中感应度高，2010 年云南省采掘业的感应度系数达到 1.992，是许多产业门类都有需求的产业。同时，采掘业的影响力系数也大于 1，对其他产业的带动能力也比较强，如冶金工业、非金属矿制品业的发展对采掘业的发展有巨大的需求感应，而采掘业的发展对石油和化工业、冶金业、通用和专用设备制造业、电力工业的生产波及程度也较高，重点支持这些产业的发展能够有效促进云南采掘业的发展。由于采掘业主要作为中间投入品投入生产过程，最终消费需求对采掘业的促进作用相对较小，生产诱发系数很低，依赖度系数也不高。同时，虽然采掘业调出规模不大，但调出对产业增加值的贡献率比较高。近年来，云南省的采掘业调入规模持续扩大，尤其是金属矿的调入成为云南省净调入的重点，调入对产业增加值的间接贡献也比较高。矿业是云南省具有较高技术含量的产业，从云南经济持续稳定发展的角度讲，还需要在保护好生态环境的同时，增强云南采掘业的产业素质，为冶金、装备制造等产业发展增强基础支撑能力。

一 采掘业产业地位有所提升

历史上的云南是资源大省，采掘业在云南工业发展历史上占有重要地位。随着产业规模的不断扩大，资源逐渐萎缩，尤其是富矿资源越来越少，同时随着调整产业结构、延伸产业链、培育新兴产业等政策措施的实施，制造业和服务业比重不断提高，云南省的采掘业在国民经济中的地位虽有提升，但存在一定的危险性。

从2000年发展到现在，云南省规模以上采掘业的工业增加值从16.33亿元提高到2012年的425.89亿元，在全省规模以上工业增加值中的比重从3.1%提高到2012年的13.8%；工业总产值从2000年的37.57亿元提高到2012年的980.74亿元，在全省规模以上工业总产值中的比重从3.53%提高到2012年的10.63%。全部从业人员从2000年的9.52万人扩大到2012年的22.4万人，在云南省省规模以上工业全部从业人员中的比重从12.35%提高到2012年的22.1%。随着产业规模的扩大，云南省的采掘业劳动生产率不断提高，从1999年的3.87万元/人提高到2012年的43.78万元/人，产业素质不断提高。

从内部行业看，云南省煤炭开采与洗选业增加值从2000年的6.4亿元扩大到2012年的222.45亿元，在采掘业中的比重从2000年的39.2%扩大到2012年的52.23%；工业总产值从12.34亿元扩大到502.41亿元，在采掘业中的比重从2000年的32.8%扩大到2012年的51.22%，全部从业人员从4.04万人扩大到2012年的15.02万人，在采掘业中的比重从42.4%扩大到2012年的67.05%。

金属矿开采业是云南采掘业的主体，工业增加值从2000年的9.93亿元扩大到2012年的161.22亿元，在规模以上工业增加值中的比重从1.9%扩大到2012年的5.22%。工业总产值从2000年的25.23亿元扩大到2012年的380.47亿元，在云南规模以上工业总产值中的比重从2000年的2.4%提高到2012年的4.12%。从事金属矿开采业的就业人员从2000年的5.48万人扩大到2012年的6.11万人，在规模以上工业就业人员中的比重从2000年的7.1%下降为2012年的6.04%。

在资源和环境约束不断加大的形势下，应努力提高云南采掘业的资源利用效率，努力提高劳动生产率。

二　采掘业的产业关联性强

采掘业作为国民经济的基础产业，与其他产业关系紧密，云南省的采掘业在国民经济中的地位更显重要，感应度系数不但大且不断提高，影响力系数也超过1。采掘业的发展对冶金工业和非金属矿制品业的需求感应程度最高，其次对石油和化工业、机械工业、建筑业、电力工业等的需求感应程度也较高。而云南采掘业对石油和化工业、冶金业、通用和专用设备制造业、电力工业的生产波及程度较高，影响较大。

其中：煤炭采选业的感应度系数最高，从2002年的1.97提高到2010年的2.11，对石油加工业、炼焦及核燃料加工业、燃气生产和供应业的需求感应程度最强，对非金属矿物制品业、电力工业、交通运输及仓储业等产业的需求感应程度也较强。煤炭工业的影响力系数也较高，超过了社会平均影响力水平，从2002年的1.27下降为2010年的1.02，云南煤炭工业产生的生产波及影响相对较大的产业是交通运输及仓储业、电力工业、通用和专用设备制造业等产业。

金属矿采选业作为基础工业也具有较强的产业关联性，感应度系数和影响力系数都大于1，而且感应度系数在提高，从2002年的1.09提高到2007年的1.39，再提高到2010年的1.49，反映出云南产业发展对金属矿采选业的需求程度在提高，其中对金属矿采选业需求程度最高的产业依次是金属冶炼及压延加工业、金属制品业、工艺品及其他制造业、电气机械及器材制造业、建筑业、通用和专用设备制造业等。从对其他产业的生产波及程度看，云南省金属矿采选业的影响力系数2002年为1.15，2007年为1.17，2010年为1.11，都超过1。金属矿采选业的发展，对交通运输及仓储业、通用和专用设备制造业、化学工业、金属冶炼及压延加工业、批发和零售业、电力工业等产业的生产波及程度较大。

非金属矿及其他矿采选业的影响力系数大但感应度系数小，与其他产业的关联性主要体现在对其他产业的带动发展上，感应度系数小于1，2002年为0.593，2007年为0.635，2010年为0.583，对非金属矿制品业、化学工业、建筑业、工艺品及其他制造业的需求感应程度较大。从影响力系数看，云南省的非金属矿及其他矿采选业对其他产业的带动性较强，从2002年的1.119提高到2007年的1.656，2010年为1.150，对交通运输及仓储业的带动最强，对石油加工、炼焦及核燃料加工业、金属冶炼及压延加工业、批发和零售业、通用和专用设备制造业、煤炭开采和洗选业、化学工业、交通运输设备制造业的带动性也较强。因此，在尽量减少生态环境影响的前提下，加快非金属矿采选业发展是云南产业结构调整优化的重要举措之一。

三　矿产资源调入还将不断扩大

采掘业是云南省净调入的主要产业之一，2000 年以来，云南省的矿产资源调出虽然也在增加，但增加缓慢，而调入规模则快速扩大，从 2002 年的 25.96 亿元扩大到 2007 年的 575.95 亿元，2010 年又扩大到 626.71 亿元，采掘业净调入从 2002 年的 24.36 亿元扩大到 2010 年的 605.79 亿元。矿产资源成为目前云南省净调入的主要产业之一，2010 年采掘业的调出只占当年全部调出规模的 0.7%，但调入占当年总调入规模的 10.9%，而净调入占当年全部产业净调入的 23.1%（见表 3 – 20）。

表 3 – 20　云南省 1997 ~ 2010 年采掘业的调出与调入

单位：亿元，%

采掘业合计	调出	调入	净调入
1997 年	4.45	27.51	23.07
2000 年	1.44	42.86	41.42
2002 年	1.59	25.96	24.36
2007 年	14.23	575.95	561.72
2010 年	20.92	626.71	605.79
2010 年采掘业占比	0.66	10.86	23.11

资料来源：根据《云南省投入产出表》计算。

由于采掘业的基础产业特性，产品调入后主要作为中间投入品进入生产环节。调入对经济的贡献相对较高。通过拆分省内产品和调入产品的《云南省投入产出表》进行计算，发现采掘业的调出和调入对产业增加值的贡献率都很高。在最终需求中，调出贡献高，说明采掘业的消费贡献和投资贡献相对较小。调出对云南采掘业增加值的贡献从 2002 年的 25.5% 提高到 2007 年的 62.5%，2010 年虽然有所下降，也仍然高达 43.1%。

调入对产业增加值的贡献以间接贡献反映，经过测算，调入对云南采掘业增加值的贡献从 2002 年的 31.4% 提高到 2007 年的 39.1%，2010 年回落到 35.5%。随着云南矿产资源开采难度的增加，未来矿产资源的调入规模还将不断扩大，调入的贡献率还会上升。

在采掘业内部，调出规模最大的是煤炭采选业，调入规模最大的是金属矿采选业。

云南省煤炭资源丰富，煤炭采选业曾经是云南工业中的重点行业。作为基础工业，煤炭采选业主要作为中间产品投入生产过程中，因此，调出和调入对增加值的贡献率都比较高（见表 3 - 21）。但云南省的煤炭资源具有分布相对较散、小煤矿居多等特点，在国家产业政策中处于被限制、被压缩的局面，未来云南省的煤炭采选业调入规模会不断扩大，调出规模增加有限。

表 3 - 21　云南省 1997 ~ 2010 年煤炭采选业的调出与调入

单位：亿元，%

煤炭采选业	调出规模	调入规模	净调入	调出贡献	调入贡献
1997 年	0.63	11.37	10.74		
2000 年	0.20	24.45	24.25		
2002 年	0.45	23.63	23.19	24.4	42.4
2007 年	3.30	82.51	79.21	42.1	34.0
2010 年	12.48	66.20	53.73	30.3	31.3

资料来源：根据《云南省投入产出表》计算。

由于云南没有石油和天然气资源，所以云南省的石油和天然气开采业是净调入，没有增加值，随着云南城乡居民汽车拥有量的增加，石油需求呈刚性增长，石油调入规模还将不断加大。

随着云南省金属矿产资源开采的深入，富矿越来越少，复杂难选矿成为主体，金属矿的调入规模快速扩大，成为云南省调入规模最大的重点产业之一，2010 年的调入规模达到 514.87 亿元。金属矿采选业作为国民经济的基础产业，外部需求对产业增加值的贡献很大，如 2007 年高达 73.9%。金属矿调入对产业增加值的间接贡献率在 40% 左右（见表3 - 22）。随着云南冶金工业的发展，未来金属矿的调入规模还将不断扩大。

云南省的非金属矿产资源也十分丰富，但开发利用程度不高，近年来的调出和调入规模也在不断上升，2010 年调入规模上升到 34.38 亿元，非金属矿调出对产业增加值的贡献最高的是 2007 年，为 35.8%，而非金属矿的调入对产业增加值的间接贡献率 2010 年达到 44.4%（见表 3 - 23）。在保护好生态环境的前提下，适度加快发展非金属矿采选业，是云南产业结构调整优化的重点之一。

表 3 - 22　云南省 1997 ~ 2010 年金属矿采选业的调出与调入

单位：亿元，%

金属矿采选业	调出	调入	净调入	调出贡献	调入贡献
1997 年	0.70	1.77	1.07		
2000 年	0.41	2.21	1.80		
2002 年	0.49	1.78	1.29	43.8	30.2
2007 年	7.17	471.34	464.16	73.9	44.0
2010 年	4.37	514.87	510.50	56.6	39.5

资料来源：根据《云南省投入产出表》计算。

表 3 - 23　云南省 1997 ~ 2010 年非金属矿采选业的调出与调入

单位：亿元，%

非金属矿采选业	调出	调入	净调入	调出贡献	调入贡献
1997 年	3.12	7.13	4.01		
2000 年	0.83	6.84	6.01		
2002 年	0.65	0.46	- 0.19	12.8	33.0
2007 年	3.75	15.88	12.12	35.8	43.2
2010 年	4.07	34.38	30.31	15.5	44.4

资料来源：根据《云南省投入产出表》计算。

四　最终需求对采掘业的拉动作用小

采掘业作为基础工业，各项最终需求对采掘业的生产诱发系数都不高，投资需求的影响相对较高，2002 年固定资本形成总额对采掘业的生产波及效果相对较大，2007 年则出现了负值，各项最终需求对采掘业的生产都没有显著影响，2010 年则是存货增加对采掘业的生产诱发系数相对较大（见表 3 - 24）。从依赖度系数看，2002 年采掘业对固定资本形成总额的依赖度最高，为 0.606，2010 年对存货投资和调出需求的依赖程度较高，为 0.154 和 0.158。

表 3 - 24　云南省各项最终需求对采掘业的生产诱发系数

	农村居民消费	城镇居民消费	居民消费	政府消费	最终消费	固定资本形成总额	存货增加	资本形成总额	调出	最终使用
2002 年	0.035	0.016	0.028	0.008	0.021	0.089	- 0.676	0.039	0.038	0.031
2007 年	- 0.023	- 0.020	- 0.021	- 0.003	- 0.016	- 0.067	- 0.538	- 0.076	- 0.146	- 0.080
2010 年	0.015	0.008	0.010	0.002	0.008	0.015	0.106	0.021	0.038	0.021

资料来源：根据《云南省投入产出表》计算。

其中：各项最终需求对煤炭采选业的生产诱发系数 2002 年为负值，2007 年也基本是负值，2010 年虽然是正值，但诱发系数很低，投资需求的影响相对较高。各项最终需求对金属矿采选业的生产诱发系数很低，2002 年为正值但是很低，2007 年和 2010 年基本是负值，各项最终需求拉动的是省外的金属矿采选业。各项最终需求对非金属矿及其他矿采选业的生产诱发系数也很小（见表 3 - 25）。

表 3 - 25　2010 年云南省各项最终需求对采掘业内部行业的生产诱发系数

项目	农村居民消费	城镇居民消费	居民消费	政府消费	最终消费	固定资本形成总额	存货增加	资本形成总额	调出	最终使用
煤炭开采和洗选业	0.030	0.019	0.023	0.001	0.016	0.011	0.048	0.013	0.021	0.016
石油和天然气开采业	0.001	0.001	0.001	0.001	0.001	0.000	0.002	0.001	0.001	0.001
金属矿采选业	- 0.002	- 0.002	- 0.002	0.001	- 0.001	- 0.027	- 0.016	- 0.027	- 0.083	- 0.032
非金属矿及其他矿采选业	0.003	0.003	0.003	0.001	0.002	0.007	0.028	0.008	0.003	0.005

资料来源：根据《云南省投入产出表》计算。

五　对策建议

随着富矿的减少和复杂难选矿的增加，满足产业链后端的矿产越来越少，要通过内涵建设和外延扩张两条途径稳步发展采掘业，为后端产业发展提供支撑。

1. 加强矿山建设

虽然云南省的采掘业技术较为先进，但仍然要不断推进技术创新，以达到充分利用贫矿、复杂难选矿、伴生矿进行稀有物质提取的目的，加强废水、废气、固体废弃物的循环利用，加强尾矿的开发利用，切实提高资源利用效率；创新矿山管理，努力降低管理成本、财务成本；加强矿山安全建设，排除安全生产隐患，降低安全事故发生率；对高污染、有害工人健康的生产环节，努力实现机械化全覆盖；对技术落后、存在安全隐患的采掘企业，坚决关停；加强矿山生态建设，对采空区、塌陷区、地表裸露区实施生态修复工程；加强矿山道路建设，努力减少矿山交通事故。

2. 强化地质勘探，加大找矿力度

据有关资料显示，云南省所处地域成矿条件好，发源于西藏和青海省的怒江、澜沧江、金沙江，流经西藏后在横断山区并流南下进入云南西北，被称为"三江并流地区"。三条大江上游流经的西藏东部、四川西部部分地区以及云南省西北部北纬 25 度 20 分以北地区，由于复杂的地质构造活动，具有良好的金属矿物生成条件，地质学家称之为"三江成矿带"，是全国三个固体矿产重点勘查片之一。云南省地质工作者向南推进至少 400 多公里，把"三江成矿带"扩展到中越、中老、中缅边境，在红河、元江以西的澜沧江、怒江中下游广大地区，找到了一批大型、超大型的多种金属矿。而其他地区的成矿条件也比较好，但地质矿藏勘查严重不足。要加大地质勘探找矿工作力度，加大投入，加强成矿理论研究和技术创新，深入挖掘矿藏资源潜力。

3. 进一步扩大对外投资

周边国家虽然矿产资源也很丰富，但已开始控制原矿石出口，改为吸引外来投资办厂开发矿业，云南省实力较强的矿产资源开采企业也已陆续到国外投资从事矿产资源的勘探和采掘工作。应进一步推进云南省的采掘业企业到周边国家投资。外事部门和信息服务机构要为云南省的矿业企业对外投资提供良好的服务，切实解决企业在国外投资办厂过程中遇到的困难，避免企业在国外的投资因政策风险、汇率风险、信息不足而造成损失。

第七节　以技术创新为核心加快石油与化工工业发展

石油与化工产业是现代国民经济体系中必不可少的基础工业，产业门类众多，包括石油加工及炼焦业、基本化学原料制造业、化学肥料制造业、日用化学产品制造业、医药制造业、化学纤维制造业、橡胶制品业、塑料制造业等。云南省的石油加工与化学工业近年来得到较快发展，但在国民经济中的地位不高，2012 年工业增加值为 340.56 亿元，占当年全省生产总值的 9.87%。石油加工与化学工业是产业关联度高的产业，感应度系数高达 2.3 以上，很多产业对石油加工与化学工业都有很强的需求，其影响力系数也超过 1，对其他产业的带动能力较强。石油加工与化学工业受各项最终需求的影响程度不高，扩大内需对石油加工与化学工业的作用很有限。由于省内生产不足，石油加工与化学工业属于云南省主要的净调入部门之一，净调入规模占全省净调入的8%以上，其中云南省没有资源优势的石油加工业的净调入规模不断扩大，而云南省有资源优势的医药制造业、橡胶制品业也由于产业规模小，不能适应省内需求而有不小的净调入规模，调入对产业增加值的贡献率也比较高。石油加工与化学工业的产业属性决定了产业发展有较强的环境影响，在努力降低环境污染、不断提高科技水平的基础上，加快发展石油加工与化学工业，是云南省调整优化经济结构、保持经济持续稳定发展的重要举措，尤其要加快发展云南省具有很强的产业带动性和需求感应度的合成材料制造业，云南省有资源优势和研发优势的医药制造业以及云南省有资源优势的橡胶制品业。

一　产业地位不断提高

云南省的石油加工与化学工业近年来也获得了快速发展，工业增加值从2000年的39.64亿元提高到2012年的340.56亿元，工业总产值从2000年的128.44亿元提高到2012年的1440.81亿元，从业人员从12.11万人提高到2012年的14.1万人（见表3-26）。产业地位也不断提高，工业增加值占当年全部工业增加值的比重从2000年的7.46%提高到2012年9.87%，占全省生产总值的比重从2000年的2.03%提高到2012年的3.30%。

表3-26　云南省石油加工与化学工业内部行业2000年以来的产业发展态势

单位：亿元，万人

行业	2000年			2012年		
	总产值	增加值	从业人员	总产值	增加值	从业人员
石油加工及炼焦业	1.26	0.44	0.21	252.36	46.81	1.73
化学原料及化学制品	91.13	23.29	9.02	846.44	202.21	8.22
医药制造业	26.05	10.13	1.36	219.02	73.89	2.32
化学纤维制造业	4.25	1.58	0.04	13.2	4.56	0.04
橡胶制品业	4.68	1.17	0.78	109.79	13.09	1.79
塑料制造业	1.07	3.03	0.70			
合　计	128.44	39.64	12.11	1440.81	340.56	14.1

资料来源：《云南省统计年鉴》。

2000年以来，云南省的石油加工与化学工业的产业素质不断提高，其中：石油加工及炼焦业的劳动生产率从2000年的6万元/人提高到2011年的143.52万元/人，提高了近23倍；化学原料及化学制品业从10.1万元/人提高到97.03万元/人，提高了近9倍；化学纤维制造业从106.25万元/

人提高到 424.67 万元/人，提高了近 3 倍；医药制造业从 19.15 万元/人提高到 84.51 万元/人，提高了 3 倍多（见图 3-9）。

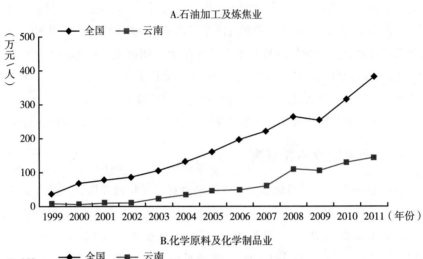

A.石油加工及炼焦业

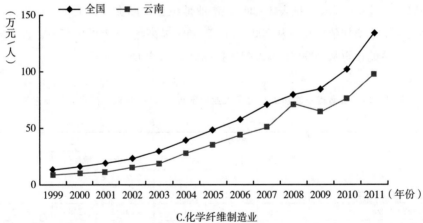

B.化学原料及化学制品业

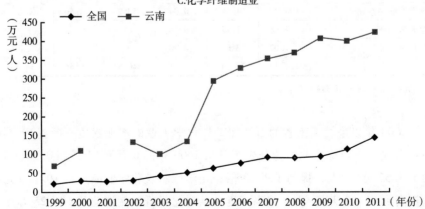

C.化学纤维制造业

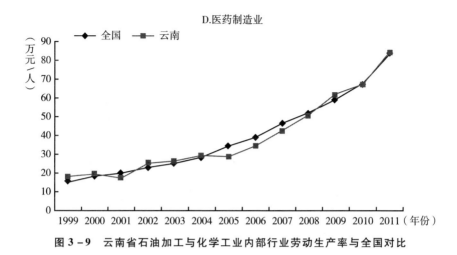

图 3 - 9　云南省石油加工与化学工业内部行业劳动生产率与全国对比

二　产业门类多，产业关联性强

石油加工与化学工业是产业关联度比较高的产业，作为基础工业，其感应度系数很高，2002 年为 2.311，2007 年为 2.364，2010 年为 2.354，高达 2.3 的感应度系数，反映了对很多产业都有很强的需求感应（细分行业数据见表 3 - 27）。

表 3 - 27　云南省石油加工与化学工业内部细分行业的感应度系数

1997 年	感应度系数	2002 年	感应度系数	2007 年	感应度系数
石油加工业	2.176	石油及核燃料加工业	3.745	石油及核燃料加工业	4.204
炼焦业	0.768	炼焦业	1.208	炼焦业	1.769
基本化学原料制造业	3.800	基础化学原料制造业	1.032	基础化学原料制造	1.850
化学肥料制造业	1.315	肥料制造业	0.960	肥料制造业	1.466
化学农药制造业	0.622	农药制造业	0.515	农药制造业	0.915
有机化学产品制造业	0.916	涂料、颜料、油墨及类似产品制造业	0.843	涂料、油墨、颜料及类似产品制造业	0.923
—	—	合成材料制造业	1.195	合成材料制造业	1.047
其他化学产品制造业	2.081	专用化学产品制造业	1.478	专用化学产品制造业	1.664
日用化学产品制造业	0.909	日用化学产品制造业	0.696	日用化学产品制造业	0.921
医药制造业	0.509	医药制造业	0.635	医药制造业	0.682
化学纤维制造业	1.128	化学纤维制造业	0.453	化学纤维制造业	0.574
橡胶制品业	1.012	橡胶制品业	0.817	橡胶制品业	0.700
塑料制品业	1.739	塑料制品业	1.369	塑料制品业	1.488

资料来源：根据《云南省投入产出表》计算。

同时，云南省石油加工与化学工业的影响力系数也大于1，2002年为1.145，2007年为1.181，2010年为1.187，说明石油加工与化学工业对其他产业的生产波及效应与产业带动能力很强（细分行业数据见表3-28）。

表3-28 云南省石油加工与化学工业内部细分行业的影响力系数

1997年	影响力系数	2002年	影响力系数	2007年	影响力系数
石油加工业	1.101	石油及核燃料加工业	1.104	石油及核燃料加工业	0.411
炼焦业	1.139	炼焦业	1.225	炼焦业	1.145
基本化学原料制造业	1.260	基础化学原料制造业	1.109	基础化学原料制造	1.229
化学肥料制造业	1.210	肥料制造业	1.274	肥料制造	1.190
化学农药制造业	1.291	农药制造业	1.072	农药制造业	1.273
有机化学产品制造业	1.304	涂料、颜料、油墨及类似产品制造业	1.133	涂料、油墨、颜料及类似产品制造业	0.983
—	—	合成材料制造业	1.044	合成材料制造业	1.233
其他化学产品制造业	1.106	专用化学产品制造业	0.882	专用化学产品制造业	1.085
日用化学产品制造业	1.202	日用化学产品制造业	1.309	日用化学产品制造业	1.200
医药制造业	0.988	医药制造业	0.866	医药制造业	1.104
化学纤维制造业	1.217	化学纤维制造业	1.035	化学纤维制造业	1.289
橡胶制品业	1.072	橡胶制品业	0.861	橡胶制品业	1.018
塑料制品业	1.302	塑料制品业	1.173	塑料制品业	1.288

资料来源：根据《云南省投入产出表》计算。

在内部行业中，石油加工业的感应度系数最高，从1997年的2.176提高到2007年的4.204，反映出各行业对石油产品的需求快速增加。其中，石油加工业对各行业的需求感应强度依次是：航空运输业（0.405）、城市公共交通业（0.341）、道路运输业（0.325）、旅游业（0.251）、装卸搬运和其他运输服务业（0.233）、水上运输业（0.220）、邮政业（0.175）、其他建筑业（0.143）、非金属矿及其他矿采选业（0.136）、石墨及其他非金属矿物制品制造业（0.116）、房屋和土木工程建筑业（0.115）、商务服务业（0.112）、家具制造业（0.103）等，此外，石油加工业对其他众多行业的需求感应也都比较强。

基本化学原料制造业是支撑很多工业发展的基本原料，感应度系数1997年高达3.800，2002年下降为1.032，2007年又提高到1.850。其中，基本化学原料制造业需求感应强度最高的行业是化学纤维制造业，高达

0.581，其次是合成材料制造业，高达 0.400，较高的还有肥料制造业
（0.141）、玻璃及玻璃制品制造业（0.131）、日用化学产品制造业
（0.131）、塑料制品业（0.130）。同时，云南省的基本化学原料制造业对
其他产业的带动能力也比较强，影响力系数达到 1.229，影响较大的产业
依次是：电力工业（0.274）、批发业（0.118）、道路运输业（0.112）、煤
炭开采和洗选业（0.111）、有色金属矿采选业（0.084）。

肥料制造业是支撑农业生产的重要基础产业，其感应度系数达到
1.466，其中，肥料制造业需求感应程度较高的产业依次是：种植业
（0.176），仓储业（0.114），植物油加工业（0.110），麻纺织、丝绢纺织
及精加工业（0.105），谷物磨制业（0.104）。同时，肥料制造业还是对其
他产业带动能力较强的产业，影响力系数超过 1，2007 年为 1.190。肥料
制造业带动生产较强的产业依次是电力工业（0.151）、基础化学原料制造
业（0.141）、批发业（0.109）、道路运输业（0.104）、煤炭开采和洗选业
（0.095）、石油及核燃料加工业（0.071）、炼焦业（0.071）等。

农药制造业的影响力系数大于感应度系数，影响力系数达到 1.273，
感应度系数为 0.915。因此，发展农药制造业有利于对其他产业的带动，
影响较大的产业依次是塑料制品业（0.149）、造纸及纸制品业（0.124）、
批发业（0.122）、电力工业（0.076）、专用化学产品制造业（0.070）、专
业技术服务业（0.063）等。从感应度来说，主要对仓储业、种植业、林
业等的需求感应较强。

合成材料制造业是产业链较长的新兴产业，云南省合成材料制造业的
感应度系数和影响力系数都大于 1，既对其他产业有较强的需求感应，也
对其他产业有较强的带动性。从感应度看，合成材料制造业具有较强需求
感应的产业依次是：塑料制品业（0.315），电线、电缆、光缆及电工器材
制造业（0.108），其他交通运输设备制造业（0.076），橡胶制品业
（0.072），农药制造业（0.041），玻璃及玻璃制品制造业（0.026）等。合
成材料制造业带动的产业门类多，带动能力强，生产波及效应较强的产业
依次是：基础化学原料制造业（0.400）、电力工业（0.215）、煤炭开采和
洗选业（0.152）、批发业（0.127）、道路运输业（0.101）、炼焦业
（0.094）、石油及核燃料加工业（0.066）、专用化学产品制造业（0.039）、
有色金属矿采选业（0.035）。

日用化学产品制造业属于日用消费品工业，影响力系数大于 1，1997

年为 1.202, 2002 年为 1.309, 2007 年为 1.200, 日用化学产品制造业对其他产业的带动能力比较强; 虽然感应度系数小于 1, 但也接近于 1, 2007 年为 0.921, 对相关产业的需求感应程度也比较高。从影响力系数看, 日用化学产品制造业有较强生产波及效应的产业是: 基础化学原料制造业 (0.130)、批发业 (0.119)、畜牧业 (0.097)、电力工业 (0.084)、道路运输业 (0.064)、林业 (0.056)、种植业 (0.049)、石油及核燃料加工业 (0.046)、煤炭开采和洗选业 (0.045)、塑料制品业 (0.044)、商务服务业 (0.037) 等。从感应度看, 日用化学产品制造业有较强需求感应程度的产业是: 其他服务业 (0.150), 住宿业 (0.059), 陶瓷制品制造业 (0.018), 居民服务业 (0.017), 皮革、毛皮、羽毛 (绒) 及其制品业 (0.016), 玻璃及玻璃制品制造业 (0.016), 橡胶制品业 (0.015), 旅游业 (0.014), 保险业 (0.014) 等。

医药制造业主要不是作为中间投入品而是作为最终消费品, 所以其影响力系数相对较高, 而感应度系数相对较低。医药制造业对其他产业的带动能力较强, 医药制造业有较强生产波及效应的产业是: 商务服务业 (0.216)、电信和其他信息传输服务 (0.110)、种植业 (0.100) 批发业 (0.076)、电力工业 (0.062)、石油及核燃料加工 (0.060)、道路运输业 (0.052)。医药制造业有较强需求感应程度的部门是: 卫生 (0.212)、农林牧渔服务业 (0.055)、文化艺术业 (0.016)、橡胶制品业 (0.010)、公共管理和社会组织 (0.008)、研究与试验发展业 (0.008) 等。

化学纤维制造业影响力系数高, 1997 年为 1.217, 2002 年为 1.035, 2007 年为 1.289, 但感应度系数比较小, 只有 0.574。说明云南省的化学纤维制造业产业带动能力强, 而对其他产业的需求感应弱。从影响力系数看, 化学纤维制造业的生产波及效应最强的是基础化学原料制造业, 波及效应强度高达 0.581, 生产波及效应较强的其他产业主要是: 电力工业 (0.158)、煤炭开采和洗选业 (0.137)、批发业 (0.131)、道路运输业 (0.091)、石油及核燃料加工业 (0.062) 等。由于感应度系数低, 化学纤维制造业有较强需求感应的产业几乎没有, 最高的毛纺织和染整精加工业也只有 0.045 的强度, 其次是水泥及石膏制品制造业只有 0.033 的感应强度。

云南省是我国重要的橡胶种植基地, 但深加工严重不足, 橡胶制品业产业规模小, 发展严重滞后。云南省的橡胶制品业影响力系数相对较高, 超过 1, 为 1.018, 而感应度系数较低, 只有 0.700。橡胶制品业生产波及效应较强的产业部门众多，主要是：棉、化纤纺织及印染精加工业（0.107），废品废料业（0.104），电力工业（0.092），林业（0.092），合成材料制造业（0.073），批发业（0.072），农林牧渔服务业（0.071），道路运输业（0.070），基础化学原料制造业（0.051），石油及核燃料加工业（0.045），煤炭开采和洗选业（0.041），种植业（0.041），专用化学产品制造业（0.031），卫生（0.029）等。云南省的橡胶制品业有较强需求感应的产业不多，主要有农林牧渔专用机械制造业（0.046）、汽车制造业（0.039）、输配电及控制设备制造业（0.028）、仪器仪表制造业（0.021）、其他通用设备制造业（0.018）、道路运输业（0.0175）等。可以看出，由于云南省的橡胶制品业产业弱小，产品种类少，对汽车制造业等产业的需求感应强度较低。因此，加快发展云南省的橡胶制品业，能带动云南众多产业发展，也将增强对汽车制造、机械制造等产业的支撑力。

塑料制品业是产业关联度很高的产业，其影响力系数和感应度系数都大于1，1997 年云南省的塑料制品业的影响力系数为 1.302，2002 年为 1.173，2007 年为 1.288。从影响力系数看，云南省的塑料制品业对合成材料制造业的生产波及效应最强，影响程度是 0.315，其他生产波及效应较强的产业有：电力、热力的生产和供应业（0.182），专用化学产品制造业（0.169），基础化学原料制造业（0.129），批发业（0.127），道路运输业（0.107）等。云南省的塑料制品业对其他交通运输设备制造业有很高的需求感应强度（0.280），需求感应强度较高的其他产业还有：农药制造业（0.149），其他食品制造业（0.078），方便食品制造业（0.072），软饮料及精制茶加工业（0.057），调味品、发酵制品制造业（0.055），水泥及石膏制品制造业（0.052），电线、电缆、光缆及电工器材制造业（0.051）等。

从反映产业关联度的影响力系数和感应度系数看，石油加工与化学工业是国民经济体系中不可缺少的重要产业，内含众多重要的基础产业，也包含许多与人们生活紧密相关的消费品工业，从壮大云南产业经济规模的角度看，必须大力发展石油加工和化学工业，尤其是云南省具有资源优势的橡胶制品业和医药制造业。

三　产业不能满足省内需求，调入规模不断扩大

石油加工与化学工业是云南省净调入规模较大的产业门类，由于调入规模不断扩大，净调入持续增加，从 2002 年的 171.58 亿元提高到 2007 年

的 303 亿元，2010 年有所下降，为 220.09 亿元，占当年全省净调入的 8.40%。调出对产业增加值的贡献率 2010 年为 28.63%，调入对产业增加值的间接贡献率很高，2002 年为 31.75%，2007 年为 42.41%，2010 年为 38.96%（见表 3 - 29）。

表 3 - 29　云南省石油加工与化学工业的调入、调出及贡献率

单位：亿元

石油化工	调出	调入	净调入	调出贡献	调入贡献
2002 年	39.99	211.58	171.58	24.12	31.75
2007 年	191.16	494.16	303.00	43.43	42.41
2010 年	124.00	344.08	220.09	28.63	38.96

资料来源：根据《云南省投入产出表》计算。

其中：净调入规模最大的为石油及核燃料加工业，2007 年净调入 299.30 亿元，其次是医药制造业，净调入 30.38 亿元（见表 3 - 30）。由于云南没有原油，不可能发展石油加工业，随着城乡居民消费水平的提高，尤其是汽车消费的加快，石油加工业的净调入规模不断扩大是必然的，随着进口原油从中缅输油管道进入云南和云南省石油炼化项目的实施，未来石油加工业净调入的问题会有所缓解。而医药制造业净调入规模的不断扩大，说明云南省的医药制造业难以满足省内城乡居民医疗保健对药品的需求，加快云南省的医药制造业发展已成为云南产业调整升级的重中之重。另外，农药制造业、橡胶制品业等云南具有生物资源基础的产业，也必须加快发展，不断降低净调入规模，而且还应通过加快发展，提升对外竞争力，扩大调出规模，为云南经济持续稳定发展做出贡献。

表 3 - 30　云南省 2007 年石油加工与化学工业内部细分行业的调出与调入情况

单位：万元

行业	出口	销往国内省外	调出合计	进口	国内省外购进	调入合计	净调入
石油及核燃料加工业	0	0	0	54239	2938739	2992978	2992978
医药制造业	20665	300222	320887	11897	612799	624696	303809
涂料、油墨、颜料及类似产品制造业	0	19764	19764	44	227718	227762	207998
日用化学产品制造业	833	32156	32989	25	233928	233953	200964

续表

行业	出口	销往国内省外	调出合计	进口	国内省外购进	调入合计	净调入
专用化学产品制造业	9207	56870	66077	14297	231077	245374	179297
农药制造业	804	1485	2289	0	143645	143645	141356
塑料制品业	0	6951	6951	3679	135706	139385	132434
橡胶制品业	0	23031	23031	77491	45182	122673	99642
化学纤维制造业	0	0	0	13793	83895	97688	97688
合成材料制造业	58	56884	56942	3	3028	3031	- 53911
炼焦业	0	198557	198557	0	25207	25207	- 173350
基础化学原料制造业	58292	510937	569229	30031	24287	54318	- 514911
肥料制造业	243562	371348	614910	11841	19069	30910	- 584000

资料来源：根据《云南省投入产出表》计算。

从调入对产业增加值的贡献看，农药制造业调入是对产业增加值间接贡献率最高的产业，2007 年的贡献率高达 56.3%，其次是炼焦业调入对产业增加值的贡献率为 44.6%，日用化学产品制造业调入对产业增加值的贡献率是 42.2%，塑料制品业调入对产业增加值的贡献率是 38.3%，化学纤维制造业调入对产业增加值的贡献率是 37.1%（见图 3 - 10）。

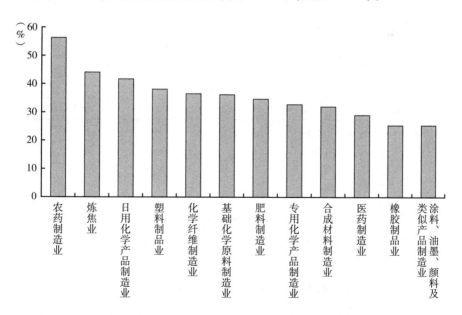

图 3 - 10　云南省化学工业内部行业调入对产业增加值的贡献率

四 各项最终需求对产业发展有促进作用

由于石油加工与化学工业以中间产品的生产为主，所以各项最终需求对云南省石油加工与化学工业的生产诱发系数并不高，但在不断上升。增加一个单位的农村居民消费需求，对石油加工与化学工业的生产诱发从 2002 年的 0.068 单位生产额提高到 2010 年的 0.099 个单位的生产额，城镇消费需求对石油加工与化学工业的生产诱发系数从 0.037 提高到 0.124，政府消费支出对石油加工与化学工业的生产诱发系数从 0.022 提高到 0.056，存货增加对石油加工与化学工业的生产诱发系数最高，2002 年为 0.299，2007 年上升为 0.373，2010 年下降为 0.173，固定资本形成总额对石油加工与化学工业的生产诱发系数从 0.021 提高到 0.046，调出对石油加工与化学工业的生产诱发系数从 0.060 提高到 0.098（见表 3 – 31）。

表 3 – 31　云南省各项最终需求对石油加工与化学工业的生产诱发系数和依赖度系数

系数	年份	农村居民消费	城镇居民消费	居民消费小计	政府消费支出	最终消费合计	固定资本形成总额	存货增加	资本形成总额合计	调出	最终使用合计
生产诱发系数	2002	0.068	0.037	0.056	0.022	0.045	0.021	0.299	0.039	0.060	0.047
	2007	0.067	0.081	0.075	0.020	0.059	0.016	0.373	0.023	0.082	0.056
	2010	0.099	0.124	0.115	0.056	0.098	0.046	0.173	0.054	0.098	0.079
依赖度系数	2002	0.172	0.055	0.226	0.043	0.269	0.070	0.068	0.138	0.207	0.614
	2007	0.081	0.156	0.238	0.027	0.265	0.066	0.029	0.094	0.384	0.743
	2010	0.089	0.207	0.296	0.056	0.352	0.199	0.053	0.251	0.258	0.861

资料来源：根据《云南省投入产出表》计算。

五 对策建议

石油加工与化学工业的产业属性决定了产业发展受环境的影响较强，在努力降低环境污染、不断提高科技进步的基础上，加快发展石油加工与化学工业，是云南省调整优化经济结构、保持经济持续稳定发展的重要举措，尤其要加快发展具有很强的产业带动性和需求感应度的合成材料制造业、云南省有资源优势和研发优势的医药制造业以及云南省有资源优势的橡胶制品业。

1. 引进国内外最先进的技术和设备发展石油加工业

中缅油气管道为缺油而需求又不断增加的云南石化产品生产提供了空间，但随着人们生活水平的提高，在对石化产品需求不断扩大的同时对环境控制的要求也不断增强。云南现在发展石化产业具有后发优势，这种后发优势就是能够引进国内外最先进的技术和设备，将环境污染控制在最小范围内。要以最高环境标准来规范和约束石油加工企业的生产行为，实现云南石化工业的资源节约与环境友好，以降低环境影响为目标，加快推进石化新产品开发和产业技术创新。

2. 把握大健康时代的趋势和特征，加快发展医药制造业

人类进入大健康时代，对医药产品、健康产品、保健产品的需求不断增加。要发挥云南省的医药资源优势和研发优势，大力推进技术创新，加快成果转化。要着力扶持发展生物技术创新药的生产，鼓励发展生物仿制药，大力推进中药标准化。要在企业家培训、医药人才培养、人力资源培训等方面做好服务。为医药企业搭建宣传和营销平台，规范药品流通企业，减少流通环节，帮助企业建立直销网络。

3. 努力发展橡胶制品业

云南省是天然橡胶种植大省，但橡胶制品需要大量从省外调入，沦为原材料基地。改变这种格局的根本出路在于引进国内外技术先进、管理高效的橡胶制品生产企业，高起点发展云南省的橡胶制品业。合成橡胶向天然橡胶回归和老挝北部、缅甸北部地区种植的橡胶进入收割期，为云南发展橡胶制品业创造了条件。可鼓励和支持这些橡胶生产企业延伸产业链，在边境经济合作区内投资发展橡胶制品业。

4. 发挥生物资源优势，扶持发展生物肥料、生物农药制造业

加快推进云南省生物农药、生物肥料的产业化。给予中小企业融资、服务等方面的支持。

5. 跟踪新兴科技，着力推进化学纤维、化学原料等化学制品业的产品创新

化学产品种类多，经济社会生产生活的需求量大，但环境影响也较为突出。必须跟踪国内外最新科技，有选择性地引进环境影响最小的化学产品生产技术，高起点发展。鼓励和支撑化工企业开展新产品研发，逐步淘汰对环境影响大的传统产品。加快推进生物化工产品对石油化工、煤化工产品的替代。

第八节 在保护好环境的同时加快
非金属矿物制品业发展

非金属矿物制品是住房、基础设施建设、日用消费生产等领域重要的生产性原材料，产业门类众多，可进一步划分为水泥、石灰和石膏制造业，水泥及石膏制品制造业，砖瓦、石材及其他建筑材料制造业，玻璃及玻璃制品制造业，陶瓷制品制造业，耐火材料制品制造业，石墨及其他非金属矿物制品制造业。近年来，云南省的非金属矿物制品业获得了较快发展，但产业规模还很小，在全省国民经济中的地位不高，不能满足省内生产生活的需求。非金属矿物制品的影响力系数大，感应度系数小，所能带动的产业相对较为集中。各项最终需求对非金属矿物制品业的生产诱发系数不高，扩大内需对云南省非金属矿物制品业的拉动作用有限。云南省的非金属矿物制品业调入规模相对较小，但近年来不断扩大，调入对产业增加值的贡献率高。扩大内需的举措会拉动省外非金属矿物制品业的发展。云南省具有丰富的非金属矿物资源，在保护好生态环境的同时，加快云南省的非金属矿物制品业发展，是保证国民经济持续稳定发展的重要举措之一。

一 产业发展层次低

随着城市化进程的加快和交通等基础设施建设的推进，云南省的非金属矿物制品业得到快速发展，工业增加值从 2000 年的 16.75 亿元提高到 2012 年的 98.82 亿元，工业总产值从 42.48 亿元提高到 359.75 亿元，从业人员从 6.82 万人下降到 5.9 万人。随着产业规模的扩大，产业素质也进一步提高，劳动生产率从 2000 年的 6.35 万元/人提高到 2011 年的 54.83 万元/人（见图 3 - 11）。虽然产业发展较快，但产业规模仍然太小，在全省工业增加值中的比重从 2000 年的 3.15% 下降为 2012 年的 2.86%。云南省非金属矿物资源丰富，但开发程度还比较低，产业还有较大的发展空间。

二 产业带动能力强

云南省的非金属矿物制品业具有较强的产业关联性，其影响力系数大于 1，对其他产业的带动能力有所增强，影响力系数从 2002 年的 1.133 提

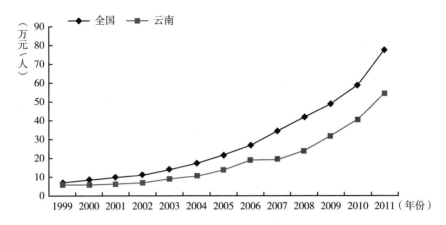

图 3 – 11　云南省非金属矿物制品业劳动生产率与全国对比

高到 2007 年的 1.209，2010 年又提高到 1.213。非金属矿物制品业的感应度系数小于 1，2010 年只有 0.580，说明非金属矿物制品业对其他产业的生产波及效应强，对其他产业的需求感应程度低。

从其内部行业看，非金属矿物制品业中各行业的影响力系数几乎都大于 1，说明云南省的非金属矿物制品业对其他产业的生产波及效应较强。其中：水泥制品业的影响力系数从 1997 年的 0.989 提高到 2002 年的 0.991，2007 年进一步提高到 1.186（见表 3 – 32）。云南省的水泥、石灰和石膏制造业对以下产业的生产波及效应较强：煤炭开采和洗选业（0.371）、电力工业（0.238）、道路运输业（0.108）、批发业（0.105）、石油及核燃料加工业（0.078）、装卸搬运和其他运输服务业（0.042）、非金属矿及其他矿采选业（0.041）、商务服务业（0.041）、银行业（0.039）等。

表 3 – 32　云南省非金属矿物制品业内部行业的影响力系数

1997 年影响力系数		2002 年影响力系数		2007 年影响力系数	
水泥制品业	0.989	水泥、石灰和石膏制造业	0.991	水泥、石灰和石膏制造业	1.186
水泥制品及石棉水泥制造业	0.978			水泥及石膏制品制造业	1.207
砖瓦、石灰和轻质建筑材料制造业	1.091			砖瓦、石材及其他建筑材料制造业	1.087
玻璃及玻璃制品业	1.308	玻璃及玻璃制品制造业	1.111	玻璃及玻璃制品制造业	1.178

续表

1997 年影响力系数		2002 年影响力系数		2007 年影响力系数	
陶瓷制品业	1.071	陶瓷制品制造业	1.145	陶瓷制品制造业	1.148
耐火材料制品业	1.015	耐火材料制品制造业	1.235	耐火材料制品制造业	1.252
其他非金属矿物制品业	1.021	其他非金属矿物制品制造业	1.197	石墨及其他非金属矿物制品制造业	1.228

资料来源：根据《云南省投入产出表》计算。

砖瓦、石材及其他建筑材料制造业的影响力系数 1997 年为 1.091，2007 年为 1.087，云南省的砖瓦、石材及其他建筑材料制造业对以下产业的生产波及效应较强：专用化学产品制造业（0.199）、煤炭开采和洗选业（0.176）、电力、热力的生产和供应业（0.117）、道路运输业（0.098）、批发业（0.089）、石油及核燃料加工业（0.077）、装卸搬运和其他运输服务业（0.063）、非金属矿及其他矿采选业（0.062）、林业（0.048）等。

玻璃及玻璃制品制造业的影响力系数 1997 年为 1.308，2002 年为 1.111，2007 年为 1.178，云南省的玻璃及玻璃制品制造业对以下产业的生产波及效应较强：电力、热力的生产和供应业（0.132），基础化学原料制造业（0.131），道路运输业（0.105），炼焦业（0.105），煤炭开采和洗选业（0.103），批发业（0.091），石油及核燃料加工业（0.074），银行业（0.064）等。

陶瓷制品制造业的影响力系数 1997 年为 1.071，2002 年为 1.145，2007 年为 1.148，云南省的陶瓷制品制造业对以下产业的生产波及效应较强：煤炭开采和洗选业（0.184），炼焦业（0.147），道路运输业（0.101），电力、热力的生产和供应业（0.101），批发业（0.095），非金属矿及其他矿采选业（0.092），石油及核燃料加工业（0.073），金属制品业（0.059），涂料、油墨、颜料及类似产品制造业（0.051）。

耐火材料制品制造业的影响力系数 1997 年为 1.015，2002 年为 1.235，2007 年为 1.252，云南省的耐火材料制品制造业对以下产业的生产波及效应较强：非金属矿及其他矿采选业（0.249）、炼焦业（0.173）、道路运输业（0.158）、煤炭开采和洗选业（0.139）、电力、热力的生产和供应业（0.111）、批发业（0.106）等。

石墨及其他非金属矿物制品制造业的影响力系数 1997 年为 1.021，2002 年为 1.197，2007 年为 1.228，说明云南省的石墨及其他非金属矿物制品制造业对其他产业的带动能力较强，对以下产业的生产波及效应较强：道路运输业（0.159），钢压延加工业（0.124），石油及核燃料加工业（0.115），电力、热力的生产和供应业（0.113），水泥、石灰和石膏制造业（0.106），煤炭开采和洗选业（0.106），批发业（0.106），非金属矿及其他矿采选业（0.100）等。

　　从影响力系数看，云南省的非金属矿物制品业及内部各行业对其他产业的生产波及效应强，产业带动能力强。从感应度系数看，云南省的非金属矿物制品业对其他产业的需求感应程度低，需求感应程度较高的产业少，其中：水泥、石灰和石膏制造业对石墨及其他非金属矿物制品制造业（0.106）、水泥及石膏制品制造业（0.102）、房屋和土木工程建筑业（0.079）的需求感应较强；砖瓦、石材及其他建筑材料制造业几乎没有需求感应强的产业；玻璃及玻璃制品制造业对其他电气机械及器材制造业（0.1201）、电子元器件制造业（0.111）、仪器仪表制造业（0.078）、农药制造业（0.051）的需求感应较强；由于陶瓷制品是消费品，所以陶瓷制品制造业也几乎没有需求感应较强的产业；耐火材料制品制造业也几乎没有需求感应较强的产业；石墨及其他非金属矿物制品制造业对建筑安装业（0.044）、水利管理业（0.031）的需求感应较强。

表 3-33　云南省非金属矿物制品业内部行业的感应度系数

1997 年感应度系数		2002 年感应度系数		2007 年感应度系数	
水泥制品业	0.694	水泥、石灰和石膏制造业	0.915	水泥、石灰和石膏制造业	0.785
水泥制品及石棉水泥制造业	0.481			水泥及石膏制品制造业	0.453
砖瓦、石灰和轻质建筑材料制造业	0.658			砖瓦、石材及其他建筑材料制造业	0.497
玻璃及玻璃制品业	0.816	玻璃及玻璃制品制造业	0.997	玻璃及玻璃制品制造业	1.016
陶瓷制品业	0.497	陶瓷制品制造业	0.419	陶瓷制品制造业	0.463
耐火材料制品业	0.461	耐火材料制品制造业	0.630	耐火材料制品制造业	0.540
其他非金属矿物制品业	0.469	其他非金属矿物制品制造业	0.744	石墨及其他非金属矿物制品制造业	0.685

　　资料来源：根据《云南省投入产出表》计算。

云南省有中国四大名陶之一的"建水紫陶",也具备发展现代陶瓷工业的基础条件,但陶瓷制品业的发展相对滞后,制约因素很多,对产业的重视不够是主要原因,因此要加快陶瓷工业的发展步伐。

三　产业不能满足省内需求,调入规模不断扩大

云南省的非金属矿物制品业也是净调入的产业部门,且净调入规模不断扩大,从2002年的21.96亿元扩大到2010年的63.33亿元,净调入占全省净调入的2.4%,调入对产业增加值的间接贡献率越来越高,从2002年的29.5%提高到2007年的46.1%,2010年略微下降为45.9%(见表3-34)。

表3-34　云南省非金属矿物制品业的调入、调出及贡献率

单位:亿元,%

年份	调出	调入	净调入	调入贡献率
2002	0.6486	22.6092	21.9606	29.5
2007	7.6794	50.4673	42.7879	46.1
2010	3.7531	67.0871	63.334	45.9

资料来源:根据《云南省投入产出表》计算。

四　各项最终需求对产业有一定的拉动作用

从各项最终需求对非金属矿物制品的生产诱发系数看,影响程度都比较低,相对较高的是固定资本形成总额。也就是说固定资产投资对非金属矿物制品业有一定的拉动作用,而居民消费和调出的拉动作用很有限(见表3-35)。

表3-35　云南省各项最终需求对非金属矿物制品业的生产诱发系数

年份	农村居民消费	城镇居民消费	居民消费小计	政府消费支出	最终消费合计	固定资本形成总额	存货增加	资本形成总额合计	调出	最终使用合计
2002	0.037	0.015	0.029	0.008	0.022	0.131	-0.667	0.079	0.009	0.034
2007	0.032	0.003	0.014	0.002	0.011	0.034	-0.128	0.031	0.004	0.015
2010	0.017	0.004	0.009	0.002	0.007	0.043	0.032	0.043	0.005	0.022

资料来源:根据《云南省投入产出表》计算。

五　对策建议

1. 加快陶瓷、耐火材料等制品业发展步伐

加强对陶瓷、耐火材料等制品业的研究，把握产业发展趋势和需求格局，针对不同消费群体和生产需求领域制定差异化策略，供投资者选择。引进国内先进技术以改造省内技术落后的陶瓷、耐火材料生产工艺。提高省内住房、办公用房、生产用房等建筑物的防火等级和防火标准，促进耐火材料制品业的市场需求提升。大力推进云南省民族特色文化与制陶工艺的结合，吸收其他地区的制陶工艺和方法，鼓励云南省制陶工艺创新。

2. 加强技术创新，努力开发特色建材业

以市场需求升级为导向，鼓励生产企业引进先进技术改造云南省的水泥、玻璃、陶瓷、石膏等非金属制品生产工艺。在推进具有云南特色的新型城镇化战略中，突出地方民居、民族民居特色建设小城镇，推进地方特色建材业发展。根据现代家具装饰的发展态势和需求格局，加强技术创新，开发既有现代元素又有地方特色的大理石材、石雕、火山石材等特色建材。在水泥、砖石等建材生产上，要加强产品质量监督和控制，鼓励建材生产企业不断加强技术改造和新产品研发，以优质产品占据省内市场，逐步开拓周边市场。

3. 切实抓好环境保护，努力减少环境影响

要重点做好取沙、取石的沙场、采石场的生态环境影响评估，防止山体滑坡、泥石流和水土流失等自然灾害的发生。通过技术改造，不断降低水泥生产企业的粉尘污染，努力降低能耗水平。

第九节　以产业链延伸为重点推进冶金工业发展

冶金工业是工业化进程中支撑国民经济体系的重要原材料工业，由有色金属冶炼及压延加工业、黑色金属冶炼及压延加工业和金属制品业构成。云南省在原有矿产资源优势的基础上发展壮大起来的冶金工业，具有技术优势、产业规模优势和较强的竞争力。冶金工业在云南省的产业地位高，尤其是有色金属冶金工业优势明显，竞争力强。冶金工业不但感应度系数大，对很多产业的需求感应强，是装备制造业的重要支撑，而且影响力系数也超过 1，对其他产业的带动能力强。因此，加强对冶金工业的支持，是保证云南经济持续健康发展的重要基础。最终需求对云南省冶金工业生产的诱发突出体现在投资需求和外部需求方面，消费需求的生产诱发不显著，但扩大投资和促进外销对冶金工业的作用很大。冶金工业产品是云南省的主要调出产品，在全省调出中占有重要地位，调出对产业增加值的贡献率高，产业发展受外部需求的影响非常突出。因此，加快装备制造业发展，消化冶金工业产品，降低外部市场需求波动的不利影响，是云南省优化经济结构、转变发展方式的一个重点方向。

一 产业地位较高

云南省的冶金工业一直是云南经济的支柱产业，进入 21 世纪以来，随着工业化进程的加快，冶金工业获得快速发展。云南省冶金工业增加值从 2000 年的 43.68 亿元提高到 2012 年的 513.13 亿元，工业总产值从 2000 年的 160.22 亿元提高到 2012 年的 2513.95 亿元，从业人员从 11.12 万人增加到 21.53 万人。冶金工业在国民经济中的地位也不断提高，冶金工业增加值占全省工业增加值的比重从 2000 年的 8.2% 提高到 2012 年的 14.87%，工业总产值占全省工业总产值的比重从 2000 年的 15.1% 提高到 2012 年的 27.25%，从业人员占全省工业从业人员的比重从 2000 年 14.4% 提高到 2012 年的 21.3%。

从冶金工业内部看，金属冶炼及压延加工业是主体，2012 年有色金属冶炼及压延加工业的增加值为 335.16 亿元，占冶金工业的比重是 65.32%，黑色金属冶炼及压延加工业的比重是 30.93%，金属制品业的比重只有 3.76%。

从劳动生产率看，云南冶金工业的劳动生产率不断提高，黑色冶炼及压延加工业的劳动生产率从 2000 年的 12.04 万元/人提高到 2011 年的 139.14 万元/人，有色金属冶炼及压延加工业的劳动生产率从 2000 年的 16.93 万元/人提高到 2011 年的 111.23 万元/人，金属制品业的劳动生产率从 2000 年的 9.72 万元/人提高到 2011 年的 46.28 万元/人（见图 3 - 12）。

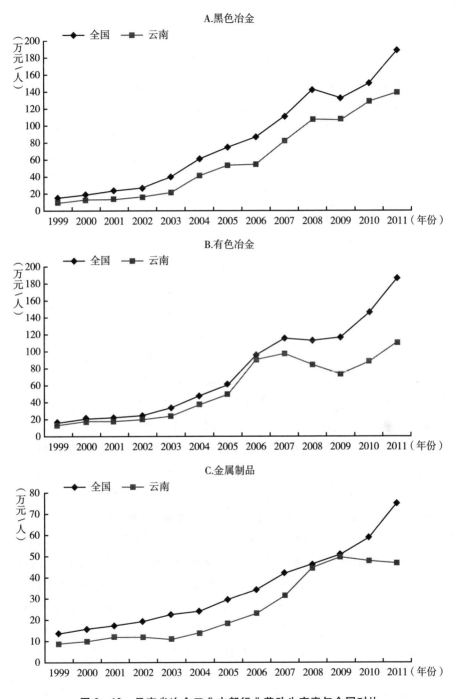

图 3 - 12　云南省冶金工业内部行业劳动生产率与全国对比

二 产业关联性强

云南省的冶金工业是云南省国民经济体系的重要支撑产业，产业的影响力系数和感应度系数都大于1，说明云南省的冶金工业不但对其他产业发展有很强的需求感应，而且对其他产业的发展有较强的生产波及效应。

云南省冶金工业的感应度系数很高，2002年为1.825，2007年为1.469，2010年为1.548。从大产业门类看，冶金工业的需求感应强度最强的是机械工业，感应强度为0.465，其次是建筑业，感应强度为0.406，第三是通用、专用设备制造业，感应强度为0.369，第四是交通运输设备制造业，感应强度为0.188，第五是通信设备、计算机及其他电子设备制造业，感应强度为0.144。

按42部门分，冶金工业包含金属冶炼及压延加工业和金属制品业，2010年金属冶炼及压延加工业的感应度系数为2.33，金属制品业的感应度系数为0.788。金属冶炼及压延加工业需求感应最强的行业是金属制品业，需求强度高达0.602，其次是工艺品及其他制造业，需求强度高达0.558，第三是电气机械及器材制造业，需求强度高达0.532（见图3-13）。

金属制品业的感应度系数不高，需求感应强度较高的产业只有纺织服装鞋帽皮革羽绒及其制品业（0.107），通用、专用设备制造业（0.050），非金属矿及其他矿采选业（0.045）等少数几个产业。

从细分行业看，感应度系数最高的是钢压延加工业，感应度系数高达3.11，其次是有色金属冶炼及合金制造业，感应度系数为2.176。钢压延加工业对金属制品业的需求强度为0.377，对起重运输设备制造业的需求强度为0.353，对房屋和土木工程建筑业的需求强度为0.276，对化工、木材、非金属加工专用设备制造业的需求强度为0.274（见图3-14）。可以看出，云南省的钢压延加工业不但对很多制造业有需求感应，而且需求感应强度很高。因此，加快发展钢压延加工业是发展云南装备制造业的根本保证。

有色金属冶炼及合金制造业是云南省冶金工业中的重点产业，对很多制造业都有需求感应，重点是：电线、电缆、光缆及电工器材制造业（0.426），其他电子设备制造业（0.419），工艺品及其他制造业（0.290），其他电气机械及器材制造业（0.278），有色金属压延加工业（0.216），电子元器件制造业（0.139），输配电及控制设备制造业（0.118），电机制造业（0.099），其他专用设备制造业（0.095）等。因此，加快发展有色金

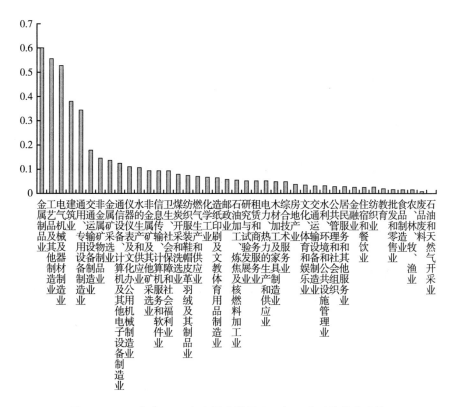

图 3-13　云南省 2010 年金属冶炼及压延加工业对其他产业的
需求感应强度排序（42 部门）

属冶炼及合金制造业是加快云南装备制造业的根本保证。

云南冶金工业的影响力系数也超过 1，说明冶金工业对相关产业的带动能力强。按大类分，冶金工业影响最强的是采掘业，影响强度高达 0.539，其次是对石油加工与化学工业的影响带动，影响强度为 0.249，第三是对商贸服务业的带动，影响强度为 0.193。按 42 部门分，金属冶炼及压延加工业的影响力系数为 1.213，金属制品业的影响力系数为 1.296。受金属冶炼及压延加工业影响最大的产业是金属矿采选业，影响强度为 0.487，其次是交通运输及仓储业，影响强度为 0.175，第三是批发和零售业，影响强度为 0.154，第四是电力、热力的生产和供应业，影响强度为 0.136，第五是石油加工、炼焦及核燃料加工业，影响强度为 0.126。受金属制品业影响最大的是金属冶炼及压延加工业，影响强度高达 0.602，其次是金属矿采选业（0.248），第三是批发和零售业（0.178），第四是交通

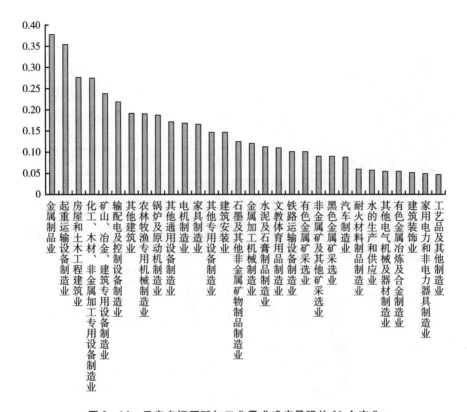

图3-14 云南省钢压延加工业需求感应最强的30个产业

运输及仓储业（0.164），第五是石油加工、炼焦及核燃料加工业（0.121）。冶金工业对其他制造业的影响也比较强。

从细分行业看。冶金工业各行业的影响力系数都大于1，炼铁业的影响力系数为1.243，炼钢业的影响力系数为1.187，钢压延加工业的影响力系数为1.183，铁合金冶炼业的影响力系数为1.181，有色金属冶炼及合金制造业的影响力系数为1.219，有色金属压延加工业的影响力系数为1.196，金属制品业的影响力系数为1.221。

炼铁业生产波及效应最强的是炼焦业，影响强度为0.265，其次是黑色金属矿采选业，影响强度为0.236，第三是道路运输业，影响强度为0.209，第四是煤炭开采和洗选业，影响强度为0.182，第五是批发业，影响强度为0.112。对其他相关产业的影响力也比较强。

炼钢业生产波及效应最强的是炼铁业，影响强度为0.270，其次是炼焦业，影响强度为0.203，第三是道路运输业，影响强度为0.172，第四是黑色金属矿采选业，影响强度为 0.143，第五是煤炭开采和洗选业，影响强度为 0.141。对批发业等其他相关产业的影响力也较强。

钢压延加工业生产波及效应最强的是道路运输业，影响强度为 0.185，其次是黑色金属矿采选业，影响强度为 0.180，第三是炼焦业，影响强度为 0.134，第四是炼铁业，影响强度为 0.121，第五是批发业，影响强度为 0.112。另外对煤炭开采和洗选业等相关产业的影响也比较强。

铁合金冶炼业生产波及效应最强的是黑色金属矿采选业，影响强度为 0.234，其次是道路运输业，影响强度为 0.216，第三是炼焦业，影响强度为 0.129，第四是电力、热力的生产和供应业，影响强度为 0.118，第五是炼铁业，影响强度为 0.111。此外对批发业、炼钢业等相关产业的影响也比较强。

有色金属冶炼及合金制造业生产波及效应最强的是有色金属矿采选业，影响强度为 0.597，其次是批发业，影响强度为 0.135，第三是电力、热力的生产和供应业，影响强度为 0.110，第四是道路运输业，影响强度为 0.078，第五是石油及核燃料加工业，影响强度为 0.063。

有色金属压延加工业生产波及效应最强的是有色金属矿采选业，影响强度为 0.309，其次是电力、热力的生产和供应业，影响强度为 0.276，第三是有色金属冶炼及合金制造业，影响强度为 0.216，对其他相关产业的影响力也较强（见图 3 - 15）。

金属制品业生产波及效应最强的是钢压延加工业，影响强度为 0.378，其次是批发业，影响强度为 0.120，第三是道路运输业，影响强度为 0.119，第四是有色金属冶炼及合金制造业，影响强度为 0.091，第五是电力、热力的生产和供应业，影响强度为 0.089。另外，对炼焦业、煤炭采选业等相关产业的影响也比较强。

综合以上冶金工业及其内部行业的感应度系数和影响力系数可以看出，加强冶金工业的发展，不但能够支撑云南省众多装备制造业的发展，而且对产业链前端的采掘业和旁侧的生产性服务业等众多相关产业具有很好的带动效应。

三　产业是云南省重要的净调出部门

云南省的冶金工业是云南省主要的净调出部门，2002 年净调入 24.02

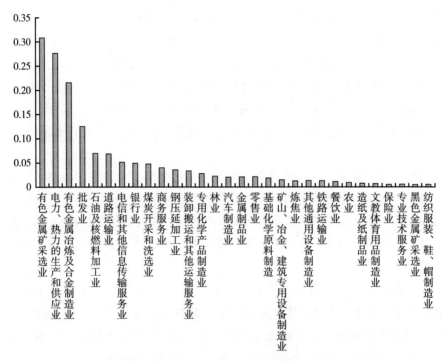

图 3 - 15　云南省有色金属压延加工业生产波及效应最强的 30 个产业

亿元，但 2007 年调出 1195.42 亿元，净调出 988.98 亿元，2010 年调出 1148.30 亿元，占全省调出规模的 36.51%，是云南省调出产品的主体，净调出 863.82 亿元（见表 3 - 36）。云南省冶金工业调出对产业增加值的贡献率 2002 年为 28.6%，2007 年达到 72.1%，2010 年也高达 54.9%。冶金工业的调入规模不大，2010 年调入 284.48 亿元，只占当年全省调入规模的 4.9%，但调入产品作为中间投入品，对冶金工业增加值的间接贡献率还是比较高的，达到 40% 以上（2007 年、2010 年）。

表 3 - 36　云南省冶金工业的调入、调出及贡献率

单位：亿元，%

年份	调出	调入	净调入	调出贡献率	调入贡献率
2002	82.93	106.95	24.02	28.6	32.7
2007	1195.42	206.43	-988.98	72.1	46.2
2010	1148.30	284.48	-863.82	54.9	41.4

资料来源：根据《云南省投入产出表》计算。

　　从细分行业看，冶金工业中调出规模最大的是有色金属冶炼及合金制造业和有色金属压延加工业，其中有色金属冶炼及合金制造业出口 2007 年占冶金工业的 40.49%，占全省出口规模的 11.56%，有色金属压延加工业出口占冶金工业的 46.27%，占全省出口规模的 13.2%。有色金属冶金是云南省出口的重点产业之一。有色金属冶炼及合金制造业销往国内省外占冶金工业的 85.70，占全省销往国内省外产品的 34.22%，是云南省的主要外销产业和有竞争力的产业（见表 3 – 37）。

表 3 – 37　云南省 2007 年冶金工业内部行业调入与调出情况

单位：万元，%

行业	出口	销往国内省外	调出合计	进口	国内省外购进	调入合计
炼铁业	0	392843	392843	0	2630	2630
炼钢业	23945	98985	122930	4191	12806	16997
钢压延加工业	41385	8964	50349	1271	741407	742678
铁合金冶炼业	0	366249	366249	0	30244	30244
有色金属冶炼及合金制造业	210449	9799023	10009472	93116	371711	464827
有色金属压延加工业	240496	757523	998019	4121	56036	60157
金属制品业	3460	10852	14312	9179	737623	746802
合计	519735	11434439	11954174	111878	1952457	2064335
冶金工业占全省的比重	28.54	39.94	39.25	1.70	6.09	5.35
有色金属冶炼及合金制造业占冶金工业比重	40.49	85.70	83.73	83.23	19.04	22.52
有色金属压延加工业占冶金工业比重	46.27	6.62	8.35	3.68	2.87	2.91
有色金属冶炼及合金制造业占全省比重	11.56	34.22	32.87	1.42	1.16	1.20
有色金属冶金占冶金工业比重	86.76	92.32	92.08	86.91	21.91	25.43
有色金属冶金占全省的比重	24.76	36.87	36.15	1.48	1.33	1.36

　　资料来源：根据《云南省投入产出表》计算。

　　从最终使用角度看，炼铁业销往国内省外的产品 2007 年对产业增加值的贡献率达到 56.1%，钢压延加工业的调出对产业增加值的贡献率不高，铁合金冶炼业销往国内省外规模虽然不是很大，但对产业增加值的贡献率高达85.1%，有色金属冶炼及合金制造业销往国内省外对产业增加值的贡献率高达94.0%，有色金属压延加工业出口的贡献率是20.3%，销往国内省外的贡献率达到66.1%，金属制品业调出的贡献率为21.5%。从中间使用角度看，炼铁业调入对产业增加值的间接贡献率达到43.7%，炼钢业调入对产业增加值的间接贡献率是34.9%，钢压延加工业调入对产业增加值的间接贡献率是38.0%，铁合金冶炼业调入对产业增加值的间接贡献率是38.4%，有色金属冶炼及合金制造业调入对产业增加值的间接贡献率也达到52.9%，有色金属压延加工业对产业增加值的间接贡献率是39.0%，金属制品业调入对产业增加值的贡献率达到39.8%（见表3－38）。

表3－38　云南省2007年冶金工业内部行业调入与调出对产业增加值的贡献率

单位：亿元

贡献率	出口	销往国内省外	调出合计	进口	国内省外购进	调入合计
炼铁业	—	56.1	57.5	—	31.2	43.7
炼钢业	5.9	31.0	37.0	8.5	26.4	34.9
钢压延加工业	1.6	5.1	6.7	9.3	28.7	38.0
铁合金冶炼业	—	85.1	85.3	—	27.7	38.4
有色金属冶炼及合金制造业	2.4	94.0	96.4	39.4	13.5	52.9
有色金属压延加工业	20.3	66.1	86.3	21.1	17.8	39.0
金属制品业	1.8	19.7	21.5	6.6	33.1	39.8

资料来源：根据《云南省投入产出表》计算。

从调入与调出及其对产业增加值的贡献率看，冶金工业是云南省在全国具有竞争力、调出规模较大的产业，其中主要是有色金属冶金工业具有产业优势。保持云南省的冶金工业稳定持续健康发展，是云南省优化经济结构、转变经济发展方式的重要基础。

四　投资需求对产业的拉动作用很强

最终需求对云南冶金工业的影响主要体现在投资需求和调出需求方面，存货投资对冶金工业的生产诱发系数最高，2002年高达0.660，2007年为0.411，2010年为0.242，投资需求的生产诱发系数也都比较高，而外部需求对云南冶金工业的生产诱发系数也很高，且不断上升，从 2002 年的 0.121 上升到 2007 年的 0.435，2010 年有所下降，为 0.409（见表3-39）。可以看出，扩大投资会对云南的冶金工业产生良好的增长效应。消费需求对冶金工业有生产诱发效应，但效应不高。

表 3-39　云南省最终需求对冶金工业的生产诱发系数与依赖度系数

类别	年份	农村居民消费	城镇居民消费	居民消费小计	政府消费	最终消费合计	固定资本形成总额	存货增加	资本形成总额合计	调出
生产诱发系数	2002	0.039	0.014	0.030	0.010	0.023	0.148	0.660	0.182	0.121
	2007	0.021	0.008	0.013	-0.010	0.006	0.150	0.411	0.155	0.435
	2010	0.010	0.006	0.007	-0.013	0.002	0.146	0.242	0.152	0.409
依赖度系数	2002	0.084	0.018	0.102	0.016	0.118	0.408	0.126	0.534	0.354
	2007	0.010	0.006	0.016	-0.005	0.011	0.234	0.012	0.246	0.787
	2010	0.005	0.006	0.011	-0.008	0.003	0.352	0.041	0.392	0.596

资料来源：根据《云南省投入产出表》计算。

从依赖度系数看，云南省的冶金工业对外部需求的依赖程度很高，对投资需求的依赖程度也比较高，对消费需求有一定的依赖，但程度不高。因此，外部需求的变化会对云南的冶金工业及其关联产业产生影响，从而影响云南的经济波动。

从细分行业看，投资需求和外部需求的生产诱发重点体现在对有色金属冶炼及合金制造业的生产诱发上，在 144 个部门中，存货增加对有色金属冶炼及合金制造业的生产诱发系数达到 0.304，出口对有色金属冶炼及合金制造业的生产诱发系数为 0.151，销往国内省外对有色金属冶炼及合金制造业的生产诱发系数达到 0.368。说明外部需求对云南省的有色金属冶炼及合金制造业发展具有重要影响。

五　对策建议

1. 加快发展金属制品业，延伸冶金产业链

金属制品业对金属冶炼及压延加工业有很强的拉动作用。要通过加快金属制品业的发展，来提高金属冶炼及压延加工业在省内的销售比重，延伸冶金产业链，提升产值规模。做强做大金属制品业需要根据市场需求不断研发新产品、新工艺，引进新设备，提升产品质量，努力做到省内产

品质量优于省外产品，真正实现冶金产业链延伸。

2. 大力发展装备制造业，提高冶金产品在省内的消化能力

认真落实云南省委省政府出台的《促进云南装备制造业发展的意见》《云南装备制造业发展规划纲要》等系列政策文件，制定实施细则和措施办法，落实好现行有关政策，出台新的导向扶持、激励优惠等政策，促进云南装备制造业的振兴，促进重大技术装备的自主化和国产化。通过装备制造业的快速发展，实现对省内冶金产品的消化。

3. 努力开发功能性新材料，实现冶金工业从传统产业向战略性新兴产业的转变

功能性新材料是国民经济、社会发展及国防建设的基础和先导，功能性新材料产业属于现代高新技术产业。要从优化提升角度加快发展锡、锌、铅、镍、铜、铝、铁等功能性新材料产业，加快发展锰、锑、钨、镁等功能性新材料产业，将小金属打造为大产业，发展铟、锗、钛、镓等功能性新材料，以提升核心竞争力为重点发展铂、金、银等功能性新材料，以质量提升为重点培育有价金属镉、铼、铊、钼等功能性新材料，大力发展钪、钇、铈等功能性新材料和磷、煤、硅等功能性新材料。

4. 努力争取稀贵稀散金属产品定价权

云南省是我国乃至世界重要的稀贵、稀散金属产地，稀贵、稀散金属处于卖方市场。谁掌握了资源控制权，谁就拥有了定价权。应借鉴国外对原油、铁矿石等大宗商品的国际定价机制，探寻掌握稀贵金属国际定价权的策略。长期以来，国内稀贵金属企业未能统一和联合，分散经营，不能形成强势的谈判集团，也是我国失去国际市场定价权的重要原因。应通过构建产业链联盟、企业联盟、金融联盟、采购联盟和营销联盟，加强行业协作，逐步建立市场定价优势和控制力。

5. 多区域着力开拓外部市场

不但要大力开拓发达国家和东部发达地区市场，还要大力开拓西部欠发达地区、发展中国家市场，尤其要抓住金砖国家进入工业化加速发展时期对冶金产品需求旺盛的趋势，加大力度开拓新兴经济体市场，形成云南冶金产品市场遍布各地的格局，避免部分国家或地区一旦经济下滑就对云南冶金工业，乃至云南工业产生突出影响的结构性失衡问题。

第十节　以满足省内和周边市场为重点加快发展
交通运输设备制造业

交通运输设备制造业是产业关联度强的产业，也是目前中国市场需求旺盛、成长很快的产业。云南省的交通运输设备制造业尚处于起步阶段。产品不能满足省内市场需求，以调入为主，是云南省净调入比重较高的产业，居民消费需求拉动的是省外的交通运输设备制造业，投资需求对云南省的交通运输设备制造业有一定的拉动作用，调入对产业增加值的贡献率不断扩大。在产业内部，铁路运输设备制造业是云南省有竞争优势的产业，但产业规模小，汽车制造业是主要的以净调入为主的产业。以省内和周边国家的市场需求为导向，加快发展铁路运输设备制造业以提升产业竞争优势，加快发展汽车制造业以满足省内市场需求，降低净调入规模，是云南优化经济结构、转变发展方式的重要内容。

一　产业发展水平低

2000 年以来，云南省的交通运输设备制造业获得了较快发展，一些产业特色已经形成，汽车制造产业在云南装备制造业中位居第一，主要产品是中轻型货车、客车用发动机。昆明云内动力股份有限公司已成为我国最大的多缸小缸径车用柴油发动机生产企业之一。与德国 EEV 公司联合开发的 480 轿车用柴油发动机达到了国际同类产品水平。一汽红塔云南汽车制造有限公司的轻卡市场份额已达 6%。云南力帆骏马车辆有限公司生产中型货车、农用汽车，成为云南省最大的汽车制造企业、机械企业和民营机械企业。大型铁路养护机械设备系列是云南省在全国领先的优势产业。昆明中铁大型养路机械集团有限公司从奥地利普拉赛公司引进消化的集成创新的大型铁路养护机械设备系列，已达到世界先进水平，荣获国家科技进步二等奖。其产品为我国铁路安全运行、六次提速和修建青藏铁路做出了杰出贡献，产品销量占国内市场的 80% 以上，已成为国内行业的排头兵。围绕该公司主产品配套生产零部件的企业已达数十家，产业链已逐步形成。云南省的交通运输设备制造业工业增加值从 2000 年的 3.66 亿元提高到 2012 年的 32.55 亿元，工业总产值从 18.96 亿元提高到 177.52 亿元，从业人员从 2.02 万人下降为 1.71 万人。

云南省的交通运输设备制造业增加值占全省工业增加值的比重从 2000 年的 0.68% 提高到 2012 年的 0.94%，占全省生产总值的比重从 2000 年的 0.19% 提高到 2012 年的 0.32%。产业的劳动生产率有了显著提高，从 2000 年的 8.61 万元/人提高到 2011 年的 92.21 万元/人，略低于全国平均水平（见图 3 - 16）。

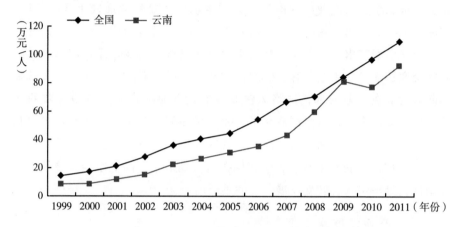

图 3 - 16　云南省的交通运输设备制造业劳动生产率与全国对比

但总体上看，云南省的交通运输设备制造业产业规模很小，产业地位低，是亟待发展的产业。

二　产业链长，产业带动能力强

交通运输设备制造业与其他产业的产业关联度较强，影响力系数大于 1 而感应度系数小于 1，说明交通运输设备制造业对相关产业的带动能力强，生产波及效应大，而交通运输设备制造业的需求感应程度低于社会平均水平。

云南省的交通运输设备制造业的影响力系数 2002 年为 1.293，2007 年为 1.210，2010 年为 1.240。交通运输设备制造业生产波及效应较强的是通用、专用设备制造业，影响程度为 0.258，其次是商贸服务业，影响程度为 0.238，第三是石油加工与化学工业，影响程度为 0.214，第四是冶金工业，影响程度为 0.188，第五是采掘业，影响程度为 0.133。

从细分行业看，交通运输设备制造业主要包括铁路运输设备制造业、汽车制造业、船舶及浮动装置制造业、其他交通运输设备制造业，由于云南省处于内陆，船舶及浮动装置制造业没有产值。铁路运输设备制造业的影响力系数为 1.167，汽车制造业的影响力系数为 1.218，其他交通运输设备制造业的影响力系数为 1.152。

铁路运输设备制造业生产波及效应最强的是其他通用设备制造业（0.238）、批发业（0.104）、钢压延加工业（0.102）；汽车制造业生产波及效应最强的是电信和其他信息传输服务业（0.127）、批发业（0.120）、其他通用设备制造业（0.118）；其他交通运输设备制造业生产波及效应最强的是塑料制品业（0.280），有色金属压延加工业（0.145），道路运输业（0.141），电力、热力的生产和供应业（0.120）。

可以看出，交通运输设备制造业对相关产业的影响程度高，带动能力强，是云南省调整产业结构、转变经济发展方式必须加快发展的产业部门。

三　产业不能满足省内需求，以调入为主

由于云南省的交通运输设备制造业产业发展程度低，产业规模小，产品不能满足省内需求，所以最终消费需求对云南省交通运输设备制造业的生产诱发系数为负值，拉动的是省外的交通运输设备制造业的发展，这也可以从调入与调出部分得到反映。云南省的交通运输设备制造业是云南省主要的净调入产业，随着城乡居民收入水平的提高，汽车等消费品的调入规模越来越大。2002 年净调入 53.65 亿元，2007 年扩大到 428.64 亿元，2010 年扩大到 1014.24 亿元，交通运输设备部门的调入占全省调入品的 18.18%，净调入占全省净调入的 38.69%，是主要的净调入部门（见表 3-40）。

表 3-40　云南省交通运输设备制造业的调入与调出情况

单位：万元，%

年份	调出	调入	净调入	调出贡献	调入贡献
2002	42160	578637	536477	17.4	43.6
2007	562806	4849227	4286421	14.0	50.8
2010	343265	10485651	10142386	5.3	53.1
2010 年占全省的比重	1.09	18.18	38.69		

资料来源：根据《云南省投入产出表》计算。

由于调入规模不断扩大，调入对交通运输设备制造业的间接贡献越来越高，2002 年的贡献率已经达到 43.6%，2007 年提高到 50.8%，2010 年继续提高到 53.1%。

从内部行业看，铁路运输设备制造业是云南省有竞争优势的产业，销往国内省外大于进口，是净调出产业，而汽车制造业是主要的净调入部门，2007 年从国内省外购进规模为 384.93 亿元，其他交通运输设备制造业购进规模为 94.84 亿元（见表 3 - 41）。

表 3 - 41 云南省 2007 年交通运输设备制造业内部的调入与调出情况

单位：万元

细分行业	出口	销往国内省外	调出	进口	从国内省外购进	调入	净调入
铁路运输设备制造业	0	104169	104169	50000	238	50238	- 53931
汽车制造业	25125	433512	458637	1081	3849312	3850393	3391756
船舶及浮动装置制造业	0	0	0	0	235	235	235
其他交通运输设备制造业	0	0	0	0	948361	948361	948361

资料来源：根据《云南省投入产出表》计算。

因此，加快发展云南省的交通运输设备制造业，对于改善云南产业结构、降低净调入规模、稳增长具有重要意义，加快铁路运输设备制造业的发展可发挥比较优势，扩大云南产品市场占有率，而加快汽车制造业的发展，则可满足省内市场需求，降低净调入规模，提高全省生产总值。

四 各项最终需求拉动的是省外的产业发展

各项最终需求对交通运输设备制造业的生产诱发主要体现在投资需求方面，消费需求对交通运输设备制造业的生产诱发系数 2002 年和 2007 年为正值，但生产诱发系数很低，2010 年为负值，只有投资需求是正值，调出对交通运输设备制造业的生产诱发系数一直都是负值。固定资本形成总额对交通运输设备制造业的生产诱发系数 2002 年为 0.007，2007 年为 0.075，2010 年为 0.067。其中：固定资本形成总额对铁路运输设备制造业的生产诱发系数为 0.003，销往国内省外对其的生产诱发系数为 0.004；农村居民消费需求对汽车制造业的生产诱发系数为 0.004，城镇居民消费需求对其的生产诱发系数为 0.012，固定资本形成总额对其的生产诱发系数为

0.071；各项最终需求对其他交通运输设备制造业的生产诱发系数均为负值。说明各项最终需求拉动的主要是省外的交通运输设备制造业的发展。

表 3－42　云南省 2007 年最终需求对交通运输设备制造业的生产诱发系数

最终需求	铁路运输设备制造业	汽车制造业	船舶及浮动装置制造业	其他交通运输设备制造业
农村居民消费	0.000	0.004	0.000	－ 0.009
城镇居民消费	0.000	0.012	0.000	－ 0.018
居民消费	0.000	0.009	0.000	－ 0.014
政府消费	0.000	－ 0.008	0.000	－ 0.029
最终消费	0.000	0.004	0.000	－ 0.019
固定资本形成总额	0.003	0.071	0.000	－ 0.007
存货增加	－ 0.012	－ 0.214	0.000	－ 0.003
资本形成总额	0.002	0.066	0.000	－ 0.007
出口	0.000	0.001	0.000	－ 0.019
销往国内省外	0.004	－ 0.001	0.000	－ 0.010
调出	0.004	－ 0.001	0.000	－ 0.011

资料来源：根据《云南省投入产出表》计算。

五　对策建议

1. 以国家大型铁路养护设备昆明产业基地为核心，加快聚集发展铁路运输设备制造业

破除传统的地区分割、行业分割和所有制分割，创新国家大型铁路养护设备昆明产业基地的发展模式和组织结构，吸引国内外铁路养护设备向昆明产业基地聚集，逐步从铁路养护设备向其他铁路运输设备延伸。推进跨行业和跨所有制的联合、兼并与重组，形成以骨干大企业为龙头带动若干中小企业、各方面协调发展的产业集群，形成一批有技术实力、有名牌产品、有国际竞争力的配套程度高的大型企业集团，建立和完善专业化协作体系。

2. 以引进国际知名汽车制造商为重点，加快发展汽车制造业

努力创造条件，充分发挥桥头堡、沿边金融综合改革试验区等国家战略的政策效应，打造政策优势，着力引进国际知名汽车制造商来云南投资，做好人才引进和职业技术人才培养工作，制定一揽子引进配套产业的实施方案，高起点、全产业链打造，抢占省内和周边国家的汽车市场。同时，鼓励现有企业加快新产品研发步伐，针对云南及东南亚、南亚国家交通运输条件，开发具有高原特色、适应热带亚热带气候特点的交通运输设备。

3. 加快交通运输设备制造业的人才培养

在云南高校合理调整专业设施，加强汽车工程等专业的建设，大力引进汽车工程人才，加快人才培养力度。

第十一节 以满足省内需求为重点大力发展通用、专用设备制造业

通用、专用设备制造业的发展水平是一个国家或地区工业化程度的重要体现。这一产业内部行业众多，按 144 部门划分，包含锅炉及原动机制造业，金属加工机械制造业，起重运输设备制造业，泵、阀门、压缩机及类似机械的制造业，其他通用设备制造业，矿山、冶金、建筑专用设备制造业，化工、木材、非金属加工专用设备制造业，农林牧渔专用机械制造业，其他专用设备制造业等 9 个产业。云南省的通用和专用设备制造业产业规模小，发展滞后，在国民经济中地位低，产业发展不能适应省内需求，产品以调入为主；各项最终需求对产业的生产诱发程度低，依靠消费需求扩大难以促进产业发展，投资拉动的效果也不突出。因此，应通过产业政策促进云南省的通用和专用设备制造业加快发展，进一步提升金属加工机械制造业的竞争力和调出规模，加快锅炉及原动机制造业、其他专用设备制造业等产业的发展以满足省内市场需求，降低净调入规模。

一 产业规模小，发展程度低

2000 年以来，云南省的通用、专用设备制造业获得快速发展，工业增加值从 2000 年的 8.55 亿元提高到 2012 年的 37.47 亿元，工业总产值从 2000 年的 26.62 亿元提高到 2012 年的 142.14 亿元，从业人员从 2000 年的 5.03 万人下降为 2012 年的 2.82 万人。可以看出，云南省的通用和专用设备制造业产业规模小，发展不足。通用和专用设备制造业工业增加值占全省工业增加值的比重从 2000 年的 1.61% 下降为 2012 年的 1.09%，占全省生产总值的比重从 2000 年的 0.44% 下降为 2012 年 0.36%，产业规模和产业不但地位很低，而且还在不断萎缩。

通用设备制造业的劳动生产率从 2000 年的 5.97 万元/人提高到 2011 年的 52.58 万元/人，专用设备制造业的劳动生产率从 2000 年的 4.77 万元/人提高到 2011 年的 47.45 万元/人，低于全国水平（见图 3–17）。

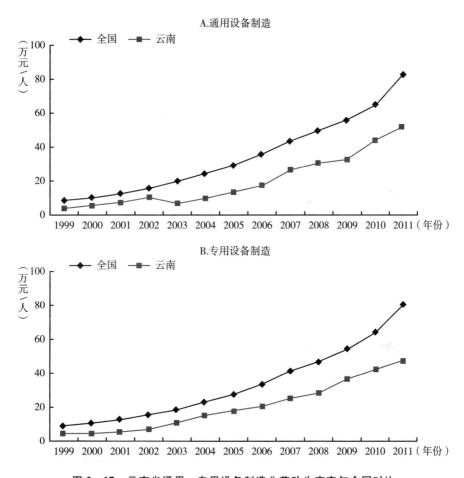

图 3–17　云南省通用、专用设备制造业劳动生产率与全国对比

二　产业链长，产业关联性强

云南省通用和专用设备制造业的影响力系数和感应度系数都大于 1，是产业关联度较强的产业，影响力系数大于感应度系数。

2002 年的影响力系数为 1.265，2007 年为 1.205，2010 年为 1.225。按 24 部门划分，2010 年通用和专用设备制造业生产波及效应最强的产业是冶金工业，影响强度为 0.369，对商贸服务业的影响强度为 0.207，对采掘业的影响强度为 0.203，对石油加工和化学工业的影响强度为 0.199，对交通运输及仓储业的影响强度为 0.140。按 42 部门划分，2010 年通用和专用设备制造业生产波及效应最强的是金属冶炼及压延加工业，影响强度达到 0.346，对批发和零售业的影响强度为 0.165，对金属矿采选业的影响强度为 0.144，对交通运输及仓储业的影响强度为 0.141。按 144 部门划分，2007 年影响力系数最高的是其他专用设备制造业，为 1.253（见表 3 - 43）。

表 3 - 43 云南省 2007 年通用、专用设备制造业的影响力系数和感应度系数

细分行业	锅炉及原动机制造业	金属加工机械制造业	起重运输设备制造业	泵、阀门、压缩机及类似机械的制造业	其他通用设备制造业	矿山、冶金、建筑专用设备制造业	化工、木材、非金属加工专用设备制造业	农林牧渔专用机械制造业	其他专用设备制造业
影响力系数	1.078	1.206	1.238	0.411	1.128	1.212	1.146	1.237	1.253
感应度系数	0.616	0.568	0.480	0.537	1.525	0.994	0.589	0.530	0.923

资料来源：根据《云南省投入产出表》计算。

云南省 2007 年的锅炉及原动机制造业生产波及效应较强的是钢压延加工业（0.188）和道路运输业（0.111），金属加工机械制造业生产波及效应较强的是其他通用设备制造业（0.155）、钢压延加工业（0.120）、炼铁业（0.118）、批发业（0.114），起重运输设备制造业生产波及效应较强的是钢压延加工业（0.354）、金属制品业（0.149）、道路运输业（0.136）、批发业（0.117），其他通用设备制造业生产波及效应较强的是钢压延加工业（0.171）、批发业（0.115）、炼铁业（0.102），矿山、冶金、建筑专用设备制造业生产波及效应较强的是钢压延加工业（0.237）、批发业（0.126）、道路运输业（0.111），化工、木材、非金属加工专用设备制造业生产波及效应较强的是钢压延加工业（0.274）、道路运输业（0.110）、金属制品业（0.107）、批发业（0.106），农林牧渔专用机械制造业生产波及效应较强的是其他通用设备制造业（0.238）、钢压延加工业（0.190）、批发业（0.124），其他专用设备制造业生产波及效应较强的是其他电子设备制造业（0.161）、钢压延加工业（0.147）、批发业（0.127）。

可以看出，在细分为 144 部门的情况下，通用和专用设备制造业对其

他相关产业的带动能力都很强，因此，发展通用和专用设备制造业对钢压延加工业、批发业、道路运输业、有色金属冶炼业等产业会产生良好的产业带动力，该产业是云南产业结构调整应加快发展的部门。云南冶金工业和重化工业的跨越式发展，带动了一批矿山、冶金、化工机械制造企业的崛起。目前，以云南大为化工装备制造有限公司为代表的这支行业队伍，已经形成了云南省大型、重型超限化工设备，冶金矿山设备的制造能力。成立于 2005 年 9 月的云南大为化工装备制造有限公司，以云南煤化工基地建设项目为依托，自主研制成功我国第一台 50 万吨合成氨全套设备。与进口设备相比，节约了 2/3 的采购费和上千万元的运杂费。"大为发展模式"和"力帆骏马发展模式""昆明中铁发展模式""云内动力发展模式""云变发展模式"等，为调整优化产业结构、振兴发展云南装备制造业提供了各种不同类型的宝贵经验和发展范式。

三 产业不能满足省内需求，以调入为主

云南省的通用和专用设备制造业是净调入较大的部门，虽然调出也在不断增加，但调入增加更快，调入规模从 2002 年的 48.65 亿元提高到 2007 年的 646.75 亿元，2010 年又进一步提高到 875.14 亿元，调入规模占全省调入规模的 15.18%，2010 年的净调入达到 846.93 亿元，占全省净调入的 32.31%（见表 3 - 44）。说明云南省的产业发展对通用和专用设备需求越来越大，但省内产业规模弱小，不能满足省内需求。

调出规模虽然不断扩大，但调出对产业增加值的贡献率不断下降，而调入对产业增加值的间接贡献率在不断上升，2002 年调入对产业增加值的贡献率为 37.4%，2010 年达到 49.0%（见表 3 - 44）。反映出调入对产业的影响越来越大。

表 3 - 44　云南省通用、专用设备制造业的调入与调出情况

单位：亿元

年份	调出	调入	净调入	调出贡献	调入贡献
2002	9.4257	48.6514	39.2257	17.9	37.4
2007	50.0089	646.7463	596.7374	11.8	48.1
2010	28.2052	875.1368	846.9316	7.1	49.0
2010 年占比	0.90	15.18	32.31		

资料来源：根据《云南省投入产出表》计算。

从 2007 年细分行业看，只有金属加工机械制造业是净调出，其中：出口 1.15 亿元，销往国内省外 26.39 亿元，进口 2.24 亿元，从国内省外购进 1.41 亿元，净调出 11.18 亿元。其他 8 个产业都是净调入，其中，锅炉及原动机制造业和其他专用设备制造业净调入规模最大，占通用和专用设备制造业净调入的 57%（见表 3 - 45）。

表 3 - 45　云南省 2007 年通用、专用设备制造业内部行业的调入与调出情况

细分行业	出口	销往国内省外	调出	进口	从国内省外购进	调入	净调入
锅炉及原动机制造业	1502	3276	4778	0	1713806	1713806	1709028
金属加工机械制造业	11547	263930	275477	22429	141257	163686	-111791
起重运输设备制造业	0	177	177	0	219192	219192	219015
泵、阀门、压缩机及类似机械的制造业	490	189	679	14778	348804	363582	362903
其他通用设备制造业	369	27508	27877	18472	628108	646580	618703
矿山、冶金、建筑专用设备制造业	549	14361	14910	10588	706697	717285	702375
化工、木材、非金属加工专用设备制造业	3755	6155	9910	1667	539545	541212	531302
农林牧渔专用机械制造业	0	0	0	0	258897	258897	258897
其他专用设备制造业	9919	156362	166281	318643	1524580	1843223	1676942

资料来源：根据《云南省投入产出表》计算。

因此，加快发展通用和专业设备制造业，以不断满足省内需求，降低净调入规模，是优化云南经济结构、转变发展方式的重要举措。其中，加快金属加工机械制造业的发展，是发挥云南产业优势、保持竞争力、提升云南产品市场外销的重要支撑；加快锅炉及原动机制造业、其他专用设备制造业等产业的发展，是努力降低净调入对云南经济增长的负拉动的重要举措。

四　各项最终需求主要拉动省外的产业发展

各项最终需求中，各项消费对通用和专用设备制造业的生产诱发系数大都为负值，调出对通用和专用设备制造业的生产诱发系数在 2002 年和 2007 年为正值，2010 年为负值，说明消费需求拉动了省外的通用和专用设备制造业，但拉动程度很低。投资需求中，固定资本形成总额对通用和专用设备制

造业的生产诱发系数 2002 年为 0.063，2007 年为 0.081，2010 年为 0.041。

其中，2007 年锅炉及原动机制造业受消费需求的生产诱发系数为负值，受存货增加的生产诱发系数较大，为 0.175；金属加工机械制造业受固定资本形成总额的生产诱发系数为 0.011，受到出口和销往国内省外一定程度的生产诱发；起重运输设备制造业受到消费需求一定程度的生产诱发，但程度不高，存货增加和调出的生产诱发系数为负值；其他通用设备制造业受消费的生产诱发系数为负值，受到存货增加一定程度的生产诱发；矿山、冶金、建筑专用设备制造业受消费需求的生产诱发系数很小，受到销往国内省外和出口一定程度的生产诱发；化工、木材、非金属加工专用设备制造业和农林牧渔专用机械制造业都受到一定程度的消费需求的生产诱发和资本形成的生产诱发，程度也不高；其他专用设备制造业只有固定资本形成总额有生产诱发，其他需求的生产诱发系数均为负值（见表 3 – 46）。

可以看出，各项最终需求对云南省的通用和专用设备制造业的拉动作用很有限。

表 3 – 46　云南省 2007 年最终需求对通用、专用设备制造业的生产诱发系数

最终需求	锅炉及原动机制造业	金属加工机械制造业	起重运输设备制造业	其他通用设备制造业	矿山、冶金、建筑专用设备制造业	化工、木材、非金属加工专用设备制造业	农林牧渔专用机械制造业	其他专用设备制造业
农村居民消费	− 0.027	0.000	0.003	− 0.003	0.000	0.001	0.021	− 0.036
城镇居民消费	− 0.009	0.000	0.002	0.000	0.001	0.001	0.000	− 0.020
居民消费	− 0.016	0.000	0.002	− 0.001	0.001	0.001	0.008	− 0.026
政府消费	0.010	0.000	0.004	0.003	0.004	0.002	0.000	− 0.130
最终消费	− 0.008	0.000	0.003	0.000	0.002	0.002	0.006	− 0.057
固定资本形成总额	− 0.035	0.011	0.005	− 0.018	0.008	0.007	0.012	0.035
存货增加	0.175	− 0.043	− 0.028	0.034	− 0.014	− 0.030	− 0.004	− 0.019
资本形成总额	− 0.031	0.010	0.004	− 0.017	0.008	0.006	0.012	0.034
出口	0.000	0.007	− 0.002	0.000	0.020	− 0.001	0.000	− 0.005
销往国内省外	0.001	0.011	− 0.005	0.003	0.037	− 0.003	0.000	− 0.005
调出	0.001	0.011	− 0.005	0.036	− 0.003	0.000	− 0.005
最终使用	− 0.012	0.007	0.000	− 0.004	0.016	0.001	0.006	− 0.010

资料来源：根据《云南省投入产出表》计算。

五 对策建议

1. 加快发展矿山、冶金专用设备制造业

针对云南省、周边省份及周边国家矿产资源的共性特征，应扶持企业开发适宜多品种矿藏开采、低品位矿藏开采与复杂难选矿藏开采及冶炼的矿山、冶金专用设备。积极推进设备制造企业、冶金矿山企业和设备研发机构之间的合作，构成产业联盟协同攻关。大力推进矿业对外投资，努力扩大矿山、冶金专用设备对周边国家的出口。

2. 以工业园区为重点聚集通用、专用设备制造业发展

应结合装备制造业发展和工业园区的总体布局、产业导向，促进资金、技术和人才等要素向工业园区聚集，鼓励大企业、大项目和其他配套产业向园区集聚发展，培育一批产业特色突出、专业分工合理、协作配套完善、创新能力较强的装备制造业产业集群。抓好昆明高新区、昆明经开区、杨林工业园区、海口工业园区、官渡工业园区、寻甸特色产业园、曲靖工业园区、玉溪通海工业园区等园区建设，着力打造云南电力装备产业基地，昆明机床产业基地，曲靖烟草机械、农业机械、成套设备、通用设备及基础配套件、仪器仪表、轴承等生产基地。

3. 整合配套产业资源，培育一批"专、精、特、新"零部件配套生产企业

应给予零部件配套企业必要的政策、资金和技术支持，依靠主机企业带动和扶持配套企业发展，形成"专、精、特、新"的配套企业格局。强化产业链的关键环节，有计划有步骤地向产业链的上下游企业延伸，做大做强做长产业链。充分利用国家和省级经济开发区的各项优惠政策，对进入园区的企业给予搬迁补偿和土地处置等政策优惠。将帮助企业搬迁与技术改造、企业改革改制和引进战略合作伙伴相结合，通过搬迁改造建立现代企业制度，实现产业集聚、增量发展。

4. 抓好优势产业集聚，建设完整产业链

应以机床、电力装备、工程机械等优势产业为重点，通过引进有实力的大型企业集团或省内优势骨干企业，与产品相近企业、上下游企业、研发机构之间联合协作，逐步实现产业集聚，形成完整的产业链，做大做强优势产业。

第十二节　以满足省内需求为重点大力发展电气机械及仪器仪表设备制造业

电气机械及仪器仪表设备制造业是众多现代产业和新兴产业的基础工业，包含电机制造业，输配电及控制设备制造业，电线、电缆、光缆及电工器材制造业，家用电力和非电力器具制造业，其他电气机械及器材制造业，仪器仪表制造业和文化、办公用机械制造业等产业。电气机械及仪器仪表制造业作为重要的生产装备和新兴产业发展的重要支撑工业，在云南的发展严重滞后，不能满足省内需求，大量产品必须从省外购进，既不利于云南新兴产业的发展，也导致扩大内需和扩大投资的政策效果不显著，拉动的是省外的产业发展。加快云南省的电气机械及仪器仪表制造业的发展，势在必行。

一　产业发展水平低

云南省的电气机械及仪器仪表设备制造业工业增加值从 2000 年的 6.44 亿元提高到 2012 年的 20.64 亿元，工业总产值从 20.91 亿元提高到 2012 年的 101.63 亿元，从业人员从 2.27 万人下降为 2012 年的 1.68 万人。虽然云南省的电气机械及仪器仪表设备制造业劳动生产率在不断提高（见图 3-18），但工业增加值占全省工业增加值的比重从 2000 年的 1.21% 下降为 2012 年的 0.60%，占全省生产总值的比重从 0.33% 下降为 0.20%。处于产业发展水平低、产业规模不断萎缩的状态。

从劳动生产率看，云南省的电气机械及器材制造业近年来发展缓慢，劳动生产率提高幅度不大，与全国的差异不断扩大。仪器仪表及文化办公设备制造业不但产业规模小，劳动生产率也远低于全国平均水平（见图 3-18）。

二　产业链长，产业关联度高

云南省的电气机械及仪器仪表设备制造业作为重要的生产装备行业，其影响力系数大于感应度系数，影响力大于 1，感应度系数小于 1，反映出电气机械及仪器仪表制造业的产业关联性强、产业链长的特点。2002 年影响力系数为 1.239，2007 年为 1.243，2010 年为 1.244。按 24 部门划分，电气机械及仪器仪表设备制造业生产波及效应最强的是冶金工业，影响强

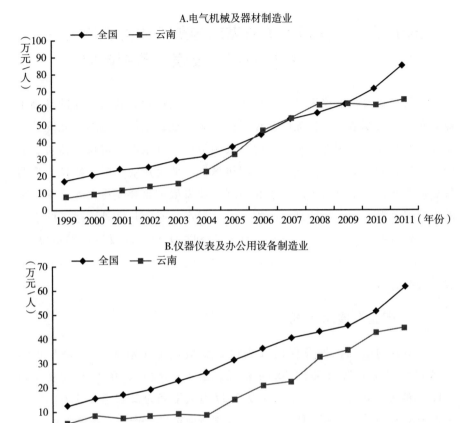

图3-18　云南省电气机械及仪器仪表制造业劳动生产率与全国对比

度高达0.465，其次是石油加工与化学工业，影响强度为0.271，第三是采掘业，影响强度为0.261，第四是商贸服务业的影响强度为0.210，第五是交通运输及仓储业的影响强度为0.151。可以看出电气机械及仪器仪表设备制造业对相关产业带动能力强，波及效应也强。

从细分行业看，影响力系数最高的是电线、电缆、光缆及电工器材制造业（1.323）。云南省的电线、电缆、光缆及电工器材制造业生产波及效应最强的是有色金属冶炼及合金制造业，影响强度高达0.427，生产波及效应强的还有有色金属矿采选业（0.263），批发业（0.154），有色金属压延加工业（0.120），电力、热力的生产和供应业（0.116），合成材料制造业（0.109）；输配电及控制设备制造业影响力系数为 1.276，输配电及控制设备制造业生产波及效应最强的是钢压延加工业，影响强度为 0.217，生产波及效应较强的还有有色金属压延加工业（0.152）、批发业（0.136）、有色金属冶炼及合金制造业（0.118）、道路运输业（0.101）；家用电力和非电力器具制造业的影响力系数为 1.268，家用电力和非电力器具制造业生产波及效应最强的是有色金属压延加工业，影响强度为 0.272，生产波及效应较强的还有电力、热力的生产和供应业（0.212）和批发业（0.133）；电机制造业的影响力系数为 1.252，电机制造业生产波及效应最强的是电线、电缆、光缆及电工器材制造业，影响强度为 0.170，生产波及效应较强的还有钢压延加工业（0.169）、其他通用设备制造业（0.134）、批发业（0.131）；其他电气机械及器材制造业的影响力系数为 1.203，其他电气机械及器材制造业生产波及效应最强的是有色金属冶炼及合金制造业，影响强度为 0.278，生产波及效应较强的还有有色金属矿采选业（0.199）、批发业（0.124）、玻璃及玻璃制品制造业（0.120）；仪器仪表制造业的影响力系数为 1.120，仪器仪表制造业生产波及效应最强的是电子元器件制造业，影响强度为 0.247，其他的都在 0.1 以下。云南省的文化、办公用机械制造业由于没有产值，所以在此不进行分析。

从影响力系数可以看出，电气机械及仪器仪表制造业的直接关联产业较为集中，且产业关联度高，电气机械及仪器仪表制造业对相对产业的带动能力强，加快发展对云南产业转型升级意义重大。

三　产业不能满足省内需求，以调入为主

云南省的电气机械及仪器仪表制造业以调入为主，调出规模不断缩小，调入规模不断扩大，从 2002 年调入 40.72 亿元提高到 2007 年调入 174.29 亿元，再进一步提高到 2010 年调入 390.31 亿元，净调入从 2002 年的 32.76 亿元提高到 2007 年的 165.58 亿元，2010 年又进一步提高到 385.45 亿元。2010 年调入规模占全省调入规模的 6.77%，净调入占全省净调入的 14.70%，也是云南省重要的净调入部门。调出对产业增加值的贡献率从 2002 年的 23.4% 下降为 2010 年的 9.6%，下降幅度较大。调入对产业增加值的间接贡献率保持在 40% 左右，2010 年为 43.1%（见表3-47）。

表 3 - 47　云南省电气机械及仪器仪表制造业的调入与调出情况

单位：亿元，%

年份	调出	调入	净调入	调出贡献	调入贡献
2002	7.96	40.72	32.76	23.4	35.7
2007	8.71	174.29	165.58	14.1	43.5
2010	4.87	390.31	385.45	9.6	43.1
2010 年占比	0.15	6.77	14.70		

资料来源：根据《云南省投入产出表》计算。

从内部行业看，2007 年 7 个产业全部为净调入，电机制造业净调入 40.61 亿元，输配电及控制设备制造业净调入 28.32 亿元，电线、电缆、光缆及电工器材制造业没有调出，净调入 48.77 亿元，家用电力和非电力器具制造业净调入 3.17 亿元，其他电气机械及器材制造业净调入 22.97 亿元，仪器仪表制造业净调入 6.70 亿元，文化、办公用机械制造业没有调出，净调入 15.04 亿元（见表3－48）。由于这些产业全部为净调入，所以各项最终需求的生产诱发系数均为负值。

表 3 - 48　云南省 2007 年电气机械及仪器仪表制造业内部行业的调入与调出情况

单位：万元

细分行业	出口	销往国内省外	调出	进口	从国内省外购进	调入	净调入
电机制造业	8181	8966	17147	16504	406749	423253	406106
输配电及控制设备制造业	1439	33116	34555	43401	274312	317713	283158
电线、电缆、光缆及电工器材制造业	0	0	0	6571	481167	487738	487738
家用电力和非电力器具制造业	90	1771	1861	9	33578	33587	31726
其他电气机械及器材制造业	17363	16182	33545	10729	252537	263266	229721
仪器仪表制造业	0	0	0	710	66279	66989	66989
文化、办公用机械制造业	0	0	0	0	150390	150390	150390

资料来源：根据《云南省投入产出表》计算。

四　各项最终需求拉动的是省外的产业发展

从各项最终需求对电气机械及仪器仪表制造业的生产诱发系数看，2002

年居民消费和调出还有一定的诱发效果，但2010年各项最终需求的生产诱发系数均为负值（见表3－49）。反映出云南省的电气机械及仪器仪表制造业未受到各项最终需求的影响，各项最终需求拉动的是省外的产业发展。

表3－49　云南省最终需求对电气机械及仪器仪表制造业的生产诱发系数

年份	农村居民消费	城镇居民消费	居民消费	政府消费	最终消费	固定资本形成总额	存货增加	资本形成总额	调出
2002	0.015	0.009	0.013	− 0.001	0.008	0.000	− 0.043	− 0.003	0.009
2007	− 0.008	− 0.005	− 0.007	− 0.010	− 0.008	0.022	− 0.119	0.019	0.000
2010	− 0.018	− 0.018	− 0.018	− 0.020	− 0.018	− 0.016	− 0.006	− 0.015	− 0.020

资料来源：根据《云南省投入产出表》计算。

其中：农村居民消费只对电机制造业有一定的生产诱发效果，城镇居民消费对电机制造业和电线、电缆、光缆及电工器材制造业有一定的生产诱发效果，政府消费对电机制造业和其他电气机械及器材制造业生产诱发效果稍大，固定资本形成总额对电机制造业，输配电及控制设备制造业，电线、电缆、光缆及电工器材制造业，家用电力和非电力器具制造业，仪器仪表制造业和文化、办公用机械制造业都有生产诱发效果，说明扩大投资对电气机械及仪器仪表制造业有拉动作用（见表3－50）。

表3－50　云南省2007年最终需求对电气机械及仪器仪表制造业细分行业的生产诱发系数

最终需求	电机制造业	输配电及控制设备制造业	电线、电缆、光缆及电工器材制造业	家用电力和非电力器具制造业	其他电气机械及器材制造业	仪器仪表制造业	文化、办公用机械制造业
农村居民消费	0.003	0.000	0.000	0.000	0.000	0.000	0.000
城镇居民消费	0.002	0.000	0.002	0.000	− 0.003	0.000	0.000
居民消费	0.002	0.000	0.001	0.000	− 0.002	0.000	0.000
政府消费	0.007	0.000	0.002	− 0.002	0.003	0.002	0.000
最终消费	0.004	0.000	0.001	0.000	0.000	0.001	0.000
固定资本形成总额	0.011	0.014	0.007	0.001	− 0.001	0.001	0.001
存货增加	− 0.001	− 0.089	− 0.005	− 0.006	− 0.010	− 0.033	0.000
资本形成总额	0.010	0.012	0.007	0.001	− 0.001	0.000	0.001
出口	0.002	0.001	0.000	− 0.001	0.007	0.001	0.001
销往国内省外	− 0.003	0.001	0.000	− 0.002	0.001	0.001	0.000
调出	− 0.003	0.001	0.000	− 0.002	0.002	0.001	0.000

资料来源：根据《云南省投入产出表》计算。

销往国内省外对家用电力和非电力器具制造业、电机制造业有负面效果，对其他产业有微弱的生产诱发效果。

五　对策建议

1. 利用区位优势，扩大机电产品对南亚、东南亚及其他国家地区的出口贸易

积极鼓励机电产品出口，研究制定支持机电产品出口的财政补贴和税收减免政策；完善出口退税政策，适当提高部分高技术、高附加值装备产品的退税率；利用我国与东盟国家达成的零关税协议，鼓励机电产品出口东盟国家。鼓励金融机构增加出口信贷资金投放，支持省内企业承揽国外工程项目，带动成套设备和施工机械出口。

2. 着力引进国际知名品牌，高起点生产电气机械及仪器仪表制造业产品

针对目前市场上电气机械及仪器仪表产品质量参差不齐和市场竞争激烈的特点，在电机制造业，输配电及控制设备制造业，电线、电缆、光缆及电工器材制造业，家用电力和非电力器具制造业，其他电气机械及器材制造业，仪器仪表制造业，文化、办公用机械制造业等各行业内重点引进几家国际知名品牌，以产品质量为核心，高起点发展，逐步形成以产品质量为特色的云南品牌产品来获得竞争优势。

3. 制定优惠政策鼓励民营企业发展电气机械及仪器仪表制造业

应加强对电机制造业，输配电及控制设备制造业，电线、电缆、光缆及电工器材制造业，家用电力和非电力器具制造业，其他电气机械及器材制造业，仪器仪表制造业，文化、办公用机械制造业等各行业中民营企业的调研和问题分析，针对它们在发展中遇到的各种问题，制定能切实解决问题的实施意见，帮助民营企业加快发展。

第十三节　以满足省内需求为重点努力发展
通信设备、计算机及其他电子设备制造业

通信设备、计算机及其他电子设备制造业是高新技术产业，已经成为发达国家和发达地区的支柱产业。随着产业的发展，其内部行业划分越来越细。目前通信设备、计算机及其他电子设备制造业包含通信设备制造业、雷达及广播设备制造业、电子计算机制造业、电子元器件制造业、家用视听设

备制造业、其他电子设备制造业等 6 个产业。云南省的通信电子设备制造业产业规模小，雷达及广播设备制造业和家用视听设备制造业没有产值，其他产业产值也很低。通信设备、计算机及其他电子设备制造业是现代产业体系的重要支撑，产业的前向关联和后向关联都比较强，产业发展对相关产业的带动能力强。云南省的通信设备、计算机及其他电子设备制造业产业规模小，产业地位低，产品生产不能满足省内需求，产品以调入为主，是云南省的主要调入产品门类之一，其中的通信设备制造业、电子计算机制造业和其他电子设备制造业调入规模较大，各项最终需求对云南省的通信设备制造业、计算机及其他电子设备制造业没有拉动作用，从内部行业看，只有消费需求对电子元器件制造业和其他电子设备制造业有生产诱发效果。因此，加快发展云南省的通信设备、计算机及其他电子设备制造业是优化云南经济结构，转变发展方式的重点策略之一。

一　产业弱小，发展程度低

云南省的通信设备、计算机及其他电子设备制造业发展严重滞后，产业规模小，工业增加值从 2000 年的 0.92 亿元提高到 2012 年的 6.63 亿元，占全省工业增加值的比重从 2000 年的 0.17% 提高到 2012 年的 0.19%，占全省地区生产总值的比重从 2000 年的 0.04% 提高到 2012 年的 0.06%；工业总产值从 4.14 亿元提高到 2012 年的 24.85 亿元，占全省工业总产值的比重从 2000 年的 0.39% 下降到 2012 年的 0.27%；从业人员从 0.25 万人提高到 2012 年的 0.52 万人，占全省从业人员的比重从 2000 年的 0.32% 提高到 0.51%。作为现代产业体系中的重要工业，在国民经济中不到 1% 的产业地位，反映出云南产业结构调整优化的滞后性和产业竞争力的低下。

从劳动生产率看，云南省的通信设备、计算机及其他电子设备制造业提高较快，从 2000 年的 16.56 万元/人提高到 2011 年的 78.15 万元/人。与全国平均水平相比，云南省的通信设备、计算机及其他电子设备制造业的劳动生产率已经赶上全国平均水平（见图 3 - 19）。

二　产业链长，产业关联度高

云南省的通信设备、计算机及其他电子设备制造业的影响力系数大于感应度系数，但差异不大，影响力系数略大于 1，感应度系数略小于 1。说明该产业的产业关联度无论前向还是后向都是比较强的。

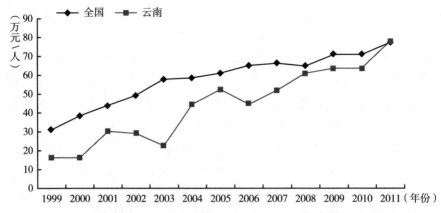

图 3 - 19　云南省通信设备、计算机及其他电子设备制造业劳动生产率与全国对比

　　影响力系数略有下降，从 2002 年的 1.401 下降为 2007 年的 1.160，2010 年又略为上升为 1.169。按 24 部门划分，云南省 2010 年的通信设备、计算机及其他电子设备制造业生产波及效应最强的是商贸服务业，影响强度为 0.192，其次是石油加工与化学工业，影响强度为 0.181，第三是冶金工业，影响强度为 0.144，第四是采掘业，影响强度为 0.120，第五是交通运输及仓储业，影响强度为 0.102。按 42 部门划分，云南省 2010 年的通信设备、计算机及其他电子设备制造业生产波及效应较强的是批发和零售业 (0.141)、金属冶炼及压延加工业 (0.125)、化学工业 (0.110)、交通运输及仓储业 (0.101)（见图 3 - 20）。

　　按 144 部门划分，云南省 2007 年的通信设备、计算机及其他电子设备制造业内部的通信设备制造业影响力系数为 1.081，电子计算机制造业的影响力系数为 1.265，电子元器件制造业的影响力系数是 1.114，其他电子设备制造业的影响力系数是 1.442。其中：通信设备制造业生产波及效应较强的是电子元器件制造业 (0.135)、研究与试验发展业 (0.115)；电子计算机制造业生产波及效应较强的是电子元器件制造业 (0.328) 和批发业 (0.129)；电子元器件制造业生产波及效应较强的是有色金属冶炼及合金制造业 (0.140)，玻璃及玻璃制品制造业 (0.116)，批发业 (0.107)，电力、热力的生产和供应业 (0.104)；其他电子设备制造业生产波及效应较强的是有色金属冶炼及合金制造业 (0.419)、有色金属矿采选业 (0.236)、批发业 (0.154)。

　　可以看出，通信设备、计算机及其他电子设备制造业对相关产业的生

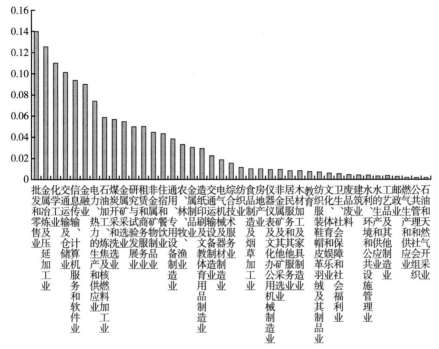

图 3 - 20　云南省 2010 年通信设备、计算机及其他电子设备
制造业的生产波及效应排序（42 部门）

产波及效应很强，影响强度高，带动能力强，是培育现代产业体系必须加快发展的产业之一。

云南省的通信设备、计算机及其他电子设备制造业感应度系数虽然小于 1，但也接近于 1，2002 年还超过 1，为 1.095，2007 年感应度系数为0.911，2010 年感应度系数为 0.951。按 24 部门划分，2010 年对通信设备、计算机及其他电子设备制造业需求最强的是信息传输、计算机服务和软件业，需求感应强度为 0.223，其他产业的需求感应强度低于 0.1。按 42 部门划分，2010 年对云南省的通信设备、计算机及其他电子设备制造业需求最强的是仪器仪表及文化办公用机械制造业，需求感应强度为 0.354，其次是信息传输、计算机服务和软件业，需求感应强度为 0.232，其他产业的需求感应强度低于 0.1（见图 3 - 21）。

按 144 部门划分，2007 年通信设备制造业的感应度系数为 0.762，电子计算机制造业的感应度系数为 1.559，电子元器件制造业的感应度系数为 1.332，其他电子设备制造业的感应度系数为 0.922。可以看出，其他产

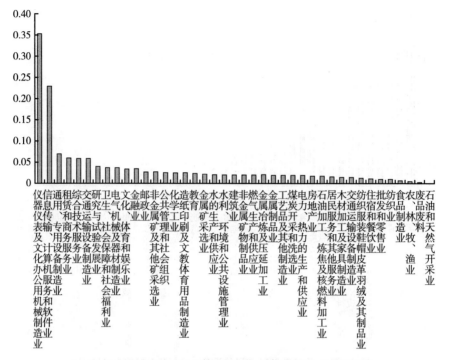

图 3 - 21 云南省 2010 年通信设备、计算机及其他电子设备 制造业的需求感应强度排序 (42 部门)

业对通信设备、计算机及其他电子设备制造业各内部行业的需求强度都比较高。其中：通信设备制造业的需求感应最强的是电信和其他信息传输服务业，感应强度为 0.098；电子计算机制造业的需求感应最强的是计算机服务业，感应强度高达 0.793，其次是软件业，感应强度高达 0.636，第三是科技交流和推广服务业，感应强度为 0.100，对其他产业的需求感应强度都小于 0.1；电子元器件制造业的需求感应最强的是电子计算机制造业，感应强度为 0.328，其次是仪器仪表制造业，感应强度为 0.247，第三是计算机服务业，感应强度为 0.187，第四是软件业，感应强度为 0.152；其他电子设备制造业的需求感应最强的是其他专用设备制造业，感应强度为 0.162，对其他产业的需求感应强度小于 0.1。

从感应度系数可以看出，通信设备、计算机及其他电子设备制造业虽然需求感应强的产业不多，但直接相关的少数几个产业对通信设备、计算机及其他电子设备制造业的需求程度很高，这个产业的发展直接关系到相关产业的发展。

三 产业不能满足省内需求，以调入为主

由于云南省的通信设备、计算机及其他电子设备制造业发展严重不足，产品生产不能满足省内需求，产品以调入为主，2002 年调入 47.72 亿元，2007 年调入规模扩大到 158.25 亿元，2010 年调入规模又扩大到 357.95 亿元，2007 年净调入规模提高到 148.41 亿元，2010 年净调入规模进一步提高到 351.94 亿元。调入对产业增加值的间接贡献率高达 50%（见表 3 - 51）。

表 3 - 51　云南省通信设备、计算机及电子设备制造业的调入与调出情况

年份	调出	调入	净调入	调出贡献	调入贡献
2002	2.99	47.72	44.73	12.1	59.7
2007	9.84	158.25	148.41	12.9	49.0
2010	6.00	357.95	351.94	6.0	50.0
2010 年占比	0.19	6.21	13.43		

资料来源：根据《云南省投入产出表》计算。

从细分行业看，云南省的通信设备制造业产品大部分从国内省外购进，2007 年调入规模为 79.05 亿元；雷达及广播设备制造业没有产值，也没有调入和调出；电子计算机制造业有一定规模的调出，2007 年调出 5.72 亿元，但调入规模更大，调入 44.08 亿元；电子元器件制造业有一定规模的调出，调出 3.29 亿元，调入 10.06 亿元；家用视听设备制造业没有调出，全部为调入，调入 7.94 亿元；其他电子设备制造业也基本都是调入产品，调入 17.13 亿元（见表 3 - 52）。

表 3 - 52　2007 年云南省通信设备、计算机及电子设备制造业
内部行业的调入与调出情况

单位：万元

产业	出口	销往国内省外	调出	进口	从国内省外购进	调入	净调入
通信设备制造业	0	8230	8230	9955	780512	790467	782237
雷达及广播设备制造业	0	0	0	0	0	0	0
电子计算机制造业	3181	54043	57224	13475	427358	440833	383609

续表

产业	出口	销往国内省外	调出	进口	从国内省外购进	调入	净调入
电子元器件制造业	1630	31291	32921	12228	88358	100586	67665
家用视听设备制造业	0	0	0	4139	75227	79366	79366
其他电子设备制造业	0	51	51	4379	166890	171269	171218

资料来源：根据《云南省投入产出表》计算。

四　各项最终需求拉动的是省外的产业发展

各项最终需求对云南省的通信设备、计算机及其他电子设备制造业的生产诱发系数均为负值（见表 3 - 53），反映出云南省的通信设备、计算机及其他电子设备制造业不受省内各项需求的影响，由于通信设备、计算机及其他电子设备产品都以调入为主，所以扩大省内需求拉动的是省外的产业发展，对省内产业发展没有拉动作用。

表 3 - 53　云南省各项最终需求对通信设备、计算机及其他
电子设备制造业的生产诱发系数

年份	农村居民消费	城镇居民消费	居民消费	政府消费	最终消费	固定资本形成总额	存货增加	资本形成总额	调出	最终使用
2002	0.004	- 0.008	- 0.001	- 0.014	- 0.005	- 0.003	- 0.025	- 0.004	- 0.004	- 0.005
2007	- 0.014	- 0.016	- 0.015	- 0.022	- 0.017	- 0.005	0.000	- 0.005	- 0.007	- 0.010
2010	- 0.014	- 0.020	- 0.018	- 0.020	- 0.018	- 0.004	- 0.006	- 0.004	- 0.008	- 0.010

资料来源：根据《云南省投入产出表》计算。

其中：2007 年通信设备制造业受消费需求、存货增加的生产诱发系数都为负值，受固定资本形成总额的生产诱发系数为 0.002；雷达及广播设备制造业和家用视听设备制造业由于几乎没有产值，受各类需求的生产诱发系数几乎均为 0；电子计算机制造业受各类消费需求、存货增加、调出的生产诱发系数均为负值，只有固定资本形成总额的生产诱发系数为 0.002；电子元器件制造业受各类消费需求和存货增加的生产诱发系数为正值，受固定资本形成总额和出口的生产诱发系数为负值；其他电子设备制造业受各类消费需求、存货增加、调出的生产诱发为正值，只有固定资本形成总额的生产诱发系数为负值（见表 3 - 54）。

表 3 – 54 云南省 2007 年最终需求对通信设备、计算机及电子设备
制造业内部行业的生产诱发系数

最终需求	通信设备制造业	雷达及广播设备制造业	电子计算机制造业	电子元器件制造业	家用视听设备制造业	其他电子设备制造业
农村居民消费	– 0.008	0.000	– 0.003	0.004	0.000	0.007
城镇居民消费	– 0.012	0.000	– 0.002	0.003	0.000	0.004
居民消费	– 0.010	0.000	– 0.002	0.003	0.000	0.005
政府消费	0.000	0.000	– 0.016	0.010	0.000	0.024
最终消费	– 0.007	0.000	– 0.006	0.005	0.000	0.010
固定资本形成总额	0.003	0.000	0.002	– 0.003	0.000	– 0.006
存货增加	– 0.019	0.000	– 0.006	0.023	0.000	0.004
资本形成总额	0.002	0.000	0.002	– 0.002	0.002	– 0.006
出口	0.000	0.000	– 0.001	– 0.001	0.000	0.001
销往国内省外	0.000	0.000	– 0.002	0.000	0.000	0.002
调出	0.000	0.000	– 0.001	0.000	0.000	0.002
最终使用	– 0.002	0.000	– 0.002	0.001	0.001	0.002

资料来源：根据《云南省投入产出表》计算。

可以看出，云南省的通信设备制造业、电子计算机制造业主要通过调入满足省内需求，所以各项最终需求拉动的是这两个产业的省外产业发展，而电子元器件制造业和其他电子设备制造业受各项最终需求的生产诱发系数为正值，说明扩大内需，尤其是消费需求对这两个产业有一定的拉动作用。

五 对策建议

目前，通信设备、计算机及电子设备制造业梯度转移十分明显，正呈现从欧美向发展中国家转移、从我国沿海向内地转移的趋势。云南省要紧紧抓住这一机遇，围绕强规模、调结构，推动全省通信设备、计算机及电子设备制造业的发展。

1. 积极做好通信设备、计算机及电子设备制造业发展规划，促进可持续发展

在通信设备、计算机及电子设备制造业发展规划中既注重短期发展，更要谋划中长期发展的规划，形成具有特色的产业发展思路；落实国家、省各项扶持优惠政策，形成促进信息产业发展的良好环境；积极谋划产业园区建设，创建电子信息产业孵化中心，广纳人才，吸引企业、科研机构

建设生产、研发基地；积极谋求与广东、上海等信息产业基地的合作，开发上下游产品，实现产业对接。

2. 整合与改造并举，提升优势行业水平，完善产业链

围绕核心企业，以创品牌为目标，加大对电子真空器件制造、电子元件及组件制造业的改造力度，积极引导企业做大做强。以高起点发展通信网络设备、光电设备等整机产业为目标，引导有实力的整机企业向关联的高端上游领域投资，通过资本纽带加强整机企业与元器件企业之间的联系，从而完善产业链，推动云南省电子信息设备制造业赶超发展。

3. 加强支持引导，努力推动自主创新

依靠政府和企业的共同努力，把产业技术能力的提高作为未来10年的重要战略，充分发挥企业在新产品技术开发中的主体作用，克服制造能力与技术能力的"不对称"现象。政府在税收、金融支持、政府采购方面，向企业的创新行为倾斜，对重大技术攻关给予支持，政府还要利用集中采购行为，合理地支持企业技术上和产品上的创新。而企业应适应信息技术发展趋势，加大新产品、新技术的研制和开发，提高产品档次和水平，构筑企业的核心竞争力。

4. 建立行业预警机制，提高抵抗风险能力

电子信息设备制造业是高投入、高产出，换代升级迅速的行业。政府相关部门要根据这一特征，建立必要的预警机制，根据掌握的国内外行业有关情况对企业加强指导，方便企业把握市场脉搏，避免企业重复建设投入，推动全省电子信息设备制造业健康、有序发展。

第十四节　分类指导造纸及其他工业的发展

造纸及其他工业包含造纸印刷及文教用品制造业、废品及废料、燃气生产和供应业、水的生产和供应业，大部分是消费品工业，对相关产业有较强的带动能力，目前云南省的产业规模小，不能适应省内需求，文教体育用品制造业、燃气生产和供应业以调入为主，导致启动消费和扩大投资对这些产业的拉动作用不显著，加快发展文教体育用品制造业，适度发展造纸及纸制品业，是优化经济结构、转变发展方式的重点之一。

一　产业发展层次低

2000 年以来，云南省的造纸及其他工业获得快速发展，工业增加值从 2000 年的 19.34 亿元提高到 2012 年的 76.56 亿元，工业总产值从 2000 年的 53.79 亿元提高到 2012 年的 243.95 亿元，从业人员基本一致，2000 年为 3.85 万人，2012 年为 3.84 万人。该产业在全省经济中的地位不高，工业增加值在全省工业增加值中的比重从 2000 年的 3.64% 下降为 2012 年的 2.22%，工业总产值占全省工业总产值的比重从 2000 年的 5.06% 下降为 2012 年的 2.61%，从业人员占工业从业人员的比重从 2000 年的 4.99% 下降为 3.81%。造纸及其他工业的增加值占全省生产总值的比重不到 1%，产业规模小，产业地位不高。

从劳动生产率看，虽然云南省的造纸及纸制品业劳动生产率不断提高，从 2000 年的 12.60 万元/人提高到 2011 年的 44.30 万元/人，但云南省的劳动生产率远低于全国平均水平（见图 3-22），并且这个差距是从 2004 年以后不断扩大的。

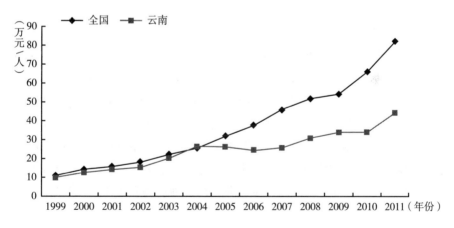

图 3-22　云南省造纸及纸制品业劳动生产率与全国对比

二　产业关联性较强

云南省的造纸及其他工业的影响力系数与感应度系数比较接近，在 1 左右。按 42 部门划分，2010 年云南省造纸印刷及文教体育用品制造业的影响力系数和感应度系数都大于 1，而燃气生产和供应业与水的生产和供应业的影响力系数远大于感应度系数（见表 3 – 55）。说明造纸印刷及文教体育用品制造业的前向关联和后向关联都比较强，而燃气生产和供应业与水的生产和供应业的前向关联强于后向关联。

表 3 – 55　云南省 2010 年造纸及其他工业的影响力系数和感应度系数

	造纸印刷及文教体育用品制造业	废品废料	燃气生产和供应业	水的生产和供应业
影响力系数	1.194	0.471	1.238	1.004
感应度系数	1.240	0.575	0.473	0.434

资料来源：根据《云南省投入产出表》计算。

造纸印刷及文教体育用品制造业的影响力系数为 1.194，其生产波及效应最强的是化学工业（0.163）、批发和零售业（0.134）、农林牧渔业（0.132）、交通运输及仓储业（0.128）。

燃气生产和供应业的影响力系数为 1.238，其生产波及效应最强的是煤炭开采和洗选业，影响强度高达 0.568，生产波及效应较强的还有电力、热力的生产和供应业（0.173），交通运输及仓储业（0.172），石油加工、炼焦及核燃料加工业（0.141），批发和零售业（0.131）。

水的生产和供应业的影响力系数为 1.004，其生产波及效应最强的是化学工业，影响强度为 0.252，生产波及效应较强的还有金融业（0.121），电力、热力的生产和供应业（0.119），金属冶炼及压延加工业（0.109）。

造纸印刷及文教体育用品制造业的感应度系数也大于 1，为 1.240，说明相关产业对造纸印刷及文教体育用品制造业的产品有较大的市场需求。造纸印刷及文教体育用品制造业的需求感应较强的产业是综合技术服务业，感应强度为 0.136，其次是金融业，感应强度为 0.104，对其他产业的需求感应强度低于 0.1。

按 144 部门细分，2007 年，造纸及纸制品业的影响力系数和感应度系数都大于 1，感应度系数大于影响力系数，说明其他产业对造纸及纸制品业的需求广泛，同时该产业对其他产业有很好的带动能力。从影响力系数看，造纸及纸制品业生产波及效应最强的产业是印刷业和记录媒介的复制业（0.107）。从感应度系数看，造纸及纸制品业需求感应最强的是印刷业和记录媒介的复制业，需求感应强度高达 0.535，其次是新闻出版业（0.166），第三是农药制造业（0.125）（见表 3 – 56，图 3 – 23）。

表 3-56 云南省 2007 年造纸及其他工业内部行业的影响力系数和感应度系数

	造纸及纸制品业	印刷业和记录媒介的复制业	文教体育用品制造业	废品废料	燃气生产和供应业	水的生产和供应业
影响力系数	1.085	1.145	1.298	0.411	1.195	0.827
感应度系数	1.796	0.900	1.500	0.854	0.556	0.558

资料来源：根据《云南省投入产出表》计算。

印刷业和记录媒介的复制业的影响力系数高于感应度系数，但差异不大。影响力系数为 1.145，印刷业和记录媒介的复制业生产波及效应最强的是造纸及纸制品业，影响强度为 0.535，对其他产业的影响强度小于 0.1。印刷业和记录媒介的复制业的感应度系数小于 1，但接近于 1，为 0.900。需求感应较强的是保险业，感应强度为 0.108。

文教体育用品制造业的影响力系数和感应度系数都大于 1，但感应度系数高于影响力系数。影响力系数为 1.298，文教体育用品制造业生产波

造纸及纸制品业生产波及效应较强的前30个产业

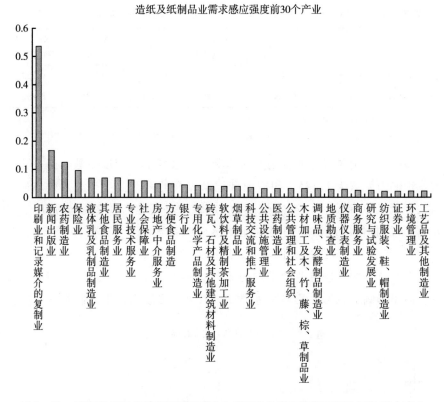

图 3 – 23　云南省 2007 年造纸及纸制品业生产波及效应和需求感应强度前 30 个产业

及效应最强的是金属制品业，影响强度为 0.249，还有林业（0.162）、钢压延加工业（0.111）、批发业（0.097）。文教体育用品制造业的感应度系数为 1.500，需求感应最强的是新闻出版业（0.186）和软件业（0.127）。

燃气生产和供应业的影响力系数大于感应度系数，影响力系数为 1.195，生产波及效应最强的是煤炭开采和洗选业，影响强度高达 0.498，其次是电力、热力的生产和供应业，影响强度为 0.163。

水的生产和供应业的影响力系数和感应度系数都小于 1。

从产业关联度看，造纸及纸制品业、印刷业和记录媒介的复制业、文教体育用品制造业的前向关联和后向关联都比较强，适度加快发展这些产业有利于带动相关产业的发展。

三　文教体育用品制造业是主要的调入部门

云南省的造纸及其他工业也是净调入的产业部门，但调入规模不

大, 2002 年调出 4.03 亿元, 调入 52.07 亿元, 净调入 48.04 亿元, 调
出对产业增加值的贡献是 20.9%, 调入对产业增加值的间接贡献率是
25.3%; 2007 年调出 18.24 亿元, 调入提高到 109.14 亿元, 净调入提
高到 90.89 亿元, 调出对产业增加值的贡献是 37.9%, 调入对产业增加
值的间接贡献率提高到 35.0%; 2010 年调出只有 11.13 亿元, 调入提
高到 129.03 亿元, 净调入进一步扩大到 117.91 亿元, 调出对产业增加
值的贡献率是 28.1%, 调入对产业增加值的间接贡献率提高到 35.9%
(见表 3 - 57)。

表 3 - 57 云南省造纸及其他工业的调入与调出情况

单位: 亿元, %

年份	调出	调入	净调入	调出贡献	调入贡献
2002	4.03	52.07	48.04	20.9	25.3
2007	18.24	109.14	90.89	37.9	35.0
2010	11.13	129.03	117.91	28.1	35.9
2010 占比	0.35	2.24	4.50		

资料来源: 根据《云南省投入产出表》计算。

从细分行业看, 2007 年, 造纸及纸制品业调出 10.84 亿元, 调入
32.77 亿元; 印刷业和记录媒介的复制业调出 6.45 亿元, 调入 18.25 亿
元; 文教体育用品制造业主要是净调入, 调入 42.16 亿元; 燃气生产和供
应业以调入为主, 调入 15.96 亿元。

表 3 - 58 2007 年云南省造纸及其他工业内部行业的调入与调出情况

单位: 万元

细分行业	出口	销往国内省外	调出	进口	从国内省外购进	调入	净调入
造纸及纸制品业	48	108443	108491	45999	281741	327740	219249
印刷业和记录媒介的复制业	0	64452	64452	0	182487	182487	118035
文教体育用品制造业	0	10	10	0	421573	421573	421563
废品废料	0	0	0	0	0	0	0
燃气生产和供应业	0	9461	9461	73	159477	159550	150089
水的生产和供应业	0	0	0	0	0	0	0

资料来源: 根据《云南省投入产出表》计算。

可以看出，造纸及纸制品业、印刷业和记录媒介的复制业、文教体育用品制造业、燃气生产和供应业以调入为主，虽然省内需求量不大，调入规模不大，但这些产业对直接关联的产业带动性强。

四 最终需求对产业的拉动作用较大

各项最终需求对造纸及其他工业的生产诱发效果显著（见表 3 - 59），其中，消费需求的生产诱发效果强于投资需求和外部需求，城镇居民消费需求的生产诱发效果强于农村居民消费需求。

表 3 - 59 云南省最终需求对造纸及其他工业的生产诱发系数

年份	农村居民消费	城镇居民消费	居民消费	政府消费	最终消费	固定资本形成总额	存货增加	资本形成总额	调出	最终使用
2002	0.024	0.060	0.037	0.042	0.039	0.012	0.014	0.012	0.021	0.027
2007	0.012	0.025	0.020	0.013	0.018	0.002	0.040	0.003	0.012	0.011
2010	0.018	0.038	0.031	0.022	0.028	0.005	0.021	0.006	0.017	0.016

资料来源：根据《云南省投入产出表》计算。

从细分 144 部门看，2007 年，居民消费、政府消费、存货投资、外部需求对云南省的造纸及纸制品业有生产诱发效果，固定资产投资拉动省外产业发展；各项最终需求对云南省的印刷业和记录媒介的复制业有生产诱发效果；由于文教体育用品制造业以调入为主，各项最终需求对云南省的文教体育用品制造业没有拉动作用，拉动的是省外的产业发展；消费需求对燃气生产和供应业、水的生产和供应业有生产诱发效果，而投资拉动的是这两个产业的省外发展（见表 3 - 60）。

表 3 - 60 2007 年云南省最终需求对造纸及其他工业内部行业的生产诱发系数

最终需求	造纸及纸制品业	印刷业和记录媒介的复制业	文教体育用品制造业	废品废料	燃气生产和供应业	水的生产和供应业
农村居民消费	0.001	0.005	- 0.006	0.000	0.002	0.000
城镇居民消费	0.002	0.004	- 0.009	0.000	0.011	0.004
居民消费	0.002	0.004	- 0.008	0.000	0.007	0.003
政府消费	0.005	0.008	- 0.046	0.000	0.000	0.000
最终消费	0.003	0.006	- 0.019	0.000	0.005	0.002
固定资本形成总额	- 0.001	0.000	0.001	0.000	- 0.001	0.000

续表

最终 需求	造纸及 纸制品业	印刷业和 记录媒介 的复制业	文教体育 用品制造业	废品 废料	燃气生产 和供应业	水的生产 和供应业
存货增加	0.051	0.028	−0.019	0.004	0.012	−0.008
资本形成总额	0.000	0.000	0.000	0.000	0.000	0.000
出口	0.004	0.004	−0.004	0.000	0.000	0.000
销往国内省外	0.009	0.008	−0.007	0.000	0.000	0.000
调出	0.009	0.007	−0.007	0.000	0.000	0.000
最终使用	0.004	0.005	−0.009	0.000	0.002	0.001

资料来源：根据《云南省投入产出表》计算。

因此，稳步发展造纸及其他工业，以满足省内需求，尤其是加快文教体育用品制造业的发展，以降低调入规模，加快印刷业和记录媒介的复制业的发展，以带动相关产业的发展，是优化云南经济结构、转变发展方式的重点之一。

五 对策建议

1. 加快发展文教体育用品制造业

首先要明确将文教体育用品制造业列入云南省扶持发展的产业导向目录，营造产业发展环境。其次要大力引进国内外知名企业来滇投资发展文教体育用品制造业。再次要扶持民营企业发展，切实解决它们在融资、市场开拓、人才引进等方面的困难。最后，要大力推广少数民族传统体育文化，配合旅游文化产业发展，在少数民族地区稳步推动少数民族传统体育和文化用品制造业发展。

2. 稳步发展造纸及纸制品业

在保护好天然林和大力发展速生丰产林的基础上，稳步发展造纸及纸制品业。加大技术改造力度，努力降低废水排放率和资源消耗水平，积极开发秸秆、废弃烟叶等农林废弃物造纸的循环利用技术，根据城乡居民生产生活变化对纸制品的消费升级，着力开发安全、高效的新型纸制品。科技部门要向省内纸制品生产企业的技术创新项目倾斜，不断提高本省纸制品的质量，以质量过硬的产品抢占省内市场和周边国家市场。

3. 积极扶持发展废品废料业

大力推广生活垃圾分类的生活方式，促进生活废弃物的再生利用；建立废弃电子产品回收产业基地，大力推进稀贵、稀散金属的提取回收利用；创新管理方式与回收模式，提高农用薄膜等废弃物的回收利用；加强废品废料回收行业管理，严厉打击盗窃、破坏公用设施变卖为废旧物品的行为。

第十五节　以消纳电力为重点增强电力工业竞争力

电力是生产生活必需品，电力工业是国民经济体系中重要的基础产业。云南省丰富的水能资源优势，使电力工业成为云南省的支柱产业，也形成了产业优势。电力是云南省重要的调出产品，调出对产业增加值的贡献率高达 50% 左右，外部需求对云南电力工业具有重要的生产诱发效果，也对云南电力工业波动有重要影响。云南省以原材料工业为重点的产业体系对电力工业有很强的依赖性，云南电力工业需求感应强的产业很多，有色金属压延加工业，基础化学原料制造业，建材、合成材料、家用电器等制造业以及燃气生产和供应业，水利、环境和公共设施管理业，文化、体育和娱乐业等产业都有重要需求，电力工业对采掘业、商贸服务业以及化工、金融等产业有生产波及效应。因此，电力工业优势是云南优化经济结构、转变发展方式的重要基础，同时，加快发展载能产业，提高省内的电力消耗，是壮大云南经济规模、提升云南产业竞争力的重要内容。

一　产业发展水平快速提高

2000 年以来，云南省的电力工业获得了快速发展，电力、蒸汽、热水的生产和供应业增加值从 2000 年的 55.15 亿元提高到 2000 年的 332.49 亿元，工业总产值从 2000 年的 87.48 亿元提高到 2012 年的 1039 亿元，从业人员基本一致，2000 年为 7.96 万人，2012 年为 7.97 万人。电力工业增加值占全省工业增加值的比重从 2000 年的 10.38% 下降为 2012 年的 9.63%，占全省生产总值的比重从 2000 年的 2.82% 提高到 2012 年的 3.2%，工业总产值占全省工业总产值的比重从 2000 年的 8.22% 提高到 2012 年的 11.27%；从业人员占全省工业从业人员的比重从 2000 年的 10.32% 下降到 2012 年的 7.88%。电力工业在国民经济中的地位不断提高，已经形成支撑云南省经济社会发展的重要产业。

云南电力工业的劳动生产率持续提高，从 2000 年的 10.99 万元/人提高到 2011 年的 118.33 万元/人。与全国相比，云南省的电力工业劳动生产率与全国平均水平的差距在不断扩大（见图 3 - 24），这种差距的扩大基本是从 2003 年开始的。

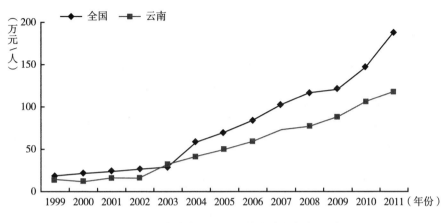

图 3 - 24　云南省电力工业劳动生产率与全国对比

二　产业的需求感应强，支撑众多产业发展

电力工业作为基础产业，其感应度系数高于影响力系数，但云南省的电力工业影响力系数也已经超过 1。说明云南省的电力工业不但是其他产业的重要支撑，对相关产业也有一定的带动作用。

云南省的电力工业 2002 年感应度系数为 1.491，2007 年为 1.432，2010 年为 1.390。按 24 部门划分，云南电力工业需求感应较强的产业依次为木材加工及家具制造业（0.166）、石油加工与化学工业（0.151）、非金属矿物制品业（0.147）、冶金工业（0.144）、文化产业（0.131）、采掘业（0.121）、建筑业（0.121）、电气机械及仪器仪表制造业（0.100）。按 42 部门划分，云南电力工业需求感应强度较高的产业也很多，超过 0.1 的依次是：燃气生产和供应业（0.173），水利、环境和公共设施管理业（0.164），木材加工及家具制造业（0.164），化学工业（0.161），非金属矿物制品业（0.139），金属冶炼及压延加工业（0.136），文化、体育和娱乐业（0.135），煤炭开采和洗选业（0.125），水的生产和供应业（0.118），金属矿采选业（0.112），建筑业（0.112），金属制品业（0.108）（见图 3 - 25）。

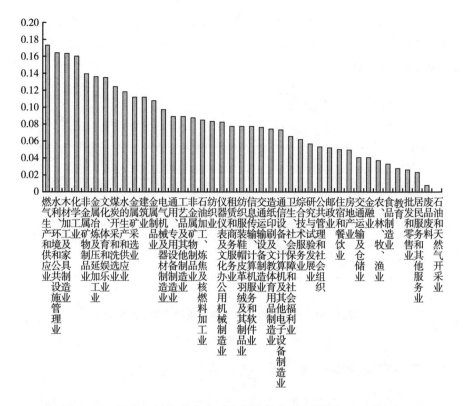

图 3－25　云南省 2010 年电力工业的需求感应强度排序（42 部门）

按 144 个部门细分，2007 年云南电力工业的感应度系数高达 4.768，需求感应超过 0.1 的产业达到 33 个，其中，最强的几个依次是有色金属压延加工业（0.276），基础化学原料制造业（0.274），水泥、石灰和石膏制造业（0.238），合成材料制造业（0.215），家用电力和非电力器具制造业（0.212）（见图 3－26）。

云南电力工业的影响力系数也超过 1，2007 年为 1.098，2010 年为 1.051。

按 24 部门划分，电力工业生产波及效应最强的是采掘业，影响强度为 0.239，其次是商贸服务业，影响强度为 0.147，第三是石油加工与化学工业，影响强度为 0.117，第四是金融业，影响强度为 0.115。按 42 部门划分，云南电力工业生产波及效应最强的是煤炭开采和洗选业，影响强度为 0.214，其次是金融业，影响强度为 0.114，第三是批发和零售业，影响强度为 0.114。按 144 个细分部门，云南电力工业生产波及效应最强的是煤

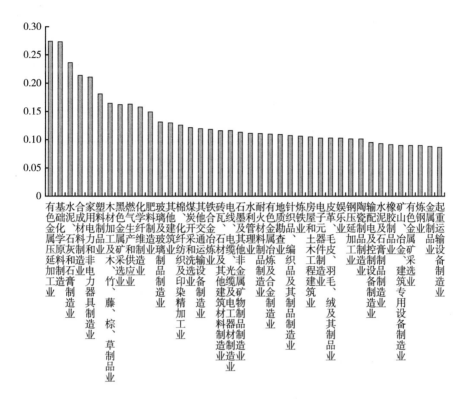

图3-26 云南省2007年电力工业需求感应强的前40个产业

炭开采和洗选业，影响强度为0.198，其次是银行业，影响强度为0.107，第三是批发业，影响强度为0.103。

可以看出，电力工业作为云南省的支柱产业和基础工业，对各产业的支撑性强，同时对部分产业也有很强的带动能力。

三 产业是云南省重要的调出部门

电力工业是云南省的优势产业，云南电力工业是云南省重要的净调出部门，2002年调出23.66亿元，2007年调出104.37亿元，2010年调出209.33亿元，全部为净调出，占全省调出规模的6.65%，是卷烟、有色金属冶炼产品之外的重要调出产品。调出对产业增加值的贡献率2002年为32.2%，2007年调出的贡献率高达52.5%，2010年调出的贡献率为47.3%。外部需求对云南电力工业具有重要影响（见表3-61）。

表3-61　云南省电力工业的调入与调出情况

单位：亿元，%

年份	调出	调入	净调入	调出贡献	调入贡献	2010占比
2002	23.66	1.63	-22.03	32.2	13.6	
2007	104.37	0.00	-104.37	52.5		
2010	209.33	0.00	-209.33	47.3		6.65

资料来源：根据《云南省投入产出表》计算。

四　各项需求对产业有较强的拉动作用

由于电力工业是生产生活必需品，云南省的电力工业调出规模较大，所以各项最终需求对电力工业的影响显著（见表3-62），消费、投资和调出三大需求中，外部需求对云南电力工业的生产诱发效果最为显著，2010年的生产诱发系数为0.143，说明云南电力工业受外部需求的影响十分突出；消费需求对电力工业的生产诱发效果强于投资需求；居民消费需求中，农村居民消费需求对电力工业的生产诱发效果强于城镇居民消费需求。

表3-62　云南省最终需求对电力工业的生产诱发系数

年份	农村居民消费	城镇居民消费	居民消费	政府消费	最终消费	固定资本形成总额	存货增加	资本形成总额	调出	最终使用
2002	0.050	0.059	0.054	0.041	0.050	0.050	-0.016	0.045	0.073	0.055
2007	0.074	0.048	0.058	0.018	0.046	0.033	0.056	0.034	0.083	0.055
2010	0.086	0.070	0.075	0.027	0.062	0.037	0.045	0.038	0.143	0.071

资料来源：根据《云南省投入产出表》计算。

五　对策建议

加快推进电力体制改革步伐，积极研究在不同行业、不同季节、不同时段实施浮动电价的机制和可行的运行模式，形成电力企业和用电企业都有积极性的电力体制。积极研究制定各地节能降耗的灵活管理办法，改变"一刀切"的节能降耗政策，尽可能降低"一刀切"的节能降耗政策对地方经济发展的损害。加强需求侧管理，降低电力损耗，提高电力生产和运输企业的经济效益。积极争取国家支持云南省在载能产业较为集中的地区建设直供电地方电网，发展高载能产业，提升产业的国际竞争力。从兴边富民行动、沿边开放开发、大湄公河次区域合作区建设等方面，积极争取国家对云南边境地区的发电企业发展高载能产业给予支持，促进发电企业与冶金行业的战略合作，形成相互支撑的产业链延伸模式。充分发挥桥头堡、孟中印缅经济走廊等国家战略所带来的政策效应，争取国家支持扩大云电外送的规模和范围。积极扩大西部大开发的政策效应，加强与东部省份的合作，努力扩大西电东送中云南向东部沿海省份的送电规模。在各条梯级电站大江大河上游建设调节水库，尽可能避免雨季大规模弃水而旱季发电不足的问题。

第十六节 以质量提升为重点稳步发展建筑业

在工业化、城市化进程和云南基础设施建设快速推进的过程中，建筑业占有重要地位。云南省的建筑业获得了快速发展，在国民经济中的地位不断提高。云南省建筑业的产业关联性主要体现在对相关产业的带动方面，对冶金工业、采掘业、化学工业等的带动能力强，而调出和调入对云南建筑业的作用不突出。各种最终需求对云南建筑业的影响突出，其中，扩大投资对云南建筑业有很强的生产诱发效果，扩大消费也有一定的生产诱发效果。因此，实施扩大内需的政策时，首先要考虑其对建筑业的直接效应，然后才是通过产业关联对相关产业产生的间接效应。

一 产业获得快速发展

全社会建筑业增加值从 2000 年的 64.21 亿元提高到 2013 年的 1160.24 亿元。2013 年建筑业增加值占全省生产总值的比重达到 9.90%（见图 3-27）。

二 建筑业对相关产业的带动能力强

建筑业的影响力系数大于 1 而感应度系数不足 0.5，是对相关产业具有很强带动性的产业。云南省的建筑业 2002 年影响力系数为 1.219，2007 年为 1.239，2010 年为 1.226。按 24 产业门类划分，2010 年云南建筑业生产波及效应最强的是冶金工业，影响强度高达 0.406，然后是采掘业（0.290），石油加工与化学工业（0.255），交通运输及仓储业（0.188），商贸服务业（0.180），非金属矿物制品业（0.130），电力、热力的生产和

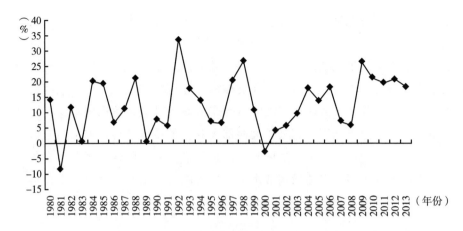

图 3 - 27 云南省建筑业的增长态势 （增长率）

供应业 （0.121）。按 42 部门划分，2007 年云南建筑业生产波及效应最强的是金属冶炼及压延加工业，影响强度为 0.382，影响强度较高的还有交通运输及仓储业 （0.195），金属矿采选业 （0.159），石油加工、炼焦及核燃料加工业 （0.132），批发和零售业 （0.131） 等 （见图 3 - 28）。

按 144 个细分产业，建筑业包含房屋和土木工程建筑业、建筑安装业、建筑装饰业和其他建筑业，其中：房屋和土木工程建筑业的影响力系数为 1.221，建筑安装业的影响力系数为 1.177，建筑装饰业的影响力系数为 1.017，其他建筑业的影响力系数为 1.192。房屋和土木工程建筑业生产波及效应较强的产业是钢压延加工业 （0.277），道路运输业 （0.145），石油及核燃料加工 （0.115），电力、热力的生产和供应业 （0.106）。建筑安装业生产波及效应较强的是钢压延加工业 （0.146），其他的都低于 0.1。建筑装饰业的生产波及效应较强的是林业 （0.164），其他的低于 0.1。其他建筑业生产波及效应较强的是钢压延加工业 （0.192），道路运输业 （0.172），石油及核燃料加工 （0.143），电力、热力的生产和供应业 （0.130）。

从影响力系数可以看出，云南省建筑业的产业关联性较强，对冶金、采掘、化工、商贸等产业有很强的带动能力。

三 建筑业的调入与调出较为平衡

云南省的建筑业在调入和调出方面特点不显著，2002 年调出 2534 万元，

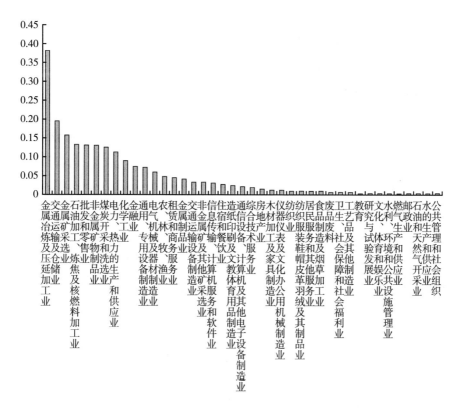

图 3-28　云南省 2010 年建筑业生产波及效应排序（42 部门）

调入 44716 万元，净调入 42182 万元，调出对产业增加值的贡献率只有 0.25%，调入对产业增加值的间接贡献是 33.6%，2007 年调出和调入都为 0，2010 年调出 42.39 亿元，调入 7.67 亿元，净调出 34.71 亿元，调出对产业增加值的贡献只有 1.96%，调入对产业增加值的间接贡献率为 38.58%（见表 3-63）。

表 3-63　云南省建筑业的调入与调出情况

单位：万元，%

年份	调出	调入	净调入	调出贡献	调入贡献
2002	2534	44716	42182	0.25	33.60
2007	0	0	0	0	0
2010	423867	76713	-347154	1.96	38.58

资料来源：根据《云南省投入产出表》计算。

四 投资需求对建筑业的影响显著

由于调出和调入对云南建筑业没有显著影响，所以各项最终需求对云南建筑业有显著影响，其中投资需求对建筑业有决定性的影响，远高于消费需求对建筑业的影响，而消费对建筑业的生产诱发效果远高于调出的影响；投资需求中，固定资本形成总额对建筑业的生产诱发系数2002年高达0.770，2007年为0.496，2010年为0.474。消费需求中，居民消费需求对建筑业的生产诱发效果大于政府消费需求。居民消费需求中，农村居民消费需求的生产诱发效果大于城镇居民消费需求（见表3-64）。

表3-64 云南省最终需求对建筑业的生产诱发系数

年份	农村居民消费	城镇居民消费	居民消费	政府消费	最终消费	固定资本形成总额	存货增加	资本形成总额	调出	最终使用
2002	0.015	0.008	0.013	0.009	0.011	0.770	0.007	0.720	0.002	0.200
2007	0.082	0.023	0.046	0.006	0.034	0.496	0.001	0.487	—	0.163
2010	0.030	0.011	0.018	0.005	0.014	0.474	0.001	0.443	0.016	0.198

资料来源：根据《云南省投入产出表》计算。

从建筑业内部看，2007年按144部门划分，固定资本形成总额对房屋和土木工程建筑业的生产诱发效果最为显著，其次是农村居民消费需求的生产诱发效果也较强；建筑安装业受各项最终需求的影响不突出；城镇居民消费需求对建筑装饰业的生产诱发效果最强，农村居民消费需求对建筑装饰业也有一定程度的生产诱发效果；最终需求对其他建筑业的生产诱发效果不突出（见表3-65）。

表3-65 2007年云南省最终需求对建筑业内部行业的生产诱发系数

最终需求	房屋和土木工程建筑业	建筑安装业	建筑装饰业	其他建筑业
农村居民消费	0.065	0.000	0.007	0.000
城镇居民消费	0.000	0.000	0.018	0.000
居民消费	0.025	0.000	0.014	0.000
政府消费	0.000	0.000	0.000	0.000
最终消费	0.018	0.000	0.010	0.000
固定资本形成总额	0.458	0.000	0.000	0.000

最终需求	房屋和土木工程建筑业	建筑安装业	建筑装饰业	其他建筑业
存货增加	0.000	0.000	0.000	0.000
资本形成总额	0.449	0.000	0.000	0.000
出口	0.000	0.000	0.000	0.000
销往国内省外	0.000	0.000	0.000	0.000
调出	0.000	0.000	0.000	0.000
最终使用	0.145	0.000	0.003	0.000

资料来源：根据《云南省投入产出表》计算。

因此，扩大投资对建筑业具有决定性的影响，这种影响突出反映在房屋和土木工程建筑业方面；扩大城镇居民消费需求对建筑业也有生产诱发效果，这种效果突出反映在建筑装饰业上。

五　对策建议

云南经济正在从速度型向素质型转变，提升产品质量是顺利实现这种转变的根本保障，建筑业更是如此。提供安全、可靠、抗震、人性化的建筑物和建筑装饰，是现代人居的基本要求。

1. 拓展建筑领域，加快推进建筑业企业结构调整

要大力引导和支持建筑骨干企业向交通、水利、电力、市政、铁路、建筑智能、钢结构等领域拓展，鼓励他们申请相关资质增项。积极开展建筑劳务工人的技能培训和鉴定工作，努力提高建筑工人的综合素质和安全防范意识。龙头骨干企业是一个地区建筑业整体实力的标志，要加快培育和扶持龙头骨干企业，金融部门要在融资、担保方面向重点骨干企业倾斜，提高信贷额度，帮助他们解决开拓经营中的资金困难。

2. 大力实施人才工程，提高企业核心竞争力

要牢固树立"以人为本"理念，鼓励支持企业加大人才引进、培养和使用的力度，营造吸引人才、用好人才、留住人才的环境和氛围。建筑企业引进高层次人才政府要给予奖励和支持。

3. 加强行业监管，确保工程质量安全

"百年大计，质量第一"，要坚持走"质量兴业"道路，鼓励建筑业企业创优争优。政府要设立企业创优奖，鼓励企业创优的积极性。行业主管

部门要制定公平、公正、合理的招投标评标办法，引导企业合理报价。加强施工过程的日常监管，确保工程质量和施工安全。要加强建筑市场管理，规范工程招投标中的报价行为，实行综合最优价中标，坚决抵制恶意竞争行为。要强化招投标的后续管理，坚决打击"挂靠""肢解发包""层层转包"等不法行为。要严格工程建设法定程序，加强质量安全监管，创新行业监管体系，强化建筑市场和施工现场的两场联动管理。

4. 实施"引进来、走出去"战略，鼓励企业拓展市场

大力开拓外地建筑市场，积极引导建筑企业牢固树立"创一项工程，树一座丰碑"的品牌意识，以品牌拓市场，以诚信守市场。政府对在外开拓市场的企业，在资信证明方面要开启绿色通道，帮助企业办理和完善各种证件手续。建设部门应当加强与金融部门的沟通协调，拓宽建筑业企业融资渠道，建立银企合作机制；金融部门应当加大对建筑业企业的综合授信额度，探索建立企业金融信用体系，切实帮助企业解决资金困难，改善金融服务环境。

第十七节　以现代物流业为重点适度超前发展交通运输及仓储业

科技革命往往伴随着交通基础设施的革命性变革，因此交通运输业是与人民的生产生活息息相关的产业，只有交通方式的变化而没有交通运输业的衰退。交通运输及仓储业包含铁路运输业、道路运输业、城市公共交通业、水上运输业、航空运输业、管道运输业、装卸搬运和其他运输服务业、仓储业等8个产业。随着云南工业化进程的加深，交通运输及仓储业在国内生产总值中的比重不断下降，但在国民经济中的地位不减，国民经济中很多产业对交通运输及仓储业的需求程度都很高，按144个产业划分的产业体系中有31个产业对交通运输及仓储业的需求都很高。云南省的交通运输及仓储业对相关产业的带动性也很强，对石油加工与化学工业的生产波及效应高达0.407，仓储业对种植业的生产波及效应高达0.718。由于云南的交通运输方式以公路运输为主，铁路运输、管道运输等以调入为主，交通运输及仓储业还处于净调入的状态。加快交通基础设施建设，适度超前发展交通运输及仓储服务业，是支撑云南优化经济结构、转变发展方式的重要内容。

一　产业地位有所降低

云南省 2000 年交通运输及邮电业增加值为 119.77 亿元，2013 年交通运输、仓储和邮政业的增加值为 273.51 亿元，年均增长 6.6%（两个年份统计口径稍有差别）。在全省国内生产总值中的比重从 2000 年的 6.12% 下降到 2013 年的 2.33%。虽然交通运输及仓储业在国内生产总值中的比重下降，但在国民经济中发挥着必不可少的作用。

云南省 2000 年及以后各种运输方式的货物周转量及旅客周转量如表3 - 66、表 3 - 67 所示。

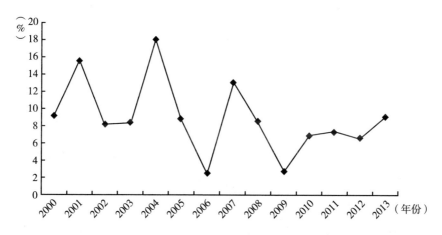

图 3 - 29　云南省交通运输及仓储业增长态势（增长率）

表 3 - 66　云南省交通运输及仓储业的各种运输方式的货物周转量

单位：亿吨公里

年份	货物周转量	铁路	公路	水运	航空	管道
2000	479.52	180.76	296.65	0.98	1.13	—
2001	517.31	196.58	318.49	0.99	1.25	—
2002	551.20	215.80	333.20	1.20	1.00	—
2003	595.88	235.79	357.64	1.54	0.90	—
2004	628.39	260.01	365.08	2.12	1.18	—
2005	656.49	270.37	381.96	2.93	1.23	—
2006	692.21	277.21	409.46	4.22	1.32	—
2007	770.96	314.23	450.83	4.59	1.31	—
2008	811.15	336.20	468.63	5.16	1.16	—

续表

年份	货物周转量	铁路	公路	水运	航空	管道
2009	910.43	340.95	468.63	5.42	1.16	60.60
2010	990.50	358.31	548.53	6.91	1.29	75.46
2011	1070.11	369.70	617.27	8.19	1.04	73.91
2012	1164.80	379.75	702.51	8.71	1.12	72.68
2013	1271.49	389.80	801.04	9.52	1.43	69.70

资料来源：《云南省统计年鉴》。

表 3 - 67　云南省交通运输及仓储业各种运输方式的旅客周转量

单位：亿人公里

年份	旅客周转量	铁路	公路	水运	航空
2000	237.94	31.35	171.20	0.78	34.57
2001	304.20	31.79	232.76	0.82	38.83
2002	281.60	30.50	210.10	0.90	40.10
2003	263.45	30.07	192.87	0.88	39.60
2004	317.76	37.30	227.21	0.91	52.34
2005	331.60	41.04	233.12	1.05	56.39
2006	362.40	47.22	247.71	1.17	66.30
2007	393.40	52.63	265.80	1.21	73.76
2008	411.89	66.61	272.98	1.54	70.76
2009	448.45	63.37	302.22	1.55	81.31
2010	523.64	80.73	352.10	1.78	89.03
2011	610.78	91.91	424.57	1.96	92.34
2012	669.96	91.74	470.20	2.02	106.01
2013	719.97	99.34	493.00	2.23	125.40

资料来源：《云南省统计年鉴》。

二　产业需求旺盛，仓储业高度影响种植业

交通运输及仓储业是国民经济中重要的基础产业，其感应度系数大于影响力系数，云南省的交通运输及仓储业 2002 年感应度系数为 1.392，2007 年为 1.468，2010 年为 1.458，说明相关产业对云南省交通运输及仓储业的需求程度比较高。按 24 部门划分，2010 年云南省的交通运输及仓储业需求感应程度高的产业有：非金属矿物制品业（0.209），石油加工与

化学工业（0.188），建筑业（0.188），采掘业（0.171），冶金工业（0.168），电气机械及仪器仪表制造业（0.151），木材加工及家具制造业（0.141），通用、专用设备制造业（0.140），交通运输设备制造业（0.129），造纸及其他（0.124），科技服务业（0.115），通信设备、计算机及其他电子设备制造业（0.102），纺织服装制造业（0.101）。可以看出交通运输及仓储业在国民经济中的重要地位。

　　按42部门划分，云南省2010年交通运输及仓储业的感应度系数达到2.347，说明其他产业对交通运输及仓储业的需求很强。42个产业中，非金属矿及其他矿采选业（0.294），石油加工、炼焦及核燃料加工业（0.242）等22个产业对交通运输及仓储业的需求强度都超过0.1。

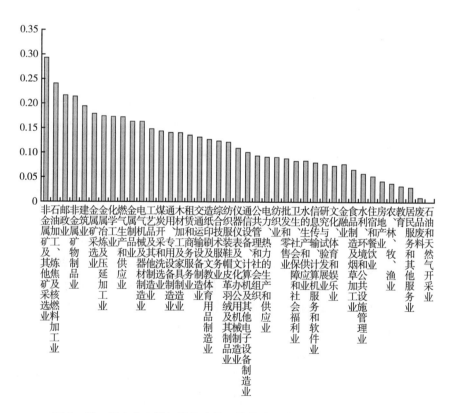

图3-30　云南省交通运输及仓储业的需求感应强度排序（42部门）

　　从144个细分行业看，2007年交通运输及仓储业内部的铁路运输业的感应度系数超过1而影响力系数小于1，道路运输业的感应度系数高达4.287

而影响力系数小于1，城市公共交通业、水上运输业和管道运输业的影响力系数和感应度系数都小于1，航空运输业的感应度系数略超过1而影响力系数略小于1，装卸搬运和其他运输服务业的感应度系数超过1而影响力系数略小于1，仓储业的影响力系数大于1而感应度系数远小于1（见表3-68）。说明云南省的交通运输及仓储业内部行业的产业关联性有较大差异。

表3-68　云南省2007年交通运输及仓储业内部行业的影响力系数和感应度系数

项目	铁路运输业	道路运输业	城市公共交通业	水上运输业	航空运输业	管道运输业	装卸搬运和其他运输服务业	仓储业
影响力系数	0.640	0.812	0.681	0.690	0.842	0.411	0.889	1.121
感应度系数	1.083	4.287	0.529	0.451	1.016	0.419	1.274	0.598

资料来源：根据《云南省投入产出表》计算。

其中，铁路运输业需求感应较强的产业较多，但都没有超过0.1，说明由于云南铁路少，铁路运输不是云南省的主要运输方式，各产业对铁路运输有需求但需求程度不高。道路运输业需求感应强度超过0.1的产业有31个，家具制造业、铁合金冶炼业、炼铁业对道路运输业的需求感应强度超过0.2（见图3-31）。而城市公共交通业、水上运输业、管道运输业、航空运输业需求感应强度超过0.1的产业都没有。装卸搬运和其他运输服务业需求感应较强的是非金属矿及其他矿采选业，需求强度为0.132，其他产业的需求强度小于0.1。

从影响力系数看，云南省的交通运输及仓储业对其他产业也有一定的带动作用，影响力系数2002年为0.989，2007年为0.966，2010年为0.914。2010年云南省的交通运输及仓储业生产波及效应最强的是石油加工与化学工业，影响强度高达0.407，其次是商贸服务业，影响强度为0.122，第三是采掘业，影响强度为0.106，其他在0.1以下。按42部门划分，2010年云南省的交通运输及仓储业生产波及效应最强的是石油加工、炼焦及核燃料加工业，影响强度为0.273，其次是煤炭开采和洗选业，影响强度为0.150，其他产业在0.1以下。在细分行业中，主要是仓储业对其他产业拉动作用大，仓储业的影响力系数为1.121。在144个细分行业中，仓储业需求感应最强的是种植业，需求感应强度高达0.718，其次是肥料制造业，需求感应强度为0.114，其他的低于0.1。因此，仓储业的发展与种植业直接相关，加快仓储业的发展能够直接带动种植业的发展。

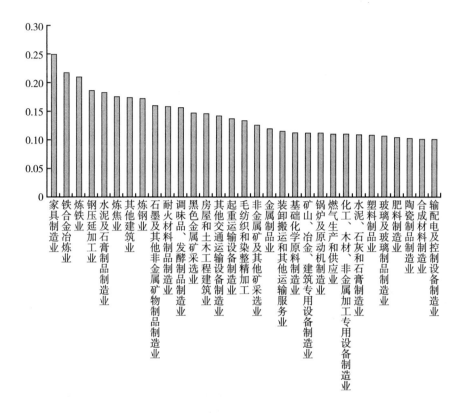

图 3 - 31　云南省道路运输业需求感应强度前 31 个产业

因此，从产业关联性看，云南省的交通运输及仓储业是众多产业需求很强的产业，发展不好，就会成为各产业发展的瓶颈，必须适度超前加快发展，为各产业发展提供强有力的支撑。同时，仓储业对种植业有直接的、高强度的影响，仓储业发展的程度和好坏，直接决定了种植业产业素质的提升和产业规模的壮大，必须加快发展。

三　产业不能满足省内需求，调入规模不断扩大

云南省的交通运输及仓储业总体上是净调入部门，调出规模 2002 年为 30.11 亿元，2007 年为 79.16 亿元，2010 年为 48.28 亿元，但调入规模不断扩大，2002 年调入 21.20 亿元，2007 年扩大到 159.56 亿元，2010 年进一步扩大到 496.43 亿元。调出对产业增加值的贡献率 2010 年是 29.4%，而调入对产业增加值的间接贡献率为 25%。

表3-69　云南省交通运输及仓储业的调入与调出情况

单位：亿元，%

年份	调出	调入	净调入	调出贡献	调入贡献
2002	30.11	21.20	-8.91	33.0	29.0
2007	79.16	159.56	80.40	44.4	30.5
2010	48.28	496.43	448.15	29.4	25.0
2010 占比	1.53	8.61	17.10		

资料来源：根据《云南省投入产出表》计算。

从细分行业看，2007年云南省铁路运输业的调出规模大于调入规模，净调出28.02亿元；道路运输业的调入规模大于调出规模，净调入110.74亿元；云南省的城市公共交通业全部是调出，但规模很小；云南省的水上运输业全部是调入，都是从国内省外购进，调入规模不大；云南省的航空运输业调出规模大于调入规模，净调出1.24亿元；云南省的管道运输业全部是调入；云南省的装卸搬运和其他运输服务业全部是调出，并且是销往国内省外，但调出规模不大；云南省的仓储业全部是调出，调出规模不大，2007年只有1.83亿元，都是销往国内省外。

表3-70　云南省2007年交通运输及仓储业内部行业的调入与调出情况

单位：万元

细分行业	出口	销往国内省外	调出	进口	从国内省外购进	调入	净调入
铁路运输业	0	493503	493503	0	213266	213266	-280237
道路运输业	0	111846	111846	0	1219251	1219251	1107405
城市公共交通业	376	6389	6765	0	0	0	-6765
水上运输业	0	0	0	0	19985	19985	19985
航空运输业	18006	132036	150042	13767	123905	137672	-12370
管道运输业	0	0	0	0	5457	5457	5457
装卸搬运和其他运输服务业	0	11106	11106	0	0	0	-11106
仓储业	0	18301	18301	0	0	0	-18301

资料来源：根据《云南省投入产出表》计算。

从调出与调入看，云南省的交通运输及仓储业总体上是净调入部门，说明云南省的交通运输方式较为单一，以公路运输为主，铁路运输不足，城市公共交通运输发展不足。应该加快铁路基础设施建设，提高铁路运输的比重，促进产业发展。

四　各项最终需求对产业的拉动作用不显著

由于各产业对交通运输及仓储业的需求较强，各项最终需求对交通运输及仓储业的生产诱发程度不高，并且呈下降趋势（见表 3 - 71）。从 2010 年各项最终需求的生产诱发系数看，只有城镇居民消费需求对云南省交通运输及仓储业有生产诱发效果，其他各项最终需求拉动的是省外的交通运输及仓储业发展。

表 3 - 71　云南省最终需求对交通运输及仓储业的生产诱发系数

年份	农村居民消费	城镇居民消费	居民消费	政府消费	最终消费	固定资本形成总额	存货增加	资本形成总额	调出	最终使用
2002	0.057	0.047	0.053	0.056	0.054	0.061	- 0.033	0.055	0.083	0.062
2007	0.025	0.047	0.038	0.021	0.033	0.033	0.001	0.033	0.051	0.039
2010	- 0.007	0.017	0.008	- 0.007	0.004	- 0.019	- 0.015	- 0.019	- 0.003	- 0.007

资料来源：根据《云南省投入产出表》计算。

从细分行业看，存货增加、出口、销往国内省外对铁路运输业有一定的生产诱发效果，消费和固定资产投资对铁路运输业没有生产诱发效果；投资、调出对道路运输业有生产诱发效果，而消费需求对道路运输没有生产诱发效果；消费需求对城市公共交通有生产诱发效果，而投资和调出对城市公共交通没有生产诱发效果；消费、投资和调出对航空运输业都有生产诱发效果，诱发程度不高；各项最终需求对管道运输业、水上运输业、装卸搬运和其他运输服务业的生产诱发效果不明显；消费需求和投资需求对仓储业的生产诱发效果不明显，但省外需求对云南省的仓储业有一定的生产诱发效果（见表 3 - 72）。

表 3 - 72　云南省 2007 年最终需求对交通运输及仓储业内部行业的生产诱发系数

	铁路运输业	道路运输业	城市公共交通业	水上运输业	航空运输业	管道运输业	装卸搬运和其他运输服务业	仓储业
农村居民消费	- 0.001	- 0.005	0.001	0.000	0.002	0.000	0.000	0.000
城镇居民消费	- 0.001	- 0.003	0.021	0.000	0.006	0.000	0.000	0.000
居民消费	- 0.001	- 0.003	0.013	0.000	0.004	0.000	0.000	0.000
政府消费	- 0.006	- 0.018	0.000	0.000	0.016	0.000	0.000	0.000
最终消费	- 0.002	- 0.008	0.009	0.000	0.008	0.000	0.000	0.000

续表

	铁路运输业	道路运输业	城市公共交通业	水上运输业	航空运输业	管道运输业	装卸搬运和其他运输服务业	仓储业
固定资本形成总额	-0.002	0.006	0.000	0.000	0.001	0.000	0.000	0.000
存货增加	0.016	0.059	0.000	0.000	0.003	0.000	0.000	0.000
资本形成总额	-0.002	0.007	0.000	0.000	0.001	0.000	0.000	0.000
出口	0.004	0.012	0.000	-0.001	0.013	0.000	0.000	0.000
销往国内省外	0.022	0.021	0.000	-0.001	0.007	0.000	0.000	0.001
调出	0.021	0.020	0.000	-0.001	0.007	0.000	0.000	0.001
最终使用	0.006	0.007	0.003	0.000	0.005	0.000	0.000	0.000

资料来源：根据《云南省投入产出表》计算。

因此，扩大需求的政策措施对交通运输及仓储业的生产诱发效果不明显，扩大消费对航空运输业有一定的拉动作用，扩大投资对铁路运输及道路运输业有一定的拉动作用，扩大外需对铁路运输业和道路运输业及仓储业有一定的拉动作用。

五　对策建议

交通运输企业要从运输业拓展到物流业，必须挖掘服务行业的内涵，衍生出运输、仓储、装卸、搬运、配送、包装、加工、信息处理等多种服务功能，将服务对象从托运人和收货人延伸到产品的生产者和消费者以及资源供应商，将运作流程从运输过程延伸到产品的生产过程和流通过程，为生产和销售两头服务。

1. 从企业经营形式和经营规模上进行调整

在经营形式上，可以分为两种方式：一是向专业化运输发展，以运输的专业化、高效化、规模化融入物流。二是以运输为依托，向多元服务转变，向用户提供物流服务。与其他企业相比，运输企业在自身物质条件和运输管理上具有较大的优势。在长期的运输业务中，运输企业配备了大量的专业化运输工具，具有管理运输业务的宝贵经验，这使运输企业在向物流服务企业转化的时候，可以根据自身的运输优势，采取逐步提供部分或全部物流服务的方式同客户建立长期合作关系，参与客户的供应链管理，满足客户对服务的高层次需求。在经营规模上，要因势利导，抓住机会，组建或充实现代化大型企业，提供综合物流服务，同时，发展一大批运作灵活的中小型企业，经营局部的专业化物流服务，以满足各个层次客户的需求。另外要通过兼并和强强结合，一方面形成少数大型、特大型集团企业，采用现代化科学技术和现代化管理手段，提供高质量、全方位的服务；另一方面，根据各个运输企业的自身特点，建成仓储中心、配送中心等，灵活地进行特色服务，经营局部的专业化物流服务。

2. 提高服务意识

物流的实质也可以说是多元化的服务，只要是客户嫌麻烦的事都可以是物流服务企业提供服务的范围。运输企业在向物流服务企业转化的过程中，必须树立以客户为中心的思想，与客户结成战略伙伴关系，将满足客户的需求作为企业生存和发展的宗旨。

3. 找准同物流服务结合的切入点

同物流服务结合可以从为商业和制造业服务着手。商业领域所面临的问题是厂家配送少，社会化配送体系尚未形成，自行配送所需的投资较大。在这种情况下，运输企业应争取及早涉足商业领域，以运输为依托，发挥自己的长处，向商业领域推出"配送"服务，尽早进入商业领域的物流服务领域；对制造行业，应同企业结合，与其结成长期稳定的合作关系，逐步为其提供系统的物流服务。

4. 培育市场，优化环境

由于物流服务与传统运输服务在经营范围、管理方式、技术手段等方面有很多不同，交通主管部门应协同物流各环节的其他管理部门，制定适宜的物流服务市场主体的准入、收费等方面的管理规定；同时要考虑与国际物流运作规则的接轨，制定出我国物流服务流程、标准，努力创造统一开放、竞争有序的市场环境，以利于交通运输业向社会提供优质、规范、标准的物流服务，树立交通运输业良好的形象。

5. 加强交通运输管理部门的监管和调控职能

交通运输管理部门要通过贯彻、执行有关政策、规定来实现对物流市场的监管。做好前瞻性的对策研究，采取适宜的监管方式，保证物流业的规范运作。政府部门对运输企业参与物流行业，应采取宏观调控手段，其调控范围应主要体现在建立健全法律法规、制定行业发展规划、审批重大建设项目、确定服务标准等方面。

6. 建立客运价格与油价联动机制

根据燃油价格升降，提高或降低运价。同时，减免多项收费，为相关行业"减负"，以缓解不断升高的油价给运输生产带来的冲击。

7. 完善仓储业发展的环境条件

加强包括仓储业在内的物流规划，要建立一批布局集中、土地集约、产业集聚、功能集成的以仓储为主的物流中心；健全仓储业标准体系，推进仓储业标准化，提高仓储业的整体管理水平及储运物质装备的科技含量，实现作业机械化和自动化；加大力度建立仓储信息系统，及时掌握仓储市场信息，提高仓储的利用率和企业的经济效益。

第十八节　以满足省内需求为重点大力发展信息传输、计算机服务和软件业

信息传输、计算机服务和软件业包含电信和其他信息传输服务业、计算机服务业、软件业 3 个细分产业。作为信息化时代的标志性产业，信息传输、计算机服务和软件业的发展水平可反映一个地区的工业化、现代化进程和水平。云南省的信息服务业发展程度低，产业规模小，可以概括为小、散、弱，都是规模以下的企业，所以统计数据缺乏，分析较为困难，只能从投入产出表展开分析。云南省的信息传输、计算机服务和软件业以调入为主，但调入规模还不大。信息传输、计算机服务和软件业的产业关联性不强，但对各产业都有影响，各产业对信息传输、计算机服务和软件业都有需求，其中的计算机服务业对电子计算机制造业的带动能力非常强，软件业对电子计算机制造业的带动能力也非常强。各项最终需求对信息传输、计算机服务和软件业有拉动作用。通过扩大投资和扩大消费能够拉动信息传输、计算机服务和软件业的发展，而加快计算机服务业和软件业的发展，是推动电了计算机制造业和电子元器件制造业加快发展的根本动力。

一　产业弱小，发展水平低

云南省的信息传输、计算机服务和软件业获得快速发展，增加值从 2002 年的 46.52 亿元提高到 2007 年的 116.95 亿元，2010 年又提高到 142.12 亿元。但产业地位并没有提高，信息传输、计算机服务和软件业增加值占云南省第三产业增加值的比重从 2002 年的 5.09% 提高到 2007 年的 6.17%，2010 年又下降为 4.91%。信息传输、计算机服务和软件业增加值占云南省生产总值的比重从 2002 年的 2.07% 提高到 2007 年的 2.46%，2010 年下降为 1.96%。说明信息传输、计算机服务和软件业在云南省国民经济中的产业地位很低，仅 2% 左右，且还有缓慢下降趋势。

二　产业关联性不强

云南省信息传输、计算机服务和软件业的影响力系数和感应度系数都小于 1，而影响力系数高于感应度系数。云南省信息传输、计算机服务和软件业的影响力系数 2002 年为 0.887，2007 年为 0.916，2010 年为 0.973，影响力系数在不断上升，说明信息传输、计算机服务和软件业的生产波及效应在增强，产业带动能力在提升。按 24 部门划分，2010 年信息传输、计算机服务和软件业生产波及效应最强的是通信设备、计算机及其他电子设备制造业，影响强度为 0.223，其次是石油加工与化学工业，影响强度为 0.169，第三为商贸服务业，影响强度为 0.164，第四为冶金工业，影响强度为 0.112。按照 42 部门划分，2010 年信息传输、计算机服务和软件业对 42 个部门都有生产波及效应（见图 3 - 32），但超过 0.1 的只有通信设备、计算机及其他电子设备制造业，影响强度为 0.232。

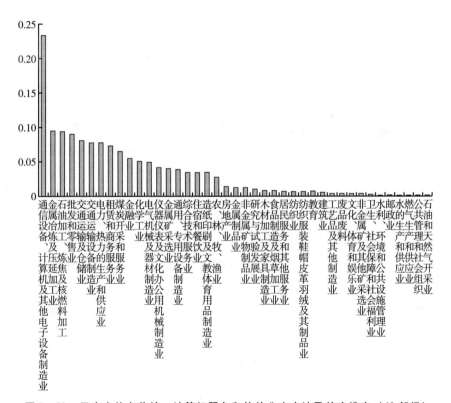

图 3 - 32　云南省信息传输、计算机服务和软件业生产波及效应排序（42 部门）

按 144 部门划分，2007 年电信和其他信息传输服务业的影响力系数小于 1，为 0.874；计算机服务业的影响力系数大于 1，为 1.253；软件业的影响力系数大于 1，为 1.209。电信和其他信息传输服务业对其他行业的生产波及效应（影响强度）都小于 0.1，相对较强的是通信设备制造业（0.098），石油及核燃料加工（0.073），汽车制造业（0.071），商务服务业（0.068）。计算机服务业生产波及效应最强的是电子计算机制造业，影响强度高达 0.793，其次是电子元器件制造业，影响强度为 0.187，第三是批发业，影响强度为 0.095。软件业生产波及效应最强的也是电子计算机制造业，影响强度高达 0.636，其次是电子元器件制造业，影响强度为 0.152，第三是文教体育用品制造业，影响强度为 0.127，第四是批发业（0.112），第五是电信和其他信息传输服务业（0.061）。

从感应度系数看，按 24 部门划分，2010 年信息传输、计算机服务和软件业需求感应较强的是交通运输设备制造业，感应强度为 0.121。按 42 部门划分，2010 年信息传输、计算机服务和软件业需求感应较强的是交通运输设备制造业（0.122），租赁和商务服务业（0.121），研究与试验发展业（0.098），通信设备、计算机及其他电子设备制造业（0.094）。按 144 部门划分，电信和其他信息传输服务业的感应度系数比较高，达到 2.191；计算机服务业的感应度系数只有 0.491，软件业的感应度系数只有 0.568。电信和其他信息传输服务业需求感应较强的是商务服务业（0.151）、研究与试验发展业（0.131）、汽车制造业（0.126）、公共设施管理业（0.124）、医药制造业（0.110）、租赁业（0.106）、其他服务业（0.103）。

总之，从产业关联性看，信息传输、计算机服务和软件业的影响力系数和感应度系数都不高，但对各产业都有影响，各产业对信息传输、计算机服务和软件业都有需求，体现出信息化渗透到各产业的现实特点。其中，计算机服务业对电子计算机制造业的带动能力非常强，影响强度高达 0.793，软件业对电子计算机制造业的带动能力也非常强，影响强度高达 0.636。因此，加快计算机服务业和软件业的发展，是推动电子计算机制造业加快发展的根本动力。

三 产业不能满足省内需求，以调入为主

云南省的信息传输、计算机服务和软件业不能满足省内市场需求，以调入为主，2002 年调入 3.83 亿元，调出 2.46 亿元，净调入 1.37 亿

元；2007 年全部为调入，调入 1.15 亿元；2010 年全部为调入，调入
22.71 亿元。调入对产业增加值的间接贡献率 2002 年为 23.7%，2007 年
为 30.2%，2010 年为 34.2%。虽然调入规模不大（见表 3 - 73），但作
为现代产业体系的重要支撑产业，信息传输、计算机服务和软件业对其
他产业具有重要渗透作用，对外依赖过强，不利于云南产业升级和发展
方式转变。

表 3 - 73　云南省信息传输、计算机服务及软件业调入与调出情况

单位：万元，%

年份	调出	调入	净调入	调出贡献	调入贡献
2002	24637	38347	13710	10.2	23.7
2007	0	11481	11481	—	30.2
2010	0	227052	227052	—	34.2
2010 占比		0.39	0.87		

资料来源：根据《云南省投入产出表》计算。

四　最终需求对产业的拉动作用显著

各项最终需求对信息传输、计算机服务和软件业的拉动作用较为突
出，消费需求对信息传输、计算机服务和软件业的生产诱发效果强于投资
需求（见表 3 - 74），投资需求对信息传输、计算机服务和软件业的生产诱
发效果强于外部需求。在消费需求中，居民消费需求对信息传输、计算机
服务和软件业的生产诱发效果大致强于政府消费需求。居民消费需求中，
城镇居民消费需求对信息传输、计算机服务和软件业的生产诱发效果强于
农村居民消费需求。

表 3 - 74　云南省最终需求对信息传输、计算机服务及软件业的生产诱发系数

年份	农村居民消费	城镇居民消费	居民消费	政府消费	最终消费	固定资本形成总额	存货增加	资本形成总额	调出	最终使用
2002	0.025	0.084	0.047	0.059	0.051	0.009	0.034	0.010	0.011	0.029
2007	0.043	0.061	0.054	0.039	0.049	0.013	0.000	0.013	—	0.026
2010	0.038	0.058	0.051	0.029	0.045	0.012	0.012	0.012	—	0.024

资料来源：根据《云南省投入产出表》计算。

从细分行业看，2007年，居民消费需求对电信和其他信息传输服务业有生产诱发效果，其中，城镇居民消费需求的生产诱发效果强于农村居民消费需求（见表3-75）。各项最终需求对计算机服务业没有生产诱发效果。城镇居民消费需求、政府消费需求、存货增加以及调出对软件业有生产诱发效果。

表3-75 2007年云南省最终需求对信息传输、计算机服务及软件业
内部行业的生产诱发系数

细分行业	农村居民消费	城镇居民消费	居民消费	政府消费	最终消费	固定资本形成总额	存货增加	资本形成总额	调出	最终使用
电信和其他信息传输服务业	0.029	0.045	0.039	0.000	0.027	0.000	0.000	0.000	0.000	0.009
计算机服务业	0.000	0.000	0.000	0.000	0.000	0.000	0.000	0.000	0.000	0.000
软件业	0.000	0.001	0.001	0.001	0.001	0.000	0.001	0.000	0.001	0.001

资料来源：根据《云南省投入产出表》计算。

从最终需求的生产诱发系数看，扩大消费和扩大投资能够拉动信息传输、计算机服务和软件业的发展。

五 对策建议

要大力发展面向产业、面向消费的信息传输、计算机服务和软件业，建设信息产业集群，重点打造云计算、物联网、应用软件、电子商务和下一代信息网络等产业链条。不断完善信息传输、计算机服务和软件业发展机制；进一步改善发展环境，完善各项政策，以体制、机制创新为突破口，强化和提升信息传输业，大力发展计算机服务和软件业，积极营造有利于信息服务企业发展的环境，大力促进信息传输、计算机服务和软件业与其他产业的融合与互动发展，实现信息传输、计算机服务和软件业的跨越式发展。

1. 优化信息传输、计算机服务和软件业的发展环境

不断加强信息传输、计算机服务和软件业的相关法规体系建设，对信息的经营、交易、流通、服务、权益等做出明确的规定，切实保护信息商品的知识产权和所有者的合法权益。培育信息传输、计算机服务和软件业的市场机制和竞争机制，规范信息服务企业竞争行为，打破行业垄断以及行政垄断，实现公平竞争，适当放开市场准入。逐步建立和完善信息传

输、计算机服务和软件业的风险投资机制，使信息传输、计算机服务和软件业拥有良好的融资环境。

2. 打造龙头支柱企业

引导和支持信息传输、计算机服务和软件业发展，进一步拓宽信息传输、计算机服务和软件业领域。大力发展计算机和软件服务业，提升技术水平，重点发展为生产企业提供支撑的产品设计研发、检测和质量认证、科技创业、信息化服务和电子商务等技术服务。加大信息传输、计算机服务和软件业的资源整合，培养发展一批实力雄厚、竞争力强的龙头企业。进一步推动信息传输、计算机服务及软件业的快速发展，完善配套服务体系，提高服务质量和水平。必须加强信息服务机构之间的合作与联合，实行规模化、集约化、网络化、品牌化经营，创建并发展一批大型信息传输、计算机服务和软件业企业集团，打造行业龙头。

3. 加快人才的培养和引进，优化信息传输、计算机服务和软件业人才队伍

加强岗位职能培训，通过举办各种形式的咨询、讲座、培训活动，提高专业水平和整体素质。要大力引进和培养一批产业发展领域急需的高端领军人才、紧缺专门人才、创新型人才，尤其是产业领军人才和高层次应用型人才；积极营造尊重人才、尊重创造的社会氛围，激发各类人才创造活力，提高人才效能，为云南省信息传输、计算机服务和软件业的发展提供坚强的人才保障和广泛的智力支持。

第十九节 以生产性服务为重点稳步发展商贸服务业

商贸服务业是社会分工过程中（商业）从农业和工业中分离出来就一直发展至今的传统产业，但商贸服务业是国民经济体系必不可少的非物质生产部门，随着社会的进步不断发展。近年来，云南省的商贸服务业获得了快速发展，增速高于经济增长，在国民经济中的地位不断提高。云南省商贸服务业的产业关联性主要体现在对其他产业的支撑上，众多产业对商贸服务业有较为强烈的需求，尤其是对批发业的需求很强。稳步发展以批发和零售为主的商贸服务业，是云南省优化经济结构、转变发展方式的重要内容。商贸服务业的调入和调出不是云南省的主体，调入和调出对产业增加值的贡献率也不高。各项最终需求对商贸服务业的生产诱发效果较为突出，通过扩大投资和扩大消费能够促进云南商贸服务业的快速发展。

一　产业发展快，产业地位相对较高

2000 年以来，云南省的商贸服务业获得了快速发展（见图 3 - 33）。全社会消费品零售总额从 2000 年的 538.95 亿元提高到 2013 年的 4036.01 亿元，增加了近 7 倍，年均增长 16.8%；其中，城镇社会消费品零售额从 2000 年的 413.04 亿元提高到 2013 年的 3240.36 亿元，年均增长 17.2%；农村社会消费品零售额从 2000 年的 125.91 亿元提高到 2013 年的 795.65 亿元，年均增长 15.2%。可以看出，2000 年以来，由于城市化进程的加快、城市人口的增加以及城市居民消费水平比农村高，商贸服务业在城市的发展快于农村。

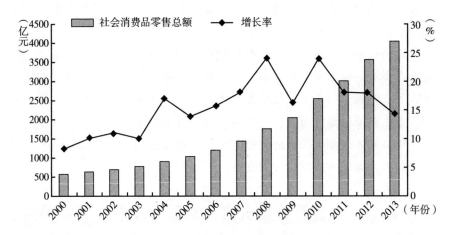

图 3 - 33　云南省社会消费品零售总额及其增长率

云南省的商贸服务业实现增加值从 2002 年的 179.05 亿元提高到 2007 年的 419.09 亿元，2010 年又提高到 774.19 亿元。产业地位明显提高，商贸服务业增加值占云南省第三产业增加值的比重从 2002 年的 19.58% 提高到 2007 年的 22.09%，2010 年进一步提高为 26.77%。商贸服务业增加值占云南生产总值的比重从 2002 年的 7.95% 提高到 2007 年的 8.81%，2010 年提高为 10.68%。说明商贸服务业在云南省国民经济中的产业地位较高，超过了 10%，且还在上升。与全国相比，云南省的商贸服务业在国民经济中的产业地位高于全国平均水平。

二　产业需求感应强

云南省的商贸服务业具有良好的产业关联性，其感应度系数远大于1，而影响力系数小于1。2002年感应度系数为2.042，2007年感应度系数为1.793，2010年感应度系数为1.789。按24部门划分，2010年云南商贸服务业对很多产业都有较强的需求感应，需求感应最强的是交通运输设备制造业，感应强度为0.238，其次是电气机械及办公设备制造业、石油加工与化学工业、通用专用设备制造业，感应强度分别为0.210、0.207、0.206，另外，对非金属矿物制品业，冶金工业，通信设备、计算机及其他电子设备制造业，木材加工及家具制造业，建筑业，信息传输、计算机服务和软件业，采掘业，造纸及其他，电力工业，纺织服装，交通运输及仓储业，文化产业，金融业，科技服务业，房地产业的需求感应强度都超过0.1，需求感应较弱的只有住宿和餐饮业、食品制造业、烟草加工、社会服务、农林牧渔业等几个产业。

按42部门划分，2010年批发与零售业需求感应较强的产业也很多（见图3-34），对金属制品业、电气机械及器材制造业等21个产业的需求感应强度超过0.1。说明批发与零售业对众多产业都有很强的支撑作用。

按144部门划分，2007年商贸服务业内部的批发业感应度系数高达4.723，零售业的感应度系数为1.439，租赁业的感应度系数为0.874，商务服务业的感应度系数为2.157。批发业对144个细分产业中的44个需求感应强度超过0.1。说明现代产业体系中批发业发挥着越来越重要的支撑作用（见图3-35）。虽然众多产业也对零售业有需求，但感应强度不高，都在0.05以下。租赁业需求感应较强的只有商务服务业，需求感应强度为0.120，对其他产业的需求感应强度都在0.1以下。众多产业对商务服务业都有需求，但商务服务业需求感应最强的是医药制造业，需求感应强度为0.216，其次是房地产开发经营业，需求感应强度为0.124，对其他产业的需求感应强度都在0.1以下。

三　产业的调入与调出基本平衡

云南省的商贸服务业在调入与调出方面基本平衡，差异不大，2002年调出29.07亿元，调入29.44亿元，调出对产业增加值的贡献为27.4%，调入对产业增加值的间接贡献为12.3%；2007年调出172.41亿元，调入

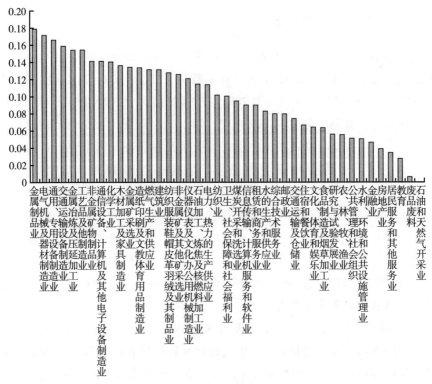

图 3 - 34 云南省批发和零售业需求感应强度排序（42 部门）

146.89 亿元，净调出 25.52 亿元，调出对产业增加值的贡献为 47.3%，而调入对产业增加值的间接贡献为 18.3%；2010 年调出 225.96 亿元，调入 271.27 亿元，净调入了 45.32 亿元，调出对产业增加值的贡献率为 33.4%，而调入对产业增加值的间接贡献为 16.5%。调出和调入在全省调出和调入中的比重不高，影响不突出（见表 3 - 76）。说明商贸服务业主要是满足省内产业发展和人民生活的需要。

表 3 - 76 云南省商贸服务业调入与调出情况

单位：亿元，%

年份	调出	调入	净调入	调出贡献	调入贡献
2002	29.07	29.44	0.37	27.4	12.3
2007	172.41	146.89	- 25.52	47.3	18.3
2010	225.96	271.27	45.32	33.4	16.5
2010 占比	7.18	4.70	1.73		

资料来源：根据《云南省投入产出表》计算。

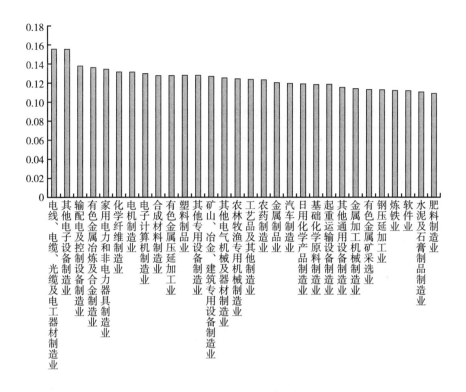

图 3 - 35　云南省批发业需求感应最强的前 30 个产业

从细分行业看，云南省商贸服务业的调出和调入主要在批发业和零售业，而租赁业和商务服务业都没有调出和调入。

四　最终需求对产业的拉动作用显著

商贸服务业是与人民生产生活紧密相关的产业，所以不但感应度系数高，各产业对商贸服务业的需求强，而且各项最终需求对商贸服务业的生产诱发效果也较为显著，其中，外部需求的生产诱发效果强于消费需求，消费需求的生产诱发效果强于投资需求（见表 3 - 77）。2010 年消费需求中，城镇居民消费需求的生产诱发效果强于农村居民消费需求，投资需求中，存货增加的生产诱发效果强于固定资本形成总额。

从细分行业看，各项最终需求对租赁业和商务服务业没有生产诱发效果。2007 年，从各项最终需求对批发业的生产诱发效果看，最强的是存货投资，其次是出口，消费需求中，农村居民消费需求的生产诱发效果强于城镇居民。从各项最终需求对零售业的生产诱发效果看，最强的也是存货投资，其次是城镇居民消费，消费需求中，城镇居民消费需求对零售业的生产诱发效果强于农村居民消费需求（见表 3 - 78）。

表 3 - 77　云南省最终需求对商贸服务业的生产诱发系数

年份	农村居民消费	城镇居民消费	居民消费	政府消费	最终消费	固定资本形成总额	存货增加	资本形成总额	调出	最终使用
2002	0.108	0.091	0.102	0.053	0.086	0.100	0.062	0.098	0.106	0.094
2007	0.096	0.117	0.109	0.017	0.082	0.042	0.040	0.042	0.106	0.078
2010	0.097	0.114	0.108	0.016	0.082	0.075	0.105	0.077	0.130	0.091

资料来源：根据《云南省投入产出表》计算。

表 3 - 78　2007 年云南省最终需求对商贸服务业内部行业的生产诱发系数

	批发业	零售业	租赁业	商务服务业
农村居民消费	0.023	0.029	0	0
城镇居民消费	0.018	0.034	0	0
居民消费	0.020	0.032	0	0
政府消费	- 0.014	- 0.005	0	0
最终消费	0.010	0.021	0	0
固定资本形成总额	- 0.002	- 0.005	0	0
存货增加	0.119	0.056	0	0
资本形成总额	0.001	- 0.004	0	0
出口	0.080	0.011	0	0
销往国内省外	0.077	0.029	0	0
调出	0.077	0.028	0	0
最终使用	0.031	0.016	0	0

资料来源：根据《云南省投入产出表》计算。

可以看出，扩大投资和扩大消费都能够拉动商贸服务业的发展，并且拉动的效果也较为显著。

五　对策建议

一是强化商贸服务业发展的政策制度保障。制定商贸服务业发展规划并出台加快发展商贸服务业的配套性政策措施，加大政策扶持力度，发挥财税体制和投资体制的调节作用，简化审批程序，规范行业行为。二是强化商贸服务业发展的体制机制保障。加快推进深化商贸服务业领域改革，建立健全现代企业制度，创新商贸服务业管理机制，建立商贸服务业发展的绩效评估体系。三是强化商贸服务业发展的行业组织保障。强化行业行政管理部门的保障，促进行业组织的保障功能，建立行业系统的专家咨询和评估机构。四是强化商贸服务业发展的人才资源保障。建立人才引进和培养机制，加大人才资源的开发力度，提高人才资源的社会化保障水平。

第二十节　以服务质量提升为重点推进住宿和餐饮业健康发展

住宿和餐饮业是人们出行必不可少的产业，云南省作为旅游大省，旅游业发展对住宿和餐饮业有很强的带动效应，但云南省的住宿和餐饮业在国民经济中的产业地位很低。从产业关联性看，住宿和餐饮业的产业关联性不强，产业链短，除对农业带动较强外，对其他产业的带动能力不强，其他产业对住宿和餐饮业的需求也不强，住宿业、餐饮业和旅游业不能作为优化经济结构的重点。云南作为旅游大省，国内外游客的进入，带动了住宿和餐饮业的发展。调出大于调入，形成净调出的格局，对缓解云南省的净调入问题产生了一定作用。从各项最终需求对住宿和餐饮业的生产诱发效果看，扩大消费需求和外部需求对住宿和餐饮业有较强的拉动作用，其中城镇居民消费需求和外国游客需求的拉动作用较强，农村居民消费需求和国内省外需求的拉动作用较弱。扩大投资对住宿和餐饮业几乎没有拉动作用。

一　产业发展快但产业规模小

2000 年以来，云南省的住宿和餐饮业获得了快速发展（见图 3 - 36）。住宿和餐饮业销售额从 2000 年的 74.87 亿元提高到 2013 年的 558.82 亿元，增加了近 7 倍，年均增长 16.7%；其中，餐饮业占 92.7%，住宿业占 7.3%。可以看出，2000 年以来，随着云南旅游业的发展和城乡居民消费水平的提高，住宿和餐饮业获得了快速发展。

云南省的住宿和餐饮业实现增加值从 2002 年的 64.30 亿元提高到 2007 年的 97.47 亿元，2010 年又提高到 190.34 亿元。住宿和餐饮业在国

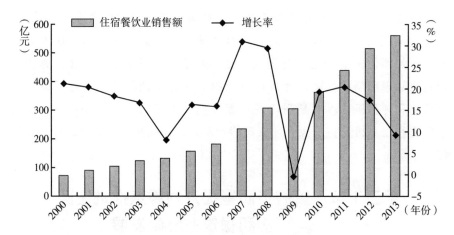

图 3 − 36　云南省住宿与餐饮业增长态势

民经济中的产业地位不高，住宿和餐饮业增加值占云南省第三产业增加值的比重从 2002 年的 7.03% 下降到 2007 年的 5.14%，2010 年又提高为 6.58%。住宿和餐饮业增加值占云南省生产总值的比重从 2002 年的 2.86% 下降到 2007 年的 2.05%，2010 年又略提高到 2.63%。与全国相比，云南省的住宿和餐饮业在国民经济中的产业地位与全国平均水平基本一致。

二　产业关联性不强

云南省的住宿和餐饮业产业关联度较低，其影响力系数和感应度系数都小于 1，说明其生产波及效应和需求感应强度都弱于社会平均水平。相对而言，其影响力系数大于感应度系数，说明住宿和餐饮业对相关产业的带动能力强于其他产业对它的需求。

按 24 部门划分，2010 年云南省的住宿和餐饮业生产波及效应最强的产业是农林牧渔业，影响强度为 0.256，其次是食品制造及烟草加工业，影响强度为 0.155，第三是石油加工与化学工业，影响强度为 0.132，对其他产业的影响强度都在 0.1 以下。

按 42 部门划分，2010 年云南省的住宿和餐饮业生产波及效应较强的产业仍然是农林牧渔业，影响强度为 0.256，其次是食品制造及烟草加工业，影响强度为 0.155，对其他产业的影响强度都在 0.1 以下（见图 3 − 37）。

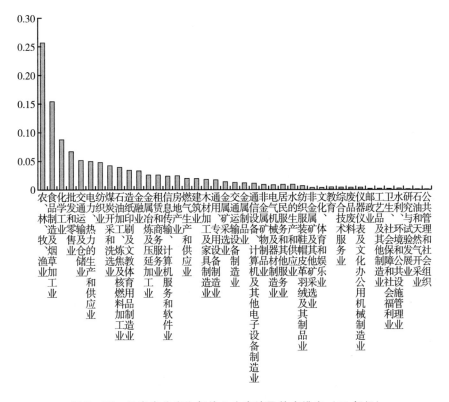

图 3-37 云南省住宿和餐饮业生产波及效应排序（42 部门）

按 144 部门细分产业看，2007 年住宿业的影响力系数为 0.871，餐饮业的影响力系数为 0.961，旅游业的影响力系数为 1.038。住宿业生产波及效应较强的只有纺织制成品制造业，影响强度为 0.114，对其他产业的影响强度都在 0.1 以下。餐饮业生产波及效应最强的是种植业，影响强度为 0.235，其他较强的是畜牧业、屠宰及肉类加工业、渔业等，影响强度都在 0.1 以下。旅游业生产波及效应最强的是石油及核燃料加工业，影响强度为 0.251，其次是住宿业，影响强度为 0.214，其他生产波及效应较强的还有餐饮业、航空运输业、道路运输业等，但影响强度都小于 0.1。

可以看出，住宿和餐饮业的产业关联性不强，产业链短，除对农业的带动较强外，对其他产业的带动能力不强，其他产业对住宿和餐饮业的需求也不强。因此，住宿业、餐饮业和旅游业不能作为优化经济结构的重点。

三 产业是净调出部门但调出规模不大

云南省的住宿和餐饮业是重要的净调出部门,2002 年调出 37.05 亿元,调入 17.72 亿元,净调出 19.33 亿元,调出对产业增加值的贡献为 30.9%,调入对产业增加值的间接贡献率为 14.6%;2007 年调出 68.44 亿元,调入 43.30 亿元,净调出 25.14 亿元,调出对产业增加值的贡献为 38.6%,调入的间接贡献为 20.4%;2010 年调出 162.43 亿元,调入 50.49 亿元,净调出提高到 111.94 亿元,调出对产业增加值的贡献为 43.8%,调入的间接贡献为 18.4% (见表 3 - 79)。

表 3 - 79 云南省住宿和餐饮业调入与调出情况

单位:亿元,%

年份	调出	调入	净调入	调出贡献	调入贡献
2002	37.05	17.72	-19.33	30.9	14.6
2007	68.44	43.30	-25.14	38.6	20.4
2010	162.43	50.49	-111.94	43.8	18.4
2010 占比	5.16	0.88	-4.27		

资料来源:根据《云南省投入产出表》计算。

从细分行业看,调出较大的是住宿业,说明云南作为旅游大省,省外游客的进入,带动了住宿业和餐饮业的调出大于调入,形成净调出的格局 (见表 3 - 80)。

表 3 - 80 云南省 2007 年住宿和餐饮业内部行业调入与调出情况

单位:亿元

细分行业	出口	销往国内省外	调出	进口	从国内省外购进	调入	净调入
住宿业	5.88	37.22	43.11	6.01	19.64	25.65	-17.46
餐饮业	2.65	22.68	25.33	4.86	12.80	17.66	-7.68
旅游业	4.44	29.40	33.83	5.38	21.52	26.90	-6.93

资料来源:根据《云南省投入产出表》计算。

因此,云南省的住宿和餐饮业是净调出部门,对缓解云南省净调入产生了一定的作用。

四　消费需求对产业的拉动作用较强

各项最终需求对云南省的住宿和餐饮业都有生产诱发效果（见表3－81），消费需求对住宿和餐饮业的生产诱发效果强于投资需求，调出对云南省的住宿和餐饮业的生产诱发效果也强于投资需求。在居民消费需求中，城镇居民消费需求对云南省的住宿和餐饮业的生产诱发效果强于农村居民消费需求。投资需求中，固定资本形成总额的生产诱发效果强于存货增加的生产诱发效果（见表3－81）。

表3－81　云南省最终需求对住宿和餐饮业的生产诱发系数

年份	农村居民消费	城镇居民消费	居民消费	政府消费	最终消费	固定资本形成总额	存货增加	资本形成总额	调出	最终使用
2002	0.036	0.105	0.062	0.060	0.061	0.012	－0.003	0.011	0.054	0.046
2007	0.030	0.060	0.049	0.036	0.045	0.006	0.000	0.006	0.030	0.028
2010	0.030	0.060	0.049	0.037	0.046	0.006	0.007	0.006	0.061	0.033

资料来源：根据《云南省投入产出表》计算。

从2007年细分行业看，最终需求中，调出对住宿业的生产诱发系数最强，其次是消费需求，投资对住宿业几乎没有生产诱发效果。消费需求中，政府消费对住宿业的生产诱发效果强于居民消费；居民消费需求中，城镇居民消费需求的生产诱发效果强于农村居民消费需求。调出需求中，外国游客需求对住宿业的生产诱发效果强于国内省外游客的需求。

从餐饮业看，消费需求对餐饮业的生产诱发效果强于调出，调出需求对餐饮业的生产诱发效果强于投资需求。消费需求中，居民消费需求对餐饮业的生产诱发效果强于政府消费，居民消费需求中，城镇居民对餐饮业的生产诱发效果强于农村居民消费。调出需求中，外国游客需求对餐饮业的生产诱发效果强于国内省外游客需求。

从旅游业看，居民消费需求和调出需求有生产诱发效果，政府消费和投资需求对旅游业基本没有生产诱发效果。居民消费需求中，城镇居民消费需求对旅游业的生产诱发效果强于农村居民消费。在调出需求中，外国游客需求对旅游业的生产诱发效果强于国内省外需求（见表3－82）。

表 3 - 82　云南省 2007 年最终需求对住宿和餐饮业内部行业的生产诱发系数

最终需求	住宿业	餐饮业	旅游业
农村居民消费	0.001	0.020	0.002
城镇居民消费	0.007	0.052	0.031
居民消费	0.005	0.039	0.020
政府消费	0.016	0.018	0.000
最终消费	0.008	0.033	0.014
固定资本形成总额	0.000	0.000	0.000
存货增加	0.002	0.015	0.000
资本形成总额	0.000	0.000	0.000
出口	0.037	0.020	0.024
销往国内省外	0.015	0.014	0.010
调出	0.017	0.015	0.011
最终使用	0.009	0.016	0.009

资料来源：根据《云南省投入产出表》计算。

因此，从各项最终需求对住宿和餐饮业的生产诱发效果看，扩大消费需求和外部需求对住宿和餐饮业有较强的拉动作用，其中城镇居民消费需求和外国游客需求的拉动作用较强，农村居民消费需求和国内省外需求的拉动作用较弱。扩大投资对住宿和餐饮业几乎没有拉动作用。

五　对策建议

1. 完善行业发展规划体系，规范行业管理秩序

要根据云南省住宿和餐饮业发展的实际，制定相应的行业发展规划体系，对住宿餐饮企业的进入、退出、质量管理、价格体系、卫生体系、环保体系、企业等级评定体系、顾客投诉等事项进行规范化运作，一方面使管理公平、公正、透明化，另一方面完善行业管理的规则体系，使企业能够有法可依，提高行业的整体运行效率。

2. 培育和发展集团化连锁，大力推行品牌化经营

通过政府的鼓励、引导，积极吸引外来资本和民间资本进入住宿餐饮业，通过市场调节整合资源，加强创新，发展壮大住宿餐饮业的市场主体。通过评选认定名菜、名店、名厨等措施，树立一批标杆企业和产品品

牌，对其他企业起到示范和带动作用，从而以点带面，促使全行业整体水平和实力得以提升，尽快形成统一的连锁餐饮集团。

3. 完善住宿餐饮企业服务，制定功能化、个性化和绿色化发展方向

住宿餐饮企业的功能化是满足客人的独特需求。不同的客人有不同的需求，需要企业的精准化营销。如商务顾客对通信功能如因特网接口、传真机、复印机和打印机、周边的商业环境等要求较高。个性化服务要以满足客人的特殊需求为出发点；店面的设计应符合企业的独特定位，满足目标顾客群的需求；应做到一对一营销，以顾客的数据库为基础，根据顾客的资料信息，为顾客提供定制化服务。欧美国家先行一步，早就提出了营造绿色酒店的计划，推行国际标准化管理。云南省的住宿和餐饮企业在绿色环节上的定位与运作是企业提高发展速度的一个切入点。

4. 加快发展经济型酒店建设，完善酒店业发展结构

大力发展以大众旅行者和中小商务者为主要服务对象、以客房为唯一或核心产品，价格低廉、服务标准、环境舒适、硬件上乘、性价比高的现代酒店业态。采取连锁经营的方式，通过连锁经营达到规模经济，提高品牌价值。

5. 提高员工素质和管理水平

全面提高员工素质和管理者管理水平是云南省住宿和餐饮企业经营的根本出路，强调"人本管理"，即以人为本的管理。管理者应该注重提高企业人员素质，要进一步加大企业培训力度，培养和造就一大批高素质的专业人才队伍，建立企业生存和发展的重要支撑力量，为企业持续健康发展奠定基础。

第二十一节 以服务实体经济为重点创新发展金融业

金融业是虚拟经济的重要组成部分，也是国民经济的重要服务部门，对保持实体经济的资金融通发挥着重要作用。从产业角度看，金融业包括银行业、证券业、保险业和其他金融服务业。

金融业是重要的服务部门，也是虚拟经济部门和非物质生产部门，近年来获得快速发展，在国民经济中的地位不断提高。从产业关联性看，金融业主要作为其他产业的服务部门而存在，众多产业对金融业都有需求，尤其是对银行业的需求。金融业需求感应较强的产业以服务业为主，对制造业的需求感应较弱，说明云南金融业对物质生产部门的支撑力度不够。云南省的金融业基本是净调出，调出规模不断扩大，调出对产业增加值的贡献率不断提高，反映出云南省的资金外流格局。各项最终需求对金融业有生产诱发效果，外部需求对云南金融业发展带动最强，其次是消费需求对金融业的促进作用也较为显著。因此，以服务实体经济为重点加快金融业的发展，提高金融服务水平，是云南省优化经济结构、转变发展方式的重要内容。

一　增长速度快，但发展水平还不高

云南省的金融业实现增加值从 2000 年的 77 亿元提高到 2013 年的 693.93 亿元，年均增长 18.4%，增速远高于经济增长和第三产业增长。2013 年金融业实现增加值占全省生产总值的比重达到 5.92%，比 2002 年上升了 2.17 个百分点，占第三产业增加值的比重达到 14.17%，比 2002 年提高了 4.94 个百分点。反映出云南省金融业在国民经济和服务业中地位显著（见表 3－83）。

表 3－83　云南省金融业发展态势

单位：亿元，%

项目	2002 年	2007 年	2010 年	2013 年
增加值	84.3904	169.27	375.08	693.93
占 GDP 比重	3.75	3.56	5.17	5.92
占三产比重	9.23	9.14	12.97	14.17

资料来源：《云南统计年鉴》。

从细分行业看，2007 年云南省的金融业中，银行业实现增加值 142.82 亿元，占全省生产总值的 3.0%，证券业实现增加值 14.43 亿元，占 0.30%，保险业实现增加值 12.02 亿元，占 0.25%。其他金融服务业则没有增加值。

从产业地位看，云南省的金融业在国民经济中的地位不断提高，金融业实现的增加值占全省生产总值的比重已经超过 5%，达到支柱产业的选择标准。

二　各产业对金融业的需求不断增强

从产业关联性看，金融业的影响力系数小于1而感应度系数大于1，说明金融业主要是为其他产业提供服务，而对相关产业的带动能力弱。云南金融业的感应度系数2002年为1.272，2007年为1.334，2010年为1.350，感应度系数缓慢提高，说明其他产业对金融业的需求在不断提高。

按24部门划分，2010年云南金融业需求感应最强的是商贸服务业，需求感应强度为0.117，其次是石油加工与化学工业，需求感应强度为0.105，对其他产业的需求感应强度都在0.1以下。按42部门划分，2010年云南金融业需求感应最强的是文化、体育和娱乐业，需求感应强度为0.129，其次是水利、环境和公共设施管理业，需求感应强度为0.128；第三是水的生产和供应业，需求感应强度为0.121，第四是电力、热力的生产和供应业，需求感应强度为0.113，对其他产业的需求感应强度在0.1以下（见图3－38）。

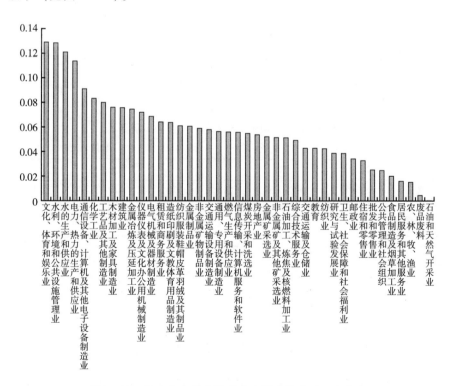

图3－38　云南省金融业需求感应强度排序（42部门）

从细分行业看，云南省金融业中的银行业 2007 年感应度系数为 2.27，感应度系数较高说明其他产业对银行业的需求很强。证券业的感应度系数只有 0.583，而保险业的感应度系数为 0.981，接近于 1，说明其他产业对证券业的需求很弱，对保险业的需求接近社会平均需求水平。银行业需求感应最强的是娱乐业，需求感应强度为 0.165，其次是公共设施管理业，需求感应强度为 0.148，第三是电力工业，需求感应强度为 0.107，其他产业在 0.1 以下。证券业和保险业没有需求感应强度在 0.1 以上的产业。

从产业关联性看，金融业主要为其他产业提供服务，众多产业对金融业都有较强需求，其中，主要是对银行业的服务需求强，对证券业和保险业的需求不强。

三　云南省的资金外流加快

云南省的金融业是净调出部门，调出规模不断提高，反映出云南省的货币资金流出省外、支持了省外产业发展的问题。2002 年调出 7.89 亿元，调入 4.17 亿元，净调出 3.72 亿元；2007 年调出 16.38 亿元，没有调入，全部为净调出；2010 年调出迅速提高到 155.03 亿元，没有调入，全部为净调出。因此，调出对产业增加值的贡献率从 2002 年的 28.7% 提高到 2007 年的 36.5%，2010 年进一步提高到 44.4%（见表 3 – 84）。

表 3 – 84　云南省金融业的调入与调出情况

单位：亿元，%

年份	调出	调入	净调入	调出贡献	调入贡献
2002	7.89	4.17	– 3.72	28.7	6.0
2007	16.38	0.00	– 16.38	36.5	
2010	155.03	0.00	– 155.03	44.4	

资料来源：根据《云南省投入产出表》计算。

金融业的净调出并不能解释为云南省金融业的竞争力强，主要是资金流向省外能获取更高的收益和回报率。

四　各项最终需求对金融业的促进作用较为显著

各项最终需求对金融业的生产诱发较为显著。2010 年外部需求的生产诱发系数高于消费需求，消费需求的生产诱发系数又高于投资需求（见表

3-85)。在消费需求中，居民消费需求的生产诱发效果强于政府消费；居民消费中，城镇居民消费的生产诱发效果强于农村居民消费。投资需求中，固定资本形成的生产诱发效果强于存货增加。

表 3-85 云南省最终需求对金融业的生产诱发系数

年份	农村居民消费	城镇居民消费	居民消费	政府消费	最终消费	固定资本形成总额	存货增加	资本形成总额	调出	最终使用
2002	0.041	0.066	0.050	0.017	0.039	0.021	0.000	0.019	0.039	0.034
2007	0.039	0.044	0.042	0.020	0.035	0.025	0.015	0.025	0.031	0.030
2010	0.039	0.046	0.043	0.018	0.036	0.026	0.021	0.026	0.080	0.042

资料来源：根据《云南省投入产出表》计算。

从细分行业看，2007 年消费需求对银行业的生产诱发效果强于调出，投资需求的生产诱发效果不显著。调出中主要是向国内省外的调出对银行业有生产诱发效果，也就是对银行业发展有促进作用。各项最终需求对证券业的生产诱发显著的只有居民消费需求，其中城镇居民需求对证券业的产业带动远高于农村居民消费需求。居民消费需求对保险业有生产诱发效果，投资需求对证券业和保险业都没有生产诱发效果（见表 3-86）。

表 3-86 云南省 2007 年最终需求对金融业内部行业的生产诱发系数

最终需求	银行业	证券业	保险业	其他金融活动
农村居民消费	0.020	0.001	0.001	0.000
城镇居民消费	0.019	0.005	0.002	0.000
居民消费	0.019	0.003	0.002	0.000
政府消费	0.000	0.000	0.000	0.000
最终消费	0.014	0.002	0.001	0.000
固定资本形成总额	0.000	0.000	0.000	0.000
存货增加	0.000	0.000	0.000	0.000
资本形成总额	0.000	0.000	0.000	0.000
出口	0.000	0.000	0.001	0.000
销往国内省外	0.006	0.000	0.000	0.000
调出	0.005	0.000	0.000	0.000
最终使用	0.006	0.001	0.000	0.000

资料来源：根据《云南省投入产出表》计算。

五 对策建议

应充分发挥沿边金融综合改革试验区的政策优势，创新体制机制，大力推动金融业发展，建立健全金融市场体系，促进和提高金融业对云南省实体经济发展的支持能力。

1. 加强金融基础建设，完善金融机构

一是通过引进境外战略投资者，加快筹组地方性商业银行，同时制定优惠政策，吸引国外银行来云南设立分支机构，加快银行国际化进程，鼓励发展股份制银行，形成以国有金融机构为基础，地方性银行、股份制银行和外资银行等多种金融机构并存的多元化金融组织结构体系。二是加快证券市场发展。选择一批科技含量高、成长潜力大、符合产业发展规划的中小型企业和项目给予重点扶持，扶持优质民营企业做优做强，发展和壮大云南省的证券市场。

2. 大力拓展拓宽融资渠道，提高资本形成能力

积极发展直接融资，扩大直接融资比例，改善比较单一的融资结构；加大开放力度，改善投资环境，吸引外资流入；通过构建创业投资优惠政策、创建风险投资基金、组建投资银行和投资公司等多种融资机制，提高资金使用效率；统筹管理和使用政府可调控的投资资金。

3. 切实加大对中小企业的信贷投放力度

政府、金融机构和企业共同努力，建立一个良性发展的运行机制，逐渐改变中小企业贷款难的状况。一是出台相关政策，为理顺中小企业融资渠道创造良好的外部环境；二是中小企业应深化改革，提高自身发展能力，提高信用程度，适应市场经济发展的需要；三是建立和完善中小企业贷款担保体系，降低金融机构贷款风险；四是为那些具有成长潜力的中小企业提供直接融资的场所，鼓励中小企业利用资本市场融资，扩大资本市场直接融资比例。

4. 优化金融行业结构，促进保险证券业发展

积极引进有经营特色（如农业保险、旅游保险、健康保险等专业特色保险）的保险公司，开发满足不同行业、不同层次需求的各类财产、商业、责任和人身保险，进一步拓展保险服务领域，发展壮大保险业。结合云南省的产业特色，充分利用证券资本市场的功能，鼓励和支持符合条件的企业发行企业债券和改制上市，以上市公司为龙头重组资产，扩大直接融资，引导证券市场资本投向具有比较优势的支柱产业和特色产业，进一步扩大证券市场资本运作效率，实现银行业、保险业、证券业的全面协调发展。

5. 加快培养金融专业人才

金融服务业是资本密集和知识密集型行业，对从业人员的教育、技能要求较高，因此，必须重视人才，挖掘人才，多渠道培养一批懂国际金融、懂相关法律，能够熟练运用外语和计算机的现代化金融管理人才，同时要建立一个有利于培养、发现、吸引和留住人才的环境。

第二十二节　以实际需求为导向稳步发展房地产业

房地产业是与人民生活紧密相关的生活性服务业，也是国民经济体系中的虚拟经济部门和非物质生产部门。房地产业内部行业包括房地产开发经营业、物业管理业、房地产中介服务业、其他房地产活动等。在云南国民经济中的产业地位不高。房地产业的产业关联性弱，对其他产业的带动能力不强，其他产业对房地产业的需求也不强。房地产业是云南省的净调出部门，调出规模小，调出对产业增加值的贡献率也不高且在下降。房地产业受最终需求的影响较大，扩大消费对房地产业有较强的带动作用。因此，房地产业不能作为云南优化经济结构、转变发展方式的重点。

一　产业规模小

云南省的房地产业规模很小，2002 年实现增加值 84.11 亿元，占当年全省生产总值的比重为 3.74%，占第三产业增加值的比重为 9.19%，2007年发展到 192.12 亿元，占全省生产总值的比重为 4.04%，占第三产业增加值的比重为 10.37%，到 2010 年实现的增加值提高到 223.45 亿元，但占全省生产总值的比重下降为 3.08%，占第三产业增加值的比重下降为7.72%。产业规模弱小是云南省房地产业的基本特点。

二　产业链短，产业关联性低

从产业关联性看，房地产业的产业关联度很低，房地产业的影响力系数和感应度系数都远小于 1，说明其他产业对房地产业的需求程度低，房地产业对其他产业的带动能力也不强。云南省房地产业的影响力系数 2002

年为 0.673，2007 年为 0.534，2010 年为 0.673；感应度系数 2002 年为 0.844，2007 年为 0.510，2010 年为 0.491。房地产业生产波及效应最强的是租赁和商务服务业，影响强度只有 0.069，其次是金融业，影响强度只有 0.053，其他都在 0.05 以下（见图 3 - 39）。

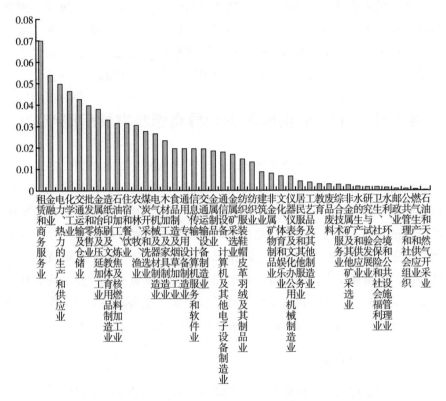

图 3 - 39　云南省房地产业生产波及效应强度排序（42 部门）

从细分行业看，房地产开发经营业的影响力系数相对较高，为 0.915，也小于 1，感应度系数为 0.666；物业管理业的影响力系数只有 0.432，感应度系数为 0.531；房地产中介服务业的影响力系数只有 0.411，感应度系数为 0.812；其他房地产活动的影响力系数只有 0.421，感应度系数为 0.539。

房地产开发经营业生产波及效应较强的只有商务服务业，影响强度为 0.124，对其他产业的生产波及效应都在 0.05 以下。

因此，发展房地产业对其他产业的发展没有太大的价值。

三　产业是净调出部门，但调出规模小

云南省的房地产业是净调出部门，但调出规模不大，2002 年调出 9.43 亿元，2007 年调出 8.94 亿元，2010 年调出 10.67 亿元，都没有调入，所以全部是净调出。调出对产业增加值的贡献率也不高，且不断下降，2002 年为 26.3%，2007 年下降为 10.0%，2010 年进一步下降为 8.5%（见表 3－87）。从内部行业看，调出全部为房地产开发经营业的调出，其他产业没有调出，并且全部是销往国内省外，没有出口。

表 3－87　云南省房地产业的调入与调出情况

单位：亿元，%

年份	调出	调入	净调入	调出贡献	调入贡献
2002	9.43	0.00	－9.43	26.3	—
2007	8.94	0.00	－8.94	10.0	—
2010	10.67	0.00	－10.67	8.5	—

资料来源：根据《云南省投入产出表》计算。

因此，从调入与调出看，云南省的房地产业全部为净调出，但规模不大，调出对产业增加值的贡献率也不高。

四　消费和投资对产业有较强的拉动作用

从最终需求对云南房地产业的拉动作用看，各项最终需求对云南房地产业都有生产诱发效果。2010 年消费需求对房地产业的生产诱发效果强于投资需求，投资需求的生产诱发效果强于调出。消费需求中，居民消费的生产诱发效果远强于政府消费；居民消费中，城镇居民消费需求对房地产业的生产诱发效果强于农村居民消费（见表 3－88）。投资需求中，固定资本形成的生产诱发强于存货增加。

表 3－88　云南省最终需求对房地产业的生产诱发系数

年份	农村居民消费	城镇居民消费	居民消费	政府消费	最终消费	固定资本形成总额	存货增加	资本形成总额	调出	最终使用
2002	0.022	0.107	0.053	0.017	0.042	0.016	0.008	0.016	0.034	0.033
2007	0.079	0.093	0.088	0.006	0.064	0.006	0.001	0.006	0.007	0.026
2010	0.041	0.052	0.048	0.004	0.036	0.026	0.002	0.024	0.008	0.024

资料来源：根据《云南省投入产出表》计算。

　　从细分行业看，各项最终需求对房地产业的生产诱发效果主要产生在物业管理业，其次是房地产开发经营业（见表 3 - 89）。

表 3 - 89　云南省 2007 年最终需求对房地产业内部行业的生产诱发系数

最终需求	房地产开发经营业	物业管理业	房地产中介服务业	其他房地产活动
农村居民消费	0.005	0.069	0.000	0.000
城镇居民消费	0.007	0.078	0.001	0.000
居民消费	0.006	0.075	0.001	0.000
政府消费	0.000	0.000	0.000	0.000
最终消费	0.004	0.053	0.001	0.000
固定资本形成总额	0.000	0.000	0.000	0.000
存货增加	0.000	0.000	0.000	0.000
资本形成总额	0.000	0.000	0.000	0.000
出口	0.000	0.000	0.000	0.000
销往国内省外	0.003	0.000	0.000	0.000
调出	0.003	0.000	0.000	0.000
最终使用	0.003	0.018	0.000	0.000

　　资料来源：根据《云南省投入产出表》计算。

　　因此，从最终需求对房地产业的生产诱发效果看，扩大消费能够拉动房地产业的发展，扩大投资也对房地产业的发展有一定的刺激作用。

五　对策建议

1. 弱化国民经济发展对房地产业的根本推动力

　　政府要转变职能，改变计划经济时代的经济发展绝对主导思维，切实履行现代服务政府的公共管理职能，科学确定经济与社会发展的目标和方向，积极倡导经济可持续发展和社会和谐发展，积极推进创新型产业的加速发展，规避房地产经济泡沫，防范各种金融和社会风险。

2. 加强房地产业的管理

　　首先，政府应实施引导性政策，宣传国民经济发展不同阶段人们应有的理性消费观念，避免不分年龄、收入段的盲目攀比，超前、超能力的商品房消费、投资理念。其次，政府应实施提高城乡居民收入，建立和完善社会保障、教育与医疗卫生保障等减少客观差距的政策，帮助社会公众提高有购买力的住房需求，通过扩大有购买力的需求，使房地产业步入良性发展的轨道。

3. 积极履行经济调节和市场监管职能

政府应通过颁布产业发展政策和货币、税收等各种手段与措施，科学调节房地产发展的结构和速度，力求在动态发展中实现供给与需求的相对均衡。如拟订不同时期、区域、开发规模与类型的房地产利润的核算标准，对价格成本比较高者征收累进税，在确保房地产开发商一定利润回报的前提下，适当降低商品房的市场价格。建立和完善房地产开发、销售等市场监管制度规章体系，加强对房地产开发与销售行为的监管。

4. 制定产业政策，追求公共利益

政策的制定与实施活动均要体现社会公众的公共利益，让广大人民群众都能分享房地产和国民经济发展成果。政府要进一步明确自己在房地产发展中的角色和地位，通过建立住房社会保障体系实现其民生、公平、和谐的政策目标。政府要建立和完善住房社会保障制度，取消经济适用房制度，强制实施廉租房制度，将用于经济适用房建设的资金转为建设廉租房，通过扩大廉租房建设规模、对低收入家庭给予房租补贴等以真正实现"居者有其屋"，维护社会公平。

第二十三节 以服务实体经济创新发展科技服务业

科技服务业是现代国民经济体系中重要的生产性服务业，是现代产业体系的重要支撑，可细分为研究与试验发展业、专业技术服务业、科技交流和推广服务业、地质勘查业等。云南省的科技服务业产业规模小，虽发展较快，但还处于成长初期。由于云南省的产业科技含量不高，产业发展对科技服务业的需求不强，但科技服务业对相关产业有一定的带动作用。云南省的科技服务业是净调入部门，但调入规模很小，说明技术引进规模不大。投资需求和消费需求对科技服务业有拉动作用，投资需求的拉动作用强于消费需求。科技服务业是云南省优化经济结构、转变发展方式需要重点扶持加快发展的产业部门。

一 产业发展快，但产业还很弱小

云南省的科技服务业发展程度低，产业规模小。2002 年云南省的科技服务业实现增加值 18.50 亿元，占当年全省生产总值的比重为 0.82%，占当年第三产业增加值的比重为 2.02%；2007 年科技服务业增加值提高到 49.45 亿元，占全省生产总值的比重为 1.04%，占第三产业增加值的比重为 2.67%；2010 年云南省的科技服务业增加值进一步提高到 79.19 亿元，占全省生产总值的比重提高到 1.09%，占第三产业增加值的比重提高到 2.74%（见表 3－90）。云南省科技服务业虽然产业规模小，但在全省生产总值中的比重和在第三产业中的比重逐步提高，反映出科技服务业增长快于全省经济增长，也快于第三产业增长。

表 3－90　云南省科技服务业发展态势

单位：亿元，%

指标	2002	2007	2010
增加值	18.50	49.45	79.19
占 GDP 比重	0.82	1.04	1.09
占三产比重	2.02	2.67	2.74

资料来源：《云南统计年鉴》。

二　产业服务不足，产业关联性不高

云南省的科技服务业与其他产业的关联性不强，其影响力系数和感应度系数都小于 1，但影响力系数接近于 1，远大于感应度系数。云南省科技服务业的影响力系数 2002 年为 0.924，2007 年为 0.979，2010 年为 0.903。感应度系数更低，2002 年为 0.444，2007 年为 0.574，2010 年为 0.567。可以看出科技服务业对其他产业的带动强于其他产业对科技服务业的需求。

按 24 部门划分，2010 年云南省的科技服务业生产波及效应较强的是石油加工与化学工业（0.169）、造纸及其他工业（0.116）、交通运输及仓储业（0.115）、商贸服务业（0.108），对其他产业的生产波及效应在 0.1 以下。

按 42 部门划分，2010 年科技服务业内部的研究与试验发展业的影响力系数为 0.834，综合技术服务业的影响力系数为 0.945。研究与试验发展业生产波及效应较强的是通用、专用设备制造业（0.107）、信息传输、计算机服务和软件业（0.100），其他在 0.1 以下。综合技术服务业生产波及效应较强的是造纸印刷及文教体育用品制造业（0.136）、交通运输及仓储业（0.1255），对其他产业的生产波及效应小于0.1。

从细分行业看，2007年专业技术服务业的影响力系数为0.959，科技交流与推广服务业的影响力系数为0.901，地质勘查业的影响力系数为1.114。按144部门划分，研究与试验发展业生产波及效应较强的是电信和其他信息传输服务业，影响强度为0.131，对其他产业的生产波及效应在0.1以下。专业技术服务业生产波及效应较强的是石油及核燃料加工业，影响强度为0.101，对其他产业的生产波及效应在0.1以下。科技交流与推广服务业生产波及效应最强的是电子计算机制造业，影响强度也才0.100，其他都在0.1以下。地质勘查业生产波及效应较强的是电力工业，影响强度为0.110，对其他产业的影响强度都在0.1以下。

从需求感应强度看，2010年云南省的研究与试验发展业需求感应较强的产业是通信设备制造业，需求感应强度为0.115，对其他产业的需求感应强度都在0.05以下；专业技术服务业和科技交流与推广服务业对其他产业的需求感应强度都在0.1以下。

因此，从产业关联性看，科技服务业的产业关联性不强，对造纸、化工、电子、信息等产业的带动作用相对强于其他产业对科技服务业的需求。反映出云南产业发展中科技含量低，对科技服务的需求有待提高。

三　产业属净调入部门，但调入规模很小

由于云南科技不发达，产业发展对科技服务的需求程度也不高，所以云南省的科技服务业是净调入部门，但调入规模很小，2002年调出92万元，调入556万元，净调入464万元，调入对产业增加值的间接贡献率为21.8%；2007年全部为调入，净调入3108万元，调入对产业增加值的间接贡献率为29.6%；2010年全部为调入，净调入5730万元，调入对产业增加值的间接贡献率为25.7%（见表3-91）。

表3-91　云南省科技服务业的调入与调出情况

单位：万元，%

年份	调出	调入	净调入	调出贡献	调入贡献
2002	92	556	464	7.5	21.8
2007	0	3108	3108		29.6
2010	0	5370	5370		25.7

资料来源：根据《云南省投入产出表》计算。

从细分行业看，净调入全部在研究与试验发展业，专业技术服务业、科技交流与推广服务业和地质勘查业没有调入。

四　投资需求对产业的拉动作用强于消费需求

各项最终需求中消费和投资对科技服务业都有生产诱发效果（见表3-92），其中，消费需求的生产诱发效果强于投资需求，消费需求中，政府消费对科技服务业的生产诱发效果强于居民消费；投资需求中，固定资本形成对科技服务业的生产诱发效果强于存货增加。

表3-92　云南省最终需求对科技服务业的生产诱发系数

年份	农村居民消费	城镇居民消费	居民消费	政府消费	最终消费	固定资本形成总额	存货增加	资本形成总额	调出	最终使用
2002	0.003	0.003	0.003	0.056	0.020	0.008	0.003	0.008	0.004	0.013
2007	0.004	0.003	0.003	0.080	0.026	0.008	-0.007	0.008	0.000	0.012
2010	0.003	0.003	0.003	0.071	0.022	0.007	0.004	0.007	0.000	0.011

资料来源：根据《云南省投入产出表》计算。

因此，扩大投资需求对科技服务业有较强的拉动作用，扩大消费尤其是政府消费也对科技服务业也会产生拉动作用。

五　对策建议

1. 加强政策扶持，加大财政转移支付力度

科技服务业的发展还需要各级政府加强政策扶持力度，为科技服务业发展创造一个良好的环境。政府对科技服务业的资金扶持可以通过设立专项资金、引进项目和人才以及对入驻高新技术企业给予一定奖励来实现；在税收上，可以适当地给科技服务业在营业税、增值税等方面给予一定的减免和优惠。同时，省级财政应加强对落后地区科技服务业发展的财政转移支付力度，促进落后地区科技服务业的发展。

2. 加强体制改革和创新

要完善和优化以咨询服务型科研机构、科技中介服务机构、生产力促进中心、高新技术创业中心和创业孵化体系等为主，面向中小企业的科技

服务体系；鼓励社会创办科技服务中介机构，研究制定促进科技中介服务机构发展的政策；按照"组织网络化，功能社会化、服务产业化"的方向，引导扶持科技经纪、技术评估、信息咨询等各类科技中介机构的发展；按照"主体多元化、形式多样化、服务社会化"的原则，加强高新技术创业中心和创业孵化体系的建设，在有条件的高新技术园区逐步建立健全创业服务中心；鼓励有条件的高等学校和科研机构建立高新技术创业孵化器。

3. 加强从业人员培训工作，提高科技服务业人才素质

科技服务业人才的培养可以将科研机构与高校作为培训的重要依托，引入并加强产、学、研相结合的人才培养模式，重点依照企业的需要有针对性地培养专业的技术人员与管理人员。例如，可以以各高校下属的研究院为依托，加强其与企业相契合的专业技术人员的培养，同时加强双向沟通与合作，大力倡导"点对点、点对面"的科技助推型关系，提高高科技产品成果的转化率，培养适合企业发展的多类型人才，以此类方法提高科技研发型企业落户率。

4. 积极推进科技服务业行业协会建设，实现行业自律和专利保护

积极建设各行业协会，促进行业统计体系整体构造的改善，从而增加榜样企业的构建，加强对企业知识产权的保护力度。规范的行业协会能对行业进行有效的监管，从而可以帮助企业进行可靠的信息双向沟通，这有助于提高行业运行的合法性和维护企业之间竞争的公平性。行业协会的统计监督、资格认证等相关职责还可以协助政府相关部门构建完善的科技服务业的信息网络，提高政府相关决策的效率，促进科技服务业研究有序进行。

5. 加大财政鼓励扶持力度，建立多元化投资运作模式

政府对科技服务业的财务类政策支持包括三方面：首先，政府在财政上鼓励新兴科技服务企业的发展，可以扩大科技发展金和科技风险金的扶持对象范围，在税收上适当减轻新兴科技服务业和相关从业人员的负担。其次，政府应尝试建立起一种多元的科技服务业投资运作模式，引导健康的民间金融资金参与到科技服务业的运作当中去，减小资金链缺乏导致研究活动失败的风险。最后，由于中小型科技服务业的快速发展，政府还应该对中小型科技服务业企业提出相应的扶持政策，完善相关信息化平台。

第二十四节 以满足省内需求为重点加快
文化产业发展

文化产业是现代经济社会中的重要服务业，随着人们生活水平的提高，对文化产品的需求日益扩大。文化产业可细分为新闻出版业、广播电视电影和音像业、体育产业、文化艺术业、娱乐业、工艺品及其他制造业等。近年来，云南省加快文化体制改革，大力发展文化产业，取得较为显著的成效，对云南产业结构优化和服务业的发展做出了贡献。但总体上看，云南省的文化产业规模还很小，在国民经济中的产业地位很低，还处于成长初期阶段。云南省的文化产业对相关产业有一定的带动能力，尤其是其中的新闻出版业、娱乐业和工艺品及其他制造业对其他产业的带动能力相对较强。云南省的文化产业是净调入部门，虽然调入规模不大，也有部分调出产品，但总体上不能满足省内需求，对外竞争力也不强。作为精神产品，消费需求对文化产业的拉动作用较强，扩大消费能够促进文化产业的发展。因此，加快云南文化产业发展，提升云南文化产品的竞争力，是云南优化经济结构、转变发展方式的重要内容。

一 产业发展快但规模小

云南省的文化产业还很弱小，2002 年实现增加值 8.11 亿元，占当年全省生产总值的比重为 0.36%，占当年第三产业增加值的比重为 0.88%；2007 年实现增加值 30.07 亿元，占当年全省生产总值的比重为 0.63%，占当年第三产业增加值的比重为 1.62%；2010 年实现增加值 42.77 亿元，占当年全省生产总值的比重为 0.59%，占当年第三产业增加值的比重为 1.48%。可以看出云南文化产业增速基本上高于全省经济增速和第三产业增速，但还处于成长初期阶段。

二 产业链短且产业关联性弱

由于文化产业主要提供满足人们精神生活需求的产品，所以在产业体系中与其他产业的关联性不强，尤其是其他产业对文化产业的需求很弱。云南省文化产业的影响力系数和感应度系数都小于 1，其中影响力系数接近于 1，感应度系数远小于 1。说明文化产业的发展对相关产业有一定的带动能力。2002 年影响力系数为 0.906，2007 年为 0.898，2010 年为 0.937。

按 24 部分划分，2010 年云南省的文化产业生产波及效应最强的是石油加工与化学工业，影响强度为 0.158，其次是电力工业，影响强度为 0.131，对冶金工业、金融业、商贸服务业、采掘业的生产波及效应（影响强度）也在 0.1 以上，对其他产业的生产波及效应（影响强度）在 0.1 以下。

按 42 部门划分，2010 年云南省的文化产业生产波及效应最强的是电力、热力的生产和供应业，影响强度为 0.136，其次是金融业，影响强度为 0.129，其他较强的还有造纸印刷及文教体育用品制造业、化学工业等，但影响强度都在 0.1 以下（见图 3 - 40）。

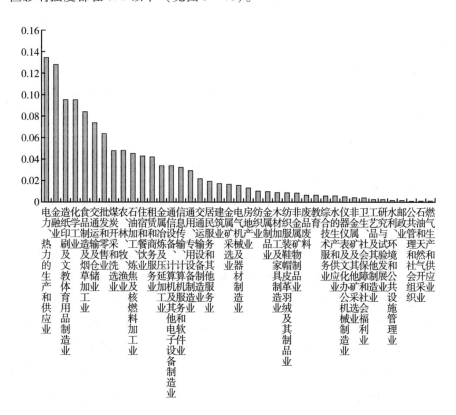

图 3 - 40　云南省文化产业的生产波及效应排序（42 部门）

从细分行业看，2007 年新闻出版业的影响力系数为 1.026，对其他产业有一定的带动能力；广播、电视、电影和音像业的影响力系数为 0.878；

文化艺术业的影响力系数为 0.733；体育产业的影响力系数为 0.753；娱乐业的影响力系数为 0.944，也对其他产业有一定的带动能力；工艺品及其他制造业的影响力系数为 1.262，对其他产业的带动能力相对较强。

新闻出版业生产波及效应最强的是文教体育用品制造业，影响强度为 0.186，其次是造纸及纸制品业，影响强度为 0.168，对其他产业的带动作用较弱，都在 0.1 以下。广播、电视、电影和音像业对专用化学产品制造业的生产波及效应最强，影响强度为 0.216，对其他产业的带动作用较弱，影响强度都在 0.1 以下。文化艺术业和体育产业对其他产业的带动能力都很弱，没有影响强度在 0.1 以上的产业。娱乐业生产波及效应最强的是银行业，影响强度为 0.165；其次是电力工业，影响强度为 0.103，对其他产业的带动力弱，影响强度在 0.1 以下。工艺品及其他制造业生产波及效应最强的是有色金属冶炼及合金制造业，影响强度为 0.290，其次是非金属矿及其他采选业，影响强度为 0.214，第三是有色金属矿采选业，影响强度为 0.165，第四是批发业，影响强度为 0.123，对其他产业的影响强度在 0.1 以下。

从产业关联性看，云南省的文化产业对其他产业有一定的带动能力，尤其是新闻出版业、娱乐业和工艺品及其他制造业对相关产业的带动能力比较强。

三　产业不能满足省内需求但调入规模不大

云南省的文化产业是净调入部门，虽然有一定的调出，但调入规模更大，说明云南省的文化产业竞争力还不够强。2002 年云南省文化产品调出 2.6 亿元，调入 19.14 亿元，净调入文化产品 16.54 亿元，调出对产业增加值的贡献率为 13.3%，调入对产业增加值的间接贡献率为 20.3%；2007 年云南文化产品调出 16.23 亿元，调入 37.34 亿元，净调入 21.11 亿元，调出对产业增加值的贡献率为 23.5%，调入对产业增加值的间接贡献率为 22.4%；2010 年调出文化产品 9.9 亿元，调入文化产品 31.22 亿元，净调入 21.32 亿元，调出对文化产业增加值的贡献率为 15.3%，调入对产业增加值的间接贡献率为 22.0%（见表 3 – 93）。反映出云南省的文化产业竞争还不强，总体上还不能满足本省城乡居民对文化产品的需求，还需要加快发展。

表 3 – 93 云南省文化产业的调入与调出情况

单位：亿元，%

年份	调出	调入	净调入	调出贡献	调入贡献
2002	2.60	19.14	16.54	13.3	20.3
2007	16.23	37.34	21.11	23.5	22.4
2010	9.90	31.22	21.32	15.3	22.0
2010 年占比	0.31	0.54	0.81		

资料来源：根据《云南省投入产出表》计算。

从细分行业看，新闻出版业和体育产业没有调入和调出（见表 3 – 94），广播、电视、电影和音像业调出 0.4 亿元，全部是销往国内省外，调入 10.83 亿元，全部是从国内省外购进；文化艺术业调出 1.15 亿元，全部是销往国内省外，没有调入；娱乐业调出 0.63 亿元，全部是销往国内省外，调入 0.49 亿元，全部为从国内省外购进；工艺品及其他制造业调出 14.05 亿元，其中出口 0.9 亿元，销往国内省外 13.15 亿元，调入 26.02 亿元，全部是从国内省外购进。可以看出云南省的文化产业中，广播、电视、电影和音像业发展不足，竞争力弱，只能从省外调入满足省内需求，而文化艺术业和娱乐业有竞争力，以调出为主，但规模很小。

表 3 – 94 云南省 2007 年文化产业内部行业的调入与调出情况

单位：亿元

细分行业	出口	销往国内省外	调出	进口	从国内省外购进	调入	净调入
新闻出版业	0	0	0	0	0	0	0
广播、电视、电影和音像业	0	0.40	0.40	0	10.83	10.83	10.43
文化艺术业	0	1.15	1.15	0	0	0	– 1.15
体育产业	0	0	0	0	0	0	0
娱乐业	0	0.63	0.63	0	0.49	0.49	– 0.14
工艺品及其他制造业	0.90	13.15	14.05	0	26.02	26.02	11.97

资料来源：根据《云南省投入产出表》计算。

四 各项最终需求对产业有较强的拉动作用

各项最终需求对云南文化产业的生产诱发效果有很大差异，消费需求对文化产业的生产诱发效果最显著，调出对文化产业也有生产诱发效果，投资需求对文化产业的生产诱发效果弱于调出。消费需求中，居民消费需求对文化产业的生产诱发效果强于政府消费（2010年）；居民消费需求中，城镇居民消费需求对文化产业的生产诱发效果远强于农村居民消费需求。投资需求中，固定资本形成对文化产业有生产诱发效果（2007年和2010年），但不强，存货增加对文化产业的生产诱发系数为负值，说明存货投资拉动的是省外的文化产业（见表3-95）。

表3-95　云南省最终需求对文化产业的生产诱发系数

年份	农村居民消费	城镇居民消费	居民消费	政府消费	最终消费	固定资本形成总额	存货增加	资本形成总额	调出	最终使用
2002	0.003	0.017	0.008	0.032	0.016	-0.001	-0.024	-0.002	0.003	0.008
2007	0.006	0.027	0.019	0.024	0.021	0.001	-0.008	0.001	0.006	0.010
2010	0.007	0.028	0.021	0.018	0.020	0.002	-0.003	0.002	0.005	0.009

资料来源：根据《云南省投入产出表》计算。

从细分行业看，2007年，各项最终需求对新闻出版业的生产诱发效果不显著；消费需求对广播、电视、电影和音像业有生产诱发效果，其中政府消费的拉动作用强于居民消费，城镇居民消费需求的拉动作用强于农村居民；文化艺术业和体育产业有政府消费的拉动作用；各项最终需求对娱乐业都有拉动作用，其中城镇居民消费需求的拉动作用最强；由于工艺品及其他制造业调入规模较大，所以，虽然消费需求对工艺品及其他制造业有拉动作用，但投资和调出对工艺品及其他制造业的拉动作用都为负值，拉动的是省外的工艺品生产（见表3-96）。

表3-96　云南省2007年最终需求对文化产业内部行业的生产诱发系数

最终需求	新闻出版业	广播、电视、电影和音像业	文化艺术业	体育产业	娱乐业	工艺品及其他制造业
农村居民消费	0.000	0.002	0.000	0.000	0.001	0.001
城镇居民消费	0.000	0.010	0.000	0.000	0.014	0.002
居民消费	0.000	0.007	0.000	0.000	0.009	0.002
政府消费	0.002	0.008	0.009	0.001	0.003	0.002
最终消费	0.000	0.007	0.003	0.000	0.007	0.002
固定资本形成总额	0.000	0.000	0.000	0.000	0.000	-0.006

续表

最终需求	新闻出版业	广播、电视、电影和音像业	文化艺术业	体育产业	娱乐业	工艺品及其他制造业
存货增加	0.000	0.000	0.000	0.000	0.003	−0.006
资本形成总额	0.000	0.000	0.000	0.000	0.000	−0.006
出口	0.000	0.000	0.000	0.000	0.000	0.000
销往国内省外	0.000	0.000	0.000	0.000	0.001	−0.002
调出	0.000	0.000	0.000	0.000	0.001	−0.002
最终使用	0.000	0.002	0.001	0.000	0.003	−0.002

资料来源：根据《云南省投入产出表》计算。

因此，从最终需求对云南文化产业的生产诱发作用看，各项最终需求对文化产业发展的拉动作用比较强，其中城镇居民消费需求的拉动作用最强，外部需求也有一定的拉动作用，投资需求和调出则会拉动省外的工艺品及其他制造业。

五 对策建议

1. 招大引强，培植上规模上品牌的文化企业

一是重点培育和发展一批实力雄厚、具有较强竞争力的大中型文化企业和文化集团，支持和引导文化企业采取并购、联合、重组等措施做大做强，这样既克服政府资金投资上的不足，又促进了文化艺术的发展。二是学习借鉴"长沙模式"，培育高雅文化。长沙田汉大剧院"大文化、本土化、规模化、集团化"的经营模式值得学习和反思。三是上下联动，形成政府支持、多元投入、多方面发展的良好态势，拓宽文化产业发展空间。

2. 改进文化产业的投融资方法，放宽资金的注入方式

进一步拓宽文化投融资的渠道，建立多元投入机制，鼓励非公有制经济以参股、合资、合作、独资、联营、特许经营等多种方式进入文化产业领域，支持非国有经济成分及非文化性质企业控股，鼓励民间资本对文化产业进行投资和经营，从而促进社会资金向文化产业领域流动。同时，要加大直接投融资的比例，强化市场对文化产业发展的支持力度。

3. 加强文化产业相关法规政策建设，进一步营造良好的市场法制政策环境

要加快文化产业的发展，最根本的是尽快解决有关法规、政策滞后的

问题。即要全面审视既有的文化产业政策，制定完善的产业政策法规，清除阻碍建立和形成统一的文化市场的各种壁垒，为文化事业的发展创造良好的社会环境。

4. 进一步健全文化产业统筹协调机制，加强宏观调控和管理

加大改革力度，努力形成有利于文化产业发展的体制。切实转变文化行政部门职能，理顺关系，放宽市场准入机制，简化审批手续，建立完善的进入和退出机制，制定更加优惠的政策，吸引企业、个人、社会团体等社会民间力量参与兴办文化产业，努力构建全社会办文化的格局。

5. 坚持"培养"和"聚集"并举，加强人才队伍建设

发展文化产业，人才是第一资源。现有的文化专业技术人才远远不能满足文化事业发展的需要，必须紧紧抓住"培养"和"聚集"两条途径，造就一批高素质、复合型的文化艺术和文化经营管理人才队伍，为文化产业的发展提供智力支持，创造优越的社会环境，带动文化产业从规模到经营方式上实现跨越式发展。

第二十五节　以改善民生为重点加快社会服务业发展

社会服务业是维持经济社会稳定健康发展的基本保证，也是改善民生、加强社会治理的重要领域。按照国民经济行业分类，社会服务业可细分为邮政业，水利、环境和公共设施管理业，居民服务和其他服务业，教育，卫生、社会保障和社会福利业，公共管理和社会组织等。社会服务业在全省国民经济中的地位和第三产业中的地位都比较高，近年来的发展也快于经济增长和服务业增长。社会服务业的产业关联性不强，带动的产业不多，不能作为支柱产业选择，但应加快社会服务业发展以满足本省城乡居民民生改善和社会稳定的要求。社会服务业密切关系民生，消费需求对社会服务业的拉动作用突出，政府消费支出的拉动作用最大，居民消费对卫生、教育的拉动作用也很强，加快发展健康服务业、教育事业等领域，是云南优化经济结构、转变发展方式的基本保障。

一　产业发展迅速且产业规模较大

云南省的社会服务业在国民经济中的地位不断提高，2002 年云南省的社会服务业实现增加值 227.07 亿元，占当年全省生产总值的 10.09%，占

当年第三产业增加值的 24.83%；2007 年云南省的社会服务业实现增加值
588.64 亿元，占当年全省生产总值的 12.37%，占当年第三产业增加值的
比重提高到 31.77%；2010 年云南省的社会服务业实现增加值 881.12 亿
元，占当年全省生产总值的比重为 12.16%，占第三产业增加值的比重为
30.46%。可以看出，云南省的社会服务业增长快于全省经济增长，也快于
第三产业增长。

在 2010 年的社会服务业增加值中，公共管理和社会组织占 42%，教
育占 31%，卫生、社会保障和社会福利业占 14%，居民服务和其他服务业
占 9%，水利、环境和公共设施管理业占 3%。可以看出，社会服务业中公
共管理和社会组织与教育是主体，占 70% 以上（见图 3 - 41）。

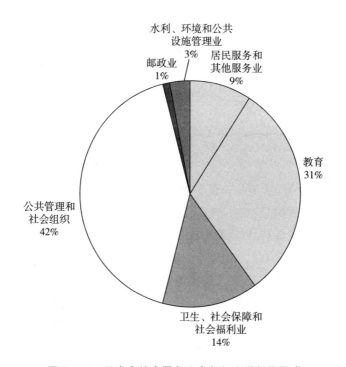

图 3 - 41　云南省社会服务业内部行业增加值构成

二　产业链短且产业关联性不强

云南省社会服务业的产业关联度不高，影响力系数和感应度系数都小
于 1，影响力系数略高于感应度系数，二者差异不大。2002 年社会服务业

的影响力系数为 0.919，2007 年为 0.812，2010 年为 0.771；社会服务业的感应度系数 2002 年为 0.607，2007 年为 0.718，2010 年为 0.674。说明云南省的社会服务业受其他产业需求的影响和对其他产业的带动都不强。从24 部门划分看，云南省的社会服务业生产波及效应最强的是石油加工与化学工业，影响强度为 0.158，对其他产业的带动效应都小于 0.1。云南省的社会服务业需求感应较强的产业几乎没有。

从 42 部门划分看，社会服务业中的邮政业，卫生、社会保障和社会福利业的影响力系数超过 1（见表 3 - 97），对其他产业有较强的带动作用，其次是水利、环境和公共设施管理业，公共管理和社会组织的影响力系数超过 0.8，居民服务和其他服务业、教育的影响力系数超过 0.6，但各个部门的感应度系数都很低。

表 3 - 97　云南省社会服务业的影响力系数和感应度系数

项目	邮政业	水利、环境和公共设施管理业	居民服务和其他服务业	教育	卫生、社会保障和社会福利业	公共管理和社会组织
影响力系数	1.024	0.817	0.616	0.617	1.011	0.812
感应度系数	0.454	0.476	0.569	0.520	0.516	0.422

资料来源：根据《云南省投入产出表》计算。

虽然邮政业的产业地位很低，但对相关产业的带动能力很强，邮政业生产波及效应最强的是交通运输及仓储业，影响强度为 0.216，其次是石油加工、炼焦及核燃料加工业，影响强度为 0.203，第三是煤炭开采和洗选业，影响强度为 0.118，对其他产业的带动效应小于 0.1。水利、环境和公共设施管理业生产波及效应最强的是电力工业，影响强度为 0.165，其次是金融业，影响强度为 0.128。居民服务和其他服务业、教育两个部门没有波及效应超过 0.1 的产业。卫生、社会保障和社会福利业生产波及效应最强的是通用、专用设备制造业，影响强度为 0.288，其次是化学工业，影响强度为 0.285，第三是批发和零售业，影响强度为 0.100。公共管理和社会组织没有生产波及效应超过 0.1 的产业。

从 144 部门细分产业看，2007 年云南省的社会服务业中，影响力系数超过 1 的只有其他服务业、卫生，社会保障业的影响力系数接近 1。社会服务业中各个部门的感应度系数都很低，只有其他服务业接近 1（见表3 - 98）。

表 3 – 98 云南省 2007 年社会服务业内部行业的影响力系数和感应度系数

项目	邮政业	水利管理业	环境管理业	公共设施管理业	居民服务业	其他服务业	教育	卫生	社会保障业	社会福利业	公共管理和社会组织
影响力系数	0.875	0.857	0.722	0.750	0.898	1.106	0.644	1.027	0.969	0.599	0.804
感应度系数	0.525	0.485	0.481	0.426	0.558	0.959	0.726	0.706	0.411	0.411	0.528

资料来源：根据《云南省投入产出表》计算。

邮政业生产波及效应超过 0.1 的是交通运输与仓储业，影响强度为 0.175；水利管理业生产波及效应超过 0.1 的是电力工业，影响强度为 0.111；环境管理业没有生产波及效应超过 0.1 的产业；公共设施管理业生产波及效应超过 0.1 的有银行业，影响强度为 0.148，电信和其他信息传输服务业，影响强度为 0.124；居民服务业没有生产波及效应超过 0.1 的产业；其他服务业生产波及效应超过 0.1 的产业有日用化学产品制造业，影响强度为 0.150，批发业，影响强度为 0.107，电信和其他信息传输服务业，影响强度分别为 0.103；教育没有生产波及效应超过 0.1 的产业；卫生对其他专业设备制造业和医药制造业的带动能力较强，影响强度分别为 0.240 和 0.212；社会保障业生产波及效应超过 0.1 的产业有餐饮业，影响强度为 0.107；社会福利业没有生产波及效应超过 0.1 的产业；公共管理和社会组织也没有生产波及效应超过 0.1 的产业。

从产业关联性分析可以看出，云南省的社会服务业整体上与其他产业的关联性较弱，对其他产业的带动不强（其他产业对社会服务业的需求更弱），只对个别紧密相关的产业具有较强的带动能力，如邮政业对交通运输与仓储业的带动，卫生对医用设备制造业、医药制造业的带动，水利管理业对电力工业的带动，其他服务业对日用化学品制造业、批发业、电信和其他信息传输服务业的带动。因此，社会服务业只能以满足人民生产生活为主，不能作为优势产业来培育或扶持发展。

三　教育和卫生不能满足省内需求，调入规模不断扩大

云南省的社会服务业是调入大于调出的净调入部门，说明云南省的社会服务业不能满足省内需要，还需要从省外调入，但净调入规模不大。

2002 年社会服务业调出 2.47 亿元,调入 89.78 亿元,调出对产业增加值的贡献率不高,调入对产业增加值的间接贡献率为 22.7%;2007 年调出 27.93 亿元,调入 112.20 亿元,调入对产业增加值的间接贡献率为 22.3%;2010 年调出下降为 17.03 亿元,调入继续增加到 141.94 亿元,净调入 124.9 亿元,调入对产业增加值的贡献率为 19.3%(见表 3 - 99)。

表 3 - 99　云南省社会服务业的调入与调出情况

单位:亿元,%

年份	调出	调入	净调入	调出贡献	调入贡献
2002	2.47	89.78	87.31	1.9	22.7
2007	27.93	112.20	84.27	5.9	22.3
2010	17.03	141.94	124.90	3.9	19.3
2010 年占比	0.54	2.46	4.76		

资料来源:根据《云南省投入产出表》计算。

从细分行业看,2007 年的调入与调出中,邮政业、水利管理业、环境管理业、居民服务业、社会保障业、社会福利业、公共管理和社会组织都没有调入和调出(见表 3 - 100),公共设施管理业和其他服务业为净调出部门,净调入规模较大的是教育和卫生,可以看出,教育和卫生事业落后,不能满足省内需求,尤其是卫生,没有调出,全部为调入。

表 3 - 100　云南省 2007 年社会服务业内部行业的调入与调出情况

单位:亿元

细分行业	出口	销往国内省外	调出	进口	从国内省外购进	调入	净调入
邮政业	0	0	0	0	0	0	0
水利管理业	0	0	0	0	0	0	0
环境管理业	0	0	0	0	0	0	0
公共设施管理业	1.90	12.50	14.40	1.72	9.73	11.45	- 2.95
居民服务业	0	0	0	0	0	0	0
其他服务业	0	0.13	0.13	0	0	0	- 0.13
教育	0	13.41	13.41	0	68.27	68.27	54.87

续表

细分行业	出口	销往国内省外	调出	进口	从国内省外购进	调入	净调入
卫生	0	0	0	0	32.47	32.47	32.47
社会保障业	0	0	0	0	0	0	0
社会福利业	0	0	0	0	0	0	0
公共管理和社会组织	0	0	0	0	0	0	0

资料来源：根据《云南省投入产出表》计算。

因此，加快社会服务业发展，尤其是加快教育和卫生的发展，以满足省内对教育和医疗卫生的需求，是云南省经济社会持续健康发展的关键环节。

四 政府支出对产业的促进作用最强

社会服务业与城乡居民生产生活紧密相关，所以最终需求对社会服务业的影响很大。其中，消费需求对社会服务业的生产诱发效果非常突出，生产诱发系数 2002 年为 0.367，2007 年为 0.352，2010 年为 0.334。投资对社会服务业的生产诱发效果弱于调出。消费需求中，政府消费需求对社会服务业的生产诱发效果最强，2010 年高达 0.948（见表 3 - 101）。居民消费需求中，农村居民消费需求对社会服务业的生产诱发效果强于城镇居民消费（2007 年和 2010 年）。因此，扩大消费对社会服务业有非常强的拉动作用，尤其是政府支出的增加，基本上都拉动了社会服务业的发展。

表 3 – 101　云南省最终需求对社会服务业的生产诱发系数

年份	农村居民消费	城镇居民消费	居民消费	政府消费	最终消费	固定资本形成总额	存货增加	资本形成总额	调出	最终使用
2002	0.085	0.158	0.112	0.889	0.367	0.008	0.003	0.008	0.011	0.175
2007	0.119	0.093	0.103	0.945	0.352	0.004	- 0.006	0.004	0.014	0.125
2010	0.114	0.082	0.093	0.948	0.334	0.005	0.008	0.005	0.015	0.116

资料来源：根据《云南省投入产出表》计算。

从社会服务业的细分行业看，农村居民消费需求对教育、卫生有较强的生产诱发效果，对居民服务业和邮政业也有生产诱发效果；城镇居民消费需求对教育、卫生、居民服务业有较强的生产诱发效果；政府消费对公共管理和社会组织的生产诱发效果最强，对教育、卫生也有很强的生产诱发效果，对水利管理业、环境管理业、公共设施管理业、社会保障业、社会福利业都有生产诱发效果。固定资本形成和存货增加对各项社会服务业的生产诱发效果都不突出；调出对教育和公共设施管理业有生产诱发效果（见表3-102）。

表 3 - 102 云南省 2007 年最终需求对社会服务业内部行业的生产诱发系数

	邮政业	水利管理业	环境管理业	公共设施管理业	居民服务业	其他服务业	教育	卫生	社会保障业	社会福利业	公共管理和社会组织
农村居民消费	0.001	0.000	0.000	0.000	0.012	0.000	0.050	0.045	0.000	0.000	0.000
城镇居民消费	0.000	0.000	0.000	0.000	0.024	0.002	0.033	0.023	0.000	0.000	0.000
居民消费	0.000	0.000	0.000	0.000	0.019	0.001	0.039	0.032	0.000	0.000	0.000
政府消费	0.000	0.007	0.008	0.018	0.000	0.000	0.235	0.149	0.007	0.006	0.487
最终消费	0.000	0.002	0.002	0.006	0.014	0.001	0.097	0.066	0.002	0.002	0.144
固定资本形成总额	0.000	0.000	0.000	0.000	0.000	0.000	-0.001	0.000	0.000	0.000	0.000
存货增加	0.000	0.000	0.000	0.000	0.000	0.000	0.008	-0.002	0.000	0.000	0.000
资本形成总额	0.000	0.000	0.000	0.000	0.000	0.000	-0.001	0.000	0.000	0.000	0.000
出口	0.000	0.000	0.000	0.011	0.000	0.000	0.002	0.000	0.000	0.000	0.000
销往国内省外	0.000	0.000	0.000	0.005	0.000	0.000	0.008	0.000	0.000	0.000	0.000
调出	0.000	0.000	0.000	0.005	0.000	0.000	0.008	0.000	0.000	0.000	0.000
最终使用	0.000	0.001	0.001	0.004	0.005	0.000	0.035	0.022	0.001	0.001	0.049

资料来源：根据《云南省投入产出表》计算。

从最终需求对社会服务业的拉动作用看，政府消费需求对社会服务业的拉动作用很强，是直接而主要的拉动因素。居民消费对社会服务业的拉动作用也很强，尤其是对教育和卫生的拉动作用强。因此，社会服务业的发展主要依赖政府投入。

五　对策建议

应积极主动地创造适合服务业发展的空间和环境，把发展现代服务业作为发展方式转变战略性工作抓紧抓好，切实加快服务业发展。

1. 加强领导，精心组织

服务业领域广泛，涉及各行各业，加快服务业发展，需要各个部门共同协调，建立健全组织领导体系是加快服务业发展的关键所在。要理顺组织管理体系，建立强有力的组织机构，建立服务业发展局，机构、人员、经费都要落实。建立目标管理、责任分解和落实保障机制，实行量化考核，加强监督检查，一级抓一级，层层抓落实。

2. 明确方向，重点突破

一是大力发展生产性服务业。生产性服务业涉及为企业生产服务的所有领域，可重点发展现代物流业、金融保险业、专业及中介服务业（包括研发、培训、IT、会计、审计、咨询、律师等）；二是加快发展公共服务业。重点推进教育、文化、卫生、体育等领域的改革，引进投资者共同参与公共服务，与政府一起为社会提供公共服务产品。三是全面提升生活性服务业。进一步完善商业网点布局规划，打造核心商业功能区，推进特色商业街区建设，加快发展各种新型商业业态，逐步构建满足不同层次需求的合理商业体系。建立健全社区服务网络，扩大社区服务覆盖面。积极运用市场机制创办养老、托幼、文化、健身、医疗、物业管理等各种便民利民服务业。加快开发各类旅游资源，不断推出新的产品。

3. 深化改革，激活机制

坚持"政府引导、市场运作"，政府要为企业创造公开竞争的外部环境。重点突破"三化"：一是市场化，集中各方力量发展服务业。按照"非禁即入"的原则，放宽领域，降低门槛，完善规则，大力营造公开、公平、规范、快捷、有序的市场环境。二是产业化，努力推进非基本公共服务的产业化。教育、卫生、文化等可以让市场来投资经营的部分，要加快推进产业化的步伐。三是社会化，推进后勤服务，配套服务由内部自我服务向社会服务转变。机关企事业单位的后勤服务单位要加快转改制步伐，全面实行社会化。

4. 扩大开放，强化招商

加强对招商队伍的建设和培养，重点做好服务业招商引资工作。特别是对优先发展项目要落实指标，分解到相关职能部门。要大力培养和引进服务业人才。现代服务业对从业人员的素质提出了更高要求，要认真组织实施人才培养工程，创新人才政策，加大对科技型、创新型、综合型、专业型服务企业项目的引进与投入，多渠道吸引国内外高层次服务专业人才，形成与现代服务业体系相适应的人才结构。目前主要引进在现代物流组织、采购中心和供应链管理、现代物流信息网络平台设计和操作、会展经营和策划、国际旅游业务、国际营销、大型综合市场策划、重大赛事组织等各类现代服务业方面具有高素质并有实际经验的专业技术人才和经营管理人才，特别要引进和培育各行业的领军人才，造就一批具有国内外影响力、行业权威，善经营、懂管理的骨干人才。

5. 政策扶持，资金配套

应加快出台促进服务业发展的有关市场准入、财政税费、就业再就业、融资担保、土地供应、项目投资等政策。充分发挥经济杠杆的作用，加大政策扶持力度，为服务业发展创造有利的政策环境。制定弹性灵活的产业扶持政策，明确扶持方向，调整财政支出结构，安排资金设立服务业发展引导资金。加大税收扶持力度，对带动力强、发展前景好的服务业项目，实行优惠的税收政策。强化金融支持，创新金融服务产品，多渠道筹集服务业发展资金。

第四章　增强产业创新力　优化云南产业结构

总体上看，云南省还未走出以资源型产业、传统产业为主的格局。产业创新力弱，是产业结构优化困难的重要原因。产业创新就是要把产业自身及关联产业的生产要素重新组合并引入生产体系，是以技术突破为基础的新产业产生、发展并形成产业竞争力的过程。国外产业创新的模式主要有技术推动模式、政策拉动模式、企业联动模式、环境驱动模式等。课题组建议云南省应加快民营经济发展来增强全民的产业创新力，应加快大中型企业的技术改造来增强支柱产业的创新力，应大力引进国内外创新企业来增强新产业的创新力，应加快培育科技服务业来增强产业创新力，应大力发展装备制造业来增强传统产业的创新力，应约束虚拟经济来促进实体经济的产业创新力。

2012 年云南省人均生产总值达到 3415 美元，越过了人均 3000 美元大关，在全国 31 个省（自治区、直辖市）中是倒数第二个进入这个阶段的省份（仅先于贵州省）。地区产业竞争力决定了地区的自我发展能力，而地区的自我发展能力由产业创新力、技术创新力和组织创新力组成。云南经济发展的滞后源于产业支撑力不强，产业创新力弱，产业结构的整体特征是"一产不优、二产不强、三产不快"，导致云南经济发展整体滞后。为此，中共云南省第九次党代会提出要"大力发展高原特色农业调快调优一产；加速新型工业化调快调强二产；促进服务业发展调快调特三产"。省政府将 2013 年确立为"产业建设年"，实施"产业兴省"战略，努力通过产业发展来推进科学发展、和谐发展、跨越发展。实现"产业兴省"和优化产业结构的关键是产业创新，只有加快推进产业创新，切实增强产业创新力，才能形成产业快速发展的格局。

第一节　云南产业结构的基本特征及问题

从三次产业结构、工业内部结构、第一产业内部结构、现代农业与传统农业比例结构、服务业内部结构、新产业成长、高技术产业发展等多层次产业结构看，云南省还未走出以资源型产业、传统产业为主的格局，产业创新力弱，是产业结构优化困难的重要原因。

一 三次产业结构不合理

从三次产业结构的比例关系看，云南省的第二产业比重偏低，第一产业比重偏高，工业化进程亟待加快。按照经济发展理论，人均 GDP 在 400 ~ 2000 美元为经济的起飞阶段，2000 ~ 10000 美元为加速成长阶段，10000 美元以上为稳定增长阶段。人均 GDP 进入 3000 美元前后是工业化的关键时期，这个时期的工业经济是引领一个国家和地区经济快速发展、拉动经济增长的主体。先于云南省进入人均生产总值 3000 美元的 29 个省份中有 17 个省（自治区、直辖市）在当年的第二产业比重都超过了 50%，并且很多工业基础较好的省份在人均生产总值进入 3000 美元后，第二产业的比重还持续增加，如天津市第二产业比重从 2003 年的 50.9% 提高到 2008 年的 60.1%，山西省第二产业比重从 2009 年的 54.3% 提高到 2011 年的 59%，内蒙古自治区第二产业比重从 2007 年的 51.8% 提高到 2011 年的 56%，河南省提高到 57.3%，重庆市提高到 55.4%。与这些省份相比，云南省在人均生产总值跨入 3000 美元时，第二产业比重偏低，第一产业比重偏高。2011 年云南省第二产业比重只有 42.5%，第一产业比重还高达 15.9%。在中西部省份中随机选取内蒙古、湖南、重庆、陕西等省份与云南比较（见图 4 - 1A）发现，1996 年以来，这些省份第二产业比重都总体上呈明显的上升态势，只有云南省呈总体上的缓慢下降态势，从 1996 年的 45.1% 下降到 2011 年的 42.5%。由于我国大部分省份在人均生产总值进入 3000 美元前后主要依靠第二产业支撑，因此，在党的十七大报告对"加快转变经济发展方式，推动产业结构优化升级"的战略部署中就强调要"促进经济增长由主要依靠第二产业拉动向依靠第一、第二、第三产业协同带动转变"。但就云南省而言，其具有自身的特殊性。云南经济发展的结构性特征是第二产业发展不充分、二产不强、第二产业拉动经济增长的动力不足等问题。第二产业发展不足，造成三次产业结构比例关系上的第一产业比重下降缓慢（见图 4 - 1B）。1996 年以来的 15 年中，云南省第一产业比重只下降了 8.5 个百分点，而同期内蒙古自治区下降了 22.7 个百分点，湖南省下降了 15.9 个百分点，重庆市下降了 14.2 个百分点，陕西省下降了 12.6 个百分点。工业化进程的快慢，可以从三次产业的结构比例关系直接反映出来。云南省第一产业比重下降缓慢，第二产业比重上升缓慢，已经能够充分体现云南省工业化进程的缓慢。

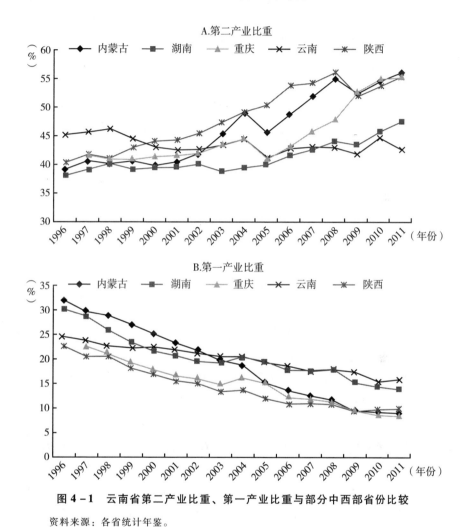

图 4 - 1　云南省第二产业比重、第一产业比重与部分中西部省份比较

资料来源：各省统计年鉴。

云南省工业化进程缓慢、产业结构转换慢的根本原因是产业创新力弱。第二产业中的骨干产业、支柱产业规模扩张缓慢，新兴产业发展缓慢，使第二产业整体规模和在国民经济中的比重提高缓慢，工业对农业的带动能力弱，第一产业的内部产业形态以传统农业为主，工业化、信息化、市场化对农业、林业、畜牧业和渔业的渗透与融合很弱。从克拉克最早划分三次产业的依据和原理来讲，第一次产业的产业属性是其生产物取自自然界，第二次产业是加工取自自然界的产物，第三次产业则是繁衍于有形物质财富生产活动之上的无形财富生产部门。第一产业比重高，反映出云南经济受自然的影响还比较大，只有建立在技术创新基础上的加工制造业和服务业不断成长，才能形成现代产业体系。

二 初级产品比重偏高

从工业内部结构看，云南省的初级产品工业比重偏高，制成品工业比重偏低，工业整体竞争力亟待加强。初级产品指未经加工的商品、仅经初步加工的产品和加工后的农副产品，统计年鉴中该类包括了国际贸易商品分类标准 SITC（Rev3.0）的前五大分类，依次为食品及主要供食用的活动物、饮料及烟类、非食用原料、矿物燃料润滑油及有关原料、动植物油脂及蜡。工业制成品指经复杂加工的工业产品和商品。统计年鉴中该类包括了 SITC 的后五大分类，依次为化学（成）品及有关产品、按原料分类的制成品（主要内容是轻纺产品、橡胶制品、矿冶产品等及其制品）、机械及运输设备、杂项制品、未分类的（其他）商品。初级产品工业因加工程度低，中间投入率低，反映为生产技术水平低，而制成品工业经过复杂加工，中间投入率高，反映为生产技术水平相对较高。根据经济发展理论，随着发展阶段的演进和工业化进程的推进，初级产品工业比重越来越低，制成品工业比重越来越高。参考国际贸易商品分类标准 SITC（Rev3.0），可将工业内部（39个）行业划分为初级产品工业和制成品工业两大类。初级产品工业包括：煤炭开采和洗选业、石油和天然气开采业、黑色金属矿采选业、有色金属矿采选业、非金属矿采选业、其他矿采选业、农副食品加工业、电力/热力的生产和供应业、燃气生产和供应业、水的生产和供应业，共 10 个行业，制成品工业包括：食品制造业、饮料制造业、烟草制品业、纺织业、纺织服装/鞋/帽制造业、皮革/毛皮/羽毛（绒）及其制品业、木材加工及木/竹/藤/棕/草制品业、家具制造业、造纸及纸制品业、印刷业和记录媒介的复制业、文教体育用品制造业、石油加工/炼焦及核燃料加工业、化学原料及化学制品制造业、医药制造业、化学纤维制造业、橡胶制品业、塑料制品业、非金属矿物制品业、黑色金属冶炼及压延加工业、有色金属冶炼及压延加工业、金属制品业、通用设备制造业、专用设备制造业、交通运输设备制造业、电气机械及器材制造业、通信设备/计算机及其他电子设备制造、仪器仪表及

文化/办公用机械制造业、工艺品及其他制造业、废弃资源和废旧材料回收
加工业，共 29 个行业。① 按照以上划分，近五年来云南省的初级产品工业
在工业增加值中的比重在不断提高，从 2006 年的 23.23% 提高到 2011 年
的 27.2%（如果将食品、饮料、烟草和纺织列入初级品工业，云南省的初
级品工业高达 60% 以上）（见表 4-1），远远高于东部沿海地区省份和大
部分中西部省份。2011 年广西壮族自治区的初级品工业增加值占工业增加
值的比重只有 24.9%，湖南省初级品工业增加值占工业增加值的比重只有
19.8%，江苏省初级品工业总产值占工业总产值的比重仅 6.62%，制成品
工业总产值占工业总产值的比重高达 93.4%，广东省初级品工业增加值占
工业增加值的比重也只有 12.44%，制成品工业增加值占工业增加值的比
重为 87.6%。初级品和初加工产品比重偏高，制成品比重偏低，使云南省
长期处于资源、原材料和能源供应地的地位，满足城乡居民生活质量提高
的日用消费品和现代工业发展需要的装备制造产品等工业制成品发展缓
慢，工业整体的竞争力难以提高，工业难以做强。

表 4-1　云南省按照初级品工业和制成品工业划分的工业内部结构

单位：亿元，%

年份	项　目	初级品工业 （不含食品烟草饮料纺织）	制成品 工业	初级品工业 （含食品烟草饮料纺织）	制成品 工业
2006	增加值	288.09	952.27	792.83	447.27
	比　重	23.23	76.77	63.93	36.07
2007	增加值	344.8	1149.58	920.89	573.14
	比　重	23.07	76.93	61.64	38.36
2008	增加值	434.56	1369.06	1128.72	674.49
	比　重	24.09	75.91	62.6	37.41
2009	增加值	497.54	1406.84	1227.68	676.4
	比　重	26.13	73.87	64.48	35.52
2010	增加值	587.34	1659.56	1440.31	806.27
	比　重	26.14	73.86	64.11	35.89
2011	增加值	749.1	2004.54	1764.59	988.79
	比　重	27.2	72.8	64.09	35.91

资料来源：根据《云南统计年鉴 2012》表 8-3 整理。

---

① 烟草产业是云南省的支柱产业之一，卷烟工业在中国卷烟工业中具有重要地位，技术含
量高，将其列为初级产品工业不合适，因此，本文的划分，将食品制造业、烟草制品业、
饮料制造业、纺织业列为制成品工业。

三 现代农业发展不足

从第一产业内部的结构比例关系看，现代农业和特色农业发展不充分，传统农业比重还较高，整体上农业不优不快。从农业生产要素配置角度讲，传统农业是指技术停滞、生产主要依靠劳动者的传统经验为特征的农业。虽然这个阶段的农业劳动者越来越多地从自然科学及其研究成果中获得相应技能，利用和改造自然的能力有了进步，但生产要素在封闭的体系内流动配置，主要靠农业内部的能量和物质循环来保持平衡，生产方式基本上是维持简单再生产、长期缓慢发展甚至停滞的小农经济。现代农业是自工业革命以来形成的农业，是逐步走向商品化、市场化的农业。这个阶段的农业在市场经济框架下，广泛运用现代工业成果和科技、资本等现代生产要素，农业从业人员不断减少，但农业劳动者具有较多的现代科技和经营管理知识，农业生产经营活动逐步专业化、集约化、规模化，农业劳动生产率得到大幅度提高。其主要特征可总结为：市场化程度不断提高，工业装备普遍采用，先进科技广泛应用，产业体系日臻完善，生态环境受到重视。[①] 总体上，我国农业正处于传统农业向现代农业变革的转型时期。云南省也正处于这个时期的关键阶段。

从第一产业内部的结构比例关系看，结构还需进一步优化。云南省第一产业内部行业中，种植业比重虽然不断下降，但仍占 50% 左右（见表 4-2），其次为畜牧业，近年来比重不断提高，2011 年比重为 35% 左右，林业比重也有所提高，比重在 10% 左右，第一产业服务业在 4% 左右。云南省是个以山地为主的省份，全省面积的 94% 为山地，农业人口多，农村人均耕地面积小，规模化发展种植业的自然条件较差。根据农村住户抽样调查资料，2011 年云南省人均经营耕地面积 1.56 亩，在全国31 个省（自治区、直辖市）中处于第 15 位，而人均经营山地面积 1.32亩，在全国 31 个省（自治区、直辖市）中处于第 1 位。[②] 云南山地面积大，但优势没有得到充分发挥，林业和畜牧业发展不足，林业产值比重过低。

---

① 陶武先：《现代农业的基本特征与着力点》，《中国农村经济》2004 年第 3 期。
② 见《中国统计年鉴 2012》表 14-12。

表 4 - 2　云南第一产业内部总产值结构比例

单位：%

年份	种植业	林业	牧业	渔业	农、林、牧、渔服务业
2003	54.28	9.15	30.34	2.07	4.15
2004	53.55	8.95	31.64	1.98	3.65
2005	52.34	9.88	31.79	2.15	3.84
2006	52.09	11.79	30.00	2.17	3.70
2007	49.98	11.05	32.49	2.53	3.96
2008	48.18	11.18	34.73	2.32	3.59
2009	49.86	11.50	32.69	2.46	3.50
2010	51.12	10.18	32.52	2.65	3.53
2011	48.76	10.65	35.04	2.42	3.12

资料来源：《云南统计年鉴2012》。

从种植业发展条件看，虽然云南人均耕地少，山地、坡地面积比重大，不利于规模化种植，但云南省具有多样性优势，生物多样性、气候多样性等多样性特征和良好的生态环境，适宜发展多样化农产品，世界各地的农产品在云南几乎都能找到适生环境。发挥好多样性优势、品质优势而避开规模化劣势，是云南种植业的基本发展思路，大力发展名、特、优、稀农产品，以品质取胜、以品种取胜，"小规模、多品种、高品质、大产业"是云南种植业发展的根本路径。"省九大"提出了大力发展高原特色农业的发展思路，指明了云南农业的发展方向，但还需进一步细化、深化。目前云南种植业发展上的特色化、多样化、高品质化还不突出，生态环境优越的地区并没有形成生态农业主导的格局，科技相对发达的滇中地区还没有形成设施农业主导的格局。

从农业科技贡献看，利用改进的索罗模型进行测算，科技对云南第一产业增长的贡献很小，只有17.99%，劳动投入对农业经济增长的边际影响（0.78）大于固定资本投入的影响（0.22），说明云南农业属典型的劳动密集型产业，传统农业的成分还比较高。目前国内研究者对我国技术进步对农业增长的贡献率的测算平均水平大约在45%左右，而云南省技术进步对农业增长的贡献率为17.99%，远远低于全国平均水平。通过构建一个包含农业科技人力投入、科研服务条件、人力资源水平、知识产出、财力投入、基础设施和农业创新经济效益等7个因子的农业科技创新能力分析评价体系（见表4-3）可以看出，云南省的农业科技创新能力弱，是制约云南从传统农业向现代农业转变的根本原因。

表 4 - 3　云南省农业科技创新能力与西部省份的比较

位次	农业科研人力投入能力		农业科研服务条件		农业人力资源水平		农业知识产出能力	
	省区	得分	省区	得分	省区	得分	省区	得分
1	云南	1.55	四川	3.05	陕西	1.64	新疆	2.30
2	新疆	0.94	陕西	0.68	内蒙古	1.22	内蒙古	1.18
3	陕西	0.52	全国平均	0.39	全国平均	0.66	宁夏	0.72
4	四川	0.39	重庆	- 0.15	宁夏	0.59	全国平均	0.34
5	全国平均	0.38	内蒙古	- 0.2	广西	0.48	四川	0.26
6	广西	0.25	贵州	- 0.22	甘肃	0.41	西藏	0.05
7	贵州	0.17	西藏	- 0.34	重庆	0.51	青海	- 0.12
8	内蒙古	0.15	云南	- 0.36	新疆	- 0.32	重庆	- 0.32
9	甘肃	0.08	新疆	- 0.49	贵州	- 0.41	甘肃	- 0.54
10	青海	- 0.97	宁夏	- 0.49	四川	- 0.64	广西	- 0.67
11	重庆	- 1.07	青海	- 0.51	云南	- 0.66	贵州	- 0.7
12	西藏	- 1.19	广西	- 0.63	青海	- 0.94	陕西	- 1.11
13	宁夏	- 1.20	甘肃	- 0.7	西藏	- 2.14	云南	- 1.39

位次	农业科研财力投入		农业基础设施		农业创新经济效益	
	省区	得分	省区	得分	省区	得分
1	全国平均	2.92	宁夏	1.17	广西	2.16
2	贵州	0.55	重庆	1.01	重庆	0.65
3	甘肃	0.34	甘肃	0.82	宁夏	0.46
4	西藏	0.22	云南	0.56	全国平均	0.32
5	重庆	0.05	青海	0.55	贵州	0.25
6	新疆	- 0.09	四川	0.42	内蒙古	0.2
7	广西	- 0.18	广西	0.19	四川	0.16
8	宁夏	- 0.36	新疆	0.18	青海	0.1
9	四川	- 0.47	全国平均	0.09	云南	- 0.04
10	陕西	- 0.53	陕西	- 0.54	西藏	- 0.47
11	青海	- 0.59	西藏	- 0.79	新疆	- 0.57
12	云南	- 0.61	内蒙古	- 1.5	陕西	- 1.1
13	内蒙古	- 1.23	贵州	- 2.19	甘肃	- 2.15

注：本表运用主成分分析法整理计算而来。表中数值体现先后顺序，负值不表示负贡献。

　　工业装备的运用是农业现代化的重要标志，虽然云南第一产业比重高，但农业机械装备水平不高，能力不强。2011 年云南省乡村人口人均拥有农业机械总动力只有 0.89 千瓦，比全国平均水平低 0.59 千瓦，仅为全国平均水平的 60%，在全国 31 个省（自治区、直辖市）中列第 25 位，处于较低水平；每万人拥有农用大中型拖拉机配套农具 13.18 部，比全国平均水平低 93.26 部，仅为全国平均水平的 12%，在全国位列第 23 位，处于较低水平；每万人拥有小型拖拉机 121.37 台，比全国平均水平低

184.79 台，仅为全国平均水平的 44%，在全国位列第 19 位，处于较低水平；每万人拥有小型拖拉机配套农具 104.24 部，比全国平均水平低 331.65 部，仅为全国平均水平的 22%，在全国位列第 22 位，处于后列。云南省山地多，适用小型农业机械，但云南省的小型农业机械拥有量少，反映出农业机械化程度低的问题突出。云南省每万乡村人口拥有农用排灌柴油机 63.48 台，比全国平均水平低 121.24 台，仅为全国平均水平的 43%，在全国位列第 19 位，处于中下水平。

从农产品产出水平看，云南农业产出水平低，在 2011 年统计公布的各类农产品中，产出水平普遍低于全国平均水平，只有油菜籽、麻类、烤烟略高于全国平均水平（见表 4-4），其中，云南粮食产出水平为 3.87 吨/公顷，比全国平均水平低 1.3 吨，位列第 26 位；谷物产出水平为 4.39 吨/公顷，比全国平均水平低 1.32 吨，位列第 26 位；稻谷产出水平为 6.23 吨/公顷，比全国平均水平低 0.46 吨，位列第 20 位；小麦产出水平为 2.26 吨/公顷，不足全国平均水平的一半，位列第 27 位；玉米产出水平为 4.25 吨/公顷，比全国平均水平低 1.5 吨，位列第 28 位；薯类产出水平为 2.82 吨/公顷，比全国平均水平低 0.85 吨，位列第 26 位；油料产出水平为 1.77 吨/公顷，比全国平均水平低 0.61 吨，位列第 26 位；花生产出水平为 1.45 吨/公顷，比全国平均水平低 2.05 吨，位列第 28 位；甘蔗产出水

表 4-4 云南省农产品产出水平与全国平均水平对比

单位：吨/公顷

农产品	粮食	谷物	稻谷	小麦	玉米
全国	5.17	5.71	6.69	4.84	5.75
云南	3.87	4.39	6.23	2.26	4.25
差距	1.30	1.32	0.46	2.58	1.50
农产品	薯类	油料	花生	油菜籽	麻类
全国	3.68	2.39	3.50	1.83	2.50
云南	2.82	1.77	1.45	1.90	3.67
差距	0.85	0.61	2.05	-0.07	-1.17
农产品	甘蔗	烟叶	烤烟	茶叶	水果
全国	66.48	2.14	2.12	0.77	19.25
云南	61.90	2.13	2.14	0.63	13.67
差距	4.58	0.01	-0.02	0.14	5.57

资料来源：《中国统计年鉴 2012》，《云南统计年鉴 2012》。

平为 61.90 吨/公顷，比全国平均水平低 4.58 吨，位列第 7 位；烟叶产出水平为 2.13 吨/公顷，接近全国平均水平，位列第 18 位；茶叶产出水平为 0.63 吨/公顷，比全国平均水平低 0.14 吨，位列第 12 位；水果产出水平为 13.67 吨/公顷，比全国平均水平低 5.57 吨，位列第 21 位。油菜籽产出水平为 1.9 吨/公顷，比全国平均水平略高 0.07 吨，位列第 15 位；麻类产出水平为 3.67 吨/公顷，比全国平均水平高 1.17 吨，位列第 5 位，烤烟产出水平为 2.14 吨/公顷，比全国平均水平略高 0.02 吨，位列第 15 位。

云南农业生产的自然条件决定了其农产品生产具有品种优势、品质优势，但不具有规模优势。在统计公布的农村居民家庭平均每人出售的主要农产品中，云南省大部分均低于全国平均水平，只有烟叶、蔬菜、猪肉、牛羊奶四种高于全国平均水平，其中，粮食为 112.58 千克，比全国平均水平低 368.86 千克；油料 7.44 千克，比全国平均水平低 9.44 千克；水果 46.34 千克，比全国平均水平低 14.48 千克；羊肉 0.59 千克，比全国平均水平低 2.4 千克；牛肉 1.77 千克，比全国平均水平低 1.63 千克；家禽 2.46 千克，比全国平均水平低 5.86 千克；蛋类 3.5 千克，比全国平均水平低 5.65 千克；蚕茧 0.72 千克，比全国平均水平低 0.09 千克；水产品 1.27 千克，比全国平均水平低 7.87 千克。因此，云南省发展高原特色农业的重点是发挥产品种类优势和品质优势，开发新产品。

四　生产性服务业发展缓慢

从服务业内部的结构比例关系看，交通运输、仓储和邮政业等现代物流业，金融服务业和房地产业比重小，增长缓慢，导致第三产业增长不快。2005～2011 年，云南省第三产业年均增长 11.7%，这个速度虽然超过 10%，但与其他省份相比，可谓增长不快，在全国 31 个省（自治区、直辖市）中处于第 20 位，不但低于东部沿海的江苏、浙江、山东等省份，而且低于贵州、内蒙古、陕西等西部省份。此期间是我国第三产业快速发展的时期，尤其是现代物流业、金融业、房地产业快速发展，成为支撑经济增长的重要动力，虽然金融业和房地产业是虚拟经济的典型代表，但我国的地方金融总体上发展滞后，还不适应实体经济发展的要求，所以地方金融正处于快速发展期，但云南省发展滞后。从第三产业内部结构看，2011 年云南省的交通运输、仓储和邮政业增加值只占第三产业增加值的 5.9%，在全国处于最后一位，这与云南省地处中国面向西南开放桥头堡的战略地位不相符。2005～2011 年云南省的交通运输、仓储和邮政业年均增长只有 4.9%，处于全国最低水平，现代物流业比重小、增长缓慢，是云南省第三产业发展不优不快的重要原因；2011 年云南省的房地产业增加值只占第三产业增加值的 6%，这个比重在全国处于第 27 位，2005～2011 年的增长速度只有 7.5%，在全国处于倒数第二位，房地产业比重小，增长相对缓慢，是云南省第三产业发展不快的另一个重要影响因素；2011 年云南省金融业增加值占第三产业增加值的比重为 12.3%，2005～2011 年的增长速度为 23%，处于全国第 25 位。云南省第三产业中增长最快的是具有典型的旅游带动特点的住宿和餐饮业，2005～2011 年的年均名义增长率达到 24.7%，在全国处于第三位。但由于住宿和餐饮业在第三产业中的比重各省都不高，云南省 2011 年也只占 7.5%，所以对第三产业的拉动作用很有限。批发和零售业是第三产业中比重较高的行业，2011 年云南省的批发和零售业增加值占第三产业增加值的比重为 25.2%，处于全国第五位，增长速度也较快，2005～2011 年年均增长 22.8%，也处于全国第五位，这是云南省第三产业增长保持在 10% 以上的重要拉动力量。

因此，从第三产业内部结构看，现代物流业、金融业和房地产业比重相对较小，增长相对缓慢，增长快的行业比重相对较小，是云南省第三产业运行的主要特点和显著问题。

五 新产业成长缓慢

从新产品产值率看，新产业成长缓慢。一个地区具有产业创新力的显著特征是传统产业的改造和新产业的成长，可以从新产品产值率等指标反映出来。云南省新产业发展缓慢，2011 年云南省大中型工业企业新产品产值占工业总产值的比重只有 5.03%，不但远低于 16.8% 的全国平均水平，而且在全国处于倒数第二位，仅高于青海省（见图 4-2）。2010 年云南省大中型工业企业新产品产值为 240.83 亿元，比 2006 年增长了 1.43 倍，这个增长速度在全国处于第 27 位，列倒数行列，远低于 2.2 倍的全国平均水平。从规模以上工业企业看，比重略有提高，但仍然偏低，2011 年云南省规模以上工业企业新产品产值为 356.82 亿元，占规模以上工业总产值的 4.59%，远低于 11.95% 的全国平均水平，在全国 31 个省（自治区、直辖市）中位列第 27 位。

分行业看，无论是采掘业还是制造业，云南省的新产品产值率均低于全国平均水平，分 36 个工业行业看，云南省的新产品产值率普遍低于全国平均水平，仅有非金属矿采选业，造纸和纸制品业，印刷和记录媒介复制业，医药制造业，通用设备制造业，计算机、通信和其他电子设备制造业，仪器仪表制造业，酒、饮料和精制茶制造业等8个行业的新产品产值率高于全国平均水平（见表4-5）。

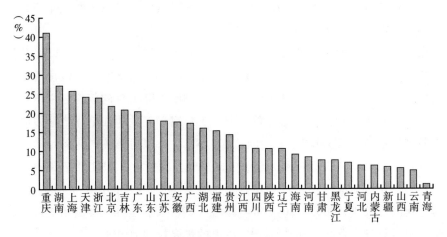

图4-2 2011年全国大中型工业企业新品产值占工业总产值的比重排序

注：西藏自治区数据无法得到故未显示。

资料来源：《中国统计年鉴2012》。

表4-5 2011年按行业分的规模以上工业企业新产品产值率云南省与全国比较

单位：%

	云南省	全国		云南省	全国
规模以上工业企业	4.59	11.95	印刷和记录媒介复制业	24.77	7.30
采矿业	0.82	2.25	文教、工美、体育和娱乐用品制造业	0	6.53
煤炭开采和洗选业	0	3.89	石油加工、炼焦及核燃料加工业	0.24	3.04
石油和天然气开采业	0	0.28	化学原料和化学制品制造业	3.94	10.84
黑色金属矿采选业	0	0.40	医药制造业	17.65	16.68
有色金属矿采选业	0.03	1.35	化学纤维制造业	0	20.29
非金属矿采选业	8.31	1.41	橡胶和塑料制品业	10.83	14.20
制造业	5.76	13.52	非金属矿物制品业	0.13	3.74
农副食品加工业	0.92	3.35	黑色金属冶炼和压延加工业	2.64	10.70
食品制造业	4.49	4.80	有色金属冶炼和压延加工业	7.47	9.87

续表

	云南省	全国		云南省	全国
酒、饮料和精制茶制造业	8.45	6.83	金属制品业	0.44	6.84
烟草制品业	3.15	22.00	通用设备制造业	17.08	14.47
纺织业	0.58	10.21	专用设备制造业	9.79	17.66
纺织服装、服饰业	0	6.33	交通运输设备制造业	22.07	31.12
皮革、毛皮、羽毛（绒）及其制品业和制鞋业	0	5.91	电气机械及器材制造业	21.34	22.38
木材加工及木、竹、藤、棕、草制品业	0.74	2.89	计算机、通信和其他电子设备制造业	66.74	26.60
家具制造业	0	5.07	仪器仪表制造业	46.09	19.81
造纸和纸制品业	14.03	8.39	其他制造业	0.22	5.38

资料来源：《中国统计年鉴2012》，《云南统计年鉴2012》。

六 传统产业比重偏高

从高新技术产业发展水平看，云南省的传统产业比重偏高，高新技术产业发展缓慢。从高新技术产业地位看，云南省高新技术产业比重小，产业发展缓慢。2011 年云南省高新技术企业有 104 户，年平均从业人员 25390 人，总产值201.4 亿元，仅占全国高新技术产业总产值的 0.23%，在全国 31 个省（自治区、直辖市）中位列第 25 位。我国高新技术产业主要集中在广东省和江苏省，两个省的高新技术产业总产值占全国的 48.67%。云南省高新技术产业产值仅占工业总产值的 2.59%，远低于 10.47% 的全国平均水平，在 31 个省（自治区、直辖市）中位列第 24 位（见图 4 - 3）。

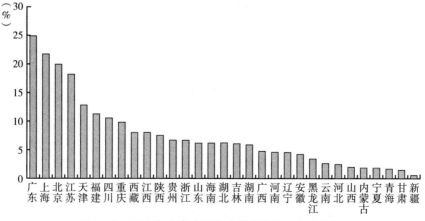

图 4 - 3 2011 年各省高新技术产业在工业中的地位

从高新技术产业内部结构看，产业结构不合理。云南省高新技术产业以医药制造业为主，企业单位数占78%，从业人员占80%，总产值占86%，利税占89%，出口占63%，各项指标均高于全国平均水平，也高于东部、中部和西部地区水平。云南省没有航空航天器制造业。而在全国和东部地区高新技术产业中占有重要地位的电子及通信设备制造业，云南省十分落后，各项指标占高新技术产业的比重最高仅5.86%，电子计算机及办公设备制造业也很落后，各项指标占高新技术产业的比重不到10%（见表4－6）。

表4－6　2011年云南省高新技术产业内部行业比重与全国及东中西部对比

单位：%

行业		全国	东部地区	中部地区	西部地区	云南省
医药制造业	企业单位数	27.33	19.12	51.54	53.33	77.88
	从业人员平均人数	15.57	10.36	37.60	29.32	80.16
	当年价总产值	16.90	11.64	46.02	31.18	85.61
	资产总计	20.37	15.97	40.94	29.00	74.45
	主营业务收入	16.55	11.50	46.79	29.09	83.75
	利润	30.62	23.88	53.73	50.66	86.93
	利税	30.39	24.00	53.59	46.76	88.51
	出口交货值	2.54	2.22	10.75	3.09	63.32
航空航天器制造业	企业单位数	1.03	0.72	0.80	4.59	0.00
	从业人员平均人数	3.05	1.37	4.17	18.13	0.00
	当年价总产值	2.16	1.24	3.76	10.32	0.00
	资产总计	5.65	3.10	9.31	21.54	0.00
	主营业务收入	2.21	1.26	3.79	11.13	0.00
	利润	1.98	1.32	2.00	8.49	0.00
	利税	1.79	1.27	1.70	6.52	0.00
	出口交货值	0.68	0.47	1.30	5.00	0.00
电子及通信设备制造业	企业单位数	47.14	53.83	28.04	24.49	5.77
	从业人员平均人数	55.42	60.36	43.42	26.66	4.81
	当年价总产值	49.26	52.81	35.41	30.30	3.26
	资产总计	51.25	56.02	35.92	32.73	3.07
	主营业务收入	49.36	52.75	35.05	31.46	3.05
	利润	41.22	45.43	28.59	25.07	5.86
	利税	42.96	47.52	29.51	25.89	4.53
	出口交货值	54.78	55.33	70.94	28.16	5.66

续表

行业		全国	东部地区	中部地区	西部地区	云南省
电子计算机及办公设备制造业	企业单位数	6.06	7.11	3.02	2.54	2.88
	从业人员平均人数	16.96	19.19	4.06	17.33	4.38
	当年价总产值	23.90	26.75	4.47	22.06	5.21
	资产总计	13.42	15.69	2.66	9.16	6.65
	主营业务收入	24.18	27.02	3.93	22.27	6.89
	利润	13.54	16.17	3.66	7.53	2.28
	利税	13.02	14.86	3.48	13.38	2.83
	出口交货值	39.11	39.07	12.81	62.47	5.21
医疗设备及仪器仪表制造业	企业单位数	18.44	19.21	16.61	15.05	13.46
	从业人员平均人数	8.99	8.73	10.74	8.54	10.65
	当年价总产值	7.78	7.57	10.35	6.16	5.92
	资产总计	9.30	9.21	11.17	7.57	15.83
	主营业务收入	7.70	7.47	10.44	6.06	6.30
	利润	12.63	13.20	12.03	8.25	4.93
	利税	11.84	12.36	11.71	7.46	4.13
	出口交货值	2.89	2.92	4.21	1.28	25.82

资料来源:《中国高新技术产业统计年鉴2012》。

高新技术产业的企业类型以小型企业为主。2011年云南省高新技术产业中,小型企业单位数占76%,中型企业单位数占20%,大型企业单位数只占4%;小型企业从业人员占38%,中型企业从业人员占39%,大型企业从业人员占22%;小型企业总产值占39%,中型企业总产值占33%,大型企业总产值占28%;小型企业的出口交货值占43%,中型企业的出口交货值占18%,大型企业的出口交货值占40%(见表4-7)。

表4-7 2011年云南省高新技术产业内部各类型企业比重与全国及东中西部对比

单位:%

类型		全国	东部地区	中部地区	西部地区	云南省
大型企业	企业单位数	6.99	7.64	4.33	6.64	3.85
	从业人员平均人数	54.84	55.47	50.75	55.74	22.34
	当年价总产值	63.28	66.62	42.36	58.19	27.74
	资产总计	57.90	59.18	49.17	58.94	28.50
	主营业务收入	64.05	67.10	42.96	60.95	28.53
	利润	53.41	56.64	42.19	44.18	43.96
	利税	54.98	58.12	41.27	51.03	40.65
	出口交货值	83.18	83.05	75.49	92.66	39.62

续表

类型		全国	东部地区	中部地区	西部地区	云南省
中型企业	企业单位数	24.80	25.81	20.26	25.23	20.19
	从业人员平均人数	28.39	28.62	27.08	28.42	39.46
	当年价总产值	18.97	17.94	24.00	22.88	33.48
	资产总计	24.92	24.64	26.61	24.93	43.12
	主营业务收入	18.45	17.57	23.34	21.15	34.10
	利润	24.66	23.54	26.21	32.52	36.14
	利税	23.35	22.30	25.90	28.25	36.07
	出口交货值	12.01	12.24	14.50	4.44	17.58
小型企业	企业单位数	68.21	66.55	75.41	68.13	75.96
	从业人员平均人数	16.77	15.91	22.17	15.85	38.20
	当年价总产值	17.75	15.45	33.64	18.93	38.79
	资产总计	17.19	16.18	24.21	16.12	28.38
	主营业务收入	17.51	15.33	33.70	17.90	37.36
	利润	21.93	19.82	31.60	23.31	19.90
	利税	21.67	19.58	32.83	20.72	23.27
	出口交货值	4.82	4.71	10.00	2.90	42.80

资料来源：《中国高新技术产业统计年鉴2012》。

第二节　产业结构变动对经济增长的贡献分析

在技术水平给定的条件下，经济体的专业化和分工程度的结果形成了一定的产业结构，而产业结构又会对经济增长产生作用。因此，产业结构的变动与经济增长是分不开的。一方面，产业结构会随着经济增长而发生变化。从经济发展的历史来看，产业结构是由最简单的以农业为中心的初级产业结构发展到现在的以三大支柱产业即农业、制造业和服务业为核心的结构体系。另一方面，产业结构在一定意义上又决定了经济的增长方式。一般来说，产业结构对经济增长的作用可从两个层面来看：一是静态层面，若假定考察期各产业的比例关系保持不变，但由于各产业属性特征的不同其增长率也不相同，因此随着时间的变化，最终产业结构也会发生变化；二是动态层面，假定在考察期的某一期各产业的比例发生了变化，那么随着时间的推移，到考察期末产业结构也会发生变动。

产业结构对经济增长的影响机制和途径受到众多学者的关注。库兹涅茨（1966）在分析经济增长问题时侧重于产业结构趋势的分析，认为在总量与结构变动的关系中总量增长是首要的。罗斯托（1960）指出在任何时期，甚至在一个已经成熟并继续成长的经济体系中，经济增长之所以能够保持，是因为为数不多的主导部门迅速扩大，这种扩大又产生了对其他产业部门的重要作用，即产生了主导产业的扩散效应，包括回顾效应、旁侧效应和前向效应。钱纳里（1960）从经济发展的长期过程中考察了制造业内部各产业部门的地位和作用的变动，揭示了制造业内部结构转换的原因。总结学者的分析可知，产业结构对经济增长的作用机制是：产业结构的变化使劳动和资本从生产率低的部门向生产率较高的部门转移，产业结构的变动会加速经济增长。

在实证分析方面，西方的经济增长核算理论没有考虑到产业结构对经济增长的贡献。本节从产业结构对经济增长的贡献以及产业结构对劳动生产率的影响两个层面进行分析，并在计量经济模型的基础上，以云南省数据为样本分析了产业结构及其调整对经济增长的影响。

一　三次产业对经济增长的贡献率和拉动分析

1. 改革开放以来云南产业结构的演变情况

图4-4显示了改革开放到2012年云南三次产业结构的演变历程。从图4-4可以看出，云南产业结构从1978年的42.7∶39.9∶17.4调整为2011年的16.0∶42.9∶41.1。产业结构转变中比较突出的特点为：一是云南第一产业比重在改革开放初期的1978年占最大份额为42.7%，此后逐年下降到2012年的16.0%，比1978年下降了26.7个百分点；二是第二产业比重在1992年前持续下降，而在1992年后持续上升，但其占GDP的份额相对平稳，一直在40%左右波动；三是第三产业从初期的17.4%一直持续上升到2012年的41.1%，上升幅度最大，上升了23.7个百分点；四是1992年云南第三产业占GDP的份额首次超过第一产业，且可以通过图4-4做一个直观的判断，1992年是云南产业结构转变的一个转折点：1992年前，第一产业比重在下降，第二产业比重在波动中下降，第三产业比重上升；1992后，第一产业比重在持续下降，第二产业比重在波动中上升，第三产业比重稳定地上升。

总体来看，1978年以来云南产业结构的发展趋势，概括来说就是以农业为主的第一产业比重在不断降低，以制造业和建筑业为主的第

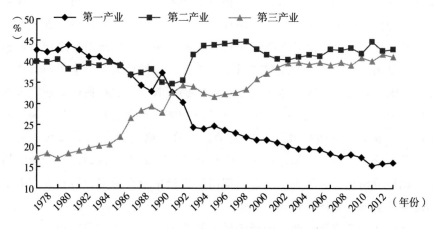

图 4 - 4　1978 ~ 2012 年云南产业结构演变

二产业的比重经历了逐步降低再重新提高的过程，而第三产业所占的
比重在稳步提升，明显反映出云南经济正处于新型工业化加速阶段的
特征。

伴随着产业结构的变动，云南三次产业的就业人员结构也发生了变
动。从图 4 - 5 可知，三次产业就业结构演变的趋势与三次产业增加值结构
类似。具体来看，云南第一产业就业人员从 1978 年的 1130.9 万人增加到
2011 年的 1697.2 万人，但第一产业就业人员份额却从 1978 年的 86.1% 下
降到 2011 年的 59.4% ；第二产业就业人员从 1978 年的 100.7 万人增加到

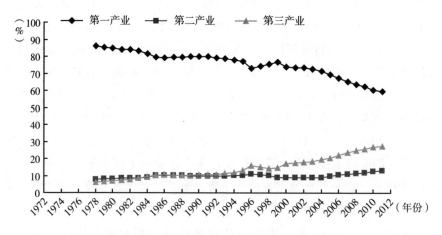

图 4 - 5　1978 ~ 2011 年三次产业的就业结构变化情况

2011 年的 374.3 万人，就业人员份额从 1978 年的 7.7% 增加到 2011 年的
13.1%；第三产业就业人员从 1978 年的 81.8 万人增加到 2011 年的 785.7
万人，就业人员份额却从 1978 年的 6.2% 提高到 2011 年的 27.5%。总的
来看，1978～2011 年云南就业人员在三次产业间的分布规律可概括为，就
业人员从第一产业向第三产业转移，而第二产业就业人员在 1988～2006 年
间有向第三产业转移的趋势。

2. 三次产业对经济增长的贡献率和拉动度

改革开放以来，云南三次产业呈现快速增长势头。云南地区生产
总值由 1978 年的 69.05 亿元增长到 2012 年的 10309.8 亿元，按可比
价格计算年均增长 10.09%；第一产业由 1978 年的 29.46 亿元增长到
2012 年的 1654.56 亿元，按可比价格计算年均增长 5.04%；第二产业
由 27.58 亿元增长到 2012 年的 4419.1 亿元，按可比价格计算年均增
长 11.22%；第三产业由 12.01 亿元增长到 4236.14 亿元，按可比价
格计算年均增长 12.84%。三次产业中，第二、第三产业的增长速度都
超过了 GDP 的增长速度，而第一产业增长速度低于 GDP 的增长速度，
这说明了云南的产业结构在 1978～2012 年的 34 年中逐渐得到了调整
和优化。

图 4－6 给出了 1980～2012 年三次产业对云南经济增长的拉动。从
图 4－6 可知，按可比价格计算，改革开放以来，第二产业对云南经济
增长的贡献最大，第三产业次之，第一产业最小且其贡献不断下降。具

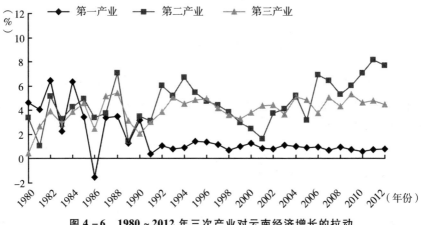

图 4－6　1980～2012 年三次产业对云南经济增长的拉动

体来看，2012 年第二产业对云南经济增长的贡献率为 59.3%，拉动 GDP
增长 7.71 个百分点；第三产业的贡献率为 34.6%，拉动 GDP 增长 4.50 个
百分点；第一产业的贡献率为 6.11%，拉动 GDP 增长 0.79 个百分点。

二 产业结构变动对云南经济增长的贡献分析

1. 理论模型

根据增长核算的思路，将产业结构变动作为一个投入要素纳入生产函
数中。假定经济的总量生产函数为：

$$Y = F(A,K,L,S) = AK^{\alpha}L^{\beta}S^{\gamma} \tag{1}$$

其中，A 为技术进步，K，L，S 分别为资本存量、劳动投入和产业结
构变动指标。对式（1）求全微分可得

$$dY = \frac{\partial Y}{\partial A}dA + \frac{\partial Y}{\partial K}dK + \frac{\partial Y}{\partial L}dL + \frac{\partial Y}{\partial S}dS \tag{2}$$

式（2）两端同时除以 Y，整理后可得

$$\frac{dY}{Y} = \frac{\partial Y}{\partial A}\frac{A}{Y}\frac{dA}{A} + \frac{\partial Y}{\partial K}\frac{K}{Y}\frac{dK}{K} + \frac{\partial Y}{\partial L}\frac{L}{Y}\frac{dL}{L} + \frac{\partial Y}{\partial S}\frac{S}{Y}\frac{dS}{S} \tag{3}$$

式（3）中，$\frac{\partial Y}{\partial K}\frac{K}{Y}$，$\frac{\partial Y}{\partial L}\frac{L}{Y}$，$\frac{\partial Y}{\partial S}\frac{S}{Y}$ 分别为资本、劳动和产业结构变动的

总产出弹性，另外令 $\frac{\partial Y}{\partial A}\frac{A}{Y}\frac{dA}{A} = \beta_0$，则式（3）最终变为

$$\frac{dY}{Y} = \beta_0 + \alpha\frac{dK}{K} + \beta\frac{dL}{L} + \gamma\frac{dS}{S} \tag{4}$$

式（4）是增长核算的标准方程，表明经济增长由技术进步和资本
投入、劳动投入和产业结构变动所推动，资本投入、劳动投入和产业
结构变动推动经济增长的百分点由它们各自的产出弹性和投入增长率
决定。由于投入的增长率是已知的，可通过统计数据进行计算后获得，
因此，只要得到产出弹性的数值，就可度量各种投入对经济增长的贡
献。

为了获得各要素投入的总产出弹性，可设定计量模型如下：

$$\ln Y = \beta_0 + \alpha\ln K + \beta\ln L + \gamma\ln S \tag{5}$$

2. 指标选择及数据来源

要对式（5）进行回归分析，首先要获得总产出、资本存量、劳动投入和产业结构等指标值。产业产出以云南实际 GDP 来衡量（2000 年不变价）；对于劳动投入，本节以统计年鉴中的就业人员数来表示。对于产业结构变动的衡量，可供选择的指标主要有两个，即第一产业的从业人员数占社会就业总人数的比重[1]和第一产业产值占国民生产总值的比重，[2] 这两个比重下降得越快，说明产业结构调整的速度也越快。考虑到在生产函数中已有社会就业人员这一指标，因此对于产业结构变动的衡量指标，本节选择第一产业产值占国民生产总值的比重。

关于云南省资本存量的核算，1978～2009 年的数据（1952 年不变价格）来源于对单豪杰（2008）关于省际资本存量数据的整理并换算为 2000 年不变价格；对于 2010～2011 年资本存量的数据，采用永续盘存法并按 2000 年不变价格计算。相关数据值如表 4 - 8 所示。

表 4 - 8　1978～2011 年云南省的各项相关经济数据

年份	GDP（亿元）	资本（亿元）	劳动力（万人）	产业结构（%）
1978	263.40	623.89	1313.40	51.78
1979	271.56	657.93	1342.70	47.86
1980	294.64	685.55	1404.20	48.40
1981	317.63	695.88	1479.80	48.72
1982	366.86	703.97	1543.60	47.80
1983	397.68	705.08	1583.20	46.33
1984	455.34	723.50	1620.30	46.01
1985	514.53	744.43	1672.30	43.98
1986	536.66	768.70	1731.40	41.80
1987	602.67	798.83	1777.50	40.30
1988	699.09	842.92	1826.90	38.00
1989	739.64	877.24	1880.70	37.13
1990	803.99	933.60	1922.70	37.11
1991	857.05	1063.35	1989.50	35.20
1992	950.47	1251.13	2032.60	32.68

---

① 这一指标由克拉克最先采用。

② 邱晓华等：《中国经济增长动力及前景分析》，《经济研究》2006 年第 6 期。

续表

年份	GDP(亿元)	资本(亿元)	劳动力(万人)	产业结构(%)
1993	1055.97	1478.25	2071.50	30.17
1994	1184.80	1710.67	2108.70	27.70
1995	1323.42	1944.77	2149.00	26.05
1996	1470.32	2215.14	2186.20	24.68
1997	1612.94	2561.68	2223.50	23.53
1998	1743.59	3008.11	2240.50	22.41
1999	1870.87	3433.06	2244.00	21.84
2000	2011.19	3779.05	2295.40	21.47
2001	2147.95	4128.94	2322.50	20.89
2002	2341.27	4531.56	2341.30	19.90
2003	2547.30	5075.65	2353.30	19.30
2004	2835.14	5731.63	2401.40	18.25
2005	3087.47	6607.19	2461.30	17.60
2006	3445.62	7698.44	2517.60	16.64
2007	3865.98	8968.32	2573.80	15.44
2008	4275.78	9954.28	2638.37	14.84
2009	4793.15	11549.58	2684.80	13.92
2010	5382.70	14334.03	2765.90	12.90
2011	6120.13	17726.05	2857.24	12.00

注：GDP、资本都是 2000 年不变价，产业结构指标第一产业占 GDP 份额也是根据不变价得出的。

3. 数据的平稳性检验和协整检验

由于计量模型式（5）中涉及的变量都是时间序列，在进行回归分析之前需要考察原时间序列是否平稳，以避免"伪回归"问题的出现。事实上，如果原时间序列为非平稳序列，那么即使通过回归检验发现序列之间的关系比较显著，此回归也是"伪回归"，回归结果仍是没有意义的。另外，为消除数据中的异方差，我们对产出、资本存量、劳动力和产业结构指标都取对数，得到 $\ln Y$、$\ln K$、$\ln L$、$\ln S$ 等四个变量。

在检验时间序列平稳性的过程中，本节采用比较常用的 ADF 检验。检验结果如表 4-9 所示。检验结果显示，变量 $\ln Y$、$\ln K$、$\ln L$、$\ln S$ 的水平值和一阶差分均不能在 10% 的显著性水平上拒绝有单位根的原假设，而二阶差分在 1% 显著性水平上都拒绝了有单位根的原假设，表明序列 $\ln Y$、$\ln K$、$\ln L$、$\ln S$ 都是二阶单整的。

表 4 - 9　单位根检验结果（ADF 检验）

变量	ADF 值	10% 临界值	5% 临界值	1% 临界值	检验形式(C,T,N)	检验结果
$\ln Y$	19.356290	-1.610747	-1.951332	-2.636901	(0,0,0)	不平稳
$\Delta\ln Y$	0.203895	-1.610211	-1.952473	-2.644302	(0,0,2)	不平稳
$\Delta^2\ln Y$	-9.164923	-3.215267	-3.562882	-4.28458	(C,T,0)	平稳
$\ln K$	1.731486	-1.610211	-1.952473	-2.644302	(0,0,3)	不平稳
$\Delta\ln K$	0.662471	-1.610211	-1.952473	-2.644302	(0,0,2)	不平稳
$\Delta^2\ln K$	-4.967841	-3.218382	-3.568379	-4.296729	(C,T,1)	平稳
$\ln L$	2.223092	-1.610579	-1.951687	-2.63921	(0,0,1)	不平稳
$\Delta\ln L$	-0.789225	-1.610579	-1.951687	-2.63921	(0,0,0)	不平稳
$\Delta^2\ln L$	-6.877037	-3.221728	-3.574244	-4.309824	(C,T,2)	平稳
$\ln S$	2.007421	-2.617434	-2.95711	-3.65373	(C,0,1)	不平稳
$\Delta\ln S$	-1.600316	-1.610579	-1.951687	-2.63921	(0,0,0)	不平稳
$\Delta^2\ln S$	-7.721747	-3.215267	-3.562882	-4.28458	(C,T,0)	平稳

注：C，T，N 分别代表检验中是否带有常数项、时间趋势项及差分滞后阶数，差分滞后阶数的选择采取 SIC 最小化原则。

　　由于时序列 $\ln Y$、$\ln K$、$\ln L$、$\ln S$ 都是二阶单整的，需要进一步检验变量间的协整性，才能进行回归分析。本节运用 Johansen 检验来检验这四个时间序列变量是否具有长期协整关系。结果显示，迹统计量和最大特征根检验均在 5% 显著性水平上拒绝了原假设，表明变量之间存在协整关系（见表 4 - 10、表 4 - 11）。

表 4 - 10　迹统计量（Trace）协整检验结果

原假设	特征值	迹统计量	5% 临界值	相伴概率
无协整关系	0.769088	60.18212	47.85613	0.0023
至多存在一个协整关系	0.661236	32.33345	29.79707	0.025
至多存在两个协整关系	0.414514	11.76686	15.49471	0.1684
至多存在三个协整关系	0.080564	1.595911	3.841466	0.2065

表 4 - 11　最大特征值统计量（Maximum Eigenvalue）协整检验结果

原假设	特征值	最大特征值统计量	5% 临界值	相伴概率
无协整关系	0.769088	27.84867	27.58434	0.0463
至多存在一个协整关系	0.661236	20.56659	21.13162	0.0598
至多存在两个协整关系	0.414514	10.17095	14.2646	0.2009
至多存在三个协整关系	0.080564	1.595911	3.841466	0.2065

4. 回归分析

运用表 4 - 8 的数据对式（5）进行估计，所得结果如下：

$$\ln Y = -12.587 + 0.224\ln K + 2.531\ln L - 0.399\ln S$$
$$(-3.931) \quad (2.524) \quad\quad (9.009) \quad (-1.783)$$
$$\text{AR}(1) = 0.585(T\text{ 统计量为 } 4.253)$$
$$R^2 = 0.999534, \text{D. W} = 1.564, F = 5825.290 \tag{6}$$

从回归方程的结果来看，各变量参数的 t 统计量均大于临界值，调整后拟合优度大于 0.99，且 F 统计量的 p 值都为零。可见，各要素对云南经济增长贡献的估计结果性状良好。由式（6）可以看出，各投入要素对经济增长均有重要的贡献。具体来看，劳动和资本的产出弹性分别为 2.531 和 0.224，而产业结构变动的产出弹性为 -0.399。产业结构变动的产出弹性为负值，恰好说明第一产业比重下降对经济增长产生了积极作用，而这正是产业结构效应，也就是资源在三次产业间的配置调整对经济增长的贡献。根据产业结构变动指标计算得到，产业结构年均变化率为 4.33%，而其产出弹性为 -0.399。二者相乘得到产业结构变动对云南经济增长的拉动度为 1.73%——即产业结构的调整每年拉动 GDP 增长 1.73 个百分点，对经济增长的贡献率达到 17.3%。

总体来看，1978~2011 年云南经济年均增长 10% 左右，其中由产业结构变动拉动了 1.73 个百分点，产业结构调整对经济增长的作用较为显著。实际上，产业结构与经济增长之间的关系可以这样来理解：一方面，随着经济增长，产业结构会不断地得到优化和调整；另一方面，产业结构的不断优化也会促进经济的快速增长。为此，我们做了经济增长和产业结构变动的格兰杰因果关系检验（见表 4-12）。结果表明，产业结构（LNS）是经济增长（LNY）的格兰杰原因，而经济增长（LNY）不是产业结构调整（LNS）的格兰杰原因。就云南的情况来看，经济增长与产业结构调整的双向关系中，经济增长对产业结构调整的作用不是很明显，而产业结构调整对经济增长作用显著。

表 4 - 12 产业结构变动与经济增长的格兰杰因果检验

零假设：	滞后期	F 统计量	相伴概率	检验结果
LNS 不是 LNY 的格兰杰原因	1	0.07273	0.7893	拒绝
LNY 不是 LNS 的格兰杰原因	1	5.18736	0.03	接受
LNS 不是 LNY 的格兰杰原因	2	0.18773	0.8299	拒绝
LNY 不是 LNS 的格兰杰原因	2	9.63502	0.0007	接受

零假设：	滞后期	F 统计量	相伴概率	检验结果
LNS 不是 LNY 的格兰杰原因	3	0.56175	0.6454	拒绝
LNY 不是 LNS 的格兰杰原因	3	3.62134	0.0275	接受
LNS 不是 LNY 的格兰杰原因	4	1.45717	0.2506	拒绝
LNY 不是 LNS 的格兰杰原因	4	2.46602	0.0764	接受

三　产业结构变动对劳动生产率的贡献

1. 结构变动效应的分析范式

国外学者在分析产业结构变动对劳动生产率的贡献时，往往采用由法格伯格、蒂默和佩纳德等几位国外学者采用的"转换份额分析"方法，将结构效应从劳动生产率增长中分解出来。

假定经济在 t 期总产出和总劳动投入分别为 Y_t 和 L_t，t 期劳动生产率为 y_t；产业 i 在 t 期的产出和劳动投入分别为 Y_t^i 和 L_t^i，产业 i 的劳动生产率为 y_t^i，产业 i 的劳动投入占总劳动投入的份额为 β_t^i，其中下标 t 表示时间，上标 i 表示产业，$i = 1，2，3$。则经济的劳动生产率可用各产业的劳动生产率来表示：

$$y_t = \frac{Y_t}{L_t} = \sum_{i=1}^{3} \frac{Y_t^i L_t^i}{L_t^i L_t} = \sum_{i=1}^{3} y_t^i \beta_t^i \tag{7}$$

根据增长率的概念，由式（7）可得 t 期劳动生产率相对于 0 期的增长率为

$$\frac{y_t - y_0}{y_0} = \frac{\sum_{i=1}^{3} y_0^i (\beta_t^i - \beta_0^i) + \sum_{i=1}^{3} (y_t^i - y_0^i)(\beta_t^i - \beta_0^i) + \sum_{i=1}^{3} (y_t^i - y_0^i)\beta_0^i}{y_0} \tag{8}$$

式（8）将经济的劳动生产率分解为三项之和：等式右边第一项被称为静态结构变动效应，该效应表明当各个产业的劳动生产率不变，而劳动要素在各产业间重新配置时，结构变动对劳动生产率增长率的影响。换句话说，该效应度量了劳动要素从生产率低的产业向生产率高的产业转移对劳动生产率增长的影响。等式右边第二项被称为动态结构变动效应，该效应度量的是劳动要素从劳动生产率增长较慢的产业流向劳动生产率增长较快的产业对经济总劳动生产率增长的影响。等式的最后一项被称为生产率

增长效应,它表明各产业内部优化对经济总劳动生产率增长的影响。

2. 结构变动效应的计算及分析

由《云南统计年鉴 2012》可得云南 1978~2011 年地区生产总值和就业人员的数据,首先将地区生产总值和各产业增加值换算成 2000 年不变价,然后根据式(8)计算改革开放以来云南产业结构变动的静态效应、动态效应和生产率增长效应,结果如表 4-13 所示。

表 4-13　转换份额分析下的结构效应

单位:%

1978~2011 年	列加总	静态结构效应	动态结构效应	生产率增长效应
行加总	8.880	0.612	3.875	4.393
一产	0.668	-0.161	-0.372	1.200
二产	4.431	0.229	1.743	2.460
三产	3.781	0.544	2.504	0.733

由于表 4-13 中的数值衡量了 1978~2011 年劳动生产率的绝对增长率,对结构分析来说只有相对意义,因此我们将表 4-13 换算成表 4-14 的百分比形式。从表 4-14 可知,结构变动效应之和在劳动生产率增长率中所占的比重为 50.53%,也就是说,1978~2011 年云南劳动生产率的增长中,结构效应的贡献率达到了 50.53%。分别从三次产业来看,结构效应对劳动生产率增长率的贡献率则又各不相同。

表 4-14　转换份额分析下的结构效应(百分比形式)

单位:%

1978~2011 年	列加总	静态结构效应	动态结构效应	生产率增长效应
行加总	100.00	6.89	43.63	49.47
一产	7.52	-1.81	-4.19	13.52
二产	49.90	2.58	19.63	27.70
三产	42.58	6.12	28.20	8.26

第一产业的结构变动效应为 -6.00%,是负值(静态效应为 -1.81%,动态效应为 -4.19%),这是因为农村劳动力不断从第一产业(主要是农业)转移到第二、第三产业,导致第一产业劳动份额呈现负向变化。但是,由于第一产业的生产率增长效应大于静态结构效应和动态结

构效应之和，因此第一产业对劳动生产率增长的贡献还是为正，贡献率
为 7.52%。

第二产业的三种效应均为正值，但结构效应（静态效应与动态效应之
和）小于生产率增长效应。这就说明对于第二产业而言，产业内的技术进
步导致的劳动生产率的增长大于结构变动导致资源配置效率提高而引起的
劳动生产率的提升。

第三产业的结构效应相对来说最显著，对劳动生产率增长的贡献率达
到了 34.32%。这主要是因为第三产业吸纳了从农业部门转移出来的劳动
力，使其劳动份额从 1978 年的 6.23% 提高到 2011 年的 27.50%。农村剩
余劳动力从效率低下的农业部门流向第三产业，劳动力在产业间转移极大
地解放了生产力。另外，从第三产业内部三种效应来看，结构效应是生产
率增长效应的 4 倍多，说明第三产业内部劳动生产率的增长主要是由结构
变动效应导致的。

四　结论与启示

通过上述分析，可得出以下结论：（1）1978 年以来云南产业结构的发
展趋势是以农业为主的第一产业的比重在不断降低，以制造业和建筑业为
主的第二产业的比重经历了逐步降低再重新提高的过程，而第三产业的比
重在稳步提升；（2）改革开放以来，第二产业对云南经济增长的贡献最
大，第三产业次之，第一产业最小且其贡献不断下降；（3）1978~2011 年
产业结构变动对云南经济增长的拉动度为 1.73%——即产业结构的调整每
年拉动 GDP 增长 1.73 个百分点，对经济增长的贡献率达到 17.3%。（4）
1978~2011 年云南劳动生产率增长中 50.53% 是由结构效应贡献的，也就
是说，改革开放以来结构效应和生产率增长效应对云南劳动生产率增长的
贡献几乎相等。

基于上述的实证分析及所得出的结论，本节得出如下的政策建议：
（1）加快经济结构优化和调整的步伐促进经济又好又快增长。根据本节所
做的格兰杰因果检验的结果，产业结构变动是经济增长的格兰杰原因，而
经济增长不是产业结构变动的格兰杰原因，验证了经济结构变动对云南经
济增长具有正向效应的命题。因此，产业结构变动引起的资源配置效应对
云南的经济增长具有重要影响。（2）重视产业结构变动对经济增长的推动
作用。目前，云南的经济增长方式还比较粗放，主要靠投资等投入要素的

增长来推动。就本节研究的结论来看，结构因素也将是未来政府转变经济增长方式的重要的着力点。（3）推动产业结构和就业结构的联动，促进经济快速增长。从人均层面的分析可知，劳动要素在产业间的转移极大地提高了劳动生产率，从而对人均产出的增长做出了巨大的贡献。

第三节　产业创新在优化云南产业结构中的作用

根据熊彼特基于创新的经济周期理论，所谓"创新"就是建立一种新的生产函数，即把从未有过的关于生产要素和生产条件的"新组合"引入经济体系。"创新是一个内生因素，经济发展也不过是经济体系自身内部具有的创造性所导致的经济生活的一种变动。这类似于生物学上的突变理论，即不断从体系内部革新经济结构，不断地破坏旧的并创造新的结构的'产业突变'构成了一种'创造性的破坏过程'。"① 由此可看出，"产业突变"是创造性破坏的精髓。

熊彼特的创新概念包括下列五种情况：（1）采用一种新的产品；（2）采用一种新的生产方法；（3）开辟一处新市场；（4）开辟一项新的供给来源；（5）实现一种新的产业组织，比如造成一种垄断地位，或打破一种垄断地位。② 从熊彼特的创新内涵可以看到，创新是指一种生产过程，这种生产过程具有商业目的，是抢占或开辟市场追求经济效益的一种手段。

熊彼特所讲的创新实际上就是生产要素的"新组合"，就是把技术创新成果转化为商品的过程，也就是产业创新的过程。因此，我们可以说熊彼特的创新概念与产业创新的内涵是一致的，他所提出的五项创新内涵就是产业创新的内涵。③

产业创新在国民经济发展中具有重要地位和作用，产业创新就是要把产业自身及关联产业的生产要素重新组合并引入生产体系。就是以技术突破为基础的新产业的产生、发展并形成产业竞争力的过程。产业创新一般指特定产业在成长过程中或在激烈的国际竞争环境中，几个大型企业主动联手开展研发活动或单个技术领先企业通过技术扩散进而实现产业内的共

---

① 约瑟夫·熊彼特：《资本主义社会主义与民主》，商务印书馆，1999，第146～147页。
② 约瑟夫·熊彼特：《经济发展理论》，商务印书馆，1990，第73～74页。
③ 陆国庆：《产业创新：超越传统创新理论的新范式》，《江汉论坛》2003年第2期。

同创新。①

在创新对长期经济发展的重要性的问题上，经济学家们很少有分歧，从亚当·斯密、李嘉图、马克思、马歇尔、熊彼特、凯恩斯到罗伯特·梭罗，没有人反对生产力的长期发展与技术的引进、推广和组织创新密切相关这个观点。尽管度量技术变革（或其他因素）对工业或国家发展的明确贡献存在很大困难，但仍然没有人怀疑创新对发展的重要性。马克思和恩格斯早在1848年的《共产党宣言》中就已认识到资本主义依赖引进新工艺和新产品这个永恒的驱动力而得以生存。当谈及行业的发展时，行业的研究与发展强度和行业的长期发展速度之间有强得多的统计联系（弗里曼，1962年；弗里曼等，1982年），这反映了科学技术的进步是世界范围的，为许多企业提供了相似的机会。帕维特（1993年）在《企业从基础研究中学到了什么》一文中有一个特别重要的观点是：基础科学对工业的贡献主要是间接的，主要通过具有新的、有价值的技术知识的年轻新人的形式，而不是直接发表论文的形式（尽管这也是非常有用的）。耶鲁大学对650名美国工业研究经理的调查显示，大多数行业中，所有学科的基础科学技术、技巧比专业研究成果更有价值。现在在许多行业中，直接或间接地吸收最近的科研成果的能力对创新和发展而言是必不可少的。②

产业结构优化是一个高附加值产业代替低附加值产业的过程，是高科技产业和新兴产业代替传统产业的过程，其基础是创新。所谓创新就是用新的技术或经营方式来满足新的需求。人们的需求不仅在数量上是无限的，在内容上也是无限的，满足这种内容上不断更新的需求只能依靠创新。通过创新形成新的产品、新的经营方式、更低的产品价格，使供给更加丰富，高层的需求得到满足，由满足创新的企业组成一个新的产业。

产业结构优化的过程实质上是产业创新与产业替代的过程，没有产业创新就不可能满足更细致、更高层次的需求，也不可能对传统产业进行替代，无法使产业重心向高附加值方向提升。产业创新就是用新的产品和新的技术满足需求，其结果是形成一个崭新的产业。产业创新是行业整体创新，而不是局部创新，因此，它包括企业技术创新和行业内技术扩散两个

① 李梦学、张治河：《产业创新机制理论浅析》，《新材料产业》2007年第4期。

② M. 道格森、R. 罗斯韦尔编《创新聚集产业创新手册》，陈劲等译，清华大学出版社，2000。

过程，只有创新的技术在行业内得到了普及，才实现了产业创新。由技术引起的产业创新有两种途径：一种途径是首先一个企业完成产品创新并由此带动了相关的技术创新及管理创新，完成了相对比较完整的经营体系创新工作，获得了高额利润。这对其他企业将产生诱导作用，吸引其他企业效仿，使技术扩散到其他企业，最后形成新的产业。它的特点是由一个企业首先进行创新突破，再将技术扩散出去，企业的创新活动具有完整性。另一种途径是由多个企业同步创新，分别完成产业创新所要求的技术创新工作，同时进入新的产业，相互支持构成一个产业整体，并因各自创新而垄断了局部技术，又因分工而使资源使用更加集中，保证企业能够迅速获得规模效应，使产业创新得以迅速完成。①

英国经济学家弗里曼是第一位系统提出产业创新理论的人。他认为产业创新包括技术和技能创新、产品创新、流程创新、管理创新（含组织创新）和市场创新。他从历史变迁的角度，对电力、钢铁、石油、化学、合成纤维、汽车、电子和计算机等许多产业的创新做了实证研究，得出的结论是：不同的产业，产业创新的内容是不一致的。如化学产业主要是流程创新；仪器仪表产业主要是产品创新；电力产业主要是市场创新。弗里曼指出产业创新是一个系统的概念，系统因素是产业创新成功的决定因素。②

云南省的主导产业和支柱产业以资源型产业为主，资源型产业属于不完全竞争市场结构下的产业，具有资源垄断性、技术垄断性特征，较高的垄断利润造成资源型产业对生产要素具有一定的锁定效应，会阻碍新产业的形成和旧产业的改造。大中型企业是云南产业经济的主体，大中型企业能否具有创新力，是云南省能否具有产业创新力的关键。虽然云南具有多样性的资源，但从产品门类看，产品多样性还不突出，很多产品门类尤其是新产品还不具备生产能力。云南省的矿业、生物资源开发、特色农产品等传统产业都是以省外、国外市场为主，省内装备制造业不发达，对本地的基础工业、原材料工业的带动能力弱。延伸产业链，发展装备制造业、日用消费品工业，消化和带动本地的资源型产品，是优化云南产业结构的重要方向。

---

① 张耀辉：《产业创新：新经济下的产业升级模式》，《数量经济技术经济研究》2002 年第 1
期。

② Freeman, Chris. and Luc Soete. *The Economics of Industrial Innovation* (Third Edition).
London: Printer, 1997, 18 – 80.

第四节 国外产业创新的模式借鉴

一 技术推动模式

20世纪70年代，美国哈佛大学的阿伯纳西（ABERNATHY）和麻省理工学院的厄特拜克（UTTERBACK）以产品创新为中心，提出了产业创新动态过程模型，即ABERNATHY-UTTERBACK创新过程模型，它揭示了技术创新和产业发展之间的内在关系，而日本产业经济的兴衰也确实印证了技术在产业发展中的推动作用。二次世界大战以后，特别是20世纪50年代和60年代，日本之所以能跻身经济大国的行列，可以说在很大程度上都得益于其产业的振兴；而日本的产业经济在短期内获得跨越发展关键就得力于其产业技术的推动。到20世纪80年代为止，日本长期实行的以引进、消化、吸收和创新为主线的产业技术政策非常成功。随着冷战的结束，国际竞争空前加剧，美国等发达国家都把国家战略的重点转向经济领域，大大加强了对技术转让的控制和对知识产权的保护，日本从美国等发达国家获得先进技术的难度空前加大。在日本已经实现经济赶超的情况下，再也难以从美国等西方国家引进所需的尖端技术，原来以引进、消化、吸收、改进为主线的产业政策思路和发展模式，已经无法为日本经济参与国际竞争和实现持续增长提供动力。对于一个国家或一个区域的产业发展来说，产业技术水平的赶超是实现经济赶超的关键，而推动产业突变的基本动力则是技术进步，尤其是技术革命。

二 政策拉动模式

美国的ROTHWELL和ZEGVELDW探讨了产业创新与政策工具之间的关联关系。从美国、日本和韩国的产业创新来看，产业的发展都离不开一定时期内各国政府政策的拉动作用。二战结束后，日本政府以工业政策为重点，以拥有广泛权力的通产省为中心，以强大的法律、经济和行政管理手段为后盾，对各产业特别是支柱产业和战略性产业实施了强有力的管理措施，在加大技术引进力度的基础上，以产业政策为指导，大力发展战略产业。在整个20世纪60年代，为了保证战略工业的成功发展，日本政府继续执行了20世纪50年代制定的系列产业扶植政策，如机械工业振兴临时措施法、电子工业振兴临时措施法和飞机工业振兴法等。同时，为了保护国内企业的发展，日本政府实行了进口配额制，通过关税措施、提供多种融资渠道等方式限制进口产品进入本国市场，或帮助国内企业抵制国外产品的竞争。美国崇尚自由的市场竞争，但在关系到国家发展前途的战略性产业上，政府则积极通过战略工程的实施进行组织和扶持，使美国的一系列产业在国际上都处于领先地位，如阿波罗计划、星球大战计划和信息高速公路以及新一代汽车合作计划等。美国为了在战略性产业中取得领先地位，在产业政策、投资和行业管制等方面对产业活动实施了强有力的影响。韩国在20世纪90年代后，也通过必要的产业政策、金融政策和税收政策等对产业的创新活动进行支持，从而促进了产业的发展。

三 企业联动模式

随着企业间竞争的加剧，企业为了在产业中寻求更有利的竞争地位，通常会打破产业的界限和行业惯例，寻求新的经济增长模式。企业是产业发展的重要主体，主导着产业的发展。韩国经济经过了20世纪60~70年代的外向型工业化阶段、70年代的重工业及化工工业促进阶段、80年代的贸易自由化阶段后，由一个贫穷的农业国转变成为一个充满活力的工业国。韩国在缺少海外直接投资与授权的情况下，积累了具备国际竞争力的科技能力，原因可能是多方面的，但与韩国政府和企业之间的互动支持，以及企业集团之间的战略结盟有着直接的联系。韩国一方面从宏观调控的角度对企业进行了积极的引导、促进和推动，另一方面同时辅以政策、税收等经济杠杆的调控，促进企业集团之间自行交流、交换、合并，推进现代、三星、大宇、LG、SK等大企业主导的半导体、石油化工、船舶、汽车、发电设备、航空工业和铁路机车等七大产业的创新与发展。

从微观角度来看，企业可以突破已结构化的产业的约束，运用技术创新、产品创新、市场创新或组合创新等来改变现有产业结构或创造全新产业。克雷格·彼德森和克里斯·刘易斯认为产业创新包括产品创新和过程创新，他们认为成功的产品创新的关键是产品销得出去，并有能力提供服务；过程创新要能成功就必须保密，并能利用规模和范围的经济性；如果企业能保持自己的核心技术和优势，创新就更能成功。由此可见，产品创新中市场需求的拉动作用非常明显，而在过程创新中，企业的作用则非同小可。现代科学研究的基础性、风险性、高投入、大范围突破，也决定了某一个企业往往很难在短暂的时间内适应这种快速的、革命性的变化，需要通过多方面的合作来实现。企业和相关群体实施战略结盟往往能在突破原有产业构架的基础上，开辟新的增长空间，从而促进产业创新的成功。

四　环境驱动模式

产业的创新与发展除了受到政府政策工具、技术水平特征和企业战略联盟等影响外，还受到经济环境、产业结构、竞争规则、文化背景、资源禀赋和人才等多种因素的影响。产业组织理论认为，某些国家、某些区域在某些产业的发展方面，明显超过别的国家或者区域，例如德国的机械制造业、美国的信息产业和日本的汽车工业等。马克·道格森和罗尔·劳斯韦尔对产业创新源、产出、创新的部门和行业特征等做了相关研究，认为这些产业的创新与发展不仅仅是政策、技术、组织的作用，还受到国家的或者是区域的宏观环境的影响。营造良好的产业发展环境，也是创造产业竞争优势、增强产业竞争力的重要因素之一。日本学者南亮进认为，日本工业实现迅速进步就是因为日本具备了很强的模仿创新的"社会能力"：一是拥有优秀的企业家、技术人员和劳动力；二是经营组织的现代化；三是情报网的发达，在日本国内的技术普及方面，工业行会、产业行会发挥了较大的作用；四是装备产业的发达。[①] 此外，经济的支持也是产业创新的后盾，巨额的资金投入新的学科和技术领域，能为产业的发展奠定坚实基础。正是因为以上的配套环境或说是综合环境的驱动作用，部分产业资源可以重新配置，生产要素可以重新组合，使某些产业获得了新的竞争优势，或者创造了全新的产业。

第五节　努力增强产业创新力，加快推进云南产业创新

综上所述，优化云南产业结构的关键是增强产业创新力，只有加快推进产业创新，才能优化云南产业结构。推进产业创新主要体现为推进新产

---

① 汪秀婷：《国外产业创新模式对我国产业创新的借鉴》，《武汉理工大学学报》2007 年第 8期。

业成长和利用新科技深度融合传统产业两个方面。针对云南经济特点，本研究提出以下建议。

一　加快民营经济发展，增强全民的产业创新力

民营经济发展与产业创新的关系在于创新的主体是人民群众的思想，应学习借鉴印度的全民创新战略，真正让人民群众关注创新、推进创新。针对云南国有企业比重过高，非公经济、民营经济发展不足的问题，只有结合当前云南省委省政府正在实施的民营经济战略，加大改革力度，推进民进国退在各个产业部门和产业领域的步伐，提升民营经济地位，确保民营企业与国有企业具有同等市场竞争地位，增大民营企业的盈利空间，才能激发创业热情。虽然云南经济还存在企业规模小的问题，但小总比没有好，若干小企业的繁荣是壮大云南经济规模的基础。也只有切实壮大民营经济，形成人人想创业、能创业的发展环境，才能切实加快新科技、新发明转化为新产品的速度。

二　加快大中型企业的技术改造，增强支柱产业创新力

要发挥省工业和信息化委员会、国资委等部门的主导作用，通过主要企业负责人业绩考核、新产品产值率绩效激励、技能工人创新奖励等举措来推进骨干企业的产品创新、技术创新、组织创新、工艺创新，推动云南省的支柱产业形成产业创新力。

三　大力引进国内外创新企业，增强新产业创新力

要改变云南省近年来只注重引进大企业、大集团的思想。针对云南尚无生产能力的产品门类，无论企业大小，都应着力引进。要以本地市场和周边国家市场为目标，大力引进国内外创新企业，努力满足企业入滇所需条件，着力引进并做好跟踪服务，促其发展壮大，既能有效提高云南的新产业发展规模，又能为相关的大企业提供配套。

四　加快培育科技服务业，增强产业创新力

要充分认识到科技服务业在产学研、在协同创新等模式中的重要作用，给予科技服务业良好的发展环境。应把对科技服务业的培育、扶持从一般服务业中区别开来，给予重点关注，在企业开办、财税政策、政府服

务等各个方面都给予特殊优惠政策，形成科技服务业快速发展的局面，促进新技术、新工艺、新发明及时得到产业转化。

五　大力发展装备制造业，增强传统产业创新力

政府既要加大力度扶持高端装备制造业的发展，又要促进普通装备制造业的发展，尤其要鼓励满足城乡居民消费升级所需的日用消费品生产企业的发展，通过装备制造业的发展来拉动云南的基础工业、原材料工业的产品创新，实现产业创新。

六　约束虚拟经济，促进实体经济的产业创新力

通过增加税费、限制最终产品价格、强制性承担社会责任等手段调节和约束虚拟经济的发展，消解虚拟经济对实体经济在资本、人才、土地和社会网络等生产要素上的聚集效应和锁定效应，增强实体经济对生产要素的聚集力，促进实体经济的产业创新力。

第五章 云南需求结构调整与发展方式转变

结构主义经济学家指出，经济结构均衡是国民经济持续均衡增长的条件之一。就经济需求结构来看，消费、投资和净出口三者的均衡增长推动了经济的持续均衡增长。但目前，云南以投资需求为主、消费需求疲软和净出口持续逆差的失衡的需求结构已严重影响到云南经济增长的前景。本部分主要分析改革开放以来云南需求结构演变的现状、趋势及存在问题，并提出解决需求结构失衡的政策建议。

第一节 云南需求结构现状

从国民经济核算的角度看，需求结构就是从支出法的角度研究经济结构的变动问题。支出法 GDP 核算中的最终消费、资本形成总额和净出口被通俗地称为经济增长的三驾马车，三者的比例关系就是需求结构研究的重点。

一 云南需求结构现状

1. 云南最终消费率波动性大且有下降趋势

图 5 - 1 给出了改革开放以来云南和全国的最终消费率。云南的最终消费率高于全国平均水平，但其变动的趋势与全国基本相似。全国和云南最终消费率的变化大致可分为两个阶段。1978 ~ 2000 年为第一阶段，消费率在波动中变化。2000 年至今为第二阶段，消费率呈下降趋势。虽然云南的消费率高于全国水平，但与处于相同发展阶段的国家相比，云南的消费率水平还是偏低的。

最终消费由居民消费和政府消费构成，因此居民消费率和政府消费率的变化都会导致最终消费率的变化。从政府消费率来看，1978 ~ 2000 年云南省政府消费率较全国政府消费率要低，且处于上升状态；而 2000 年以后至今云南的政府消费率有轻微的下降。从居民消费率来看，云南居民消费率在波动中下降，特别是 2000 年后下降趋势较为明显（见图 5 - 2）。因此，云南最终消费率的下降主要是由居民消费率下降引起的。

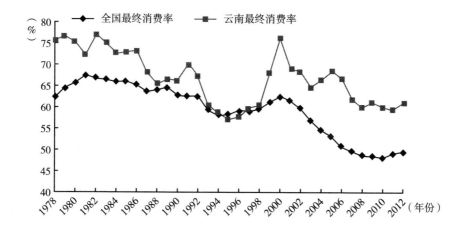

图 5 - 1　1978 年以来全国和云南的最终消费率

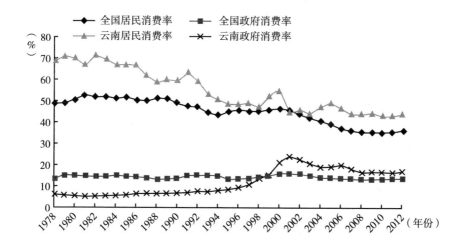

图 5 - 2　改革开放以来云南与全国的居民消费率和政府消费率

　　居民消费又分为农村居民消费和城镇居民消费。图 5 - 3 给出了改革开放以来云南与全国的农村消费率和城镇消费率，云南农村消费率波动较大，在 20 世纪 80 年代末到 90 年代曾一度低于全国水平，2000 年后又高于全国平均水平。云南城镇消费率的变化趋势刚好相反，在 20 世纪 80 年代末到 90 年代曾一度高于全国水平，2000 年后则接近全国平均水平。

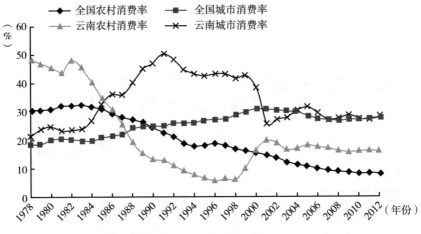

图 5 - 3   改革开放以来云南与全国的农村消费率和城镇消费率

2. 云南资本形成率高于全国平均水平且波动性大

云南的投资率一直保持在较高的水平上，而且呈现出上升的态势，从 1978 年的 39% 上升到 2013 年的 84.9%，远高于同期的全国平均水平（见图 5 - 4）。因此，云南经济增长过分地依赖投资。

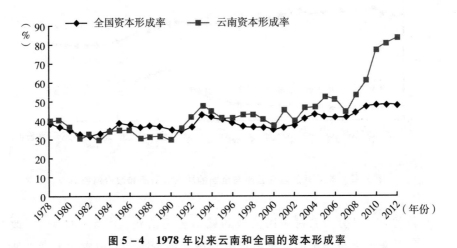

图 5 - 4   1978 年以来云南和全国的资本形成率

3. 云南净出口率为负值

从净出口率来看，云南大部分年份的净出口率为负值，也就是说云南是一个净调入地区，从区域外进口的商品与服务大于本地区出口的商品与服务。与全国平均水平相比，近年来云南净出口率为负且绝对值较大（见图 5 - 5）。

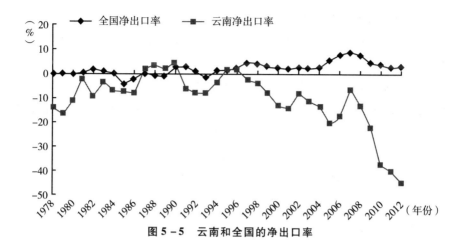

图 5 - 5　云南和全国的净出口率

二　云南总需求结构演变及特征分析

云南经济结构存在诸多方面的问题，但当前最为突出的问题是总需求结构失衡。目前云南总需求结构失衡主要表现为内需与外需失衡、投资与消费关系失衡、政府消费与居民消费增长不协调、三大需求对云南经济增长拉动不平衡。

1. 外需与内需失衡

从外需与内需的结构看，云南的需求结构与全国相差较大。改革开放以来云南省的净出口总额除了在少数几个年份为正值外，其余年份都为负值，且在1996 年后净出口逆差有逐年增大的趋势，到 2012 年净出口率达到了 - 44. 36%（见图 5 - 6）。由此可以看出，云南需求结构的内外需失衡情况已非常严重。

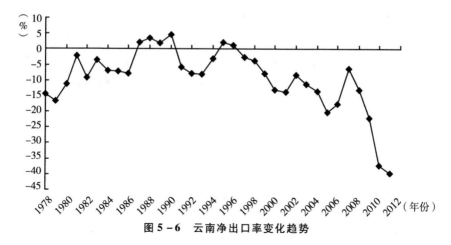

图 5 - 6　云南净出口率变化趋势

2. 投资与消费关系失衡

改革开放 33 年来，云南 GDP 年均增长率约 10.0%，高于同期全国平均水平。图 5 – 7 给出了 1979~2011 年按可比价计算的最终消费增长率和资本形成增长率。除个别年份外，总体而言投资增长率快于消费增长率。改革开放以来，云南消费需求和投资需求的比例关系发生了重大变化，尤其是 20 世纪 90 年代以来，投资率呈整体上升趋势，而消费率却呈不断下降趋势。相对于消费需求而言，投资需求增长得更快，投资率（资本形成率）由 1990 年的 29.3% 上升到 2013 年的 84.9%；消费率由 1990 年的 66.2% 下降到 2011 年的 62.8%（见图 5 – 8）。

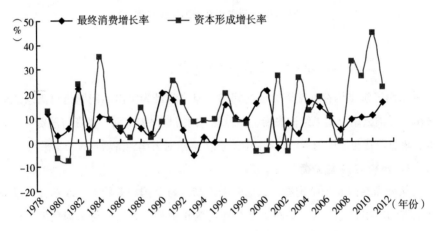

图 5 – 7　云南最终消费增长率和资本形成增长率

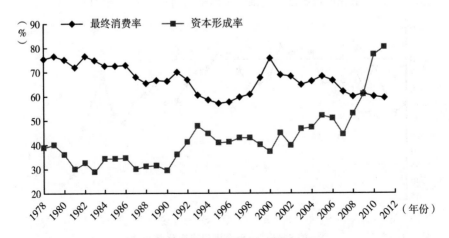

图 5 – 8　云南资本形成率和最终消费率

3. 政府消费和居民消费增长不协调

2011 年云南的居民消费和政府消费分别为 3821.44 亿元和 1452.18 亿元，分别为 1978 年的 13.37 倍和 57.40 倍，按可比价格计算，1978~2011 年年均增长率分别为 8.17% 和 13.06%。可见，政府消费的增长快于居民消费的增长。1978~2011 年，云南居民消费占总消费的比重呈总体下降趋势，到 2001 年下降到最低点 65.3%；2001 年后云南居民消费占总消费的比重逐渐上升到 72.5%，而政府消费占消费比重的变化正好与居民消费占消费比重的变化相反（见图 5-9）。

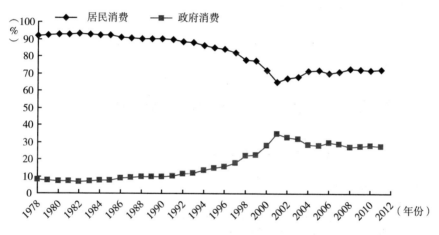

图 5-9 云南居民消费和政府消费占总消费的比重

4. 三大需求对云南经济增长拉动不平衡

改革开放以来，总需求结构失衡导致三大需求对云南经济增长的拉动作用极不平衡。从三大需求对 GDP 增长贡献率的波动情况看，消费对云南经济增长的贡献率在 2001 年以前除少数年份外均大于资本形成，在 2001 年后资本形成对经济增长的贡献率逐渐大于消费；净出口对云南经济增长的贡献率除少数年份外均为负值。消费需求的持续低迷和净出口持续逆差，一方面使云南经济持续增长后劲不足，经济增长不得不更多地依靠投资需求拉动，进而加重产能过剩；另一方面也使云南居民的消费水平长期得不到应有的提高，影响了国民生活质量的提升。具体来看，2011 年消费对云南经济增长的贡献率为 39.4%，拉动 GDP 增长 5.4 个百分点；资本形成的贡献率为 67.5%，拉动 GDP 增长 9.2 个百分点；净出口的贡献率为 -6.9%，拉动 GDP 增长 -0.9 个百分点（见图 5-10）。

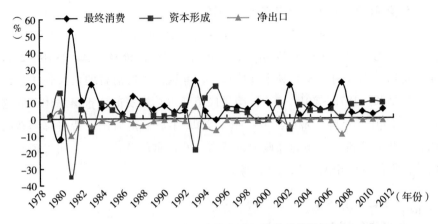

图 5 - 10　云南三大需求对经济增长的拉动

第二节　总需求对云南经济增长的拉动效应

一　云南三大需求对经济增长的贡献分析

1. 模型及数据

本章采用扩展后的柯布—道格拉斯函数，将云南 GDP 作为被解释变量，各项需求作为解释变量，有如下公式：

$$Y = AC^{\beta_1} I^{\beta_2} EX^{\beta_3} IM^{\beta_4} \tag{1}$$

其中，A 为常数，C、I、EX、IM 分别为最终消费、资本形成总额、出口总额、进口总额等指标，β_1、β_2、β_3、β_4 分别为最终消费、资本投资、出口总额和进口总额对 GDP 增长的弹性系数。由于各指标数据的绝对值差异较大，为消除这种差异，将上述公式两边取对数，模型线性化：

$$\ln Y = \ln A + \beta_1 \ln C + \beta_2 \ln I + \beta_3 \ln EX + \beta_4 \ln IM \tag{2}$$

本章中总产出、最终消费、资本形成总额、出口总额和进口总额等指标来源于《云南统计年鉴 2012》，并用相应的价格指数折算为 2000 年不变价（见表 5 - 1）：总产出和净出口用 GDP 平减指数进行平减，最终消费用消费价格指数平减，资本形成总额用固定资产价格投资指数平减。

表 5 - 1　1978～2011 年云南省需求结构各项指标相关数据

单位：亿元

年份	GDP(Y)	最终消费(C)	资本形成总额(I)	出口(EX)	进口(IM)
1978	263.20	232.18	129.56	1.20	0.60
1979	271.36	259.81	146.17	1.38	0.41
1980	294.43	267.07	136.80	1.43	0.21
1981	317.39	282.65	126.48	1.76	0.54
1982	366.59	345.54	156.87	2.07	0.51
1983	397.38	364.04	149.85	2.34	0.57
1984	455.00	402.70	202.64	2.59	0.92
1985	514.15	440.46	221.83	3.79	2.36
1986	536.26	460.92	235.27	5.83	3.33
1987	602.22	503.76	239.87	9.75	2.97
1988	698.58	532.31	273.75	12.73	3.79
1989	739.10	550.66	279.51	14.10	6.52
1990	803.40	662.56	302.82	20.78	5.45
1991	856.42	777.54	379.93	21.34	7.96
1992	949.77	816.14	441.78	25.73	11.25
1993	1055.10	771.11	478.60	30.13	18.28
1994	1183.61	787.00	521.30	78.44	37.40
1995	1322.57	785.37	570.93	101.50	56.84
1996	1469.24	905.08	684.76	91.15	68.67
1997	1612.35	994.99	747.19	97.18	63.40
1998	1743.43	1086.80	803.80	97.18	60.40
1999	1870.53	1259.17	774.02	85.63	51.76
2000	2011.19	1524.48	746.15	97.28	52.79
2001	2148.35	1486.68	948.48	102.98	61.66
2002	2341.49	1599.54	911.39	118.33	65.94
2003	2548.01	1654.83	1151.45	138.77	82.03
2004	2836.77	1925.11	1301.08	185.30	124.89
2005	3089.24	2197.64	1542.66	216.39	171.75
2006	3447.59	2425.64	1706.10	270.36	226.42
2007	3868.20	2545.44	1708.71	360.13	307.48
2008	4278.23	2779.33	2271.33	346.35	320.34
2009	4795.89	3059.08	2882.57	308.35	239.43
2010	5385.79	3391.30	4168.08	514.87	390.08
2011	6123.64	3935.02	5099.33	611.83	424.99

2. 实证分析

通过对数据序列进行平稳性和协整检验，发现尽管 $\ln Y$、$\ln C$、$\ln I$、$\ln EX$ 和 $\ln IM$ 是不平稳序列，但其差分序列为一阶单整且它们之间存在协整关系，因此可以做进一步的回归分析。

在本节中，我们对式（2）进行回归，结果如表 5 - 2 所示。

表 5 - 2　回归结果

变量	系数	标准误差	t-统计量	Prob.
A	1.689561	0.338772	4.987309	0.0000
LOG(C)	0.562584	0.092869	6.057826	0.0000
LOG(I)	0.175784	0.062966	2.791736	0.0095
LOG(EX)	0.097368	0.041816	2.328488	0.0276
LOG(IM)	0.045350	0.029923	1.515547	0.1413
AR(1)	0.490615	0.186031	2.637281	0.0137
R^2	0.998189	因变量均值		7.144230
经调整的 R^2	0.997854	因变量标准差		0.915128
回归标准误	0.042395	赤池信息量		- 3.320606
残差平方和	0.048528	施瓦兹信息量		- 3.048514
对数似然值	60.79001	汉南奎因准则		- 3.229056
F-统计量	2976.648	DW 统计量		1.723021
Prob(F-统计量)	0.000000			

可以看到以上回归方程拟合度较高，$\ln Y$、$\ln C$、$\ln I$、$\ln EX$ 系数都通过了 t 检验，且方程整体也通过了 F 检验，DW 统计量也通过了相关检验。进口的弹性系数相对较小，仅为 0.045350，在统计上并不显著（t = 1.51），这同时也意味着进口对经济增长的影响可能会较小。

由表 5 - 2 可以得出，1978 ~ 2011 年云南最终消费、资本形成总额、出口与经济增长之间具有显著的正相关关系，从需求对经济增长的影响来看，这完全符合经济学常理；而且最终消费增长对 GDP 增长的弹性系数高于资本形成总额和出口的弹性系数，说明最终消费增长对经济增长的影响最大，资本形成和出口次之，进口最小。具体分析如下。

（1）最终消费对云南经济增长的贡献比其他的需求成分大，其产出弹性达到了 0.563。即在 1978 ~ 2011 年，云南居民每增加 1% 的消费，可带动经济增加 0.563%。该结果可以在以下的现实当中得到解释：云南市场经济机制尚不够健全，长期的自然经济分割阻止了市场向深层次发展，因此市场推动劳动专业化分工的作用相对不大。云南广大农村地区还处于半自然经济状态，许多农牧民在生活消费方面自产自销。因此，相对于投资，消费对经济的拉动作用比较大。另外，改革开放以来，消费对云南经济增长的贡献呈下降趋势，这在逐年下降的消费率中就有所反映。但最近几年消费率的直线下滑值得关注，消费率的下滑主要是由居民消费下降引起的，从1982年最高的71.5%下降到2011年的43%，下降了28.5个百分点。居民消费的下降主要是农村居民消费的下降，从1978年的47.8%下降到2011年的16.1%。所以，扩大消费的重点应是扩大农村居民的消费。

（2）资本形成总额对云南经济增长的弹性系数较低，仅有约0.176。即在1978～2011年，云南资本形成总额每增加1%，可以带动经济增长约0.176%。云南投资的贡献率也明显低于全国平均水平，尽管自改革开放以来投资贡献率呈上升趋势，但1978～2011年投资的平均贡献率较低，从而对经济增长的拉动作用比最终消费弱。其主要原因是投资过于粗放，效率低下。

（3）云南货物出口总额对经济增长的影响为正，弹性系数为0.0974；进口对云南经济增长的影响较小。即在1978～2011年，云南货物出口每增加1%，可以带动经济增长约0.0974%；进口每增加1%，可以带动经济增长0.0454%。

（4）进口和出口对云南的经济增长都有正贡献，但出口的影响大于进口；净出口对经济增长的拉动作用为负，服务贸易逆差是主要因素。改革开放以来云南货物贸易一直是顺差，服务贸易则在大多数年份都是逆差。2011年云南货物和服务净出口总额为-3519.41亿元，货物贸易为顺差186.84亿元，服务贸易为逆差3706.25亿元。2011年云南净出口贸易总额对云南的拉动为-0.945个百分点。

3. 净出口与出口、国内省外调出对经济增长的贡献分析

目前，对经济需求动力的分析基本是基于国民经济核算的分析。但基于核算角度的三驾马车对经济增长的贡献测算，其实并不能真正反映最终消费、资本形成、出口对经济的拉动作用。一方面，核算将进口作为对经济增长的负作用将其扣除，忽视了进口对GDP的贡献。现实中，进口对GDP的增长具有巨大的推动作用，如稀缺资源的进口可实现资源的优化配置，先进设备的进口可将资本转化为生产力等。另一方面，进口产品有可能作为中间产品参与生产过程，如果简单地将地区的最终产品加总，会夸大最终消费、资本形成和出口的贡献。另外，对地区经济来说，不仅有出口问题，还涉及国内其他地区的调入调出问题。而这些问题在核算框架下是不能解决的，因此有必要从投入产出模型的角度测算消费、投资、出口、国内调出等"四驾马车"对云南经济增长的拉动效应。

基于上述理由，净出口率指标不能很好地衡量调出（出口和国内省外调出）在云南经济增长中对经济的贡献。借鉴沈利生（2009）的方法，本节利用投入产出表分析云南出口和国内省外调出对经济的贡献。首先将云南2007年的投入产出表拆分为非竞争型投入产出表，其次根据沈利生（2009）的方法测算国内最终产品各部分拉动的增加值，得表5-3。

表5-3 2007年云南省内最终产品及其拉动的增加值

单位：亿元，%

国内生产总值	省内最终产品			
	消费	资本形成	出口	国内省外调出
	2402.4	1710.1	149	2448.2
4757.1	35.8	25.5	2.2	36.5
最终产品拉动的增加值				
拉动各部分增加值	1910.6	1075.1	103	1668.3
比重	40.2	22.6	2.2	35.1
单位最终产品拉动的增加值	0.7953	0.6287	0.6913	0.6815

由表5-3可知，云南省内最终产品中，消费、投资、出口和国内省外调出所占的比重分别为35.8%、25.5%、2.2%、36.5%，它们拉动的增加值占有的比重分别为40.2%、22.6%、2.2%和35.1%，后者就是消费、投资、出口和国内省外调出等"四驾马车"的拉动贡献。虽然表5-3所得数据与前面国民经济核算中的消费率、投资率和净出口数据由于核算方法不同不能直接进行对比，但也可看出经过我们的模型校正后，最终消费的贡献由原来的61.9%下降为40.2%，投资的贡献由原来的44.3%下降为22.6%。云南调出（出口和国内省外调出）对云南经济的贡献达到了37.3%，这是一个很大的比重，说明了出口和国内省外调出对云南经济的重要性。此外，表5-3还显示了1单位最终产品拉动的增加值都小于1，但单位消费拉动的增加值是最大的，导致消费拉动的增加值比重大于消费

品占最终产品的比重，投资、出口和国内省外调出拉动的增加值比重小于投资、出口和国内省外调出占最终产品的比重。

　　本小节的上述分析实际上驳斥了"净出口对经济增长的贡献为负，从而为了保持或改善云南省的增长态势，就应该一方面减少国际贸易中的出口与省际贸易中的调出，另一方面也应寻求贸易之外的经济拉动力，或投资，或消费"的观点，根据我们的结论，减少调出的结果最终会使云南经济增长的动力下降。基于本小节的分析，虽然云南调出对经济的拉动作用很大，但同时云南调入（进口和国内省外调入）规模也很大，2007 年调入最终产品占总的最终产品的比重为 81.2%，因此云南调出对经济的拉动完全被调入所抵消。

二　总需求对云南经济增长的拉动效应——投入产出表框架

　　投入产出表将生产过程与最终需求结合起来，是分析国民经济"三驾马车"和地区经济"四驾马车"对经济增长贡献的非常合适的工具。国内很多学者利用投入产出表来研究出口对经济增长的贡献，得出了很多有益的结论。沈利生（2009）利用投入产出模型定量测算了"三驾马车"对中国经济的贡献。本小节在前人研究的基础上，利用 1997、2002 和 2007 年云南投入产出表测算"四驾马车"对云南经济增长的拉动效应。

　　根据投入产出模型，地区（省、区、市）投入产出的基本计算公式为：

$$X = (I - A)^{-1}(Y - M - Z) \tag{1}$$

　　其中 X 是总产出，A 是直接消耗系数矩阵，Y 是最终产品，M 是进口，Z 是国内调入，这是利用云南竞争型投入产出表（见表 5-4）得到的。所谓地区竞争型投入产出表是在中间使用和最终使用中不区分地区内产品、国外产品和国外其他地区产品，一个流量中同时包含了三种产品而出现了竞争。这种地区竞争型投入产出模型不能直接进行测算和分析，因为在最终产品使用中包括了国外直接进口产品和国内调入产品。矩阵 A 是利用竞争型投入产出表计算而得的。因此，必须先把地区内产品、国外进口产品和国内调入成品拆分开来，编制地区非竞争型投入产出表，如表 5-5 所示。表中带有上角 d 的表示云南省内产品，带有上角 m 的表示国外进口产品，带有上角 z 的表示国内调入产品，小写字母表示流量，大写字母表示合计。在地区非竞争型投入产出表的地区最终产品中虽然不再包含直接的国外进口产品和国内调入产品，但是仍然包含国外进口产品和国内调入产品的转移价值，需要通过计算予以扣除。

表 5 – 4　竞争型投入产出表

部门		中间使用	最终使用					国外进口	国内调入	总产出
		$1,2,\cdots,n$	消费	资本形成	国外出口	国内调出	合计			
中间投入	$1,2,\cdots,n$	x_{ij}	c_i	in_i	ex_i	od_i	Y_i	$-M_i$	$-Z_i$	X_i
增加值		V_j								
总产出		X_j								

表 5 – 5　非竞争型投入产出表

部门		中间使用	最终使用					国外进口	国内调入	总产出
		$1,2,\cdots,n$	消费	资本形成	国外出口	国内调出	合计			
国内产品中间投入	$1,2,\cdots,n$	x_{ij}^d	c_i^d	in_i^d	ex_i^d	od_i^d	Y_i^d			X_i
国外进口产品中间投入	$1,2,\cdots,n$	x_{ij}^m	c_i^m	in_i^m	ex_i^m	od_i^m	Y_i^m	M_i		
国内调入产品中间投入	$1,2,\cdots,n$	x_{ij}^z	c_i^z	in_i^z	ex_i^z	od_i^z	Y_i^z		Z_i	
增加值		V_j								
总产出		X_j								

1. 经济增长贡献测算的投入产出模型

由投入产出表的平衡关系，并令国内产品的直接消耗系数为 $a_{ij}^d = \dfrac{x_{ij}}{X_j}$，则有

$$\sum_{j=1}^n a_{ij}^d X_j + Y_i^d = X_i \qquad i = 1,2,\cdots,n \qquad (2)$$

写成矩阵形式 $A^d X + Y^d = X$，进而可得

$$X = (I - A^d)^{-1} Y^d \qquad (3)$$

式（3）中的 $(I - A^d)^{-1} = B^d$ 是云南省内产品的里昂惕夫逆矩阵，其

元素 b_{ji}^d 表示 j 部门 1 单位地区内最终产品对 i 部门的完全消耗（完全需求）；

对于表 5-5 中的进口产品来说，其行平衡式为：

$$\sum_{j=1}^{n} x_{ij}^m + Y_i^m = M_i \qquad i = 1,2,\cdots,n \tag{4}$$

令进口产品的直接消耗系数为 $a_{ij}^m = \dfrac{x_{ij}^m}{X_j}$，代入式（4）得：

$$\sum_{j=1}^{n} a_{ij}^m X_j + Y_i^m = M_i \qquad i = 1,2,\cdots,n \tag{5}$$

写成矩阵形式为：

$$A^m X + Y^m = M \tag{6}$$

式中 A^m 为进口产品直接消耗系数矩阵。将式（3）中的 X 代入式（6）可得：

$$M = A^m (I - A^d)^{-1} Y^d + Y^m \tag{7}$$

或者：

$$M - Y^m = A^m (I - A^d)^{-1} Y^d \tag{8}$$

式（8）中的 $M - Y^m$ 是进口中用于中间投入的部分，$A^m (I - A^d)^{-1}$ 是两个 n 阶方程相乘，仍是方阵，是对进口产品的完全消耗系数矩阵 B^m，其第 k 列第 i 个元素 b_{ik}^m 表示 k 部门 1 单位地区内最终产品对第 i 种进口产品的完全消耗（完全需求）。

对于表 5-5 中国内调入产品来说，其行平衡式为：

$$\sum_{j=1}^{n} x_{ij}^z + Y_i^z = Z_i \qquad i = 1,2,\cdots,n \tag{9}$$

令国内调入产品的直接消耗系数为 $a_{ij}^z = \dfrac{x_{ij}^z}{X_j}$，代入式（9）得：

$$\sum_{j=1}^{n} a_{ij}^z X_j + Y_i^z = Z_i \qquad i = 1,2,\cdots,n \tag{10}$$

写成矩阵形式为：

$$A^z X + Y^z = Z \tag{11}$$

式中 A^z 为国内调入产品的直接消耗系数矩阵。将式（3）中的 X 代入式（11）可得：

$$Z = A^z(I - A^d)^{-1}Y^d + Y^z \tag{12}$$

或者：

$$Z - Y^z = A^z(I - A^d)^{-1}Y^d \tag{13}$$

式（13）中的 $Z - Y^z$ 是国内调入中用于中间投入的部分，$A^z(I - A^d)^{-1}$ 是两个 n 阶方程相乘，仍是方阵，是对国内调入产品的完全消耗系数矩阵 B^z，其第 k 列第 i 个元素 b_{ik}^z 表示 k 部门 1 单位地区内最终产品对第 i 种国内调入产品的完全消耗（完全需求）。

Y^d 表示剔除进口及输入的云南区域投入产出模型的直接消耗矩阵及最终需求列向量，这个最终需求又分为云南本地最终需求，以及中国除云南以外其他区域的需求，令 C，IN，EX，OD 表示消费、投资、出口、国内省外调出，输出则有：

$$Y^d = C^d + IN^d + EX^d + OD^d \tag{14}$$

令 j 部门以单位总投入产生的增加值即增加值率 $r_j = \dfrac{V_j}{X_j}$，$j = 1$，2，$\cdots$，n。然而各部门增加值之和就是 GDP，其中 R 为 $1 \times n$ 的行向量，X 是总产出的列向量。然后将式（3）、式（14）代入有：

$$
\begin{aligned}
GDP &= \sum_{i=1}^{n} V_j = \sum_{i=1}^{n} r_j X_j = RX = R(I - A^d)^{-1}Y^d \\
&= R(I - A^d)^{-1}(C^d + IN^d + EX^d + OD^d) \\
&= R(I - A^d)^{-1}C^d + R(I - A^d)^{-1}IN^d + R(I - A^d)^{-1}EX^d + R(I - A^d)^{-1}OD^d \\
&= GDP^C + GDP^{IN} + GDP^{EX} + GDP^{OD}
\end{aligned} \tag{15}
$$

式（15）中的 GDP^C、GDP^{IN}、GDP^{EX}、GDP^{OD} 分别是由消费 C^d、投资 IN^d、出口 EX^d、国内省外调出 OD^d 拉动产生的增加值。因此，云南省内消费、投资、出口、国内省外调出四驾马车拉动的增加值占 GDP 的比重分别为：

$$\pi_c = \frac{GDP^C}{GDP}, \pi_{IN} = \frac{GDP^{IN}}{GDP}, \pi_{EX} = \frac{GDP^{EX}}{GDP}, \pi_{OD} = \frac{GDP^{OD}}{GDP}$$

且有 $\pi_c + \pi_{IN} + \pi_{EX} + \pi_{OD} = 1$。

根据式（15），将 GDP 和各最终产品数据换算成可比价格，则有：

$$\Delta GDP_p = \Delta GDP_P^C + \Delta GDP_P^{IN} + \Delta GDP_P^{EX} + \Delta GDP_P^{OD} \qquad (16)$$

其中，ΔGDP_p 是按可比价计算的地区生产总值，ΔGDP_P^C、ΔGDP_P^{IN}、ΔGDP_P^{EX}、ΔGDP_P^{OD} 分别是按可比价格计算的地区最终消费、资本形成、出口、国内调出拉动的增加值增量。

将式（16）两边同时除以 ΔGDP_p 得：

$$1 = \frac{\Delta GDP_P^C}{\Delta GDP_p} + \frac{\Delta GDP_P^{IN}}{\Delta GDP_p} + \frac{\Delta GDP_P^{EX}}{\Delta GDP_p} + \frac{\Delta GDP_P^{OD}}{\Delta GDP_p} \qquad (17)$$

式（17）等号右边分别是地区四驾马车对地区 GDP 的贡献率。把式（17）两边乘以 GDP 的增长率 g，得到四驾马车对地区增长拉动的百分点：

$$g = \frac{\Delta GDP_P^C}{\Delta GDP_p}g + \frac{\Delta GDP_P^{IN}}{\Delta GDP_p}g + \frac{\Delta GDP_P^{EX}}{\Delta GDP_p}g + \frac{\Delta GDP_P^{OD}}{\Delta GDP_p}g \qquad (18)$$

至此，我们得到了中间消耗没有输入与进口情况下的本地区消费、投资、出口、国内省外输出四个方面的最终产品对云南经济增长的拉动效益，即增加值。

另外，进行如上分析的一个基础——非竞争型投入产出表的拆分，在将投入产出表中的贸易项拆分为国内调出、国内调入、国外进口和国外出口的基础上，进一步假设同一部门的本地区内产品、国外进口产品和国内调入产品具有同质性，则有：

$$y_i^m = M_i \frac{y_i}{\sum\limits_{j=1}^{n} x_{ij} + \sum\limits_{j=1}^{k} y_j}, x_{ij}^m = M_i \frac{x_{ij}}{\sum\limits_{j=1}^{n} x_{ij} + \sum\limits_{j=1}^{k} y_j} \qquad (19)$$

$$y_i^z = Z_i \frac{y_i}{\sum\limits_{j=1}^{n} x_{ij} + \sum\limits_{j=1}^{k} y_j}, x_{ij}^z = Z_i \frac{x_{ij}}{\sum\limits_{j=1}^{n} x_{ij} + \sum\limits_{j=1}^{k} y_j} \qquad (20)$$

其中，y_i 表示原竞争型投入产出表中第 i 项最终使用量，x_{ij} 表示原竞争型投入产出表中第 j 部门生产过程中消耗 i 部门的量。然后利用上述公式即可获得云南非竞争型投入产出表。

2. 2007、2010 年"四驾马车"拉动作用的测算结果和分析

目前可获得的云南省投入产出表是 2007 年云南投入产出表及 2010 年

云南投入产出表延长表。本小节采用42部门的投入产出表，原表为竞争型表，根据式（19）和式（20）拆分为非竞争型表。中间产品和最终产品的拆分结果如表5-6所示。[①] 从全部最终产品的走向来看，云南的最终产品大致为三三开，即1/3用于消费，1/3用于投资，1/3用于国内调出。从省内最终产品来看，占比最大的是调出为36.5%，其次为消费占比为35.8%，最后是投资和出口分别为25.5%和2.2%。因此，从投入产出表中反映出一个事实——在云南生产的最终产品至少有1/3调出到省外或国外。

表5-6 2007年竞争型投入产出表拆分为非竞争型投入产出表后的结果

单位：亿元，%

	总产出	中间产品	最终产品	最终产品			
				消费	资本形成	出口	国内调出
全部产品	11080.1	6322.0	8620.2	2908.1	2666.7	182.1	2863.3
省内产品	7218.1	4368.5	6711.6	2402.4	1710.1	149.0	2450.3
进口产品	657.1	555.3	101.8	24.3	39.3	2.7	34.8
国内调入	3205.0	1398.3	1806.7	481.4	917.2	30.3	378.1
		占总量比重		占最终产品比重			
全部产品		57.1	77.8	33.7	30.9	2.1	33.2
省内产品		60.5	93.0	35.8	25.5	2.2	36.5
进口产品		84.5	15.5	23.9	38.7	2.7	34.2
国内调入		43.6	56.4	26.6	50.8	1.7	20.9

根据式（15）可计算"四驾马车"最终消费、资本形成、出口、国内调出分别拉动的增加值（表5-7）。从表5-7可知，2007年在国内最终产品中，最终消费、资本形成、出口、国内调出占比分别为33.7%、30.9%、2.1%、33.2%，它们拉动的增加值占GDP的比重分别为40.2%、22.6%、2.2%、35.1%，此比重就是2007年"四驾马车"中最终消费、资本形成、出口、国内调出的拉动贡献；这个贡献虽然与原来计算的最终消费率、资本形成率、净出口率分别为61.9%、44.3%、-6.2%没有可比性，但可以发现云南国内调出的贡献不容忽视，而出口的贡献相对来说非常小。另外需要注意的是，不管净调出是正值、负值还是零，最终产品

---

① 仅给出2007年拆分表，若需2010年拆分表，可与课题组联系。

只要有调出，就可拉动增加值。同时，各最终产品拉动的增加值小于本身的数值，也就是 1 单位最终产品拉动的增加值小于 1，最终消费、资本形成、出口、国内调出的拉动系数分别为 0.795、0.629、0.691、0.681，最终消费和国内调出拉动的增加值比重大于最终消费和国内调出占最终产品的比重，而资本形成和出口拉动的增加值比重小于资本形成和出口占最终产出的比重（2010 年数值见表 5-8）。

表 5-7　2007 年云南省内最终产品及其拉动的增加值

单位：亿元，%

国内生产总值	省内最终产品				最终产品拉动的增加值			
	消费	资本形成	出口	国内调出	消费	资本形成	出口	国内调出
4758.1	2908.1	2666.7	182.1	2863.3	1910.6	1075.1	103.0	1668.3
比重	33.7	30.9	2.1	33.2	40.2	22.6	2.2	35.1
单位最终产品拉动的增加值	0.795	0.629	0.691	0.681				

表 5-8　2010 年云南省内最终产品及其拉动的增加值

单位：亿元，%

国内生产总值	省内最终产品				最终产品拉动的增加值			
	消费	资本形成	出口	国内调出	消费	资本形成	出口	国内调出
7248.3	3605.5	3557	199.478	2611.922	2938.9	2303.9	143.5163	1861.984
比重	36.1	35.7	2	26.2	40.5	31.8	1.98	25.72
单位最终产品拉动的增加值	0.815	0.648	0.719	0.713				

2010 年在国内最终产品中，最终消费、资本形成、出口和国内调出占比分别为 36.1%、35.7%、2%、26.2%，它们拉动的增加值占 GDP 的比重分别为 40.5%、31.8%、1.98%、25.72%，此比重就是 2010 年"三驾马车"中最终消费、资本形成、总调出的拉动贡献；与 2007 年相比，2010 年最终消费拉动增加值基本与 2007 年持平，而资本形成拉动的增加值有明显的上升（9.2 个百分点），总调出拉动的增加值则有明显的下降。这实际上说明了一个问题，金融危机后，云南经济增长的需求动力结构发生了转变：资本形成对增加值的拉动力上升，总调出对增加值的拉动力下降，最终消费、资本形成和总调出的拉动结构由 40.2%、

22.6%、37.3%转变为40.5%、31.8%、27.7%。导致这种转变的原因可能是，云南本省的产业竞争力弱再加上金融危机的冲击，使云南许多产品与国内省外其他省份产品相比缺乏竞争力，致使最终产品调出受阻，① 为了保证经济增长不下降，就只有通过增加投资来推动经济的增长，结果表现在经济动力结构上资本形成上升而总调出下降。

3. 云南"四驾马车"对增加值拉动作用的变动趋势

再利用1997、2002年云南投入产出表，可计算"四驾马车"对增加值拉动的作用。结合前面的2007、2010两年，四年结合起来组成一个动态数列，使我们可以进行动态分析（表5-9）。

表5-9　1997、2002、2007、2010年云南各项最终产品拉动的增加值比重

单位：%

年份	1997	2002	2007	2010
最终消费	44.6	53.6	40.2	40.5
资本形成	24.4	23.9	22.6	31.8
出口	4.8	2.2	2.2	1.9
国内调出	26.3	20.3	35.1	25.8

首先，从最终消费拉动的增加值比重动态变化的路径来看，云南最终消费对增加值拉动的占比从1997年的44.6%上升到2002年的53.6%，再下降到2007年和2010年的40%左右，这与国民经济核算框架得到的结论一样，可能是由多种原因导致的，如劳动收入份额下降、居民消费水平下降、居民社保支出增加等。

其次，资本形成拉动的增加值从1997年的24.4%上升到2010年的31.8%。变动原因上文已分析过。

再次，出口拉动的增加值比重小，且处于下降的趋势，说明出口对云南经济的贡献相对其他三者来说是非常小的。

最后，国内调出拉动的增加值已由2007年的35.1%下降为2010年的25.8%，但仍然是云南经济的重要拉动力。

4. 云南"四驾马车"拉动力增长对经济增长的贡献率及拉动百分点

为了计算云南"四驾马车"拉动力增长对经济增长的贡献率及拉动百

---

① 这从最终产品结构由2007年到2010年的转变可以看出，由33.7%、30.9%、35.3%转变为36.1%、35.7%、28.2%，调出的最终产品减少了7.1个百分点。

分点，利用云南 GDP 平减指数对国内生产总值、最终产品拉动的增加值进行平减，并利用式（17）和式（18）测算，出于分析简便及分析适用性的考虑，只考察 2007～2010 年的情况（表 5 – 10）。

表 5 – 10　2007～2010 年云南 GDP 增长及四驾马车的贡献率和拉动度

单位：%

	GDP	最终消费	资本形成	出口	国内调出
增长率	40.1	41.5	97.1	28.2	2.7
贡献率		41.5	54.7	1.5	2.3
拉动度		16.7	21.9	0.6	0.9

2007～2010 年云南经济增长 40.1%，四驾马车的增长率差异较大，消费的增长率为 41.5%，资本形成的增长率高达 97.1%，出口增长率为 28.2%，国内调出的增长率为 2.7%。2007 年以来三年的 GDP 增量中，由消费拉动的增加值增量的贡献为 41.5%，拉动了 16.7 个百分点的经济增长；资本拉动的增加值增量的贡献为 54.7%，拉动了 21.9 个百分点的经济增长；出口和国内调出拉动的增加值增量的贡献分别为 1.5% 和 2.3%，分别拉动了 0.6 和 0.9 个百分点的经济增长。这些再一次证实了金融危机后，云南的外部需求受金融危机的影响，对经济增长的贡献下降，经济增长主要靠最终消费和资本形成这两驾马车拉动。

5. 未来十年云南经济增长的需求动力来源及需求结构调整倾向

未来十年云南经济增长的需求动力来源就是"四驾马车"，但"四驾马车"的贡献率和拉动度会有所调整。

（1）最终消费的贡献率和拉动度将保持稳中有升的态势。未来十年，随着云南城镇化、工业化的推进及农村消费市场的开拓等一系列因素的推动，最终消费率将保持 60% 的水平上。在投入产出法核算的贡献上，最终消费拉动的增加值仍会保持在 40% 的水平上，对经济增长的贡献率也将保持在 45% 左右。

（2）资本形成的贡献率和拉动度会在结构调整中有所下降。从国民经济核算层面看，2013 年云南的资本形成率已高达 84.9%，进一步上升的空间非常有限，且由于需求结构的严重失衡，在未来的结构调整中云南的资本形成率会下降到 50% 左右的合理水平（此水平可保证云南经济增长起伏不会太大）；而从投入产出层面看，2010 年资本形成拉动的增加值占比已高达31.8%，达到历史最高水平，而单位资本形成拉动的增加值在四驾马车中最小，因此资本形成的贡献率很难再超过2010年的54.7%。最后，从投资效率的角度看，2007年后，由于投资率的急剧上升，云南经济的动态效率发生了转变，由动态有效转变为动态无效，即2007年后，云南经济的资本积累过度，且程度逐渐加重。

因此，云南的资本形成对经济增长的贡献在未来会有一定程度的下降，其对经济增长的贡献率将维持在50%左右。

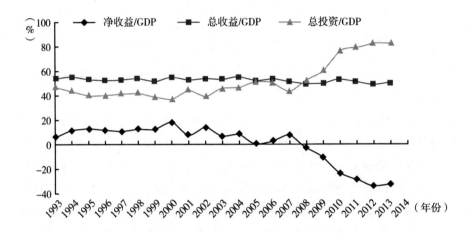

图 5 - 11　云南经济动态效率变化趋势

（3）出口和国内调出的贡献将有所提升。随着"桥头堡"以及"一带一路"战略的逐步推进，未来云南对南亚、东南亚国家的出口将呈现快速增长的趋势。另外，云南的国内调出也将随着金融危机影响的逐步淡化而有所恢复，国内调出拉动的增加值比重将恢复到30%。因此，未来云南出口和国内调出的贡献将有所提升。

综上分析，若"十三五""十四五"时期云南经济能够保持10%的增长率，则其主要的推动力将仍然是最终消费和资本形成，但资本形成的拉动作用将有所回落，而调出（出口和国内调出）对经济增长的推动作用将逐渐增强。

6. 对云南调入与调出结构的研究——基于投入产出表的分析

对地区经济增长来说，三驾马车应该是最终消费、资本形成和净调出（净出口与净调出之和），就云南目前的情况看，净调出对云南经济增长的贡献是负的，且比重在2013年已达到了-47.7%，净调出对经济增长的负拉动是非常明显的也是反常的。就国际经验来看，一般来说外部需求对经济增长的贡献占比在［-10%，10%］的区间是合适的。云南的净调出占比达到-47.7%，严重影响了云南经济的持续稳定增长，加强对调入与调出结构的研究，进而实现经济增长向依靠消费、投资、净调出协调拉动转变，对云南经济增长具有重要意义。

从总量上来看，云南产品和服务的调出额远小于调入额，导致净调入额为正，2007年和2010年分别为1532.55亿元和2621.31亿元，分别占当年GDP的37.2%和28%。因此，一个基本的结论是，云南净调出对经济增长的负拉动并不是说云南产品和服务的调出对经济增长没有贡献，而是云南产品和服务的调入额太大，抵消了调出的贡献后对经济增长还起到了负拉动作用。

从三次产业来看，第一产业从2007年的净调出产业变为了2010年的净调入产业，需大力发展云南的第一产业使其产品能自给自足；第二产业是一个份额最大的净调入产业，净调入当年占比由2007年的95.14%降低到2010年的83.18%；第三产业也是一个净调入产业，净调入当年占比由2007年的12.35%提高到2010年的14.34%。可以看出，2007~2010年云南调入调出结构发生了变化，第一产业和第二产业的净调入比例下降，第三产业的净调入比重上升。

从产业内部来看，由于第一产业在42个部门的投入产出表中没有进行细分，因此我们着重分析第二、第三产业。从第二产业内部来看：2010年通用、专用设备制造业和交通运输设备制造业净调入占比分别为32.31%和38.69%，占了第二产业83.18%中的71个百分点；另外，金属矿采选业，纺织服装鞋帽皮革羽绒及其制品业，石油加工、炼焦及核燃料加工业，电气机械及器材制造业，通信设备、计算机及其他电子设备制造业等5个产业2010年净调入额占比分别为19.47%、9.00%、11.74%、13.11%、13.43%。因此，要解决云南第二产业净调出负拉动的问题，需重点关注这七大产业的发展能力，使其由净调入产业变为净调出产业。从第三产业内部来看：2010年交通运输及仓储业净调入占比为17.10%，其他产业的净调入占比都较小（见表5-11）。

表 5 – 11　云南净调入产业分布表

单位：亿元，%

	净调入额		产业净调入当年占比	
	2007	2010	2007	2010
一产	– 61.19	65.14	– 7.49	2.49
农林牧渔业	– 61.19	65.14	– 7.49	2.49
二产	777.03	2180.32	95.14	83.18
煤炭开采和洗选业	79.21	53.73	9.70	2.05
石油和天然气开采业	6.22	11.25	0.76	0.43
金属矿采选业	464.16	510.50	56.83	19.47
非金属矿及其他矿采选业	9.20	30.31	1.13	1.16
食品制造及烟草加工业	– 693.57	– 658.68	– 84.92	– 25.13
纺织业	18.25	31.74	2.23	1.21
纺织服装鞋帽皮革羽绒及其制品业	152.61	235.96	18.69	9.00
木材加工及家具制造业	44.94	64.04	5.50	2.44
造纸印刷及文教体育用品制造业	75.88	115.27	9.29	4.40
石油加工、炼焦及核燃料加工业	281.96	307.71	34.52	11.74
化学工业	17.93	– 87.63	2.20	– 3.34
非金属矿物制品业	44.31	63.33	5.43	2.42
金属冶炼及压延加工业	– 1062.23	– 993.81	– 130.06	– 37.91
金属制品业	73.25	129.99	8.97	4.96
通用、专用设备制造业	600.50	846.93	73.53	32.31
交通运输设备制造业	428.64	1014.24	52.48	38.69
电气机械及器材制造业	144.57	343.68	17.70	13.11
通信设备、计算机及其他电子设备制造业	148.41	351.94	18.17	13.43
仪器仪表及文化办公用机械制造业	21.74	41.77	2.66	1.59
工艺品及其他制造业	11.97	9.44	1.47	0.36
废品废料	0.00	0.00	0.00	0.00
电力、热力的生产和供应业	– 105.95	– 209.33	– 12.97	– 7.99
燃气生产和供应业	15.01	2.63	1.84	0.10
水的生产和供应业	0.00	0.00	0.00	0.00
建筑业	0.00	– 34.72	0.00	– 1.32
三产	100.87	375.85	12.35	14.34
交通运输及仓储业	80.41	448.15	9.85	17.10

续表

	净调入额		产业净调入当年占比	
	2007	2010	2007	2010
邮政业	0.00	0.00	0.00	0.00
信息传输、计算机服务和软件业	1.15	22.71	0.14	0.87
批发和零售业	-17.01	34.57	-2.08	1.32
住宿和餐饮业	-25.14	-111.94	-3.08	-4.27
金融业	-16.38	-155.03	-2.01	-5.91
房地产业	-8.94	-10.67	-1.09	-0.41
租赁和商务服务业	-6.93	10.74	-0.85	0.41
研究与试验发展业	0.31	0.54	0.04	0.02
综合技术服务业	0.00	0.00	0.00	0.00
水利、环境和公共设施管理业	-2.95	14.14	-0.36	0.54
居民服务和其他服务业	-0.13	-0.08	-0.02	0.00
教育	54.87	71.72	6.72	2.74
卫生、社会保障和社会福利业	32.47	39.13	3.98	1.49
文化、体育和娱乐业	9.15	11.88	1.12	0.45
公共管理和社会组织	0.00	0.00	0.00	0.00
合计	816.71	2621.31	100	100

注：净调入为负值的产业为净调出产业。

7. 对云南最终消费产业供给结构的研究——基于投入产出表的分析

最终消费是经济增长的目标，也是经济增长最重要的需求动力。从产业层面分析各产业提供的最终消费品，可为进一步分析云南消费的稳定增长提供相应的产业发展建议。从三次产业来看，最终消费中，2010年一、二、三产业提供的最终产品分别占15.38%、32.65%、51.97%，消费的产品主要由第三产业提供。从第二产业内部来看：2010年第二产业食品制造及烟草加工业，纺织服装鞋帽皮革羽绒及其制品业，化学工业，交通运输设备制造业，电力、热力的生产和供应业，建筑业等6大产业提供的最终消费品占比分别为15.59%、4.69%、2.66%、1.98%、2.33%、1.05%，第二产业其他产业提供的最终产品比重小于1%；从第三产业内部来看：2010年批发和零售业，房地产业，教育，卫生、社会保障和社会福利业，公共管理和社会组织等5大产业提供的最终消费品占比分别为3.63%、3.12%、8.83%、6.48%、14.48%。

表5-12 云南最终消费的产业分布表

单位：亿元，%

	最终消费		最终消费占比	
	2007	2010	2007	2010
一产	471.41	660.13	16.21	15.38
农林牧渔业	471.41	660.13	16.21	15.38
二产	801.63	1401.04	27.57	32.65
煤炭开采和洗选业	7.82	11.10	0.27	0.26
石油和天然气开采业	0.00	0.00	0.00	0.00
金属矿采选业	0.00	0.00	0.00	0.00
非金属矿及其他矿采选业	0.00	0.00	0.00	0.00
食品制造及烟草加工业	248.83	668.83	8.56	15.59
纺织业	7.54	11.44	0.26	0.27
纺织服装鞋帽皮革羽绒及其制品业	131.38	201.05	4.52	4.69
木材加工及家具制造业	17.38	22.69	0.60	0.53
造纸印刷及文教体育用品制造业	6.41	8.48	0.22	0.20
石油加工、炼焦及核燃料加工业	26.55	34.52	0.91	0.80
化学工业	81.85	114.26	2.81	2.66
非金属矿物制品业	20.60	15.51	0.71	0.36
金属冶炼及压延加工业	0.00	0.00	0.00	0.00
金属制品业	2.80	4.07	0.10	0.09
通用、专用设备制造业	16.38	0.00	0.56	0.00
交通运输设备制造业	61.38	84.92	2.11	1.98
电气机械及器材制造业	2.82	4.33	0.10	0.10
通信设备、计算机及其他电子设备制造业	15.78	24.99	0.54	0.58
仪器仪表及文化办公用机械制造业	0.96	1.43	0.03	0.03
工艺品及其他制造业	4.31	6.65	0.15	0.15
废品废料	0.00	0.00	0.00	0.00
电力、热力的生产和供应业	47.01	100.13	1.62	2.33
燃气生产和供应业	16.13	31.71	0.55	0.74
水的生产和供应业	5.69	9.94	0.20	0.23
建筑业	80.00	45.00	2.75	1.05
三产	1635.04	2229.89	56.22	51.97
交通运输及仓储业	38.57	65.05	1.33	1.52

续表

	最终消费		最终消费占比	
	2007	2010	2007	2010
邮政业	0.75	1.00	0.03	0.02
信息传输、计算机服务和软件业	79.81	118.85	2.74	2.77
批发和零售业	104.02	155.62	3.58	3.63
住宿和餐饮业	75.18	116.29	2.59	2.71
金融业	49.58	75.08	1.71	1.75
房地产业	167.78	133.88	5.77	3.12
租赁和商务服务业	40.52	54.12	1.39	1.26
研究与试验发展业	14.34	15.17	0.49	0.35
综合技术服务业	52.03	68.16	1.79	1.59
水利、环境和公共设施管理业	28.86	40.59	0.99	0.95
居民服务和其他服务业	42.55	42.03	1.46	0.98
教育	271.66	378.89	9.34	8.83
卫生、社会保障和社会福利业	202.16	278.21	6.95	6.48
文化、体育和娱乐业	48.74	65.67	1.68	1.53
公共管理和社会组织	418.47	621.29	14.39	14.48
合 计	2908.08	4291.06	100.00	100.00

第三节 投资与经济增长——投资规模和投资结构分析

投资是经济增长的三驾马车之一，而且在中国也是动力最为强劲的"马车"，在云南也是如此：1978~2013 年，投资对云南经济增长的贡献率超过 30%。从投资对经济总量的贡献看，云南的资本形成率从 1978 年的 39% 飙升到 2013 年的 83.3%。① 不论是从增量层面还是总量层面来看，投资对云南经济的贡献都是巨大的。但以投资推动经济总量和增量的方式对云南经济发展来说是否可持续呢？通过投资高速增长推动经济增长的空间还有多大？这些问题是目前云南经济运行过程中不可回避的问题。本节针对这些问题对云南的投资进行分析。结构安排如下：第一部分评估了投资

---

① 由于书稿写作时 2014 年云南统计年鉴尚未发布，此处投资率数据为预测值。

对云南经济的贡献，第二部分考察云南资本积累是否过度的问题，第三部分进一步考察云南的投资结构问题，并分析各产业的资本积累是否动态有效。

一 投资对云南经济的贡献分析

投资对经济的贡献可从两个角度来衡量：一是对经济总量（地区生产总值）的贡献；一是对经济增量（经济增长）的贡献。前者一般用资本形成率来衡量，资本形成率是资本形成总额占地区生产总值的比重，反映了投资总量对支出法 GDP 总量的贡献。投资的增量贡献用资本形成贡献率来衡量，资本形成贡献率反映投资增量对支出法 GDP 增量的贡献。资本形成率与资本形成贡献率之间的联系在于：资本形成贡献率与资本形成率的变动方向是一致的，通常情况下，资本形成贡献率上升时，资本形成率也上升，反之，资本形成贡献率下降时，资本形成率也随之下降。因此，可以利用资本形成率间接反映投资对经济增长的拉动。

1. 投资的总量贡献分析

改革开放以来，云南省的资本形成率演变大致经历了三个阶段：第一阶段是 1978～1990 年，资本形成率从 1978 年的 39% 逐渐下降到 1990 年的 29.3%，大致下降了 10 个百分点，也就是说投资对经济总量的贡献在这一时期是下降的；第二阶段是 1991～2008 年，资本形成率从 1991 年的 35.9% 逐年上升到 2008 年的 53%，上升了 17 个百分点，投资对经济总量的贡献一直在上升；第三阶段是 2009～2013 年，资本形成率急剧上升，从 2009 年的 60.9% 急剧上升到 2013 年的 83.3%（见表 5－13），经过四年时间上升了 22.4%，这一阶段还有一个重要特征，就是投资对经济总量的贡献在 2010 年首次超过了消费对经济总量的贡献，说明云南经济的投资驱动特征已相当突出。

同时云南总需求的另外两个部分的特点是，最终消费对经济总量的贡献在波动中下降，近年来一直在 60% 上下波动，但最终消费对经济总量的贡献高于全国平均水平。云南净出口对经济总量的贡献除极少数年份外均为负值，且在 2007 年后有逐渐加剧的趋势。

2. 投资的增量贡献分析

资本形成贡献率波动性较大（见图 5－12），云南资本形成贡献率的变化可分为两个阶段：第一阶段是 1979～2007 年，资本形成贡献率较高但基本低于最终消费贡献率，资本形成贡献率平均为 27.9%，最终消费贡献率平均为 85.5%；第二阶段是 2008~2013 年，资本形成贡献率急剧上升且远远超过了最终消费贡献率，资本形成贡献率平均为 196.1%，最终消费贡献率平均为 89.7%。

表 5-13 改革开放以来云南投资对经济的总量贡献演变

单位：%

年份	最终消费率	资本形成率	净出口率	年份	最终消费率	资本形成率	净出口率
1978	75.4	39.0	-14.4	1996	57.6	41.1	1.3
1979	76.6	39.9	-16.5	1997	59.8	42.8	-2.6
1980	75.2	36.0	-11.1	1998	60.8	42.9	-3.7
1981	72.1	30.1	-2.2	1999	67.7	40.1	-7.8
1982	76.7	32.5	-9.2	2000	75.8	37.1	-12.9
1983	74.8	28.8	-3.6	2001	68.9	44.8	-13.7
1984	72.6	34.4	-7.0	2002	68.4	39.8	-8.2
1985	72.7	34.4	-7.1	2003	64.8	46.5	-11.3
1986	73.0	34.7	-7.7	2004	66.3	47.1	-13.3
1987	68.0	30.0	2.1	2005	68.3	52.0	-20.2
1988	65.4	31.1	3.4	2006	66.7	50.8	-17.5
1989	66.6	31.5	2.0	2007	61.9	44.3	-6.2
1990	66.2	29.3	4.5	2008	59.9	53.0	-12.9
1991	69.9	35.9	-5.8	2009	61.1	60.9	-22.0
1992	66.8	41.1	-7.9	2010	60.0	77.2	-37.2
1993	60.5	47.6	-8.1	2011	59.3	80.3	-39.6
1994	58.6	44.5	-3.1	2012	61.2	83.2	-44.4
1995	57.1	40.8	2.1	2013	61.0	83.3	-44.7

资料来源：《云南统计年鉴 2013》。

通过以上分析可以看出：不论从经济总量贡献的角度还是从经济增量贡献的角度，投资对云南经济的贡献在 2007 年前后都发生了巨大的变化。2007 年金融危机后，云南经济不论是从总量还是从增量来看都越来越依赖于投资，投资对云南经济的贡献在急剧上升。因此，在消费和净出口态势保持现有水平不变的情况下，若云南投资总量及增速回落，则经济增长速度降低将不可避免。

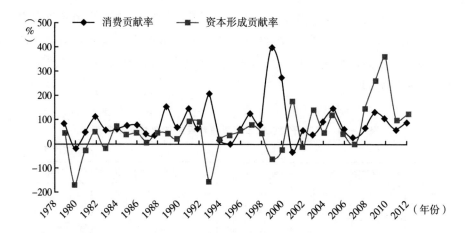

图 5 - 12　云南消费与资本形成贡献率演变

资料来源：云南统计年鉴和笔者的计算。

二　云南资本积累的投资效率分析

　　一般来说，投资在我国的统计核算体系中有两个衡量指标：资本形成总额和全社会固定资产投资，这两个指标的内涵是不一样的。[①] 为了能够全面地分析云南的投资问题，我们采用两个指标展开分析：先采用资本形成总额来分析云南资本积累的投资效率；再用固定资产投资来分析云南的投资结构。

---

① 资本形成总额包括固定资本形成总额和存货变动两部分，全社会固定资产投资实际上是与其中的固定资本形成总额相对应的统计指标，但两者在内涵上仍然存在明显的区别，主要表现在以下四个方面：一是全社会固定资产投资包括土地购置费、旧设备和旧建筑物购置费，而固定资本形成总额不包括这些费用。GDP 是生产活动成果，不是生产活动成果不能计算到 GDP 中去。土地购置费是指通过划拨方式或出让方式取得土地使用权而支付的各项费用，这种土地使用权不是生产活动的成果，所以资本形成总额不包括土地购置费。旧设备和旧建筑物虽然是生产活动成果，但是它们已经包括在前期或者当期的固定资本形成总额中，不能重复计算。二是全社会固定资产投资不包括城镇和农村非农户 50 万元以下项目的固定资产投资，而固定资本形成总额包括这部分投资。三是全社会固定资产投资不包括矿藏勘探、计算机软件等无形生产资产方面的支出，而固定资本形成总额包括这方面的支出。就计算机软件来说，它和计算机硬件一样，能够在生产过程中长期发挥作用，相应的支出应当作为固定资本形成处理。四是全社会固定资产投资不包括房地产开发商的房屋销售收入和房屋建造投资成本之间的差额，而固定资本形成总额包括这部分差额。

1. 基于最优资本存量的动态效率分析

投资动态效率涉及经济长期增长过程中的最优资本积累问题，具体来说分析的是一个经济体的资本存量是否与经济最优增长所要求的资本存量相一致。费尔普斯根据索洛的经济增长模型提出了经济最优增长所要求的资本存量——黄金定律（Golden Rule）资本存量，进而最早分析了资本积累的动态效率问题。当一个经济体的资本存量超过黄金定律资本存量时，该经济体处于投资动态无效率状态，资源配置在当期和未来没有达到帕累托最优，存在帕累托改进的余地。从理论层面分析，检验投资动态效率的方法主要有三种：[①]（1）比较现实经济中的资本存量与黄金定律资本存量，当资本存量大于黄金定律资本存量时，资本积累动态无效率；（2）比较资本的边际产出或利率与经济增长率，当资本边际产出或利率小于经济增长率时，资本积累动态无效率；（3）AMSZ现金流准则：当净资本收益小于零时，资本积累动态无效率。若经济不存在不确定性，则这三种方法是等价的；但若经济存在不确定性，则AMSZ现金流准则优于其他两种方法。

在我国经济转型过程中，资本的迅速积累是30多年来我国经济高速增长的一个主要源泉，1978~2013年我国的资本形成率平均为38%，远远高于同期世界平均水平。经过30多年的高速资本积累，我国资本积累的投资动态效率成为国内外学者关注的一个热点问题。不同学者运用不同的方法检验了中国经济的投资动态效率问题：大部分学者运用AMSZ准则检验中国经济的投资动态效率，但由于使用的数据和统计数据的差别，检验结果并不一致，最开始以动态无效率为主导，而近来由于统计数据等改善的原因则倾向于得到动态有效率的结论。另外一些学者则运用比较资本边际产出或利率与经济增长率的方法来检验动态效率，袁志刚和何樟勇、王晓芳和王维华得到了中国经济是投资动态无效率的结论，而吕冰洋则得到了全国资本边际生产率均大大高于经济增长率，资本积累是动态有效率的结论。

AMSZ现金流准则：如果对于所有时期和所有自然状态 $Dt/Vt \geq \varepsilon > 0$ 都成立，那么均衡经济是投资动态有效率的；如果对于所有时期和所有自然状态 $Dt/Vt \leq -\varepsilon < 0$ 都成立，那么均衡经济是动态无效的。

AMSZ准则说明判断动态效率的标准是，看一个经济体的生产部门是

---

① 谭鑫、赵鑫铖：《经济动态效率研究综述》，《云南财经大学学报》2012年第5期。

现金流的净调入还是净调出，当流向生产部门的现金流大于从生产部门调出的现金流时，资本积累是动态无效率的。

由 AMSZ 现金流准则可知，判断一个经济体的投资动态效率的关键在于如何计算净现金流。Abel 等人（1989）采用的指标计算方法如下：总资本收益（π_t）＝国民收入＋折旧－劳动者报酬，总投资（I_t）＝固定资产投资＋存货投资，净收益（D_t）＝总资本收益－总投资。国内学者在运用 AMSZ 现金流准则时，考虑到云南相关指标的统计口径与美国存在差异，一般会对总资本收益做出相关调整。限于数据可得性的考虑，我们采用如下的指标测算：总资本收益（π_t）＝国内生产总值－劳动者报酬；总投资（I_t）＝固定资本形成总额＋存货投资；净收益（D_t）＝总资本收益－总投资。另外，AMSZ 现金流准则中代表有形资产的市场价值数据，现实中难以获得，我们用国内生产总值来代替，具体到产业时，产业的值我们用各产业增加值来代替（见表 5－14）。

表 5－14　1993～2013 年云南省的资本总收益和总投资

单位：亿元，%

年份	GDP	资本收益	总投资	净资本收益	净收益/GDP
1993	783.27	423.57	371.24	52.33	6.68
1994	983.78	552.36	433.59	118.77	12.07
1995	1222.15	657.77	492.77	165.00	13.50
1996	1517.69	799.63	613.55	186.08	12.26
1997	1676.17	890.59	703.39	187.20	11.17
1998	1831.33	1008.36	770.10	238.26	13.01
1999	1899.82	988.07	744.31	243.76	12.83
2000	2011.19	1119.26	746.15	373.11	18.55
2001	2138.31	1138.25	957.96	180.29	8.43
2002	2312.82	1255.53	920.50	335.03	14.49
2003	2556.02	1372.50	1188.55	183.95	7.20
2004	3081.91	1716.74	1450.44	266.30	8.64
2005	3462.73	1824.88	1798.86	26.02	0.75
2006	3988.14	2152.73	2025.26	127.47	3.20
2007	4772.52	2492.06	2113.54	378.52	7.93
2008	5692.12	2852.36	3017.36	－165.00	－2.90
2009	6169.75	3111.55	3756.61	－645.06	－10.46

续表

年份	GDP	资本收益	总投资	净资本收益	净收益/GDP
2010	7224.18	3880.11	5578.57	-1698.46	-23.51
2011	8893.12	4621.78	7138.91	-2517.13	-28.30
2012	10309.47	5095.46	8576.36	-3480.90	-33.76
2013*	11720.91	5977.66	9763.518	-3785.85	-32.30

资料来源：历年云南统计年鉴。

* 表中 2013 年为预测值。

从表 5 - 14 可知，1993～2013 年云南资本积累的动态效率大致可分为三个阶段：1993～2000 年，云南经济的资本总收益大于总投资，净收益为正，表明此期间资本积累是动态有效率的，且动态效率有逐渐增强的趋势。2001～2007 年，云南经济的资本总收益大于总投资，净收益为正，但净收益占 GDP 的比重与上一阶段相比有所下降且波动性大，总体上看还是动态有效率的。2008～2013 年，云南经济的资本总收益小于总投资，净收益为负，这一时期云南的资本积累是动态无效率的且动态效率逐渐恶化。

根据表 5 - 14 我们再来分析云南投资动态效率变化的趋势，看看净收益率变化的原因是投资变化还是总收益变化（图 5 - 13）。云南资本的总收益占 GDP 的比重 1993～2013 年的变动区间为 [49.4%，54.1%]，该值一直比较稳定；而总投资占 GDP 的比重（投资率）则波动性比较大，且2007 年后呈现急剧上升的态势，从 2007 年的 44.3% 上升到 2013 年的83.3%。因此，云南投资动态效率的变化主要由资本形成率上升引起，资本形成率太高导致投资动态无效率。

从图 5 - 13 可以看出，资本形成率和净收益占比呈现明显的负相关关系。资本形成率低时，净收益占比大于零，投资动态有效率；资本形成率过高时，净收益占比小于零，投资动态无效率。研究结果表明，云南经济在 2007 年前均处于投资动态有效率状态；2007 年后，由于资本形成率的急剧上升，云南投资动态效率发生了转变，由动态有效率转化为动态无效率，即 2007 年后，云南的投资动态效率逐渐恶化。

2. 全社会固定资产投资高速增长难以为继

固定资产投资的高速增长是处于工业化阶段经济体的一般特征，但这种高速增长也要与经济发展相适应。图 5 - 14 给出了云南和全国固定资产投资增速的对比，显示除了 1999～2004 年这一时期云南固定资产投资增速

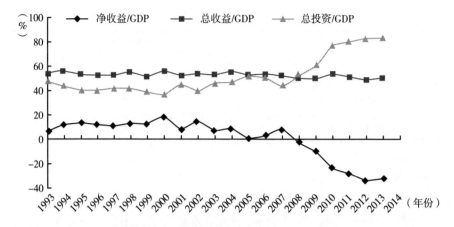

图 5 – 13 云南经济动态效率变化趋势

资料来源：云南统计年鉴和笔者的计算。

低于全国外，其他时间（特别是 2007 年后）基本上均高于全国平均水平。固定资产投资的高速增长使云南的资本形成率上升到 2013 年的 83.3%，高于全国平均水平 35.5 个百分点（同期全国资本形成率为 47.8%）。另外，从固定资产投资增速和 GDP 增速的比较来看，2005～2013 年云南固定资产投资增速平均高于 GDP 增速 14.1 个百分点。

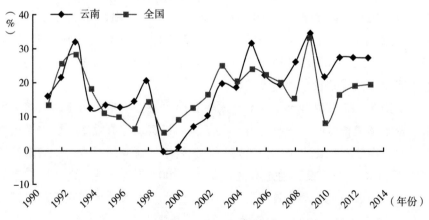

图 5 – 14 云南和全国的固定资产投资增速比较

资料来源：全国、云南统计年鉴和笔者的计算。

投资持续快速增长，已经导致资源能源紧缺、生态环境恶化、投资效率下降，并使产能过剩问题日益突出。而且主要靠投资拉动的经济增长并不能使大众同步享受到发展成果，对居民收入增长带来挤出效应，使居民消费能力无法明显提升，经济增长不具有可持续性。首先，目前云南的资本形成率已高达 83.3%，继续上升的空间非常有限，而且资本形成率继续上升面临经济结构失衡加剧的风险。其次，投资是由储蓄转化而来的，云南的储蓄率大致在 40% 上下波动，而资本形成率则高达 80% 多，其中有 20% 左右的缺口，云南近些年来一直靠巨额的负净出口和消耗政府储蓄来填补这个缺口。因此，从投资的资金来源看，云南固定资产投资高增长不可持续。最后，土地、资源、环境和劳动力成本对投资增长的制约作用将会持续显现，投资高速增长的潜在能力下降；制造业、基础设施和房地产开发三大产业投资占全部投资的 70% 左右，是支撑投资增长的主要力量，其高速增长空间的大小直接决定着我国投资的增长潜力。但当前主要产业投资面临的制约因素明显增加，高速增长空间缩小。

3. 云南省投资效率分析

2014 年 1 ~ 5 月，云南固定资产投资维持了较快的增长速度，全省完成固定资产投资（不含农户）3657.20 亿元，同比增长 15.1%；其中，第一产业完成投资 99.39 亿元，增长 35.9%；第二产业完成投资 930.42 亿元，增长 2.1%；第三产业完成投资 2627.39 亿元，增长 19.8%。但地区生产总值同比增速回落却很明显，这实际上反映了云南投资效率较低的问题。

投资的效率可以从两个方面来衡量，其一是投资的生产效率，它反映了资本在生产过程被有效利用的程度；其二是资本的配置效率，它表示作为稀缺资源的资本是否配置在能够产生最高回报的行业。对于衡量投资效益的宏观经济指标，则通常用资本产出比或增量资本产出比指标来衡量。

（1）基于资本产出比的分析。资本产出比是一个经济系统为获得单位产出所需要投入的资本量，低的资本产出比意味着可以用相对少的资本获得相对多的产出，投资效率较高。图 5 – 15[①] 表明，1990 年以来，云南经

---

① 中国和云南资本存量数据来源于张军（2004）的数据并更新到 2012 年，资本存量和 GDP 都以 2000 年不变价进行核算。具体过程为：首先从复旦大学中国社会主义市场经济研究中心数据库获得东西部 1952 ~ 2005 年各省份按 1952 年不变价计算的资本存量序列，并将其转化为 2000 年不变价的资本存量序列。其次，计算 2006 ~ 2008 年以 2000 年不变价表示的资本存量。知道 2005 年的资本存量，我们采用永续盘存法来计算 2006 ~ 2008 年的资本存量，估算公式为 $K_t = (1 - \delta) K_{t-1} + I_t$，$t = 2006, 2007, \cdots, 2012$，取折旧率 $\delta = 9.6\%$，而 I_t 则选取固定资本形成额并折算成 2000 年不变价格表示的实际值。由此，我们就得到以 2000 年不变价格计算的资本存量序列。

济的资本产出比与全国的变动趋势基本是一致的：资本产出比逐年上升。事实上说明，云南经济和全国经济的投资驱动特性使随着资本存量的增加资本的边际产出下降，且云南资本产出比大于全国一般水平，特别是，金融危机以来，云南资本产出比上升非常明显。资本产出比的这些特征说明，云南资本的边际产出随时间的推移而下降，即获得单位产出需要付出的资本量上升，金融危机以来投资生产效率下降尤其明显。

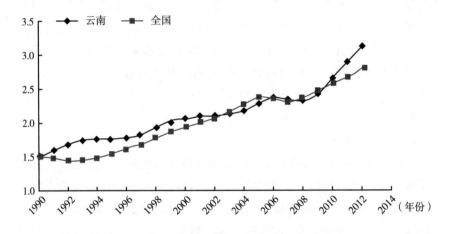

图 5 - 15　云南和全国的资本产出比对比

资料来源：全国、云南统计年鉴和笔者的计算。

（2）基于 *ICOR* 的分析。衡量投资配置效率的指标，本节主要采用增量资本产出比（*ICOR*）进行分析。若用 *I* 表示资本增量，$\triangle GDP$ 表示总产出增量，则增量资本产出比可以表示为 $ICOR = \triangle K / \triangle GDP = I / \triangle GDP$，*ICOR* 实际上是资本边际生产率的倒数，*ICOR* 表示增加单位总产出所需要的资本增量，*ICOR* 值越高，说明增加单位总产出所需要的资本量越大，也就意味着投资效率越低，反之亦然。根据定义分别计算云南和全国的 *ICOR*，[①] 所得结果如图 5 - 16 所示。

图 5 - 16 非常清晰地显示，1990 年以来，云南和全国的 *ICOR* 值呈现出较大的波动性，说明随着产业结构的调整，投资的效率也产生了较大的波动。另外，2007 年以来，云南的增量资本产出比进入了一个新的上升周期，这意味着投资效率下降了。

———————

① 计算中的 *GDP* 和固定资产投资总额均换算为 1990 年不变价。

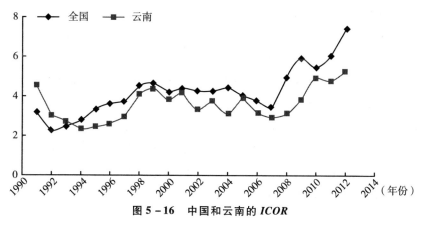

图 5 - 16　中国和云南的 *ICOR*

资料来源：全国、云南统计年鉴和笔者的计算。

三　云南投资结构分析

以上分析表明，云南自全球金融危机后为维持与危机前相同的高增长水平，大幅度提高了资本形成率，进而导致了投资动态无效和投资效率的下降。事实上，若从总量资本的角度看，资本积累是动态无效率的，但并不代表经济的所有产业都是动态无效率的，可能是某几个份额较大的产业资本积累过度导致了整体的动态无效率，而其他产业的资本积累则没达到其最优规模。因此，需要考察投资的产业结构问题。

1. 固定资产投资的行业结构分析

（1）云南固定资产投资结构的纵向比较分析。表 5 - 15 是最近两个时期 2003～2007 年和 2008～2012 年云南固定资产投资在各行业间的分布状况。可以看出，云南对制造业，电力、燃气及水的生产和供应业，交通运输、仓储和邮政业，信息传输、计算机服务和软件业，房地产业，水利、环境和公共设施管理业等 6 大行业的固定资产投资占总固定资产投资的比重在 2003～2007 年和 2008～2012 年发生了相对较大的变化，变化比重大于 1.8%。但从三次产业的投资结构来看（表 5 - 16），云南的固定资产投资在三次产业间的分布从 2003～2007 年到 2008～2012 年几乎没有发生变化。这实际上说明了云南对投资结构进行调整的效果不明显。

与同时期的全国相比，云南对第二产业的固定资产投资占比低于全国平均水平约 8 个百分点，而对第三产业的固定资产投资占比高于全国平均水平约 7 个百分点。从具体行业来看，云南对制造业的固定资产投资占比从

2003 ~ 2007 年的 12.36% 增加到 2008 ~ 2012 年的 14.42%，提高了 2.06 个百分点，从投资结构调整和产业经济发展的要求来看，云南制造业投资占比偏低；而同期全国对制造业的固定资产投资占比从 2003 ~ 2007 年的 17.60% 增加到 2008 ~ 2012 年的 26.45%，提高了 8.85 个百分点；云南对电力、燃气及水的生产和供应业的固定资产投资占比从 2003 ~ 2007 年的 17.55% 减少到 2008 ~ 2012 年的 14.58%，降低了 2.97 个百分点，从加强云南经济长远发展基础来看，云南还需加大对燃气及水的生产和供应业的固定资产投资；而同期全国对电力、燃气及水的生产和供应业的固定资产投资占比从 2003 ~ 2007 年的 7.99% 减少到 2008 ~ 2012 年的 4.46%，降低了 3.54 个百分点。

表 5 – 15　云南固定资产投资行业分布状况

单位：%，百分点

部门	云南			全国		
	2003 ~ 2007 年	2008 ~ 2012 年	变化	2003 ~ 2007 年	2008 ~ 2012 年	变化
农、林、牧、渔业	3.95	3.88	- 0.07	2.18	3.98	1.80
采矿业	3.56	4.64	1.08	1.52	2.05	0.53
制造业	12.36	14.42	2.06	17.60	26.45	8.85
电力、燃气及水的生产和供应业	17.55	14.58	- 2.97	7.99	4.46	- 3.54
建筑业	0.54	0.44	- 0.10	1.97	2.17	0.20
交通运输、仓储和邮政业	17.45	13.16	- 4.30	10.66	10.48	- 0.19
信息传输、计算机服务和软件业	3.18	1.14	- 2.04	2.42	1.03	- 1.38
批发和零售业	1.50	2.79	1.29	1.10	1.00	- 0.10
住宿和餐饮业	1.41	1.48	0.07	0.57	0.54	- 0.04
金融业	0.23	0.10	- 0.13	0.14	0.07	- 0.07
房地产业	20.80	25.04	4.24	32.90	30.66	- 2.23
租赁和商务服务业	0.26	0.45	0.19	0.49	0.78	0.29
科学研究、技术服务和地质勘查	0.24	0.32	0.08	0.17	0.22	0.05
水利、环境和公共设施管理业	8.32	10.13	1.81	12.58	10.93	- 1.65
居民服务和其他服务业	0.50	0.22	- 0.28	0.08	0.31	0.23
教育	2.40	2.50	0.10	2.99	1.68	- 1.32
卫生、社会保障和社会福利业	0.72	1.00	0.28	0.80	0.61	- 0.19
文化、体育和娱乐业	0.90	1.22	0.33	0.85	0.91	0.06
公共管理和社会组织	4.13	2.49	- 1.64	2.99	1.68	- 1.31

资料来源：历年云南统计年鉴。

云南对交通运输、仓储和邮政业的固定资产投资占比从 2003~2007 年的 17.45% 减少到 2008~2012 年的 13.16%，降低了 4.3 个百分点，金融危机后，云南对交通运输、仓储和邮政业的固定资产投资比重还下降了，从加强云南发展基础的角度看，下阶段云南有必要加大对基础设施的投资力度；而同期全国对交通运输、仓储和邮政业的固定资产投资占比从 2003~2007 年的 10.66% 减少到 2008~2012 年的 10.48%，降低了 0.19 个百分点；云南对信息传输、计算机服务和软件业的固定资产投资占比从 2003~2007 年的 3.18% 减少到 2008~2012 年的 1.14%，降低了 2.04 个百分点；而同期全国对信息传输、计算机服务和软件业的固定资产投资占比从 2003~2007 年的 2.42% 减少到 2008~2012 年的 1.03%，降低了 1.38 个百分点；云南对房地产业的固定资产投资占比从 2003~2007 年的 20.8% 增加到 2008~2012 年的 25.04%，提高了 4.24 个百分点，从前一时期到 2008~2012 年云南的房地产投资比重上升了，考虑到房地产市场的发展状况，今后还应适度降低对房地产业的投资；而同期全国对房地产业的固定资产投资占比从 2003~2007 年的 32.90% 减少到 2008~2012 年的 30.66%，降低了 2.23 个百分点；云南对水利、环境和公共设施管理业的固定资产投资占比从 2003~2007 年的 8.32% 增加到 2008~2012 年的 10.13%，提高了 1.81 个百分点；而同期全国对水利、环境和公共设施管理业的固定资产投资占比从 2003~2007 年的 12.58% 减少到 2008~2012 年的 10.93%，降低了 1.65 个百分点；其他行业的固定资产投资比例相对较小且变化也不大。

表 5-16　两个时期云南固定资产投资的产业结构

单位：%

地区	时期	第一产业	第二产业	第三产业
云南	2003~2007 年	3.95	34.01	62.04
	2008~2012 年	3.88	34.08	62.04
全国	2003~2007 年	2.65	42.31	55.04
	2008~2012 年	2.92	42.92	54.16

资料来源：全国、云南统计年鉴和笔者的计算。

从上面的分析可知，云南的固定资产投资结构与全国相比，主要体现出以下几个特征：首先，云南对第二产业的投资比重低于全国平均水平，对第三产业的投资比重高于全国平均水平；其次，云南对制造业的固定资产投资占比低于全国水平；再次，云南对电力、燃气及水的生产和供应业的固定资产投资占比高于全国水平；最后，云南对交通运输、仓储和邮政业的固定资产投资占比高于全国水平。① 因此，从投资结构的视角来看，云南对工业的固定资产投资占比从 2003～2012 年来看是低于全国水平的，这反映出云南的投资结构不合理。

（2）云南固定资产投资结构的横向比较分析。表 5－17 给出了2003～2007 年和 2008～2012 年两个时期云南、重庆、浙江三省市的固定资产投资行业占比的情况。从表 5－17 中可以看出，三省市主要的差别在于制造业，电力、燃气及水的生产和供应业，交通运输、仓储和邮政业，房地产业，水利、环境和公共设施管理业等 5 个行业。云南、重庆、浙江三省市的固定资产投资占比在如下行业都比重小且变化不显著：金融业，建筑业，租赁和商务服务业，文化、体育和娱乐业，科学研究、技术服务和地质勘查业，卫生、社会保障和社会福利业，批发和零售业，住宿和餐饮业。

表 5－17　两个时期云南、重庆与浙江固定资产投资行业占比比较

单位：%

行业	2003～2007 年			2008～2012 年		
	云南	重庆	浙江	云南	重庆	浙江
农、林、牧、渔业	3.95	2.18	1.11	3.88	3.98	0.91
采矿业	3.56	1.52	0.18	4.64	2.05	0.17
制造业	12.36	17.60	36.42	14.42	26.45	34.82
电力、燃气及水的生产和供应业	17.55	7.99	7.24	14.58	4.46	4.83
建筑业	0.54	1.97	0.54	0.44	2.17	0.29
交通运输、仓储和邮政业	17.45	10.66	9.65	13.16	10.48	8.35
信息传输、计算机服务和软件业	3.18	2.42	1.61	1.14	1.03	1.17
批发和零售业	1.50	1.10	1.17	2.79	1.00	1.68
住宿和餐饮业	1.41	0.57	0.74	1.48	0.54	1.13
金融业	0.23	0.14	0.11	0.10	0.07	0.28
房地产业	20.80	32.90	26.05	25.04	30.66	32.66
租赁和商务服务业	0.26	0.49	0.98	0.45	0.78	1.05
科学研究、技术服务和地质勘查业	0.24	0.17	0.17	0.32	0.22	0.31

---

① 云南对基础设施的投入比重高于全国水平是由区位差异和资源禀赋决定的。

续表

	2003～2007 年			2008～2012 年		
	云南	重庆	浙江	云南	重庆	浙江
水利、环境和公共设施管理业	8.32	12.58	8.95	10.13	10.93	8.57
居民服务和其他服务业	0.50	0.08	0.36	0.22	0.31	0.13
教育	2.40	2.99	1.93	2.50	1.68	1.11
卫生、社会保障和社会福利业	0.72	0.80	0.77	1.00	0.61	0.68
文化、体育和娱乐业	0.90	0.85	0.61	1.22	0.91	0.78
公共管理和社会组织	4.13	2.99	1.42	2.49	1.68	1.06

资料来源：云南统计年鉴和笔者的计算。

从制造业来看，2003～2007 年，云南的固定资产投资占比是三个省份中最小的，为 12.36%，重庆次之为 17.60%，浙江最大为 36.42%；而从 2003～2007 年到 2008～2012 年重庆制造业固定资产投资占比增加了 8.85 个百分点，云南则只增加了 2.06 个百分点，浙江减少了 1.6 个百分点。存在的问题是，云南对制造业的投资占比过低。

从电力、燃气及水的生产和供应业来看，2003～2007 年，云南固定资产投资占比是三个省份中最大的，为 17.55%，重庆次之为 7.99%，浙江最小为 7.24%；而从 2003～2007 年到 2008～2012 年三个省份的固定资产投资占比均下降了约 3 个百分点。

从交通运输、仓储和邮政业来看，2003～2007 年，云南固定资产投资占比是三个省份中最大的，为 17.45%，重庆次之为 10.66%，浙江最小为 9.65%；而从 2003～2007 年到 2008～2012 年三个省份的固定资产投资占比均有所下降。

从房地产业来看，2003～2007 年，重庆固定资产投资占比是三个省份中最大的，为 32.9%，浙江次之为 26.05%，云南最小为 20.8%；而从 2003～2007 年到 2008～2012 年，云南房地产固定资产投资占比上升了 4.24 个百分点，重庆则下降了 2.24 个百分点，浙江则上升了 6.61 个百分点。

从水利、环境和公共设施管理业来看，2003～2007 年，重庆固定资产投资占比是三个省份中最大的，为 12.58%，浙江次之为 8.95%，云南最小为 8.32%；而从 2003～2007 年到 2008～2012 年，云南水利、环境和公共设施管理业投资占比上升了 1.81 个百分点，重庆下降了 1.65 个百分点，浙江下降了 0.38 个百分点。

因此，不论是从横向比较还是从纵向比较来看，云南的投资结构都存在一些问题。首先，制造业发展水平低，制造业发展速度低于东部。其次，云南对基础设施的投入比重远远高于重庆和浙江，但这种高是由区位差异和资源禀赋决定的，且也是合理的和符合长远发展目标的。最后，对科学研究、技术服务和地质勘查业和教育的投入有待提高，以提升技术进步率和劳动资本的素质。

2. 固定资产投资的资金来源结构分析

地处西部的云南和重庆对国家预算内资金有很强的依赖性。云南、重庆、浙江三省市投资的资金来源结构如表 5-18 所示。三省市的固定资产投资资金来源都以自筹资金为主，浙江的自筹资金比例稍高一些但差距不大；其次是国内贷款，都占了 16% 以上，差距不大。但从国家预算内资金和利用外资来看，云南和重庆的国家预算内资金比重显著高于浙江，而对外资的利用情况云南显著低于重庆和浙江。

国外资本进入的一个最大特征是附带先进技术，能极大地提高劳动生产率，推动区域经济腾飞。尽管以上分析显示云南存在过度投资，但实际上是一种相对的过剩，即相对于创新不足的过剩。这主要体现为云南企业缺乏创新的动力和投资渠道受阻，最终导致投资回报率低下和"资本过剩"的假象。相反，国外投资者由于有技术创新，借助于中国巨大的市场容量，能够获取比在他们自己国家投资更高的投资回报率，能带动国内企业的技术得到提高，从而有利于投资效率的提高。

表 5-18 云南、重庆和浙江三省市的资金来源结构分析

单位：%

地区	时期	国家预算内资金	国内贷款	利用外资	自筹资金	其他资金
云南	2003~2007 年	7.46	27.30	0.90	47.52	16.82
	2008~2012 年	8.61	19.64	0.30	54.30	17.15
重庆	2003~2007 年	6.08	23.84	1.97	43.49	24.61
	2008~2012 年	5.64	19.31	1.29	50.42	23.33
浙江	2003~2007 年	1.84	21.19	3.74	53.87	19.36
	2008~2012 年	3.76	16.20	1.83	57.07	21.15

资料来源：云南、重庆与浙江统计年鉴和笔者的计算。

3. 各产业投资动态效率分析

各产业的投资动态效率也采用 AMSZ 准则进行分析。根据前面的测算公式，需要获得各产业的国内生产总值（或增加值）、劳动者报酬、固定资产投资、存货投资等数据。由于云南统计年鉴没有提供三大产业的增加值构成情况，所以必须根据投入产出表进行计算，为此我们选取 2007 年云南 42 个部门的投入产出表来获得相应的指标数值，并根据测算公式计算云南经济及各产业的净现金流与 GDP 比值。

我们将 42 个产业分成三类：第一类是制造业，电力、燃气及水的生产和供应业，交通运输、仓储和邮政业，房地产业，水利、环境和公共设施管理业，由于没有相对应的产业投资（固定资本形成、存货投资均为零），因此产业的资本净收益为正，从而该产业的资本积累是动态有效率的；第二类是农林牧渔业，木材加工及家具制造业，金属制品业，通用、专用设备制造业，交通运输设备制造业，电气机械及器材制造业，通信设备、计算机及其他电子设备制造业，这些产业的资本净收益为负，其资本积累是动态无效率的；第三类是除以上两类外的产业，这些产业的资本净收益为正，其资本积累是动态有效率的。

从三次产业来看，2007 年第一、二产业的资本净收益为负，资本积累动态无效率；第三产业的资本净收益为正，资本积累是动态有效率的，即资本存量水平还没超过其最优资本存量。

从各产业层面来看，由于投入产出表中只提供了第一产业中农林牧渔合在一起的产业，因此第一产业内部的各产业在这里我们不予讨论。第二产业内部共 25 个产业，首先，煤炭开采和洗选业、非金属矿及其他矿采选业、金属矿采选业等 16 个产业的资本积累动态效率较高，这由两个方面的原因所致：一方面这些产业不存在固定资本形成总额，在计算净现金流与增加值之比时投资较少；另一方面，这些产业最为明显的特点就是竞争性很强，根据市场选择的结果一般来说资本使用效率较高；其次，其他制造业，电力、热力及水的生产和供应业，金属产品制造业的净现金流与增加值之比（Dt/Vt）也较高，除电力、热力及水的生产和供应业不存在资本形成从而没有投资外，其他两个产业的竞争性很高；最后，建筑业的净现金流与增加值之比（Dt/Vt）为负值，说明这个产业资本积累动态无效率。第三产业包含 16 个产业，除批发和零售业外，其他产业的总投资额均为零，第三产业的资本积累是动态有效率的。

第四节 云南需求结构调整对产业结构变动的影响

经济发展过程中面临的结构问题是多方面的，有产业结构、需求结构、所有制结构、要素结构等，而其中最为重要的是产业结构和需求结构，这二者分别对应着经济的供给面与需求面，只有产业结构和需求结构相协调，经济才能持续健康快速发展。在经济发展的不同阶段，产业结构和需求结构的关系是变动着的：在经济发展的早期阶段，由于生产力发展水平较低，人类的需求不能够得到最大限度的满足，只能是经济能提供什么就消费什么，因此资源结构决定着产业结构，而产业结构最终又决定了需求结构（著名的萨伊定律揭示了供给创造需求的规律）；到了市场经济阶段后，生产力水平和技术高度发达，产品的供给往往大于其需求，在产业结构与需求结构的关系上，需求结构起到了主导性作用（凯恩斯定律揭示了需求创造供给的规律）。

就云南省的经济结构看，产业结构和需求结构都存在失衡的情况：云南产业结构存在的主要问题是第二产业比重大，第三产业比重小（见图5－17）；需求结构存在的主要问题是最终消费所占比重逐年下降，资本形成总额所占比重不断提高，出口和销往国内省外比重小于进口和国内省外购进比重，使净调出所占比重为负。

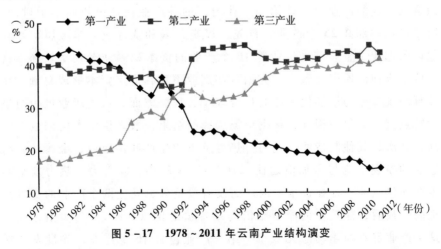

图5－17 1978～2011年云南产业结构演变

目前国内外学者对产业结构与需求结构的关系问题展开了很多研究，但这些研究要么是停留在理论描述的层面，要么是在现有 GDP 核算的需求和产业层面来看二者的关系，没有从生产及消费两个环节来把握二者的关系。

一 云南产业结构与需求结构的现状——最终产品视角

1. 最终产品结构分析

从云南经济的最终产品结构看，云南省的三大需求结构失衡较为突出。根据云南 2007 年的投入产出表，可计算云南省最终产品三大需求所占比重：最终消费占 61.1%，资本形成占 56%，净调出占 - 17.2%。云南最终产品中最重要的是消费和资本形成，最终产品在国内和国际的流动（即净调出）对云南经济增长的贡献没有体现出来。具体来看，云南最终产品调出份额占 64%，其中出口占 3.8%，销往国内省外占 60.2%；云南最终产品调入份额占 81.2%，其中进口占 13.8%，销往国内省外占 67.4%；最终产品在国内流动和国际流动方面都是逆差。

从云南三大需求中三次产业提供的最终产品看：最终消费中，一、二、三产业提供的最终产品分别占 16.2%、27.6%、56.2%，消费的产品主要由第三产业提供；资本形成中，一、二、三产业提供的最终产品分别占 10.7%、89.2%、0.1%，投资品 90% 左右都由第二产业提供；净调出中，一、二、三产业提供的最终产品分别占 - 7.5%、95.1%、12.4%，可见调入与调出抵消后剩余的产品 95% 以上都由第二产业提供（详见表 5 - 19）。

表 5 - 19 2007 年最终产品各项比重和三次产业最终产品结构

单位：%

项目	消费	资本形成	净调出	调出	出口	销往国内省外	调入	进口	国内省外购进
最终产品各项比重	61.1	56.0	- 17.2	64.0	3.8	60.2	81.2	13.8	67.4
各次产业最终产品比重									
第一产业	16.2	10.7	- 7.5	5.7	12.3	5.3	2.9	2.9	2.9
第二产业	27.6	89.2	95.1	82.0	74.2	82.4	84.8	88.5	84.0
第三产业	56.2	0.1	12.4	12.3	13.5	12.3	12.3	8.6	13.1
合　计	100.0	100.0	100.0	100.0	100.0	100.0	100.0	100.0	100.0

资料来源：《云南省 2007 年投入产出表》。

2. 各部门最终产品对三次产业的拉动作用

将云南 2007 年投入产出表进行拆分进而在中间使用和最终使用中区分省内产品和进口与国内省外调入产品，得到非竞争型投入产出表。通过投入产出模型计算可得每部门 1 单位最终产品拉动的三次产业增加值（见表5-20）。可以看出：某一部门拉动增加值最多的产业就是该部门所属的产业，也即某一部门的最终产品主要拉动了本部门所属产业的增加值，这也导致了某次产业的最终产品主要拉动本次产业的增加值。具体来看，第一产业的最终产品主要拉动了第一产业增加值——农业部门 1 单位最终产品拉动第一、二、三产业的增加值分别为 0.7565、0.0789 和 0.0422；第二产业（第 2 至 26 部门）的最终产品主要拉动了第二产业的增加值——即在第二产业各部门 1 单位最终产品拉动的三次产业增加值中，第二产业最大；第三产业（第 27 至 42 部门）最终产品主要拉动了第三产业的增加值——即在第三产业各部门 1 单位最终产品拉动的三次产业增加值中，第三产业最大。由此得到一个很自然的结论，要想通过增加经济中某次产业的比重来调整产业结构就要增加该产业提供的最终产品。

表 5-20　2007 年各部门最终产品对三次产业的拉动作用

编号	部门	第一产业	第二产业	第三产业	合计
01	农林牧渔业	0.7565	0.0789	0.0422	0.8777
02	煤炭开采和洗选业	0.0369	0.4589	0.1644	0.6603
03	石油和天然气开采业	0.0000	0.0000	0.0000	0.0000
04	金属矿采选业	0.0386	0.3798	0.1421	0.5605
05	非金属矿及其他矿采选业	0.0163	0.3808	0.1704	0.5675
06	食品制造及烟草加工业	0.1209	0.6764	0.0692	0.8666
07	纺织业	0.2735	0.3379	0.0999	0.7114
08	纺织服装鞋帽皮革羽绒及其制品业	0.0582	0.3057	0.1205	0.4844
09	木材加工及家具制造业	0.1189	0.3796	0.1517	0.6502
10	造纸印刷及文教体育用品制造业	0.0485	0.4432	0.1268	0.6185
11	石油加工、炼焦及核燃料加工业	0.0154	0.3888	0.1655	0.5696
12	化学工业	0.0337	0.3998	0.1901	0.6236
13	非金属矿物制品业	0.0131	0.4211	0.1694	0.6035
14	金属冶炼及压延加工业	0.0076	0.3585	0.1402	0.5063
15	金属制品业	0.0058	0.4482	0.1377	0.5918
16	通用、专用设备制造业	0.0049	0.3860	0.1212	0.5121

续表

编号	部门	第一产业	第二产业	第三产业	合计
17	交通运输设备制造业	0.0050	0.3279	0.1568	0.4897
18	电气机械及器材制造业	0.0075	0.3960	0.1619	0.5654
19	通信设备、计算机及其他电子设备制造业	0.0056	0.3443	0.1594	0.5093
20	仪器仪表及文化办公用机械制造业	0.0067	0.4112	0.1400	0.5579
21	工艺品及其他制造业	0.0537	0.3567	0.1864	0.5968
22	废品废料	0.0000	1.0000	0.0000	1.0000
23	电力、热力的生产和供应业	0.0072	0.5589	0.1913	0.7574
24	燃气生产和供应业	0.0121	0.3998	0.1348	0.5467
25	水的生产和供应业	0.0072	0.6573	0.1510	0.8155
26	建筑业	0.0105	0.4238	0.1576	0.5920
27	交通运输及仓储业	0.0350	0.0539	0.5610	0.6499
28	邮政业	0.0082	0.0665	0.5975	0.6721
29	信息传输、计算机服务和软件业	0.0046	0.0533	0.6271	0.6850
30	批发和零售业	0.0067	0.0279	0.8279	0.8625
31	住宿和餐饮业	0.1355	0.1388	0.5310	0.8053
32	金融业	0.0096	0.0498	0.7357	0.7951
33	房地产业	0.0036	0.0220	0.9002	0.9258
34	租赁和商务服务业	0.0252	0.0798	0.5512	0.6562
35	研究与试验发展业	0.0130	0.0743	0.6180	0.7053
36	综合技术服务业	0.0152	0.0780	0.5989	0.6922
37	水利、环境和公共设施管理业	0.0067	0.0509	0.7811	0.8386
38	居民服务和其他服务业	0.0209	0.0925	0.5658	0.6792
39	教育	0.0048	0.0299	0.8517	0.8864
40	卫生、社会保障和社会福利业	0.0078	0.0877	0.5541	0.6496
41	文化、体育和娱乐业	0.0157	0.1088	0.6764	0.8010
42	公共管理和社会组织	0.0131	0.0515	0.7227	0.7873

资料来源:《云南省 2007 年投入产出表》。

根据非竞争型投入产出表可得到由三次产业提供的省内最终产品,消费、资本形成、出口和销往国内省外占省内最终产品的比重分别为 35.8%、25.5%、2.2%、36.5%,省内最终产品主要用于消费、投资和进行省际贸易。分产业看,一、二、三产业提供的省内消费品的比重分别为 18.1%、20.1%、61.8%,可以看出消费品主要由第三产业来提供;一、二、三产业提供的省内投资品比重分别为 15.4%、84.5%、0.1%,因此投资主要由第二产业来提供;一、二、三产业提供的省内出口和销往国内省外产品的比重分别 13.9%、72.5%、13.6% 和 5.7%、82.6%、11.7%,出口和销往国内省外的产品主要由第二产业提供。综合来看,三次产业提供的省内最终产品的比重分别为 12.8%、60.6%、26.7%(见表 5 − 21)。

表 5 - 21 三次产业提供的国内最终产品

单位：亿元，%

产业	消费	资本形成总额	出口	销往国内省外	合计
第一产业	434.69	262.99	20.70	139.45	857.83
第二产业	483.75	1445.88	108.00	2023.05	4060.68
第三产业	1483.93	1.27	20.31	285.65	1791.16
合　计	2402.36	1710.14	149.01	2448.16	6709.67
比　重	35.8	25.5	2.2	36.5	100.0
2007 年三次产业提供的各类最终产品比重					
第一产业	18.1	15.4	13.9	5.7	12.8
第二产业	20.1	84.5	72.5	82.6	60.6
第三产业	61.8	0.1	13.6	11.7	26.7
合　计	100.0	100.0	100.0	100.0	100.0

资料来源：《云南省 2007 年投入产出表》。

3. 省内最终产品对三次产业的拉动作用

在省内最终产品结构给定的条件下，拉动的最终消费、资本形成、出口和国内省外需求增加值占总拉动增加值的比重分别为 40.2%、22.6%、2.2%、35.1%。三次产业拉动的增加值比重分别为 17.6%、43.4%、39%（见表 5 - 22）。从各类最终产品拉动增加值效果来看（拉动系数），消费最终产品的拉动系数最大，为 0.7953，资本形成的拉动系数最小，为 0.6287。拉动系数的差别反映了各类最终产品中消费品种包含的新创造价值最大。

表 5 - 22 2007 年云南省内最终产品拉动三次产业的增加值

单位：亿元，%

	消费	资本形成	出口	国内省外调出	合计	产业结构
最终产品	2402.4	1710.1	149.0	2448.2	6709.7	
结构	35.8	25.5	2.2	36.5	100.0	
拉动第一产业	384.6	215.4	22.0	215.3	837.3	17.6
拉动第二产业	383.7	625.1	52.7	1004.9	2066.4	43.4
拉动第三产业	1142.4	234.5	28.3	448.1	1853.3	39.0
合计拉动	1910.6	1075.1	103.0	1668.3	4757.1	100.0
比重	40.2	22.6	2.2	35.1	100.0	
拉动系数	0.7953	0.6287	0.6913	0.6815		

资料来源：《云南省 2007 年投入产出表》。

从各类省内最终产品对三次产业的拉动作用看（见表5－23），1元消费品分别拉动一、二、三产业增加值为0.1601元、0.1597元、0.4755元，所占比重分别为20.1%、20.1%、59.8%，因此消费品主要拉动了第三产业增加；而不论是投资产品还是出口品和国内省外调出产品，都主要拉动第二产业增加，拉动比例分别为58.1%、51.2%、60.2%。

表5－23　各类省内单位最终产品拉动三次产业的增加值和比重

单位：元，%

产业	单位最终产品拉动各次产业增加值				拉动三次产业增加值比重			
	消费	资本形成	出口	国内省外调出	消费	资本形成	出口	国内省外调出
第一产业	0.1601	0.1260	0.1476	0.0880	20.1	20.0	21.3	12.9
第二产业	0.1597	0.3655	0.3536	0.4105	20.1	58.1	51.2	60.2
第三产业	0.4755	0.1371	0.1901	0.1830	59.8	21.8	27.5	26.9
合　计	0.7953	0.6287	0.6913	0.6815	100.0	100.0	100.0	100.0

资料来源：《云南省2007年投入产出表》。

二　需求结构调整对产业结构变化的模拟分析

假定省内最终产品总量给定，改变最终需求中最终消费、资本形成、出口、销往国内省外四部分的比重，利用式（9）可计算各类省内最终产品拉动的三次产业增加值，进而获得三次产业结构的变化情况。考虑到云南省需求结构的特殊性，做三个情景模拟分析（如表5－24所示）。

表5－24　基准与三种模拟方案中的省内最终产品

单位：亿元，%

项目	消费	资本形成总额	出口	销往国内省外	合计
基　准	2402.4	1710.1	149.0	2448.2	6709.7
结　构	35.8	25.5	2.2	36.5	100.0
情形一	2670.8	1575.9	149.0	2314.0	6709.7
结　构	39.8	23.5	2.2	34.5	100.0
情景二	2268.2	1978.5	149.0	2314.0	6709.7
结　构	33.8	29.5	2.2	34.5	100.0
情景三	2268.2	1575.9	149.0	2716.5	6709.7
结　构	33.8	23.5	2.2	40.5	100.0

基准情景：为 2007 年投入产出表反映的结构。

情景一：最终消费比重上升 4 个百分点，资本形成和销往国内省外比重相应地各下降 2 个百分点，出口比重不变；

情景二：资本形成比重上升 4 个百分点，最终消费和销往国内省外比重相应地各下降 2 个百分点，出口比重不变；

情景三：销往国内省外比重上升 4 个百分点，最终消费和资本形成比重相应地各下降 2 个百分点，出口比重不变；

从最终需求结构，可以看出最终产品结构和最终需求结构之间的联系，情景一相当于在基准模式基础上最终消费上升了 5.7 个百分点，资本形成降低了 2.7 个百分点，净调出降低了 2.8 个百分点（见表 5-25）。

表 5-25　考虑进口和国内省外购进后三个情景的最终需求结构

单位：%

	消费	资本形成	净调出		消费	资本形成	净调出
基准	61.1	56.0	-17.2	情景二	58.3	61.7	-20.0
情景一	66.8	53.3	-20.0	情景三	58.3	53.3	-11.6

根据投入产出表及前面的分析，得到各情景下三次产业增加值和产业结构的模拟结果。

情景一模拟结果：若最终产品中的最终消费比重上升 4 个百分点，最终消费对 GDP 的贡献也上升 4 个百分点；最终产品中资本形成比重与基准情景相比下降 2 个百分点，则资本形成对 GDP 的贡献降低 2 个百分点；出口比重没有发生变化；国内省外调出比重与基准情景相比下降 2 个百分点，其对 GDP 的贡献也下降 2 个百分点。最终产品结构变化导致的 GDP 变化很小，GDP 总量从 4757.1 亿元增加到 4794.7 亿元，增长 0.79%。从各类最终产品拉动的三次产业增加值变化来看，最终产品结构的变化使三次产业增加值分别变化如下：第一产业增加值增加 14.3 亿元，第一产业比重从 17.6% 上升到 17.8%，上升 0.2 个百分点；第二产业增加值降低 61.3 亿元，第二产业比重从 43.4% 降低到 41.8%，下降 1.6 个百分点；其中，工业增加值降低 39.2 亿元，占 GDP 的比重下降 1.1 个百分点；建筑业增加值下降 22.1 亿元，占 GDP 的比重下降 0.52 个百分点。第三产业增加值增加 84.7 亿元，第三产业比重从 39% 上升到 40.4%，上升 1.4 个百分点；

其中，运输邮电业、批发和零售贸易餐饮住宿业与其他服务部门增加值分别增加 2.8 亿元、2.2 亿元和 79.7 亿元。相同的情景下，全国需求结构调整对产业结构的影响是：需求结构的调整使三次产业的增加值分别变动了：555.4 亿元、-3204.3 亿元、4034.1 亿元，从而使产业结构由原来的 10.8∶50.6∶38.7 调整为 10.9∶49.1∶40.0，需求结构的变化使产业结构得到优化。因此，综合起来看，云南最终产品中消费比重上升、资本形成和销往国内省外比重下降会导致第一产业比重小幅度上升，第二产业比重下降和第三产业比重上升。

情景二模拟结果：最终产品中的资本形成比重上升 4 个百分点，资本形成对 GDP 的贡献也上升 4 个百分点；最终产品中最终消费比重与基准情景相比下降 2 个百分点，则资本形成对 GDP 的贡献降低 2 个百分点；出口比重没有发生变化；国内省外调出比重与基准情景相比下降 2 个百分点，其对 GDP 的贡献也下降 2 个百分点。最终产品结构变化导致的 GDP 变化也很小，GDP 总量从 4757.1 亿元降低到 4727.6 亿元，下降 0.62%。从各类最终产品拉动的三次产业增加值变化来看，最终产品结构的变化使三次产业增加值分别变化如下：第一产业增加值增加 0.5 亿元，第一产业比重从 17.6% 上升到 17.7%，上升 0.12 个百分点；第二产业增加值增加 21.6 亿元，第二产业比重从 43.4% 上升到 44.2%，上升 0.73 个百分点：其中，工业增加值降低 26.3 亿元，其占 GDP 的比重下降 0.33 个百分点；建筑业增加值增加 47.9 亿元，其占 GDP 的比重上升 1.06 个百分点。第三产业增加值减少 51.6 亿元，第三产业比重从 39% 降低到 38.1%，下降 0.85 个百分点，其中，运输邮电业、批发和零售贸易餐饮住宿业与其他服务部门增加值分别增加 1.7 亿元、9.2 亿元和 40.7 亿元。相同的情景下全国需求结构调整对产业结构的影响是：需求结构的调整使三次产业的增加值分别变动：-550.4 亿元、2411.8 亿元、-1980.0 亿元，从而使产业结构由原来的 10.8∶50.6∶38.7 调整为 10.6∶51.5∶37.9。因此，增加投资需求后，最终产品中资本形成比重上升、最终消费和销往国内省外比重下降会导致云南省第一产业比重小幅度下降，第二产业比重上升和第三产业比重下降。

情景三的模拟结果：情景三下最终产品中销往国内省外的比重上升 4 个百分点，其对 GDP 的贡献也上升 4 个百分点；最终产品中最终消费比重与基准情景相比下降 2 个百分点，则最终消费对 GDP 的贡献降低 2 个百分点；出口比重没有发生变化；资本形成比重与基准情景相比下降 2 个百分点，其对 GDP 的贡献也下降 2 个百分点。最终产品结构变化导致 GDP 变化很小，GDP 总量从 4757.1 亿元降低到 4748.9 亿元，下降 0.17%。从各类最终产品拉动的三次产业增加值变化看，最终产品结构的变化使三次产业增加值分别变化如下：第一产业增加值下降 14.8 亿元，第一产业比重从 17.6% 下降到 17.3%，下降 0.3 个百分点；第二产业增加值增加 39.7 亿元，第二产业比重从 43.4% 上升到 44.3%，上升 0.9 个百分点：其中，工业增加值增加了 65.5 亿元，其占 GDP 的比重上升 1.44 个百分点；建筑业增加值减少 25.8 亿元，其占 GDP 的比重下降 0.53 个百分点。第三产业增加值减少 33.1 亿元，第三产业比重从 39% 降低到 38.3%，下降 0.7 个百分点：其中，运输邮电业、批发和零售贸易餐饮住宿业与其他服务部门增加值分别增加 −1.1 亿元、7.0 亿元和 −39.0 亿元。相同情景下全国需求结构调整对产业结构的影响是：需求结构的调整使三次产业的增加值分别变动：−4.9 亿元、792.5 亿元、−2053.8 亿元，从而使产业结构由原来的 10.8：50.6：38.7 调整为 10.8：51.1：38.1。综合起来看，云南最终产品中销往国内省外比重上升、资本形成和最终消费比重下降会导致第一产业比重小幅度下降，第二产业比重上升和第三产业比重下降。

通过以上分析发现，需求结构调整具有稳增长效应：（1）需求结构的调整有助于产业结构的合理化，进而夯实经济可持续增长的基础：一般说来，经济增长可从量和质两个方面来进行分析，量方面可概括为 GDP 的逐年增长，而更重要的质方面经济增长则表现为产业结构的演变，提升产业结构高度，通常量的积累可以在短期内显著表现出来，而产业结构高度的提升却不是短期可以显现的，必须经过长期积累；（2）若需求结构变动中消费所占份额上升 10 个百分点，则需求结构的变化将使 GDP 增长 2% 以上，因此需求结构调整对经济增长的作用较为明显；（3）供给和需求匹配以后才会带来产出的稳定增长，而结构方面的匹配是供给和需求关系中最为重要的关系，现阶段二者关系中起主导作用的是需求结构，因此在调整产业结构的时候，需要注意与最终产品需求结构的协调；（4）根据对投入产出表的分析可知，要想增加经济中某次产业的比重来调整产业结构就要增加该产业提供的最终产品；（5）分产业来看，三次产业提供的省内消费品比重分别为 18.1%、20.1%、61.8%，可以看出消费品主要由第三产业来提供；三次产业提供的省内投资品比重分别为 15.4%、84.5%、0.1%，因此投资主要由第二产业来提供；三次产业提供的省内出口和销往国内省外产品的比重分别为

13.9%、72.5%、13.6%和5.7%、82.6%、11.7%，因此出口和销往国内省外产品主要由第二产业提供；（6）从各类最终产品拉动增加值的效果来看（拉动系数），消费最终产品的拉动系数最大为0.7953，国内省外调出产品为0.6815，出口产品为0.6913，资本形成的拉动系数最小为0.6287。

第五节　调整云南需求结构实现经济发展方式转变的对策建议

需求结构调整的研究范式主要有两种：一是结构主义研究范式，从跨国比较出发研究消费、投资与净出口结构随经济发展阶段的演变规律；一是增长核算研究范式，即从经济增长核算理论出发研究投资效率、投资规模等问题。本章基于两种范式分析了云南需求结构现状及存在的主要问题，结合前面的分析从需求和供给两方面给出了调整需求结构实现经济发展方式转变的对策建议。

一　云南需求结构调整的对策

1. 改善消费环境，提高居民消费

消费环境对于人们消费意愿的影响较大，安全、规范、舒适的消费环境能够较大地提升消费者的消费意愿；而在消费环境恶劣、假货盛行、消费安全得不到保障时，消费者的消费意愿会逐渐下降。良好的消费环境是扩大消费需求的重要前提。为此，必须深化消费领域的改革，优化消费环境。加大市场秩序的整顿和规范力度，努力为城乡居民创造健康安全的消费环境，加强和改善宏观调控，稳定物价，培育新的消费热点，推动消费结构升级。改善消费环境，需要加快建设社会保障体系，为保证居民消费提供一个强力的支撑。应尽快加快社会保障体系的建设，减轻居民的教育支出压力和购买住房压力，以期降低居民的消费支出预期，提高消费意愿。加快完善城乡居民社会保障体系建设，提高农村居民生活水平，让居民无后顾之忧。

（1）努力扩大消费需求，满足城乡居民生活质量提升后的消费升级要求。消费需求是最终需求，是拉动经济增长最稳定、最持久的动力。积极引导、增加城乡居民的消费内容，培育新的消费增长点，开拓农村市场，启动农村消费，可带动相关产品的生产和消费，要努力完善消费结构，推

动消费结构优化升级。针对城市居民对耐用品消费升级换代的要求和对节能、环保产品需求增加的趋势，针对农村居民对产品品种、质量、样式的新要求和对教育、文化娱乐等方面的消费需求，应着力培育电信、教育培训、文化娱乐、休闲旅游等方面的消费；推动住房和汽车消费，配合安居工程建设，扩大和带动家具、家纺、家饰等消费；要全面推进"家电下乡"工作，精心组织，强化监管，确保下乡家电产品的质量，搞好售后服务，严厉打击借"家电下乡"名义销售假冒伪劣产品的行为，扩大农民对家电产品的消费。

（2）调整收入分配结构，提高低收入群体收入水平，扩大中产阶级规模。低收入群体的预防性储蓄较高，但通过经济学中关于消费倾向的理论可知，低收入群体的消费倾向显著高于高收入群体。低收入群体正处于消费结构升级的关键时刻，提高中低收入群体的收入水平，将会有效地促进消费需求，改进需求结构，使经济健康、平稳地发展。政府可以通过转移支付增加农民收入，提高城乡低保水平，增加企业退休人员基本养老金，增加低保人群的生活补助标准等相关措施，来促进低收入群体的消费水平。同时，政府可以为广大居民提供更多的公平教育和培训的机会，为低收入群体升级为中等收入群体提供必要的条件，保证居民能够有持续增长的收入。深化收入分配制度改革，努力调整分配结构，再分配应向居民倾斜，缩小城乡、区域之间的收入差距。

（3）继续加大对民生领域的投入。食品、医疗、教育、养老、就业、住房等与民生息息相关的费用都在上涨，通货膨胀意味着居民生活成本的上升，消费倾向的下降。因此，政府应该继续保持和加强财政支出对民生领域的倾斜，不断提高社会保障水平，加大对教育、医疗、养老等民生领域的投入力度，减轻居民消费的后顾之忧，使居民放心消费。这对于提振消费者信心、刺激消费具有长远的积极意义。

（4）大力发展服务业，扩大服务性消费。随着经济的发展和人们生活水平的不断提高，居民对于物质性的消费需求已经趋于稳定状态，服务性消费将会是居民消费增加的重点。在未来提升消费需求的主动力上，旅游、健身、娱乐、保健等服务方面的消费将会持续增长。服务业与其他产业部门比较，既有劳动密集型的特点，同时具有技术型和知识型的特点，能够广泛吸纳社会劳动力，是拉动内需的重要因素。政府应该制定有利于服务业发展的相关政策，营造体制环境，大力发展服务业，鼓励服务业不断拓展，引导服务业的结构变化，推进服务业水平的不断提高，逐步提高服务业在经济中的比重。

（5）深化改革启动农村消费市场。云南居民消费率自改革开放以来呈下降趋势，其中尤以农村消费率的下降最为明显。一方面，农村居民在教育、医疗、养老、住房等不确定性支出方面比例的增加，导致居民预防性储蓄增加。另一方面，与城镇居民相比，农村居民可支配收入增速低，且在公共服务等方面与城市居民不平等，造成他们需在这些方面增加支出，进而压缩了其在消费领域的支出。政府需要不断深化改革，发展特色经济，转变经营方式，拓宽农民增收渠道；以健全农村医疗保障制度为突破口，逐步完善农村社会保障制度；加快农村经济体制的转换，更新农民消费观念。

2. 优化投资结构，提高投资效率

本章分析了云南投资规模和投资结构是否合理的问题，分析的结论表明：从经济动态效率的角度看，云南自 2008 年以来存在过度积累的趋势；从 ICOR 指标与全国的比较来看，云南的投资效率高于全国平均水平，但自 2000 年以来呈下降的趋势；从投资行业结构、资金来源结构的角度来看，金融危机以来云南投资结构调整的作用不是很明显，投资资金来源过度依赖国家预算内资金，利用外资比重非常低。另外，云南各产业的动态效率是有区别的，有些产业资本积累过度，因此，在进行投资时，需要考虑投资结构的问题。

（1）提高经济的技术水平。实际上，经济增长来源于劳动与资本投入的增长和技术的增长，当劳动水平固定时，技术进步会提高资本的边际产量，进而增大经济的最优资本存量（黄金定律资本存量），从而改善经济的动态效率。

（2）深化投资体制改革，优化政府投资结构。应规范各级政府、各类企业的投资行为，强化投资的约束机制；健全政府投资管理体制；政府投资应更多地向老少边穷、农村地区倾斜，向教育、医疗、社区等社会领域倾斜，向高新技术领域倾斜，促进城乡、区域、经济与社会协调发展。

（3）优化投资结构，提高投资效率。应改变现有的经济增长方式，尽快实现从粗放型向集约型增长方式的转变；改变对各级政府的政绩评价体系，努力消除地方政府普遍存在的"投资饥渴症"，这是提高投资效益的制度保证。在积极增加投资机会的同时，应努力改善资本配置、优化投资结构，适度减少各产业内资本积累过度行业的投资水平，增加资本存量未达到黄金定律资本存量的行业的投资水平。

（4）通过大规模环保投资弥补环保产业缺口。环境保护的大规模投入，不仅可以催生出一个强大的环境保护产业，还会大量消化吸收建筑建材、机械装备、工程施工的过剩产能，创造巨大的人力需求。环保投资的带动效应，对于培育消费市场也有着重要作用，可以作为形成新增长点的重要途径。不仅要引导国有企业的资金流向环保行业，也要充分调动民间资金进入环保基础设施投资领域。

（5）将政府投资的引导作用与发挥民间投资的积极性结合起来，形成多元化的投资主体。应支持民间资本投向政府鼓励的项目和符合国家产业政策的领域，鼓励民间资本进入基础产业和基础设施领域，参与到民生工程的投资中。而政府在对民间资本进行正确引导和积极鼓励的同时，需要给予财政、税收、法规等多方面的配套支持，调动民间投资的积极性。不能仅将投资放在能够在短时间内推动经济快速增长的领域，要促进投资领域的合理化，着重将投资的重点集中于具有核心竞争力的产业，集中于具有核心技术的产业项目，促使投资重点向资本、技术、知识密集型产业转化，提高竞争力。严格控制对产能过剩及粗放型增长行业的投资，避免重复建设，避免造成资源的浪费和环境的破坏。

（6）避免不必要的投资，抑制政府和企业的过度投资。对政府官员的考核以当地 GDP 为中心，必然会导致政府官员为追求政绩，仅仅重视投资规模，忽略投资效率，以及效率低下的投资所造成的资源浪费和环境污染。应改变地方政府以 GDP 为中心的发展思想和相应的官员晋升激励机制，抑制政府和官员的过度投资心理，减少低水平重复建设。依靠行政手段，限制国有企业的盲目投资，严格审批相关项目。鼓励中小企业进入更多领域投资，为中小企业融资提供便利，提高中小企业的投融资效率。

3. 调整产业结构，减少净调入

从上述分析中可以看出，云南净调入（净出口）对经济增长的贡献基本上一直是负的，且绝对值越来越大，已成为云南经济持续稳定健康增长的主要隐患。因此，调整云南调入调出结构，减少净调入是实现经济持续稳定健康增长的客观要求。

（1）以本地需求为导向调整产业结构，减少货物和商品的调入。云南一、二、三产业的净调入水平各不相同，但以第二产业为主，2010 年第二产业净调入额占总净调入额的 83.18%，因此制造业的结构调整是产业与产品结构调整的重中之重。

（2）加快工业产品的结构调整和优化，是实现资源节约和产业技术水平升级的有效途径。目前，云南主要工业产品的生产能力已得到很大的提升，但从总体看，还存在技术水平不高、产品生产和使用中能耗与材耗过大、产品质量差、产品生产的规模效益不高、产品的市场竞争力弱、造成的环境污染较严重等问题。改变这种状况的根本途径，是以市场需求为导向，以市场竞争为动力，通过技术改造、技术创新、企业组织结构调整等措施，有步骤、有针对性地对工业各部门的产品结构进行调整和优化。

二　需求结构调整的供给方对策

1. 以消费需求为导向加大提供消费品比重较大产业的发展力度

从 42 个部门的投入产出表分析可知，2010 年一、二、三产业提供的最终产品分别占 15.38%、32.65%、51.97%，消费的产品主要由第三产业提供。为满足消费需求，需加大对相应产业的发展力度。具体的措施包括如下几个方面。

（1）从第二产业来看：应加大对食品制造及烟草加工业，纺织服装鞋帽皮革羽绒及其制品业，化学工业，交通运输设备制造业，电力、热力的生产和供应业，建筑业等 6 大产业在融资、投资等各方面的支持力度，为这些产业的发展转型升级提供更好的发展环境，进而为居民消费需求提供坚实的物质基础。

（2）从第三产业来看：批发和零售业，房地产业，教育，卫生、社会保障和社会福利业，公共管理和社会组织等 5 大产业提供的最终消费品数量最多，除房地产业主要由于房价高涨消耗了居民的大部分收入外，其他四大产业都和居民的生活息息相关，也需支持这四大产业的发展。

（3）引导交通通信和餐饮住宿类产业的发展。近年来，交通通信和餐饮住宿已成为新的消费热点，随着收入水平的提高及人们对生活质量要求的提高，对服务性消费的需求会逐渐增长，这会创造新的消费增长点，也是第三产业发展和转型升级的方向。

2. 调整投资结构

从投资产业结构、资金来源结构的角度来看，金融危机以来云南投资结构调整的作用不是很明显，投资资金来源过度依赖国家预算内资金，利用外资比重非常低。云南各产业的动态效率是有区别的，有些产业资本积累过度，因此，在进行投资时，需要考虑投资结构的问题。因此，调整投融资结构对云南经济发展来说非常必要，具体措施如下。

（1）从投资资金来源的结构来看，一方面，应推动民间资本进入基础设施、基础产业、金融服务、社会服务等领域。结合当前实际，可在市政公用设施、文化旅游、健康养老、医疗卫生、交通物流、农林水利、教育培训、工业地产等行业，放宽民间资本准入。另一方面，可利用"桥头堡"以及"一带一路"战略给云南带来的契机，继续加大引进外资的力度。

（2）从三次产业投资效率的角度，逐步加大对投资效率较高产业的投资；逐步减少对高污染、高能耗且投资效率低的产业的投资。

3. 加大对净调入产业的投资和支持，确保经济稳定健康增长

从三次产业的净调入比例来看，2010年三次产业净调入比例分别为2.49%、83.18%、14.34%，三大产业都是净调入产业，因此需调整各产业内部结构，做到各产业产品基本能满足本地需求，进而为经济增长和产业的转型升级做出贡献。具体措施如下。

（1）以本地需求为导向推进农业产业结构调整，切实推进农业产业化和农产品精深加工。2007年云南第一产业还是一个净调出产业，而2010年则变为了净调入产业，说明经过3年多的时间，云南本地的农产品已越来越不能满足本地居民的需求。

（2）加快发展装备制造业等传统制造业，满足本地需求。2010年通用、专用设备制造业和交通运输设备制造业净调入占比分别为32.31%和38.69%，占了总净调入额的71%，只要解决了这两大产业的净调入问题，云南净调入对经济增长负拉动的问题就能得到解决。

（3）推进第三产业结构调整，着力推进交通运输及仓储业的发展。从2010年净调入来看，第三产业中净调入占比最大的交通运输及仓储业为17.10%，其他产业的净调入占比较小。因此，应进一步通过技术经济政策等手段，引导交通运输企业转变经营方式，改善管理水平，提升产业的核心竞争力，实现粗放式经营模式向节约型、精益经营模式的转变。注重精细管理，避免粗放经营，运用现代物流技术和管理方式，利用较少的物流资源完成尽可能多的物流量。对创新运输组织方式、提高运输组织化程度、采用现代技术改造传统运营体系等方面，在政策上应予以必要的支持和倾斜。

第六章 云南需求结构对经济发展的影响

云南省严重失衡的产业结构决定了各项最终需求对云南省大部分产业发展的生产诱发效果不显著。其中：消费需求和投资需求对云南经济的生产诱发系数远低于全国平均水平，通过扩大消费需求来促进云南省的产业发展是"事倍功半"的调控行为，扩大投资拉动经济增长的效应越来越弱，这是因为投资需求对很多产业的生产诱发效果不显著，较为显著的只有建筑业和金属冶炼及压延加工业。虽然调出对云南经济增长的贡献不低，但调出部门少，贡献最大的是资源型产品和卷烟产品，开拓云南产品的省外市场仍然显得十分迫切；以国内省外购进为主的调入部门多，虽然对产业增加值有间接贡献，但不利于本地产业的成长。因此，优化云南产业结构的关键还是要加快云南省的非资源类工业的发展，尤其是要加快轻工业部门和装备工业部门的发展步伐，降低云南经济外部依赖和外部冲击的负面影响。

需求结构是受产业结构影响的重要的地区经济结构之一，同时需求结构也对产业结构有直接影响，各项需求对各产业有不同的促进作用。本章借鉴相关研究，以云南省的投入产出表为分析对象，研究各项需求对云南经济的影响。

第一节 分析工具

本节主要使用生产诱发系数和依赖度系数。由于中间投入的进口产品和省外调入产品不会对省内生产产生诱发作用，因此，为了准确分析最终需求对国民经济的诱发作用，在计算诱发作用和依赖度大小的时候，需要剔除进口因素和省外调入因素的影响。一个简单的方法是按照各部门进口和省外调入产品占该部门国内总使用的比例来扣除。

一 生产诱发系数

最终需求的生产诱发系数表示某一单位最终需求所诱发的各个部门的生产额，反映各生产部门的生产受各最终需求项目的影响程度。生产诱发系数越大，它的生产波及效果也越大，用公式表示为：

$$K = [I - (I - \hat{M})A]^{-1}S$$

式中，S 为最终使用结构系数；$\hat{M}$ 为调入（进口和省外调入）系数对角矩阵，A 为直接消耗系数。

二 依赖度系数

某部门生产对最终需求（消费、投资、调出）的依赖度是指某种最终需求对第 i 部门的生产诱发额在该部门的总产出中所占的比重。依赖度反映的是某部门生产对某种最终需求（消费、投资、调出）的依赖程度，包括直接依赖和间接依赖。

依赖度系数的大小反映的是国民经济各部门对最终需求各项目的依赖程度，依赖度系数较大说明该部门对消费、投资或调出的扩张效应较为敏感。

三 拆分的投入产出表

云南省的投入产出简化表如表 6 - 1 所示。其中：$x_{ij} = a_{ij}X_j$，$C_i + I_i + E_i = Y_i$。a_{ij} 为直接消耗系数，Y_i 为最终使用合计。$RC_i + UC_i + GC_i + FI_i + MI_i + EX_i + ED_i = Y_i$。

为了分析调入及其内部的进口产品和从国内省外购进的产品在国民经济中的作用以及对生产总值的贡献，可将表 6 - 1 中的"中间投入"拆分为"省内产品中间投入"和"调入产品中间投入"两个部分，中间使用和最终使用的各指标也分别拆分为以上两类产品中间投入引起的流量，增加值和总投入保持不变，具体如表 6 - 2 所示。

由于调入产品的流量数据统计不完善，在拆分投入产出表中的"中间使用"和"最终使用"时，通常根据一致性假设进行比例分配，即假设调入产品与省内产品具有同质性，两类产品在各部门之间的分配方案完全相同。即：

表 6-1　云南省投入产出简表

	中间使用 1,2……n	农村居民消费	城镇居民消费	居民消费	政府消费	最终消费合计	固定资本形成	存货增加	资本形成总额	出口	销往国内省外	调出	最终使用合计	进口	国内省外购进	调入	总产出
中间投入 1,2……n	x_{ij}	RC_i	UC_i	DC_i	GC_i	C_i	FI_i	MI_i	I_i	EX_i	ED_i	E_i	Y_i	M_i	P_i	IM_i	X_i
增加值	v_i																
总投入	X_j																

表 6-2　拆分为省内产品和调入产品的云南省投入产出表

	中间使用 1,2……n	农村居民消费	城镇居民消费	居民消费	政府消费	最终消费合计	固定资本形成	存货增加	资本形成总额	调出	最终使用合计	调入	总产出
省内产品中间投入 1,2……n	x_{ij}^D	RC_i^D	UC_i^D	DC_i^D	GC_i^D	C_i^D	FI_i^D	MI_i^D	I_i^D	E_i^D	Y_i^D		X_i
调入产品中间投入 1,2……n	x_{ij}^Q	RC_i^Q	UC_i^Q	DC_i^Q	GC_i^Q	C_i^Q	FI_i^Q	MI_i^Q	I_i^Q	E_i^Q	Y_i^Q	Q_i	
增加值	v_i												
总投入	X_j												

$$Y_i^D = X_i \times \frac{Y_i}{\sum\limits_{j=1}^{n} x_{ij} + Y_i} ; C_i^D = \frac{C_i}{Y_i} \times Y_i^D ; I_i^D = \frac{I_i}{Y_i} \times Y_i^D ; E_i^D = \frac{E_i}{Y_i} \times Y_i^D ;$$

以及：

$$R\,C_i^D = \frac{RC_i}{Y_i} \times Y_i^D ; U\,C_i^D = \frac{UC_i}{Y_i} \times Y_i^D ; D\,C_i^D = \frac{DC_i}{Y_i} \times Y_i^D ; G\,C_i^D$$

$$= \frac{GC_i}{Y_i} \times Y_i^D ; FI_i^D = \frac{FI_i}{Y_i} \times Y_i^D ; MI_i^D = \frac{M\,I_i}{Y_i} \times Y_i^D ;$$

$$Y_i^Q = Q_i \times \frac{Y_i}{\sum\limits_{j=1}^{n} x_{ij} + Y_i} ; C_i^Q = \frac{C_i}{Y_i} \times Y_i^Q ; I_i^Q = \frac{I_i}{Y_i} \times Y_i^Q ; E_i^Q = \frac{E_i}{Y_i} \times Y_i^Q 。$$

以及：

$$R\,C_i^Q = \frac{RC_i}{Y_i} \times Y_i^Q ; U\,C_i^Q = \frac{UC_i}{Y_i} \times Y_i^Q ; D\,C_i^Q = \frac{DC_i}{Y_i} \times Y_i^Q ; G\,C_i^Q = \frac{GC_i}{Y_i} \times Y_i^Q ;$$

$$FI_i^Q = \frac{FI_i}{Y_i} \times Y_i^Q ; MI_i^Q = \frac{M\,I_i}{Y_i} \times Y_i^Q 。$$

同理，根据一致性假设，另可推出：

$$x_{ij}^D = \frac{X_i}{\sum\limits_{j=1}^{n} x_{ij} + Y_i} \times x_{ij} = \frac{X_i}{\sum\limits_{j=1}^{n} x_{ij} + Y_i} \times a_{ij} X_j ,$$

令

$$a_{ij}^D = \frac{X_i}{\sum\limits_{j=1}^{n} x_{ij} + Y_i} \times a_{ij} ,$$

则

$$x_{ij}^D = a_{ij}^D X_j ; x_{ij}^Q = \frac{Q_i}{\sum\limits_{j=1}^{n} x_{ij} + Y_i} \times x_{ij} 。$$

根据表 6-2 可得到以下行和列的平衡关系式：省内产品的行平衡关系式为：

$$\sum_{j=1}^{n} a_{ij}^D X_j + Y_i^D = X_i ;$$

列平衡关系式为：

$$\sum_{i=1}^{n} x_{ij}^{D} + \sum_{i=1}^{n} x_{ij}^{Q} + v_j = \sum_{i=1}^{n} x_{ij} + v_j = X_j。$$

省内产品行平衡关系式写成矩阵形式为：

$$A^D X + Y^D = X$$

可化为：

$$X = (1 - A^D)^{-1} Y^D$$
$$X = (1 - A^D)^{-1} C^D + (1 - A^D)^{-1} I^D + (1 - A^D)^{-1} E^D$$

其中：$(1 - A^D)^{-1} C^D$ 为省内产品消费带来的总产出，令为 X^C。$(1 - A^D)^{-1} I^D$ 即为省内产品投资带来的总产出，令为 X^I；$(1 - A^D)^{-1} E^D$ 即为省内产品调出带来的总产出，令为 X^E。

还可细分为：

$$X = (1 - A^D)^{-1} RC^D + (1 - A^D)^{-1} UC^D + (1 - A^D)^{-1} GC^D$$
$$+ (1 - A^D)^{-1} FI^D + (1 - A^D)^{-1} MI^D + (1 - A^D)^{-1} E^D$$

$(1 - A^D)^{-1} RC^D$ 为农村居民消费省内产品带来的总产出，令为 X^{RC}；$(1 - A^D)^{-1} UC^D$ 为城镇居民消费省内产品带来的总产出，令为 X^{UC}；$(1 - A^D)^{-1} GC^D$ 为政府消费省内产品带来的总产出，令为 X^{GC}；$(1 - A^D)^{-1} FI^D$ 为省内产品投资形成固定资本总额带来的总产出，令为 X^{FI}；$(1 - A^D)^{-1} MI^D$ 为省内产品投资存货增加带来的总产出，令为 X^{MI}。

根据列平衡关系式可得：$v_i = (1 - \sum_{i=1}^{n} a_{ij}) X_j$，令 $\hat{A}_V$ 为第 j 列对角线元素为 $1 - \sum_{i=1}^{n} a_{ij}$ 的对角矩阵，即 $\hat{A}_V$ 是增加值率对角矩阵，表示对角线元素为各行业增加值占该行业总投入（总产出）的比例。

$$\hat{A}_V = \begin{bmatrix} 1 - \sum_{i=1}^{n} a_{i1} & \cdots & 0 \\ \vdots & \ddots & \vdots \\ 0 & \cdots & 1 - \sum_{i=1}^{n} a_{in} \end{bmatrix}$$

则列平衡关系式写成矩阵形式为：

$$V = \hat{A}_V X。$$

可得：

$$增加值\ V = \hat{A}_V X = \hat{A}_V X^C + \hat{A}_V X^I + \hat{A}_V X^E。$$

则消费 C、投资 I、调出 E 对地区生产总值的贡献率可分别表示为：

$$\eta_C = \frac{sum(\hat{A}_V X^C)}{sum(V)}, \eta_I = \frac{sum(\hat{A}_V X^I)}{sum(V)}, \eta_E = \frac{sum(\hat{A}_V X^E)}{sum(V)}$$

还可表示为：

$$增加值\ V = \hat{A}_V X = \hat{A}_V X^{RC} + \hat{A}_V X^{UC} + \hat{A}_V X^{GC} + \hat{A}_V X^{FI} + \hat{A}_V X^{MI} + \hat{A}_V X^E。$$

则农村居民消费 RC、城镇居民消费 UC、政府消费 GC、固定资本形成总额 FI、存货增加 MI、调出 E 对地区生产总值的贡献率可分别表示为：

$$\eta_{RC} = \frac{sum(\hat{A}_V X^{RC})}{sum(V)}, \eta_{UC} = \frac{sum(\hat{A}_V X^{UC})}{sum(V)}, \eta_{GC} = \frac{sum(\hat{A}_V X^{GC})}{sum(V)};$$

$$\eta_{FI} = \frac{sum(\hat{A}_V X^{FI})}{sum(V)}, \eta_{MI} = \frac{sum(\hat{A}_V X^{MI})}{sum(V)}; \eta_{EX} = \frac{sum(\hat{A}_V X^E)}{sum(V)}。$$

其中 sum 函数的含义为对矩阵所有元素求和。

在表 6-2 基础上分析调入对地区生产总值的贡献，不考虑省内产品与调入产品的替代问题。根据表 6-2 中各元素的含义，定义省内产品供给系数 d 和调入产品分配系数 l 为：

$$d_{ij} = \frac{x_{ij}^D}{X_i}, l_{ij} = \frac{x_{ij}^Q}{X_i}$$

代入列平衡关系式：

$$\sum_{i=1}^{n} x_{ij}^D + \sum_{i=1}^{n} x_{ij}^Q + v_j = \sum_{i=1}^{n} x_{ij} + v_j = X_j$$

可得：

$$\sum_{i=1}^{n} d_{ij} X_i + \sum_{i=1}^{n} l_{ij} Q_i + v_j = X_j。$$

写成矩阵形式为：

$$D^T X + L^T Q + V = X$$

即：

$$X = (1 - D^T)^{-1} L^T Q + (1 - D^T)^{-1} V;$$

或：

$$X = (1 - D^T)^{-1} N^T M + (1 - D^T)^{-1} K^T P + (1 - D^T)^{-1} V_{\circ}$$

$(1 - D^T)^{-1} L^T Q$ 为调入产品用于投入时引起的总产出，令为 X^Q，则调入产品投入产生的增加值为 $\hat{A}_V X^Q$。可算出调入对地区生产总值的贡献率为：

$$\eta_M = \frac{\mathrm{sum}(\hat{A}_V X^Q)}{\mathrm{sum}(V)}$$

为了分析调入及其内部的进口产品和从国内省外购进产品在国民经济中的作用以及对生产总值的贡献，可将表 6 - 1 中的"中间投入"拆分为"省内产品中间投入""进口产品中间投入""国内省外购进产品中间投入"三个部分，中间使用和最终使用的各指标也分别拆分为以上三类产品中间投入引起的流量，增加值和总投入保持不变，具体如表 6 - 3 所示。

由于进口产品和国内省外调入产品的流量数据统计不完善，在拆分投入产出表中的"中间使用"和"最终使用"时，通常根据一致性假设进行比例分配，即假设进口产品、国内省外购进产品与省内产品具有同质性，三类产品在各部门之间的分配方案完全相同。即：

$$Y_i^D = X_i \times \frac{Y_i}{\sum\limits_{j=1}^{n} x_{ij} + Y_i}; \ C_i^D = \frac{C_i}{Y_i} \times Y_i^D; \ I_i^D = \frac{I_i}{Y_i} \times Y_i^D; \ E_i^D = \frac{E_i}{Y_i} \times Y_i^D;$$

以及

$$R C_i^D = \frac{RC_i}{Y_i} \times Y_i^D; U C_i^D = \frac{UC_i}{Y_i} \times Y_i^D; D C_i^D = \frac{DC_i}{Y_i} \times Y_i^D; G C_i^D = \frac{GC_i}{Y_i} \times Y_i^D; FI_i^D$$

$$= \frac{FI_i}{Y_i} \times Y_i^D; MI_i^D = \frac{MI_i}{Y_i} \times Y_i^D \circ EX_i^D = \frac{EX_i}{Y_i} \times Y_i^D; ED_i^D = \frac{ED_i}{Y_i} \times Y_i^D_{\circ}$$

$$Y_i^M = M_i \times \frac{Y_i}{\sum\limits_{j=1}^{n} x_{ij} + Y_i}; C_i^M = \frac{C_i}{Y_i} \times Y_i^M; I_i^M = \frac{I_i}{Y_i} \times Y_i^M; E_i^M = \frac{E_i}{Y_i} \times Y_i^M;$$

表 6－3 拆分为省内产品、进口产品和国内省外购进产品的云南省投入产出表

	中间使用 1,2……n	最终消费 农村居民消费	城镇居民消费	居民消费	政府消费	最终消费合计	固定资本形成	存货增加	资本形成总额	出口	销往国内省外	调出合计	最终使用合计	进口	国内省外购进	调入合计	总产出
省内产品中间投入 1 / 2 / … / n	x_{ij}^D	RC_i^D	UC_i^D	DC_i^D	GC_i^D	C_i^D	FI_i^D	MI_i^D	I_i^D	EX_i^D	ED_i^D	E_i^D	Y_i^D				X_i
进口产品中间投入 1 / 2 / … / n	x_{ij}^M	RC_i^M	UC_i^M	DC_i^M	GC_i^M	C_i^M	FI_i^M	MI_i^M	I_i^M	EX_i^M	ED_i^M	E_i^M	Y_i^M	M_i		Q_i^M	
国内省外购进中间投入 1 / 2 / … / n	x_{ij}^P	RC_i^P	UC_i^P	DC_i^P	GC_i^P	C_i^P	FI_i^P	MI_i^P	I_i^P	EX_i^P	ED_i^P	E_i^P	Y_i^P		P_i	Q_i^P	
增加值	v_i																
总投入	X_j																

以及：

$$R\,C_i^M = \frac{RC_i}{Y_i} \times Y_i^M \,; U\,C_i^M = \frac{UC_i}{Y_i} \times Y_i^M \,; D\,C_i^M = \frac{DC_i}{Y_i} \times Y_i^M \,; G\,C_i^M = \frac{GC_i}{Y_i} \times Y_i^M \,; FI_i^M$$

$$= \frac{FI_i}{Y_i} \times Y_i^M \,; MI_i^M = \frac{M\,I_i}{Y_i} \times Y_i^M \,; EX_i^M = \frac{EX_i}{Y_i} \times Y_i^M \,; ED_i^M = \frac{ED_i}{Y_i} \times Y_i^M \,\circ$$

$$Y_i^P = P_i \times \frac{Y_i}{\sum_{j=1}^{n} x_{ij} + Y_i} \,; C_i^P = \frac{C_i}{Y_i} \times Y_i^P \,; I_i^P = \frac{I_i}{Y_i} \times Y_i^P \,; E_i^P = \frac{E_i}{Y_i} \times Y_i^P \,;$$

以及：

$$R\,C_i^P = \frac{RC_i}{Y_i} \times Y_i^P \,; U\,C_i^P = \frac{UC_i}{Y_i} \times Y_i^P \,; D\,C_i^P = \frac{DC_i}{Y_i} \times Y_i^P \,; G\,C_i^P = \frac{GC_i}{Y_i} \times Y_i^P \,; FI_i^P$$

$$= \frac{FI_i}{Y_i} \times Y_i^P \,; MI_i^P = \frac{M\,I_i}{Y_i} \times Y_i^P \,; EX_i^P = \frac{EX_i}{Y_i} \times Y_i^P \,; ED_i^P = \frac{ED_i}{Y_i} \times Y_i^P \,\circ$$

同理，根据一致性假设，另可推出：

$$x_{ij}^M = \frac{M_i}{\sum_{j=1}^{n} x_{ij} + Y_i} \times x_{ij} \,; x_{ij}^P = \frac{P_i}{\sum_{j=1}^{n} x_{ij} + Y_i} \times x_{ij} \circ$$

根据表 6 – 3 可得到列平衡关系式：

$$\sum_{i=1}^{n} x_{ij}^D + \sum_{i=1}^{n} x_{ij}^M + \sum_{i=1}^{n} x_{ij}^P + v_j = \sum_{i=1}^{n} x_{ij} + v_j = X_j \circ$$

省内产品的行平衡关系式的矩阵形式可化为：

$$X = (1 - A^D)^{-1} RC^D + (1 - A^D)^{-1} UC^D + (1 - A^D)^{-1} GC^D + (1 - A^D)^{-1} F I^D$$
$$+ (1 - A^D)^{-1} M I^D + (1 - A^D)^{-1} EX^D + (1 - A^D)^{-1} ED^D$$

其中：$(1 - A^D)^{-1} EX^D$ 即为省内产品出口国外带来的总产出，令为 X^{EX}；$(1 - A^D)^{-1} ED^D$ 即为省内产品销往国内省外带来的总产出，令为 $X^{ED}S$。

根据列平衡关系式可得增加值：

$$V = \hat{A}_V X = \hat{A}_V X^{RC} + \hat{A}_V X^{UC} + \hat{A}_V X^{GC} + \hat{A}_V X^{FI} + \hat{A}_V X^{MI} + \hat{A}_V X^{EX} + \hat{A}_V X^{ED} \circ$$

则出口 *EX*、销往国内省外 *ED* 对地区生产总值的贡献率可分别表示为：

$$\eta_{EX} = \frac{\mathrm{sum}(\hat{A}_V X^{EX})}{\mathrm{sum}(V)} \,, \eta_{ED} = \frac{\mathrm{sum}(\hat{A}_V X^{ED})}{\mathrm{sum}(V)} \circ$$

在表 6 – 3 基础上分析进口和国内省外购进对地区生产总值的贡献，不考虑省内产品与国内省外产品、国外产品的替代问题。根据表 6 – 3 中各元素的含义，进一步定义进口产品分配系数 n 和国内省外购进产品分配系数 k：

$$n_{ij} = \frac{x_{ij}^M}{X_i}, \; k_{ij} = \frac{x_{ij}^P}{X_i}。$$

代入列平衡关系式：

$$\sum_{i=1}^n x_{ij}^D + \sum_{i=1}^n x_{ij}^M + \sum_{i=1}^n x_{ij}^P + v_j = \sum_{i=1}^n x_{ij} + v_j = X_j。$$

可得：

$$\sum_{i=1}^n d_{ij} X_i + \sum_{i=1}^n n_{ij} M_i + \sum_{i=1}^n k_{ij} P_i + v_j = X_j。$$

写成矩阵形式为：

$$D^T X + N^T M + K^T P + V = X$$

即：

$$X = (1 - D^T)^{-1} N^T M + (1 - D^T)^{-1} K^T P + (1 - D^T)^{-1} V。$$

$(1 - D^T)^{-1} N^T M$ 为进口产品用于投入时引起的总产出，令为 X^M，则进口产品投入产生的增加值为 $\hat{A}_v X^M$。可算出进口对地区生产总值的贡献率为：

$$\eta_M = \frac{\mathrm{sum}(\hat{A}_v X^M)}{\mathrm{sum}(V)}$$

$(1 - D^T)^{-1} K^T P$ 为国内省外购进产品用于投入时引起的总产出，令为 X^P，则国内省外购进产品投入产生的增加值为 $\hat{A}_v X^P$，可算出国内省外购进对地区生产总值的贡献率为：

$$\eta_P = \frac{\mathrm{sum}(\hat{A}_v X^P)}{\mathrm{sum}(V)}$$

第二节　云南省最终需求对国民经济各产业
生产的诱发分析

农村居民消费、城镇居民消费、政府消费、固定资产投资、出口和销往省外等最终需求是社会总需求的重要组成部分，直接影响整个省的国民经济增长速度和质量。各种最终需求通过国民经济各部门间的生产技术经济联系，对国民经济活动产生直接和间接的诱发作用，本节以云南省投入产出表为基础，测算各种最终需求对云南国民经济及其各部门的诱发作用，并与全国数据进行比较，为云南省优化经济结构、转变发展方式提供决策依据。

一　消费需求的生产诱发效果分析

2010 年,[①] 云南省消费需求对国民经济 42 个产业部门的生产诱发系数合计为 1.16，投资需求对国民经济 42 个产业部门的生产诱发系数合计为 0.98，出口和调出省外的需求对国民经济 42 个产业部门的生产诱发合计为 1.21。与 2007 年和 2002 年相比，呈缓慢上升态势（见图 6 - 1）。反映出云南产业整体可持续发展能力有所增强。但与全国相比，则存在很大差距，云南省 2010 年的最终消费、资本形成总额和出口（调出）对国民经济 42 个产业部门的生产诱发系数不到全国 2007 年水平的 1/2。反映出云南省各项需求对生产的影响和促进作用有待提高。

1. 农村居民消费需求的生产诱发系数低但在缓慢提高

云南省农村居民消费需求对国民经济 42 个产业部门的生产诱发系数合计从 2002 年的 1.02 提高到 2007 年的 1.14，2010 年继续提高到 1.24。表明云南农村消费需求对各产业的促进作用有所增强。但与全国的差距很大，远低于全国平均水平，中国 2002 年农村居民消费对国民经济 42 个产业部门的生产诱发系数为 1.96，2007 年则提高到 2.16。

云南农村居民消费需求对生产的诱发和促进作用最强的是农林牧渔业，生产诱发系数为 0.41（2010 年），其次是食品制造和烟草加工业，生产诱发系数为 0.28，对其他产业部门的生产诱发系数都小于 0.1。而对交通运输设备制造业、金属矿采选业等 8 个以省外调入为主的产业门类的生产诱发系数则为负（见附表 2），可以说没有促进作用。

从 2007 年 144 个细分产业部门看，云南农村居民消费对各产业的生产诱发系数合计为 0.25，其中促进作用最大的是农业，生产诱发系数为 0.15，其次是畜牧业，生产诱发系数为 0.14，第三为纺织服装、鞋、帽制造业，生产诱发系数为 0.10，另有 96 个产业部门都低于 0.1，有一定的影

---

① 由于数据的可得性，最新年份只能测算到 2010 年。

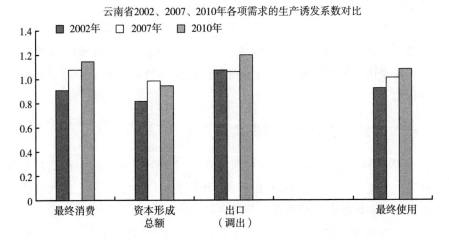

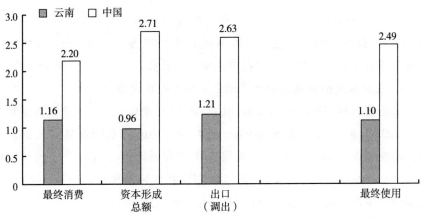

图6-1 云南省各项最终需求的生产诱发系数纵向对比及与全国对比

响力，但对家具制造业，针织品、编织品及其制品制造业，纺织制成品制造业等45个以调入为主的产业部门，生产诱发系数为负数，没有促进作用。

从依赖度系数看，云南省42个产业部门对农村居民消费需求的平均依赖程度为负值，但不断得到改善，从2002年的 -0.862，提高到2007年的 -0.446，2010年继续提高到 -0.404。与全国平均水平比较，远低于全国平均水平，全国2002年42个产业部门对农村居民消费需求的平均依赖程度为0.089，2007年为0.374（见表6-4）。云南省的42个产业部门对农村居民消费需求的平均依赖程度为负值，但并不意味着云南的产业整体上对农村居民消费需求没有依赖，而是部分行业的依赖度系数负值太大所致，体现出云南产业的结构性问题。

表 6 – 4 云南省 42 部门对最终需求的平均依赖度及与全国平均水平的对比

年份	云南省			中国	
	2002	2007	2010	2002	2007
农村居民	– 0.862	– 0.446	– 0.404	0.089	0.374
城镇居民	– 0.381	– 0.609	– 0.655	0.255	1.313
居民消费小计	– 1.243	– 1.055	– 1.059	0.344	1.687
政府消费	– 2.055	– 0.514	– 0.394	0.158	0.628
最终消费合计	– 3.298	– 1.569	– 1.453	0.502	2.315
固定资本形成总额	– 1.804	– 1.226	– 2.475	0.283	3.391
存货增加	– 0.018	0.089	– 0.188	0.012	0.173
资本形成合计	– 1.822	– 1.137	– 2.663	0.295	3.564
调出	– 0.904	– 0.164	– 1.477	0.239	2.759
最终使用合计	– 6.024	– 2.854	– 5.592	1.036	8.637

资料来源：云南省 2002、2007 年投入产出表，云南省 2010 年投入产出延长表，中国 2002、2007 年投入产出表。

云南省的各产业中，对农村消费需求依赖程度最高的是纺织业，依赖度系数达到 2.218（2010 年），其次是农林牧渔业，依赖度系数为 0.244，第三是卫生、社会保障和社会福利业，依赖度系数为 0.189，第四是食品制造及烟草加工业，依赖度系数为 0.179，处于第五位的是教育事业，依赖度系数为 0.158。42 个产业门类中共有 33 个部门对农村居民消费有不同程度的依赖，而纺织服装鞋帽皮革羽绒及其制品业，通信设备、计算机及其他电子设备制造业，电气机械及器材制造业等 9 个行业对农村居民消费需求的依赖度系数为负值，尤其是纺织服装鞋帽皮革羽绒及其制品业依赖度系数达到 – 20.392，导致 42 个部门的平均依赖度系数为负值。

按 144 个产业部门划分的云南国民经济对农村居民消费需求的平均依赖度系数为 – 10.406，其中对农村居民消费需求依赖程度最高的是纺织服装、鞋、帽制造业，依赖度系数为 31.375，其次是其他电子设备制造业，依赖度系数为 28.720，第三是起重运输设备制造业，依赖度系数为 5.133，第四是涂料、油墨、颜料及类似产品制造业，依赖度系数为 4.189，第五是电子元器件制造业，依赖度系数为 0.829。144 个产业部门中还有 82 个产业部门对农村居民消费需求有依赖，而针织品、编织品及其制品制造业，纺织制成品制造业，毛纺织和染整精加工，家具制造业等 42 个产业对农村居民消费需求的依赖度系数为负值。

从重点行业看，42 个部门中增加值比重超过 1% 的产业部门有 19 个（见表 6-5），其中，农林牧渔业是增加值比重最高的一个产业门类，占 2010 年增加值的 15.3%，农林牧渔业受农村消费需求的促进作用较大，生产诱发系数为 0.409，依赖度系数为 0.244；农村居民消费需求对在云南经济中增加值地位较高的食品制造及烟草加工业有一定的促进作用，但相对较小，生产诱发系数为 0.278，依赖度系数为 0.179，而在云南增加值中所占地位较高的批发和零售业、建筑业、金属冶炼及压延加工业、金融业等，受农村居民消费需求的促进作用相对较小，生产诱发系数和依赖度系数都较低。

表 6-5　云南省 2010 年农村居民消费需求对重点行业的生产诱发系数和

重点行业对农村居民消费需求的依赖度系数

单位：%

产业	增加值比重	生产诱发系数	依赖度系数
农、林、牧、渔业	15.3	0.409	0.244
食品制造及烟草加工业	13.6	0.278	0.179
批发和零售业	9.5	0.080	0.096
建筑业	8.5	0.029	0.012
金属冶炼及压延加工业	6.7	0.003	0.002
金融业	5.2	0.038	0.070
公共管理和社会组织	5.1	0.001	0.001
电力、热力的生产和供应业	4.6	0.086	0.094
教育	3.8	0.052	0.158
房地产业	3.1	0.040	0.136
化学工业	2.9	0.099	0.110
住宿和餐饮业	2.6	0.026	0.069
交通运输及仓储业	2.6	-0.005	-0.015
煤炭开采和洗选业	2.0	0.030	0.089
信息传输、计算机服务和软件业	2.0	0.038	0.129
卫生、社会保障和社会福利业	1.7	0.046	0.189
金属矿采选业	1.4	-0.002	-0.008
租赁和商务服务业	1.2	0.017	0.061
居民服务和其他服务业	1.1	0.011	0.121
综合技术服务业	0.9	0.003	0.027

资料来源：《云南省 2010 年投入产出延长表》。

从以上分析可以看出，扩大农村居民消费对农林牧渔业、服装制造业和食品制造业的影响较大，对其他产业的影响不大。因此，在云南省目前的产业结构水平下，通过扩大农村居民消费以拉动经济增长的政策难以达到预期效果。

2. 城镇居民消费需求的生产诱发系数也在缓慢提高

云南省城镇居民消费需求对国民经济42个产业部门的生产诱发系数合计从2002年的1.04，提高到2007年的1.08，2010年继续提高到1.16。也反映出云南城镇居民消费需求对各产业的促进作用在增强，但提高缓慢，与全国相比形成很大差距，远低于全国平均水平，中国2002年城镇居民消费需求对各产业的生产诱发系数合计为2.06，2007年提高到2.27。云南城镇居民消费需求的生产诱发系数仅为全国的一半。

云南城镇居民消费需求对国民经济42个产业门类生产诱发效果最大的是农林牧渔业，生产诱发系数为0.28，其次为食品制造及烟草加工业，生产诱发系数为0.25，第三为化学工业，生产诱发系数为0.13，对其他产业门类的生产诱发系数都小于0.1（见表6-6）。而对以省外调入为主的纺织服装鞋帽皮革羽绒及其制品业，通信设备、计算机及其他电子设备制造业和通用、专用设备制造业等8个产业门类的生产诱发系数为负数，说明扩大城镇居民消费对这8个产业门类几乎没有影响。

表6-6 城乡消费需求的生产诱发系数最高的前10个产业门类

农村居民消费		城镇居民消费	
产业门类	生产诱发系数	产业门类	生产诱发系数
农、林、牧、渔业	0.41	农、林、牧、渔业	0.28
食品制造及烟草加工业	0.28	食品制造及烟草加工业	0.25
化学工业	0.10	化学工业	0.13
电力、热力的生产和供应业	0.09	电力、热力的生产和供应业	0.07
批发和零售业	0.08	批发和零售业	0.07
教育	0.05	信息传输、计算机服务和软件业	0.06
卫生、社会保障和社会福利业	0.05	住宿和餐饮业	0.06
房地产业	0.04	房地产业	0.05
金融业	0.04	金融业	0.05
信息传输、计算机服务和软件业	0.04	租赁和商务服务业	0.05

资料来源：《云南省2010年投入产出延长表》。

从2007年的144个细分产业部门看，云南城镇居民消费对各产业的生产诱发系数合计为0.40，其中促进作用最大的是农业，生产诱发系数为0.13，其次是畜牧业，生产诱发系数为 0.10，第三为物业管理业，生产诱发系数为 0.08，之后依次为烟草、电信、服装、餐饮、医药、教育、旅游等部门，共对 95 个产业部门的生产诱发系数为正数，有一定的影响力，但对家具制造业，通信设备制造业，针织品、编织品及其制品制造业，纺织制成品制造业等 44 个以调入为主的产业部门，其生产诱发系数为负数，没有促进作用。

比较两种消费的生产诱发系数可以看出，农村居民消费与城镇居民消费生产诱发系数较大的国民经济部门大致相同：主要集中在与居民吃、穿、用、住、行等日常生活密切相关的部门，包括农业、食品制造及烟草加工业、化学工业、批发零售贸易业、交通运输及仓储业、房地产业、金融保险业等。但农村与城镇居民消费的生产诱发作用所影响的部门也存在一些差异。

从依赖度系数看，云南省 42 个产业部门对城镇居民消费需求的平均依赖程度为负值，且不断扩大，从 2002 年的 -0.381 扩大到 2007 年的 -0.609，2010 年继续扩大到 -0.655。与全国平均水平比较，远低于全国平均水平，中国 2002 年 42 个产业部门对城镇居民消费需求的平均依赖程度为 0.255，2007 年提高到 1.313。云南省的 42 个产业部门对城镇居民消费需求的平均依赖程度为负值，并不意味着云南的产业整体上对城镇居民消费需求没有依赖，而是部分行业的依赖度系数负值太大所致，体现出云南产业的结构性问题。

按 42 个部门划分的云南省各产业中，对城镇居民消费需求依赖程度最高的仍然是纺织业，依赖度系数达到 3.656（2010 年），其次是燃气生产和供应业，依赖度系数为 0.729，第三是文化、体育和娱乐业，依赖度系数为 0.599，第四是水的生产和供应业，依赖度系数为 0.545，处于第五位的是居民服务和其他服务业，依赖度系数为 0.384。42 个产业门类中共有 33 个部门对城镇居民消费有不同程度的依赖，而纺织服装鞋帽皮革羽绒及其制品业，通信设备、计算机及其他电子设备制造业，仪器仪表及文化办公用机械制造业等 8 个行业对城镇居民消费需求的依赖度系数为负值，尤其是纺织服装鞋帽皮革羽绒及其制品业达 -34.143，导致 42 个部门的平均依赖度系数为负值。

按 144 产业部门划分的云南国民经济各行业对城镇居民消费需求的平均依赖度系数为 -12.071，对城镇居民消费需求依赖程度最高的仍然是纺织服装、鞋、帽制造业，依赖度系数为 27.618，第二位的仍然是其他电子设备制造业，依赖度系数为 23.846，第三仍然是起重运输设备制造业，依赖度系数为 6.448，第四仍然是涂料、油墨、颜料及类似产品制造业，依赖度系数为 4.077，第五是谷物磨制业，依赖度系数为 3.487。144 个产业部门中还有 90 个产业部门对城镇居民消费需求有依赖，而针织品、编织品及其制品制造业，纺织制成品制造业，毛纺织和染整精加工业，家具制造业等 41 个产业对城镇居民消费需求的依赖度系数为负值。

从重点行业看，在国民经济增加值中地位最高的农林牧渔业、食品制造业及烟草加工业、批发零售业受城镇居民消费需求的促进作用较大，生产诱发系数和依赖度系数较高，而建筑业、金属冶炼及压延加工业、金属矿采选业、公共管理和社会组织等受城镇居民消费需求的促进作用很小，生产诱发系数和依赖度系数都很低。而房地产业，化学工业，住宿和餐饮业，交通运输和仓储业，信息传输、计算机服务和软件业，租赁和商务服务业，居民服务和其他服务业等产业受城镇居民消费需求的促进作用较大，对城镇居民消费需求的依赖程度较高（见表 6－7）。

表 6－7　云南省 2010 年城镇居民消费需求对重点行业的生产诱发系数和
重点行业对城镇居民消费需求的依赖度系数

产　业	生产诱发系数	依赖度系数	产　业	生产诱发系数	依赖度系数
农、林、牧、渔业	0.284	0.314	化学工业	0.127	0.263
食品制造及烟草加工业	0.247	0.295	住宿和餐饮业	0.059	0.286
批发和零售业	0.070	0.155	交通运输及仓储业	0.018	0.096
建筑业	0.011	0.009	煤炭开采和洗选业	0.019	0.104
金属冶炼及压延加工业	0.001	0.001	信息传输、计算机服务和软件业	0.060	0.377
金融业	0.045	0.154	卫生、社会保障和社会福利业	0.024	0.181
公共管理和社会组织	0.001	0.002	金属矿采选业	－0.002	－0.014
电力、热力的生产和供应业	0.072	0.146	租赁和商务服务业	0.045	0.304
教育	0.034	0.194	居民服务和其他服务业	0.019	0.385
房地产业	0.051	0.324	综合技术服务业	0.003	0.051

资料来源：《云南省 2010 年投入产出延长表》。

综合以上分析可以得出，扩大城镇居民消费需求对农业、食品制造、化学工业、批发零售贸易业、交通运输及仓储业、房地产业、金融保险业等有一定的促进作用，但对其他产业的促进作用很小，通过启动城镇居民消费来促进经济增长的政策效果也很有限。

3. 政府消费需求的生产诱发系数提高较快

云南省的政府消费需求对国民经济42个产业门类的生产诱发系数合计从2002年的0.691，提高到2007年的1.048，再提高到2010年的1.083，反映出云南省的政府支出对国民经济各产业部门的促进作用有所增强。但这一作用低于全国平均水平，2002年中国政府消费需求对国民经济42个产业门类的生产诱发系数合计为1.926，2007年提高到2.092。云南省政府支出的生产诱发系数仅约为全国平均水平的一半。

云南政府消费需求对国民经济42个产业门类中生产诱发作用最大的是公共管理和社会组织，生产诱发系数为0.514（2010年），其次是教育事业，生产诱发系数为0.229，第三为卫生、社会保障和社会福利业，生产诱发系数为0.153，第四为综合技术服务业，生产诱发系数为0.059，第五为化学工业，生产诱发系数为0.051。

从2007年的144个细分产业部门看，云南政府消费支出对各产业的生产诱发系数合计为-0.175，也就是说整体上没有促进作用，但对公共事业发展的促进作用较为突出，其中促进作用最大的是公共管理和社会组织，生产诱发系数为0.487，其次是教育事业，生产诱发系数为0.234，第三为卫生事业，生产诱发系数为0.148，之后依次为纺织服装、电信、地质勘查、电子设备、专业技术、公共设施管理等部门。

从依赖度系数看，云南省42个产业部门对政府消费需求的平均依赖程度为负值，但绝对值不断缩小，从2002年的-2.055，缩小到2007年的-0.514，2010年继续缩小到-0.394。与全国平均水平比较，远低于全国平均水平，中国2002年42个产业部门对政府消费需求的平均依赖程度为0.158，2007年提高到0.628。云南省的42个产业部门对政府消费需求的平均依赖程度为负值，这是由部分行业的依赖度系数负值太大所致，体现出结构性问题。

按42部门划分的云南省各产业中，对政府消费需求依赖程度最高的仍然是纺织业，依赖度系数达到2.188（2010年），其次是公共管理和社会组织，依赖度系数为0.988，第三是水利、环境和公共设施管理业，依赖度系数为 0.971，第四是教育事业，依赖度系数为 0.784，处于第五位的是卫生、社会保障和社会福利业，依赖度系数为 0.697。42 个产业门类中共有 29 个部门对政府消费有不同程度的依赖，而纺织服装鞋帽皮革羽绒及其制品业，通信设备、仪器仪表及文化办公用机械制造业等 12 个行业对政府消费需求的依赖度系数为负值，尤其是纺织服装鞋帽皮革羽绒及其制品业达 -22.065，导致 42 个部门的平均依赖度系数为负值。

按 144 产业部门划分的云南国民经济各行业对政府消费需求的平均依赖度系数为 -15.116，对政府消费需求依赖程度最高的是其他电子设备制造业，依赖度系数为 113.834，第二位的是纺织服装、鞋、帽制造业，依赖度系数为 40.118，第三是起重运输设备制造业，依赖度系数为 9.086，第四是农药制造业，依赖度系数为 3.221，第五是涂料、油墨、颜料及类似产品制造业，依赖度系数为 3.041。144 个产业部门中还有 70 个产业部门对政府消费需求有依赖，而针织品、编织品及其制品制造业，纺织制成品制造业，毛纺织和染整精加工，文教体育用品制造业，其他交通运输设备制造业等 65 个产业对政府消费需求的依赖度系数为负值。

从重点行业看，增加值比重较高的农林牧渔业、食品制造及烟草加工业、批发零售业、建筑业、金属冶炼及压延加工业等产业受政府消费的促进作用很小，生产诱发系数和依赖度系数都很低。而公共管理和社会组织，教育，卫生、社会保障和社会福利业，居民服务和其他服务业，综合技术服务业等是受政府消费促进作用较大的行业，生产诱发系数和依赖度系数都很高（见表 6-8）。

表 6-8　云南省 2010 年政府消费需求对重点行业的生产诱发系数和

重点行业对政府消费需求的依赖度系数

产业	生产诱发系数	依赖度系数	产业	生产诱发系数	依赖度系数
农、林、牧、渔业	0.020	0.014	化学工业	0.051	0.063
食品制造及烟草加工业	0.009	0.006	住宿和餐饮业	0.042	0.123
批发和零售业	0.009	0.013	交通运输及仓储业	-0.007	-0.022
建筑业	0.005	0.002	煤炭开采和洗选业	0.001	0.002
金属冶炼及压延加工业	-0.010	-0.006	信息传输、计算机服务和软件业	0.030	0.113

产业	生产诱发系数	依赖度系数	产业	生产诱发系数	依赖度系数
金融业	0.017	0.036	卫生、社会保障和社会福利业	0.153	0.698
公共管理和社会组织	0.514	0.988	金属矿采选业	0.001	0.005
电力、热力的生产和供应业	0.031	0.038	租赁和商务服务业	0.006	0.025
教育	0.229	0.784	居民服务和其他服务业	0.017	0.201
房地产业	0.004	0.015	综合技术服务业	0.059	0.531

资料来源:《云南省 2010 年投入产出延长表》。

综合以上分析可以看出,扩大政府支出能够扩大民生领域的供给,尤其对公共管理和社会组织,教育,卫生、社会保障和社会福利业,综合技术服务业等部门有较强的生产诱发效果。

二 投资需求的生产诱发效果分析

从支出结构看,投资需求包括固定资本形成总额和存货增加两个方面,对各产业的生产诱发效果有较大差异。

1. 固定资本形成总额的生产诱发系数远低于全国平均水平

云南省的固定资本形成总额对国民经济 42 个产业部门的生产诱发系数从 2002 年的 0.761,提高到 2007 年的 0.983,反映出固定资本形成对各产业的生产促进作用有所增强,2010 年有所下降,为 0.961(见图 6 - 2)。从与全国的比较结果看,云南省固定资本形成总额的生产诱发系数远低于全国平均水平,只有全国平均水平的约 1/3。中国固定资本形成总额对国民经济 42 个产业部门的生产诱发系数从 2002 年的 2.435,提高到 2007 年的 2.722。

云南省的固定资本形成总额对国民经济 42 个产业部门中促进作用最大的是建筑业,生产诱发系数为 0.474(2010 年),其次是金属冶炼及压延加工业,生产诱发系数为 0.131,处于第三位的是农林牧渔业,生产诱发系数为 0.096,第四位的是交通运输设备制造业,生产诱发系数为 0.066,第五位的是批发和零售业,生产诱发系数为 0.054。而对纺织服装鞋帽皮革羽绒及其制品业、金属矿采选业、交通运输及仓储业等 9 个以省外调入为主的产业的生产诱发系数为负值,带动的是省外的生产,并形成对本省的这些弱质产业的竞争。

从 2007 年 144 个细分产业部门看，云南省固定资本形成总额对国民经济 144 个产业的生产诱发系数合计为 −0.075，也就是说整体上对省内产业没有促进作用，而是促进省外产业发展，并形成了对省内相关产业的竞争。在有促进作用的产业中，促进作用最大的是房屋和土木工程建筑业，生产诱发系数为 0.457，其次是纺织服装、鞋、帽制造业，生产诱发系数为 0.139，第三是钢压延加工业，生产诱发系数为 0.077，之后还对汽车、林业、畜牧业、其他专用设备制造业等 59 个产业有促进作用，而对 144 个部门中的 73 个产业的生产诱发系数是负值。反映出云南省的固定资本形成对众多产业都没有直接的促进作用。

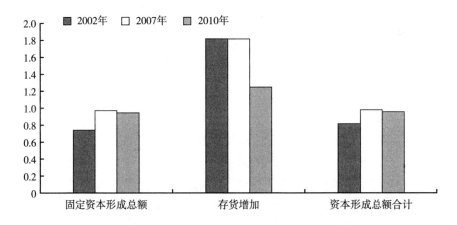

图 6 - 2　云南省投资需求对国民经济 42 个产业部门的生产诱发系数

从依赖度系数看，云南省 42 个产业部门对固定资本形成总额的平均依赖度系数为负值，且不断扩大，从 2002 年的 −1.804，缩小到 2007 年的 −1.226，2010 年又扩大到 −2.475。与全国平均水平比较，远低于全国平均水平，中国 2002 年 42 个产业部门对固定资本投资需求的平均依赖度系数为 0.283，2007 年提高到 3.391。云南省的 42 个产业部门对固定资本投资需求的平均依赖程度为负值，是由部分行业的依赖度系数负值太大所致，体现出结构性问题。

按 42 个部门划分的云南省各产业中，对固定资本形成总额依赖程度最高的仍然是纺织业，依赖度系数达到 12.674（2010 年），其次是交通运输设备制造业，依赖度系数为 2.079，第三是通用、专用设备制造业，依赖度系数为 1.283，第四是建筑业，依赖度系数为 0.959，处于第五位的是非金属矿物制品业，依赖度系数为 0.737。42 个产业门类中共有 33 个部门对固定资本投资需求有不同程度的依赖，而纺织服装鞋帽皮革羽绒及其制品业，通信设备、电气机械及器材制造业等 9 个行业对固定资本形成总额的依赖度系数为负值，尤其是纺织服装鞋帽皮革羽绒及其制品业的依赖度系数达 -121.88，导致 42 个部门的平均依赖度系数为负值。

按 144 个产业部门划分的云南国民经济各行业对固定资本形成总额的平均依赖度系数为 -41.136，对固定资本形成总额依赖程度最高的是纺织服装、鞋、帽制造业，依赖度系数为 150.181，第二是起重运输设备制造业，依赖度系数为 27.749，第三是涂料、油墨、颜料及类似产品制造业，依赖度系数为 14.265。第四是化工、木材、非金属加工专用设备制造业，依赖度系数为 5.186，第五是其他专用设备制造业，依赖度系数为 3.562。144 个产业部门中有 61 个产业部门对固定资本形成总额有依赖，而针织品、编织品及其制品制造业，纺织制成品制造业，毛纺织和染整精加工业，其他交通运输设备制造业等 69 个产业对固定资本形成总额的依赖度系数为负值，尤其针织品、编织品及其制品制造业对固定资本形成总额的依赖度系数负值达 -4017.332，纺织制成品制造业对固定资本形成总额的依赖度系数达 -2059.726，造成 144 个部门对固定资本形成总额的依赖度系数为负值的结果。

从重点行业看，增加值比重较高的行业中，建筑业是受固定资本形成总额促进作用最大的行业，生产诱发系数和依赖度系数都很高。农林牧渔业，批发和零售业，金属冶炼及压延加工业，电力、热力的生产和供应业，房地产业，化学工业，租赁和商务服务业等也是对固定资本形成总额依赖程度较大的产业，生产诱发系数相对较大，依赖度系数也较高。

表 6 - 9　云南省 2010 年固定资本形成对重点行业的生产诱发系数和重点行业对固定资本形成的依赖度系数

产业	生产诱发系数	依赖度系数	产业	生产诱发系数	依赖度系数
农、林、牧、渔业	0.096	0.278	化学工业	0.031	0.169
食品制造及烟草加工业	0.006	0.020	住宿和餐饮业	0.005	0.067
批发和零售业	0.055	0.314	交通运输及仓储业	-0.016	-0.222
建筑业	0.474	0.959	煤炭开采和洗选业	0.011	0.156

续表

产业	生产诱发系数	依赖度系数	产业	生产诱发系数	依赖度系数
金属冶炼及压延加工业	0.131	0.325	信息传输、计算机服务和软件业	0.011	0.179
金融业	0.023	0.199	卫生、社会保障和社会福利业	0.001	0.012
公共管理和社会组织	0.000	0.003	金属矿采选业	-0.027	-0.451
电力、热力的生产和供应业	0.034	0.179	租赁和商务服务业	0.015	0.260
教育	0.001	0.010	居民服务和其他服务业	0.002	0.088
房地产业	0.025	0.405	综合技术服务业	0.006	0.247

资料来源:《云南省2010年投入产出延长表》。

综合以上分析看,扩大固定资产投资对云南产业的促进作用远小于全国平均水平,促进作用较大的只有建筑业和金属冶炼及压延加工业,对其他产业的促进作用小,尤其对纺织服装、金属矿采选业、交通运输及仓储业等产业的诱发系数为负值,带动的是省外的产业发展。

2. 存货投资需求的生产诱发系数在下降

云南省的存货投资对国民经济42个产业部门的生产诱发系数2002年为1.855,2007年为1.846,2010年为1.278。与全国相比,远低于全国平均水平,2002年中国的存货投资对国民经济42个产业部门的生产诱发系数为2.183,2007年为2.536。

云南省的存货投资对国民经济42个产业部门中促进作用最大的是农林牧渔业,生产诱发系数为0.432(2010年),其次是食品制造及烟草加工业,生产诱发系数为0.210,处于第三位的是金属冶炼及压延加工业,生产诱发系数为0.206,处于第四位的是化学工业,生产诱发系数为0.175,第五位的是批发和零售业,生产诱发系数为0.088,第六位的是煤炭开采和洗选业,生产诱发系数为0.048。而对纺织服装鞋帽皮革羽绒及其制品业,金属矿采选业,通信设备、计算机及其他电子设备制造业等9个以省外调入为主的产业的生产诱发系数为负值,带动的是省外的生产,并形成对本省这些弱质产业的竞争。

从2007年144个细分产业部门看,云南省的固定资本形成总额对国民经济 144 个产业的生产诱发系数合计为 5.846，整体上对云南省的产业促进作用较大，其中促进作用最大的是针织品、编织品及其制品制造业，生产诱发系数为 1.537，其次是农业，生产诱发系数为 1.397，第三是纺织制成品制造业，生产诱发系数为 0.978，第四是烟草制品业，生产诱发系数为 0.490，第五是棉、化纤纺织及印染精加工业，生产诱发系数为 0.481，在 144 个产业部门中有 90 个产业的存货增加促进了产业的生产和发展。而存货增加对纺织服装、鞋、帽制造业，非金属矿及其他矿采选业，有色金属矿采选业，汽车制造业等 47 个产业的生产诱发系数是负值。反映出云南省的存货投资需求促进了这些产业的省外生产。

从依赖度系数看，云南省 42 个产业部门对存货投资的平均依赖程度为负值，且不断扩大，从 2002 年的 -0.018，降低到 2007 年的 -0.089，2010 年又降到 -0.188。与全国平均水平比较，远低于全国平均水平，中国 2002 年 42 个产业部门对存货投资需求的平均依赖程度为 0.012，2007 年提高到 0.173。云南省的 42 个产业部门对存货投资需求的平均依赖程度为负值，这是由部分行业的依赖度系数负值太大所致，体现出结构性问题。

按 42 个部门划分的云南省各产业中，对存货投资依赖程度最高的是纺织业，依赖度系数达到 1.025（2010 年），其次是金属制品业，依赖度系数为 0.296，第三是非金属矿及其他矿采选业，依赖度系数为 0.130，第四是农林牧渔业，依赖度系数为 0.087，处于第五位的是化学工业，依赖度系数为 0.065。42 个产业门类中共有 31 个部门对存货投资需求有不同程度的依赖，而纺织服装鞋帽皮革羽绒及其制品业，通信设备、计算机及其他电子设备制造业，工艺品及其他制造业等 10 个行业对存货投资需求的依赖度系数为负值，导致 42 个部门的平均依赖度系数为负值。

按 144 产业部门划分的云南国民经济各行业对存货增加的平均依赖度系数为 3.105，这是 144 个部门对各项最终需求的平均依赖度系数唯一为正值的需求领域。其中，对存货投资需求依赖程度最高的是针织品、编织品及其制品制造业，依赖度系数为 290.467，第二是纺织制成品制造业，依赖度系数为 141.516，第三是毛纺织和染整精加工业，依赖度系数为 21.608，第四是水产品加工业，依赖度系数为 13.769，第五是棉、化纤纺织及印染精加工业，依赖度系数为 3.933。144 个产业部门中有 82 个产业部门对存货投资有依赖，而纺织服装、鞋、帽制造业，文教体育用品制造业，家具制造业，农药制造业，其他交通运输设备制造业等 44 个产业对存货投资需求的依赖度系数为负值。

从重点行业看,增加值比重较大的农林牧渔业、食品制造及烟草加工业、金属冶炼及压延加工业、化学工业受存货投资的促进作用较大,对其依赖程度也较高,而其他增加值比重较高的行业受存货投资需求的促进作用较小（见表6-10）。

表6-10　云南省2010年存货增加对重点行业的生产诱发系数和
重点行业对存货增加的依赖度系数

产业	生产诱发系数	依赖度系数	产业	生产诱发系数	依赖度系数
农、林、牧、渔业	0.432	0.087	化学工业	0.175	0.066
食品制造及烟草加工业	0.210	0.046	住宿和餐饮业	0.005	0.004
批发和零售业	0.088	0.035	交通运输及仓储业	-0.013	-0.012
建筑业	0.001	0.000	煤炭开采和洗选业	0.048	0.049
金属冶炼及压延加工业	0.206	0.036	信息传输、计算机服务和软件业	0.010	0.012
金融业	0.018	0.011	卫生、社会保障和社会福利业	0.002	0.003
公共管理和社会组织	0.000	0.000	金属矿采选业	-0.016	-0.018
电力、热力的生产和供应业	0.044	0.016	租赁和商务服务业	0.014	0.017
教育	0.001	0.001	居民服务和其他服务业	0.002	0.009
房地产业	0.002	0.002	综合技术服务业	0.003	0.007

资料来源:《云南省2010年投入产出延长表》。

产业属性决定了存货投资需求促进作用较大的产业是食品制造及烟草加工业、金属冶炼及压延加工业、化学工业、批发和零售业等,并促进了省外纺织服装业,金属矿采选业,通信设备、计算机及其他电子设备制造业等产业的发展。

三　外部需求的生产诱发效果分析

云南省的外部需求由出口和销往国内省外两部分需求构成,云南省的外部需求对国民经济42个产业门类的生产诱发系数合计从2002年的

1.087，提高到 2007 年的 2.067，2010 年又下降为 1.208。从 2010 年各项最终需求的生产诱发系数看，调出的生产诱发系数总体上高于各项消费需求和投资需求。与全国对比，低于全国平均水平，中国 2002 年出口对国民经济 42 个产业部门的生产诱发系数为 2.301，2007 年提高到 2.627。

云南省的调出对各产业的生产诱发系数较大的是云南省出口和销往省外数量较大的产业部门，其中最大的是金属冶炼及压延加工业，诱发系数为 0.406，其次是食品制造及烟草加工业，生产诱发系数为 0.285，第三是电力、热力的生产和供应业，生产诱发系数为 0.138，第四是农林牧渔业，生产诱发系数为 0.103，第五是批发和零售业，生产诱发系数为 0.099，处于第四、五位的是在云南出口中占有重要地位的产业部门。

从 2007 年 144 个细分产业部门看，云南省的出口对国民经济 144 个产业的生产诱发系数合计为 1.170，这是对云南省的产业促进作用较大的需求领域。其中促进作用最大的是肥料制造业，生产诱发系数为 0.181，其次是针织品、编织品及其制品制造业，生产诱发系数为 0.166，第三是农业，生产诱发系数为 0.158，第四是烟草制品业，生产诱发系数为 0.156，在 144 个产业部门中有 106 个产业的出口促进了产业的生产和发展。而出口对有色金属矿采选业，家具制造业，纺织服装、鞋、帽制造业等进口较多的 31 个产业的生产诱发系数是负值。表明出口需求对这些产业的国外生产有促进作用。

另外，销往国内省外对云南国民经济 144 个产业的生产诱发系数合计为 1.640，也是对云南省的产业促进作用较大的需求领域。其中对针织品、编织品及其制品制造业促进作用最大，生产诱发系数为 0.367，其次是有色金属冶炼及合金制造业，生产诱发系数为 0.367，第三是烟草制品业，生产诱发系数为 0.247，这些产业以全国市场需求为生产动力，第四是纺织制成品制造业，生产诱发系数为 0.185，第五是农业 0.133，之后还对棉、化纤纺织及印染精加工业，电力、热力的生产和供应业等 102 个产业有促进作用。而对家具制造业，纺织服装、鞋、帽制造业，有色金属矿采选业等以省外调入为主的 36 个产业的生产诱发系数是负值。

从依赖度系数看，云南省 42 个产业部门对外部需求的平均依赖系数也是负值，变化较大，从 2002 年的 -0.904，缩小到 2007 年的 -0.164（绝对值），2010 年又扩大到 -1.477（绝对值）。与全国平均水平比较，远低于全国平均水平，中国 2002 年 42 个产业部门对外部需求的平均依赖程度为 0.239，2007 年提高到 2.759。云南省的 42 个产业部门对调出的平均依赖程度为负值，这是由部分行业的依赖度系数负值太大所致，体现出结构性问题。

按 42 个部门划分的云南省各产业中，对外部需求依赖程度最高的是纺织业，依赖度系数达到 7.389（2010 年），其次是金属冶炼及压延加工业，依赖度系数为 0.606，第三是食品制造及烟草加工业，依赖度系数为 0.534，第四是工艺品及其他制造业，依赖度系数为 0.512，处于第五位的是住宿和餐饮业，依赖度系数为 0.451。42 个产业门类中共有 33 个部门对外部需求有不同程度的依赖，而纺织服装鞋帽皮革羽绒及其制品业，通信设备、计算机及其他电子设备制造业，金属矿采选业，仪器仪表及文化办公用机械制造业，交通运输设备制造业等 8 个调入规模大的行业对外部需求的依赖度系数为负值，尤其是纺织服装鞋帽皮革羽绒及其制品业达 -72.261，导致 42 个部门的平均依赖度系数为负值。

按 144 产业部门划分的云南国民经济各行业对出口需求的平均依赖度系数为 0.331，对出口需求依赖程度最高的是针织品、编织品及其制品制造业，依赖度系数为 114.673，第二是毛纺织和染整精加工，依赖度系数为 8.784，第三是棉、化纤纺织及印染精加工业，依赖度系数为 1.940，第四是其他电子设备制造业，依赖度系数为 0.989，第五是矿山、冶金、建筑专用设备制造业，依赖度系数为 0.432。云南省的区位优势决定了这些产业是出口需求较大的产业。144 个产业部门中有 100 个产业部门对出口需求有依赖，而纺织制成品制造业、其他交通运输设备制造业、家具制造业等 29 个产业对出口需求的依赖度系数为负值。

从国内省外需求看，按 144 个产业部门划分的云南国民经济各行业对国内省外需求的平均依赖度系数为 36.328，对国内省外需求依赖程度最高的是针织品、编织品及其制品制造业，依赖度系数高达 3975.978，第二是纺织制成品制造业，依赖度系数高达 1538.357，第三是毛纺织和染整精加工业，依赖度系数为 302.538，第四是棉、化纤纺织及印染精加工业，依赖度系数为 53.143。第五是麻纺织、丝绢纺织及精加工业，依赖度系数为 34.624。144 个产业部门中有 97 个产业部门对出口需求有依赖，而其他交通运输设备制造业、家具制造业等 33 个产业对国内省外需求的依赖度系数为负值。

从重点行业看，增加值比重较高的金属冶炼及压延加工业，食品制造及烟草加工业，电力、热力的生产和供应业，农林牧渔业和批发零售业受出口和国内省外需求的促进作用大，对其依赖程度高，其中冶金、卷烟、电力受外部需求影响最大，对其依赖程度最高，化学工业、住宿和餐饮业、租赁和商务服务业受外部需求的促进作用程度不高，但对其依赖程度比较高（见表6-11）。

表6-11 云南省2010年调出对重点行业的生产诱发系数和
重点行业对调出的依赖度系数

产业	生产诱发系数	依赖度系数	产业	生产诱发系数	依赖度系数
农、林、牧、渔业	0.104	0.180	化学工业	0.079	0.255
食品制造及烟草加工业	0.285	0.535	住宿和餐饮业	0.060	0.451
批发和零售业	0.100	0.347	交通运输及仓储业	0.002	0.016
建筑业	0.016	0.020	煤炭开采和洗选业	0.021	0.185
金属冶炼及压延加工业	0.406	0.606	信息传输、计算机服务和软件业	0.015	0.153
金融业	0.077	0.409	卫生、社会保障和社会福利业	0.001	0.013
公共管理和社会组织	0.001	0.005	金属矿采选业	-0.083	-0.825
电力、热力的生产和供应业	0.139	0.440	租赁和商务服务业	0.023	0.239
教育	0.004	0.037	居民服务和其他服务业	0.003	0.082
房地产业	0.007	0.074	综合技术服务业	0.003	0.076

资料来源：《云南省2010年投入产出延长表》。

第三节 调入与调出对云南经济的影响分析

在国家层面上，相关研究主要围绕出口展开，针对进口的形成、进口结构以及进口与长期经济增长关系的研究相对较少。从省级层面看，本省经济对外部的需求不但包括进口，还包括从国内省外购进的商品。从支出法国内生产总值核算角度测算的需求贡献，往往形成了消费、投资、出口和销往国内省外部分对经济增长的贡献，而进口和从国内省外的购进则形成了对 GDP 增长的负贡献，扣减了其他贡献项的贡献率。

如果说由出口拉动的经济增长是资金的获得和国内供给刺激的结果，那么，进口对于经济增长的贡献则在于良好的中间产品的获得，进而服务于国内经济的发展，提升本国产品的国际竞争力。由于进口是外国对我国的供给，其中很大一部分作为中间产品进入生产过程，对于提高一国在国际市场上的竞争力，促进一国经济的持续长期发展具有重要意义。这个原理运用于地区也具有同样的效果，因此，本节利用投入产出分析方法对云南省的调出和调入进行分析，并测算它们对云南生产总值的贡献。

一　调出对云南省地区生产总值的贡献

1. 调出对产业增加值贡献最大的是资源型产业和卷烟业

从 1997、2002 和 2007 年三个年度的投入产出表和 2010 年的投入产出延长表，按国民经济分 42 个部门看，调出对云南省的生产总值贡献最大的年份是 2007 年。

2007 年云南省 42 个产业门类中，调出对产业增加值贡献最大的是金属冶炼及压延加工业，贡献率为 74.9%，其次是金属矿采选业和食品制造及烟草加工业，调出对产业增加值的贡献率分别为 73.9%、70.9%，电力、热力的生产和供应业与工艺品及其他制造业的调出对产业增加值的贡献率分别为 52.6% 和 50.7%，批发和零售业、化学工业产品调出对产业增加值的贡献率也在 50% 左右，分别为 50.7% 和 46.1%。这些产业是云南省大进大出的产业门类，其中，金属冶炼及压延加工业，食品制造及烟草加工业，电力、热力的生产和供应业与批发和零售业是净调出的产业，而工艺品及其他制造业、化学工业虽然调出贡献比较大，但调入规模更大，是净调入的产业门类。

从四个年度对比看，1997 年调出对云南省地区生产总值的贡献率为 18.7%，2002 年提高到 27.8%，提高了 9.1 个百分点，2007 年进一步提高到 37.2%，提高了 9.4 个百分点，2010 年下降到 27.7%。在 41 个产业门类[①]中，2002～2007 年调出对产业增加值的贡献率上升的有 32 个产业部门，下降的有 9 个产业部门。其中上升最快的是金属冶炼及压延加工业，

---

① 云南省的石油和天然气开采业没有产值。

2007 年比 2002 年提高了 41 个百分点；其次是水利、环境和公共设施管理业，提高了 32.7 个百分点，第三是金属矿采选业，提高了 30.0 个百分点，工艺品及其他制造业、批发和零售业、非金属矿及其他矿采选业并列第四，贡献率提高了 23%。贡献率提高了 20% 以上的还有化学工业、造纸印刷及文教体育用品制造业。

2010 年与 2007 年相比，调出对产业增加值贡献率整体下降，41 个产业门类中只有 3 个产业调出的贡献率上升，分别是金融业、住宿和餐饮业、建筑业，其他都是下降。2010 年调出对产业增加值贡献率与 2007 年相比下降幅度最大的是食品制造及烟草加工业，下降了 21.4 个百分点，其次是非金属矿及其他矿采选业，下降了 20.3 个百分点，而工艺品及其他制造业、金属矿采选业、金属冶炼及压延加工业、化学工业、批发和零售业、交通运输及仓储业等产业的调出对产业增加值的贡献率下降幅度都在 15% 以上。

从细分行业部门看（以 2007 年为比较基年），调出规模最大的是有色金属冶炼及合金制造业，调出规模为 1000.95 亿元，也是净调出规模最大的部分，净调出 954.46 亿元（见表 6–12），有色金属冶炼及合金制造业还是 2007 年 144 个产业中调出对产业增加值贡献最大的产业，贡献率高达 96.4%，2002 年该产业的调出对产业增加值的贡献率是 66.5%，而 1997 年是 78.83%，充分体现了云南省作为有色金属原材料基地的特点。调出规模处于第二位的是烟草制品业，2007 年的调出规模是 696.54 亿元，净调出 692.93 亿元，2007 年烟草制品调出对产业增加值的贡献率是 83.25%，比 2002 年提高 9.7 个百分点，而 1997 年烟草制品调出对产业增加值的贡献率是 70.7%，反映出云南省烟草制品业在国民经济中处于支柱地位的特点。调出规模处于第三位的是电力产业（热力不显著），调出规模为 104.37 亿元，全部是净调出，2007 年电力调出对产业增加值的贡献率是 55.49%，比 2002 年的 39.24% 提高了 16.25 个百分点，而 2002 年又比 1997 年的 19.60% 提高了近 20 个百分点，反映出云南电力工业发展成为国民经济支柱产业的特点。调出规模处于第四位的是有色金属压延加工业，调出规模为 99.80 亿元，净调出 93.79 亿元，2007 年有色金属压延加工业调出对产业增加值的贡献是 86.33%，比 2002 年的 52.77% 提高了 33.56 个百分点，而 2002 年只比 1997 年的 51.32% 提高 1.45 个百分点，反映出云南省在提升冶金工业方面取得显著成效。

表 6-12 2007 年云南省调出规模较大行业的调出调入情况

单位：亿元

	出口	销往国内省外	调出合计	进口	国内省外购进	调入合计	净调出
有色金属冶炼及合金制造业	21.04	979.90	1000.95	9.31	37.17	46.48	954.46
烟草制品业	26.78	669.76	696.54	1.21	2.40	3.61	692.93
电力、热力的生产和供应业	0.00	104.37	104.37	0.00	0.00	0.00	104.37
有色金属压延加工业	24.05	75.75	99.80	0.41	5.60	6.02	93.79

资料来源：《2007 年云南省投入产出表》。

2007 年调出对产业增加值贡献较大的还有以下产业（从它们的调出对产业增加值的贡献率快速提高的态势可以看出产业结构调整的成效）。

2007 年皮革、毛皮、羽毛（绒）及其制品业调出对产业增加值的贡献率为 104.63%（资本形成总额出现了较大的负贡献）。

2007 年制糖业调出对产业增加值的贡献率为 85.61%，与 2002 年的贡献率 53.53% 相比，提高了 32.08 个百分点，与 1997 年的贡献率 51.20% 相比，提高了 34.41 个百分点。

2007 年铁合金冶炼业调出对产业增加值的贡献率为 85.31%，与 2002 年的贡献率 21.93% 相比，提高了 63.38 个百分点，与 1997 年的 26.77% 相比，提高了 58.54 个百分点。

2007 年基础化学原料制造业调出对产业增加值的贡献率为 79.37%，比 2002 年的贡献率 54.78% 提高了 24.59 个百分点，比 1997 年的贡献率 41.37% 提高了 38 个百分点。

2007 年化学纤维制造业调出产品对产业增加值的贡献率为 76.82%，与 2002 年的贡献率 85.39% 相比，下降了 8.57 个百分点，与 1997 年的贡献率 46.64% 相比，提高了 30.18 个百分点。

2007 年其他食品加工业调出产品对产业增加值的贡献率为 76.12%，与 2002 年的贡献率 6.46% 相比，提高了 69.66 个百分点，与 1997 年的 24.58% 相比，提高了 51.54 个百分点。

2007 年的铁路运输业调出对产业增加值的贡献率为 75.68%，与 2002 年的贡献率 38.42% 相比，提高了 37.26 个百分点，与 1997 年的贡献率 13.80% 相比，提高了 61.88 个百分点。

2007 年的麻纺织、丝绢纺织及精加工业调出对产业增加值的贡献率为 74.60%，与 2002 年的贡献率 7.11% 相比，提高了 67.49 个百分点，与 1997 年丝绢纺织业的贡献率 50.65% 相比，也提高 23.96 个百分点。

2007 年云南省的方便食品制造业调出对产业增加值的贡献率为 70.20%，2002 年还没有这个产业，若与 2002 年的其他食品制造业的调出对产业增加值的贡献率 6.45% 相比，提高了 63.74 个百分点。

2007 年云南省的铁路运输设备制造业调出对产业增加值的贡献率为 65.06%，与 2002 年的贡献率 37.03% 相比，提高了 28.03 个百分点，与 1997 年的贡献率 31.95% 相比，提高了 33.11 个百分点。

2007 年云南省的棉、化纤纺织及印染精加工业调出对产业增加值的贡献率为 63.13%，与 2002 年的贡献率 28.38% 相比，提高了 34.75 个百分点，与 1997 年棉纺织业的贡献率 13.02% 相比，提高了 50.11 个百分点。

2007 年云南省的装卸搬运和其他运输服务业调出对产业增加值的贡献率为 60.20%，与 1997 年的其他交通运输及交通运输辅助业调出对产业增加值的贡献率 41.95% 相比，提高了 18.26 个百分点。

另外，2007 年调出对产业增加值贡献率超过 50% 的产业还有软饮料及精制茶加工业，炼铁业，批发业，住宿业，炼焦业，肥料制造业，仓储业，电力、热力的生产和供应业，工艺品及其他制造业，造纸及纸制品业，印刷业和记录媒介的复制业，金属加工机械制造业，证券业，专用化学产品制造业。

2. 出口对产业增加值贡献最大的仍然是资源型产业

在省级行政区域投入产出中，外部需求（调出）由出口和销往国内省外两部分构成。云南省的调出以销往国内省外为主，出口为辅。

从划分为 42 个产业部门并经过拆分的投入产出表看，云南省内产品出口到国外的比重不高，贡献也比较小。从 2007 年的经过拆分的投入产出表看，42 个产业门类中，有出口的产业有 22 个，没有出口的产业门类有 20 个。出口规模最大的产业部门是金属冶炼及压延加工业，出口值为 51.63 亿元，其次是化学工业，出口值为 33.34 亿元，第三是食品制造业及烟草加工业，出口值为 33.08 亿元，第四是农林牧渔业，出口值为 22.45 亿元，其他产业的出口值在 10 亿元以下。

2007 年出口对云南省地区生产总值的贡献率只有 2.2%，只占云南省调出对生产总值贡献率的 5.8%。其中：产品出口对产业增加值贡献最大的是纺织业，贡献率为9.53%，其次是化学工业，贡献率为6.75%，而水利环境和公共设施管理业、住宿和餐饮业、租赁和商品服务业、工艺品及其他制造业、金属矿采选业、金属冶炼及压延加工业、非金属矿采选业和食品制造及烟草加工业等8个产业的产品出口对产业增加值的贡献率在3%~4%之间，其他产业出口对产业增加值的贡献率都在3%以下。

从细分行业看，在2007年细分的144个产业中，有出口值的产业只有57个，不到40%，说明云南省的产业对国外开放程度很低。其中：出口规模最大的是烟草制品业，出口值为26.78亿元，其次是肥料制造业，出口值为24.36亿元，第三是有色金属冶炼及压延加工业，出口值为24.05亿元，第四是种植业，出口值为22.45亿元，第五是批发业，出口值为7.76亿元，第六是住宿业，出口值为5.88亿元，第七是基础化学原料制造业，出口值是5.83亿元，其他出口值相对较高的还有旅游业4.4亿元，钢压延加工业4.1亿元，其他产业的出口值都在3亿元以下。

从细分行业的出口需求对产业增加值的贡献率看，贡献率高的产业都是出口规模不大、产业规模也不大的产业部门。其中：最高的是棉、化纤纺织及印染精加工业，贡献率为39.99%，其次是调味品、发酵制品制造业，贡献率为23.50%，第三是水泥及石膏制品制造业，贡献率是23.25%，第四是有色金属压延加工业，贡献率为20.26%，第五是肥料制造业，贡献率为16.61%，第六是其他食品制造业，贡献率为11.27%，其他产业出口的贡献率都在10%以下。

3. 销往国内省外对产业增加值贡献最大的仍然是资源型产业和卷烟业

由于销往国内省外是云南省调出的主体，所有销往国内省外的产业及排序与调出的产业及排序基本一致。2007年的42个产业门类中，有31个产业都有外销，其中：销往国内省外规模最大的是金属冶炼及压延加工业，外销值为1142.36亿元，其次是食品制造及烟草加工业，外销值为781.80亿元，第三是农林牧渔业，外销值是151.23亿元，第四是化学工业，外销值为137.96亿元，第五是批发和零售业，外销值为130.81亿元，第六是电力工业，外销值为104.38亿元。

从2007年42部门经拆分的投入产出表看，销往国内省外产品对云南省生产总值的贡献为35.3%，是调出贡献中的主体。其中：销往国内省外贡献率最高的是金属冶炼及压延加工业，贡献率高达60.3%，其次是金属矿采选业，贡献率为58.9%，第三是食品制造及烟草加工业，贡献率为

56.7%，第四是电力工业，贡献率为 40.9%，第五是批发和零售业，贡献率为 40.8%。另外贡献率在 30% ~ 40% 之间的产业有货物运输及仓储业、工艺品及其他制造业等 15 个产业部门，贡献率在 20% ~ 30% 之间的有 13 个行业部门，贡献率在 20% 以下的只有 8 个部门。说明国内省外需求对云南经济的影响很大。

从 2007 年细分 144 个行业经拆分的投入产出表看，有产品销往国内省外的产业有 94 个，占 65.3%。其中：外销规模最大的是有色金属冶炼及合金制造业，销往国内省外的外销值为 979.90 亿元，其次是烟草制品业，外销值为 669.76 亿元，第三是电力，外销值为 104.38 亿元，第四是种植业，外销值为 77.31 亿元，第五是有色金属压延加工业，外销值为 75.75 亿元，第六是畜牧业，外销值是 73.91 亿元，另外制糖业和基础化学原料制造业的外销值也在 50 亿元以上，其他外销值在 40 亿 ~ 50 亿元之间的是铁路运输业、汽车制造业、零售业，外销值在 30 亿 ~ 40 亿元之间的是炼铁业、住宿业、肥料制造业、铁合金制造业、医药制造业，其他产业的外销值在 30 亿元以下。

从销往国内省外产品对产业增加值的贡献率看，最高的是皮革、毛皮、羽毛（绒）及其制品业，贡献率高达 102.64%（由资本形成总额上的负贡献所致），其次是有色金属冶炼及合金制造业，销往外省的有色金属冶炼及合金产品对产业增加值的贡献率高达 93.99%，第三是有色金属矿采选业，有色金属矿销往外省的产品对产业增加值的贡献率高达 91.75%，第四是制糖业，销往外省的制糖产品对云南制糖业增加值的贡献率为 85.51%，第五是铁合金冶炼业，销往外省的铁合金对产业增加值的贡献率为 85.12%，第六是烟草制品业，销往外省的烟草制品对产业增加值的贡献率高达 80.04%，销往外省产品对产业增加值贡献率在 70% ~ 75% 之间的是铁路运输业，麻纺织、丝绢纺织及精加工业，化学纤维制造业，基础化学原料制造，销往外省产品对产业增加值贡献率在 60% ~ 70% 之间的是方便食品制造业、其他食品加工业、有色金属压延加工业、铁路运输设备制造业，销往外省产品对产业增加值贡献率在 50% ~ 60% 之间的是软饮料及精制茶加工业，装卸搬运和其他运输服务业，炼铁业，炼焦业，仓储业，批发业，电力、热力的生产和供应业，住宿业，造纸及纸制品业，其他产业的省外需求对产业增加值的贡献率在 50% 以下（见图 6 - 3）。

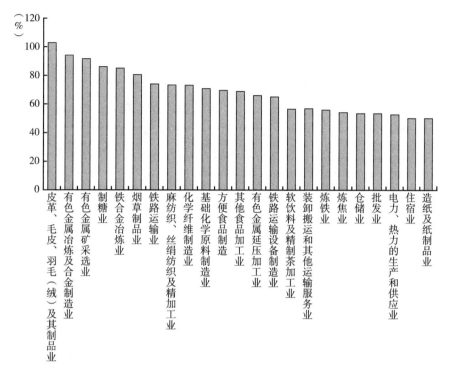

图6-3 云南省2007年销往国内省外产品对产业增加值的贡献率超过50%的部门

二 调入对云南省地区生产总值的贡献分析

在支出法生产总值核算中,调入是总产出扣除的部分,作为外部需求的调入部分不直接构成生产总值,因此没有对生产总值的直接贡献,在省级行政区域的生产总值核算中,调入由进口和从国内省外购进两部分组成。有文献认为进口和省外购进对生产总值有直接贡献和间接贡献两个方面,这是不准确的,进口和从省外购进的产品作为中间投入品进入生产过程,必然会对总产出做出贡献,也会对生产总值产生贡献,但只表现为间接贡献,不能认为产生了直接贡献。本小节在拆分的投入产出表基础上分析调入以及构成调入的进口和国内省外购进对云南省地区生产总值的间接贡献以及对各产业增加值的间接贡献。

1. 调入对产业增加值间接贡献较大的是装备工业

从纵向对比看,云南省大部分年份都是货物和服务净调入,并且近年来货物和服务净调入规模越来越大。1997年云南省货物和服务调入600.40

亿元，调出 557. 77 亿元，净调入为 42. 63 亿元；到 2002 年云南省货物和服务调入 1044. 27 亿元，调出 881. 43 亿元，净调入扩大到 162. 84 亿元；到 2007 年云南省货物和服务调入 3760. 06 亿元，调出 3045. 35 亿元，净调入进一步扩大到 714. 71 亿元；到 2010 年云南省货物和服务调入 5766. 79 亿元，调出 3145. 48 亿元，净调入快速扩大到 2621. 31 亿元。随着货物和服务调入、调出规模的迅速扩大，云南省的货物和服务净调入规模也快速增加。到 2013 年云南省的货物和服务净调入更是达到了 5813 亿元，是 2010 年的 2. 2 倍、2007 年的 8. 1 倍、2002 年的 35. 7 倍、1997 年的 136. 4 倍，货物和服务净调入的这种几何级数级增长，实质上反映的是云南省产业竞争力的相对下降，表明省内产品调出的速度远低于省外产品调入的速度。

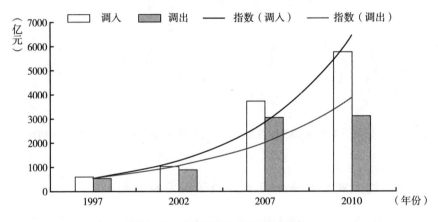

图 6 - 4　云南省调入调出变化态势

在支出法地区生产总值核算中，货物和服务净调入成为最终消费和资本形成总额的扣减项，成为减少生产总值的一部分。但作为中间投入的调入品，则在生产过程中间接地对地区生产总值的形成做出了贡献。通过对 42 部门拆分的投入产出表进行计算可以看出，1997 年调入对云南省生产总值的贡献率是 12. 7%，2002 年调入对云南省地区生产总值的贡献率为 18. 12%，到 2007 年调入对云南省地区生产总值的贡献率提高到 23. 97%，2010 年有所下降，为 22. 41%。可以看出这一比例是比较高的，说明云南省的经济发展受外部经济的影响较大。尤其是随着调入规模的不断扩大，调入对云南省生产总值的贡献也不断提高。

从横向比较看，按 42 部分划分，调入和净调入规模最大的是交通运输设备制造业，调入 1048.57 亿元，净调入 1014.24 亿元，这个产业也是调入对产业增加值的贡献率最大的产业，贡献率达到 53.17%；调入和净调入规模处于第二位的是通用、专用设备制造业，调入 875.1 亿元，净调入 846.9 亿元，调入对产业增加值的贡献率处于第三位，贡献率为 49.72%；调入和净调入规模处于第三位的是金属矿采选业，调入 514.87 亿元，净调入 510.50 亿元，调入对这个产业增加值的贡献率处于第十一位，贡献率为 39.53%；调入和净调入规模处于第四位的是交通运输及仓储业，调入 496.43 亿元，净调入 448.15 亿元，调入对这个产业增加值的贡献率并不高，只有 29.46%；调入和净调入规模处于第五位的是通信设备、计算机及其他电子设备制造业，调入 357.94 亿元，净调入 351.94 亿元，调入对这个产业增加值的贡献率很高，处于第二位，贡献率为 49.85%；调入对产业增加值贡献率较高的产业还有纺织服装鞋帽皮革羽绒及其制品业，贡献率为 49.53%，金属冶炼及压延加工业，贡献率为 46.37%，仪器仪表及文化办公机械制造业，贡献率为 45.11%。可以看出，调入对产业增加值贡献率高的产业主要是云南省产业规模小，不具有竞争力，主要依赖调入的装备制造业。

从细分行业看。2007 年货物和服务调入与净调入规模最大的是有色金属矿采选业，调入合计 436.78 亿元，净调入 430.14 亿元，有色金属矿产调入对产业增加值的贡献率为 45.68%，比 2002 年提高了 17.6 个百分点，比 1997 年提高了 30.05 个百分点；调入和净调入规模处于第二位的是汽车制造业，2007 年汽车调入合计 385.04 亿元，净调入 339.18 亿元，汽车调入对这个产业增加值的贡献率为 51.92%，比 2002 年提高了 2.34 个百分点，比 1997 年提高了 20.01 个百分点；调入规模处于第三位的是石油及核燃料加工业，石油产品调入 184.32 亿元，净调入 167.69 亿元，该产业在云南没有增加值；调入规模处于第四位的是其他专用设备制造业，调入 184.32 亿元，净调入 167.69 亿元，其他专用设备调入对该产业增加值的贡献率是 52.10%，比 2002 年提高 7.76 个百分点；比 1997 年提高了 14.62 个百分点；调入规模处于第五位的是锅炉及原动机制造业，2007 年调入 171.38 亿元，净调入 170.90 亿元，调入对该产业增加值的贡献率是 36.75%，比 2002 年提高 1.88 个百分点，比 1997 年提高 10.56 个百分点；调入规模处于第六位的是纺织服装、鞋、帽制造业，调入 153.34 亿元，净调入 152.76 亿元，调入对该产业增加值的贡献率是 51.52%，比 2002 年提高了 2.25 个百分点，比 1997 年提高了 23.29 个百分点；2007 年调入超过

100 亿元的还有道路运输业，调入 121.93 亿元，净调入 110.74 亿元，调入对道路运输业增加值的贡献率是 45.34%，比 2002 年的道路运输业提高了 9.27 个百分点，比 1997 年的公路货运业提高了 23.28 个百分点，比 1997 年的公路客运业提高了 14.06 个百分点。

2007 年细分行业中，调入对产业增加值贡献最大的是其他电子设备制造业，贡献率达到 63.22%，由于这个产业以调入为主，云南省该产业弱小，调入对产业增加值的贡献一直都很高，2002 年为 66.3%，1997 年是 50.94%；调入对产业增加值贡献率处于第二位的是计算机服务业，贡献率为 58.81%，比 2002 年提高了 38.13 个百分点；调入贡献处于第三位的是文教体育用品制造业，贡献率是 56.48%，比 2002 年的文化用品制造业提高了 20.93 个百分点，比 1997 年的文化用品制造业提高了 34.35 个百分点。另外还有农药制造业，软件业，航空运输业，电子计算机制造业，有色金属冶炼及合金制造业，其他专用设备制造业，汽车制造业，纺织服装、鞋、帽制造业，农林牧渔专用机械制造业的调入对产业增加值的贡献率都超过了 50%。

2. 进口对产业增加值间接贡献较大的是省内和国内短缺的部分机械工业

分 42 个产业部门看，2007 年云南省的 42 个产业部门中，有 24 个部门有产品进口，其中，进口规模最大的是金属矿采选业，进口规模为 442.28 亿元，其次是通用、专用设备制造业，进口规模为 38.66 亿元，第三是批发和零售贸易业，进口规模为 36.99 亿元。之后依次是煤炭开采和洗选业、农林牧渔业、化学工业、住宿和餐饮业等。

各产业进口对产业增加值贡献最大的是金属冶炼及压延加工业，贡献率高达 29.8%，其次是工艺品及其他制造业，贡献率为 14.4%，第三是金属矿采选业，贡献率为 14.1%，第四是金属制品业，贡献率为 13.1%，第五是电气机械及器材制造业，贡献率为 13.0%。其他产业进口的贡献率在 10% 以下，其中 31 个产业部门的进口贡献率在 5% 以下。

分 144 个产业看，2007 年有 58 个产业有进口，其中，进口规模最大的是有色金属矿采选业，其次是批发业，进口规模是 36.99 亿元，第三是其他专用设备制造业，进口规模为 31.86 亿元，第四是煤炭开采和洗选业，进口规模为 28.06 亿元，第五是黑色金属矿采选业，进口规模为 27.29 亿元，第六是种植业，进口 14.49 亿元，第七是非金属矿及其他矿采选业，进口 10.50 亿元，其他 51 个产业的进口规模在 10 亿元以下。

从进口对产业增加值的贡献率看，144 个产业中贡献率最高的是有色金属冶炼及合金制造业，贡献率为 39.37%，其次是有色金属压延加工业，贡献率为 21.13%，第三是电线、电缆、光缆及电工器材制造业，贡献率是 18.34%，第四是有色金属矿采选业，贡献率为 17.37%，第五是其他电气机械及器材制造业，贡献率为 13.67%，其他进口贡献率超过 10% 的还有其他电子设备制造业，贡献率为 10.38%。

3. 国内省外购进对产业增加值间接贡献较大的是服装类产业和装备制造业

国内省外购进是云南省货物和服务调入的主体。2007 年云南省从国内省外购进规模最大的是通用、专用设备制造业，购进规模 608.08 亿元，其次是交通运输设备制造业，购进规模 479.81 亿元，第三是石油加工、炼焦及核燃料加工业，石油产品购进 296.39 亿元，第四是化学工业，购进化学品 176.03 亿元，第五是货物运输及仓储业，购进规模 158.18 亿元，第六是通信设备、计算机及其他电子设备制造业，通信和计算机产品购进 153.83 亿元，第七是纺织服装皮革羽绒及其制品业，购进规模 153.45 亿元，第八是电气机械及器材制造业，购进规模 144.83 亿元，第九是食品制造及烟草加工业，购进规模 119.04 亿元，其他产业部门购进规模都在 100 亿元以下。

从 42 个部门的国内省外购进产品对各行业的贡献率看，贡献率最高的是服装皮革羽绒及其制品业，贡献率高达 49.5%，其次是交通运输设备制造业，贡献率高达 45.9%，第三是通信设备、计算机及其他电子设备制造业，贡献率为 45.2%，第四是仪器仪表及文化办公用机械制造业，贡献率为 40.1%，第五是通用、专用设备制造业，贡献率为 38.8%。贡献率在 30%~40% 之间的有 12 个产业部门，贡献率在 20%~30% 之间的产业部门有 11 个，贡献率在 10%~20% 之间的有 13 个产业部门，在 10% 以下的只有房地产业 1 个。

从 144 个细分行业部门看，2007 年云南省有国内省外购进的产业为 106 个，其中，购进规模最大的是汽车制造业，购进规模为 384.93 亿元，其次是石油及核燃料加工，购进 293.87 亿元，第三是锅炉及原动机制造业，购进规模为 171.38 亿元，第四是纺织服装、鞋、帽制造业，购进规模为 153.35 亿元，第五是其他专用设备制造业，购进规模为 152.46 亿元，第六是道路运输业，购进规模为 121.93 亿元。

从购进对产业增加值的贡献率看，最高的是计算机服务业，计算机服务购进对产业增加值的贡献率为 56.42%，其次是农药制造业，贡献率为

54.52%，第三是文教体育用品制造业，贡献率为54.3%，第四是软件业，购进贡献率是53.34%，第五是航空运输业，购进贡献率是53.43%。其他产业中，购进对产业增加值贡献率在40%～50%之间的有18个产业，购进对产业增加值贡献率在30%～40%之间的有44个产业，购进对产业增加值贡献率在20%～30%之间的有33个产业，贡献率在10%～20%之间的有25个产业，贡献率在10%以下的有9个产业，没有购进的有10个产业。

第四节　结论与建议

需求结构是受产业结构影响的重要地区经济结构之一，同时需求结构也对产业结构有直接影响，各项需求对各产业有不同的促进作用。云南的产业结构特征决定了扩大需求对云南产业发展的促进作用效果低于全国平均水平。

通过测算与分析，本章得出了以下主要结论。

（1）扩大农村消费需求对产业发展的促进作用小于全国平均水平，能够对农林牧渔业、服装制造业和食品制造业发展有较大促进作用，但对大部分产业的促进作用小，对家具制造、针织品等144个部门中的45个部门促进的是省外的产业发展。在云南省目前的产业结构水平下，通过扩大农村居民消费以拉动经济增长的政策难于达到预期效果。

（2）扩大城镇居民消费需求对产业发展的促进作用也小于全国平均水平，能够对种植业、食品制造、化学工业、批发零售贸易业、交通运输及仓储业、房地产业、金融保险业等有一定的促进作用，但对其他产业的促进作用很小，对家具制造、通信设备制造等144个部门中的44个部门促进的是省外的产业发展。在云南省目前的产业结构水平下，通过启动城镇居民消费来促进经济增长的政策效果也很有限。

（3）扩大政府支出的效果低于全国平均水平，但对扩大公共管理和社会组织，教育，卫生、社会保障和社会福利业，综合技术服务业等部门有较强的生产诱发效果。

（4）扩大固定资产投资对云南产业的促进作用远低于全国平均水平，促进作用较大的只有建筑业和金属冶炼及压延加工业，对其他产业的促进作用小，尤其对纺织服装、金属矿采选业、交通运输及仓储业等144个部门中的73个产业部门促进的是省外的产业发展。通过扩大投资来拉动经济增长的作用越来越小。

（5）存货投资需求产生的促进作用较大的产业是食品制造及烟草加工业、金属冶炼及压延加工业、化学工业、批发和零售业等，并促进省外的纺织服装，金属矿采选业，通信设备、计算机及其他电子设备制造业等产业的发展。

（6）外部需求对云南经济增长的贡献较大，但行业非常集中，增加值比重较高的金属冶炼及压延加工业，食品制造和烟草加工业，电力、热力的生产和供应业，农林牧渔业和批发零售业受出口和国内省外需求的促进作用大，对其依赖程度高，冶金、卷烟、电力受外部需求影响最大，依赖程度最高，金属业、化学工业、住宿和餐饮业、租赁和商务服务业受外部需求的促进作用程度不高，但对其依赖程度比较高。

通过对拆分的投入产出表进行测算与分析，得出以下结论。

（1）调入对产业增加值间接贡献较大的是装备工业，产业门类多。调入对产业增加值贡献较大的依次是电子设备制造业，计算机服务业，文教体育用品制造业，农药制造业，软件业，航空运输业，电子计算机制造业，有色金属冶炼及合金制造业，其他专用设备制造业，汽车制造业，纺织服装、鞋、帽制造业，农林牧渔专用机械制造业等。

（2）进口对产业增加值间接贡献较大的是省内和国内短缺的部分机械工业。进口对产业增加值贡献较大的依次是有色金属冶炼及合金制造业，有色金属压延加工业，电线、电缆、光缆及电工器材制造业，有色金属矿采选业，其他电气机械及器材制造业，其他电子设备制造业等。

（3）国内省外购进对产业增加值间接贡献较大的是服装类产业和装备制造业，但产业门类多。国内省外购进对产业增加值的贡献率较大的依次是计算机服务业、农药制造业、文教体育用品制造业、软件业、航空运输业等，没有购进的只有144个产业中的10个产业。

总体上，我们得出的结论是：由于云南省的产业结构失衡，通过扩大消费需求来促进云南省的产业发展是"事倍功半"的调节行为；扩大投资来拉动经济增长的效应越来越弱，这是因为投资需求对很多产业的生产诱发效果不显著。虽然调出对云南经济增长的贡献不低，但调出部门少，开拓云南产品的省外市场仍然显得十分迫切。以国内省外购进为主的调入部门多，虽然对产业增加值有间接贡献，但购进部门多，不利于本地产业的成长，因此，优化云南产业结构的关键还是加快云南的非资源类工业的发展，尤其是要加快轻工业部门和装备工业部门的发展步伐。

附　录

附表1　云南省调出与调入对云南省生产总值的贡献率

单位：%

产业部门	出口	销往国内省外	进口	国内省外购进
农、林、牧、渔业	2.6	34.3	1.5	10.6
煤炭开采和洗选业	2.2	36.5	3.6	28.5
石油和天然气开采业	0.0	0.0	0.0	0.0
金属矿采选业	2.9	58.9	14.1	28.7
非金属矿及其他矿采选业	2.6	31.5	4.2	37.2
食品制造及烟草加工业	2.9	56.7	1.4	11.8
纺织业	4.3	31.0	2.4	26.2
纺织服装鞋帽皮革羽绒及其制品业	1.1	17.1	1.8	49.5
木材加工及家具制造业	2.2	24.1	4.0	30.5
造纸印刷及文教用品制造业	1.9	35.6	3.5	34.3
石油加工、炼焦及核燃料加工业	2.1	35.5	8.8	33.6
化学工业	3.8	36.3	6.7	30.4
非金属矿物制品业	1.8	15.6	7.6	31.2
金属冶炼及压延加工业	2.9	60.3	29.9	19.0
金属制品业	1.8	26.8	13.1	26.3
通用、专用设备制造业	1.0	16.4	7.7	38.8
交通运输设备制造业	1.2	20.2	3.9	45.9
电气机械及器材制造业	1.8	20.2	13.0	25.7
通信设备、计算机及其他电子设备制造业	1.4	21.9	3.6	45.2
仪器仪表及文化办公用机械制造业	1.7	26.0	2.8	40.1
工艺品及其他制造业	2.6	37.7	14.4	25.4
废品废料	2.1	36.6	0.0	0.0
电力、热力的生产和供应业	2.0	40.9	4.1	18.8
燃气生产和供应业	1.6	26.2	8.1	36.4
水的生产和供应业	1.7	23.9	3.0	15.2
建筑业	0.2	2.2	9.4	29.5
货物运输及仓储业	2.2	37.8	1.9	32.9
邮政业	1.6	25.0	2.0	30.4
信息传输、计算机服务和软件业	1.8	28.1	2.1	27.9
批发和零售业	2.5	40.8	0.9	12.6
住宿和餐饮业	2.6	31.7	1.7	17.6
金融业	2.0	33.9	1.5	18.8
房地产业	1.3	22.0	0.7	6.3
租赁和商品服务业	2.5	34.2	2.7	31.2
研究与试验发展业	2.0	30.9	2.6	26.4
综合技术服务业	1.3	21.5	2.2	27.9
水利环境和公共设施管理业	3.3	32.8	1.3	14.2
居民服务和其他服务业	1.6	25.0	2.7	27.9
教育	0.5	11.5	0.8	10.3
卫生、社会保障和社会福利业	0.5	8.5	3.2	31.3
文化、体育和娱乐业	1.1	19.4	1.7	17.8
公共管理和社会组织	0.2	2.5	1.5	19.3

附表 2　云南省 2010 年各项最终需求对 42 个产业门类的生产诱发系数

	农村居民消费	城镇居民消费	居民消费合计	政府消费	最终消费合计	固定资本形成总额	存货增加	资本形成总额合计	调出
农、林、牧、渔业	0.409	0.284	0.328	0.020	0.241	0.096	0.432	0.118	0.104
煤炭开采和洗选业	0.030	0.019	0.023	0.001	0.016	0.011	0.048	0.013	0.021
石油和天然气开采业	0.001	0.001	0.001	0.001	0.001	0.000	0.002	0.001	0.001
金属矿采选业	-0.002	-0.002	-0.002	0.001	-0.001	-0.027	-0.016	-0.027	-0.083
非金属矿及其他矿采选业	0.003	0.003	0.003	0.001	0.002	0.007	0.028	0.008	0.003
食品制造及烟草加工业	0.278	0.247	0.258	0.009	0.188	0.006	0.210	0.020	0.285
纺织业	0.034	0.030	0.031	0.030	0.031	0.040	0.046	0.040	0.038
纺织服装鞋帽皮革羽绒及其制品业	-0.077	-0.070	-0.072	-0.075	-0.073	-0.096	-0.107	-0.096	-0.094
木材加工及家具制造业	0.005	0.003	0.004	-0.004	0.002	0.000	0.002	0.001	-0.001
造纸印刷及文教体育用品制造业	0.007	0.006	0.006	0.007	0.007	0.001	0.015	0.002	0.007
石油加工、炼焦及核燃料加工业	0.011	-0.002	0.002	-0.011	-0.002	-0.012	0.002	-0.011	-0.009
化学工业	0.099	0.127	0.117	0.051	0.099	0.031	0.175	0.041	0.079
非金属矿物制品业	0.017	0.004	0.009	0.002	0.007	0.043	0.033	0.042	0.004
金属冶炼及压延加工业	0.003	0.001	0.002	-0.010	-0.001	0.131	0.206	0.136	0.406
金属制品业	0.004	0.002	0.003	0.006	0.004	-0.004	0.042	-0.001	0.006
通用、专用设备制造业	-0.029	-0.017	-0.021	-0.065	-0.034	0.047	-0.003	0.044	0.009
交通运输设备制造业	-0.001	-0.006	-0.004	-0.030	-0.011	0.067	-0.004	0.062	-0.008
电气机械及器材制造业	-0.014	-0.013	-0.013	-0.007	-0.011	-0.013	-0.004	-0.012	-0.013
通信设备、计算机及其他电子设备制造业	-0.013	-0.021	-0.018	-0.019	-0.018	-0.003	-0.005	-0.004	-0.008
仪器仪表及文化办公用机械制造业	-0.002	-0.003	-0.003	-0.007	-0.004	-0.002	-0.002	-0.002	-0.002

续表

	农村居民消费	城镇居民消费	居民消费合计	政府消费	最终消费合计	固定资本形成总额	存货增加	资本形成总额合计	调出
工艺品及其他制造业	0.001	0.003	0.002	0.000	0.001	0.000	-0.004	0.000	0.003
废品废料	0.001	0.001	0.001	0.000	0.000	0.001	0.002	0.001	0.002
电力、热力的生产和供应业	0.086	0.072	0.077	0.031	0.064	0.034	0.044	0.035	0.139
燃气生产和供应业	0.003	0.017	0.012	0.001	0.009	0.000	0.002	0.001	0.002
水的生产和供应业	0.001	0.006	0.004	0.003	0.004	0.000	-0.002	0.000	0.001
建筑业	0.029	0.011	0.018	0.005	0.014	0.474	0.001	0.443	0.016
交通运输及仓储业	-0.005	0.018	0.010	-0.007	0.005	-0.016	-0.013	-0.016	0.002
邮政业	0.001	0.001	0.001	0.005	0.002	0.000	0.000	0.000	0.001
信息传输、计算机服务和软件业	0.038	0.060	0.052	0.030	0.046	0.011	0.010	0.011	0.015
批发和零售业	0.080	0.070	0.074	0.009	0.056	0.055	0.088	0.057	0.100
住宿和餐饮业	0.026	0.059	0.048	0.042	0.046	0.005	0.005	0.005	0.060
金融业	0.038	0.045	0.043	0.017	0.036	0.023	0.018	0.022	0.077
房地产业	0.040	0.051	0.047	0.004	0.035	0.025	0.002	0.023	0.007
租赁和商务服务业	0.017	0.045	0.035	0.006	0.027	0.015	0.014	0.015	0.023
研究与试验发展业	0.000	0.000	0.000	0.011	0.003	0.001	0.001	0.001	0.001
综合技术服务业	0.003	0.003	0.003	0.059	0.019	0.006	0.003	0.006	0.003
水利、环境和公共设施管理业	0.001	0.001	0.001	0.034	0.010	0.000	0.001	0.000	0.003
居民服务和其他服务业	0.011	0.019	0.017	0.017	0.017	0.002	0.002	0.002	0.003
教育	0.052	0.034	0.040	0.229	0.093	0.001	0.001	0.001	0.004
卫生、社会保障和社会福利业	0.046	0.024	0.032	0.153	0.066	0.001	0.002	0.001	0.001
文化、体育和娱乐业	0.005	0.025	0.018	0.020	0.018	0.001	0.001	0.001	0.002
公共管理和社会组织	0.001	0.001	0.001	0.514	0.145	0.000	0.000	0.000	0.001
诱发系数合计	1.237	1.161	1.187	1.084	1.158	0.962	1.278	0.983	1.209

资料来源：云南省 2010 年投入产出延长表。

附表3　云南省2010年42个产业门类对各项最终需求的依赖度系数

	农村居民消费	城镇居民消费	居民消费合计	政府消费	最终消费合计	固定资本形成总额	存货增加	资本形成总额合计	调出
农、林、牧、渔业	0.244	0.314	0.558	0.014	0.571	0.278	0.087	0.365	0.180
煤炭开采和洗选业	0.089	0.104	0.193	0.002	0.195	0.156	0.049	0.205	0.185
石油和天然气开采业	0.000	0.000	0.000	0.000	0.000	0.000	0.000	0.000	0.000
金属矿采选业	-0.008	-0.014	-0.022	0.005	-0.017	-0.451	-0.018	-0.469	-0.825
非金属矿及其他矿采选业	0.043	0.066	0.108	0.018	0.126	0.437	0.130	0.567	0.129
食品制造及烟草加工业	0.179	0.295	0.473	0.006	0.480	0.020	0.046	0.066	0.535
纺织业	2.218	3.657	5.875	2.189	8.064	12.674	1.026	13.700	7.389
纺织服装鞋帽皮革羽绒及其制品业	-20.393	-34.143	-54.536	-22.065	-76.601	-121.880	-9.586	-131.466	-72.261
木材加工及家具制造业	0.148	0.168	0.316	-0.126	0.191	0.057	0.020	0.077	-0.085
造纸印刷及文教体育用品制造业	0.047	0.083	0.129	0.059	0.188	0.029	0.035	0.065	0.142
石油加工、炼焦及核燃料加工业	0.050	-0.020	0.030	-0.060	-0.030	-0.271	0.003	-0.268	-0.128
化学工业	0.110	0.263	0.373	0.063	0.436	0.169	0.066	0.235	0.255
非金属矿物制品业	0.062	0.028	0.089	0.009	0.099	0.737	0.040	0.777	0.046
金属冶炼及压延加工业	0.002	0.001	0.003	-0.006	-0.003	0.325	0.036	0.360	0.606
金属制品业	0.077	0.081	0.158	0.133	0.292	-0.386	0.296	-0.090	0.330
通用、专用设备制造业	-0.163	-0.182	-0.346	-0.415	-0.761	1.284	-0.005	1.279	0.153
交通运输设备制造业	-0.008	-0.069	-0.077	-0.218	-0.295	2.080	-0.010	2.070	-0.155
电气机械及器材制造业	-0.165	-0.292	-0.457	-0.097	-0.554	-0.759	-0.015	-0.774	-0.463
通信设备、计算机及其他电子设备制造业	-0.909	-2.573	-3.482	-1.475	-4.958	-1.138	-0.110	-1.248	-1.634
仪器仪表及文化办公用机械制造业	-0.123	-0.325	-0.448	-0.416	-0.864	-0.552	-0.040	-0.592	-0.270

续表

	农村居民消费	城镇居民消费	居民消费合计	政府消费	最终消费合计	固定资本形成总额	存货增加	资本形成总额合计	调出
工艺品及其他制造业	0.076	0.313	0.388	-0.002	0.387	-0.075	-0.089	-0.163	0.512
废品废料	0.036	0.040	0.076	-0.010	0.066	0.265	0.022	0.287	0.208
电力,热力的生产和供应业	0.094	0.146	0.240	0.038	0.278	0.179	0.016	0.196	0.440
燃气生产和供应业	0.062	0.729	0.792	0.018	0.810	0.052	0.015	0.066	0.158
水的生产和供应业	0.053	0.546	0.599	0.159	0.758	0.008	-0.027	-0.019	0.089
建筑业	0.012	0.009	0.021	0.002	0.023	0.959	0.000	0.959	0.020
交通运输及仓储业	-0.015	0.096	0.081	-0.022	0.059	-0.222	-0.012	-0.235	0.016
邮政业	0.088	0.134	0.223	0.416	0.638	0.119	0.012	0.132	0.142
信息传输,计算机服务和软件业	0.129	0.377	0.507	0.113	0.620	0.179	0.012	0.191	0.153
批发和零售业	0.096	0.155	0.251	0.013	0.264	0.314	0.035	0.350	0.347
住宿和餐饮业	0.069	0.286	0.355	0.123	0.477	0.067	0.004	0.071	0.451
金融业	0.070	0.154	0.223	0.036	0.259	0.199	0.011	0.210	0.409
房地产业	0.136	0.324	0.461	0.015	0.476	0.405	0.002	0.407	0.074
租赁和商务服务业	0.061	0.304	0.365	0.025	0.390	0.260	0.017	0.277	0.239
研究与试验发展业	0.003	0.000	0.003	0.450	0.452	0.103	0.010	0.113	0.058
综合技术服务业	0.027	0.051	0.078	0.531	0.609	0.247	0.007	0.254	0.076
水利,环境和公共设施管理业	0.015	0.037	0.052	0.972	1.024	0.027	0.004	0.032	0.247
居民服务和其他服务业	0.121	0.385	0.506	0.201	0.706	0.088	0.009	0.097	0.082
教育	0.158	0.194	0.352	0.784	1.137	0.010	0.001	0.011	0.037
卫生,社会保障和社会福利业	0.189	0.181	0.369	0.698	1.067	0.012	0.003	0.015	0.013
文化,体育和娱乐业	0.060	0.599	0.659	0.286	0.945	0.052	0.003	0.055	0.067
公共管理和社会组织	0.001	0.002	0.003	0.988	0.991	0.003	0.000	0.003	0.005
依赖程度合计	-0.404	-0.655	-1.059	-0.394	-1.453	-2.475	-0.188	-2.663	-1.477

资料来源：云南省2010年投入产出延长表。

附表 4　云南省 2007 年各项最终需求对 144 个部门的生产诱发系数

	农村居民	城镇居民	居民消费合计	政府消费	最终消费合计	固定资本形成总额	存货增加	资本形成总额	出口	销往国内省外
农业	0.149	0.126	0.134	-0.081	0.071	-0.070	1.398	-0.429	0.158	0.133
林业	0.008	0.005	0.006	-0.007	0.002	0.052	-0.058	0.497	-0.012	-0.024
畜牧业	0.136	0.099	0.113	-0.003	0.079	0.050	0.235	0.535	0.003	0.030
渔业	-0.001	-0.008	-0.005	-0.002	-0.004	-0.002	0.063	-0.010	-0.011	-0.005
农、林、牧、渔服务业	0.004	0.004	0.004	-0.005	0.001	-0.004	0.052	-0.027	0.004	0.004
煤炭开采和洗选业	0.009	0.002	0.005	-0.006	0.002	-0.001	-0.147	-0.038	0.008	0.012
石油和天然气开采业	0.001	0.001	0.001	0.000	0.000	0.000	0.008	0.000	0.004	0.001
黑色金属矿采选业	0.000	0.000	0.000	-0.001	0.000	0.003	0.057	0.037	0.001	0.001
有色金属矿采选业	-0.001	-0.001	-0.001	-0.003	-0.002	0.002	-0.262	-0.026	-0.188	-0.334
非金属矿及其他矿采选业	0.006	0.001	0.003	0.000	0.002	0.003	-0.334	-0.030	0.006	0.003
谷物磨制业	-0.007	0.008	0.002	-0.003	0.001	-0.001	0.013	-0.004	-0.008	-0.005
饲料加工业	0.008	0.006	0.007	0.000	0.005	0.003	-0.160	0.000	0.000	0.002
植物油加工业	0.010	0.009	0.010	0.000	0.007	0.000	-0.028	-0.005	0.000	0.001
制糖业	0.002	0.004	0.003	0.000	0.002	0.000	0.061	0.011	0.000	0.021
屠宰及肉类加工业	0.005	0.010	0.008	0.000	0.006	0.000	-0.153	-0.029	0.001	0.001
水产品加工业	-0.017	-0.030	-0.025	-0.005	-0.019	-0.004	0.101	-0.017	-0.020	-0.009
其他食品加工业	0.000	0.001	0.001	0.000	0.000	0.000	0.032	0.006	0.006	0.004
方便食品制造业	0.000	0.000	0.000	0.000	0.000	0.000	0.008	0.002	0.000	0.001
液体乳及乳制品制造业	0.004	0.007	0.006	0.000	0.004	0.000	0.009	0.002	0.006	0.000
调味品、发酵制品制造业	0.001	0.000	0.001	0.000	0.001	0.000	0.003	0.001	0.006	0.000

续表

	农村居民	城镇居民	居民消费合计	政府消费	最终消费合计	固定资本形成总额	存货增加	资本形成总额	出口	销往国内省外
其他食品制造业	0.002	0.008	0.006	0.000	0.004	0.000	0.011	0.001	0.012	0.001
酒精及酒的制造业	0.007	0.007	0.007	0.001	0.005	0.000	0.029	0.004	0.004	0.002
软饮料及精制茶制造业	0.008	0.006	0.007	0.001	0.005	0.000	0.189	0.036	0.005	0.012
烟草制品业	0.063	0.058	0.060	0.000	0.042	0.000	0.490	0.092	0.156	0.248
棉、化纤纺织及印染精加工业	-0.090	-0.051	-0.066	-0.111	-0.079	-0.128	0.481	-1.170	0.065	0.114
毛纺织和染整精加工业	-0.008	-0.004	-0.006	-0.009	-0.007	-0.011	0.043	-0.104	0.005	0.010
麻纺织、丝绢纺织精加工业	-0.076	-0.061	-0.067	-0.106	-0.078	-0.096	0.352	-0.873	-0.021	0.065
纺织制成品及其他制造业	-0.215	-0.168	-0.186	-0.296	-0.219	-0.272	0.978	-2.483	-0.049	0.186
针织品、编织品及其制造业	-0.281	-0.153	-0.202	-0.337	-0.242	-0.406	1.538	-3.696	0.167	0.367
纺织服装、鞋、帽制造业	0.097	0.054	0.070	0.114	0.083	0.140	-0.525	1.275	-0.059	-0.128
皮革、毛皮、羽毛(绒)及其制品业	0.000	0.000	0.000	0.000	0.000	0.000	-0.004	-0.001	0.000	0.000
木材加工及木、竹、藤、棕、草制品业	-0.008	-0.012	-0.011	-0.022	-0.014	-0.001	-0.037	-0.016	-0.003	-0.005
家具制造业	-0.059	-0.092	-0.079	-0.159	-0.103	-0.021	-0.084	-0.219	-0.077	-0.053
造纸及纸制品业	0.001	0.002	0.002	0.005	0.003	-0.001	0.051	-0.003	0.004	0.009
印刷业和记录媒介的复制业	0.005	0.004	0.005	0.008	0.006	0.000	0.030	0.005	0.004	0.009
文教体育用品制造业	-0.007	-0.011	-0.009	-0.047	-0.021	0.000	-0.024	-0.008	-0.007	-0.010
石油及核燃料加工业	0.027	0.027	0.027	0.017	0.024	0.017	0.077	0.176	0.022	0.021
炼焦业	-0.007	-0.006	-0.006	-0.014	-0.008	-0.002	0.145	0.008	0.016	0.025
基础化学原料制造业	0.001	0.001	0.001	-0.005	-0.001	-0.002	0.117	-0.001	0.057	0.024
肥料制造业	0.024	0.020	0.022	-0.014	0.011	-0.007	0.303	-0.015	0.181	0.034
农药制造业	-0.006	-0.005	-0.005	0.003	-0.003	0.001	-0.049	-0.001	-0.005	-0.004

续表

	农村居民	城镇居民	居民消费合计	政府消费	最终消费合计	固定资本形成总额	存货增加	资本形成总额	出口	销往国内省外
涂料、油墨、颜料及类似产品制造业	0.017	0.010	0.013	0.011	0.012	0.017	-0.105	0.149	-0.009	-0.023
合成材料制造业	0.000	0.000	0.000	-0.002	-0.001	0.000	0.016	0.001	0.001	0.003
专用化学产品制造业	0.000	0.001	0.001	0.000	0.000	-0.001	0.053	0.003	0.004	-0.001
日用化学产品制造业	0.003	0.007	0.005	-0.001	0.003	0.000	-0.014	-0.002	-0.001	0.000
医药制造业	0.024	0.046	0.038	0.010	0.029	0.000	0.050	0.009	0.012	0.011
化学纤维制造业	0.000	0.000	0.000	0.000	0.000	0.000	0.010	0.001	0.001	0.001
橡胶制品业	-0.001	-0.001	-0.001	0.002	0.000	-0.006	0.017	-0.051	0.000	0.000
塑料制品业	-0.001	-0.001	-0.001	-0.007	-0.003	-0.002	0.010	-0.018	0.003	0.003
水泥、石灰和石膏制造业	0.022	0.001	0.009	-0.001	0.006	0.032	-0.093	0.296	0.001	0.000
水泥及石膏制品制造业	0.001	0.000	0.000	-0.001	0.000	0.002	-0.003	0.017	0.014	0.001
砖瓦、石材及其他建筑材料制造业	0.001	-0.001	0.000	0.002	0.001	-0.028	-0.069	-0.291	0.000	-0.002
玻璃及玻璃制品制造业	0.000	0.000	0.000	0.000	0.000	0.000	0.036	0.006	0.001	0.000
陶瓷制品制造业	-0.001	-0.001	-0.001	0.000	-0.001	-0.001	-0.006	-0.013	0.000	0.000
耐火材料制品制造业	0.000	0.000	0.000	0.000	0.000	0.000	0.002	0.001	0.000	0.000
石墨及其他非金属矿物制品制造业	0.000	0.000	0.000	-0.001	0.000	0.000	-0.008	-0.003	0.000	-0.001
炼铁业	-0.001	-0.001	-0.001	-0.003	-0.001	0.009	0.061	0.099	0.006	0.017
炼钢业	0.000	-0.001	-0.001	-0.002	-0.001	0.006	0.073	0.077	0.015	0.004
钢压延加工业	0.000	-0.011	-0.007	-0.021	-0.011	0.077	0.001	0.756	0.016	-0.007
铁合金冶炼业	0.000	0.000	0.000	-0.001	0.000	0.002	0.034	0.023	0.001	0.014
有色金属冶炼及合金制造业	0.000	0.001	0.000	0.006	0.002	-0.003	0.303	0.028	0.150	0.367
有色金属压延加工业	-0.001	-0.002	-0.002	-0.005	-0.003	0.004	-0.030	0.034	0.133	0.026

续表

	农村居民	城镇居民	居民消费合计	政府消费	最终消费合计	固定资本形成总额	存货增加	资本形成总额	出口	销往国内省外
金属制品业	-0.017	-0.006	-0.010	0.002	-0.007	-0.040	0.089	-0.379	0.009	0.021
锅炉及原动机制造业	-0.026	-0.008	-0.015	0.014	-0.007	-0.034	0.165	-0.301	-0.002	-0.002
金属加工机械制造业	-0.001	0.000	0.000	-0.001	0.000	0.011	-0.044	0.101	0.007	0.011
起重运输设备制造业	0.004	0.003	0.003	0.006	0.004	0.006	-0.024	0.054	0.000	-0.003
泵、阀门、压缩机及类似机械的制造业	-0.001	0.000	0.000	-0.002	-0.001	0.012	-0.002	0.118	0.000	-0.001
其他通用设备制造业	-0.003	0.001	-0.001	0.004	0.001	-0.018	0.035	-0.168	0.001	0.004
矿山、冶金、建筑专用设备制造业	0.000	0.002	0.001	0.005	0.002	0.009	-0.013	0.084	0.021	0.038
化工、木材、非金属加工专用设备制造业	0.002	0.001	0.001	0.003	0.002	0.008	-0.028	0.069	0.000	-0.002
农林牧渔专用机械制造业	0.021	0.000	0.008	0.000	0.006	0.012	-0.004	0.117	0.000	0.000
其他专用设备制造业	-0.036	-0.020	-0.026	-0.128	-0.056	0.034	-0.018	0.331	-0.004	-0.003
铁路运输设备制造业	0.000	0.000	0.000	0.000	0.000	0.003	-0.012	0.023	0.000	0.004
汽车制造业	0.004	0.012	0.009	-0.009	0.003	0.071	-0.211	0.661	0.000	-0.001
船舶及浮动装置制造业	0.000	0.000	0.000	0.000	0.000	0.000	0.000	0.000	0.000	0.000
其他交通运输设备制造业	-0.010	-0.020	-0.016	-0.030	-0.020	-0.012	-0.009	-0.122	-0.023	-0.014
电机制造业	0.003	0.002	0.002	0.007	0.004	0.010	0.000	0.102	0.002	-0.002
输配电及控制设备制造业	0.000	0.000	0.000	0.000	0.000	0.014	-0.090	0.117	0.000	0.001
电线、电缆、光缆及电工器材制造业	0.000	0.002	0.001	0.002	0.001	0.007	-0.006	0.065	0.000	0.000
家用电力和非电力机械及器具制造业	0.000	0.000	0.000	-0.001	0.000	0.001	-0.005	0.013	0.000	-0.001
其他电气机械及器材制造业	-0.001	-0.002	-0.002	0.002	-0.001	-0.004	-0.008	-0.039	0.008	0.002
通信设备制造业	-0.010	-0.015	-0.013	-0.009	-0.012	0.001	-0.023	0.007	-0.005	-0.005
雷达及广播设备制造业	0.000	0.000	0.000	0.000	0.000	0.000	0.000	0.000	0.000	0.000

续表

	农村居民	城镇居民	居民消费合计	政府消费	最终消费合计	固定资本形成总额	存货增加	资本形成总额	出口	销往国内省外
电子计算机制造业	-0.004	-0.003	-0.004	-0.018	-0.008	0.001	-0.009	0.010	-0.002	-0.003
电子元件制造业	0.004	0.003	0.004	0.011	0.006	-0.002	0.025	-0.016	0.001	0.001
家用视听设备制造业	0.000	0.000	0.000	0.000	0.000	0.001	0.097	0.025	0.000	0.000
其他电子设备制造业	0.006	0.003	0.005	0.023	0.010	-0.006	0.004	-0.061	0.001	0.001
仪器仪表制造业	0.000	0.000	0.000	0.002	0.000	0.001	-0.033	0.005	0.001	0.001
文化、办公用机械制造业	0.001	0.002	0.002	0.002	0.002	0.002	0.002	0.021	0.001	0.001
工艺品及其他制造业	0.001	0.001	0.001	-0.001	0.000	-0.006	-0.007	-0.064	-0.001	-0.002
废品废料	0.000	0.000	0.000	0.001	0.000	0.000	0.017	-0.001	0.002	0.003
电力、热力的生产和供应业	0.045	0.026	0.033	-0.020	0.018	-0.004	0.194	-0.005	0.071	0.111
燃气生产和供应业	0.002	0.011	0.007	0.002	0.005	-0.001	0.012	-0.003	0.000	0.000
水的生产和供应业	0.000	0.004	0.003	0.002	0.003	-0.001	-0.007	-0.007	0.001	0.001
房屋和土木工程建筑业	0.066	0.000	0.025	0.000	0.018	0.458	0.001	4.492	0.000	0.000
建筑安装业	0.005	0.000	0.002	0.000	0.001	0.033	0.000	0.322	0.000	0.000
建筑装饰业	0.007	0.019	0.014	0.002	0.011	-0.003	0.013	-0.024	0.002	0.004
其他建筑业	0.001	0.000	0.000	0.000	0.000	0.006	0.000	0.058	0.000	0.000
铁路运输业	-0.002	-0.003	-0.002	-0.007	-0.004	-0.004	0.014	-0.032	0.002	0.020
道路运输业	-0.007	-0.007	-0.007	-0.023	-0.012	0.002	0.049	0.033	0.006	0.014
城市公共交通业	0.001	0.021	0.014	0.001	0.010	0.000	0.002	0.002	0.001	0.001
水上运输业	0.000	0.000	0.000	0.000	0.000	0.000	0.000	-0.004	-0.001	-0.001
航空运输业	0.002	0.006	0.005	0.016	0.008	0.001	0.005	0.012	0.013	0.008
管道运输业	0.000	0.000	0.000	0.000	0.000	0.000	0.000	0.000	0.000	0.000

续表

	农村居民	城镇居民	居民消费合计	政府消费	最终消费合计	固定资本形成总额	存货增加	资本形成总额	出口	销往国内省外
装卸搬运和其他运输服务业	0.002	0.001	0.001	-0.002	0.000	-0.001	-0.033	-0.016	0.004	0.000
仓储业	0.000	0.000	0.000	-0.002	0.000	0.001	0.009	0.008	0.003	0.005
邮政业	0.001	0.001	0.001	0.005	0.002	0.000	0.001	0.000	0.000	0.001
电信和其他信息传输服务业	0.037	0.057	0.049	0.029	0.043	0.006	0.016	0.060	0.020	0.019
计算机服务业	0.001	0.001	0.001	0.001	0.001	0.000	0.001	0.001	0.001	0.001
软件业	0.000	0.001	0.001	0.001	0.001	0.000	0.001	0.001	0.001	0.001
批发业	0.021	0.014	0.017	-0.022	0.005	-0.006	0.112	-0.037	0.073	0.070
零售业	0.028	0.032	0.030	-0.008	0.019	-0.007	0.050	-0.061	0.007	0.025
住宿业	0.002	0.007	0.005	0.015	0.008	0.000	0.003	0.002	0.037	0.016
餐饮业	0.020	0.052	0.039	0.017	0.033	-0.001	0.014	-0.003	0.020	0.014
银行业	0.023	0.025	0.024	-0.001	0.017	0.008	0.056	0.090	0.021	0.033
证券业	0.001	0.006	0.004	-0.001	0.002	0.000	0.008	0.004	0.005	0.003
保险业	0.000	0.004	0.002	-0.001	0.001	-0.003	0.016	-0.022	0.004	0.006
其他金融活动	0.000	0.000	0.000	0.000	0.000	0.000	0.000	0.000	0.000	0.000
房地产开发经营业	0.009	0.013	0.012	0.002	0.009	0.001	0.002	0.011	0.003	0.006
物业管理业	0.069	0.079	0.075	0.001	0.053	0.000	0.000	0.000	0.000	0.000
房地产中介服务业	0.000	0.001	0.001	0.000	0.001	0.000	0.000	0.000	0.000	0.000
其他房地产活动	0.001	0.000	0.000	0.000	0.000	0.004	0.000	0.043	0.000	0.000
租赁业	0.003	0.005	0.004	0.001	0.003	0.005	0.005	0.053	0.004	0.004
商务服务业	0.008	0.014	0.012	-0.006	0.006	0.002	0.020	0.024	0.014	0.015
旅游业	0.002	0.031	0.020	0.000	0.014	0.000	0.000	0.000	0.024	0.010

续表

	农村居民	城镇居民	居民消费合计	政府消费	最终消费合计	固定资本形成总额	存货增加	资本形成总额	出口	销往国内省外
研究与试验发展业	-0.004	-0.002	-0.003	0.011	0.001	-0.005	0.023	-0.042	0.004	0.008
专业技术服务业	0.002	0.002	0.002	0.023	0.008	0.005	-0.002	0.054	0.002	0.002
科技交流和推广服务业	0.000	0.000	0.000	0.015	0.005	0.000	0.000	0.000	0.000	0.000
地质勘查业	0.000	0.000	0.000	0.025	0.007	0.000	0.000	0.000	0.000	0.000
水利管理业	0.000	0.000	0.000	0.007	0.002	0.000	0.001	-0.001	0.000	0.000
环境管理业	0.000	0.000	0.000	0.009	0.003	0.000	0.000	0.001	0.000	0.000
公共设施管理业	0.000	0.000	0.000	0.018	0.006	0.000	0.000	0.000	0.011	0.005
居民服务业	0.012	0.024	0.019	0.004	0.015	-0.001	0.006	-0.005	0.002	0.001
其他服务业	0.001	0.004	0.003	0.019	0.008	0.000	0.009	0.004	0.004	0.004
教育	0.050	0.033	0.039	0.234	0.097	-0.002	0.007	-0.017	0.002	0.008
卫生	0.045	0.023	0.032	0.148	0.066	0.000	-0.001	-0.004	0.000	0.000
社会保障业	0.000	0.000	0.000	0.007	0.002	0.000	0.000	0.000	0.000	0.000
社会福利业	0.000	0.000	0.000	0.006	0.002	0.000	0.000	0.000	0.000	0.000
新闻出版业	0.000	0.000	0.000	0.005	0.002	0.000	0.000	0.001	0.000	0.000
广播、电视、电影和音像业	0.002	0.010	0.007	0.008	0.007	0.000	0.000	0.000	0.000	0.000
文化艺术业	0.000	0.000	0.000	0.009	0.003	0.000	0.000	0.000	0.000	0.000
体育	0.000	0.000	0.000	0.001	0.000	0.000	0.000	0.000	0.000	0.000
娱乐业	0.001	0.014	0.009	0.003	0.007	0.000	0.004	-0.004	0.001	0.001
公共管理和社会组织	0.000	0.001	0.000	0.487	0.144	0.000	0.002	-0.002	0.001	0.001
生产诱发系数合计	0.250	0.399	0.342	-0.175	0.189	-0.075	5.846	0.356	1.170	1.640

资料来源：2007年投入产出表。

附表 5 云南省 2007 年 144 个部门对各项最终需求的依赖度系数

	农村居民	城镇居民	居民消费合计	政府消费	最终消费合计	固定资本形成总额	存货增加	资本形成总额	出口	销往国内省外
农业	0.172	0.231	0.403	-0.102	0.301	-0.270	0.102	-0.168	0.042	0.557
林业	0.038	0.037	0.075	-0.038	0.036	0.868	-0.019	0.849	-0.014	-0.441
畜牧业	0.246	0.283	0.528	-0.006	0.522	0.299	0.027	0.326	0.001	0.195
渔业	-0.036	-0.392	-0.428	-0.073	-0.502	-0.227	0.124	-0.103	-0.078	-0.511
农、林、牧、渔服务业	0.124	0.170	0.295	-0.149	0.146	-0.352	0.093	-0.259	0.027	0.410
煤炭开采和洗选业	0.061	0.021	0.082	-0.042	0.040	-0.024	-0.062	-0.086	0.013	0.299
石油和天然气开采业	0.000	0.000	0.000	0.000	0.000	0.000	0.000	0.000	0.000	0.000
黑色金属矿采选业	0.000	-0.010	-0.011	-0.015	-0.026	0.160	0.066	0.226	0.005	0.098
有色金属矿及其他矿采选业	-0.009	-0.013	-0.022	-0.021	-0.043	0.057	-0.121	-0.064	-0.316	-8.850
非金属矿及其他矿采选业	0.148	0.039	0.187	-0.013	0.174	0.288	-0.558	-0.270	0.038	0.262
谷物磨制业	-1.814	3.487	1.673	-0.976	0.697	-0.559	0.215	-0.344	-0.500	-4.826
饲料加工业	0.172	0.197	0.369	-0.005	0.364	0.205	-0.205	0.001	0.000	0.175
植物油加工业	0.506	0.743	1.249	0.001	1.250	0.006	-0.087	-0.081	0.002	0.090
制糖业	0.022	0.077	0.099	0.000	0.099	0.000	0.043	0.043	0.001	0.859
屠宰及肉类加工业	0.329	1.018	1.347	0.029	1.377	-0.001	-0.608	-0.609	0.009	0.134
水产品加工业	-36.987	-101.679	-138.666	-11.956	-150.622	-25.858	13.769	-12.089	-9.766	-68.773
其他食品加工业	0.012	0.064	0.076	0.009	0.085	0.000	0.116	0.116	0.074	0.724
方便食品制造业	0.004	0.076	0.080	0.115	0.195	0.001	0.125	0.126	0.005	0.792
液体乳及乳制品制造业	0.223	0.594	0.817	0.006	0.823	-0.001	0.030	0.029	0.073	0.074
调味品、发酵制品制造业	0.328	0.138	0.465	0.023	0.488	-0.003	0.048	0.045	0.328	0.226

续表

	农村居民	城镇居民	居民消费合计	政府消费	最终消费合计	固定资本形成总额	存货增加	资本形成总额	出口	销往国内省外
其他食品制造业	0.078	0.624	0.702	0.003	0.705	-0.017	0.032	0.016	0.131	0.250
酒精及酒的制造业	0.208	0.349	0.557	0.043	0.600	-0.010	0.056	0.046	0.030	0.249
软饮料及精制茶加工业	0.112	0.138	0.250	0.010	0.260	0.001	0.174	0.175	0.018	0.645
烟草制品业	0.056	0.083	0.139	0.000	0.140	0.000	0.028	0.028	0.032	0.804
棉、化纤纺织及印染精加工业	-11.642	-10.504	-22.146	-15.579	-37.726	-54.969	3.933	-51.036	1.940	53.144
毛纺织和染整精加工业	-62.837	-55.260	-118.097	-80.283	-198.380	-300.846	21.608	-279.238	8.784	302.539
麻纺织、丝绢纺织及精加工业	-11.142	-14.109	-25.251	-16.858	-42.109	-46.303	3.256	-43.047	-0.692	34.625
纺织制成品制造业	-492.153	-612.790	-1104.94	-736.826	-1841.77	-2059.72	141.516	-1918.21	-25.715	1538.35
针织品、编织品及其制品制造业	-839.326	-726.010	-1565.33	-1096.36	-2661.70	-4017.33	290.468	-3726.86	114.67	3975.97
纺织服装、鞋、帽制造业	31.376	27.618	58.994	40.118	99.112	150.182	-10.755	139.426	-4.379	-150.857
皮革、毛皮（绒）及其制品业	-0.224	-0.515	-0.739	-1.660	-2.399	0.025	-0.810	-0.784	-0.040	0.132
木材加工及木、竹、藤、棕、草制品业	-0.312	-0.760	-1.072	-0.959	-2.031	-0.126	-0.091	-0.216	-0.028	-0.776
家具制造业	-41.917	-103.456	-145.373	-122.379	-267.753	-48.540	-3.747	-52.287	-12.510	-134.731
造纸及纸制品业	0.019	0.052	0.071	0.070	0.141	-0.062	0.046	-0.016	0.012	0.480
印刷业和记录媒介的复制业	0.078	0.108	0.187	0.144	0.331	-0.005	0.029	0.024	0.016	0.485
文教体育用品制造业	-20.062	-47.657	-67.719	-140.605	-208.324	-3.539	-4.212	-7.751	-4.494	-98.435
石油及核燃料加工业	0.000	0.000	0.000	0.000	0.000	0.000	0.000	0.000	0.000	0.000
炼焦业	-0.050	-0.067	-0.117	-0.106	-0.223	-0.047	0.066	-0.016	0.026	0.643
基础化学原料制造业	0.005	0.013	0.018	-0.036	-0.018	-0.048	0.045	-0.003	0.080	0.542
肥料制造业	0.096	0.128	0.224	-0.060	0.164	-0.097	0.077	-0.020	0.168	0.501
农药制造业	-5.590	-7.511	-13.100	3.221	-9.879	2.483	-2.958	-0.475	-1.203	-15.373

续表

	农村居民	城镇居民	居民消费合计	政府消费	最终消费合计	固定资本形成总额	存货增加	资本形成总额	出口	销往国内省外
涂料、油墨、颜料及类似产品制造业	4.189	4.078	8.267	3.041	11.308	14.265	-1.672	12.593	-0.518	-21.149
合成材料制造业	-0.014	-0.014	-0.027	-0.080	-0.107	-0.027	0.038	0.011	0.006	0.407
专用化学产品制造业	0.008	0.028	0.035	0.010	0.045	-0.057	0.087	0.030	0.025	-0.083
日用化学产品制造业	0.163	0.559	0.722	-0.074	0.647	0.003	-0.047	-0.044	-0.013	-0.081
医药制造业	0.210	0.636	0.846	0.096	0.942	-0.001	0.027	0.026	0.024	0.345
化学纤维制造业	0.007	0.011	0.019	-0.028	-0.009	-0.024	0.040	0.015	0.012	0.280
橡胶制品业	-0.217	-0.289	-0.506	0.469	-0.037	-3.754	0.218	-3.536	-0.015	0.068
塑料制品业	-0.023	-0.037	-0.060	-0.175	-0.235	-0.149	0.014	-0.135	0.014	0.283
水泥、石灰和石膏制造业	0.151	0.006	0.158	-0.004	0.153	0.739	-0.041	0.698	0.002	0.010
水泥及石膏制品制造业	0.060	0.022	0.082	-0.043	0.039	0.404	-0.012	0.392	0.230	0.130
砖瓦、石材及其他建筑材料制造业	0.214	-0.303	-0.089	0.401	0.311	-15.178	-0.711	-15.888	0.002	-1.025
玻璃及玻璃制品制造业	-0.007	-0.043	-0.050	0.002	-0.048	-0.033	0.222	0.189	0.018	-0.042
陶瓷制品制造业	-0.436	-1.189	-1.625	-0.201	-1.826	-3.179	-0.297	-3.476	0.032	-0.391
耐火材料制品制造业	0.012	0.035	0.047	-0.007	0.039	0.053	0.032	0.085	0.010	0.187
石墨及其他非金属矿物制品制造业	0.038	0.007	0.045	-0.205	-0.160	-0.118	-0.098	-0.216	-0.023	-0.680
炼铁业	-0.005	-0.018	-0.023	-0.024	-0.047	0.260	0.034	0.293	0.013	0.546
炼钢业	-0.001	-0.025	-0.026	-0.029	-0.054	0.366	0.079	0.445	0.058	0.268
钢压延加工业	-0.001	-0.046	-0.047	-0.062	-0.109	0.686	0.000	0.686	0.010	-0.066
铁合金冶炼业	-0.004	-0.004	-0.008	-0.020	-0.028	0.110	0.042	0.152	0.004	0.987
有色金属冶炼及合金制造业	0.000	0.001	0.001	0.005	0.006	-0.007	0.014	0.007	0.025	0.979
有色金属压延加工业	-0.007	-0.026	-0.032	-0.037	-0.069	0.090	-0.013	0.077	0.208	0.638

续表

	农村居民	城镇居民	居民消费合计	政府消费	最终消费合计	固定资本形成总额	存货增加	资本形成总额	出口	销往国内省外
金属制品业	-0.588	-0.345	-0.933	0.071	-0.862	-4.617	0.194	-4.423	0.070	2.614
锅炉及原动机制造业	-3.985	-2.014	-5.999	2.319	-3.681	-16.908	1.568	-15.340	-0.064	-1.184
金属加工机械制造业	-0.009	-0.009	-0.018	-0.011	-0.029	0.631	-0.047	0.584	0.028	0.662
起重运输设备制造业	5.134	6.448	11.582	9.086	20.668	27.749	-2.178	25.571	0.101	-15.545
泵、阀门、压缩机及类似机械的制造业	0.000	0.000	0.000	0.000	0.000	0.000	0.000	0.000	0.000	0.000
其他通用设备制造业	-0.126	0.051	-0.075	0.167	0.091	-2.537	0.094	-2.443	0.006	0.585
矿山、冶金、建筑专用设备制造业	0.030	0.255	0.285	0.511	0.797	2.614	-0.074	2.540	0.433	12.466
化工、木材、非金属加工专用设备制造业	0.342	0.419	0.761	0.666	1.427	5.186	-0.373	4.814	-0.018	-1.457
农林牧渔专用机械制造业	0.588	0.001	0.589	-0.001	0.588	1.111	-0.008	1.103	0.000	0.002
其他专用设备制造业	-1.131	-0.987	-2.118	-4.384	-6.501	3.562	-0.036	3.526	-0.029	-0.371
铁路运输设备制造业	0.001	-0.001	0.000	-0.002	-0.002	0.491	-0.045	0.446	-0.001	0.810
汽车制造业	0.029	0.149	0.178	-0.077	0.101	1.862	-0.105	1.757	0.001	-0.037
船舶及浮动装置制造业	0.000	0.000	0.000	0.000	0.000	0.000	0.000	0.000	0.000	0.000
其他交通运输设备制造业	-41.877	-128.164	-170.041	131.290	-301.331	-164.218	-2.246	-166.464	-21.043	199.349
电机制造业	0.215	0.187	0.402	0.534	0.936	2.363	-0.001	2.362	0.032	-0.608
输配电及控制设备制造业	-0.008	-0.011	-0.019	0.008	-0.011	1.675	-0.211	1.464	0.004	0.109
电线、电缆、光缆及电工器材制造业	0.001	0.058	0.059	0.041	0.100	0.483	-0.008	0.475	-0.002	-0.012
家用电力和非电力机械及器具制造业	0.319	0.254	0.573	-0.960	-0.387	3.151	-0.232	2.919	-0.060	-2.703
其他电气机械及器材制造业	-0.103	-0.584	-0.687	0.376	-0.311	-1.922	-0.072	-1.994	0.284	1.251
通信设备制造业	-3.387	-8.018	-11.405	-3.081	-14.485	1.268	-0.491	0.777	-0.415	-6.183
雷达及广播设备制造业	0.000	0.000	0.000	0.000	0.000	0.000	0.000	0.000	0.000	0.000

续表

	农村居民	城镇居民	居民消费合计	政府消费	最终消费合计	固定资本形成总额	存货增加	资本形成总额	出口	销往国内省外
电子计算机制造业	-0.441	-0.562	-1.003	-2.136	-3.140	0.420	-0.062	0.358	-0.059	-1.325
电子元器件制造业	0.830	1.074	1.904	2.385	4.288	-1.372	0.301	-1.071	0.025	0.831
家用视听设备制造业	0.000	0.000	0.000	0.000	0.000	0.000	0.000	0.000	0.000	0.000
其他电子设备制造业	28.720	23.847	52.567	113.834	166.401	-93.169	1.151	-92.018	0.990	20.474
仪器仪表制造业	-0.012	-0.009	-0.021	0.099	0.078	0.205	-0.114	0.090	0.010	0.202
文化、办公用机械制造业	0.000	0.000	0.000	0.000	0.000	0.000	0.000	0.000	0.000	0.000
工艺品及其他制造业	0.092	0.228	0.320	-0.096	0.224	-2.616	-0.052	-2.669	-0.015	-1.060
废品废料	0.004	0.005	0.009	0.027	0.036	-0.063	0.050	-0.013	0.018	0.443
电力、热力的生产和供应业	0.063	0.059	0.122	-0.031	0.092	-0.020	0.017	-0.003	0.023	0.567
燃气生产和供应业	0.130	1.255	1.385	0.001	1.387	-0.136	0.057	-0.078	-0.006	0.051
水的生产和供应业	0.025	0.455	0.480	0.137	0.617	-0.117	-0.027	-0.144	0.010	0.152
房屋和土木工程建筑业	0.041	0.000	0.041	0.000	0.041	0.958	0.000	0.958	0.000	0.000
建筑安装业	0.042	0.000	0.042	0.000	0.042	0.956	0.000	0.956	0.000	0.001
建筑装饰业	0.118	0.524	0.641	0.036	0.677	-0.154	0.014	-0.140	0.008	0.228
其他建筑业	0.041	0.000	0.041	0.000	0.041	0.958	0.000	0.958	0.000	0.000
铁路运输业	-0.022	-0.054	-0.076	-0.088	-0.165	-0.140	0.010	-0.130	0.004	0.839
道路运输业	-0.030	-0.045	-0.075	-0.104	-0.180	0.033	0.013	0.047	0.006	0.221
城市公共交通业	0.023	0.754	0.777	0.035	0.812	0.015	0.003	0.018	0.005	0.087
水上运输业	-0.613	-0.653	-1.266	-0.245	-1.510	-1.830	-0.027	-1.858	-0.268	-2.930
航空运输业	0.029	0.143	0.171	0.250	0.421	0.051	0.004	0.055	0.043	0.384
管道运输业	0.000	0.000	0.000	0.000	0.000	0.000	0.000	0.000	0.000	0.000

续表

	农村居民	城镇居民	居民消费合计	政府消费	最终消费合计	固定资本形成总额	存货增加	资本形成总额	出口	销往国内省外
装卸搬运和其他运输服务业	0.023	0.020	0.043	-0.028	0.016	-0.047	-0.028	-0.075	0.013	0.010
仓储业	0.005	0.007	0.012	-0.065	-0.052	0.071	0.020	0.091	0.024	0.608
邮政业	0.064	0.077	0.141	0.414	0.555	-0.009	0.006	-0.003	0.007	0.155
电信和其他信息传输服务业	0.132	0.327	0.459	0.114	0.573	0.070	0.004	0.073	0.016	0.242
计算机服务业	0.066	0.129	0.195	0.194	0.390	0.043	0.010	0.053	0.015	0.317
软件业	0.045	0.126	0.171	0.144	0.314	0.040	0.007	0.047	0.015	0.301
批发业	0.046	0.050	0.097	-0.053	0.044	-0.044	0.016	-0.028	0.038	0.570
零售业	0.148	0.271	0.419	-0.048	0.371	-0.128	0.017	-0.112	0.008	0.485
住宿业	0.017	0.117	0.134	0.180	0.315	0.004	0.002	0.006	0.092	0.621
餐饮业	0.100	0.420	0.520	0.093	0.612	-0.010	0.005	-0.005	0.024	0.265
银行业	0.077	0.131	0.208	-0.004	0.204	0.089	0.012	0.101	0.016	0.400
证券业	0.044	0.330	0.374	-0.054	0.320	0.025	0.018	0.043	0.046	0.452
保险业	-0.005	0.131	0.126	-0.035	0.091	-0.180	0.021	-0.158	0.022	0.427
其他金融活动	0.000	0.000	0.000	0.000	0.000	0.000	0.000	0.000	0.000	0.000
房地产开发经营业	0.128	0.296	0.425	0.029	0.454	0.050	0.002	0.052	0.010	0.314
物业管理业	0.352	0.638	0.990	0.007	0.997	0.000	0.000	0.000	0.000	0.002
房地产中介服务业	0.000	0.000	0.000	0.000	0.000	0.000	0.000	0.000	0.000	0.000
其他房地产活动	0.000	1.000	1.000	0.000	1.000	0.000	0.000	0.000	0.000	0.000
租赁业	0.041	0.003	0.044	0.009	0.053	0.937	0.000	0.938	0.001	0.007
商务服务业	0.052	0.140	0.192	0.015	0.206	0.333	0.005	0.338	0.019	0.243
	0.050	0.144	0.194	-0.043	0.151	0.044	0.008	0.052	0.021	0.353
旅游业	0.032	0.817	0.849	0.000	0.849	-0.002	0.000	-0.002	0.093	0.619

续表

	农村居民	城镇居民	居民消费合计	政府消费	最终消费合计	固定资本形成总额	存货增加	资本形成总额	出口	销往国内省外
研究与试验发展业	-0.108	-0.095	-0.203	0.299	0.096	-0.403	0.038	-0.366	0.026	0.706
专业技术服务业	0.028	0.040	0.068	0.343	0.411	0.254	-0.002	0.252	0.006	0.085
科技交流和推广服务业	0.008	0.010	0.018	0.911	0.929	0.001	0.001	0.002	0.001	0.043
地质勘查业	0.000	0.000	0.000	1.000	1.000	0.000	0.000	0.000	0.000	0.000
水利管理业	0.021	0.049	0.070	0.609	0.679	-0.030	0.008	-0.023	0.009	0.045
环境管理业	0.018	0.033	0.051	0.632	0.683	0.012	0.000	0.012	0.004	-0.012
公共设施管理业	0.001	0.029	0.030	0.774	0.804	0.000	0.000	0.000	0.097	0.638
居民服务业	0.186	0.566	0.752	0.066	0.817	-0.032	0.006	-0.026	0.007	0.077
其他服务业	0.020	0.111	0.130	0.332	0.463	0.012	0.009	0.021	0.016	0.227
教育	0.159	0.167	0.326	0.814	1.140	-0.020	0.002	-0.018	0.001	0.088
卫生	0.208	0.170	0.378	0.742	1.119	-0.005	0.000	-0.006	0.000	-0.002
社会保障业	0.000	0.000	0.000	1.000	1.000	0.000	0.000	0.000	0.000	0.000
社会福利业	0.000	0.000	0.000	1.000	1.000	0.000	0.000	0.000	0.000	0.000
新闻出版业	0.030	0.055	0.085	0.704	0.789	0.052	0.001	0.054	0.004	0.080
广播、电视、电影和音像业	0.158	1.094	1.252	0.595	1.847	0.000	0.000	0.000	0.000	0.036
文化艺术业	0.000	0.000	0.000	0.871	0.871	0.000	0.000	0.000	0.000	0.129
体育	0.000	0.177	0.177	0.823	1.000	0.000	0.000	0.000	0.000	0.000
娱乐业	0.029	0.562	0.591	0.076	0.667	-0.040	0.006	-0.034	0.004	0.135
公共管理和社会组织	0.000	0.002	0.002	0.989	0.991	-0.001	0.000	-0.001	0.000	0.005
依赖度系数合计	-10.408	-12.071	-22.478	-15.116	-37.595	-46.131	3.105	-43.027	0.331	36.328

资料来源：2007 年投入产出表。

第七章 云南城乡结构与"以城带乡"新型城镇化

云南省的人口城市化绝对水平低于全国平均水平，近年来快速上升。但农村人口比重大，城市化推进任务仍十分艰巨。制约云南省城乡二元结构转换的深层次原因：一是城市经济带动的有效性弱，二是城乡经济循环的有效性不足。具体体现为：城市工业经济发展不足、城乡市场机制不健全、城乡经济极化、公共服务城乡差异大制约要素集中与流动、农业剩余不足以充分促进农业现代化、城乡产业结构独立性强制约了城乡产业链接。有效实现云南"以城带乡"的思路是在构建云南特色新型城镇体系的同时，构建城乡经济良性循环系统。建议以中小城市发展为"以城带乡"的主体，带动农村人口城镇化和农村工业化；以"城镇上山、农民进城"实现就近人口城镇化；根据区域特色构建大城市周边型、特色文化村镇型、县区周边型、边远地区型等新型城镇组成的新型城镇体系；构建城乡商品、要素流动体系，形成城乡经济循环发展机制。

根据经济发展理论，城市化是在农村经济充分发展、农业剩余足以满足城市人口需求的前提下发生的。云南城乡结构的矛盾在于一种困境，即生产率较低的农业对城市发展缺乏有效支撑，同时相对较低的城市化水平对农村发展缺乏有效的促进作用，对农业生产率的提高缺乏带动，对农业剩余劳动力的吸纳力有限。云南城乡发展中的困境对城市化的推进造成重大阻碍，进而严重影响到云南的经济结构调整和发展方式转变。由于云南省特殊的地理特征和地处边疆经济相对落后的发展特征，解决云南省的城乡结构矛盾需要根据自身的问题特征构建具有云南特色的新型城镇体系，推动城市经济快速发展，有效促进城市化水平的提高，以城市经济带动农村经济、加快农村劳动力转移，实现城市化和农业现代化的共同发展，彻底解决云南城乡二元结构发展的困境。

本章首先从云南城乡结构调整的困境出发，通过对云南城乡二元结构的数据分析揭示城乡经济发展中的矛盾与问题；然后针对这些矛盾与问题，结合整体发展特征，进一步归纳出推进城市化、带动农村发展的主要制约因素；根据城乡发展的制约因素分析，提出建立具有云南特色的新型城镇体系、构建城乡经济良性循环系统、有效实现以城带乡的结构调整和发展方式转变的思路；最后针对城乡结构调整和发展方式转变思路，提出具体的实现路径与对策。

第一节　云南城乡发展的困境

城乡二元结构是阻碍经济发展的问题之一，目前中国的经济结构存在八个主要问题，而城乡结构正是其中之一。城乡结构的经济含义可理解为城市经济与农村经济共存及共同发展过程中的协调，两者的相对发展程度具体表现为投资分配、消费比重和社会福利的公平等问题。因此，城乡结构性问题不仅在于城乡结构本身，也影响到经济整体的消费结构、产业结构等多个方面；城乡经济协调发展是现阶段经济结构调整和发展方式转变的重要一环。

云南省是城乡二元结构问题表现较突出的省份之一。一方面受到历史上我国经济发展政策和制度的影响，如重工业优先发展战略、统购统销制度、城乡分割的户籍制度和人民公社制度等的影响；另一方面又受到云南特有的经济社会发展条件的影响，如耕地少、山区多、少数民族地区多、交通落后和经济基础薄弱等因素和问题，云南省城市化水平低于全国平均水平，城乡发展差距高于全国平均水平。城市经济对农村经济的带动力弱、农村经济对城市经济发展缺乏支撑成为阻碍云南省城乡结构调整的双向困境，既阻碍了城市化和工业化的进程，也阻碍了农业现代化的实现和农村经济的发展。本节将首先建立指标体系，对云南的城乡结构问题做出全面评估。

一　云南城乡结构的评估指标体系

根据城乡发展的一般性规律和云南经济发展的具体特征，对云南城乡结构问题的评估应注重以下几个方面：人口城市化、城乡收支差距、城乡生活水平比较、城乡公共服务水平比较、农业发展情况分析。具体来说分为以下几个评估层次。

第一层次城乡结构评估指标是对城市化水平的评价。城市化的重点是人的城市化问题，城市经济是否能够有效地吸纳农村剩余劳动力、使城乡人口有效迁移，是衡量城乡结构的主要方面，也是衡量城市经济活力和城市经济对农村发展带动的主要方面。城市经济以现代化的工业生产为主，而农村经济以典型的小农经济为主，从人的城市化角度考虑，加速城市化进程也意味着城市工业的发展应能够有效地吸纳农村劳动力。若不考虑人的城市化，而只考虑城市经济量的增长，则会造成城市化泡沫的出现。

第二层次城乡结构评估指标是对城乡经济发展差异的评价。城乡居民的收入差距、支出差距和生活水平差距是城乡结构问题的最集中体现，是衡量城乡结构的具体方面。城乡经济差距的存在阻碍了城乡经济的互动交流，城乡经济差距越大对于城市和农村发展的阻滞也越大。而通常城市化水平越低，城乡经济差距就越大，这正是云南省城乡结构的矛盾困境之所在。

第三层次城乡结构评价指标是对城乡公共服务水平的评价。城乡公共服务评价是对道路、通信、卫生和教育等基础建设水平做出城乡差异评价。若从城乡人口比重的角度看，城乡公共服务水平差距会更大，特别在像云南这样地方财政相对弱势的地区问题就更加严重。公共服务水平的差异将直接导致城乡经济发展机会的差异，影响信息的获得、教育机会的获得以及社会保障的获得等，对城乡经济的未来发展产生影响。

第四层次是从农业发展水平的角度进行考察。农业发展水平体现了城市工业对于农业和农村的溢出，体现了经济资源在城乡之间的分配情况，体现了城乡互动和以城带乡的效果。农业现代化需要以城市工业作为产业投入的支撑，农业生产率的提高代表了农村生产力提高和农村发展的可能性。弥合城乡差距最终还在于处于落后方的农村生产力的提高，只有农业生产力的提高才能改变城乡二元结构，而以城带乡的目的也在于能提高农村的生产力。

从上述四个层次出发，构建具体的云南城乡结构评估指标体系，如图7-1所示。

二　云南城乡结构评估

1. 城镇人口比重

以城镇人口占总人口比重建立的城市化率是衡量城市化水平的重要指

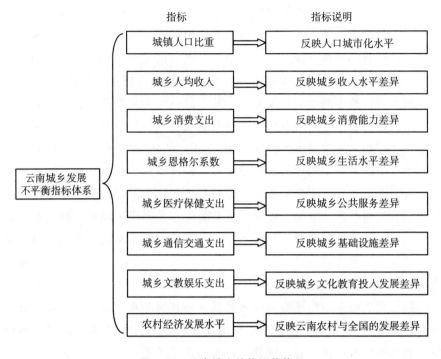

指标　　　　　　　　　　　　指标说明

云南城乡发展不平衡指标体系

城镇人口比重	反映人口城市化水平
城乡人均收入	反映城乡收入水平差异
城乡消费支出	反映城乡消费能力差异
城乡恩格尔系数	反映城乡生活水平差异
城乡医疗保健支出	反映城乡公共服务差异
城乡通信交通支出	反映城乡基础设施差异
城乡文教娱乐支出	反映城乡文化教育投入发展差异
农村经济发展水平	反映云南农村与全国的发展差异

图 7 - 1　云南城乡结构评估体系

标，从图 7 - 2 可以看到，云南省的城市化水平与全国平均水平趋势保持一致，呈现连续上升的趋势，但远低于全国平均水平。全国城市化率从 2000年的 0.36 上升至 2012 年的 0.52，上升了 44.44%；云南省城市化率从2000 年的 0.23 上升至 2012 年的 0.39，上升了 69.57%。可见，云南省城市化率的绝对水平低于全国平均，但近十年的上升速度略快于全国。由于云南的农村人口总数和比重均远高于全国大多数省区市，因此城市化推进任务仍然十分艰巨。

2. 城乡人均收入水平差异

近十年，云南省城乡居民收入均有显著增加，增加趋势与全国水平一致。云南省城镇居民人均可支配收入从 2002 年的 7240 元增加至 2012 年的21074 元，是 2002 年的 2.91 倍；农村居民人均纯收入从 2002 年的 1608 元增加至 2012 年的 5416 元，是 2002 年的 3.37 倍。全国城镇居民人均可支配收入从 2002 年的 7702 元增加至 2012 年的 24564 元，是 2002 年的 3.19倍；农村居民人均纯收入从 2002 年的 2475 元增加至 2012 年的 7916 元，是 2002 年的 3.20 倍（见图 7-3）。因此，从上述增长幅度来看，云南省城镇居民收入增长幅度略低于全国，而农村居民收入增长幅度则略高于全国；但从绝对数值来看，云南省城乡居民收入均低于全国水平，2012 年云南城镇居民人均可支配收入相当于全国水平的 85.79%，而农村居民人均纯收入仅相当于全国水平 68.42%。可见，云南省城镇居民收入增长不快，但与全国水平相差也不是很大；而农村居民收入虽然近十年增长较快，但绝对水平与全国相差还很大。

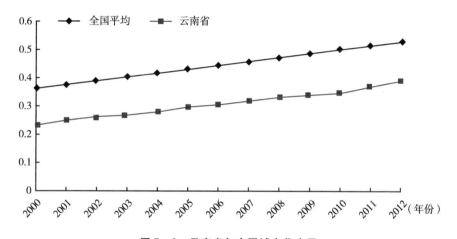

图 7-2　云南省与全国城市化水平

资料来源：历年中国统计年鉴与云南省统计年鉴。

从城乡差异角度分析，云南省城乡居民人均收入的绝对差距在不断扩大，从 2002 年相差 5632 元增加到 2012 年相差 15658 元；全国水平的城乡居民收入差距也在扩大，从 2002 年相差 5227 元增加到 2012 年相差 16648元，全国城乡收入差距扩大程度略大于云南省。但从城乡居民收入比来看，云南省城乡收入比整体呈现下降趋势，在 2004 年达到最高值 4.76:1，之后一直下降，到 2012 年为 3.89:1（见图 7-4），可见云南省城乡相对收入差距在缩小；全国城乡相对收入差距变化不明显；然而，结合上述城乡收入水平可知，云南城乡相对差距的缩小主要源于城市收入增长的缓慢。可见，即使云南省农村居民收入有了一定的增加，城乡相对收入差距逐渐缩小，但城乡收入差距绝对值仍然相当大。

3. 云南城乡消费支出差异

云南省城乡居民消费支出近年来呈现显著上升趋势，城镇居民人均消

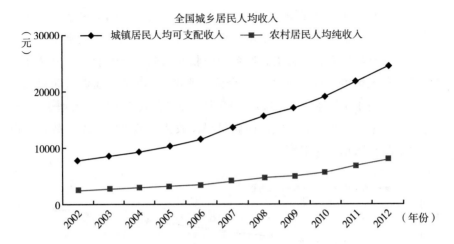

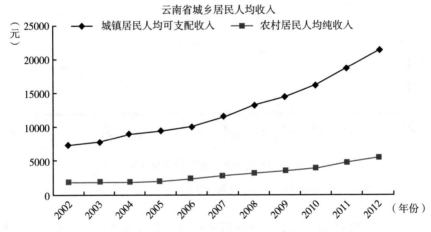

图 7 - 3　云南省与全国城乡居民人均收入

资料来源：历年中国统计年鉴与云南省统计年鉴。

费支出从 2002 年的 5827 元增加至 2012 年的 13883 元，是 2002 年的 2. 38 倍；农村居民人均消费支出从 2002 年的 1381 元增加至 2012 年的 4561 元，是 2002 年的 3. 30 倍。相比来说，全国城镇居民人均消费支出从 2002 年的 6029 元增加至 2012 年的 16674 元，是 2002 年的 2. 77 倍；农村居民人均消费支出从 2002 年的 1467 元增加至 2012 年的 5414 元，是 2002 年的 3. 69 倍（见图 7 - 5）。云南省城乡居民人均消费支出无论是增长幅度还是消费支出水平都低于全国。与城乡居民人均收入相比，云南省城镇居民的消费支出增长较慢，而农村居民消费支出增长略快于收入增长。

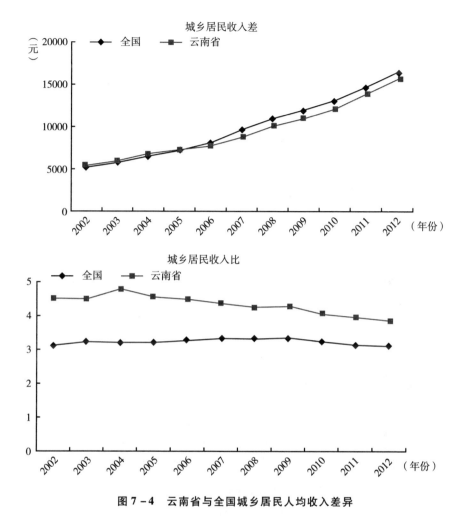

图 7 - 4　云南省与全国城乡居民人均收入差异

资料来源：历年中国统计年鉴与云南省统计年鉴。

从城乡差异的角度来看，云南省城乡居民人均消费支出的绝对差距呈扩大趋势，从 2002 年相差 4446 元增加到 2012 年相差 9322 元；全国水平的城乡居民人均消费支出从 2002 年相差 4562 元增加到 2012 年相差 11260元，全国城乡居民消费支出差距同样略大于云南省。但从城乡居民消费支出相对差异角度分析，云南省和全国都是在小幅波动中呈现整体下降趋势，而云南省城乡消费支出比在 2002～2005 年高于全国平均水平，在2006～2009 年明显低于全国，之后又与全国水平基本相近，总体来说，从2002 年的 4.22∶1，之后一直下降，到 2012 年为 3.04∶1（见图 7 - 6）。与

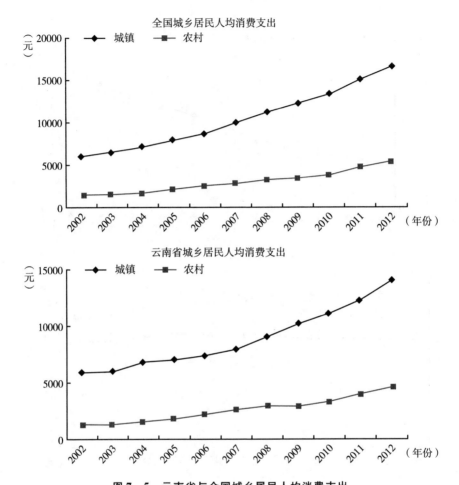

图 7 – 5　云南省与全国城乡居民人均消费支出

资料来源：历年中国统计年鉴与云南省统计年鉴。

城乡居民收入相对差异比较，云南省城乡居民收入比远高于全国水平，而云南省城乡居民消费支出比并没有明显高于全国；云南省城乡居民消费支出比低于城乡收入比。可见，云南省城乡收支差异在城乡居民收入上体现更加明显，而消费支出由于存在一定的生活必需品消费而相对平滑，其城乡差异相对较弱。

4. 云南城乡恩格尔系数

恩格尔系数是食品支出占个人消费支出总额的比重。它用食品支出占消费总支出的比例来说明经济发展、收入增加对生活消费的影响程度，是衡量生活水平和经济发展的重要指标。恩格尔系数越高，说明在消费支出

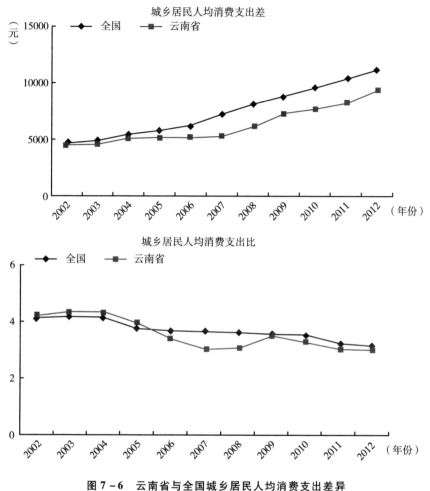

图 7 – 6 云南省与全国城乡居民人均消费支出差异

资料来源：历年中国统计年鉴与云南省统计年鉴。

中食品支出所占比重越高，生活水平相对越差；而系数越低，则说明生活水平相对越高。云南省城镇恩格尔系数在近十年内呈逐渐下降趋势，说明随着城市化的推进，城镇居民获得了生活水平提高的发展红利；然而，云南省农村的恩格尔系数却并未出现明显的下降趋势，这从一个方面反映云南省在最近十年的城市化过程中对农村居民生活惠及程度有限。与全国城乡恩格尔系数相对照，全国城乡恩格尔系数呈现缓慢却较为明显的弥合趋势，但云南城乡恩格尔系数曲线的弥合程度不明显（见图 7 –7），由此更能够清楚地说明云南省城乡生活水平差异仍然很大。

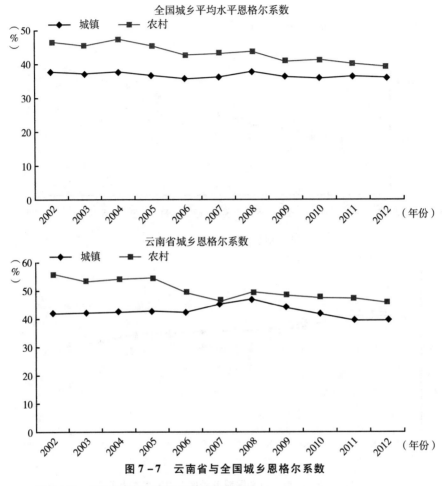

图 7-7 云南省与全国城乡恩格尔系数

资料来源：历年中国统计年鉴与云南省统计年鉴。

5. 云南城乡医疗保健支出

城乡医疗保健水平和居民对此的支出情况是衡量城乡社会经济发展程度的重要方面。云南省城镇居民医疗保健支出波动较大，上升幅度也比较大，从 2002 年的 466 元上升到 2012 年的 939 元，上升 1.02 倍；而农村居民医疗保健支出平缓上升，由于 2002 年支出水平较低，年人均只有 69 元，所以在最近十年上升幅度较大，到 2012 年增加到 362 元，上升 4.25 倍。全国城镇居民人均医疗保健支出从 2002 年的 430 元增加到 2012 年的 1064元，上升 1.47 倍，农村居民从 2002 年的 103.9 元增加到 2012 年的 513.8元，上升 3.94 倍（见图 7-8）。

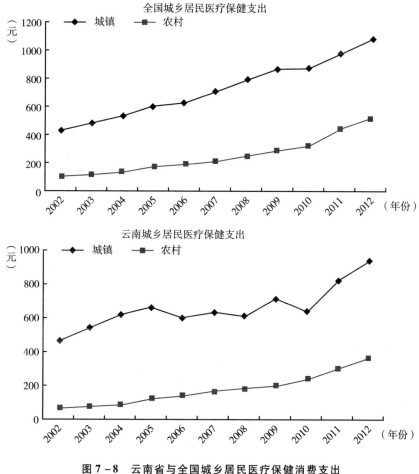

图 7-8　云南省与全国城乡居民医疗保健消费支出

资料来源：历年中国统计年鉴与云南省统计年鉴。

　　云南省城乡医疗保健支出差波动较大，没有明显的趋势，在 2002～2006 年高于全国，之后大部分年份都低于全国，而全国水平的城乡医疗保健支出差呈现上升趋势；云南省城乡医疗保健支出比下降趋势明显，下降幅度也较大，但仍高于全国水平（见图 7-9）。可见，在城乡医疗保健方面，云南省总体水平略低于全国，城乡之间的绝对差异并不大于全国水平，相对差异虽然在前几年大于全国，但在 2007 年后与全国水平相差不大。

　　6. 云南城乡通信交通支出

　　交通通信是经济发展的基础条件，对于云南省这样地理条件特殊的省份，交通通信的发展更为重要。云南省城镇居民交通通信支出上升幅度较

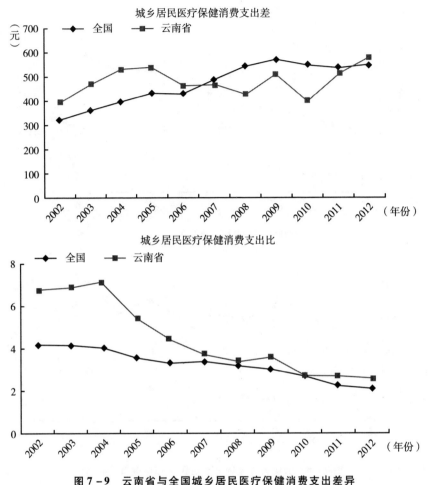

图7-9 云南省与全国城乡居民医疗保健消费支出差异

资料来源：历年中国统计年鉴与云南省统计年鉴。

大，从2002年的623.9元上升到2012年的2264元，上升2.62倍；而农村居民交通通信支出平缓上升，从2002年的45元上升到2012年的470元，上升9.44倍。全国城镇居民人均交通通信支出从2002年的626元增加到2012年的2455元，上升2.92倍；农村居民从2002年的128元增加到2012年的652元，上升4.09倍（见图7-10）。云南省在最近十年交通通信条件显著提高，虽然城乡居民交通通信支出仍略低于全国水平，但其增长幅度非常大。

从城乡对比的角度看，云南省城乡居民交通通信支出绝对差异与全国水平相差不大，且保持上升趋势，而云南省城乡居民交通通信支出的相对

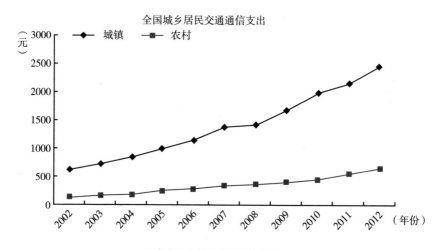

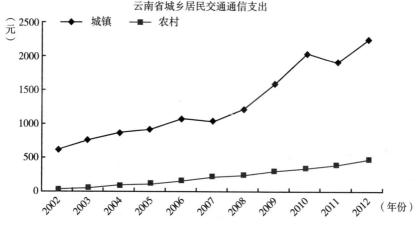

图 7 - 10　云南省与全国城乡居民交通通信消费支出

资料来源：历年中国统计年鉴与云南省统计年鉴。

差异呈明显下降趋势，且下降幅度较大，但其城乡比仍然较高（见图 7 -
11）。这既说明交通通信在云南省经济发展中得到充分发展，也说明它对
于云南省城乡经济发展的重要作用。

7. 云南城乡文教娱乐支出

从城乡文教娱乐支出的角度来看，云南省城镇居民的文教娱乐支出在
2009 年之前变化并不明显，在 2009 年之后出现明显上升，而云南省农村居
民的文教娱乐支出在最近十年中也表现出平缓上升的趋势，但其绝对差异很
大。云南省城镇居民文教娱乐支出从 2002 年的 855 元上升到 2012 年的 1434

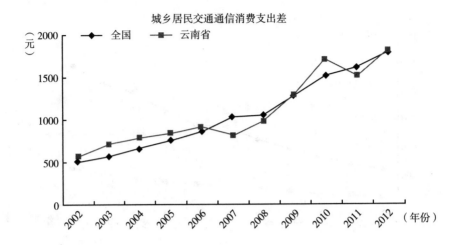

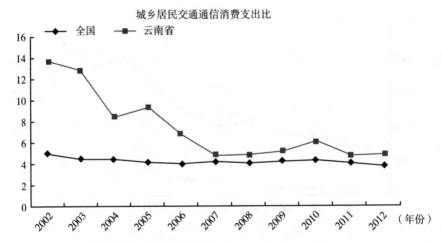

图 7 – 11　云南省与全国城乡居民交通通信消费支出差异

资料来源：历年中国统计年鉴与云南省统计年鉴。

元，上升 67.7%；而农村居民文教娱乐支出从 2002 年的 114 元上升到 2012 年的 289 元，上升 1.54 倍。全国城镇居民人均文教娱乐支出从 2002 年的 902 元增加到 2012 年的 2033 元，上升 1.25 倍；农村居民从 2002 年的 210 元增加到 2012 年的 445 元，上升 1.12 倍（见图 7 – 12）。

　　与全国相比，云南省城乡居民文教娱乐支出差低于全国，而城乡居民文教娱乐支出比在 2005 年以前高于全国，在 2005 年之后与全国水平相近，且变化不大。城乡居民的文教娱乐支出体现了居民对于教育和文化生活的投入，也从侧面反映了城乡劳动者的素质差异和生活水平差异。

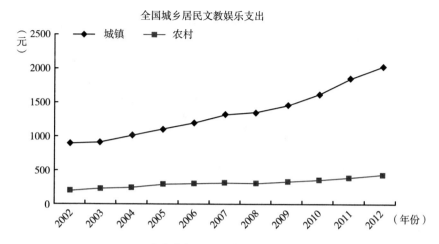

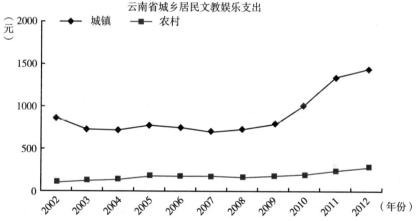

图 7 – 12 云南省与全国城乡居民文教娱乐消费支出

资料来源：历年中国统计年鉴与云南省统计年鉴。

8. 农村经济发展分析

农业生产效率和农业现代化水平直接影响到农村经济的发展，云南虽地处山地高原，但在产业结构中，第一产业仍占有较大比重。下面通过与全国其他地区的比较排序来分析云南省的农业和农村经济发展情况。

如表 7 – 1 所示，从农村人口来看，云南 2012 年农村人口 2927 万人，居全国第 9 位，农村人口众多；从农村人口比重来看，云南农村人口占总人口的 63.2%，居全国第 3 位，仅比西藏和贵州低；从农林牧渔业产值占地区总产值的比重来看，云南农林牧渔业产值比重为 25.94%，居全国第 4

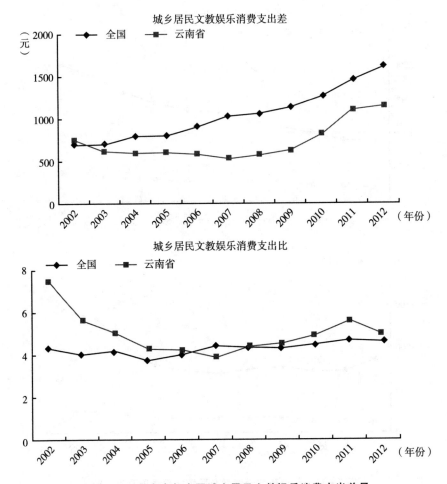

图 7-13 云南省与全国城乡居民文教娱乐消费支出差异

资料来源：历年中国统计年鉴与云南省统计年鉴。

位。这些指标足以说明农业和农村经济发展对云南整体发展的重要性高于全国其他地区。然而，从农村居民人均纯收入看，云南居于全国第 29位，仅比贵州、甘肃和青海高，说明云南不仅农村人口众多，而且相对贫困，农村剩余积累的能力较弱；从农林牧渔业固定资产投资所占比重来看，云南为 2.49%，位居全国第 21 位，这说明在生产条件和社会资源投入分配方面，云南对农村经济的偏向较弱；从农林牧渔人均产值看，云南居于全国第 26 位，表明云南农林牧渔业的生产率较低，制约了农村经济的发展；从人均农业机械总动力来看，云南居于全国第 25

位，表明云南农业生产的机械化水平较低，农业现代化发展缓慢。这些数据反映云南农村发展落后于全国，通过以城带乡推动农村发展的任务更为紧迫。

表 7-1　云南农村部分指标与全国各省市比较（2012 年）

地区	农村人口数量（万人）	农村人口比重（%）	农林牧渔业产值占地区生产总值比重(%)	农村居民人均纯收入（元）	农林牧渔业固定资产投资所占比重(%)	农林牧渔人均产值（元）	人均农业机械总动力（千瓦）
北　京	279	13.8	2.23	14736	0.85	13035.92	0.95
天　津	264	19.5	3.09	12321	2.14	13226.79	2.21
河　北	3939	54.4	19.97	7120	3.60	12429.75	2.63
山　西	1808	50.32	10.75	5601	3.83	6679.04	1.62
内蒙古	1077	43.38	15.35	6642	4.73	20477.21	2.95
辽　宁	1576	35.95	16.35	8297	3.03	23060.62	1.52
吉　林	1281	46.6	21.53	7510	4.30	17757.58	1.84
黑龙江	1668	43.5	25.62	7591	8.77	19328.01	2.46
上　海	251	10.7	1.64	16054	0.38	12524.10	0.42
江　苏	3010	38.1	10.66	10805	0.84	17400.16	1.36
浙　江	2060	37.7	7.84	13071	0.93	12308.03	1.20
安　徽	3294	55.2	22.61	6232	2.06	10501.84	1.72
福　建	1559	41.9	15.55	8779	1.77	17520.83	0.80
江　西	2437	54.3	18.86	6892	2.59	9056.48	1.72
山　东	4727	49.05	16.33	8342	2.74	15675.54	2.56
河　南	5579	59.43	23.09	6604	4.06	11145.94	1.88
湖　北	2774	48.17	21.66	6898	2.70	15331.29	1.29
湖　南	3621	54.9	22.92	6567	3.36	12450.20	1.36
广　东	3519	33.5	8.24	9372	1.77	12458.90	0.69
广　西	2703	58.2	28.35	5231	3.93	12293.33	1.12
海　南	434	49.5	39.73	6446	1.46	23080.61	1.02
重　庆	1313	44.98	12.64	6480	4.33	9637.20	0.87
四　川	4683	58.17	23.46	6129	2.54	10533.98	0.73
贵　州	2256	65.04	20.44	4145	1.96	5165.91	0.82
云　南	2927	63.2	25.94	4722	2.49	7880.96	0.90
西　藏	234	77.29	18.05	4904	4.68	4665.44	1.83
陕　西	1973	52.7	16.45	5028	4.17	10433.86	1.11
甘　肃	1611	62.85	23.66	3909	3.24	7372.79	1.33
青　海	305	53.78	13.82	4608	5.92	7567.83	1.41
宁　夏	321	50.18	16.87	5410	2.90	11053.50	2.40
新　疆	1247	56.46	29.58	5442	4.73	15680.27	1.44
云南排名	9	3	4	29	21	26	25

资料来源：根据《中国统计年鉴 2013》计算。

综合上述指标的对比来看，云南城乡发展的很多指标都表现出了差距缩小的趋势，特别是公共服务和基础设施，然而就指标的绝对值来看，各项指标都明显落后于全国，呈现出城市化水平低和农村落后共存的"双低"局面。如何以城市为带动，在扩张城市经济、扩大城市居民收入的同时，增加经济剩余转化，推动城乡互动，改变落后的农村生产力水平，从而达到城乡统筹、平衡发展的目的，是现阶段云南省"转方式，调结构"的重要一环。

通过对近十年云南城乡结构的指标进行分解，可以得到如下几点结论。

第一，云南人口城市化水平有一定程度的提高，但相对于与全国城市化的差距和比重较大的农村人口来说，推进速度仍然需要进一步提高，以现在的城市化推进速度无法完成对农村剩余劳动力的有效吸纳，无法满足以城市经济带动农村经济发展的目标。

第二，云南城乡经济发展差异在近十年虽然有一定的弥合，城乡收入与支出的相对差异呈现下降趋势；但城市和农村居民的收入和支出水平仍与全国水平差距较大，值得注意的是城市收入和支出近十年的增长更为缓慢；从以恩格尔系数评价的城乡生活水平来看，云南的城乡生活水平差距在扩大。

第三，云南城乡公共服务的可获得性可从城乡居民对各项公共服务的支出情况进行考察，从分析结果看云南各项服务水平上升迅速，其中交通通信增长速度最快，其次是医疗保健，最后是文教娱乐；但从绝对水平来看，除交通通信外，其他与全国水平仍有一定差距；同样，可以看到云南城市的公共服务水平与全国相比增长缓慢，这不利于城市经济的进一步发展。

第四，云南省农业比重较大，农业对于整体经济的发展有着比全国其他地区更为重要的作用，然而，云南的农业生产率与全国相比较低，农业剩余积累缓慢，农业投资和农用机械的使用水平都比较低，农业现代化推进困难；云南省农业生产率的提高无法通过自身发展积累完成，而亟须城市经济的支撑。

总的来看，云南省城乡结构的突出问题在于城市化进程缓慢，一方面由于经济发展落后，城市经济发展缺乏可持续的推动力，另一方面城市经济对于农村劳动力的吸纳能力和对农村经济的带动能力比较弱。城市经济的集聚是以工业经济发展为特征的，因此以合理的再工业化推动城市化进程，以构建符合云南特征的新型城镇化体系，推动城市化有效可持续地进行，将是调整云南城乡结构、走出城乡结构矛盾困境、转变发展方式的一条有效途径。

第二节 云南调整城乡结构、促进发展方式 转变的制约因素分析

云南城乡结构的主要矛盾点在于城市化推进乏力，城市经济对农村经济的带动有限，因此调整城乡结构的关键在于破除阻碍城市化有效推进的制约因素和妨碍推进以城带乡的制约因素。这些制约因素具体表现为以下几方面。

一 城市经济对农村劳动力吸纳力不足，城市工业经济仍需推进

云南城市经济对农村劳动力吸纳能力弱可归结为两方面。第一方面是由于云南本身经济发展较为落后，城市经济能够持续提供的工作岗位并不能为大量的农村剩余劳动力转移提供足够的空间；同时由于对进城农民工的基础公共服务投入较弱，城市的工作和生活对农村劳动力进城的吸引力有限。云南省的城市对农村劳动力的吸纳能力远不如沿海城市，除了昆明、曲靖等大城市外，云南大多数中小城市未能向农村提供足够的就业机会。第二方面是由于云南特有的山地多平地少的特征，大多数农村与大城市的距离较远；同时由于现阶段的农村劳动力转移处于中间阶段，即进城农民需要兼顾城市工作和农村家庭，一部分希望就近进城工作的农民因为本地大城市距离较远而可能放弃进城工作。所以说，云南城市经济对农村劳动力吸纳能力不足源于城市经济有限的增长空间和城市空间布局的缺陷。而城市经济对农村劳动力吸纳能力弱是阻滞城市化进程的主要原因。城市化若不以人的城市化为先导，任何其他的城市化建设都可能成为城市化泡沫，形成对经济资源的浪费。

二 城乡经济发展水平差异大，城乡市场机制不健全

城乡结构调整的前提之一是建立城乡之间对等有效的市场机制，市场机制的建立和健全能促进城乡要素流动和城乡产业链的形成。云南省较大的城乡经济发展差异对城乡之间的劳动力流动、资金流动、技术交流、商品流动等要素和产品流动形成了制约。在较大的城乡发展差异情况下，城乡之间的要素和产品缺乏相互对等且有效的市场机制。城乡之间市场机制

的不健全，一方面制约了城乡之间要素的流动和共享，另一方面制约了城乡之间产业链的延伸，使城乡之间的产业分工无法深入。云南城乡之间的产业分工还处于比较传统的层次，农村作为城市的外围能够提供给城市消费的产品有限，以水果、蔬菜、食品原料等为主的农副产品仍然是主流。在我国一些农村工业化发展较好的地区，城市和农村的分工已经比较深入，例如苏南和浙江的乡镇企业与上海、苏州、杭州等大中城市的制造业有产业链分工关系，这种生产关系有利于城乡要素和商品的交流。相对而言，在云南只有城市周边的少数农村能够和城市建立起较为深入的分工关系。而广大农村地区，特别是远离城市的农村，其与城市之间的产品交流非常少。同时，城市对于农村也多是普通消费商品（如日用品）和农用生产资料（如农机）的输出，产业关联效应对农业产品生产的带动力也不足。

三 特定地理条件决定了城乡交流成本较高，造成城乡经济两极分化

云南是一个高原山区省份，属青藏高原南延部分。地形波状起伏，平均海拔 2000 米左右，山区所占比重较高，经济活动主要集中在坝区，而城市多在坝区，农村多在山区。地理条件决定了云南城乡之间、山坝之间任何经济要素交流的成本都远高于东部平原地区，这就容易形成相对独立的经济区位，从客观上造成了城乡经济的两极分化。虽然随着各级公路的建设，云南的交通条件有了很大的改善，但是中心大城市对遥远山区农村的经济带动和溢出效应仍然十分有限。所以，只有从空间布局上使城市经济更接近农村地区，发展与农村地区接近性更强的小城镇，才能促进城乡交流，实现城市发展对农村的带动。

四 公共服务水平相对较低、城乡差异较大，制约要素的集中与流动

公共服务水平代表现在经济发展的程度，是未来发展的保障。通常能够提供完善的高水平公共服务的地区会成为经济要素的集中地，较低的公共服务水平会阻碍要素集中，而城市经济发展的基础就在于经济要素集中带来的规模经济效应。云南省的各项公共服务水平与全国水平相比仍有一定差距，这也成为云南省城市化推进缓慢的一个制约因素。另外，差异较

大的城乡公共服务水平将城乡经济割裂成不同的体系，会阻碍城乡经济要素的交流和市场机制的建立。

五　农村农业剩余少，难以促进农业现代化发展

由于云南农村的劳动生产率较低，农业剩余积累的速度较慢，这制约了农村扩大生产和更新生产设备的投资能力。同时，由于农业生产的社会投入较低，很多农村地区的再生产仅是简单再生产，从而形成恶性循环，导致劳动生产率长期得不到提高，因而农村的自我发展能力有限，难以实现农业现代化。而云南省的农业发展现状使农村与城市的经济联系依旧停留在传统层面，无法实现城乡经济要素的交流和产业延伸。

六　云南城乡产业结构独立性强，不利于城乡产业延伸

云南的城乡结构矛盾与城乡产业结构的特征密切相关。云南工业资源型特征明显，如冶金、化工和建材等工业相对发达，这些产业需要的是国土资源（如矿产资源），对农村劳动力和产品的需求都较少，难以带动农村发展。在云南工业中主要是烟草和食品、饮料加工制造业能和农村产生较好的互动，但其范围和深度有限。云南制造业在工业中的比重较低，对农村劳动力的吸收能力较弱。就农村而言，云南广大农村的产业主要是传统的农林牧渔业，既缺乏规模化、产业化的经营，也缺乏进一步的深加工。因此，云南城市产业和农村产业的相对独立性远大于相互依赖性，未能形成解决城乡结构矛盾的产业基础。

综上所述，通过对云南城乡结构矛盾制约因素的分析，可将调整云南城乡结构需克服的制约因素归结为两个层面：一是城市经济带动力的有效性问题，二是城乡经济循环的有效性问题。

第三节　云南调整城乡结构、促进发展方式转变的思路

城乡结构性问题是未来中国经济社会发展面临的重大问题。十八大将生态文明建设与经济建设、政治建设、文化建设、社会建设并列，"五位一体"地建设中国特色社会主义。"五位一体"的发展思想为中国经济社会发展提供了宏观指导。其中，推进新型城镇化发展是解决城乡二元结构问题的主要途径。习近平主席指出："积极稳妥推进城镇化，合理调节各

类城市人口规模，提高中小城市对人口的吸引能力，始终节约用地，保护生态环境；城镇化要发展，农业现代化和新农村建设也要发展，同步发展才能相得益彰，要推进城乡一体化发展。"李克强总理强调统筹"新四化"发展，需要平衡多方面关系。推进城镇化，核心是人的城镇化，关键是提高城镇化质量，目的是造福百姓和富裕农民。要走集约、节能、生态的新路子，着力提高内在承载力，不能人为"造城"，要实现产业发展和城镇建设融合，让农民工逐步融入城镇。要为农业现代化创造条件、提供市场，实现新型城镇化和农业现代化相辅相成。十八大为城乡结构调整和协调发展提供了很好的思路，下面将根据云南的具体情况提出云南调整城乡结构与促进发展方式转变的主要思路。

一 云南调整城乡结构、构建特色新型城镇化体系的思路

云南城乡结构调整的核心是"以城带乡"，"以城带乡"发展思路的实质在于新型城镇化与新农村建设协调发展，坚持工业化、城镇化和农业现代化同步发展、统筹发展、充分发展、协调发展、和谐发展，以建立城乡之间的良性经济循环。针对云南的城乡结构问题，要有效地实现"以城带乡"，具体思路分为两个层面：一是构建云南特色新型城镇体系，二是构建城乡经济良性循环系统。以下具体思路前两条属于第一层面，后两条属于第二层面。

1. 坚持工业化、城镇化道路，以产业结构优化带动城市发展，提高城市经济活性，增强城市经济对经济要素的吸收和集聚能力。以产业发展和产业结构优化作为城市经济发展的基础，特别针对滇中城市群等大中型城市，提升城市经济集聚、扩张和增长的能力，提高城市经济对农村劳动力的吸纳力，为"以人为本"的城市化推进提供持续动力。

2. 把中小城市和小城镇作为新型城镇化的重点，通过城市体系空间的合理布局，实现城市经济对农村经济的有效带动。云南省中小城市和小城镇发展的空间大，城镇化的成本相对较低；小城镇发展可以作为承接大城市发展红利的扩散节点，同时在空间上更接近农村地区，使城乡交流更加便捷。这需要从空间布局上协调山区和坝区的关系，利用好山区之间的坝区以及较平缓山区，积极发展中小城镇；需要做好大中小城市和小城镇协调发展规划，优化生产力布局，使大中小城市产业合理传导，形成以大城市为龙头，以中小城市、小城镇为支撑，以农村新型社区为基础的城镇化

格局。

3. 建立健全城乡经济要素交流的市场机制，以促进城乡经济要素流动和产业联系，以产业联动带动农业现代化发展。要有效实现以城带乡，除了提升城市经济的带动能力，另一个关键环节在于城乡之间经济循环机制的建立和有效运行。公平的城乡市场机制能促进城乡经济要素的互动和交流，能够促进产业链的相互延伸，构建起城乡价值链，从而促进农业现代化的发展，提升农村生产率水平，真正使城乡经济融为一体，降低城乡二元结构导致的城乡经济分化、割裂的不利影响，使城市经济能真正带动农村经济的发展。

4. 努力实现城乡基本公共服务均等化。要加大统筹城乡发展力度，增强农村发展活力，逐步缩小城乡差距，促进城乡共同繁荣。要不断推进新农村建设，加强中小城市、小城镇、新农村的基本公共服务。逐步将农民工纳入城镇公共服务范围，使他们在教育、医疗、住房、就业、社会保障等方面与城镇居民享受同等待遇。

二　云南省调整城乡结构以促进经济发展方式转变的思路

转变经济发展方式是经济可持续发展的关键，而现阶段经济发展方式转变的内在要求在于提高经济发展的质量和效益，优化经济结构，优化资源利用，优化生态环境。城乡结构的调整与优化是转变经济发展方式、实现可持续发展的重要方面。从需求拉动角度来说，城乡结构调整会改变城乡需求结构，从而对经济发展方式产生影响；从供给推动的角度说，城乡结构调整会改变要素供给结构以及产业结构，从而对经济发展方式产生影响。以城乡结构调整来促进经济发展方式转变的思路，主要有以下几方面。

1. 提高城市化水平、调整城乡需求结构，提高内需对增长的拉动作用

调整城乡需求结构有利于转变云南省经济增长对投资推动依赖较重的模式，建立以内需拉动为主的增长方式。无论是云南省还是全国，农村消费与城市消费的巨大差距是影响内需扩大的重要原因之一。而城乡之间的消费差距主要受限于城乡巨大的收入差距和生活水平差异，这一点在云南省表现尤为突出。调整和优化城乡收支结构，需要通过以城带乡、城镇上山来实现城乡一体化，提高云南省城市化水平，通过城市经济发展带动农村经济，使城乡居民收入水平获得共同提高，降低城乡生活水平差异，提

高城乡居民消费水平、优化消费结构，将有助于从整体上扩大内需，拉动经济增长，实现发展方式转型。

具体从城市居民角度来说，调整城市居民需求结构关键是增加其收入，从而增强城市居民的消费能力和消费质量。而增加城市居民收入的重点是中低收入人群，这就要提高劳动报酬在初次分配中的比重，缩小收入分配差距，启动以中低收入者为重点的增收计划，调高最低工资标准，大幅度提高个人所得税起征点，普遍增强居民消费能力。在城市化过程中，调整城乡需求结构的另一个重点是推动农民工市民化，以农民工市民化来带动城市消费增长。这就要着力促使符合条件的农业转移人口逐步在城镇就业和落户，解决好农民工在城市的住房、医疗、孩子上学等问题，解除农民工的后顾之忧，使农民工能够并有意愿扩大在城市的消费。从农村居民消费的角度考虑，除了通过提高农业现代化水平等方法来提高农村居民的收入外，还需要改善农村消费环境，通过城镇上山等方法使农村居民更容易接近城市经济，也使城市商品更容易接近农村市场，从而开拓农村市场，扩大农村消费和服务，提高农村居民的整体生活水平。

2. 调整城乡要素供给结构，提高经济发展所需要素的质量

城乡之间的互相供给是经济关联的主要方式之一，城乡生产要素的相互供给对推动城乡经济增长意义重大。转变发展方式要求把经济增长建立在高质量要素的基础上，因此城市经济与农村经济之间相互提供高质量的生产要素有利于促进经济发展方式的转变。城乡要素供给结构的调整包括农村向城市提供生产要素和城市向农村提供生产要素两个方面。

农村向城市提供的生产要素主要是原材料和劳动力，改善原材料的质量、提高劳动力的素质能够极大地为城市经济增长提供支持。这就要求统筹城乡发展，加大对农村的投资，提高农业原材料的生产技术，提高农村的基础教育水平，增加对农村劳动力的专业技能培训，从整体上提高农村所提供的生产要素的质量。

城市向农村提供的生产要素主要是资金、技术和人才。应结合城乡一体化发展，扩大对农业和农村工业的投资，加快适宜技术在农村的推广运用，为农村经济社会发展提供急需的人才。整体上改善城市对农村生产要素的供给，有利于促进农村经济增长方式的转变，使其建立在高质量的生产要素的基础上。

3. 调整优化城乡产业结构，提高可持续发展能力

转变经济发展方式的目的是提高可持续发展能力，这就要求按照有进有退的原则，进一步优化产业成长结构。主动退出一些产业层次低、缺乏市场竞争力的产业，积极发展技术引领型产业，优化发展资源利用型产业，着力发展新兴战略型产业。

产业结构的调整和优化不仅要针对城市产业，还要统筹考虑城乡产业结构的协同优化和调整，优化城乡的产业关联。在产业结构方面，要减少对城乡生态环境破坏严重的产业，以及资源浪费严重的产业，以新兴产业替代这些产业。在城乡经济产业关系的构建方面，要发挥城乡各自的优势，优化城乡分工体系，城市发挥其在研发、设计、工业生产、物流、信息服务、电子商务、服务外包和现代金融业等方面的优势，为农村产业的发展提供支持；农村发挥其在生产要素成本方面的优势，为城市发展提供支持，更应积极推进适宜的农业生产技术的应用，向农业现代化迈进，形成特有的优势农业产业链，与城市经济的产业体系形成有效对接。

由于云南省特殊的山区与坝区地理条件，农村产业发展受制于地理交通成本和基础设施，因此，农村产业结构的调整还应特别注意集中布局原则。农村工业粗放发展的原因就在于布局分散和规模小，缺乏规模经济，导致农村工业难以提高生产技术水平，停留在作坊工业的水平，生产效率低下，导致资源的浪费，不利于可持续发展。布局分散使基础设施建设成本较高，导致农村工业缺乏交通、能源等基础设施的供给，同时分散的布局还不利于环境的治理。而集中布局则有利于克服上述问题，提高农村工业的水平和层次，减少对环境的破坏，提高可持续发展能力。

第四节　云南调整城乡结构、促进发展方式转变的途径与对策

一　以中小城市发展为"以城带乡"的主体，带动农村人口城镇化和农村工业化

云南农村分布地域广，人口分散，决定了以城带乡发展的主体必然是广大的中小城市，并且以城带乡发展的难点也是中小城市。如昆明等大城市周边的农村和城市需求联系紧密，受城市产业辐射的效用较强，较容易

实现以城带乡发展。而中小城市周边的农村，由于附近城市本身的需求和产业集中水平低，对周边农村的带动效应较弱。因此，统筹这些城市的城乡发展是以城带乡发展的关键和重点。在编制中小城市的发展规划时就要把农村和城市作为一个有机整体，统筹考虑土地利用总体规划、城乡建设规划，在统一制定土地利用总体规划的基础上，明确区分功能定位，构建功能完善、产业互补、布局合理的城乡统一规划体系。

发展中小城市的关键是繁荣农村经济、培育主导产业，在规划时，应综合考虑各中心小城镇的区位、资源、人口及经济发展水平和潜力等因素，从实际出发，因地制宜，分类施策，科学规划城镇布局，以特色产业或龙头企业为依托，建成工业型、农业型、商贸型、旅游型、资源开发型等各具特色的小城镇，加快培育统筹城乡一体化的产业支撑体系。把中小城市的发展和新农村建设结合起来，特别是要全力对具有地域特色、生态文明建设特色的村庄进行科学定位，实施倍强工程、保洁工程、绿色发展工程，建设现代化农村。

二 积极推进"城市上山、农民进城"发展战略

云南的特殊地理环境决定了耕地资源的稀缺性，可耕地面积只占全省面积的 6%，然而云南的城镇化率比全国低 10 多个百分点，如果在城镇化化的建设中占用可耕地，那么将加剧工业化、城镇化和保护耕地红线之间的矛盾。因此，省委省政府审时度势，提出了"城市上山、农民进城"的发展战略，非常适合云南省的城镇化发展，有利于土地资源的有效利用，提高农村土地资源的经济价值。因此，在推进新型城镇化的过程中，应坚定不移地贯彻"城市上山、农民进城"，同时对城市上山所置换出来的土地进行合理利用，在实施城镇上山之前就做好规划，同步促进农村经济的发展。通过"农民进城"可改变农村人口分散的局面，使中小城镇的人口增加，达到经济规模，有利于提高公共服务设施建设的经济性，缩小公共服务差距。

三 根据区域特色构建新型城镇体系,有效促进"以城带乡"发展

新型城镇化不是千篇一律的城镇化，而是要根据不同地区的实际发展条件而实施差别化发展的城镇化战略，以最大程度地发挥当地特有优势，

形成多样化、互补性的城乡互动发展格局。根据云南城乡结构的不同特点，建议可采取的城镇化类型如下。

大城市周边型。以滇中经济圈的昆明、曲靖、玉溪和楚雄主城区周边，以及经济实力较强的州市中心城市，如蒙自、个旧等为代表。城镇化发展战略应围绕中心城市的辐射和带动作用，以中心城市的需求推动周边农村产业的发展，以产业发展带动人口聚集，提高城市化水平，这是利用中心城市的需求拉动效应。另外，由于中心城市高度聚集会带来土地、生活、交通等成本增加，应推动中心城市部分功能向周边地区扩散，以承接中心城市功能扩散为主线推动城镇化发展，这是利用中心城市的扩散效应。

特色文化村镇型。云南多民族的文化特征造就了多样性的民族文化村镇。这类村镇主要分布在各少数民族自治州、县、乡。对于这一类型农村地区的城镇化，其发展道路不能采用传统的工业化模式，而要以保护、开发和挖掘传统文化的价值为基础，以旅游业和特色文化产业的发展带动城镇化，特别要注意保护民俗、传统建筑等文化特征。

县区周边型。这种类型的农村通常离县城不远，然而县城的辐射带动能力又不如大型城市，比较典型的是省内各县城周边的地区。这类地区的城镇化较依赖临近县城的发展，因此在县域经济发展规划中应重点统筹这类地区，使其和县域经济发展的战略结合起来。同时，这类地区由于运输条件较好，也需要挖掘本地优势，加快乡镇产业的发展，充分利用外部需求。

边远地区型。这类地区距离城市较远，通常人口稀少，交通不便，缺乏公共服务设施，比较典型的是云南各地区的边远山区。这类地区的城镇化首先应是减少交通不便、人口稀少的农村的数量，推动人口向基础条件相对较好的地区的集中。改善人口稀少的偏远地区的基础设施条件的成本远比人口迁移要高，因此推动分散人口的相对集中非常重要，人口集中后，再加大对基础设施的投入，改善人居环境，为进一步的发展奠定基础。同时，人口迁出也有利于保护原居民点的生态环境。

四　构建城乡商品、要素流动的体系，形成城乡经济循环发展机制

城乡循环发展是指资本、劳动力、物质、信息等社会经济要素在城乡空间的双向流动与优化配置。城乡之间的互动与关联发展突破了城乡隔离

体制下各类社会经济要素在城乡之间的单向流动格局，有利于城市和农村的共同发展和区域空间结构的整体优化。城市经济与农村经济之间存在多种关联，而城乡关系研究通常将二者分离，或者将这种关系变为单纯偏向城市发展和注重增长的路径。关注城乡互动首先要对城市和农村之间的各种要素流动进行分析。

城乡要素流动并不是对称的，可分成由农村到城市和由城市到农村两个方向；城乡互动要素主要可归为四个方面，即食品、人口、资本和自然环境。由于城乡流动的不对称性，对一方的偏重可能造成另一方的落后，从而形成城乡差距；而由于城乡之间的要素相互支撑，城乡差距将阻碍城市和农村的共同发展。因此，从城乡流动性来看，解决城乡差距问题应注重城乡互动关系，构建合理积极的循环关系。

第八章　云南山坝结构与空间结构优化

山间坝子既是云南省的优质农地资源又是人口聚集地区，云南省山地多平地少的资源禀赋特征和传统城市经济理论模型指出的传统的城市化路径必然会将云南省的坝区平地资源消耗殆尽。在严格保护耕地政策的约束下，发展山地城市成为云南省推进新型城镇化和实现乡二元结构向一元结构转换的必然选择，也是云南省空间结构优化的重要举措。山地城市建设短期内具有建设成本高的劣势，但长期内具有环境收益高、城市形象好、城市文化特色突出的优势。云南省已经做出了四级梯度开发、新型农民进城、山坝建设成本互动等路径与政策，建议重点发展坡地生态型、盆坝田园型、湖滨生态型等山地城市。

云南省是一个典型的山区省份，其山区、半山区占全省总面积的94%，坝子（盆地、河谷）仅占6%，可利用的平地资源相当有限。然而，在城镇化建设进程中，云南面临着城乡建设用地不断增加和坝区耕地资源持续减少的矛盾。据有关部门统计，全省面积在 10 平方公里以上的坝子，目前已被建设用地占用近 30%，这严重威胁着云南坝区优质耕地的保护。由于云南山多田少的地貌特征，坝区优质耕地在一定程度上充当着云南全省人民的"米袋子""菜篮子"，保护好云南坝区耕地事关粮食安全和民生大计。同时，云南作为一个"边疆、民族、山区、贫困"省份，又迫切需要依托城镇化来聚集发展要素，实现集约化发展。因此，研究如何平衡好云南坝区耕地保护和城镇化发展，具有重要的现实意义。

第一节　相关基础理论及文献综述

一　相关基础理论

1. 马克思关于土地节约集约利用的论述

马克思在《资本论》第一卷中论述了土地作为劳动资料和劳动对象的

重要性。他指出，"经济学上所说的土地是指未经人的协助而自然存在的一切劳动对象"。① "它们不直接加入劳动过程，但是没有它们，劳动就不能正常进行。"②

同时，马克思在《资本论》第三卷中还论述了社会经济的发展必然会引起土地需求增加的趋势。他指出，"在生产力发展的一定阶段上，总是需要有一定的空间，并且建筑物在高度上也有它一定的实际界限。生产的扩大超过这种界限，也就要求扩大土地面积"。③ 因此，在城市的发展过程中，应该注重对土地的节约集约利用，实现土地的最大产出，避免土地浪费。

关于土地利用的集约化，马克思在《资本论》第三卷中论述级差地租时指出，"在经济学上，所谓耕作集约化，无非是指资本集中在同一土地上，而不是分散在若干毗连的土地上"。④ 因此，从经济学意义上来讲土地的节约集约利用，实际上就是通过劳动和资本等生产要素在土地上的集中利用，提高单位土地面积的产出效率，进而实现土地的节约集约利用。

2. 西方经济学关于土地节约集约利用的理论

西方经济学的众多学者对于资源的稀缺性存在广泛的共识。萨缪尔森曾指出，"经济学的本质就是承认稀缺性的现实性，并且设法去组织社会，从而最有效率地运用资源进行生产"。⑤ 因此，土地资源尤其是城市的土地资源也必然是非常稀缺的，如何更有效地对城市土地资源进行节约集约利用极为重要。

从微观角度讲，由于土地取得成本较高，因此，只有通过提高单位土地的产出效率，才能实现经济主体的最大收益。从宏观角度讲，首先要求国家对有限的土地资源进行合理的配置和管理；其次，要求国家健全土地利用中规划、审批等环节的制度和法规，明晰土地利用的产权关系。

3. 地域分异理论

地域分异，是指自然地理环境各组成成分及其构成的自然综合体在地表沿一定方向分异或分布的规律性现象。最早对气候分异规律有所认识的

---

① 《资本论》（第1卷），人民出版社，1975，第668页。
② 《资本论》（第1卷），人民出版社，1975，第205页。
③ 《资本论》（第3卷），人民出版社，1975，第879页。
④ 《资本论》（第3卷），人民出版社，1975，第760页。
⑤ 萨缪尔森·诺德豪斯：《微观经济学》，华夏出版社，1999，第5页。

是古希腊的埃拉托色尼，他根据当时地球表面温度的纬度差异将地球划分
为 5 个气候带；19 世纪，德国学者洪堡通过研究气候与植被的相互关系，
提出了植被的地域分异规律；19 世纪末，俄国学者 B. B. 道库恰耶夫根据
土壤发生学观点对土壤进行分类，由此创立了自然地带学说，并发现许多
自然地带是不连续的，大的山系、大的高原还存在垂直带现象。

目前，学术界对地域分异规律的认识，还没有取得一致的意见，但都
承认以下几种因素对地域分异的直接影响：一是太阳辐射能按纬度分布不
均；二是大地构造和大地形；三是海陆的相互作用；四是随山地高度而产
生的垂直带性；五是地形、地面组成物质以及地下水埋深不同。不管何种
因素引起的地域分异，都会导致构成土地的各要素及土地综合体存在明显
的地域差异。

由于不同地区土地的数量、质量、结构、环境状况、空间分布和利用
现状各异，适宜开发利用的方式、方向、规模、水平也就不同。[①] 因此，
土地利用规划应遵循地域分异规律，因地制宜，[②] 最大限度地发挥每一块
土地的自然、经济优势，形成各具特色的土地利用结构。

4. 人地关系理论

人地关系即人类与其赖以生存和发展的地球环境之间的关系。协调的
人地关系强调人与自然高度和谐统一，在发展社会经济的同时，不仅应合
理开发利用自然资源，而且不能超越生态系统的承载能力，还应努力保
护、治理生态环境，提高环境质量，使生态、经济和社会效益都能得到协
调发展。[③] 由于土地是人类赖以生存的唯一物质基础和空间场所，制约着
人类社会活动的深度、广度和速度，因此，土地利用规划，是人地关系最
重要的表现之一。

我国目前人地矛盾突出，人地关系主要表现为土地能够给人类提供多
少生活所必需的产品和空间。根据人地关系协调理论，人在利用土地过程
中，必须注重"地"的功能及属性，开展相关评价与预测，提高土地利用
规划的科学性。

---

① 陈星怡：《基于坝区耕地保护的县级土地利用总体规划研究——以芒市为例》，云南财经
大学硕士学位论文，2012。

② 郑晓晨、潘文灿：《新时期土地利用规划工作实务》，中国电子出版社，2006。

③ 魏阳：《云南芒市城镇化和耕地保护时空格局演变研究》，云南财经大学硕士学位论文，
2012。

5. 区位理论研究

区位理论是关于人类活动的空间分布及其在空间中的相互关系的学说。

最早探讨区位理论的学者是 19 世纪二三十年代的德国地理学家冯·杜能（J. H. Von Thunon）。他在《孤立国对农业和国民经济的关系》（简称《孤立国》）中通过对农业生产的区位选择进行经济分析，提出了著名的"杜能圈"，即六种耕作制度各构成一个区域，每个区域都围绕城市中心呈同心圆状分布。[①]

工业区位理论的奠基人是德国经济学家韦伯（Alfred Weber），其理论核心是以现代交通方式为前提，通过对运输、劳力及集聚因素相互作用的分析和计算，寻求在原材料与消费中心一定情况下生产成本的最低点，作为工业企业的最佳分布点。[②]

1932 年，德国地理学家瓦尔特·克里斯塔勒（Walter Christaller）提出了"中心地理论"，也就是六边形理论，他从城市的物品供应、行政管理、交通运输等主要职能的角度，论述了中心地厂商的竞争以及由此竞争导致的中心地厂商行为的变化和城市居民消费结构的变化。[③]

6. 城市空间利用结构理论的经济学研究

从经济学角度探讨城市土地使用空间的问题主要是从土地价值进行研究。比如，新古典主义学派的胡德（R. M. Hurd）在他 1903 年发表的《城市土地价值原理》一文中，从生产理论角度对城市土地地租进行了分析，从而为城市土地利用的经济分析奠定了理论基础。在此基础上，1927 年，海格（Haig）又进一步提出城市土地价值由土地的区位条件决定的观点，并指出土地区位优越主要是指交通便利，这样的土地区位决定着高土地地租。后来该理论经过赖特克里夫（R. M. Ratcliffe）的进一步发展，形成了一个更完整的城市土地利用经济模型。[④]

1964 年，阿隆索（W. Alonso）出版了《区位与土地利用》一书，系

① 吴勇：《山地城镇空间结构演变研究——以西南地区山地城镇为主》，重庆大学博士学位论文，2012。
② 吴勇：《山地城镇空间结构演变研究——以西南地区山地城镇为主》，重庆大学博士学位论文，2012。
③ 吴勇：《山地城镇空间结构演变研究——以西南地区山地城镇为主》，重庆大学博士学位论文，2012。
④ 谢守红：《大都市区空间组织的形成演变研究》，华东师范大学博士学位论文，2003。

统地发展了城市空间结构经济理论。他指出，由于经济社会的发展，城市空间不断扩大，城市边缘与城市中心的距离逐渐增加（意味着区位可达性的递减），导致土地的效益也呈现递减趋势。在这样的假设前提下，阿隆索提出了不同土地使用者的竞租曲线（bid-rent curves），表示土地成本和区位成本（克服空间距离的交通成本）之间的权衡，不同的曲线表示不同的土地使用，曲线上的任何一点表示一种选址可能性。[①]

7. 空间扩散理论与核心边缘模型

最早系统提出空间扩散理论的是瑞典地理学家哈格斯特朗（T. Hagerstand），此后这一领域的研究发展很快，各国学者把空间扩散方式概括为以下几种：[②] 第一是周边扩散，从中心向周边泼墨式扩散，这是一种自然扩散；第二是等级式扩散，从中心跳过相邻地区向较远距离的同等级或次级中心点的扩散；第三是点轴式扩散，由中心点沿主要交通干线呈串珠状向外延伸，形成若干扩散轴线和经济发展轴带；第四是跳跃式扩散，从中心向指定地点的非常规跳跃式集中，往往是为了满足某些资源指向性产业群布局的特定要求；第五是反磁力式扩散，在中心的外围选择若干地点扩散，以形成抵消中心点吸引力而可能产生的反聚集效应。

1966 年，美国学者弗里德曼（John Friedman）提出了著名的"核心 - 边缘"模型。该模型认为，核心区（core region）是创新变化的主要中心，而它周围的地域则组成了边缘区（peripheral regions），创新一般都是从核心区开始的，因此，边缘区的发展依赖于核心区，并在很大程度上由核心区的体制所决定。[③]

8. 传统城市化理论

传统城市经济理论虽然从土地肥力和劳动生产率差异角度关注了土地的差异，但地形地貌差异对城市发展的影响并没有得到充分研究。按照空间经济学的基本思想，只有城市的聚集发展到阻塞成本所导致的离心力超过城市聚集所导致的向心力时，要素才趋向于向城外流动。按照这样的逻辑，在山间坝子面积小的云南省，只有当城市建设将山间盆地全部占用后，才会向盆地边缘区的丘陵和山地转移。土地肥力差和生产率低的山区

---

① 谢守红：《大都市区空间组织的形成演变研究》，华东师范大学博士学位论文，2003。
② 谢守红：《大都市区空间组织的形成演变研究》，华东师范大学博士学位论文，2003。
③ 吴勇：《山地城镇空间结构演变研究——以西南地区山地城镇为主》，重庆大学博士学位论文，2012。

农业难以满足日益增加的城市人口对粮食、蔬菜和基本农副产品的需求，导致城市物价不断上涨，城市生活质量下降，传统城镇化路径不可持续。

配第提出了著名论断"土地是财富之母，劳动是财富之父"，之后包括布阿吉尔贝尔、坎蒂隆、魁奈、穆勒等在内的早期经济学家们，强调了土地是财富的源泉，对土地的自然属性进行了研究。李嘉图在解释土地地租时，强调的是土地肥力的不同自然属性，由此产生劳动生产率的差异，但是未涉及交通运输成本。杜能建立了一种强调区位间运输差异的理论，假设土地除了最终交易产品市场不同，在其他方面均为同质的，土地的自然属性对城市发展的作用主要是影响城市发展的成本。韦伯考虑到运输成本的前提假设；佩鲁则建立了"增长极"理论，提出主导部门和有创新能力的企业会在大城市或者某些地区聚集。缪尔达尔强调地理上的二元经济，提出回波效应会扩大地区经济差距，扩散效应会缩小地区经济差距。后来发展经济学者们利用"二元结构理论"来解释城市化，如刘易斯、费景汉、托达罗等人，均是基于人口流动模型，由于人口的流动，农业部分的剩余劳动力向非农产业部门进行转移，导致乡村人口向城市聚集。杨小凯和赖斯（Rice）建立了新兴古典经济学城市化的一般均衡模型，认为城市的发展以及城乡的分离是由于分工演进、专业化经济与交易费用之间的两难冲突。分工的网络效应和集中交易提高效率之间的交互作用会促使城市的产生，市场本身有能力对城市分层结构做出合理的选择。新经济地理理论认为劳动力流动、收益递增和运输成本是促进经济活动和人口向城市区域集中的力量，拥挤和城市土地租金等构成的分散力则促使企业和工人向外迁移。聚集是城市存在的原因，产业集聚引起的区域发展差距会促进区域城市化。内生增长经济理论加入城市经济的分析中，探究城市增长的内生化问题，研究技术、人力资本以及城市规模等因素如何影响城市化模式。

9. 山地城市空间结构理论

苏联规划学者 B. P. 克罗基乌斯在《城市与地形》中阐述了山地地形条件下空间结构的规划类型，包括集中结构、带状结构、组团结构等。同时，他在研究了苏联和世界其他地区 200 多个有名的山地城市的演化后，总结出山地城市空间演变的规律：绝大多数城市在其发展初期，有一个紧凑的平面（早期的城市中心布置在山顶、山坡或河谷）；随后逐渐在靠近市中心最近的陡坡上进行建设，同时开发较远的平坦地段；在与城市各部分具有最好交通条件的地段（通向海边的河谷出口处，几个河谷的联结处，山道、高原之间的地狭处，盆地中心等）发展全市中心区。[①]

虽然在 20 世纪 80 年代以前，中国还没有关于山地城市规划以及空间结构的系统研究，但众多山地地理学研究学者对山地地质、山地地貌、山地气候、山地国土资源、山地水文以及山地灾害等的基础研究，为山地城市及城市空间布局和结构形态的研究奠定了坚实的基础。我国最早研究山地城市发展的学者是黄光宇教授，他将"城市规划"与"山地自然环境研究"嫁接起来，出版了《山区城市的布局结构》，系统阐述了山区城市的发展形式、结构形态、布局特征、交通组织、园林绿化系统、城市艺术和景观风貌等，对山地城市空间结构理论的深化和发展有着划时代的意义。

20 世纪 80 年代末期，随着全球城市化进程的加速、人口的增长和环境恶化的加剧，"生态城市"的发展成为主流，并融合了"山水城市""山地城市"的发展理念。1987 年，黄光宇教授提出了"绿心环形城市新模式"的布局结构，不仅继承和发扬了我国"山水城市"的传统文化，体现了人与自然高度和谐统一的东方哲学思想，而且继承与发展了西方"田园城市"理论学说。

1990 年，钱学森正式提出了"山水城市"这一富有中国特色的城市概念，指出"人离开自然又要返回自然"，以达到人与自然和谐统一的境界。吴良镛也指出"山水城市"中的"山水"泛指自然环境，"城市"泛指人工环境。山水城市建设理论实际讲的是一种思想理念，是城市的一种形态模式，这种"山水城市"理念对山地城市空间结构的构建起着积极的作用。

二 文献综述

随着城镇化发展速度的加快，很多国家都存在城镇化发展与耕地保护的问题，国内外一些学者对此也做出了相关研究。

有些学者注重研究城镇化的发展对耕地占用的现象，如 Doos（2002）

[①] 吴勇：《山地城镇空间结构演变研究——以西南地区山地城镇为主》，重庆大学博士学位论文，2012。

指出，人口增加和社会经济增长引起了人们对居住、工业基础设施用地的急度需求，从而导致耕地面积大幅减少。他进一步指出，如果长时间不采取措施保护耕地而任由其减少，将会带来严重的粮食安全问题。Deng 等（2006）也指出，城镇化快速发展的代价是大量耕地非农化，转换为工业用地、基础设施用地和住宅用地。Alig 等（2004）通过对美国 1982~1997 年土地利用变化的研究，得出结论：城市化的发展与城市人口密度的增加和人均收入的上升成正比，美国 1982~1997 年的城市化发展导致在这段时间内城市建设占用土地量增加了 34%。[1]李晓云等对中国城市化占用耕地情况做出了预测，认为到 2020 年，将占用 32562 平方千米的耕地。

有些学者注重研究影响耕地占用的因素，如 Wasilewski 和 Krukowski 通过对耕地非农化占用的相关影响因素进行分析，认为农民在耕地非农化占用过程中获得的收益远远大于农民在耕地农用中获得的收益，尤其是耕地被占用为房地产开发用地带来的收益更大，这进一步加剧了耕地非农化的进程。[2]

有些学者注重研究耕地占用带来的影响，如赵金芸等（1997）认为，城市建设用地外延增长必然占用大量耕地，使"吃饭和建设"的矛盾更为尖锐，同时，耕地减少又会导致大量劳动力剩余，给城市带来压力。

有的学者注重研究如何保护耕地，如张庭伟指出，欧美国家主要从环境保护和社会公平的角度来控制城市扩张和耕地占用，中国控制城市扩张主要从保护耕地、保证粮食供给的角度出发，政府在其中扮演了重要角色；叶艳妹等指出，必须明晰城市土地所有权的主体，在规范土地所有权的同时，设置、界定土地的耕作权、农地发展权、建筑权、地上权、使用权等权利将会有益于保护耕地，规范土地市场；[3] 王万茂等认为，通过增设农地发展权（即土地用途由农用转为建设用的使用之权），可增加农地非农化成本，

---

① 魏阳：《云南芒市城镇化与耕地保护时空格局演变研究》，云南财经大学硕士学位论文，2012。

② 魏阳：《云南芒市城镇化与耕地保护时空格局演变研究》，云南财经大学硕士学位论文，2012。

③ 叶艳妹、吴次芳：《我国土地产权制度与耕地保护问题研究》，《农业经济问题》1997 年第 6 期。

遏制以"非公共利益"为目的进行土地征用的势头，通过产权的方式用经济手段有效地保护农地。①

还有的学者注重研究城市土地的可持续利用问题，如金凤君指出，可以根据土地级差地租进行城市用地整理和空间优化，调整优化产业结构，提高城市土地产出率；调整乡镇企业和农村居民点的布局，实现小城镇土地的集约利用。②

第二节　云南山坝地貌结构分析

一　云南山坝地貌特征

云南省地处祖国西南边疆，位于北纬 21°8′32″~29°15′8″和东经 97°31′39″~106°11′47″，北回归线横贯南部，与越南、缅甸、老挝三个国家接壤，边境线长 4060 千米，是中国通往东南亚、南亚的门户。云南省全境东西最宽横跨 864.9 千米，南北最长纵越 990 千米。全省土地总面积 39.4 万平方千米，占全国陆地总面积的 4.1%。

云南属内陆高原山区省份，地形地貌复杂，海拔高差悬殊，自然环境与土壤类型多样，气候垂直差异显著，生物、旅游、水能和矿产资源丰富，区位条件独特。

1. 气候特征

从云南省域尺度看，其从南向北是一个垂直带谱发育完备的、呈 6 级阶梯状下降的巨大的山坡；而从其局地尺度看，云南由众多相对封闭的小地貌单元组成，每一地貌单元的核心都是相对低平的坝子，从坝子边缘向外依次是地势渐高、坡度渐大的缓坡地、山地。云南的这种立体性地貌导致了气候的立体性。③

云南气候具有低纬度气候、高原气候、季风气候的特征，从南到北可水平划分出北热带、南亚热带、中亚热带、北亚热带、暖温带、中温带、

---

① 王万茂、臧俊梅：《试析农地发展权的归属问题》，《国土资源科技管理》2006 年第 3 期。

② 金凤君等：《中国沿海地区土地利用问题及集约利用途径》，《资源科学》2004 年第 5 期。

③ 童绍玉：《云南山区与坝区农业利用划分方法探析》，《贵州农业科学》2011 年第 11 期。

寒温带等 7 个气候类型，在垂直分布上却又随海拔高度的变化形成气候的垂直带谱，出现了数个山地气候带，故有"一山有四季"之说。

2. 土壤特征

云南土地资源类型多样，垂直变化也十分突出，土壤分布依海拔从低到高分别是砖红壤、赤红壤、红壤和黄壤、黄棕壤、棕壤、暗棕壤、棕色针叶林土、亚高山和高山草甸土、高山寒漠土。其中，适宜耕作的土壤只占全部土壤面积的 13%。[①]

3. 水资源特征

云南独特的气候和地理条件，造就了丰富的水资源和水能资源，素有"水电王国"和"亚洲水库"之称。但云南独特的立体自然环境，也造就了水资源的独特分布特征。在垂直分布上，随海拔增高降雨增多，冰川分布在玉龙雪山等高山上，河流、湖泊、库塘等主要集中在坝子底部；在水平分布上，南部坝子多北部坝子少，滇西坝子多滇东坝子少。[②]

二 云南山坝地貌分类

由于云南具有复杂的地形地貌，因此，本章采用 DEM（基于数字高程的模型分析方法）和 GIS 及遥感技术对云南的地形地貌进行定量分析。

DEM 的地貌分类常用指标有海拔高度、地形起伏度（相对高度）、地面坡度、坡度变率、高程变异系数、等高线密度、全累计曲率等。[③] 根据云南地形地貌特点，本章选择海拔高度、地面坡度、地形起伏度 3 个要素作为划分指标。

1. 根据海拔高度划分的类型

海拔是地貌分类和分区的重要指标之一。云南海拔相差很大，海拔高度在 76.4 ~ 6740 米。云南省海拔最低点是在与越南交界的河口县境内南溪河与元江汇合处，海拔仅 76.4 米；最高点为滇藏交界的德钦县怒山山脉梅里雪山主峰卡瓦格博峰，海拔为 6740 米。高原面的平均海拔为 2000 米。高原面上分布有山地、丘陵和坝子，高原面被河流切割，河谷广布。根据海拔高度划分的山区和坝区类型见表 8 - 1。

---

① 苏国有：《打开山门说亮话——云南坝子经济揭秘》，云南人民出版社，2006。
② 苏国有：《打开山门说亮话——云南坝子经济揭秘》，云南人民出版社，2006。
③ 童绍玉：《云南山区与坝区农业利用划分方法探析》，《贵州农业科学》2011 年第 11 期。

表 8 - 1　云南山坝结构（按海拔分类）

类型	面积		海拔（米）	特点
	总面积 （平方千米）	占全省面积 （%）		
高海拔山区	71248	17.57	≥2500	主要分布在滇西北，气温低， 长冬无夏或冬长夏短
高海拔坝区	1122	0.28	≥2300	
中海拔山区	196890	48.55	1500～2500	多分布在南部与西南部，气温 年差较小、日差较大，冬暖夏 凉，水利条件好
中海拔坝区	16250	4.01	1300～2300	
低海拔山区	111567	27.51	≤1500	分布在滇南、滇西南和滇东 南，温度高，湿度大，多属热带 型气候
低海拔坝区	8481	2.09	≤1300	

数据来源：苏国有：《打开山门说亮话——云南坝子经济揭秘》，云南人民出版社，2006，第4页。

2. 根据海拔—地面坡度划分的类型

地面坡度会直接影响土地的利用方式以及水土流失的发生概率，因此也是地貌分类和分区的重要指标之一。云南农业一般把地面坡度≤8°的地段视为适宜农耕的平地，8°～15°为有条件开垦的缓坡地，农耕用地的最大坡度不得超过15°。根据海拔—地面坡度可将云南山坝结构做如下分类（见表 8 - 2）。

表 8 - 2　云南山坝结构（按海拔—地面坡度分类）

类型	面积		海拔（米）及坡度	特点
	总面积 （平方千米）	占全省面积 （%）		
坝区	2.4 万	6.09	海拔≤2000 坡度≤8°	坝区地势平坦，交通便利，农业经济条件相对较好，是全省水稻田的主要分布区，也是云南土地资源的精华
山区	10.28 万	26.09	海拔≤2500 坡度＞15°	林业、畜牧业资源极为丰富，山区也有耕地，零星分散，多坡耕地和轮歇地，粮食作物以玉米、旱粮、杂豆、薯类为主

续表

| 类型 | 面积 | | 海拔（米）及坡度 | 特点 |
	总面积 （平方千米）	占全省面积 （%）		
半山区	19.6 万	49.75	海拔:2000～2500 坡度≤15°	云南种植业、养殖业和经济林木的主要分布区。粮食作物一般以玉米为主或玉米、水稻各半
			海拔＜2000 坡度:8°～15°	
高寒山区	7.12 万	18.07	海拔＞2500 的山地	针叶林资源丰富，草场面积广阔。农作物为耐寒的洋芋、燕麦、青稞、小黑麦以及部分药材

3. 根据海拔—地形起伏度划分的类型

云南省的坝区属于平地，其地形起伏度多在 100 米以内，半山区多为坝区周围的高原丘陵缓坡地带，其起伏度多为 100～200 米，而山区的地形起伏度多在 200 米以上。因此，根据海拔—地形起伏度划分的云南地貌类型如下：（1）坝区，海拔≤2000 米，地形起伏度≤100 米的地区；（2）山区，海拔≤2500 米，地形起伏度＞200 米的地区；（3）半山区，海拔在 2000～2500 米、地形起伏度≤200 米的地区和海拔≤2000 米、地形起伏度在 100～200 米的地区；（4）高寒山区，海拔＞2500 米的地区。

4. 小结

根据以上三种分类方法，计算得出云南坝区占地面积为 6.72%～8.19%，主要分布在云南东部的高原、云南西南部及南部的河谷中，呈零星分布；半山区占 22.6%～25.38%，主要分布在坝区周围，是山地与坝区的过渡地带，其分布规律与坝区大致相同，但其在云南高原上的分布面积更大，也更连片；高寒山区占 15.61%～15.78%，主要分布在滇西横断山地，一般都是连片分布，滇东北的山地也有少量分布；山地面积占 52.29%～53.77%，是云南地貌与地类的主体。①

可见，云南坝区面积较小，但分布广，而且在农业生产及国民经济发展中的地位远高于其他地类或地貌类型；半山区由于分布在坝区周围，交通相对便利，其地面坡度＜15°，也可作为城镇发展的建设用地。

---

① 童绍玉：《云南山区与坝区农业利用划分方法探析》，《贵州农业科学》2011 年第 11 期。

三 云南坝子分类

坝子是我国云贵高原上对局部平原的地方性称谓。坝子见于盆地、河谷和山的峰顶部分。坝子地势平坦，土地肥沃，水利条件较好，物产丰富，是重要的农业生产基地；同时也是人口密集、集市贸易发达之地，往往是城镇所在地，也是当地的政治、经济、文化中心。云南为典型的高原山区省份，全省山地约占 84%，高原约占 10%，坝子（盆地、河谷）仅约占 6%。因此，坝区是云南极其重要的土地资源。

在云南的坝子中，最大的坝子为陆良坝子，面积为 771.99 平方千米。云南名列前 10 位的坝子还有：昆明坝（763.6 平方千米）、洱海坝（601 平方千米）、昭鲁坝（524.76 平方千米）、曲沾坝（435.82 平方千米）、固东坝（432.79 平方千米）、嵩明坝（414.6 平方千米）、平远坝（406.88 平方千米）、盈江坝（339.99 平方千米）、蒙自坝（217 平方千米）。

1. 按面积分类的云南坝子

云南坝子按面积分类为（见表 8 - 3）：面积在 1 平方千米以上的坝子有 1557 个，面积 2.51 万平方千米；面积在 10 平方千米以上的坝子有 375 个，面积 2.2 万平方千米；面积在 20 平方千米以上的坝子有 196 个；面积在 50 平方千米以上的坝子有 94 个；面积在 100 平方千米以上的坝子有 49 个；面积在 200 平方千米以上的坝子有 19 个；面积在 300 平方千米以上的坝子有 12 个；面积在 400 平方千米以上的坝子有 8 个。[①]

表 8 - 3 云南坝子分类（按面积）

面积(平方千米)	坝子数(个)
≥1	1557
≥10	375
≥20	196
≥50	94
≥100	49
≥200	19
≥300	12
≥400	8

---

① 苏国有：《打开山门说亮话——云南坝子经济揭秘》，云南人民出版社，2006。

2. 按成因及沉积物分类的云南坝子

按成因及沉积物类型，云南坝子可分为断陷坝、岩溶坝、冰蚀坝和火山坝四类（见表 8 - 4）。

表 8 - 4　云南坝子分类（按成因及沉积物）

类型	特点	坝子
断陷坝	规模大，较平坦，多长条形，可耕地面积大，水利条件好	昆明、大理、昭通、曲靖、姚安、陆良、蒙自、祥云、景洪、元江
岩溶坝	主要分布在石灰岩地区，土层较薄，地表缺水	文山、八宝、罗平、平远街、丘北
冰蚀坝	海拔高，气温低	丽江、拉市、大理花甸
火山坝	土质肥沃	腾冲、和顺、中和、固东

数据来源：苏国有：《打开山门说亮话——云南坝子经济揭秘》，云南人民出版社，2006，第 7 ~ 8 页。

第三节　基于云南山坝结构的土地利用分析

一　云南土地利用现状

1. 耕地

据云南省第二次全国土地调查 2009 年 12 月 31 日统一时点更新汇总数据库及按国土资源部规定的规划基数转化结果，云南全省耕地数为 624.39 万公顷（9365.84 万亩），全省人均耕地数为 0.137 公顷（2.05 亩），具体分布状况见表 8 - 5。2009 年全省耕地数目比 1996 年第一次调查时的耕地 642.16 万公顷（9632.84 万亩）减少了 17.77 万公顷（266.52 万亩），而且人均耕地仍低于世界人均耕地 0.225 公顷（3.38 亩）的水平。[①]

其中，坝区的耕地为 162.53 万公顷（2437.98 万亩），占耕地总量的 26%；半山区的耕地为 181.40 万公顷（2720.97 万亩），占 29.05%；山区的耕地为 189.70 万公顷（2845.52 万亩），占

---

① 云南省国土资源厅：《关于云南省第二次全国土地调查主要数据成果的公报》，《云南日报》2014 年 3 月 3 日。

30.38%；高寒山区的耕地为 90.76 万公顷（1361.37 万亩），占 14.54%，主要分布在滇东北、滇东南和滇西南地区。但由于云南的立体性自然环境，全省耕地质量等别随海拔的升高由南向北逐渐递减，坝区和山区耕地质量差异较大，同区域内坝区耕地产值远高于山区耕地产值。①

表 8 - 5　云南耕地分布状况

分布区域	耕地面积(万公顷)	占耕地比例(%)
滇东北区	97.61	15.63
滇中地区	199.11	31.89
滇东南区	128.71	20.61
滇西北区	30.94	4.96
滇西南区	168.02	26.91

从耕地总体质量看，全省耕地中有旱地 473.90 万公顷（7108.57 万亩），占耕地面积比例高达 75.90%；1996 ~ 2009 年 14 年间水田减少了 207.4 万亩（占减少耕地总数的 78%），其中仅昆明市就减少水田 52.5 万亩；有 90.76 万公顷（1361.37 万亩）耕地（含梯田）位于 25°以上的陡坡上，其中有相当部分需要根据国家退耕还林、还草和耕地休养生息的总体方案做逐步调整，有相当数量的耕地位于石漠化地区，地块破碎、耕作层浅，耕种难度大，还有一定数量的耕地因地质洪涝灾害造成地表土层破坏，难以恢复耕种；同时，由于农村常住人口不断减少，许多地方耕地撂荒现象不断增多。②

2. 建设用地

调查数据反映，云南城镇建设用地扩展迅速（见表 8 - 6），1996 ~ 2009 年云南省建设用地从 1028.7 万亩增加到 1392.4 万亩，净增加 363.7 万亩，年均城镇用地净增率达 17.7%，人均城乡建设用地达 166 平方米，远远高于国家规定的人均城乡建设用地 120 平方米的水平。二次调查云南

---

① 云南省国土资源厅：《关于云南省第二次全国土地调查主要数据成果的公报》，《云南日报》2014 年 3 月 3 日。

② 云南省国土资源厅：《关于云南省第二次全国土地调查主要数据成果的公报》，《云南日报》2014 年 3 月 3 日。

省建设用地总规模比 2010 年规划指标 1246.8 万亩超出 145.6 万亩，仅比 2020 年规划指标 1422.30 万亩少 29.9 万亩。

表 8－6　云南建设用地增加表（1996～2009 年）

用地项目	增加面积（万亩）	用地项目	增加面积（万亩）
城市用地	64.02	风景名胜及特殊用地	22.1
建制镇用地	82.03	交通运输用地（扣除农村道路）	22.1
村庄	154.65	水库和水工建筑用地	17.8

随着城镇化的进一步发展，这 14 年间，云南乡村实际居住人口逐年下降，但村庄用地不降反升，增加了约 154.65 万亩，一些地方"空心村"不断出现。

3. 林地、园地和草地

二次调查数据显示，14 年间，云南省林地增加 1914.8 万亩，占全省土地总面积的比重由 56.9% 上升到 60.2%；园地增加 1558.7 万亩，占全省土地总面积的比重由 1.6% 上升到 4.3%；草地减少 3446.5 万亩，占全省土地总面积的比重从 13.9% 下降到 7.9%；裸地、沙地减少 176.2 万亩，占全省土地总面积的比重由 2.79% 下降到 2.49%。

由此可见，草地面积减少较多，一部分是通过植树造林转化成了林地或通过土地整治转化成了耕地；还有一部分是属于建设占用。

根据云南省"十二五"规划，今后 5～10 年，是云南城镇化、工业化的快速发展期，必将需要大量建设用地。因此，必须合理调整土地利用总体规划，严格划定城市开发边界、永久基本农田和生态保护红线，严格控制城市建设用地规模，控制投放增量土地，加大盘活存量土地，优化土地利用空间布局和结构，提高土地利用效率。

二　云南土地利用特点

1. 土地资源总量较大，但土地利用制约因素较多

云南土地总面积约占全国陆地总面积的 4.1%，居全国第八位，人均土地资源也高于全国平均水平。然而，云南省的高海拔土地和陡坡土地占有较大比重，如山地占比达到 84%。云南省土地利用最大的制约因素是山地地貌，15°以下的坝子和缓坡、丘陵约有 8 万平方千米（不含水域），约占全省土地总面积的 20.9%，是人口、城镇、工矿和耕地集中分布的主要区域，人均不足 3 亩，低于我国一些东部省份；全省 25°以上的陡坡土地占全省土地总面积的近 40%，可供建设和耕作的土地资源相对不足；此外，由于水土资源时空分布不均匀，农田水利建设成本较高，全省大部分地区水土流失现象严重，部分地区又易遭受滑坡、泥石流等灾害威胁，这些复杂的地质灾害进一步限制了林牧业和城镇、交通的建设与发展，加剧了人地矛盾。①

2. 土壤和气候类型多样，但地质灾害和水土流失较为严重

云南省土壤类型多样，但红壤系列的土地总面积占 55.32%，有机质分解较快，土壤肥力和产出能力较低，部分地区土地质量退化趋势加剧。云南省纬度位置低，海拔差异大，垂直地带性明显，从低海拔地区到高海拔地区大致可分为低热、中暖、高寒三层，具有我国从海南岛到东北的各种气候类型，各气候类型具有不同的土地利用特性。云南省是我国地质灾害频发的省份之一，崩塌、滑坡、泥石流等地质灾害隐患点多达 20 多万处，水土流失问题严重，土地生态建设任务十分艰巨。②

3. 土地利用类型丰富，但分布零散且结构和布局不尽合理

云南省土地资源类型丰富多样，拥有全国土地利用现状调查统一划分的 3 个一级土地利用类型和 10 个二级土地利用类型的所有类型。但受复杂地形结构的影响，各类用地分布十分零散，土地利用具有多样化和复杂性的特点。云南省耕地和林地面积较大，但优质耕地主要分布于坝区，林地分布不均衡。园地和草地比例较低，由于地形原因，多数零星分布于山地、丘陵、河谷和坝区，与林地和耕地相嵌。云南省有六大水系分别流入太平洋和印度洋，境内河流纵横，高原湖泊众多，但水域面积比例较低。③

4. 土地垦殖率较高，但质量较差且后备资源不足

云南省农业用地垦殖率达 82.88%，但农用地质量普遍不高，陡坡耕地和劣质耕地比例较大，耕地总体质量较差，林地产出率较低，草地有退化趋势，水域污染日趋严重。云南耕地开垦潜力已接近临界状态，水土条件的时空不匹配加大了耕地占补平衡的难度。云南省山区和半山区占土地总面积的 94%，平坝区耕地集中，土壤和水热条件较为优越，集约化经营程度高，但人地矛盾突出，易开发整理的土地后备资源逐渐减少，补充耕

---

① 云南省国土资源厅：《云南省土地利用总体规划大纲（2006～2020 年）》，2009。
② 云南省国土资源厅：《云南省土地利用总体规划大纲（2006～2020 年）》，2009。
③ 云南省国土资源厅：《云南省土地利用总体规划大纲（2006～2020 年）》，2009。

地成本不断增加，非农业建设占用耕地，特别是高产优质耕地的问题突出。山区半山区土地后备资源集中但自然条件普遍较差，开发利用难度大。①

三　云南省发展山地城市的必要性

传统的城市化经济理论将土地作为一种基本的生产要素，没有涉及自然资源耗竭的论点，没有考虑资源环境对人口城市化过程的约束作用，未涉及生态保护的范畴。从 20 世纪 90 年代初开始，Bovenberg 和 Smulders（1995，1996）将环境因素加入内生增长理论中，将资源环境加入城市经济学中，主要是基于两个方面的考虑：一是"增长尾效"，二是"资源诅咒"。任何国家和地区在经济发展过程中都需要消耗资源，但是资源是有限的，上一个阶段对资源的消耗必然会引起下一个阶段经济增长速度的降低，即存在经济增长的"尾效"（Romer，2001）。从本质上看，城市经济是空间上集中的经济，空间集聚会对城市产生特殊的聚集效应，聚集经济的产生可以使企业获得更高的利润，居民可以得到更多的效用，从而改变生产与消费决策的技术、成本和市场约束。聚集效应的区位生产力差异决定了不同区位的地价，形成城市土地的级差地租以及城市土地利用的空间布局。城市化过程中，乡村人口向城市聚集，农业用地转向非农用地，会消耗一定的自然资源，城市化所引起的直接或者间接需求依赖自然资源供给能力的维持与提高，资源环境对城市化进程存在刚性约束。

对于以山地为主的云南省，平地资源的供给是有限的，且具有空间固定性的特征，土地资源是决定云南城市发展的重要因素之一。随着云南省中心城市的城市化和工业化推进，人口不断向这些地区聚集。从土地资源角度来说扩大城市规模主要通过两条途径：一是城市空间的扩张；二是在原有的土地上增加建筑高度。

建立在土地资源约束下的城市化模型考虑了土地是生产函数中的一个因素，已有的文献主要是基于以下两个代表性的生产函数对经济增长进行分析的：一是 C-D 生产函数，如 Romer（1992）、刘耀彬等（2007）、崔云（2007）等；二是采用二级三要素的 CES 生产函数作为基础模型，如杨杨和吴次芳等（2007）。采用 C-D 生产函数时一般假设要素替代弹性为 1，但

---

① 云南省国土资源厅：《云南省土地利用总体规划大纲（2006~2020 年)》，2009。

是李子奈（2000）认为现实经济社会中要素替代弹性是不相同的，采用二级三要素 CES 函数作为基础模型时，一般假设技术是独立于其他投入要素之外的不变参数，即技术进步是中性的。借鉴具有环境约束的经济增长模型。假设存在三种要素影响城市化进程，资本（K）、劳动（L）以及土地资源（$Land$），它们之间存在相互替代性且替代程度存在差异；而 Y 表示在不同要素组合下的城市化发展水平；技术进步是希克斯中性的；存在土地资源的约束。在两种要素情况下的 CES 函数表达式为：

$$Y = A[\alpha K^{-\rho} + (1 - \alpha)L^{-\rho}]^{-\frac{n}{\rho}}e^{\varepsilon} \tag{1}$$

对式（1）两边取对数可以得到

$$\ln Y = \ln A - \frac{n}{\rho}\ln[\alpha K^{-\rho} + (1 - \alpha)L^{-\rho}] + \varepsilon \tag{2}$$

进行泰勒级数计算得到近似形式：

$$\ln Y = \ln A + \lambda t - n\alpha\ln K + (1 - \alpha)n\ln L - \frac{1}{2}\alpha(1 - \alpha)n\rho(\ln(\frac{K}{L}))^2 + \varepsilon \tag{3}$$

现在加入土地要素，从两个要素变为三个要素，我们采取（K/L）/ $Land$ 形式，可以得到式（4）：

$$\ln Y = \ln A_0 + \lambda t + n\alpha\ln Y_{KL} + (1 - \alpha)n\ln(Land) - \frac{1}{2}\alpha(1 - \alpha)n\rho(\ln(\frac{Y_{KL}}{Land}))^2 + \varepsilon \tag{4}$$

其中存在 $\ln Y_{KL} = \beta\ln K + (1 - \beta)\ln L - \frac{1}{2}\beta(1 - \beta)\rho_1(\ln(\frac{K}{L}))^2$。对其进行简单化处理，可以得到：

$$\ln Y = \ln A_0 + \lambda t + n\alpha\beta\ln K + (1 - \alpha)\beta n\ln L + (1 - \alpha)n\ln(Land)$$
$$- \frac{1}{2}\alpha(1 - \alpha)\beta n\rho_1(\ln(\frac{K}{L}))^2 - \frac{1}{2}\beta(1 - \beta)n\rho(\ln(\frac{K}{Land}))^2 + \varepsilon \tag{5}$$

式（5）两边对时间 t 进行求导，则可以得到

$$f_y(t) = \lambda + n\alpha\beta f_K(t) + (1 - \alpha)\beta n f_L(t) + (1 - \alpha)n f_{Land}(t)$$
$$- \frac{1}{2}\alpha(1 - \alpha)\beta n\rho_1 f_{\frac{K}{L}}(t) - \frac{1}{2}\beta(1 - \beta)n\rho f_{\frac{K}{Land}}(t) \tag{6}$$

在前提假设中"土地资源是有限的"，则存在 $\frac{\partial Land}{\partial t} = -cLand(t)$，

其中 $c > 0$。罗默（2009）提出在平衡路径上 K 与 Y 保持相同的增长率，则 $f_Y = f_K$，$f_L = l$。可将式（6）简化为：

$$f_y(t) =$$

$$\frac{\lambda + (1-\alpha)\beta nl + (1-\alpha)nf_{Land}(t) - \frac{1}{2}\alpha(1-\alpha)\beta n\rho_1 f_{\frac{K}{L}}(t) - \frac{1}{2}\beta(1-\beta)n\rho f_{\frac{K}{Land}}(t)}{1 - n\alpha\beta}$$

$$(7)$$

由于 $f_{Land} < 0$，土地资源是有限的，会随着时间的变化而减少，因此会对城市化发展水平产生阻碍。在云南省，适合传统城市发展的平地数量是有限的，在城市化进程的平衡路径上，坝区土地的短缺就会对城市化产生"尾效"（growth drag）。因此，在进行城市化建设时，城市扩张将适合农业生产的平坦土地变为城市用地，会使农业用地减少，非农用地增加，农业部门规模缩小，而农业剩余劳动力无法进入非农部门就业，会出现农民"失业"与"失地"并存，由于山区土地肥力不足，农业部门生产效率的提高速度将低于非农人口对农产品需求增长的速度，农业用地减少会降低粮食产量，出现农产品价格的上升，从而降低城市生活质量，云南省会陷入传统城镇化困境。

因此，城市建设不能再占用山间盆地，宜为城市建设所利用的是山前台地、缓坡、低丘区。云南山间盆地周边荒山荒坡很多，多为低山丘陵，地基承载条件、生态环境质量、景观效果都比较优越，潜力很大。

第四节　云南山区与坝区农业耕地结构研究

一　云南当前耕地总量动态平衡状况

到 2020 年，云南省将迎来四个需要以大量用地为支撑的"高峰"——人口高峰、城市化高峰、工业化高峰以及能源交通等基础设施建设高峰，形成对用地的刚性需求。然而，云南省的耕地特别是优质耕地主要集中于坝区，耕地保护与城镇化、工业化及基础设施建设对建设用地的刚性需求形成尖锐矛盾。本节将从实证的角度来分析云南耕地动态平衡现状，进而分析其对云南土地资源利用和配置的影响。

云南耕地的总量动态平衡问题大致可以归纳为三个方面：一是在实现耕地占补平衡的过程中，既要重视数量因素，又要重视质量因素；二是对于耕地占补平衡应注意新开垦开发的耕地对生态的影响；三是要考虑区域的经济发展水平和自然资源禀赋，发挥土地利用的空间比较优势。

本节借鉴王秀芬、陈百明、毕继业（2005）提出的评价耕地总量动态平衡的指标——动态平衡指数，构造基于粮食供求的耕地动态平衡指数，设计的指标为：[①]

$$动态平衡指数 = \frac{CLG \times PPA}{TP \times GDPC} =$$

$$\frac{种植粮食作物的耕地面积 \times 单位耕地面积的粮食产量}{总人口数 \times 人均粮食消费量} \tag{1}$$

借鉴式（1），可以直接用人均粮食产量除以人均粮食消费量，作为衡量耕地动态平衡的指数。那么，该指数可以做如下改变：

$$动态平衡指数 = \frac{人均粮食产量(P)}{人均粮食消费量(R)} = \frac{粮食总产量(Q)}{总人口(T) \times 人均粮食消费量(R)} =$$

$$\frac{种植粮食的耕地面积(S) \times 单位面积的粮食产量(O)}{总人口(T) \times 人均粮食消费量(R)} \tag{2}$$

式（2）说明，第一，基于粮食供求的动态平衡状况考察是从耕地生产的粮食能否满足需求这一角度出发的，这样更能反映出耕地动态平衡的根本目的，即要让耕地满足人们对粮食的正常需求。第二，种植粮食的耕地面积反映耕地数量指标，单位耕地面积的粮食产量反映耕地质量指标，总人口以及人均粮食消费量反映人口因素以及粮食消费因素。

1. 数据的选取

此处选取2000~2012年云南省种植粮食的耕地面积、单位面积粮食产量、总人口数作为计算的数据指标。对于人均粮食消费量，此处选择人均粮食消费量为400千克/年。

2. 实证分析

第一，云南省耕地动态平衡的实证分析。利用以上公式可做出云南省耕地动态平衡指数表（见表8－7）。

从云南历年的耕地动态平衡指数可以看出，云南的耕地动态平衡状态呈现波动上升趋势，这种趋势也正好拟合了云南省的土地政策变化。

从以上的分析可以看出，云南的耕地状况给土地资源的配置和节约集约利用造成了很多障碍和约束。面对严峻的土地形势，需要大力提倡节约

---

① 张海鹏：《我国土地资源的合理配置和利用》，经济科学出版社，2010。

集约利用土地，严格对建设用地的审批，加大对闲置土地的利用和管理，避免城市快速扩张中对耕地的占用。

表 8 - 7　基于粮食供求的云南耕地动态平衡指数表

年份	2000	2001	2002	2003	2004	2005	2006	2007	2008	2009	2010	2011	2012
指数	1.18	1.18	1.15	1.19	1.21	1.21	1.17	1.18	1.24	1.30	1.25	1.39	1.48

二　云南山坝结构对当前耕地总量动态平衡的现实约束

1. 种植业

种植业主要包括粮食作物和经济作物的种植，粮食作物是云南种植业的主体。云南粮食作物以稻谷、玉米、小麦等三大类为主，其次是薯类和豆类作物。其中，稻谷是云南最主要的粮食作物，其产量占全省粮食总量的 1/3 以上。云南的稻谷区域分布较广，但主要分布在滇中和滇南，以热带、亚热带坝区最为集中。

玉米是云南第二大粮食作物，播种面积和产量在全省粮食生产中均居第二位。玉米集中分布于海拔 1000 ~ 2500 米之间的地区。在地区分布上，以滇东北的昭通，滇中的曲靖，滇东南的文山、红河以及滇西南的临沧、普洱等地最多，各地区又主要分布在山区、半山区和干坝子。

小麦是小春作物，可与水稻、玉米等大春作物轮作换茬，又能与豌豆、蚕豆、油菜等混种间作。其播种面积和产量在全省粮食生产中均居第三位。其分布范围较广，但以海拔 1000 ~ 2500 米的滇中坝区和半山区较为集中。

其他粮食作物主要有蚕豆和薯类。蚕豆分布于海拔 600 ~ 2500 米之间的地区，以海拔 1000 ~ 2200 米中暖层的坝区水田分布较为集中。薯类种植种类较多，海拔 1800 米以上地区以种植马铃薯为主，主要分布在滇东北的曲靖、昭通和滇西北的丽江、怒江、迪庆等州市的半山区和山区。

2. 经济作物

云南经济作物种类较多，优势作物相对突出，主要包括烤烟、甘蔗、茶叶、油菜籽、蔬菜等。

烤烟是云南第一大宗经济作物，在全省经济发展中居举足轻重的地位，主要分布在玉溪、曲靖、楚雄、大理、昭通、红河及昆明等海拔在1300~2200米条件较为优越的坝区和半山区。

甘蔗主要分布在滇西南、滇南的临沧市、德宏州、保山市、普洱市、西双版纳州、江河州、文山州、玉溪市，海拔1400米以下的平坝、河谷及附近山丘，是云南的主要糖料作物。

茶叶种植面积仅次于烟、油料、甘蔗，居第四位。茶叶种植主要分布在澜沧江中下游与怒江中下游之间的山地。

综上所述，云南农业大致分为四个层次：坝区主要有以水稻、蚕豆为主的种植业，以生猪、牛饲养为主的畜牧业，依靠江湖河塘发展的水产养殖业；半山区主要有以烤烟、小麦、玉米、水果等为主的种植业，以饲养山羊、黄牛为主的畜牧业；山区主要有以玉米、荞子为主的种植业和林业；高寒山区主要有畜牧业和林业。

第五节　云南城镇上山建设的适宜性评价分析

根据地域分异理论，不同的土地用途有不同的条件要求，因此，根据不同的土地用途的特点进行土地用途的适宜性评价具有非常重要的意义。本节基于节约集约利用云南坝区耕地资源的原则，特针对云南山区的土地资源能否进行城镇化建设的适宜性进行评价，这就需要从城镇建设所需要的土地条件以及建设成本出发，分析和评定山区土地对于城镇化建设的适宜程度。

一　云南城镇上山建设的土地条件分析

由于山区生态系统脆弱性强，稳定性差，地貌环境抗干扰能力低，灾变敏感度高，对自然和人为作用的承受能力低，容易发生崩塌、滑坡、泥石流等山地灾害，因此，在山区进行城镇化建设必须根据山区建设用地的自然条件，严格遵循因地制宜的原则。

1. 评价指标

根据山地城镇建设的适宜性原则，参考国内外关于山地城镇的相关研究成果，并结合云南城镇建设用地的现状和未来发展需要，我们共选取了10个评价因子测评云南城镇上山建设的土地条件，即：（1）地形坡度；（2）岩性、土质、水文条件与地基承载力；（3）地质灾害及其威胁程度；

（4）地面工程量与建设成本；（5）矿产压覆状况；（6）通风、照度等气候条件；（7）供水、排水等条件；（8）绿化的生境条件；（9）交通条件；（10）生态敏感性与生态影响度。[①]

此外，进行土地适宜性评价时，还必须考虑山区生态环境保护问题。如果山区土地利用方式不能适应固有的生态环境，或者不能较好地保护"先天"的生态环境，将有可能导致水土流失、植被退化或山地灾害的发生，其恶果会超过短期的获利能力。因此，维护土地利用的可持续性应当贯穿于山区建设用地适宜性评价的全过程。

2. 分级体系

本节将云南山区城镇化建设用地首先分为宜建土地和不宜建土地两大类；其次，在宜建土地之内，又进一步分出高度适宜（一等宜建地）、中度适宜（二等宜建地）和低度适宜（三等宜建地）三类。相应地，将每个评价因子值均分为4个等级，从而构成了此次山区建设用地适宜性评价的指标体系（具体见表8-8）。

表8-8 城镇建设用地适宜性评价指标

参评因子	城镇建设用地适宜性评价指标			
	高度适宜（一等宜建地）	中度适宜（二等宜建地）	低度适宜（三等宜建地）	不适宜
地形坡度	<8°	8°~15°	15°~25°	>25°
岩性、土质、水文条件与地基承载力	岩层坚硬度高,地表主要为基岩、杂石,地下水位低,地基承载力高	岩层坚硬度较高,地表沉积物主要为粘土,地下水位较低,地基承载力中等	岩层坚硬度较低,地表沉积物主要为中砂、粗砂,地下水位偏高,地基承载力偏低	岩层松散,地表沉积物主要为细沙,地下水位高,地基承载力低
地质灾害及其威胁程度	无地质灾害隐患点,未受地质灾害威胁	基本无地质灾害隐患点,受地质灾害威胁程度较低,即使有局部小型灾害隐患,也易于防治,对建设不构成影响	局部存在小型地质灾害隐患点,有一定程度的地质灾害威胁,但采取一定防治措施后,对建设基本不构成影响	存在较严重地质灾害隐患点,地质灾害威胁较大,防治难度较大

---

① 参见陈星怡《基于坝区耕地保护的县级土地利用总体规划研究》，云南财经大学硕士学位论文，2012。

续表

参评因子	城镇建设用地适宜性评价指标			
	高度适宜 （一等宜建地）	中度适宜 （二等宜建地）	低度适宜 （三等宜建地）	不适宜
地面工程量与建设成本	地形较平坦,起伏度低,地表破碎程度很低,建设的地面工程量较小,建设成本低	地形较平缓,起伏度不大,地表破碎程度较低,建设的地面工程量不大,建设成本中等	地形坡度偏大,起伏度偏大,地表破碎程度偏高,建设的地面工程量较大,建设成本较高	地形较陡,起伏度大,地表破碎程度高,建设的地面工程量很大,建设成本高
矿产压覆状况	无矿产压覆	基本无矿产压覆	局部存在次要矿产压覆	存在重要矿产压覆
通风、照度等气候条件	通风条件优越,照度条件好	通风条件较为优越,照度条件较好	通风条件和照度条件一般	通风条件和照度条件较差
供水、排水等条件	有良好的水源保证,供水和排水等水文地质条件较优	有较好的水源保证,供水和排水等水文地质条件中等	有一定的水源保证,供水和排水等水文地质条件偏差	水源保证度较低,供水和排水等水文地质条件较差
绿化的生境条件	绿化的生境条件优越	绿化的生境条件较好	绿化的生境条件一般	绿化的生境条件较差
交通条件	交通便利	交通较便利	交通条件一般	交通条件较差
生态敏感性与生态影响度	生态敏感性程度低,不会对生态环境造成影响或破坏	生态敏感性程度较低,可能会对生态环境造成一定的影响,但通过采取预防措施可以避免对生态环境的破坏	生态敏感性程度偏高,会对生态环境造成影响和破坏,需要采取相应的预防措施才能降低生态影响度,避免对生态环境的破坏	生态敏感性程度高,会对生态环境造成较大的影响,通过采取预防措施也难以避免对生态环境的破坏

　　资料来源：陈星怡：《基于坝区耕地保护的县级土地利用总体规划研究》，云南财经大学硕士学位论文，2012。

3. 评价结果

　　根据上述评价指标和分级体系，可得云南山区城镇化建设用地的适宜性情况（见表 8 - 9）。

表 8 - 9　云南山区城镇化建设用地适宜性情况

类型	面积		海拔（米）及坡度	城镇化建设适宜性
	总面积（平方千米）	占全省面积（%）		
坝区	2.4 万	6.3	海拔 ≤2000 坡度 ≤8°	高度适宜
山区	10.28 万	26.1	海拔 ≤2500 坡度 >15°	低度适宜
半山区	19.6 万	49.5	海拔：2000～2500 坡度 ≤15°	中度适宜
			海拔 <2000 坡度：8°～15°	
高寒山区	7.12 万	18.1	海拔 >2500 的山地	不适宜

二　云南城镇上山建设的成本—收益分析

1. 成本分析

云南城镇上山建设的成本，主要是指云南在实施城镇上山建设的整体规划中所需要耗费的一定资源（包括人力、物力和财力），当然，这种资源的种类相当广泛，本书为了分析的方便，将城镇上山所耗费的资源牺牲分为三大类，即经济上的、社会上的、环境上的牺牲，相应地，城镇上山建设的成本可分为经济成本、社会成本和环境成本三个大的类别。[①]

（1）经济成本

①基础设施建设成本。云南城镇上山建设所耗费的基础设施建设成本，主要包括城镇上山道路、桥梁及其设施、市政设施（给水、排水、电力、电信、燃气、供热、环卫、消防、人防、邮政等）、水利设施（河道堤防、水库水坝等）等建设耗费的成本。这部分成本相对于坝区的基础设施建设成本较高。但政府为了促进城镇上山策略，规定对在宜建山地开发建设配套水、电、路等基础设施的，免交新增建设用地土地有偿使用费，[②]这一政策规定可以有效降低在山区进行基础设施建设的成本。

②公共开放空间建设成本。云南城镇上山建设所耗费的公共开放空间建设成本，主要是指在半山区建设城镇必须考虑的公共空间（如公共绿

---

① 陈晓浩：《运用成本—收益分析方法对城市建设规划方案的选择与评价——以洛阳市洛南滨河三角地块规划方案为实证》，西安建筑科技大学硕士学位论文，2009。

② 《云南省人民政府关于加强耕地保护促进城镇化科学发展的意见》，云政发〔2011〕185号。

地、广场、专用的城市步行道路等）建设所需要耗费的成本。

③土地拆迁安置成本。若开发土地上有原建筑物，则需拆除这些建筑物；如果原建筑物有居民居住，则还要安置现有居民。这些都需耗费一定的费用。

云南实施城镇上山策略，主要是开发半山区。半山区相对于坝区人口集中度低，因此，云南城镇上山建设所耗费的土地拆迁安置成本相对于坝区应该较低。

④新建筑与场地建设成本。云南城镇上山建设中的新建筑与场地建设成本符合一般的建设原则和规律，因此，应该与在坝区新开发的建筑与场地建设所需要的成本大致相当。

⑤城市历史建筑与构筑物维护和修缮成本。从云南目前历史建筑的布局来看，（历史建筑）基本都集中在坝区，因此，城镇上山的建设在历史建筑与构筑物维护与修缮方面所花费的成本应该低于坝区。

⑥土地使用权交易成本和土地征用成本。城镇上山策略是云南省政府的重大决策，政府会在利用山地进行开发方面给予一定的政策优惠。比如，目前政府已经规定在如下方面给予政策优惠：一是对使用山坡地、未利用地发展城镇和各类产业项目的，可适当降低建筑密度和建设用地的基准地价；二是对利用山地进行土地综合开发的，可实行征转分离审批，即先办理土地征收手续，进行前期开发造地，再按照实际需要分年度办理农用地转用手续；三是对符合国家产业政策、供地政策及单独选址条件的建设项目，可一并上报项目的征、转、供土地审批手续。另外，政府还规定，要大幅度提高坝区的土地交易成本和土地征用成本。[①] 因此，城镇上山的土地使用权交易成本一定低于在坝区的土地使用权交易成本。

（2）社会成本

①规划调整争议成本。由于城镇上山策略是由政府牵头做出的一项重大决定，因此，在整个城镇上山规划的实施过程中，政府部门和开发企业之间相对比较容易达成一致，规划调整争议成本应该较小。而坝区属于稀缺资源，在坝区进行开发肯定涉及多方（政府、开发企业、市民之间或政

---

① 《云南省人民政府关于加强耕地保护促进城镇化科学发展的意见》，云政发〔2011〕185号。

府部门之间）的激烈博弈，往往需要巨大的争议成本。[①]

②交通拥堵成本。由于半山区较少有建筑物和居民住宅，因此，在半山区进行城镇建设不会对交通造成拥堵，也不会影响城市居民的出行，因此，城镇上山的交通拥堵成本较低。

③就业损失成本。在半山区进行建设很少涉及老城区的改造，因此不会破坏原有老城区原住民赖以生存的就业环境，反而由于城镇上山的开放建设会增加一部分就业机会。

④地价下跌的成本。在半山区进行城镇规划建设，在规划的时候就可以把一些具有负外部性的项目（如垃圾站、殡葬设施等）规划到一些地段较偏僻的位置，这样可以减少周边地区的土地价格贬值。

⑤历史信息丧失成本。由于半山区的历史信息较少，因此，在半山区进行城镇建设需要付出的历史保护成本也较少。

（3）环境成本

①生态环境成本。城镇上山的建设规划可以更好地遵循云南山地的地形特征，在规划中可以尽可能按照"山水城市""田园城市"的理念进行规划，这样不仅会降低生态环境成本，而且会极大提升城市的生态面貌。

②美学环境成本。城镇上山属于新建城镇的一种方式，不会对原有老城的美学环境进行破坏，因此，城镇上山的美学环境成本也是较低的。

为了更深入剖析云南城镇上山建设的成本，本节将城镇上山的成本与坝区建设成本做出如下对比分析（具体见表8－10）。

表8－10　云南城镇上山建设成本与坝区建设成本对比分析

成本分类		城镇上山建设成本	坝区建设成本
经济成本	基础设施建设成本	高（依靠政策优惠降低成本）	相对较低
	公共开放空间建设成本	高	相对较低
	土地拆迁安置成本	相对较低	高
	新建筑与场地建设成本	成本相当	成本相当
	城市历史建筑与构筑物维护和修缮成本	相对较低	高
	土地使用权交易成本和土地征用成本	低得多	高得多

---

① 陈晓浩：《运用成本—收益分析方法对城市建设规划方案的选择与评价——以洛阳市洛南滨河三角地块规划方案为实证》，西安建筑科技大学硕士学位论文，2009。

续表

成本分类		城镇上山建设成本	坝区建设成本
社会成本	规划调整争议成本	相对较低	高
	交通拥堵成本	低	高
	就业损失成本	低	高
	地价下跌的成本	低	相对较高
	历史信息丧失成本	低	相对较高
环境成本	生态环境成本	低	相对较高
	美学环境成本	低	相对较高

2. 收益分析

云南城镇上山建设的收益，主要是指城镇上山建设能够为社会所带来的社会总财富的增加，这种增加包括精神收益、实际收益、货币收益三个方面，精神收益指精神上获得的满足，实际收益指物质财富的增加，货币收益指增加资产的货币价值。[①]

（1）经济收益

①土地使用权转让（含土地开发的配套费）的收益。由于城镇上山是一项重大的政府决策，受到了政府各项优惠政策的支持，因此，从政府的角度来讲，城镇上山的土地使用权转让收益相对于坝区要小得多。

②开发企业经营收益。开发企业在半山区进行城镇建设，在开发建设之后的经营中能获得相应的收益，并使社会总收益增加。由于城镇上山是一个宏大的开发工程，从中所获得的开发经营收益也是巨大的。

③开发企业向政府缴纳增加经营税收的收益。城镇上山的用地拥有很多政策优惠，政府有的时候是以非常低廉的价格甚至零地价转让土地使用权的。因此，政府比较看重的是城镇上山开发项目建设之后在运营过程中缴纳的税收能够为政府带来的收益。这部分收益会随着城镇上山规模加大而逐步增加。

（2）社会收益

①提供人们健康的休憩场所的收益。城镇上山建设在规划中可以尽量考虑各种公共设施、公共绿化，为人们营造一个舒适的工作、休憩、居住的场所，促进人们之间的交流，促进整个社会的发展和进步。这部分收益

---

① 陈晓浩：《运用成本—收益分析方法对城市建设规划方案的选择与评价——以洛阳市洛南滨河三角地块规划方案为实证》，西安建筑科技大学硕士学位论文，2009。

是不可估量的。

②改善交通出行效率的收益。城镇上山建设在规划中会尽可能考虑到现代化的便捷交通，交通的改善会使人的出行时间缩短，节约出来的时间能更好地用于工作和生活休憩，这也是一种收益的体现，而且这种收益也是不可估量的。

③城市形象提升收益。城镇上山建设按照"田园城市"的规划进行，势必能够提升城市的形象，吸引更多的外来投资，为城市带来更多收益。另外，城镇上山规划在国内也是首例，对旅游城市增添一份特色，可以进一步带动城市旅游的发展。

④增加就业的收益。城镇上山建设能够快速提高云南的城市化水平，根据众多学者的研究结论，只有城市化才能解决我国所面临的资源短缺、生态环境恶化、三农就业等众多问题，更重要的是在城市发展过程中能够向社会提供足够多的就业机会，因此，城镇上山建设能为云南带来增加就业的收益。

⑤土地升值的收益。在云南的半山区进行城镇化建设，能够改善半山区的交通条件以及城市环境，能够极大提升半山区的土地价值。

⑥城市文化价值提升的收益。在半山区进行城镇化建设，可以通过城市规划，有效地发掘城市中的历史文化元素，并将之寓于城市建设中进行弘扬，极大地提升城市的文化价值。

（3）环境收益

城镇上山建设能够改善和优化云南的整体环境状况，从而实现水、大气、土壤、植被等生态因子的良性循环。而良好的环境收益具有很强的辐射性，会带来诸多社会收益和经济收益。

为了更深入剖析云南城镇上山建设的收益，本节将城镇上山的收益与坝区建设收益做出如下对比分析（具体见表8-11）。

表8-11 云南城镇上山建设收益与坝区建设收益对比分析

收益分类		城镇上山建设收益	坝区建设收益
经济收益	土地使用权转让（含土地开发的配套费）的收益	低	高
	开发企业经营收益	长远来看相对较高	长远来看相对较低
	开发企业向政府缴纳增加经营税收的收益	短期较低长期相对较高	短期较高长期相对较低

续表

	收益分类	城镇上山建设收益	坝区建设收益
社会收益	提供人们健康的休憩场所的收益	相对较高	相对较低
	改善交通出行效率的收益	相对较高	相对较低
	城市形象提升收益	相对较高	相对较低
	增加就业的收益	相对较高	相对较低
	土地升值的收益	短期较低长期相对较高	短期较高长期相对较低
	城市文化价值提升的收益	相对较高	相对较低
环境收益		相对较高	相对较低

第六节 云南城镇上山建设的布局方案及建议

根据以上对云南城镇上山建设适宜性的评价分析，可知云南的城镇上山建设方案从地质角度和经济角度都是可行的。

一 云南城镇上山的路径选择

云南省已经探索了一些推进城镇上山的路径与政策。

1. 四级梯度开发路径

根据云南省的地形地貌，相关部门重新审视了云南的用地选择，在广泛调研与探讨的基础上，形成了云南土地开发利用的四级梯度模式，即严格保护坝区、重点开发浅山区、适度发展半山区、构建生态屏障。

严格保护坝区：也就是8°以下坡度的土地是重点保护区域，严格贯彻执行"十分珍惜、合理利用土地和切实保护耕地"的基本国策，对现有存量坝区土地进行充分挖潜，禁止新增建设用地，优化提升土地利用效率。

重点开发浅山区：也就是8°～15°坡度的土地是重点开发区域，在此区域将质量好的农用地优先用于粮食生产，保证基本农田稳定。同时，城镇新增建设用地充分利用周边适建山地、坡地和荒地，积极引导工业向产业园区集中，鼓励园区向缓坡布局。

适度发展半山区：也就是15°～25°坡度的山地为调整优化区域，在稳定发展粮、油生产和养殖业的基础上，大力发展山地农业，扩大经济作物比重，积极发展混农林业，推进生态化利用。

构建生态屏障区：也就是25°以上坡度的山地为生态屏障区，进一步巩固生态退耕还林成果，促进退耕还林地区的社会稳定、经济发展和土地可持续利用；以综合生态效益维护为重点继续推进天然林保护，建设生物产业原料基地，加强水土流失综合整治。

2. 新型农民进城路径

进城农民将有"城乡"双重身份，在推进城镇化进程中，云南始终把农民利益放在首位。在"十二五"和"十三五"期间，云南省的城镇化建设将处于加快发展阶段，根据"十二五"规划，到 2015 年，全省城镇化率要达到 45% 左右，每年要新增 90 万到 100 万城镇人口，扣除省外迁入等因素，每年要引导 70 万到 80 万农民进城落户，并为农民在城镇和农村发展都留下余地，给进城农民一定的过渡期和适应期。为了解决进城农民的后顾之忧，在 3 ~ 5 年的过渡期内，要给他们"盖两床被子、穿八件衣服"："两床被子"是让进城落户农民享受"城乡兼有"的身份待遇，使他们"退可回农村，进可入城镇"；"八件衣服"是指农民享有的 3 项权利和城市居民的 5 项待遇，允许农村居民进城落户后，继续保留农村的土地承包经营权、宅基地使用权、林地使用权等农村土地权益以及与土地相结合的各种补贴，确保转户进城农民能够进入城镇的就业、养老、住房、教育、医疗等保障体系，充分享受城镇公共服务，解决好他们进城后的长远生计问题，让他们真正进得来、住得下、留得住、过得好。

3. 山坝建设成本互动路径

占用坝区耕地要收补偿费，"必须占用坝区良田的，将付出高昂的土地成本"。云南省政府出台了《关于加强耕地保护促进城镇化科学发展的意见》。《意见》要求，全省将实施差别化土地政策。经批准的各类城镇批次和产业建设用地，占用 25° 以上劣质坡耕地的，不计入补充耕地范围；占用 25° 以下耕地的，按照先补后占、占一补一的要求补充耕地。对占用 1 平方千米以上、平均海拔 2500 米以下坝区耕地的，按照所在区域新增建设用地有偿使用费的 20 倍，额外征收耕地质量补偿费。如昆明的新增建设用地有偿使用费为每亩 4 万元，占用这样的一亩土地就要多交 80 万元耕地质量补偿费。对于山地城镇建设项目用地，可适当降低建筑密度和基准地价；对使用未利用地的工业项目，土地出让金最低标准可以按照《全国工业用地出让最低价标准》的 10% ~ 50% 执行；对在宜建山地开发建设配套水、电、路等基础设施的，免交新增建设用地土地有偿使用费。据估算，这样每年可收取几十亿元，这笔资金，要由省级统筹，一部分用于支持农村土地整治、基本农田保护、新农村建设;一部分将用于引导山地城镇发展,支持适建山地的公共设施建设和前期开发。各级公共资金也应加强对山地城镇建设和耕地保护的倾斜力度,并引导社会资金更多地投向山地城镇建设。

二 对云南建设山地城市的建议

山地城镇规划一般应遵循四大原则,即安全、保护、经济、多样性。所谓安全原则,即在制订城镇规划时应充分将城镇土地利用、空间布局、交通组织和生态保护、防灾机制等进行综合考虑;所谓保护原则,即在制订城镇规划过程中应充分尊重自然、保护生态环境;所谓经济原则,即制订城镇规划应本着节约能源、节约投资、降低工程建设成本等原则进行;所谓多样性原则,即制订城镇规划应充分考虑民族文化、地理及环境的多样性。

基于山地城镇规划的这四大原则,云南城镇上山规划的用地选择应尽量避开浅山区和缓坡区划为永久基本农田的集中连片的优质耕地、地震断裂带、滑坡地带、坍塌地带、地质灾害易发区、一级和二级保护林地等,在规划时可采取以盆坝区或宽缓河谷耕地为中心、以半山区和山区为边缘的同心圈层状土地利用模式,并遵循集中与分散相结合、生产与生活相结合、城镇与园区相结合、交通流平衡的基本原则,尽可能降低山地城镇建设成本。

因此,根据《云南省城镇体系规划(2012~2030)》的要求,云南城镇上山的规划建设可以按照以下几种类型进行空间布局:(1)坡地生态型城镇,适宜采取组团式紧凑布局方式,城镇发展规模的确定应以土地有效保障为前提,生态建设以山地生态保育为重点,主要区域是不适合建设构筑物的山体、冲沟和滨水空间,突出山地城镇特色;(2)盆坝田园型城镇,适宜通过交通采取带状、多中心组团布局方式,规模较小时应集中紧凑布局,规模较大时应采取多中心组团布局方式,突出田园城镇特色;(3)湖滨型城镇,应结合山水空间格局,采取相对集中与组团式相结合的布局方式,生态建设应以湖泊流域或环境保护为重点,突出山水空间、滨水空间的特色。

云南作为一个"边疆、民族、山区、贫困"省份,迫切需要依托城镇化来聚集发展要素、实现集约化发展,有效推动云南的科学发展、和谐发展和跨越式发展，奔向全面小康。因此，应通过城镇上山进行城镇发展，把各种要素聚集起来，形成云南新的发展极和增长点。

城镇上山的规划应本着改善人居环境、提高城市环境质量的原则进行，在规划中应对公共服务设施、交通、通信、能源、水利等进行科学安排，为新型城镇化提供优质的基础保障与服务，同时，应注重山地城镇的安全性能和人居环境，充分利用自然山势、水系，创建和谐田园生活，实现资源环境的充分利用与保护，探索一条具有云南特色的城镇化发展道路，为全国城镇化提供借鉴。

第九章　云南省所有制结构调整与
发展方式转变

　　所有制结构调整一直是中国经济改革的关键环节。云南省的国有经济在国民经济中占主导地位，是主要的财政收入、利润和经济增长的贡献源，非公经济发展迅速，是主要的投资、消费品市场、吸纳就业的贡献源。云南省的所有制结构失衡与发展方式问题体现在：国有成分比重高的资源型行业规模经济因子在下降，但依赖资源垄断与倾斜政策仍能保持高增长，民营经济比重高的行业规模经济因子下降不显著；国有工业增长与能耗增长高度一致，而民营经济与能源消耗的相关度低；国有经济具有良好的融资条件而民营企业融资难；国有经济创新资源供给充足而民营企业创新资源短缺。面对新常态，需要创新定位国有企业的功能，突出基础设施、民生工程和战略性新兴产业培育中国有企业的优势，深化国企国资改革，发展混合所有制经济，破除民营企业发展障碍。

　　妥善处理公有制与非公有制经济的关系，使两者统一于建设中国特色社会主义的实践，是所有制结构调整的重要目标。改革开放之前，我国始终将社会主义视为单一的公有制。到 1975 年，在我国工业总产值中，全民所有制工业占 81.1%，集体所有制工业占 18.9%；在社会商品零售总额中，全民所有制商业占 55.7%，集体所有制商业占 42.2%，个体商业仅占 0.1%。① 这种单一所有制结构导致经济系统低效运行，严重阻碍了社会生产力的发展。改革开放后，我国在对过去不合理的所有制结构进行认真反思的基础上，对非公有制经济的地位和作用的认识逐步深化，1982 年，党的十二大报告提出："鼓励劳动者个体经济在国家规定的范围内和工商行

---

　　① 根据《中国统计年鉴（1996）》（中国统计出版社，1996）提供的相关数字计算得到。

政管理下适当发展，作为公有制经济的必要的、有益的补充。"① 2002 年，党的十六大报告提出："坚持和完善公有制为主体、多种所有制经济共同发展的基本经济制度。第一必须毫不动摇地巩固和发展公有制经济；第二必须毫不动摇地鼓励、支持和引导非公有制经济发展。"② 2005 年，国务院颁布了《关于鼓励支持和引导个体私营等非公有制经济发展的若干意见》，具体对非公有制经济发展制定了 36 条政策，分别从七个方面加大了对非公有制经济的支持和引导力度。

在中央宏观政策的主导下，云南省也制定了一系列推进非公经济发展的方针政策，先后出台了《〈中共云南省委、云南省人民政府关于加快非公有制经济发展的若干意见〉的工作意见》《云南省人民政府关于加快中小企业发展的意见》《关于加快非公有制经济发展的决定》，从市场准入、税收优惠、资金扶持和社会服务等方面促进非公经济的发展。政策实施以来，云南省非公有制经济不断壮大。2012 年，非公经济增加值占到生产总值的 44.1%，已经成为国民经济的重要组成部分，但公有制经济发展的路径依赖与非公经济发展的条件制约还很突出，云南工业发展中国有企业仍然占有很大比例，民营经济的成长受到各种限制。本章通过对云南省所有制结构问题的分析，试图找到云南所有制结构均衡发展的合理路径，并通过所有制结构的调整转变经济发展方式，增强云南经济增长的内生动力。

第一节 云南所有制结构变化的特征事实

改革开放以来，云南经济公有制一统天下的局面已被打破，非公有制经济增添了发展新活力。云南省以公有制为主体、多种经济成分并存，平等竞争、共同发展的新型所有制结构已初步形成，但国有经济比重过高，非公经济发展不足的问题仍然十分突出。

---

① 中共中央文献研究室编《十二大以来重要文献选编》（上），人民出版社，1986，第 20 ~ 21 页。

② 中共中央文献研究室编《十六大以来重要文献选编》（上），人民出版社，2005，第 19 页。

一 非公经济发展迅速，但公有制经济仍然处于主导地位

1990 年以来，云南非公有制经济在总量上取得了长足进步，非公经济增加值从 1990 年的 46.97 亿元扩大到 2012 年的 4546.48 亿元，增长了 95.8 倍，年均增长 23.1%，但近年来非公经济占云南生产总值的份额却并没有明显变化，2012 年非公有制经济所占比重为 44.1%，整体仍然是公有制经济占主导地位（见图 9 - 1）。

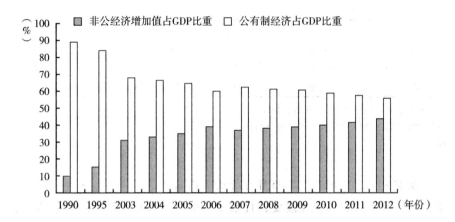

图 9 - 1 1990～2012 年云南非公有制经济增加值占生产总值比重情况

注：2006 年数据出现异常值，已经采用 8 年平均值做替换。
数据来源：《云南统计年鉴》。

从全国范围看，云南省非公经济发展显著滞后于东、中部地区（见表 9 - 1）。2011 年，江苏省非公经济增加值为 32145.40 亿元，是云南的 8.6 倍；湖南省非公经济增加值为 11202.60 亿元，是云南的 3 倍；陕西省非公经济增加值为 6318.20 亿元，是云南省的 1.7 倍；江苏省的非公经济已经占地区生产总值的 66%。云南省非公经济发展的滞后还体现在三次产业结构中非公经济的比重方面，由表 9 - 2 可以看出，东、中、西部分省份的非公经济在三次产业中的比重都高于云南省，尤其是中、东部地区的二次产业中非公经济占比都超过了 50%，形成了非公经济占主导的局面，相比较而言，云南省非公经济在三次产业中都比重偏低，特别是在发展优势较大的第三产业，云南省非公经济并没有占据绝对优势。

表9-1   2011年部分省份非公经济增加值及在地区生产总值中的份额比较

地区	云南	陕西	湖南	江苏
非公经济增加值(亿元)	3743.14	6318.20	11202.60	32145.40
非公经济增加额占生产总值比重(%)	42	50	57	66

数据来源：相关省份统计年鉴，2011年江苏省国民经济和社会发展统计公报。

表9-2   各地区三次产业中非公经济比重情况比较

单位：%

地区	云南	陕西	湖南	江苏
地区第一产业中非公经济比重	25.90	29.47	26.30	44.05
地区第二产业中非公经济比重	45.12	48.39	66.35	68.36
地区第三产业中非公经济比重	45.16	59.8	56.55	64.78

数据来源：相关省份统计年鉴，2011年江苏省国民经济和社会发展统计公报。江苏省的相关数据由作者根据2011年江苏省国民经济和社会发展统计公报、2011年《江苏省统计年鉴》计算而来。

从非公经济贡献看，2005年至今的云南省非公经济增加值中，三次产业的贡献度并没有大幅度改变，且第二、第三产业趋于一致。这一方面说明第二、第三产业始终支撑着云南非公经济的发展，另一方面也体现出云南非公经济在第二、第三产业中都不具备相对优势，资源配置趋于均衡（见图9-2）。

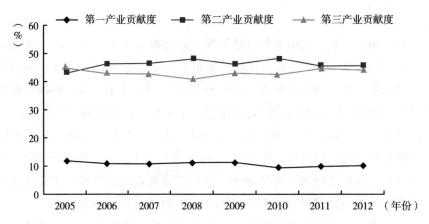

图9-2   2005~2012年云南省非公经济增加值中三次产业贡献度变动情况

数据来源：《云南统计年鉴》。

二　民间投资表现活跃，非公经济固定资产投资超过公有经济

2006～2012 年，云南全社会固定资产投资中：有限责任公司固定资产投资额从 460.96 亿元增至 2164.83 亿元，增长了 3.7 倍；私营企业固定资产投资额从 243.73 亿元增至 1478.39 亿元，增长了 5.07 倍；外商投资企业固定资产投资额从 10.9 亿元增至 73.8 亿元，增长了 5.77 倍；而同期国有经济固定资产投资额仅增长了 1.68 倍，集体经济固定资产投资额增长 1.37 倍。2012 年占固定资产投资份额最多的类型依次为：国有经济、有限责任公司、私营经济、股份有限公司和个体经济（见图 9－3）。国有经济固定资产投资份额已经出现大幅下降，而混合所有制经济如有限责任公司、股份制公司以及私营企业的投资已经占据了绝大多数的份额。民间固定资产投资是指具有集体、私营、个人性质的内资企事业单位以及由其控股的企业单位在我国境内建造或购置固定资产的份额。使用民间固定资产投资来衡量云南省非公经济的固定资产投资情况是较为合理的。从民间投资看，2011 年云南省民间固定资产投资占总投资额的 51.1%，比上年增

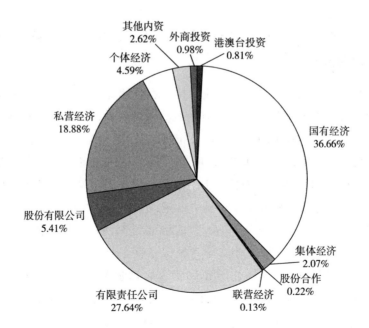

图 9－3　2011 年按登记类型分全社会固定资产投资占比情况

数据来源：《云南统计年鉴》。

长 29.9%，高于国有经济固定资产投资 2.9 个百分点（见表 9 - 3）。民间投资以及外商、港澳台投资的高增长率带动了全省固定投资的增长。另外随着市场对民间投资的逐步放开，民间投资已经遍及国民经济的各个行业。个体经济投资主要分布在农业和住宅方面。集体、私营、联营、股份制经济投资主要分布在批发零售贸易餐饮业、制造业和建筑业。在一般竞争性领域，民间投资主体特别是有限责任公司、股份制公司已经显示出强大的经济实力和竞争优势。

表 9 - 3　2011 年云南省固定资产投资情况

项目	单位	2011 年	比上年增长(%)
全社会固定资产投资总额	亿元	7109.7	27.4
按经济类型分			
1. 国有及国有控股投资	亿元	3332.11	27.0
2. 民间投资	亿元	3632.05	29.9
3. 外商、港澳台投资	亿元	145.54	32.5

数据来源：《云南民营经济蓝皮书（2011～2012）》。

三　非公经济消费品销售额占比较高，但资本总量与利润率低于国有经济

消费品市场包括批发、零售业和住宿、餐饮业等，大多集中在第三产业。2000 年，公有制经济与非公有制经济在消费品市场的零售总额差距不大，随着相关鼓励政策的实施，以及市场的放开，非公经济已经成为消费品市场最具活力的部分。到 2012 年，非公经济的社会消费品销售额达到了 2869.02 亿元，比 2000 年增长了 7.1 倍，占 81% 的份额（如表 9 - 4）。非公经济在流通业的活跃吸引了劳动力的进入，2007～2011 年，流通业中全省限额以上企业从业人员从 19.48 万人增加到 38.47 万人，限额以上法人企业从 1671 个增加到 3424 个。全省城镇私营企业就业人员中，批发和零售业就业人员 70.67 万人，占城镇私营企业就业人员的 29.87%，为全省城镇私营企业中就业人数最多的行业。[①] 此外，消费品市场的繁荣增加了产品的多样性，提高了市场的竞争性，为人民的生活提供了更多便利。

————————

① 数据来源于《云南民营经济发展报告（2011～2012）》。

表 9 - 4　按经济成分分的云南省社会消费品零售总额

年份	按经济成分分的云南省社会消费品零售总额(亿元)	
	公有制经济	非公有制经济
2000	229.41	353.76
2006	204.98	983.90
2007	248.89	1173.68
2008	305.93	1458.81
2009	335.24	1715.82
2010	475.35	2067.10
2011	564.64	2435.50
2012	672.58	2869.02

数据来源:《云南统计年鉴》。

　　虽然非公经济在消费品市场的零售总额上已经占据主导地位,但在细分行业中却呈现出不同特征。我们发现批发业资产合计、利润总额中国有及国有控股企业比重都较高,分别为 59.7% 和 97.3% (见表 9 - 5),表明在批发业中公有制经济仍然控制着主要的资源,保持着高利润的垄断地位。为了进一步分析批发业的情况,我们选取了在批发业资产合计与其利润总额中所占比重较大的四个细分行业进行分析,具体有:烟草制品批发业、金属及金属矿批发业、化肥批发业、石油及制品批发业。虽然它们占批发业的份额都很大,但其表现出的利润率却截然不同。烟草制品批发业的资产占到批发业总体的 22.1%,并贡献了行业 85.1% 的利润,利润率很高,石油及制品批发业的利润率情况也较好。但金属及金属矿批发业、化肥批发业虽然占到资产合计的 14.1% 和 17.7%,但利润率极低 (见表 9 - 6)。通过对行业的分析,我们可知烟草批发与石油批发都是受到管制的行业,由国有经济独占。而在化肥批发与金属及金属矿批发中民营经济的比重很大,由此,我们可以发现虽然表面上非公经济在流通业中的消费品销售额中占有很大比重,但从资产合计和利润总额等方面看,公有制经济仍然占据了大部分的社会资本,贡献了绝大多数的利润,非公经济的发展受到了极大制约。

表 9 - 5　2012 年批发业、零售业、住宿业、餐饮业财务情况分析

	资产合计(亿元)	国有及国有控股企业资产合计(亿元)	利润总额(亿元)	国有及国有控股企业利润总额(亿元)
批发业	2801.34	1672.98	199.91	194.49
零售业	770.56	142.95	32.98	6.39
住宿业	261.45	77.52	0.40	-0.01
餐饮业	66.92	5.56	13.76	0.02
合　计	3900.27	1899.01	247.05	200.89

数据来源:《云南统计年鉴》。

表 9 - 6　2012 年批发业及其细分行业财务情况分析

	资产合计(亿元)	利润总额合计(亿元)
批发业	2801.34	199.91
按细分行业分		
烟草制品批发业	620.17	170.08
金属及金属矿批发业	395.22	-2.93
化肥批发	495.22	1.83
石油及制品批发业	151.36	7.80

数据来源:《云南统计年鉴》。

　　另一方面,云南省不同区域的流通业情况也不同。昆明市相对于其他州市而言非公经济发展更为迅速,在 2011 年非公经济的社会消费品零售总额中,昆明的非公经济占到 45.2%。2011 年,昆明市个体工商户达 30.97万户,比上年增长 7.8%,占全省个体工商户的比重为 24.9%,区域发展的不平衡造成非公经济发展过度集中于相对发达地区。[1]

四　工业方面国有经济效益相对较好,但横向看云南国有与民营经济效率仍较低

　　工业企业的发展一般都需要较高的资本、技术密集程度,而云南省的工业及能源都由国有及国有控股企业所把持,这些使该市场存在较高的进入门槛。非公经济在发展过程中由于受到各种自身因素与外部因素的制约,难以在工业行业占有一定份额,造成了公有制经济一家独大的局面

---

　　[1]　数据来源于《云南民营经济发展报告 (2011～2012)》。

（见表9－7）。值得注意的是在规模以上工业企业利税总额中，公有制经济占到了73.4%，占据了绝大多数的利润额，但公有制经济吸纳的劳动力却只有40.3%，这说明非公经济在工业行业还是承担了大多数的劳动力就业（见表9－7）。

表9－7　2012年规模以上工业企业各项指标中国有控股企业占比情况

项目	规模以上工业企业工业总产值	规模以上工业企业资产合计	规模以上工业企业利税总额	规模以上工业企业从业人数
国有控股企业占比	53.1%	64.9%	73.4%	40.3%

数据来源：《云南统计年鉴》。

从分行业的角度来看，2012年，在工业总产值、资产合计以及利税总额这三项指标中，烟草制品业与有色金属冶炼及压延加工业均分列第一和第二位，且三项指标中两个行业合计所占工业总体的比重为30.9%、23.8%、61.6%。由此可以看出，云南省的工业发展主要依赖烟草制品业和有色金属冶炼及压延加工业这两个行业，而这两个行业都是以公有制经济为主的行业，可看出云南工业发展强烈依赖公有制经济。

云南省工业企业中的公有制经济体现了高利润的特征。统计数据显示，按登记注册类型分组的规模以上工业企业中，国有独资公司的综合经济效益指数以及全员劳动生产率最高，表明云南省工业企业中国有经济的赢利能力强，国有独资公司效率显著高于私营企业（见表9－8）。

为探讨云南工业经济的效率，我们将规模以上工业企业进行行业分类，在前十名的行业中，仅有烟草制品业，化学纤维制造业，文教、工美、体育和娱乐用品制造业，铁路、船舶、航空航天和其他运输设备制造业，非金属矿采选业，医药制造业，电力、热力的生产和供应业，印刷和记录媒介复制业共八个行业高于全省平均水平，其中烟草制品业的综合效益指数等其他指标显著高于其他行业。可以看出云南省工业企业中效益较好的主要是烟草制品业以及以资源利用为主的原材料加工业。非公经济比较集中的印刷和记录媒介复制业，文教、工美、体育和娱乐用品制造业也表现出较好的经济效益，有进一步发展的潜质。

表9-8　2012年按登记注册类型分工业企业效益情况

指标	综合经济效益指数(%)	全员劳动生产率(万元/人)
全省规模以上工业企业	270.4	25.37
按登记注册类型分		
国有独资公司	596.0	75.80
私营独资公司	203.0	8.38
私营合伙公司	135.3	3.83
私营有限责任公司	187.2	12
私营股份有限公司	173.3	12.33

数据来源:《云南统计年鉴2012》。

表9-9　2012年全省规模以上工业企业财务分析情况

指标	企业数(个)	综合经济效益指数(%)	全员劳动生产率(万元/人)	资产负债率(%)
全省规模以上工业企业	3211	270.4	25.37	63.1
烟草制品业	16	1794.4	240.75	25.4
化学纤维制造业	2	1072.2	133.91	16.9
文教、工美、体育和娱乐用品制造业	14	453.4	15.52	21.3
铁路、船舶、航空航天和其他运输设备制造业	5	370.6	44.54	57.7
非金属矿采选业	36	322.0	28.48	60.5
电力、热力的生产和供应业	272	302.5	33.49	77.9
医药制造业	92	296.1	25.77	46.3
印刷和记录媒介复制业	49	288.1	41.1	18
黑色金属矿采选业	66	252.4	25.65	57.5
其他采矿业	1	227.7		69.1

数据来源:《云南统计年鉴2012》。

　　虽然国有经济部分行业保持着高利润,但总体经营情况却并不乐观。从云南省工业企业的亏损情况可以看出,经过了国有企业改革,云南国有及国有控股企业的亏损面得到了有效控制,2005~2011年亏损面大体上呈现下降趋势(如图9-4)。与此同时,随着市场的放开,民营经济规模的不断壮大,云南私营工业企业亏损面也呈下降趋势。但与其他地区相比,国有及国有控股企业、私营企业亏损面仍然较高,这反映出工业企业发展不理想，尤其是私营工业企业的经营不善问题显得更为突出（见表9-10）。

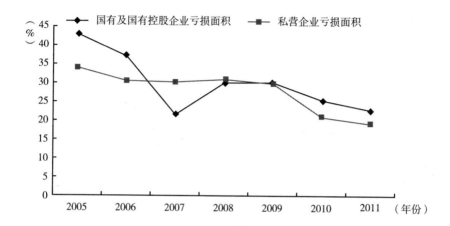

图 9-4　2005～2011 年云南省国有及国有控股企业、私营企业亏损面比较

数据来源：《中国工业统计年鉴》。

表 9-10　部分省份国有及国有控股企业、私营企业亏损面比较

单位：%

地区	云南	陕西	湖南	江苏
私营工业企业亏损面①	19.22	11.55	1.97	6.14
国有及国有控股工业企业亏损面②	22.99	23.42	14.63	15.21

注：①私营工业企业亏损面＝私营工业企业亏损企业数/私营工业企业总数×100%。

②国有及国有控股工业企业亏损面＝国有及国有控股工业企业亏损企业数/国有及国有控股工业企业总数×100%。

数据来源：《中国工业统计年鉴》。

云南国有及国有控股工业企业还具有较高的对外依存度，其利润主要来源于出口贸易，受不确定性因素影响较大，在 2008 年金融危机期间，不管是亏损面还是亏损额，都表现出较大的波动。而云南私营工业企业一方面由于比较弱小，未具备相当的规模，沉淀成本较小，另一方面，私营企业经营模式多元，大多面对的是国内市场，风险来临时，能够灵活经营，在金融危机期间并未出现较大的波动（如图 9-5）。

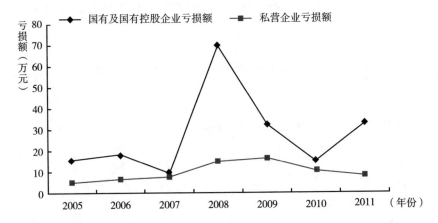

图 9 - 5   2005～2011 年云南省国有及国有控股企业、私营企业亏损情况比较

数据来源:《中国工业统计年鉴》。

五   非公经济吸收就业的能力大幅提升,主要集中于批发零售业、制造业

云南省非公有制经济相对于公有制经济而言对就业具有更高的吸纳能力,已成为创造就业的重要渠道。1980 年至今,城镇国有单位与集体单位就业人员数量都呈现显著下降趋势,而城镇个体和私营企业就业人员出现大幅上升(见图 9 - 6),到 2011 年已占城镇就业人员的 47.5%。

制造业、建筑业及批发和零售业对人员的需求最为旺盛,成为吸纳就业人口的主力。2011 年云南城镇私营企业就业人员中以上三个行业就业人员占总体的 60.5%,从增长变化的角度来看,租赁和商务服务业与房地产业的就业人员变动较大,2011 年与 2009 年相比,两个行业变动率为 67.9% 和 57.3%(见表 9 - 11)。

尽管民营企业已成为创造就业的重要渠道,但仍旧面临一些难以回避的问题。人才流失问题是亟待解决的,民营企业发展的不稳定使就业人员并不能安心工作,另外民营企业工资待遇偏低也是人才流失严重的重要原因。2011 年全省城镇单位在岗职工年平均工资为 35387 元,与 2010 年的 30177 元相比,增长 17.3%;国有企业在岗职工年平均工资为 51092 元,而同时私营企业就业人员年平均工资为 22685 元,相当于城镇单位在岗职工年平均工资的 64.1%、国有企业在岗职工年平均工资的

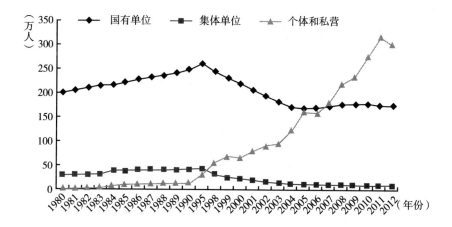

图 9 - 6 云南城镇就业人员变动情况

数据来源：《中国工业统计年鉴》。

44.4%。由此可知，云南国有经济与民营经济在工资水平上的差距也阻碍了民营经济的进一步发展。

表 9 - 11 2009～2011 年云南省城镇私营企业年末分行业就业人员

单位：万人

行业	2009 年	2010 年	2011 年
合计	158.8	186.3	220.8
农、林、牧、渔业	5.3	6.1	7.5
采矿业	6.6	8.1	8.5
制造业	30.4	35.8	38.3
电力、煤气及水的生产和供应业	2.1	2.5	2.6
建筑业	21.9	24.9	31.1
交通运输、仓储及邮电通信业	4.8	5.5	6.5
信息传输、计算机服务和软件业	5.2	5.8	7.7
批发和零售业	46.6	53.6	64.1
住宿和餐饮业	4.5	5.5	5.7
房地产业	7.5	9.8	11.8
租赁和商务服务业	10.6	13.2	17.8
居民服务和其他服务业	4.8	5.5	6.8
卫生、社会保障和社会福利业	0.9	1.2	1.4
文化、体育和娱乐业	1.6	1.8	2.1
其他	5.9	7.0	8.9

数据来源：《云南民营经济蓝皮书 2011～2012》。

第二节 云南省国有经济与民营经济发展比较分析

本部分通过研究国有、民营经济发展的负担—贡献情况以及行业竞争力，来比较分析云南省国有经济与民营经济的差异。

一 基于"负担—贡献"模型的分析

为更好地考察云南省国有与民营经济的发展问题，这里采用"负担—贡献"（又称 LC）模型，[①] 对 2012 年的云南、上海、四川、江苏、陕西、福建等六个省的数据进行比较。LC 模型的横轴表示平均工资，代表了贡献程度；纵轴表示就业人数，代表了负担程度。按逆时针方向分为 4 个象限："高负担—高贡献""低负担—高贡献""低负担—低贡献""高负担—低贡献"。采用的指标如表 9 – 12 所示。统计数据见表 9 – 13。

表 9 – 12 负担—贡献模型测度指标

指标	一级指标	指标选取依据	二级指标	指标计算依据
负担	就业人数	各省年鉴中就业基本情况表	国有企业	国有企业 = 国有单位 + 集体单位
			民营企业	民营企业 = 其他单位 + 其他就业人员 + 城镇个体和私营就业人员
贡献	平均工资	各省年鉴中职工平均工资及指数表	国有企业	"国有单位"指标
			民营企业	"其他单位"指标

表 9 – 13 2012 年国有及民营企业统计数据

地区	国有平均工资（元）	民营平均工资（元）	国有就业人数（万人）	民营就业人数（万人）
云南	45100	32200	186.11	508.45
上海	89739	41500	154.16	566.43
江苏	62913	45008	326.18	1971.78
四川	47721	35749	375	985.88
陕西	45526	38989	287	376
福建	55957	41231	191.82	936.74

数据来源：2013 年各省统计年鉴。

---

① 包国宪、李毅：《中国西部地区民营经济发展研究——基于负担贡献模型》，《经济理论与经济管理》2012 年第 2 期。

根据 LC 模型的特点，用离差标准化对原始数据进行线性转换，使数据落到 [0，1] 区间，其转化函数如下

$$y_{i,j} = \frac{x_{i,j} - \min(x_j)}{\max(x_j) - \min(x_j)}$$

通过 stata 软件，将转化后的数据做成散点图的形式。以 2012 年国有企业负担贡献数据为例，绘制 LC 矩阵，如图 9 - 7 所示。

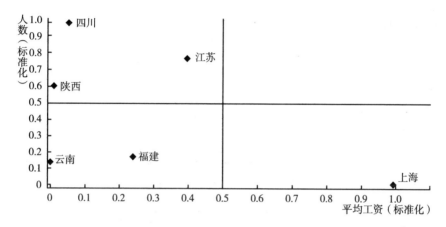

图 9 - 7 2012 年部分省份国有经济 LC 图

云南、福建处于第三象限属于负担较小，且贡献较低的区域，四川、江苏、陕西处于负担较大但贡献较低的第二象限，只有上海处于高贡献、低负担的第四象限。由图 9 - 7 可以看出上海的国有企业转型比较成功，产业结构的调整使其负担较轻，贡献很大，国有企业主要集中于技术密集型的制造业。而江苏的国有企业仍然是劳动密集型的轻工业，虽然贡献较高，但劳动力负担较重。云南相比较而言，国有企业贡献很低，而劳动力负担并不大。这与云南省的实际情况是符合的，国有企业集中于资本密集型的重工业，吸收劳动力的能力不如江苏、四川。通过比较我们可以看到，云南国有企业在贡献水平落后的同时，国有企业就业人数也很少。这表示云南省国有企业既没有吸收劳动力的功能，也缺乏创造收入的能力。通过图 9 - 8 还可以看到，大多数省份的民营经济在贡献水平低于国有经济的情况下，吸收了更多的劳动力，承受了更大的负担。在国有与民营经济的 LC 图中，云南省所处的位置都是极为相似的。而云南经济负担水平较低，这与云南民营经济刚起步以及产

业结构不合理有关，随着结构的调整，理想的路径应该是向第二象限转移。

再从自身的发展情况来看，随着云南民营经济的发展，其负担水平不断上升（如表9-14）。民营经济已经成为吸收劳动力的主要渠道。随着国有企业的体制改革，产业结构的调整，大量劳动力开始涌向民营经济，民营经济在完成经济发展的同时，承担了大部分的就业压力，工资水平的上涨却没有国有企业快。总体而言，云南国有和民营经济的发展在全国省份的比较中都是落后的，而民营经济在劳动力的吸收上，表现比国有经济好。

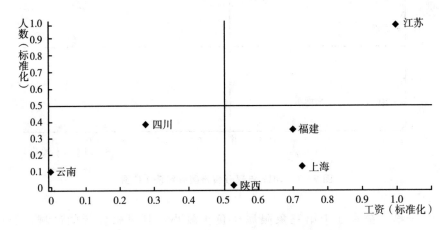

图 9-8　2012 年部分省份民营经济 LC 图

表 9-14　云南省 2005~2011 年国有与民营经济就业及工资情况

年份	国有平均工资（元）	民营平均工资（元）	国有就业人数（万人）	民营就业人数（万人）
2005	16900	14900	179.04	231.34
2006	20000	16400	183.61	234.89
2007	22900	19700	187.1	290.21
2008	26800	21600	188.22	337.41
2009	30300	23600	188.28	359.22
2010	34300	23800	191.09	407.98
2011	40400	28700	185.48	480.84
2012	45100	32200	186.11	508.45

数据来源：《云南统计年鉴》。

二　基于行业竞争力的分析

云南国有经济相对于民营经济在大型企业总量上拥有绝对的优势，但民营经济在多样性上具有优势。为了分析云南国有经济与民营经济的行业特征，我们利用云南省工业和信息化委员会发布的《2013 云南企业100 强》《2013 云南民营企业 100 强》，分析云南国有企业与民营企业在行业上的优势程度。在《2013 云南企业 100 强》中，多数企业集中在烟草制品及其配套产业、能源、自来水及煤气供应企业、有色金属、钢铁行业、化工行业、机械行业。国有垄断的烟草行业始终占据着排行榜的前几位，如企业 100 强榜单中占据第一位的红塔集团和始终保持着前几位的红云红河集团。烟草制品及其配套产业在 100 强企业行业分布中占有 3 席，营业收入 1445.9529 亿元，占百强企业的 18.29%。但从数量上看，国有企业与民营企业已经形成了平分秋色的局面，甚至在部分行业中，民营企业的入围户数超过了国有企业，如 12 户有色金属行业入围企业中，民营企业占一半；化工行业 9 户中民营企业占 7 户；钢铁行业 9 户中只有 1 户国有企业。但行业龙头全为国有企业，而且国有企业与民营企业的体量差距非常大。为更好地分析国有与民营经济的优势特征，我们根据各企业的主营业务将其归类为相应的行业，将同行业企业的营业收入加总。通过图 9 - 9 可以看到，在云南企业 100 强中，国有经济所占的比重很大，而且国有经济与民营经济也表现出显著的差异性特征，在烟草制造业、化学原料和化学制品制造业、有色金属冶炼及压延加工业、电力、热力的生产和供应业中国有经济占有绝对优势，但在橡胶和塑料制品业、零售业、农副食品加工业、房地产业等竞争性行业中民营经济表现得很突出。在黑色金属冶炼及压延加工业中，民营经济拥有与国有经济竞争的实力。

为了更好地分析民营经济的优势特征，我们对《2013 云南民营企业100 强》也采用了同样的处理方法（见图 9 - 10），民营经济在云南省传统优势行业上表现较好，如黑色金属冶炼及压延加工业、化学原料和化学制品制造业、有色金属冶炼及压延加工业。房地产业在近几年中也成为民间投资的重要领域。而零售业、农副食品加工业、汽车制造业、橡胶和塑料制品业、医药制造业也占有一定的份额。

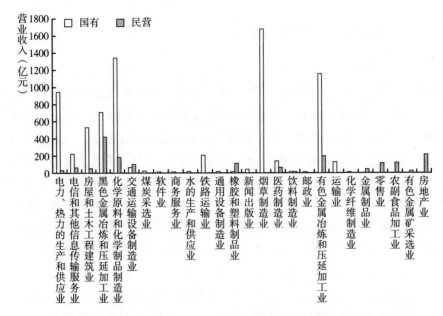

图 9-9 2013 年云南企业 100 强分所有制、分行业营业收入汇总情况

数据来源：《2013 云南企业 100 强》。

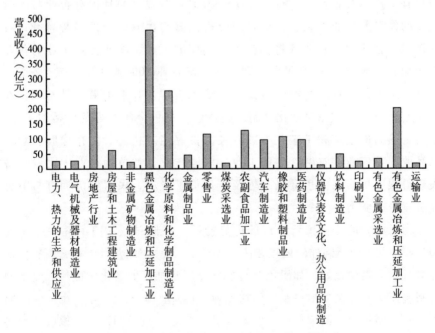

图 9-10 2013 年云南民营企业 100 强分行业营业收入汇总情况

数据来源：《2013 云南民营企业 100 强》。

第三节　云南所有制结构失衡问题分析

云南经济的发展陷入了某种程度上的资源锁定与路径依赖。大量的资本与劳动力还是集中于公有制经济内部，具体来说是集中于公有制经济中部分具有比较优势的资源性行业；另外云南省财政的大部分收入也是出自这些行业，更加重了经济发展对它们的依赖。虽然数据显示，在固定资产投资额与流通业零售总额两个指标上，非公经济占有重要地位，但民营经济的投资领域主要在农业与住宅方面，2012年房地产开发的固定资产投资中国有与集体经济仅占到7.92%，绝大部分的投资由非公经济主导，这表明虽然民间投资迅速增长，但在高利润行业被公有制垄断，实体经济缺乏盈利的背景下，民间投资只能将大部分资金投向房地产，所以民间投资对云南实体经济发展的贡献有限。此外，流通业中的非公经济发展也存在突出问题，97%的利润由国有及国有控股企业占有，烟草批发业中国有及国有控股企业贡献了84.7%的利润总额。这都说明非公经济是在公有制经济发展的缝隙中成长的。公有经济发展导致的行业垄断以及资源的集中，导致了规模不经济进而导致了结构失衡。另外，云南主要支柱产业均属于资源依赖型产业，这些产业大多以国有经济为主。落后的金融环境阻碍了在夹缝中生存的民营企业发展。

一　国有经济主导行业规模不经济与结构失衡

由前面的分析可以看出，云南省工业发展主要依赖烟草制造业，有色金属冶炼及压延加工业，电力、热力的生产和供应业及医药制造业。我们通过对这几个行业进行规模经济测度，来分析云南公有制经济行业的规模经济情况，并比较医药行业与其他三个行业的差别，分析国有经济运行的效率。首先，我们通过构造超越对数生产函数来测算云南四个支柱产业的规模经济因子，本节采用资产合计与职工平均人数作为规模变量构建函数，[1]并将云南省的地区生产总值（GDP）作为控制变量来排除宏观经济变量的影响。除生产总值外，本节对变量取自然对数，方程设定为：

---

[1]　王聪、邹朋飞：《中国商业银行规模经济与范围经济的实证分析》，《中国工业经济》2003年第10期。

$$\ln(Y_i) = \alpha_i + \beta_{1i}\ln(K_i) + \beta_{2i}\ln(L_i) + \gamma_{1i}\frac{1}{2}(\ln K_i)^2 +$$

$$\gamma_{2i}\frac{1}{2}(\ln L_i)^2 + \eta_i\ln K_i \times \ln L_i + GDP + \varepsilon_i$$

Y_i 代表 i 行业的利税总额。利税总额指利润总额加上应交税费，较之单纯的利润总额更能反映行业的赢利状况，而排除税收对规模经济效果的影响。L_i 为 i 行业的职工平均人数，以劳动力来衡量行业规模；K_i 为 i 行业资产合计，以资产总量来衡量行业规模。α_i 为截距项，ε_i 为误差项。

行业规模经济的判别因子为 E，E 为 $\ln Y$ 对 $\ln K$，$\ln L$ 的偏导数之和：

$$E = \frac{\partial(\ln Y)}{\partial(\ln K)} + \frac{\partial(\ln Y)}{\partial(\ln L)}$$

$$\frac{\partial(\ln Y)}{\partial(\ln K)} = \beta_1 + \gamma_1\ln K + \eta\ln L$$

$$\frac{\partial(\ln Y)}{\partial(\ln L)} = \beta_2 + \gamma_2\ln L + \eta\ln K$$

$$E = \beta_1 + \beta_2 + (\gamma_1 + \eta)\ln K + (\gamma_2 + \eta)\ln L$$

$E > 0$ 表示规模经济，$E < 0$ 表示规模不经济。

我们对四个行业分别进行回归，得到系数 β_{1i}、β_{2i}、γ_{1i}、γ_{2i}、η_i。代入上面公式可以得到各行业每个时间段的规模经济因子。

我们从《云南统计年鉴》中选取 1997~2012 年的各变量来进行数据处理。其中 1998 年的数据出现缺失，我们采用前后年的数据进行平均来修补。最后得到如表 9 – 15 的结果。

表 9 – 15　云南四个主要行业的规模经济因子

年份	烟草制造业	医药制造业	有色金融冶炼和压延加工业	电力、热力的生产和供应业
1997	0.51	1.66	6.70	1.57
1998	0.35	1.50	3.61	1.79
1999	0.52	1.36	1.75	1.60
2000	-0.42	1.17	0.58	-0.97
2001	-1.36	1.01	-0.11	0.11
2002	-1.49	2.15	0.11	-0.44
2003	-1.74	0.95	0.44	0.86
2004	-2.21	0.89	0.56	0.88
2005	-1.77	0.70	1.03	0.51
2006	-1.88	0.66	-1.06	-0.17

续表

年份	烟草制造业	医药制造业	有色金融冶炼和压延加工业	电力、热力的生产和供应业
2007	−2.14	0.56	0.58	−0.45
2008	−1.79	0.45	0.28	−1.30
2009	−1.49	0.36	0.05	−2.06
2010	−2.07	0.24	−0.25	−1.90
2011	−2.94	0.12	−1.38	−1.95
2012	−1.99	−0.02	−0.83	−2.45

数据来源：《云南省统计年鉴》。

　　各行业在2000年以前都表现出明显的规模经济，也确立了这四个行业在云南的重要地位，但随着经济的发展，这四个行业都经历了规模经济因子下降的过程。尤其是在金融危机之后，由于受外部经济环境的影响，除医药制造业以外的三个行业规模经济因子都大幅降低（见图9－11）。对于烟草行业，我们看到利税总额从1997年至2012年增加了2.65倍（见图9－12），但规模经济因子却呈现出稳步下降的趋势。这说明用资本存量与劳动力衡量的行业规模对利税总额的贡献已经不显著，并且阻碍了烟草行业的发展。近年来该行业的高增长只是由于国家与地方政策的倾斜以及烟草行业在云南省长期的垄断地位。电力行业也是云南的支柱产业，在2005年之前，电力行业表现出明显的规模经济，且有一定的上升趋势，这与电力行业规模较大，资本需求较高相关。但是2005年以后该行业规模经济因子出现大幅下降，利税总额却增幅明显，这说明行业规模已经不再是促使该行业快速发展的必要条件。有色金属行业的利税总额在2007年后出现大幅波动，同时出现了规模不经济的情况。有色金属行业的规模经济因子要高于烟草和电力行业，而医药行业则比其他三个行业情况要好，规模经济因子降低并没有那么显著，这与民营经济在行业中所占的比重较高有关。烟草与电力是高度垄断行业，而有色、医药是云南民营经济发展的重要领域，尤其是医药行业中民营经济所占比重较之其他行业来说相对更高。

　　总体而言，云南工业中烟草、有色、电力、医药四个主要行业已经呈现出规模不经济的趋势，这说明四个行业的主要收入已经不依赖资本与劳动力的投入，更主要依赖的是资源的垄断利润与国家政策的倾斜。尤其是这四个行业中国有企业所占份额都较大，难免出现对某些资源的政府垄断。既然资

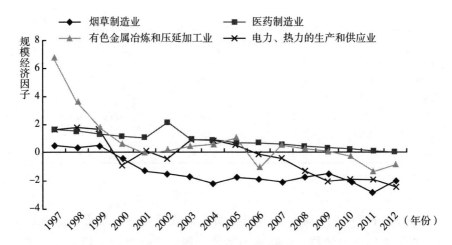

图 9 – 11　云南省四个主要行业规模因子趋势图

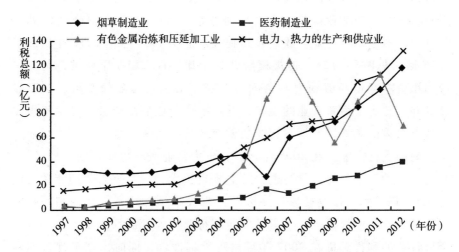

图 9 – 12　云南省四个主要行业利税总额趋势图

本与劳动力对这些行业的贡献并不大，就应该逐步调整经济结构，将更多的资本、劳动力资源分配到如医药制造业这样呈现出规模经济的行业，如此才能达到资源的有效配置。但事实是，那些规模不经济的资源型行业由于垄断利润，在仍然保持增长势头的同时，也在吸纳其他行业的资金与劳动力。我们一方面需要打破行业垄断地位，引入民间资本，形成良性的市场竞争，这样随着资本存量与劳动力在企业间的平均化，行业才能又恢复到规模经济的路径上来；另一方面要为民营经济提供资金支持，防止一些新建项目由于缺乏规模而效率低下。总之，这些结构性问题需要制度性、机制性变革。

二　国有经济主导行业高能耗依赖与结构失衡

在云南具有比较优势的资源性行业中，国有企业不仅出现了规模不经济的情况，还存在严重的资源锁定与资源依赖（如表 9 - 16 所示）。为了保持这些云南优势行业的持续盈利，必然会产生大量的能源消耗，而且这些行业的能源消耗长期占据全省绝大部分比重，对于其他行业产生了明显的挤出效应。由前面国有与民营经济的比较可以看出，虽然两者自身的相对优势都表现在这些高耗能行业，但国有企业的耗能规模更为显著，所以国有企业的资源依赖导致了云南省发展过程中的路径依赖问题。为进一步比较国有与非国有经济的耗能问题，本节采用云南工业增加值增长率与能源消耗增长率数据绘出趋势图（如图 9 - 13），从中可以看出国有经济工业增加值增长率与能源消耗增长率的走势极为相似，仅仅在 2006～2010 年由于金融危机的爆发外围环境不景气，致使工业行业出现波动，其他年份两者都保持了较高的吻合度。而非国有工业增加值增长率与能源消耗的增长率并没有出现相似的情况，说明民营经济的发展并不十分依赖能源的消耗，这与云南省民营经济发展的实际情况是吻合的。

表 9 - 16　2012 年部分行业能源消耗量占比

单位：%

行业	能源消耗占比	行业	能源消耗占比
石油加工、炼焦及核燃料加工业	10.79	黑色金属冶炼及压延加工业	22.26
化学原料及化学品制造业	19.00	有色金属冶炼及压延加工业	13.89
非金属矿物制品业	13.19		

数据来源：《2013 年云南统计年鉴》。

云南民营经济与能源消耗的相关度低，一方面是由于民营经济受到各方面的约束较多又缺乏政策扶持，因而对于企业成本的敏感度较高，对节能减排的意识较高，而国有经济存在"软约束"，容易出现投资过度、缺乏效率等情况而导致能源消耗较大；另一方面，云南民营经济分布的行业较广、覆盖面大，并不局限于资源性行业，而国有经济多分布于资源垄断行业，这也导致了两者的差异。

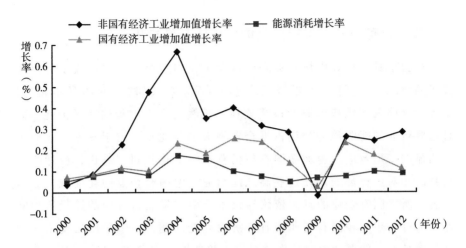

图 9 – 13　云南国有工业、非国有工业增加值增长及能源消耗增长变动情况

注：非国有经济工业增加值 = 工业增加值 – 国有及国有控股工业增加值。

数据来源：《云南统计年鉴》。

三　民营经济的融资约束问题与结构失衡

云南民营经济在改革开放以来取得了重大成就，成为云南经济发展中不可或缺的一部分，但随着规模的扩大，民营经济需要更广阔的成长空间，所以国有经济的垄断和民营经济自身发展的滞后成为制约其发展的重要阻碍。在 2012 年云南工商联组织的民营企业调查中，融资约束被认为是影响企业发展最重要的因素，我们可以看到在一个缺乏效率、信息不对称的金融市场中，国有经济拥有了绝对优势的资金偏爱。

民营经济发展的主要障碍之一就是融资约束，因为民营经济的主体是中小企业，而中小企业在信息不对称的金融市场中总是处于弱势的地位。这种现象在金融发展滞后的云南显得尤为突出。云南作为我国西部的欠发达地区，无论从经济发展还是金融发展来看，在全国都处于较落后水平，2011 年云南国民生产总值在全国位于第 24 名，金融机构年末存款余额位于全国第 19 名。由于金融资本都具有趋利性、避险性，在市场环境不明朗或是企业经营状况不确定的条件下，云南本地的金融资本都有意愿投向本地的大型企业或是具有政治背景的国有企业，再就是流向较发达地区。这种资源分配的不合理，造成了资本的过度集中与过度匮乏。突出问题表现在以下几方面。

（1）云南民营经济融资环境较落后。从云南金融发展的大环境来看，

2002～2012 年金融机构存贷差逐年扩大，这说明虽然云南存款量随着 GDP 的增长而大幅增长，但贷款量的增长与之不相匹配，导致了存贷差的逐年递增（见图 9－14）。这是由两方面的原因导致的，一方面是由于国家宏观政策的调控。金融危机后，国家多次上调存款利率和存款准备金率，增多了储蓄又加大了存款在金融机构内部滞留的程度，同时国家推行的一系列刺激政策，加大了公共投资却挤占了私人投资的投资机会，这都导致了储蓄量增加和贷款量的相对减少，另外国家对信贷的严格管制，也是贷款量增长缓慢的主要原因之一。另一方面，云南非公经济发展滞后，民营企业经济实力较弱或缺乏有效率的投资机会。云南省的国有及国有控股企业不仅占据了大多数的垄断性行业，获得了更多的高效率投资机会，而且在信贷市场由于国有经济的背景也得到了更多资本的偏爱。民营企业却出现了"无款可贷，铤而走险"的局面。鉴于正规金融渠道的闭塞，许多民营企业只能向非正规渠道求援。这也是近年许多非正规的担保公司、小额信贷公司在云南出现的原因。因此，公有制经济的资金富余与非公经济的资金缺乏，公有制经济盈利边界外延的减缓与非公经济发展的受阻，也导致了云南存贷差的逐年递增。

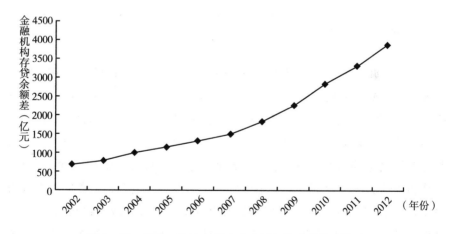

图 9－14 2002～2012 年云南省金融机构存贷款余额差

数据来源：《云南金融年鉴》。

从云南省非金融机构部门的融资情况来看，云南始终没能摆脱间接融资占比不高的融资结构，虽然近年来债券融资取得了一定进展（见表 9－17），但云南 2012 年 13.9% 的间接融资比重与江苏 26.3% 的间接融资比重相较，还有一段距离。间接融资比重不高说明云南省企业发展大多依赖传统的融资渠道，而传统信贷中贷款对象的选择对民营经济不利，应进一步发展债券市场，并推动企业债券等金融产品的发展，更好地让金融市场服务民营企业。

表 9 - 17　2001～2012 年云南省非金融机构部门贷款、债券和股票融资表

年份	融资合计(亿元人民币)	比重(%)		
		贷款	债券(含可转债)	股票
2001	195.4	96.2	0.0	3.8
2002	257.8	97.3	0.0	2.7
2003	564.1	98.8	0.7	0.5
2004	439.2	98.1	0.0	1.9
2005	669.4	98.8	1.2	0.0
2006	878.8	93.3	4.6	2.2
2007	963.7	91.6	- 0.4	8.8
2008	1226.1	88.5	6.5	5.0
2009	2320.1	95.0	1.5	3.5
2010	2190.9	84.4	13.1	2.6
2011	1782.5	92.2	3.7	4.1
2012	2107.7	86.1	13.9	0.0

数据来源：《2012 年云南金融运行报告》。

（2）云南民营企业发展中的融资困难。相关统计数据显示，2013 年二季度云南企业资金周转指数为 45.0%，环比下降 16.1 个百分点，同比下降 14.7 个百分点，其中，29.0% 的企业家认为本季资金周转"困难"，52.0% 的企业家认为"一般"，19.0% 的企业家认为"良好"；银行贷款获得情况指数为 34.9%，环比上升 9.3 个百分点，同比上升 14.5 个百分点；总体融资情况指数为 34.6%，融资成本较上季有所上升，融资成本指数为 64.3%。[①] 从图 9 - 15 我们可以看到云南省企业资金周转指数在 2011 年后又出现了大幅下降的走势，而同时银行贷款获得指数一直处于低位。这表明云南省企业整体在资金获得上存在较为严重的融资困境。银行收紧银根加上大环境的影响和云南直接融资渠道的缺乏，使向金融机构融资仍然是云南企业最依赖的融资方式，但金融机构存在对中小企业的各种歧视，各种大型商业银行都将自己的贷款对象定位为大中型国有企业、盈利高的企

---

① 数据来源于中国人民银行昆明中心支行网站。

业，而民营中小企业很难获得资金。据调查，2011 年云南省规模以下工业
企业只有 37.4% 的企业获得金融机构贷款，且贷款金额普遍不高。贷款金
额在 100 万元以上的企业占 13.0%。其中，300 万元以上的占 3.5%；贷
款金额在 50 万~100 万元的企业占 15.3%；贷款金额在 50 万元以下的企
业占 71.7%。[①] 这说明云南省中小企业存在严重的融资约束，需要更多直
接融资渠道的支持。

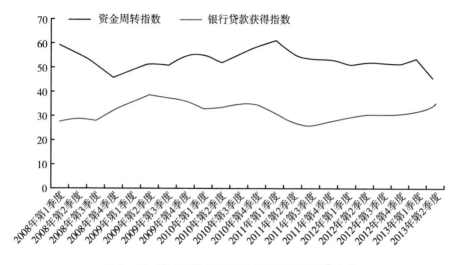

图 9 - 15　资金周转指数及银行贷款获得指数走势

数据来源：云南省工业企业景气问卷调查。

四　国有、民营经济的技术创新与结构失衡

云南民营经济的另一个困境是创新不足，而创新能力是提高企业竞争
力的关键手段。从理论上讲，民营企业相对于国有企业而言应该更具有创
新力，国有企业存在严重的委托—代理问题，国有企业经理人所追求的利
润最大化并不是民营企业所追求的利润最大化，而是任期内的个人收益最
大化，这使国有企业经理人往往只关注短期利润，而企业创新一般需要长
期的资本投入。但在现实经济中国有企业在市场力量和获得政策支持方面
存在很大的优势。对于民营企业而言，虽然明晰的产权使其面临较少的委

---

① 数据来源于云南省工业与信息化委员会 2011 年度研究报告。

托—代理问题，但在经营环境上其往往无法获得与国有企业平等的竞争地位。民营企业由于缺乏这种政策保障，在面对过度市场竞争、行业垄断的时候，创新投资面临着巨大的风险，这使民营企业虽然具有较强的创新意愿，但没有相应的创新力量。云南民营经济创新正是处于这样的局面。在上面的分析中我们了解到，云南民营经济在各个行业中所处的被动地位，在融资方面所面临的融资约束，都导致了企业创新能力的不足。

下面通过衡量创新投入与创新产出来分析云南民营经济的创新情况。

首先选择有关企业创新活动方面的衡量指标。在很多文献中反映民营企业创新活动的指标有两个方面：一是创新投入，包括支出和人员数，二是创新产出，包括企业获得的专利数和新产品销售收入，大多数文献都使用这种指标来衡量创新活动，而这种指标各有优缺点（吴延兵，2006）。[①]基于数据的可比较性，本节选择支出作为企业创新活动的衡量指标，新产品产值作为企业创新产出的衡量指标。在下面的模型中，我们以 R&D 支出占销售产值的比重作为衡量行业创新投入的指标，以新产品产值占总销售产值的比重作为衡量行业创新产出的指标。具体数据见表 9 - 18。

表 9 - 18　2012 年云南省按登记注册类型分的创新投入强度

企业类型	新产品经费（亿元）	新产品产值（亿元）	创新效率（%）
国有企业	3.43	29.67	11.56
集体企业	0.31	4.7	6.60
有限责任公司	15.26	225.95	6.75
股份有限公司	11.34	82.83	13.69
私营企业	5.24	27.20	19.26

数据来源：《云南统计年鉴》。

主要 R&D 经费投入有限责任公司与股份有限公司中，这一方面与现代企业制度的建立有关，另一方面也与国有企业改制有关。首先引入现代公司制度，使企业的经营更加规范，代理成本降低，同时也发挥了风险分散的作用，这都使有限责任公司与股份有限公司的 R&D 经费明显多于其他类型企业。其次还有一个不可忽视的因素，就是 1978 年以来国有企业进行了渐进式的改革，大多国有企业已经被改制成有限责任公司、股份有限公司等。而改

---

① 吴延兵：《R&D、创新与生产率——中国工业产业的经验证据》，中国社会科学院研究生院博士学位论文，2006。

制后的云南国有控股企业集中于烟草、有色金属等垄断性行业，并且这些行业需要更多的技术创新，因此上述两种类型企业 R&D 经费较高。对于民营经济与国有经济在创新上的差异，我们可以通过表9－18 中的创新效率看出，私营企业创新效率为 19.26%，远高于其他类型企业，国有企业、集体企业以及有限责任公司的创新效率较低。

创新产出方面，通过数据处理，我们发现在技术密集型行业中，云南企业的创新依赖程度①都比较高，甚至部分超过了全国平均水平。如通信设备、计算机和其他电子设备制造业，医药制造业，仪器仪表制造业等。另外云南传统劳动密集型产业如涉及茶、糖的饮料制造业和食品制造业都相对全国而言表现出较高的创新依赖程度；同时一些资本密集型的资源性行业也表现出显著的创新依赖程度，如非金属矿采选业、造纸业、石油化工业、化学原料和化学制品制造业等。通过上面的比较，本书发现云南省在民营经济比重较大的部分竞争性行业已经表现出较强的创新依赖程度且高于全国平均水平。而国有经济比重较高的行业如烟草、化工、黑色金属、有色金属等行业虽创新依赖程度也较高，却显著低于全国平均水平。这从侧面可以看出，云南民营经济在行业管制、资源缺乏、竞争激烈的环境下，有更多动力去进行创新活动，来保持企业的竞争力，而国有经济在政策扶持下缺乏创新动力。

从创新投入强度②看，一般而言，创新依赖程度较高的行业创新投入强度就会较大。但通过图 9－16 与图 9－17 的比较，我们发现各行业在创新依赖程度与创新投入强度上表现出差异性的特征。我们将云南省各行业的两个指标以全国水平为基准，分别测算出偏离程度如图 9－18 所示。我们选了几个差异性较大的行业，发现黑色金属矿采选业、印刷和记录媒介复制业、造纸及纸制品业、交通运输设备制造业存在创新依赖程度较高而创新投入强度不足的情况，而这些行业都是云南民营经济占有较重份额的行业；同时有色金属矿采选业、烟草制品业、医药制造业、有色金属冶炼及压延加工业出现了创新依赖程度较低而创新投入过度的情况，这说明在

---

① 创新依赖程度用行业新产品产值与行业销售产值之比来衡量，当新产品产值占比高时，可以认为该行业发展对产品创新有较强的依赖性，如技术密集型的行业常常表现为高的创新依赖程度。

② 使用 R&D 经费占销售产值的比重来衡量创新投入强度，单位产值投入研发经费越多说明该行业创新投入强度越大。

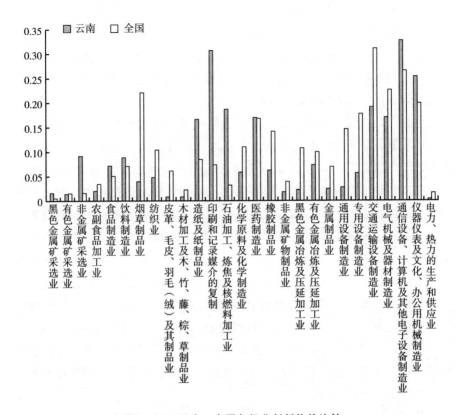

图 9 – 16　云南、全国各行业创新依赖比较

数据来源：《2013 年云南统计年鉴》《2012 年中国统计年鉴》。

这些国有经济占主要地位的行业存在创新投入过度的现象，这符合我们上面的理论分析。由此，我们得出云南民营经济集中的部分行业出现了创新依赖程度较大但创新投入不足的情况，而国有经济集中的部分行业出现了创新投入过度的问题。

第四节　对策建议

所有制结构的调整一直是我国经济改革的重点内容。针对当前的经济形势中严峻的所有制结构失衡与发展方式问题，更需要进一步调整所有制结构，来适应新的经济发展要求。在经济转轨中，非国有经济的发展扮演着重要的角色，它的发展一方面促进了市场体制的形成与完善，另一方面

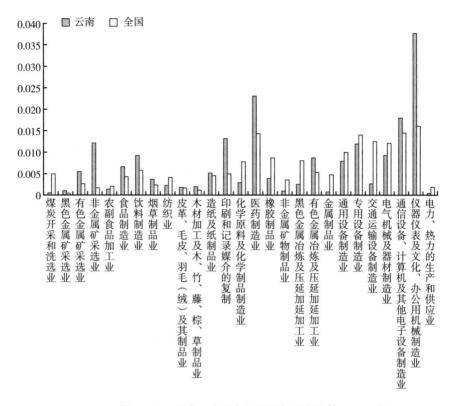

图 9 - 17　云南、全国各行业创新强度比较

数据来源：《2013 年云南统计年鉴》《2012 年中国统计年鉴》。

凭借其效率优势优化了资源配置，推动了经济增长。对于国有经济而言，由于其占经济总量的比重较大，催动国有企业改革，促使其效率的提升也将有利于经济转轨的顺利实现。因此，调整所有制结构已成为目前转变经济发展方式的重要途径。针对云南省现存的所有制失衡问题以及当前经济进入"新常态"的特点，本书为云南省所有制结构调整提出一些对策建议。

一　国有企业功能需要再定位

经过长时间的努力，国有企业基本完成了从政府部门的附属物转变为自主经营、自负盈亏、自我发展的独立市场竞争主体的过程。国有企业的市场化、商业化以及利润最大化动机已经到了相当高的程度。下一阶段，所有制结构调整要求国有企业改革向更深层次的目标跨进。

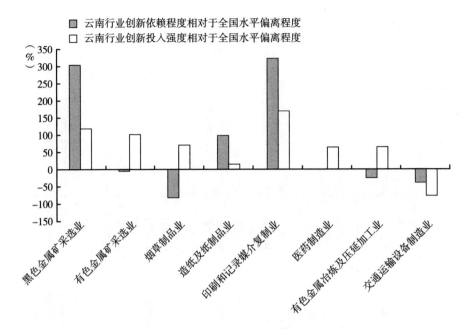

图 9－18　部分行业创新依赖程度、创新投入强度相对于全国水平的差异情况

资料来源：数据由作者根据云南统计年鉴、中国统计年鉴整理得到。

（1）国有企业需要在基础建设上更有作为。未来的国有企业改革需要在实现更有利于经济整体有效运行和保证基本民生的基础设施以及基础产业方面更有作为。其中，建立基础设施和基础产业产品和服务价格的稳定机制，取消垄断性高价和商业化融资成本导致的公共产品的过高价格，消除行政分割导致的垄断性供应结构而产生对新技术运用的阻碍（例如，实现"三网合一"以及更具革命性的新技术运用），将成为国有企业改革需要实现的重要目标。

（2）国有企业需要承担重大民生工程并促进战略性新兴产业的技术突破。在新时期，为实现经济发展方式转变，国有企业需要在建设重大民生事业工程，以及实现战略性新兴产业发展方面实现关键性突破，特别是在形成保证国家安全的危机应急机制等方面，发挥更有效的功能。现阶段，最重要的经济问题是实现经济发展方式的转变，而最迫切的社会问题之一，是实现社会财富增长的惠民目标，最重要最迫切的产业发展问题是形成战略性新兴产业。在这些方面，国有企业应负有不可推卸的责任，并可以发挥国有企业的特殊优势。

（3）不再必须保持国有企业特许专营产业。为促进所有制结构调整，需要改善市场运行秩序和产业组织结构，对于过去实行国有企业专营制度，而现在不再必须保持国有企业特许专营的产业，应尽快取消民营企业禁入限制。对于本质上应是竞争性的，但国有企业占据过大市场份额，或具有过大市场垄断势力并造成过强进入壁垒、影响产业有效竞争秩序和整体竞争力的产业，应采取更开放的政策。国有企业应主动放弃垄断行为，鼓励民营企业进入并形成市场竞争的相对均势，从而改善和优化产业组织结构。

二　国资国有企业需要进一步深化改革

深化国资改革、促进企业发展，是新形势下坚持公有制主体地位，增强国有经济活力、控制力、影响力的必然选择，对云南所有制结构调整意义重大，对推进经济发展方式转变、保障人民共同利益也具有积极影响。

（1）以混合所有制为方向优化所有制结构。完善国有企业股权结构，催动混合所有制，是国有企业改革的必由之路。云南省国有企业股权结构中国有股"一股独大"的现状使企业内部难以形成有效的股权制衡机制，严重影响了国有企业的治理效率。因此，必须对股权进行改革。混合所有制将是下一阶段中国国有企业形式的"新常态"。首先，国有企业要分类改革，进退有度，基本思路是：涉及国家安全的特殊行业要国有独资；供水、供暖、供电、供气、基础网络等政府需承担责任的公共服务行业可以由国有控股企业来运行；而一般竞争性行业原则上国有企业应该退出来。其次，国有企业退出要该退必退、退要退足、退要规范。依据是按照行业生产力要求、国有资本优劣势、国有资本的发展战略意图来决定"进"还是"退"。再次，要承认企业家价值，推动管理层和骨干员工持股，应在承认国有企业中企业家价值的基础上，将国有企业管理层与骨干员工的利益与企业长期激励与约束相挂钩，彻底改革"国有企业领导官员化"现象。最后，坚持资本所有权到位，实现股权平等、依法协商。国有资本要尽可能剥离与行政权力的关系，回归到资本保值增值的天性，平等地在混合所有制企业中，依法按章与其他资本形式平等协商。

（2）加快国资与产业联动调整，优化国资布局和结构。云南省国资国有企业存在产业单一、布局不合理、结构不协调的问题，推进国有企业的深化改革需要在这几个方面进一步推进。首先，可以利用国内外多层次资本市场，推动企业整体上市、核心业务资产上市或引进战略投资者，使之成为公众公司，实现投资主体多元化、经营机制市场化。借鉴上市公司管理模式和运作规则，建立企业真实、准确、完整、及时披露相关信息的制度体系。其次，建立公开透明规范的国资流动平台。坚持统筹规划，优化完善国资流动平台运营机制，充分发挥市场配置资源功能，推动国有控股上市公司、非上市公司开放性市场化重组整合，实现资源、资产、资本、资金的良性循环，为培育发展战略性新兴产业、加快基础设施建设、保障服务民生等提供有力支撑。最后，调整优化国资布局结构需要聚焦产业链、价值链，加快调整不符合云南功能定位和发展要求的产业和行业。重点发展新能源汽车、高端装备、新一代信息技术、新能源等有一定市场前景和发展基础的战略性新兴产业。推进制造业企业创新发展和转型升级，促进服务业企业模式创新和业态转型，完善基础设施与民生保障领域企业持续发展的经营模式。

（3）优化国资监管体系，提高国资监管效率

优化监管体系，提高国资监管效率能够进一步促进激励机制的完善，释放国有企业的生产力，具体措施如下。

①完善国资监管体制机制。坚持政企分开、政资分开、所有权与经营权分开，进一步转变政府职能。以管资本为主加强国资监管，完善市属经营性国资集中统一监管的国资管理体制，以产权为纽带，积极推进产业与金融结合，加快产业与金融等各类资本的优化配置，切实履行享有资产收益、选择管理者和参与重大决策等出资人职责。加强对区县国资监管工作的指导。

②优化国资监管方式方法。履行出资人职责的机构依法制定或参与制定公司章程，使之成为各类治理主体履职的主要依据之一。加强战略、发展目标、布局结构、公司治理、考核分配和风险控制等管理，构建科学合理的国资监管体系。减少审批事项，切实落实企业自主经营权，实施标准化操作流程，提高管理精细化水平。加强信用体系建设，鼓励和支持企业积极履行社会责任。

三 需要大力破除民营企业的发展障碍，发掘新的经济增长点

（1）市场准入是民营企业发展的重要途径。十八届三中全会提出"国家保护各种所有制经济产权和合法利益，保证各种所有制经济依法平等使用生产要素、公开公平公正参与市场竞争、同等受到法律保护，依法监管

各种所有制经济"。随着改革的进一步深化，放开行业垄断是进一步促进民营经济发展、提高地方经济发展水平的重要途径。从保障民营企业发展环境的角度来说，创造一个公平竞争的市场环境是首要的，具体是指放开要素市场、公共事业和基础设施等领域对民营经济的限制。

（2）切实消除民营企业发展的融资阻碍。应该建立多层次的融资渠道，对于有实力的民营企业要帮助其成为上市公司，鼓励上市融资，对于一般中小微企业，需建立中小微企业金融服务体系，需充分发挥小额贷款公司的融资功能，大力推进信用担保体系建设，加快建立中小企业担保基金和政策性担保机构，为中小微企业提供特色化融资服务。此外，相关金融机构还需要提供多层次的金融服务，如针对有色、煤炭等行业提供供应链融资服务，针对农业需求提供主要农产品的保险服务，针对云南边境贸易的需求，提供低成本的融资服务和汇率风险防范产品。

（3）大力推进民营经济发展对外贸易和农村市场。出口对于民营经济来说是一个非常好的发展途径，出口可打破国内市场狭小的限制，利用企业的比较优势，争取到更多的利润空间。① 政府需要为民营企业出口提供更便利的条件。随着农民收入的增长和新农村建设的推进，农村开始成为民营经济发展的另一个增长点。要鼓励民营经济到农村投资，开拓农村市场，增加当地就业机会。

四　基于"新常态"的云南所有制结构调整

面对以调整与变革为主要特征的经济新常态，所有制结构调整应从以下几个方面考虑。

第一，资产负债率较高、产品单一、技术水平较低的国有企业将面临被淘汰的风险。新常态下的经济增长要求企业的经营更有效率，产品质量更高以及产品更加多元化。从上面的分析中可以看到，云南国有企业占优势的产业较为集中，产品也较单一，并且受外围影响较大，在经济减速的

---

① 统计显示，2012 年云南省上规模民营企业发展主业位于国内，市场以国内为主，海外投资不多，国际化程度不高。截至 2012 年年底累计有 11 家企业投资海外企业（项目）12 家（项）4518 万美元，主要投资地集中于东盟；2012 年新增投资企业（项目）3 家（项）566 万美元；全年出口总额 67200 万美元。随着企业的发展壮大，"走出去"开拓海外市场正成为更多民营企业的战略选择，但依旧有很多困难，包括缺少海外经营人才、缺乏商务信息和市场分析、经验不足、缺乏资金、审批程序复杂、缺乏与国有企业之间的有序协调、国际政治经济形势多变等。

新常态经济下，国有企业需要进行战略转型，实现业务的多元化，产品的多样化。

第二，资源型产业面临转型的压力。在新的发展时期，转变经济发展方式的立足点将从速度至上和规模扩张转向"质量和效益优先"，经济社会发展将更加体现以人为本和民富优先，以及与资源环境的协调发展，经济增长动力源泉也将从"要素驱动""投资驱动"转向通过技术进步来提高劳动生产率的"创新驱动"，从过度依赖"资源红利"转向依靠技术创新的"创新红利"和靠深化改革实现的"制度红利"，从而推动经济发展走上"创新驱动、内生增长"的轨道，因此资源型产业发展的资源环境的约束日趋强化。而云南省的经济发展中，不论民营经济还是国有经济都严重依赖资源型产业，因此需要进一步调整经济布局来摆脱资源依赖的现状。

第三，从企业创新的角度看，云南省国有企业的新产品经费投入低于私营企业，而且创新效率也显著低于私营企业，因此可以通过进行国有企业改革，引入民间资本的形式来激励国有企业的创新行为，进而推动云南省国有企业的转型升级。

第四，从市场竞争看，云南省相当数量的国有资本仍处于一般性竞争领域，加大了市场竞争的程度，挤占了民营经济的利润空间。那些主业不突出，企业层级过多，市场化程度不高，竞争力不强等问题突出的国有企业应该尽早退出。需要进一步促进国有资本合理流动，让国有资本向符合战略发展方向的优势产业和优势企业集中，逐步从不能充分发挥优势的行业和领域有序退出。这样才能刺激经济活力，适应经济发展的新常态。

图书在版编目（CIP）数据

云南优化经济结构转变发展方式研究／梁双陆等著
. －－北京：社会科学文献出版社，2017.1
ISBN 978 - 7 - 5097 - 9926 - 0

Ⅰ.①云… Ⅱ.①梁… Ⅲ.①区域经济发展 - 研究 -
云南 Ⅳ.①F127.74

中国版本图书馆 CIP 数据核字（2016）第 261191 号

云南优化经济结构转变发展方式研究

著　　者／梁双陆　李　娅　等

出 版 人／谢寿光
项目统筹／赵慧英
责任编辑／赵慧英

出　　版／社会科学文献出版社·社会政法分社（010）59367156
　　　　　地址：北京市北三环中路甲 29 号院华龙大厦　邮编：100029
　　　　　网址：www.ssap.com.cn
发　　行／市场营销中心（010）59367081　59367018
印　　装／三河市尚艺印装有限公司

规　　格／开　本：787mm×1092mm　1/16
　　　　　印　张：35.5　字　数：595 千字
版　　次／2017 年 1 月第 1 版　2017 年 1 月第 1 次印刷
书　　号／ISBN 978 - 7 - 5097 - 9926 - 0
定　　价／145.00 元

本书如有印装质量问题，请与读者服务中心（010 - 59367028）联系